SPURENSUCHE:
VON ADORNO BIS ŽIŽEK

Analysen der postmarxistischen Theorie

Zhang Yibing

aus dem Englischen von Harald Etzbach

CANUT INTERNATIONAL VERLAG

Istanbul - Berlin - London - Santiago

Diese Auflage wurde mit Unterstützung vom 中华社会科学基金资助 (Chinese Fund for Humanities and Social Sciences) verwirklicht.

Diese Ausgabe ist eine anerkannte Übersetzung aus der 1. chinesichen Auflage in 2007, publiziert in Zusammenarbeit mit dem China Renmin University Press, Beijing, VR China.

Spurensuche: Von Adorno bis Žižek – Analysen der postmarxistischen Theorie

Chinesisch: 文本的深度耕犁:后马克思思潮哲学文本解读, Zhang Yibing

© 2007, Zhang Yibing

© 2019 Canut International Verlag

ALLE RECHTE VORBEHALTEN

übersetzt und editiert von Harald Etzbach

Canut International Verlag

Canut Intl. England, 12a Guernsay Road, London E11 4BJ, England

Canut Intl. Deutschland, Heerstr. 266, D-47053, Duisburg, Deutschland

Canut Intl. Turkei, Karanfil Sk. No.10/5. Pendik, Istanbul, Türkei

ISBN: 978-605-7693-14-3

Über den Verfasser

Zhang Yibin, Pseudonym Zhang Yibing, geboren 1956 in Nanjing, Jiangsu Provinz, absolvierte im August 1981 das Institut für Philosophie der Universität Nanjing. Er ist derzeit Vizekanzler der Universität Nanjing, Senior- und renommierter Professor und Doktorvater für Philosophie, Dekan des Marxismus-Instituts und Leiter des Forschungszentrums für marxistische Gesellschaftstheorien an der Universität Nanjing.

Sein akademischer Schwerpunkt liegt im Studium der westlichen marxistischen Philosophie und in der Textanalyse, und er interessiert sich stark für den Bereich der Geisteswissenschaften. Seine Artikel begannen 1982 veröffentlicht zu werden und setzten sich fortan unaufhörlich fort. Seine Hauptwerke umfassen: *Zurück zu Marx—Der philosophische Diskurs im Kontext der Ökonomie* (Canut Intl. Verlag, 2019, deutsche Auflage), *Zurück zu Heidegger—Ereignis und Situierung* (Bd. 1, The Commercial Press China, 2012), *The Subjective Dimension of Marxist Historical Dialectics* (Canut Intl. Publishers, 2011, englische Auflage), *A Marxist Reading of Young Baudrillard. Throughout His Ordered Masks* (Canut Intl. Publishers, 2009, englische Auflage), *Back to Lenin: A Post-textological Reading on Philosophical Notes* (Canut Intl. Publishers, 2012, englische Auflage), *Zurück zu Lenin—Eine Post-textologische Lesung der Philosophischen Hefte* (deutsche Auflage in 2019), *The Impossible Truth of Being: Imago of Lacanian Philosophy* (The Commercial Press China, 2006), *Althusser Revisited. Problematic, Symptomatic Reading, ISA and History of Marxism*, (Canut Intl. Publishers, 2014, Englische Auflage), *Atonale Dialektische Illusion: Die Textologische Lesung von Adornos Negative Dialektik*: Sanlian Bookstore Press, Beijing, 2001).

Prof. Dr. Zhang Yibing, Nanjing University, 22 Hankou Road, Nanjing Jiangsu 210093

E-mail: yibing@nju.edu.cn,

http://www.ptext.cn/zzjg/dep.htm

Inhalt

3. Der verkehrte Durchschau des Menschenkörpers durch den Affenkörper
Kritische textuelle Lektüre von Baudrillards *Der Spiegel der Produktion*

Einleitung

Seitdem Herr Xu Chongwen den Begriff »westlicher Marxismus« 1982 zum ersten Mal in China einführte, haben die chinesischen Studien zum auswärtigen Marxismus einen Kurs von dreißig Jahren durchlaufen und selbstverständlich war diese Einführung in den 80er Jahren für die einheimische Marxismus-Forschung eine äußerst wichtige akademische Horizonterweiterung. Obwohl es über den Gebrauch des Schlüsselworts »westlicher Marxismus« noch Einwände gibt, wurde aus dem relativ festgelegten Forschungsbereich, welcher von diesem Stichwort angeleitet wurde, in der Tat objektiv ein ganz neues Problemfeld eröffnet. Ich persönlich glaube, dass diese Erweiterung des akademischen Gebiets nicht nur die Borniertheit bezüglich der Gegenstände der traditionellen Marxismus-Forschung verändert hat, sondern vielmehr bei der Erschließung von Möglichkeitsräumen der Hebung der akademischen Inhalte und der theoretischen Erneuerung eine ungeheure Rolle des inneren Antriebs gespielt hat. Zeitlich gesehen vermag es nicht als ein neues Forschungsgebiet zu gelten, aber stellen wir uns den bisherigen Forschungsergebnissen in aller Ruhe gegenüber, wagen wir wirklich nicht zu sagen, dass es schon ein tiefgepflügtes Land ist, weil diese Ergebnisse en gros zumeist auf dem Niveau von Übersetzungen und durchschnittlichen Überblickskommentaren bleiben. Ferner: Obwohl die wesentlichen klassischen Texte des traditionellen »westlichen Marxismus« (im Zeitraum bis Mitte der 70er Jahre[1]) ins Chinesische übersetzt wurden, konzentrierten sie sich, hinsichtlich der Gebiete, auf die sie sich beziehen, hauptsächlich noch auf begrenzte Gebiete wie Philosophie, Kultur, Ästhetik und Psychologie, während Disziplinen wie Soziologie, Ökonomie, Politik und Geschichte, die zu empirischer Wissenschaft neigen, vor unseren Augen zu einem großen blinden Fleck

---

1   Hier sind einige Ausnahmen: Henri Lefebvres *Kritik des Alltagslebens (Critique de la vie quotidienne), La vie quotidienne dans le monde moderne*; Ernst Blochs *Das Prinzip Hoffnung*. Die Ursache liegt möglicherweise in Verständnis- und Übersetzungsproblemen.

1

wurden (natürlich haben in den neueren Studien einige Forscher begonnen, die Arbeit in dieser Hinsicht bewusst auszuführen, und haben diesen Mangel teilweise schon behoben). Man sieht, dass unsere jetzige Forschung in der Breite offensichtlich noch nicht ausreichend ist, dass immer noch riesige unbetretene, noch aufzuschließende Felder vor uns liegen, und dass wir, insbesondere bezüglich der jüngsten Entwicklung dieser Strömung seit dem Ende des zwanzigsten Jahrhunderts die nötige theoretische Position nicht ausbilden konnten. Um es offen zu sagen, verglichen mit selben Forschungsgebieten im Ausland ließen mich die obigen Mängel vor Scham erröten und brachten, so als sei es eine Gestaltlücke, die beiden wichtigsten Forschungsbereiche ans Licht: **Tiefenlektüre der klassischen Texte sowie die Konstruktion eines ganz neuen Forschungsparadigmas.**

Erstens, blickt man auf die zahlreichen klassischen Werke des westlichen Marxismus seit der Veröffentlichung von *Geschichte und Klassenbewusstsein – Studien über marxistische Dialektik* zurück, so bleibt das Niveau unserer Forschungen größtenteils auf der Stufe von materialhaften Kommentaren stehen; obgleich wir ins Studium von spezifischen Themen einen Fuß gesetzt haben, sind sie von der Tiefe einer »intensiven Feinarbeit« weit entfernt. Augenfällig sichtbar ist die Umerzählung von Ansichten von zahlreichen Sekundärquellen sowie deren Neukrönung mit großen Kappen von »-Ismen«; was lediglich fehlt ist eingehende Forschung, die in den Sprecher-Diskurs mit einem lenkenden philosophischen Diskurs wahrhaft hineintritt. Ich hatte einst die Hauptursachen für die Ausbildung dieses Phänomens explizit formuliert: Erstens haben wir uns nie mit jenen klassischen Texten des Marxismus auseinandergesetzt, die von den westlichen Marxisten sorgfältig gelesen wurden. Wie kann man denn von einer »marxistischer Kritik« reden, wenn man selbst keinen Boden unter den Füßen hat? Die Prämisse einer »marxistischen Kritik« sollte zunächst die sorgfältige Lektüre der klassischen Literatur des Marxismus sein, wie die Kritiker es durchgeführt haben (das ist es, was ich »zurück zu Marx« nenne). Mangels dieser inneren Strenge war jeder vereinfachende Kommentar oder jede schlichte Behauptung über den westlichen Marxismus unvermeidlich mit dem Anwurf belastet, »illegal« oder »ideologisch« zu sein, was zur Wurzellosigkeit der theoretischen Forschung führt. Die zweite Ursache liegt darin, dass verschiedene Schulen des westlichen Marxismus die zeitgenössischen westlichen philosophischen und kulturellen Denkströmungen aller Couleur auf Marx aufpfropften, um so eine Art radikalen Widerstandsdiskurs abseits des Mainstreams der modernen bürgerlichen Akademie zu konstruieren. Besonders wichtig ist, dass ein ziemlicher Teil der westlichen Marxisten selbst Meister von gewissen Schulen zeitgenössischer westlicher Philosophie ist. Das Erkenntnisgerüst, mit dem sie Marx neu lesen, ist selbst ein origineller philosophischer Diskurs, wie etwa die Ästhetik des Lebens von Simmel, die Soziologie Webers, der Existenzialismus des frühen Sartre, die Phänomenologie des frühen Merleau-Ponty, die Psychoanalyse von Fromm und Marcuse und die Theorie der atonalen Musik Adornos, die dem jungen alle Lukács vertraut waren, bevor er sich mit Marx befasste. In Ermangelung des Durchblicks und der Einsicht in diese philosophisch-kulturellen Gesichtsfelder, die als Lektüregerüste existieren, ist irgendein Versuch, die dem Gegenstand der Argumentation tiefsitzende »Problematik« (nämlich mit dem »Ismus« ein Urteil zu fällen, bevor der Sarg geschlossen ist) genau zu erfassen, zweifellos vergeblich. Wie kann man in diesem Falle denn von einer wahren Dekonstruktion des dem Gegenstand der Kritik zugrundeliegenden theoretischen Rahmens sprechen? Außerdem haben wir trotz häufiger Wellen von Übersetzungen, die seit Anfang der 80er Jahre hochkamen, nach und nach eine Unmenge an Literatur des »westlichen Marxismus« eingeführt, waren aber aus wirklichen historischen und regionalen Gründen immer noch nicht in der Lage, uns mit den spezifischen historischen Kontexten, in denen westliche Marxisten anwesend sind, zu konfrontieren. Das Fehlen eines solchen unterstützenden historischen Bewusstseins hat bei den Forschungen der einheimischen akademischen Kreise zu einem Verlust von Sonderdiskursen und Sprecherkontexten geführt, über die sie eigentlich verfügen sollten. Daher besteht die wichtigste Frage beim Vorantreiben der gegenwärtigen Forschung zum westlichen Marxismus darin, dass wir auf die Texte und Figuren, die wir für vorhanden hielten, zurückkommen, uns ihnen erneut stellen, die besonderen historischen Kontexte konstruieren und die »Symptome« ihrer theoretischen Logik und ihres Tenors herausfinden. Allein auf der Grundlage einer Tiefenlektüre können wir eine neue Runde des »Tiefpflügens« und der »Feinarbeit« beginnen.

Zweitens betrifft eine wichtige theoretische Voraussetzung der gegenwärtigen Forschung zum ausländischen Marxismus die Frage des Wechsels des Forschungsparadigmas. Es ist nicht zu leugnen, dass seit dem 1968er »Mai-Sturm« in Frankreich in der Neuen Linken und im Lager des traditionellen westlichen Marxismus große Spaltungen auftraten. Insbesondere konnten sie, im Sinne der dritten Ebene, Gehalt und Umfang des Paradigmas des traditionellen »westlichen Marxismus« (wie die **zwei großen Themen: der eigentliche Marx und politische Kritik des Kapitalismus**) vor dem Hintergrund der heutigen Globalisierung nicht einlösen, was sie versprachen. Sie konnten die zahlreichen, komplizierten und komplexen Spektakel der Postmoderne nicht bewältigen. Falls am Forschungsparadigma eine erneute Abgrenzung nicht länger durchgeführt wird, wird ein Chaos der theoretischen Logik über uns hereinbrechen. Meiner bescheidenen Meinung nach können die neuesten Entwicklungstrends des ausländischen Marxismus nur dann untersucht werden, wenn man durch eine neue Umgrenzung der historischen theoretischen Logik über dieses Phänomen reflektiert, das heißt, das **historische Ende des westlichen Marxismus** identifiziert und das neue Gefüge konstruiert, in dem der **postmoderne Marxismus**, die **post-Marx-sche Denkströmung** und der **Spätmarxismus** koexistieren.[2]

Wie oben erwähnt hatte in den 60er Jahren Adornos Kritik der Totalität und Identität als qualitatives Zeichen das Ende der Notwendigkeit der historischen Existenz des westlichen Marxismus als eine theoretische Denkströmung verkündet. Solch ein Ende vollzog sich auf der Ebene der

---

2 Genau gesagt soll dies auch den »Postmarxismus« im Sinne der politischen Praxis einschließen. Diese Bezeichnung ist in der Forschung des gegenwärtigen Sozialismus und revolutionärer Strategien im Westen ein allgemein anerkannter Begriff. Obwohl der »Postmarxismus« seit den 50er Jahren verwendet wurde, wurde er vor allem in den 90er Jahren mit dem von Laclau und Mouffe publizierten Buch *Hegemonie und radikale Demokratie: Zur Dekonstruktion des Marxismus* (Verso, 1985; Passagen, 2000) als theoretischer Explosionspunkt eine formelle politische Denkströmung und ist in der Tat ein postsozialistischer Begriff mit der kulturellen Hegemonie und der sozialistischen Revolutionsstrategie als theoretische Zielsetzung. Bei ihnen tritt der Sozialismus nur als eine »Godotsche« Unmöglichkeit auf. Ein Kommentar zu dieser Denkströmung findet sich in Hu Dapings »Nach dem Marxismus«, in *Journal of Nanjing University*, 2003.

4

historischen Praxis durch das Scheitern der Revolten-Bewegung der jungen Studenten im Westen und der »Rosaroten Revolution« in den späten 60er Jahren.[3] Als eine bestimmte theoretische Denkströmung wurde der westliche Marxismus bekanntlich in der theoretischen Neuinterpretation des »orthodoxen Marxismus« der Zweiten Internationale durch einige marxistische Philosophen im Europa der 20er Jahre unbewusst konstruiert. Diese theoretische Tendenz weist jedes ideologische und offizielle Gestell des Marxismus zurück, wendet sich insbesondere gegen die unwissenschaftliche Weise der Deutung, die die klassischen Verfasser des Marxismus idealisiert, und hofft, in Anlehnung an ein neues Verständnis der Marxschen Texte einen unorthodoxen »Neumarxismus« zu unterscheiden, welcher zu dem Engelsschen und Stalinschen System heterogen ist. Dieser »neugeborene« Marx pflegt jedoch in einer zeitgenössischen westlichen kulturellen und philosophischen Schule außer Haus zu wohnen. Vor allen Dingen beharren diese linken Theorien stur darauf, dass sie **wahre** Marxisten sind, obwohl deren Wesen noch in der Ideologie besteht, dem politischen System des Kapitalismus im Rahmen der industriellen Zivilisation explizit entgegenzutreten.

In der Anfangsperiode der logischen Konstruktion des westlichen Marxismus konfrontierten Lukács vermittels der Totalität, Gramsci vermittels der Philosophie des praktischen Monismus und Korsch vermittels der Subjekt-Objekt-Identität die Aufspaltung der theoretischen Logik und der kapitalistische Wirklichkeit mit der Dialektik der Geschichte; nach den 30er Jahren brach aus dem westlichen Marxismus, mit den *Ökonomisch-philosophischen Manuskripten aus dem Jahre 1844* des jungen Marx als textuelle Basis, im logischen Gerüst des Neuhumanismus eine Art anthropologischer Marxismus hervor, welcher die frühen theoretischen Aktivitäten der Frankfurter Schule enthält, wohl aber auch die humanologische Konstruktion von Leuten wie Bloch, Sartre, Fromm und Lefebvre miteinschließt. Mitte der 60er Jahre, als die theoretische Konstruktion und Verallgemeinerung des anthropologischen Marxismus auf dem Gipfelzustand stand, unternahmen jene Theoretiker des westlichen Marxismus angeführt von Althusser mit der

---

3 Der Pariser »Rote Mai-Sturm« in Frankreich wird auch unsichtbare und kämpfende Rosarote Revolution für das Ding genannt. Siehe Quattrocchi A., Nairn T., *The Beginning of the End, France, May 1968*, Verso, 1998, Vorwort, S. 24.

szientistischen Methode einen heftigen Angriff gegen die anthropologische Schule, indem sie in Anlehnung an ihre Fokussierung auf wissenschaftsmethodische Strukturen und objektive Gesetzmäßigkeiten dem nicht-geschichtlichen Menschen Subjektivität absprachen, sodass im Inneren des westlichen Marxismus eine Abspaltung der modernen westlichen Vernunft im akademischen Unbewussten – die Tragikomödie des Paradoxons von Humanismus und Szientizismus – neu inszeniert wurde.

Infolgedessen ereignete sich in der Spätphase der Entwicklung der Frankfurter Schule der Wendepunkt einer gewichtigen theoretischen Mutation – insbesondere mit Abhandlungen wie *Dialektik der Aufklärung,* mitverfasst von Adorno und Horkheimer, und der *Negative Dialektik* Adornos tat sich eine logische Intention auf, nämlich die immanente Absage an die **gesamte industrielle Zivilisation.** Die Idee der Aufklärung als kapitalistischer Befreiungsdiskurs wird kritisch beurteilt als ein Flügel der instrumentellen Vernunft der Unterjochung der Natur unter dem Menschen und der Herrschaft des Menschen über dem Menschen, und alles, was immer noch versucht, Freiheit und Befreiung auf der Grundlage eines **identischen** Wesens (sei es der Mensch oder die Gesetze) zu suchen, würden sämtlich verborgene Komplizen der kapitalistischen Totalität. Das »Gewaltverhältnis« des Menschen zur Natur wird kritisch introspektiert. Hier werden die wichtigsten Logiken der Marxschen historischen Dialektik, nämlich die Grundlage des Wachstums der Produktivkräfte und die Befreiung des Menschen, negiert. Im Unterschied zu gleichartigen ontologischen Schwankungen wie die der verdinglichten Produktion des jungen Lukács sowie der entfremdeten Praxis Sartres hat diese theoretische Tendenz Adornos die theoretische Logik des traditionellen westlichen Marxismus gänzlich überlaufen und den westlichen Marxismus beendet. Ich denke, dass die Philosophie Adornos einen theoretischen Extremalpunkt in Richtung postmoderne Denkströmung eröffnet hat und seine philosophische Konstruktion ferner eine ganz neue Haltung gegenüber Marx markiert, die ich als **post-Marxsche Tendenz** positioniere. Das Wesen dieser theoretischen Haltung liegt darin, dass sie die entscheidenden theoretischen Grundlagen in der marxistischen Philosophie von Grund aus negiert, waehrend sie gleichzeitig die Marxsche kritische Tradition in der Methodik und

6

im grundlegenden Standpunkt zutiefst beerbt. In der Abfassung der theoretischen Texte beruft sie sich nicht länger fromm auf Marx' »klassischen Texte«; stattdessen ist ihre Kritik an oder Zustimmung zu Marx freier und gelassener. Diese post-Marxsche Tendenz repräsentiert das theoretische Bild vieler westlicher Vor-Marxisten und Denker der »Mitte-Links«-Strömung nach den 70er Jahren. Es beruhte auf ihre Ideen, dass in der Frankfurter Schule unmittelbar darauf eine große theoretische Wende stattfand und die völlig neue Posthumanologie zur Grundlage wurde. Zum Beispiel schrieb der humanistische Philosoph der zweiten Generation des westlichen Marxismus Fromm in seinem letzten Werk *Haben oder Sein* (1976), dass er auch auf die abstrakte Subjektzentrik verzichtet und zwischen dem »am Haben orientierten« subjektiven Sein des Humanitarismus und dem nicht am Haben orientierten, nicht-zentralen, »am Sein orientierten« Subjekt im posthumanologischen Diskurs unterschied. Er war ausdrücklich gegen den »Egoismus, Selbstsucht und Habgier« des traditionellen Humanitarismus, gegen die »Unterjochung der Natur« und gegen das »feindselige Verhältnis« des Menschen zur Natur. Obwohl Fromm versuchte, diese theoretische Intention mit seiner ursprünglichen humanologischen Theorie zu vereinen, kann man auf alle Fälle sagen, dass jene vorherige historische Logik, welche die Dominanz und die Transzendenz des menschlichen Subjektes betonte, stark nachließ. Die Ideen des späteren Pollock und Habermas gründeten sich auf dieser neuen theoretischen Wendung. Ohne diesen Punkt zu verstehen, ist es unmöglich, Habermas' nichtidentische Kommunikationstheorie nach seiner Transzendenz der Arbeitsökonomik wahrhaft zu lesen. Daher war es Adorno, der als Vorbote die post-(moderne)-Marxsche Denkströmung erschuf. Darüber hinaus bemerkte ich noch ein anderes gewichtiges theoretisches Ereignis, das beinahe zur gleichen Zeit stattfand. Es war die schwerwiegende Wendung des bedeutenden französischen westlichen Marxisten und Philosophen Lefebvre in der mittleren und späten Phase seiner akademischen Untersuchungen, nämlich das kritische Studium des **modernen** Alltagslebens nach 1962. Lefebvre stellte damals einige Gesichtspunkte auf, die von der Theorie der Entfremdung des Alltagslebens seiner Frühphase verschieden waren. Er identifizierte in der Tat die Umwandlung der Herrschafts- und Knechtschaftsstruktur der gegenwärtigen kapitalistischen

Gesellschaft **von der materiellen Existenz – Ökonomik – zum Konsum – Codik.** Lefebvre übernahm die Führung beim Umsturz der Marxschen historischen Grundlage der materiellen Produktionsweise und in seiner späteren Raumforschung bewies er die Genese der sogenannten repräsentationalen Räume, die über die räumliche Sphäre der Wirklichkeit hinausgehen, um das Feld der gesellschaftlichen Verhältnisse des historischen Materialismus zu ersetzen (die traditionellen Räume: der absolute Raum der Natur, der historische Raum der Politik und der abstrakte Raum der Ökonomie). Seine Ansichten beeinflussten bzw. förderten unmittelbar Baudrillards post-Marxsche Wende. Es ist anzumerken, dass Adorno und Lefebvre durchwegs noch westliche Marxisten waren, waren sie es aber auch, die die historische Genese der post-Marxschen Denkströmung direkt angetrieben haben.

Im marxistischen Lager nach Adorno trat eine radikale Denkströmung auf, die die industrielle Zivilisation sowie alle kulturellen Formen, die sich auf ihrer Grundlage ausbildeten, negierte. Deren dominierende Kraft war der in Anlehnung an die postmoderne Denkströmung neu konstruierte postmoderne Marxismus, wie etwa der ökologische Marxismus und der neue feministische Marxismus. Obwohl diese Theoretiker sich immer noch als Marxisten sahen, waren ihre Wege vom traditionellen westlichen Marxismus zweifellos getrennt. Die Heterogenität beider liegt im Grunde darin, dass der letztere die wichtigsten Prinzipien im Gerüst der marxistischen Philosophie überhaupt negiert. Zum Beispiel ist der ökologische Marxismus gegen den Gesichtspunkt, dass die Hebung des Entwicklungsniveaus der Produktivkräfte die Grundlage der historischen Entwicklung ist, weil eine solche nicht-ökologische Haltung der zwanghaften Unterjochung der Natur durch das Menschensubjekt tatsächlich eine Absage überhaupt am Wachstumsmodus der Produktivkräfte im historischen Materialismus sei. Ein weiteres Beispiel ist der feministische Marxismus, welche kritisiert, dass der Marxsche Gesichtspunkt der gesellschaftlichen Klassen ebenso patriarchal sei. Sie sehen die Ursache hierfür darin, dass Marx, als er sich mit dem Verhältnis zwischen Arbeit und Kapital beschäftigte, nur die Arbeit identifiziert habe, die sich auf dem Tauschmarkt verwirklicht, jedoch die Stellung, welche die weibliche Hausarbeit, unfähig in die **abstrakte** gesellschaftliche Gesamtarbeit einzugehen, in den Existenzbedingungen der Arbeitskraft inne haben soll, unterlassen habe, und glauben, dass diese von Marx vergessene »Schattenarbeit« ebenfalls eine Arbeit sei, die Mehrwert schaffe. Obwohl sich die obigen Sichtweisen mit dem Marxismus identifizieren, gehören sie jeweils nicht länger zur grundlegenden theoretischen Intention des traditionellen westlichen Marxismus, sich um die Bestätigung des »eigentlichen« Marx und um moderne Kapitalismuskritik anzustrengen.

Nach dem »Mai-Sturm« verabschiedete sich eine Gruppe junger westlicher Marxisten in Europa vom Marxismus und wandte sich einer radikaleren und zudem unmittelbar in der postmodernen Denkströmung manifesten post-Marxschen radikal-kritischen Denkströmung zu. Diese Jugendlichen mit leidenschaftlichem Eifer und stürmischem Elan brachten ihren Dissens mit dem Marxismus offen zum Ausdruck, identifizierten sich jedoch mit einer Art kritischer Erbschaft, die sie von Marx geerbt haben. Beispiele sind Deleuze, Baudrillard und der späte Derrida. Das vorwiegende theoretische Merkmal dieser Strömung besteht darin, dass sie selbst dem theoretische Mainstream der von Barthes, Lacan und Foucault gebahnten postmodernen Denkströmung gehört, aber verschieden vom politischen Standpunkt der rechten Fraktion der Postmoderne (zum Beispiel Lyotard, Rorty und Hassan) ist. Eine wichtige Figur unter ihnen, die kürzlich die Bühne betreten hat, ist der slowenische Lacanianer Žižek. Sie kritisieren den gegenwärtigen Kapitalismus von einem Querschnitt auf eine heftige Art und Weise, bewahren jedoch vorsichtig eine gewisse Distanz zum Marxismus. Darunter mag auch die auf dieser Grundlage ausgebildete Kulturkritik des Postkolonialismus und Neuhistorismus fallen. Dies ist es, was ich »**post-Marxsche Denkströmung**« nenne. Falls eine klare Identifikation vorgenommen wird, ist diese **Denkströmung selbst** eine theoretische Mutation, die von der scharfen Rechtswende des westlichen Marxismus im postmodernen Diskurs herbeigeführt wurde. Es sollte aber angemerkt werden, dass diese post-Marxschen Philosophen **keine Marxisten waren oder nicht länger Marxisten sind**. In dieser Hinsicht sind sie heterogen zu Adorno und Lefebvre, und hinsichtlich ihres politischen Standpunktes auch krass verschieden von dem oben erwähnten postmodernen Marxismus, der sich selbst immer noch als Marxismus bezeichnet, und dem Spätmarxismus, den wir unten diskutieren werden.

Die post-Marxsche Philosophie stellt sich als eine historische Transzendenz des Grundgerüsts des Marxismus zur Schau. Die post-Marxsche Philosophie stimmt in dieser Hinsicht mit dem postmodernen Marxismus in der historischen Ontologie überein, vor allem weil sich diese sogenannten neuen Philosophien auf der Transzendenz der Moderne durch das Postmoderne gründen. Sie glauben, dass die gesellschaftsgeschichtliche Grundlage, auf der der Marxismus fußt, als ein Relikt der Geschichte unweigerlich untergegangen ist und die ganz neue gesellschaftliche Zivilisation eine heterogene Wirklichkeitsgrundlage für neue radikale Kritik bieten soll. Daher schlagen die meisten post-Marxschen Denker vor, Marx unter einem Aspekt kritisch nachzuweisen und zugleich neue Plattformen der Kritik aufzubauen. Zum Beispiel Baudrillards *Le mirroir de la production* (dt. Der Spiegel der Produktion) und *Pour une critique de l'économie politique du signe* (dt. Für eine Kritik der politischen Ökonomie des Zeichens), die in den 70er Jahren veröffentlicht wurden, können als typische Beispiele gelten. Baudrillard studierte unter dem westlichen Marxisten Lefebvre und geriet dann unter den Einfluss von Barthes und Debord. Debord schrieb in *La société du spectacle* (dt. Die Gesellschaft des Spektakels) den Anfang von Marx' *Kapital* neu, wobei er Marx' »ungeheure Warenansammlung« mit »eine ungeheure Ansammlung von Spektakeln« ersetzt. Im Anschluss daran schlug Baudrillard einfach vor, von *La société du spectacle* zur *La société de consommation* den Warenaustausch mit einem Austauschverhältnis von Zeichen zu ersetzen, was die historische Entzauberung der Marxschen Produktionsweise verkündete. In *Le miroir de la production* verkündet er: »Der Marxismus bricht mit dem kapitalistischen Produktivismus nicht radikal genug und bietet sich lediglich als eine effizientere und gerechtere Organisation der Produktion anstatt einer mit vollkommen anderen Werten und Lebensweisen.« Er glaubt, dass der Spiegel der Produktion, auf welchem Marx beruht, zerbrochen und die Phantasie der postmodernen Medien die wahre Herrin der heutigen Herrschaft des Kapitals geworden ist. Außerdem verkündete Baudrillard den gleichzeitigen Tod der Moderne und der Industrie (der materiellen Produktionsweise), worin auch die seiner Absage an den Marxismus zugrundeliegende Ursache liegt. Das Prinzip der molekularen Revolution von Deleuze und Guattari, die das postmoderne »Schizo-Subjekt« durch Einbettung in den Nietzscheschen Willen zur Macht und in einer Weise, die die Fesseln der Einheitlichkeit aller Deutungen (Theorien) auflöst, zu einer nomadischen Wunschmaschine macht, spielt die selbe Musik mit anderen Instrumenten. Die Ereignisse, die kürzlich stattfanden, sind die Ersetzung der Marxschen materiellen Produktionsweise durch *Informationsweise* durch Poster und die Ersetzung der Marxschen materiellen Verhältnisse durch die Lacanschen *Symptome durch* Žižek. Außerdem gibt es da noch die qualitative Revolte der französischen Regulationsschule in der Ökonomie. Abgesehen davon sollten wir die bürgerlichen Denker eigens anführen, bei denen gleichzeitig eine ähnliche Wende stattfand, zum Beispiel Habermas' und Arendts Wendung von der Sphäre der Arbeit zu Verkehrsverhältnissen. In ihren Augen spielt Marx nur als ein **geschichtlich abwesendes** Gespenst (Derrida) eine Rolle. Kurzum, die post-Marxsche Philosophie versucht, die vom Marxismus ursprünglich diskutierte Problematik zu überschreiten, was in theoretischen Standpunkten eine bedeutende Heterogenität aufweist.

Es muss darauf hingewiesen werden, dass nachdem die postmoderne Denkströmung zur Haupt-Logik der westlichen radikalen Kräfte wurde, es noch einen alternativen Diskurs der marxistischen Philosophie gab. Verglichen mit den obigen beiden Strömungen steht diese alternative Denkströmung dem traditionellen westlichen Marxismus am nächsten und behält in der immanenten theoretischen Logik noch das postmoderne Raum-Zeit-Verhältnis mit dem traditionellen westlichen Marxismus bei. Sie hält an den grundlegendsten Prinzipien und Grundansichten der marxistischen Philosophie fest, und glaubt, dass der philosophische Rahmen des Marxismus unerschütterlich und durch die postindustrielle Gesellschaft unüberschreitbar ist. Angesichts der neuen schwungvollen Entwicklung des Kapitalismus weigerte sie sich anzuerkennen, dass sich in der Welt in aller Stille qualitative Veränderungen abgespielt haben, und identifiziert diese lediglich strategisch als »Spätkapitalismus« (Mandel) oder globaler Kapitalismus. Ich definiere sie in Abgrenzung zur post-Marxschen Denkströmung als *Spätmarxismus*. Die Vertreter, die in der westlichen Akademie immer noch an der vordersten Front stehen, umfassen Jameson, Eagleton, Dirlik, Best und Kellner. Die kreativste unter ihnen ist Theorie über die Epoche der »flexiblen Produktion«

des Kapitalismus von Dirlik. Der Spätmarxismus transzendiert den traditionellen westlichen Marxismus, insofern er, obwohl er auf dem Grundgerüst und den Prinzipien der Analyse und Problemlösung seiner Vorläufer beharrt, sich immerhin den neuen Problemen, die sich aus der postindustriellen Gesellschaft und Globalisierung ergeben, gegenüberstellt, daher einen völlig neuen theoretischen Diskurs hervorbringt, um damit umzugehen. Es muss darauf hingewiesen werden, dass der Spätmarxismus und der postmoderne Marxismus demselben neuen geschichtlichen Sichtfeld gegenüberstehen. Jedoch ist der postmoderne Marxismus in der Anerkennung der Umwandlung der Moderne zur Postmoderne darauf erpicht, die postmoderne Erneuerung des Marxismus zu bejahen, während der Spätmarxismus die Postmoderne nicht anerkennt und dieses neue Zeitintervall als eine spätere Entwicklungsperiode des Kapitalismus betrachtet. Beiden ist gemeinsam, dass sie sich selbst als Marxismus bezeichnen und darauf bestehen, den Marxismus zu vollenden, was sie vis-a-vis post-Marxsche Denkströmung offensichtlich heterogen macht.

Ich glaube, dass wir nur unter den beiden oben genannten theoretischen Prämissen eine grundlegende wissenschaftliche Plattform zum Studium des westlichen Marxismus aufbauen können. Ferner bin ich überzeugt, dass eine aufrichtige Lektüre der wichtigsten klassischen Texte von ausländischen Marxisten sehr vonnöten ist, bevor wir panoramische Beschreibungen themenspezifischer oder zusammenfassender Art machen. Das ist auch der Fokus meiner jüngsten Forschungen. Von denen wurden zwei Monografien, nämlich *Atonal Dialectical Illusion: A Textological Reading of Adorno's 'Negative Dialectics'* und *Problematic, Symptomatic Reading, ISA and History of Marxism: A Textological Reading*, bereits veröffentlicht. Ich habe vor, über die wichtigsten Texte des westlichen Marxismus, die post-(modern)-Marxschen Denkströmung und den Spätmarxismus eine systematische Lektüre zu machen. Das Projekt begann 1998, nachdem ich Zurück zu Marx – Der Philosophische Diskurs im Kontext der Ökonomie (dt. 2019, Canut Intl. Verlag, Berlin) abgeschlossen habe, und sollte innerhalb von fünf Jahren beendet sein. Es muss nun jedoch länger dauern, und ich bin entschlossen, dieses Projekt fortzusetzen.

Vor der Veröffentlichung des ersten Bandes von *Spurensuche: Von Adorno bis Žižek – Analysen der postmarxistischen Theorie*, habe ich im Jahr 2003 begonnen, diesen zweiten Band zu schreiben. Ich hatte jedoch nicht erwartet, dass sich die Texte, mit denen ich mich in diesem Buch auseinandersetzen musste, für mich als eine so aufregende Erfahrung erweisen würden. Zusätzlich zu dem abgeschlossenen Teil über Adorno, der bereits schlimm genug war, waren andere post-Marxschen Denker und Texte alle verstörend, beängstigend und quälend. Diese drei Jahre erwiesen sich als eine sehr schwierige Zeit.

Zum Beispiel wurde mir die Bedeutung des Buches *The Sublime Object of Ideology* (dt. Das Erhabene Objekt der Ideologie) von Slavoj Žižek, einem in Europa und Amerika sehr populären akademischen Star, erst klar, als ich es zum vierten Mal las. So etwas war niemals zuvor geschehen. Ich erinnere mich, dass ich jedes Wort, das Žižek schrieb, verstehen konnte, insbesondere den Eingangsteil zur Diskussion der marxistischen Ökonomie und Philosophie, aber ich wusste einfach nicht, was er genau meinte, und war verärgert. Zudem musste ich meine Konzentration, da Žižek theoretische Unterstützung von Lacan erhielt, schmerzhaft auf Lacan und seinen hexenhaft mysteriösen Diskurs richten. Ein Jahr ging vorbei, bis etwas Interessantes geschah: Der ursprüngliche Plan, eine Abhandlung über Žižek zu schreiben, führte zu einem Buch über seinen theoretischen Vater Lacan. Das fügte meinem Schreiben ein weiteres unerwartetes Ergebnis hinzu.

Dann schrieb ich über Derridas *Spectres de Marx* (dt. Marx' »Gespenster«) und Debords *Gesellschaft des Spektakels*. Obwohl auch sie tiefschürfend waren, fand ich es relativ einfach, mit ihnen umzugehen. Im Herbst 2004 begann ich meine Interpretation von Derridas *Marx' »Gespenster«* zu schreiben und beendete den Entwurf während meines Aufenthalts in England. Das Jahr 2005 verbrachte ich hauptsächlich mit Lacan, und gegen Ende des Jahres beendete ich Debords *Gesellschaft des Spektakels*. Doch diese bequemen Tage vergingen zu schnell. Dann begegnete ich Baudrillards *Le miroir de la production*, was mir als eine so schwierige Aufgabe erschien, dass ich überlegte, ob ich weitermachen solle oder nicht. Wenn von Baudrillard die Rede ist, dann sind die Menschen im Allgemeinen von der hyperbolischen Illustration der gegenwärtigen gesellschaftlichen Existenz wie »Implosion«,

»Simulakrum« usw. in seinen späteren Jahren angezogen, während sie seinen früheren Werken, insbesondere seinem Buch *Le miroir de la production*, das er als Abschied von Marx verwendete, und das in meinen Augen bisher eines der bedeutendsten Bücher gegen den Marxismus geworden ist, weniger Beachtung schenken. Das Buch ist wichtig, weil es über den dogmatischen Marxismus im Stalinschen Kontext hinausgeht und unmittelbar auf die wesentlichen Inhalte in marxistischen Texten zielt, insbesondere auf die kritischen Schlussfolgerungen von ökonomischen Manuskripten des späten Marx wie auch auf die politische Ökonomie und den historischen Materialismus im *Kapital*. Zudem strukturiert Baudrillard seine Logik auf der Grundlage der Erforschung primitiver Stämme durch den französische Anthropologen Marcel Mauss, der in den 60er und 70er Jahren die gesamte europäische akademische Welt beeinflusste. Und er greift die einschlägige Graswurzel-Philosophie Georges Batailles auf. Folglich war ich oftmals sprachlos, als ich *Le miroir de la production* las, so als werde ich von jemandem geschlagen und sei unfähig, mich zu wehren. Es war ein sehr unangenehmes Gefühl. Im Unterschied zu Žižeks Text widerspricht dieses Buch von Baudrillard Texten, die wir täglich neu interpretieren müssen und denen wir aufrichtig folgen. Ich konnte mich nicht zurückziehen, sondern erkämpfte meinen Weg hinaus. Diesmal habe ich Baudrillard zurechtgewiesen, so wie er es in den 70er Jahren mit Marx getan hatte. Ich denke, Baudrillard hat es verdient.

Die Auswahl der Texte in diesem Buch geschah nach den gleichen Maßstäben wie im ersten Buch. Ich will nicht jeden einzelnen Aspekt der Theorien ansprechen oder jene Theoretiker auswählen, die einen allgemeinen gesellschaftlichen Einfluss ausüben. Meine Betonung liegt auf den Texten, die als Klassiker der post-Marxschen Denkströmung gelten können. Aus diesem Grund habe ich nach sorgfältiger Überlegung letztlich einige Texte wieder herausgenommen, um in einer gewissen logischen Dimension einen wohlüberlegten Schock zu erzeugen. Dieses Buch ist immer noch in Einklang mit der modernen textuellen Methode der **Gedanken-Situierung**, die ich parallel dazu in meiner Untersuchung von Lenins *Philosophischen Heften* anwende.

Ich möchte hier besonders Dr. Fang Xianghong danken, der mir bei den ausländischen Materialien geholfen hat, und Zhou Jiaxi und Cai Yu, die viel Zeit mit der Materialsammlung und mit Schreibarbeiten verbracht haben. Schließlich vielen Dank an meine Herausgeberin Li Yanhui und ihre Kollegen für ihre Unterstützung.

Zhang Yibing
20. Mai 2015
Nanjing

Kapitel 1
Einbildung der atonalen Dialektik: Textuelle Lektüre von Adornos *Negative Dialektik*

Die Dialektik, die Adorno im Auge hat, ist nicht die Lehre vom Zusammenhang und Entwicklung in den Lehrbüchern der traditionellen marxistischen Philosophie, sondern eine revolutionäre Theorie der Kritik. Dies ist der Definitionsbereich der Dialektik des westlichen Marxismus vom jungen Lukács ab. Auch darum wird seine Ausdrucksform der Dialektik ihre Systemstruktur der totalen Logik auch notwendig verlieren und zu einer dekonstruktiven, antisystemischen und ihre Erstarrung unaufhörlich zerbrechenden negativen Gedankenbewegung. Im Inhalt der Vorrede und des Zweiten Teils der *Negativen Dialektik*, welche in diesem Kapitel erörtert werden, ist die von Adorno aufgerollte negative Dialektik nur ein funktionaler Diskurs der Kritik, ein modernes Tongedicht, ein kräftig pulsierendes impressionistisches Gemälde. Man kann auch sagen, dass es der Teil im Buch ist, welcher am besten geschrieben ist.

Prolog: Vorbereitung einer kritischen Methodik

Adorno[1] betrachtet die Konstruktion von Theorie als eine Artengemeinschaft von miteinander wechselwirkenden unhierarchischen Gedanken, weshalb er die Konstellation und das Kraftfeld gewählt hat, um solch eine neue nicht-zentrierte und nicht-unterjochende Denkweise auszudrücken. In der Tat zieht sich damit um jedem Spätling, der irgendwie noch den traditionellen interpretativen Diskurs verwendet, ein unübersteigbarer Zaun hoch. Deshalb müsste ich ankündigen, dass die logischen Scheidungen im folgenden Kapitel für den Text der Negativen Dialektik Adornos indirekt relevant sind. Sie sind lediglich anti-destruktive Schreibinstrumente und

1 Theodor Wiesengrund Adorno (1903-1969), berühmter deutscher Soziologe, Musiktheoretiker und Philosoph des westlichen Marxismus, der Hauptvertreter der ersten Generation der Frankfurter Schule, Begründer der gesellschaftskritischen Theorie. Adorno wurde in Frankfurt am Main in Deutschland geboren und starb an einem Herzanfall während eines Urlaubs in Visp in der Schweiz. In 1921 ging er an die Universität Frankfurt, um Philosophie, Musikwissenschaft, Psychologie und Soziologie zu studieren. Ende 1924 graduierte er unter der Betreuung von Hans Cornelius mit einer Dissertation über die Phänomenologie von Edmund Husserl. 1931 trat er seine 2-jährige Privatdozentur in Frankfurt an, nachdem seine Habilitationsschrift *Kierkegaard. Konstruktion des Ästhetischen* angenommen worden war. Als der Aufstieg des Nazi-Deutschlands begann, verließ Adorno Deutschland und zog nach England, wo er einen Lehrauftrag an der Universität Oxford erhielt. Kurz darauf folgte er dem Weg mehrerer anderer Freunde der Frankfurter Schule und emigrierte in die USA. Zwischen 1938-1941 war er ein offizielles Mitglied in Horkheimers Institut für Sozialforschung in New York. Von 1941 bis 1948 unternahm er Forschungen im Rahmen seiner Teilnahme am Programm von Lazarsfeld und Stanton in Princeton, das sich auf die Untersuchung des Totalitarismus konzentrierte. Danach wurde er zum stellvertretenden Direktor des Forschungsprojekts zu gesellschaftlicher Diskriminierung an der Universität von Kalifornien in Berkeley ernannt (1948-1949). 1949 kehrte Adorno nach Deutschland zurück und unterstützte Horkheimer beim Wiederaufbau des Instituts für Sozialforschung. Inzwischen erhielt Adorno eine Professur für Philosophie und Soziologie an der Universität Frankfurt. Im August 1950 wurde er stellvertretender Direktor des Instituts für Sozialforschung. 1958 übernahm er die Stelle von Horkheimer als Direktor des Instituts für Sozialforschung. Einige seiner herausragenden Werke sind: *Dialektik der Aufklärung* (zusammen mit Horkheimer, 1947), *Minima Moralia: Reflexionen aus dem beschädigten Leben* (1951), *Negative Dialektik* (1966).

Linsen des Verfassers, die er zur Bequemlichkeit des Lesers verwendet. Ich hoffe, der Leser kann durch diese Ebene hindurchsehen und Adornos Geist wahrhaftig durchschauen.

1. Kritisches Dekonstruktionsprinzip und theoretische Struktur?

Der Grund, warum ich hinter dem Titel vorsichtig ein Fragezeichen gesetzt habe, ist, dass es in der Erörterung Adornos weder ein festes Prinzip noch eine identitätslogische theoretische Struktur geben wird. Die einzelnen Abschnitte der deutschen Originalausgabe des atonalen Buches Negativen Dialektik, die nicht paraphiert sind, wurden in den Generalabschnitten der englischen Ausgabe (die chinesische Ausgabe gab der Chongqing-Verlag 1993 davon heraus) erneut in Absätze gegliedert. Die Untertitel in der Übersetzung sind im Originaltext absichtlich ganz ans Ende des Buches gesetzt, um eine Lektürereferenz bereitzustellen. Adorno zu lesen ist offenbar schmerzhaft und illegal. Denn, wir kommen nicht umhin, diesen von ihm ins Kraftfeld der Idee aufgelösten »quasi-postmodernen« Text mit der logischen Analyse der Vernunft zu erklären. Es ist schließlich eine illegale Aneignung um der Rücksicht auf den Leser willen.

Gleich am Anfang der »Vorrede« verkündet Adorno von vornherein, er will die Dialektik erörtern, aber mit dieser Erörterung der Dialektik nach Nietzsche und Heidegger ist etwas ganz anderes gemeint. Seine Erörterung der Dialektik ist von Hegel und Marx beeinflusst, aber offensichtlich nicht in dem Maßstab der **affirmativen** Beschreibung der äußerlichen Dinge im Kontext von »Zusammenhang und Entwicklung«, sondern ist platziert im kritisch-revolutionären Kontext der Dialektik der **Geschichte,** weshalb er auch lernt, in Heideggerschen Tönen zu sagen, »Dialektik will bereits bei Platon, dass durchs Denkmittel der Negation ein Positives sich herstelle.«[2] Dies scheint von der Sokratischen Dialektik des Dialogs zu künden, die sich *per reductio ad absurdum* ergibt. In dieser Hinsicht steht die Natur in der

---

2   Theodor W. Adorno, *Negative Dialektik,* in: ders., *Gesammelte Schriften,* Bd. 6, S. 7-412, hier: S. 9.

ganzen Ideengeschichte des westlichen Marxismus in Bezug auf die kritische Identifikation der Engelsschen Bestimmungen der Dialektik durch den jungen Lukács.[3]

Revolutionäre-kritische Subjekt-Objekt-Dialektik. In Geschichte und Klassenbewusstsein identifiziert der junge Lukács »die entscheidenden Bestimmungen« der Dialektik explizit als »die Wechselwirkung von Subjekt und Objekt; Einheit von Theorie und Praxis.«[4] Damit wird auch eine Vorannahme in der theoretischen Logik identifiziert, nämlich dass die Dialektik bloß eine Theorie der **Geschichte** der Transformation des Objekts durch das Subjekt sei. Denn, in der materiellen Natur außerhalb des menschlichen Subjekts existiere offenbar kein bewusstes Praxis-Subjekt. Danach schreibt der junge Lukács, »die Dialektik wird also hier nicht in die Geschichte hineingetragen oder an der Hand der Geschichte erläutert (wie sehr oft bei Hegel), sondern **sie wird vielmehr aus der Geschichte selbst** als ihre notwendige Erscheinungsform auf dieser bestimmten Entwicklungsstufe **herausgelesen** und bewusst gemacht.«[5] Dialektik könne nur die subjektive Dialektik der Geschichte sein, weshalb er Engels darin widerspricht, es sei notwendig, die Dialektik in die Natur zu treiben (es ist die gemeinsame theoretische Orientierung des frühen westlichen Marxismus, die Dialektik im Gebiet der ›Geschichte‹ zu platzieren). Nach der Ansicht des jungen Lukács liegt der Grund, weshalb die Dialektik nicht länger revolutionär sei, die Wurzel dieser theoretischen ›Verworrenheit‹, in Engelsschen ›Missverständnissen‹ der Dialektik. Wie früher erwähnt, ist Dialektik, nach der Ansicht des jungen Lukács, Dialektik der Geschichte, deren Kerngehalt das dialektische Verhältnis des Subjekts und Objekts sei, aber »Engels, – dem falschen Beispiel Hegels folgend – die dialektische

---

3   Georg Lukács, *Geschichte und Klassenbewusstsein*, in: ders., *Werke*, Bd. 2: Frühschriften II, Neuwied/Berlin 1968, S. 161-517, hier: S. 173.
4   A.a.O., S. 175, Anm. 1.
5   A.a.O., S. 362.

Methode auch auf die Erkenntnis der Natur ausgedehnt hat.«[6] Das ist eine illegale Aneignung. »Die wesentlichste Wechselwirkung: **das dialektische Verhältnis des Subjekts und Objekts im Geschichtsprozess** wird [von Engels] nicht einmal erwähnt, geschweige denn in den – ihr zukommenden – Mittelpunkt der methodischen Betrachtung gerückt. Jedoch ohne diese Bestimmung hört die dialektische Methode – trotz aller, freilich letzten Endes doch bloß scheinbarer, Beibehaltung der »fließenden« Begriffe usw. – auf, eine revolutionäre Methode zu sein.« Der junge Lukács glaubt, dass Engels' Fehler vorwiegend in dem Versuch liegt, in der äußerlichen Natur, wo offenbar kein bewusstes Subjekt existiert, die sogenannte »Dialektik der Natur« zu suchen: aus der äußerlichen Natur ohne Subjekt könne sich niemals spontan die Dialektik der Geschichte mit revolutionärer Funktion ergeben. »Bleibt diese zentrale Funktion der Theorie unbeachtet, so wird der Vorteil der ›fließenden‹ Begriffsbildung ganz problematisch: eine rein ›wissenschaftliche‹ Angelegenheit.«[7] Der obige Satz zielt offensichtlich auf den Engelsschen Gesichtspunkt ab, dass »Dialektik allgemein die Lehre des Zusammenhangs und der Entwicklung der Dinge« ist. Was er besagt, ist, stünde das tätige Verhältnis des Subjekts und Objekts nicht im Zentrum der Dialektik, so wäre wieder betont, dass das Fließende der Dialektik (der Natur) auch ein Naturprozess außerhalb des Menschen sei. Würde die marxistische Theorie zu einer dem Menschen äußerlichen positiven Wissenschaft, so wäre es logisch und notwendig, dass sie im Schlamm der bürgerlichen Ideologie des zuschauenden Fetischismus (Positivismus) suhlt. »Der grobe, unkritische Marxismus« sei eine tiefergehende logische Abweichung der Zweiten Internationale. Denn, schaffe man das tätige Wesen der Dialektik einmal ab und warte man an der Haltestelle des Subjekt-Objekt-Verhältnisses darauf, dass die Revolution stattfindet, so würde dies nur auf eine »Theorie der revolutionsfreien ›Entwicklung‹, des kampflosen ›Hineinwachsens‹

---

6   A.a.O., S. 175, Anm. 1.
7   A.a.O., S. 174.

in den Sozialismus«[8] hinauslaufen. Ein solcher Marxismus würde sich sicherlich als ein abstraktes konterrevolutionäres Dogma in ernsthafter Abkehr von der Wirklichkeit entpuppen. Das ist die erneute Bekanntgabe des negativen Wesens der Theorie der materialistischen Dialektik durch den jungen Lukács.

Adorno verkündet hier steif, er wolle die Dialektik von ihrem »affirmativen Wesen« befreien. Darum sucht er sich eine besondere Bestimmung der Hegelschen Dialektik, nämlich die **negative** Dialektik aus. Dies ist eine direkt-zeigende Betitelung, nämlich dass etwas, was für die Hegel-Marxsche Dialektik früher mal funktional war, sich als fundamentale Bestimmung herausstellt.

Ich glaube, dass diese negative Identifikation eine **ontische** Bedeutung hat. Ein Gesichtspunkt Spinozas, den Hegel affirmierte, sei: »Das Negative hat zugleich das Positive!«. Hier bei Adorno kommt die Negativität dem ontischen Pulsieren der Dialektik gleich, was ein der dialektischen Logik immanenter objektiver Widerspruch sei; Negation und Kritik seien für die Dialektik ontisch, »ohne an Bestimmtheit etwas nachzulassen«. Obwohl Adorno alle Ontologie entschieden negiert, besteht seine gesamte theoretische Absicht darin, von außen beschreibende Affirmativität der Dialektik zu dekonstruieren und eine auf der Verneinung beruhende konkrete Bestimmtheit zu konstruieren. Davon stammt möglicherweise auch seine theoretische Verlegenheit ab, welchem er später nicht entkommen konnte.

Eine weitere Bestimmung ist: »Negative Dialektik verstößt gegen die Überlieferung.« Was einer differenzierten Analyse bedarf, ist, dass Überlieferung an dieser Stelle nicht die Tradition der Interpretation der Lehre der Dialektik meint, sondern den Oberbegriff für die gesamte westliche Metaphysik im Nietzsche-Heideggerschen Kontext. *Nach der Nietzsche-Heideggerschen Deutungslogik ist genau genommen die mit Descartes beginnende Lehrtradion in der Geschichte der westlichen Philosophie gemeint.* Er glaubt, dass in einer solchen metaphysischen Logik »die herrschende Vorstellung von Philosophie annimmt, [etwas–a.d.Ü.] erhebe sich auf einer Grundlage.« Gemeinverständlich gesprochen erörtere die

---

8   A.a.O., S. 175.

Philosophie immer ausgehend von der Grundfrage, welches das Erste ist, und Adorno will diese Philosophie des **Ursprünglichen** bzw. des **Primats** zu kritisieren. Es ist offensichtlich ein immenser theoretischer Vorstoß. Dieser Satz Adornos bedarf einer Erklärung. Ansonsten wird es unnötige negative Auswirkungen auf philosophische Gemeinplätze haben. Tatsächlich widerspricht Adorno jeder **Onto**-Philosophie, -**Ismen**-Philosophie und **System**-Philosophie auf einem Standpunkt der von ihm sogenannten negativen Dialektik und der **Geschichtsphilosophie** (er glaubt auch von sich, die wahre Logik der Marxschen Philosophie zu sein, wobei dieses »Selbst-Glauben« **zu sein** auch poetisch ist). Dieser umfasst sicherlich sämtliche Idealismen und Materialismen in der Geschichte, die gleichermaßen Mittelpunkt seiner Zielscheibe sind, sobald sie ein Prinzip des »Grundlagenbegriffs wie den Primat des inhaltlichen Denkens« befolgen. Dies ist offensichtlich die Nietzsche-Heideggersche Logik der subversiven Reflexion der westlichen Philosophie. Adorno erbt im Tiefsten dessen Relikte. Hier gibt es zwei Punkte, die von entscheidender theoretischer Qualität sind:

Erstens, die sämtliche vorhergehende philosophische Erörterung, ganz gleich ob sie den materiellen Ursprung oder den geistigen Primat, oder in jüngerer Zeit das Unbewusste als das Ursprüngliche oder das Gerüst der apriorischen Vernunft als Prämisse fasst, entkomme nicht der tiefsitzenden logischen Falle, dass das als ontologische Grundlage Vorangenommene objektiv **Ergebnis des Denkens** ist. Was heißt das? Das heißt, die vorhergehende Philosophen dachten, dass das, was sie ihrerseits als den Ursprung der Welt auszeichneten, die wahre Realität sei, der wahre Fall aber darin bestehe, dass das, was die Philosophen, »nachdem sie längst vieles ausgeführt haben«, als das Ursprüngliche (»Materie«, »Bewusstsein«, »Natur«, »Mensch«, »Gattung«, »Substanz«, »Logos«, »Vernunft«, »Praxis«, »Unbewusstsein«, »Wille«, »Leben«, »Intention«, »Sein« usw.) dargelegt haben, in der Tat »der Autor erst entwickelt«. Denn, das Wahre im blinden Fleck bestehe darin, dass jene Ersten allesamt Begriffe (das einheitliche »Eine« am Ursprung) von mannigfaltigen Dingen und Phänomenen sind, die von Menschen **historisch** abstrahiert worden sind, und einer bestimmten Epoche angehören. Das bedeutet auch, dass »die Bewegung [des Ersten/des Primats] einzig im Vollzug ihr Selbstbewusstsein gewinnt«. Idealisierten wir etwas, was in der

Tat Ergebnis des eigenen Denkens selbst ist, als Ursprung der Welt, so würde das, was »objektiv ist«, notwendig zu einem von unseren Ideen hergestellten abstrakten ideellen Wesen (»Seiende«). Es sei Metaphysik des **toten** Begriffs im Sinne des Seins. Das Mysterium der prima philosophia sei gewöhnlich, dass die Begriffe, die wir hergestellt haben, uns unterjochen, was eine sehr tiefe **Selbstverfangenheit** sei. Es ist zweifellos evident, dass dieser Gedanke ursprünglich von Heidegger und nicht von Adorno geschaffen wurde !

Zweitens, in dieser Metaphysik bilde sich wohl auch ein vermittels der **Logik des Identitätszwangs** konstruiertes **hierarchisches** Begriffssystem aus, in dem alle philosophische Deduktion von jenem ursprünglichen und **allherrschenden** ontologischen Begriff überragt wird. Im Unterschied zum ersten theoretischen Punkt wurde dieser nicht unmittelbar von Heidegger übernommen, da Heidegger in Adornos Sicht ebenso in dieser Identitätslogik gefangen ist. Man sollte sagen, dass dies hingegen der unmittelbare Zugang zu dem ihm folgenden Derrida und auf Deleuze ist. Man kann auch sagen, dass die nachfolgende sogenannte postmoderne Theorie der Dekonstruktion, historisch gesehen, hier ihren Ausgangspunkt hat. Deshalb sagt Adorno, dass er versucht, alle »Karten auf den Tisch« zu legen, um die hierarchische Struktur all dieser philosophischen Systeme zu zerbrechen (was für mich und all jene Leser, die mit Adorno nicht einer Meinung sind, bitter sein kann). Alle Gesichtspunkte werden auf eine nicht-hierarchisierende Weise zu einer Konstellation zusammengefügt werden, um »anstelle des Einheitsprinzips und der Allherrschaft des übergeordneten Begriffs die Idee dessen zu rücken, was außerhalb des Bannes solcher Einheit wäre.«[9] In diesem Sinne sei die negative Dialektik notwendig **antisystemisch**. Dies ist ein Punkt, dem wir Aufmerksamkeit schenken sollten, weil hier Adorno die Schlüsselwörter seines Denkbetriebs früh aus dem Kopf schmeißt.

9   A.a.o., S. 10.

Textuelle Dekonstruktion und Rekonstruktion. Das ist das, was Adorno tut. Bei der Niederschrift der *Ästhetischen Theorie*, die er gleichzeitig mit der *Negativen Dialektik* begann, räumt Adorno ein, »die ersten [Fassungen] sind ein organisierter Selbstbetrug, durch den ich mich in die Position des Kritikers meiner eigenen Sachen manövriere.«[10] Das liegt daran, dass selbst Adorno in seinem eigenen Schreibprozess oft in die große Versuchung der traditionellen »prima philosophia« gerät. Üblicherweise vollzieht sich die Niederschrift der ersten Fassungen immer noch in der Identitätslogik. Zu diesem Zeitpunkt »handelt [es] sich ganz einfach darum, dass aus meinem Theorem, dass es philosophisch nichts ›Erstes‹ gibt, nun auch folgt, dass man nicht einen argumentativen Zusammenhang in der üblichen Stufenfolge aufbauen kann.« Er schreibt etwas mit prima philosophia und löst es dann wieder auf. Dies ist eine adornitische Schreibweise. In den selbstkritischen zweiten Fassungen setzt er es bewusst nicht länger fort, ein Universum des Vernunftdenkens in der üblichen Stufenfolge zu konstruieren, weshalb er »das Ganze aus einer Reihe von Teilkomplexen montieren muss, die gleichsam gleichgewichtig sind und konzentrisch angeordnet, auf gleicher Stufe; deren Konstellation, nicht die Folge, muss die Idee ergeben«. Das erfordert auch, dass die zweiten Fassungen »konzentrisch in gleichgewichtigen, parataktischen Teilen geschrieben werden [muss], die um einen Mittelpunkt angeordnet sind, den sie durch ihre Konstellation ausdrücken«[11]. Texte, in dem allerlei Abschnitte und allerlei theoretische Gesichtspunkte »gleichgewichtig« sind, sind auch die von Adorno hergestellten idealisierten theoretische Konstellationen und textuelle Montagen. Ich müsste sagen, dass wir hier noch den Schatten des Benjaminschen »unbestimmten Schreibens« sehen. Denn Benjamin hatte einst gesagt, dass das Werk gewöhnlich die Totenmaske der Konzeption sei, weshalb man die Wahrheit aus dem »Abfall« entdecken könne,

---

10 Theodor W. Adorno, *Ästhetische Theorie*, in: ders., *Gesammelte Schriften*, Bd. 7, Frankfurt/Main 1990, S. 540.
11 A.a.O., S. 541.

ohne durch das Gestell der Logik zu gehen, befinde man sich nur »in der Arbeitsstätte, wo die Betätigung von Dingen vor sich geht«.[12] Nachdem Adorno das theoretische Hochhaus in den ersten Fassungen vollendet hat, hat er es wieder in eine »Baustelle« demontiert. Daher ist es mein Grund zu glauben, dass dieser dekonstruktive Schreibweg das textuelle Geheimnis der *Negativen Dialektik* ist. Was Adorno zerschlagen hat, werde ich Stück für Stück wiederaufbauen. Es ist vielleicht auch der Ansatz der offiziellen Geschichte des postmodernen Denkens. Um noch eine Sache zu bemerken, vor den 50er Jahren war Adornos Schreibweise immer noch gemäß dem logischen Weg der traditionellen Textkonstruktion. Wolin nennt es sogar »philosophische Mikrologik«, nämlich »eine Art selbstbeschreibender ›Zerlegungslogik‹, die das ›Allgemeine‹ zwingt, sich erst nach der vollständigen Taufe des Besonderen herzustellen.«[13] Tatsächlich hatte jene Feinanalyse nach der Art einer halben »Feld«-Analyse bis *Zur Metakritik der Erkenntnistheorie* eine leitende Stellung inne. Außer seinen Texten zur Musik- und Kulturforschung ist die *Negative Dialektik* hingegen in der Tat der erste konstellative dichtende Text in Adornos philosophisch-theoretischer Erörterung. Zudem gibt es einen Beweis: In dem letzten Teil des Buchs gibt es immer noch einige von Adorno umgeschriebene alte Fassungen, obwohl Adorno am Korpus des nicht-konstellativen traditionellen Text absichtlich gemeißelt hat.

In der »Vorrede«, in der Adorno sich eine textuelle Anleitung gibt, ist der Inhalt der *Negativen Dialektik* wie folgt: Die »Einleitung« legt den Begriff der philosophischen Erfahrung dar. In dieser »Einleitung« stellt Adorno nicht, wie in philosophischen Zusammenfassungen überhaupt, zunächst einmal gewisse abstrakte Begriffe auf, um das theoretische Interesse des Lesers mit einem Gestell einzurahmen, sondern findet einen großen Gefallen an einer neuen aufregenden philosophischen Erfahrung. Nach dem Hinweis von Adorno sollen wir mit der »Einleitung« eine neue philosophische Erregung

---

12　Walter Benjamin, Einbahnstraße, in ders., *Gesammelte Schriften IV*, 1, S. 85-150, hier: S. 93.
13　Wolin, Richard, *The Terms of Cultural Critism*, Columbia 1992, S. 84.

empfinden. Einer gewissen Beachtung bedarf es, dass es sich nicht um eine Logik der **Vernunft** handelt, in deren Zentrum ein Begriffssystem steht, sondern um eine heterogene philosophische **Erfahrung**, die aus einer kritischen dialektischen Denktätigkeit herausströmt. Intuitiv betrachtet, gibt es drei Aspekte: erstens, unter dem Aspekt der philosophischen Prämisse widerspricht Adorno der Totalität und dem absoluten Wesen der traditionellen philosophischen Konstruktion und stößt ein nichttotales und **spielerisches** Denken an; zweitens, in der begrifflichen Disposition negiert er die Identitätslogik ausdrücklich und stimmt der nichtidentischen Auflösung und der Ungefangenheit zu; drittens, in der dialektischen Bewegung, widerspricht er dem trügerischen Widerspruch, welcher auf Einheit abzweckt, und treibt eine heterogene Dialektik voran, welche die Herrschaft der Totalität wahrhaft sprengt, das ist natürlich die negative Dialektik. Das zeigt, dass die »Einleitung«, die wir in diesem Kapitel erörtern werden, sehr wichtig ist.

Der Erste Teil der *Negativen Dialektik* erörtert die Ontologie, wobei er inhaltlich gesehen hauptsächlich Kritik der Heideggerschen Philosophie ist, die in der zeitgenössischen deutschen Philosophie am wichtigsten war. Das eine weitere Abrechnung mit der zeitgenössischen deutschen Philosophie nach der Kritik Kierkegaards und Husserls, welche von Adorno fortgesetzt wird. Doch nach seiner Ansicht wird »über diese Ontologie nicht von oben her geurteilt, sondern sie wird aus dem seinerseits problematischen Bedürfnis verstanden und immanent kritisiert.«[14] Das sei Hegels Taktik der Kritik. Der Zweite Teil schreitet von der Kritik der Ontologie wieder zur Erörterung der Idee der negativen Dialektik fort. Das konkrete Verfahren besteht darin, Kategorien zu erörtern, die aber qualitativ verändert werden. Der Leser sei im Voraus daran erinnert, dass wenn Adorno in diesem Buch andere kritisiert, unzählige Farben aufleuchten, deren Brillanz einem die Augen blendet, aber sobald er einmal selbst etwas Positives heraushebt, die Enttäuschung allemal größer als die Hoffnung ist. Der Dritte Teil besteht in den mehreren Modellen der negativen Dialektik: 1) durch die Dialektik der Freiheit wird die Erörterung der »Philosophie der Moral« vollbracht; 2) durch den »Weltgeist und Naturgeschichte« wird die Erörterung der

---

14   Adorno, *Negative Dialektik*, S. 10.

Geschichtsphilosophie vollbracht; 3) durch kritische Selbstreflexion werden metaphysische Fragen erörtert, wobei dies schließlich »im Sinne einer Achsendrehung der Kopernikanischen Wendung« ist.[15]

Am Ende der Originalschrift (deutsche Ausgabe) befindet sich eine »Notiz«, die von Adorno selbst geschrieben wurde (Der englische Übersetzer hat diese äußerst wichtige textuelle Erklärung aus heiterem Himmel weggelassen; in der chinesischen Übersetzung folgte die Ausgabe des Chongqing-Verlags von 1993 diesem Fehler). In dieser »Notiz« erhalten wir die folgenden textuellen Nachrichten mitgeteilt: 1) *Negative Dialektik* wurde von 1959 bis 1966 geschrieben; in der zweite Auflage von 1967 wurde ein Abschnitt über das qualitative Moment von Rationalität und eine Fußnote über Kontingenz und Notwendigkeit hinzugefügt; 2) die Kerngedanken des Buches bilden drei Vorlesungen, die Adorno 1961 am Collège de France in Paris hielt; 3) die ersten beiden Vorlesungen bilden den Ersten Teil der *Negativen Dialektik*; der Zweite Teil beruht auf der Umformung und Erweiterung der dritten Vorlesung; der Dritte Teil beruht auf früheren akademischen Aktivitäten, wobei die ersten Entwürfe des ersten Kapitels »Freiheit« 1937 geschrieben wurde, und die Motive des zweiten Kapitels »Weltgeist und Naturgeschichte« auf einem Vortrag an der Kant-Gesellschaft in 1932 beruht; und 4) Adorno sagte selbst, dass der wichtigste Gedanke, nämlich »Idee einer Logik des Zerfalls« in seinen Studentenjahren entstanden ist. Diese Notiz uns für die historische Positionierung dieses Textes hilfreich.[16]

Ich glaube, dass Adorno es geleistet hat. In der folgenden Erörterung dieses Abschnitts werden wir uns hauptsächlich mit den Gedanken in Adornos sonatenartiger Philosophie in der Einleitung beschäftigen.

---

15   A.a.O.
16   Vgl. a.a.O., S. 409.

28

2. Wiederauflösung der Dialektik: Niedergang und Rettung der Philosophie auf dem Markt

In völligem Unterschied zu aller modernen bürgerlichen Philosophie bespricht Adorno das Schicksal und den Status Quo der Philosophie aus der unmittelbar gegebenen gesellschaftlichen Wirklichkeit. Er sagt, dass Marx 1845 behauptete, dass die vorhergehende Philosophie die Welt interpretiert habe, aber es darauf ankomme, die Welt zu verändern. Als danach die Philosophie die **Verbindung von Theorie und Praxis** wahrlich herzustellen und sich ihrer Realisierung anzunähern schien, wurde die Bewegung der Verwirklichung der Philosophie aber wegen der »unzulänglichen« Interpretation der Anregung von Marx, die Welt zu verändern, praktisch zu einem pragmatischen Markt-Kitch. Ich glaube nicht, dass Adornos Kontext an dieser Stelle deutlich ist, denn der Hauptströmung der westlichen Philosophie ging es nie darum, Marx zu verstehen; und es ist offensichtlich auch ungenau, mit Vermarktlichung auf die traditionelle marxistische Philosophie nach Stalin zu verweisen. Es ist hingegen hinnehmbar, dass die gesamten gegenwärtigen westlichen bürgerlichen Ideologien die Philosophie in allerlei **akademische Marktstände** verwandeln. Hier gibt es auch eine historische Referenz: früher ginge die Philosophie einem aus der mannigfaltigen sinnlichen Realität abstrahierten »Primat« hervor; jetzt hingegen kehre sie zu einer Darstellung einer höheren und komplexeren diversen verdinglichten Wirklichkeit des Vielen zurück. In der modernen kapitalistischen Industriezivilisation wohnt diesmal »der introvertierte Gedankenarchitekt hinter dem Mond, den die extrovertierten Techniker beschlagnahmen.«[17] Das besagt, dass die traditionelle Mystifikation der abstrakten Spekulation von Waren und von der Technik zerbrochen würde. Früher erklärten der Philosoph auf dem hohen Ross den Menschen auf geheimnisvolle Weise das vernünftige Wesen hinter sinnlichen Phänomenen und stellte mit dieser durchschauenden geistigen Tätigkeit einen Machtdiskurs in Anspruch; heute, auf dem Markt, wo alles von Wissenschaft und Technik dechiffriert würde, sei dies »ein Machtanspruch, den das zu Begreifende widerlegt.« Die Hand der Industrie, die früher den Regenbogen des Dichters seiner Konzeption beraubte und ihn den fröhlichen Kobold im Dickicht töten ließ, hat sich heute in die Riesenarme

17   A.a.O., S. 15.

29

der Wissenschaft und Technik verzaubert, die das Denken erwürgen. In einem Markt von entleerten Gedanken ohne Poesie gibt es heute »bloß noch die Reklame für die Welt durch deren Verdopplung, und die provokatorische Lüge, die nicht geglaubt werden will, sondern Schweigen gebietet.«[18] *Adorno denkt und sagt, was uns heute in China begegnet, wo das Diesseits auf eine Verdinglichung zusteuert. Die Frage, die die Leute dem Philosophen häufig stellen, ist »Was nützt du ?!« In dieser Welt des Ruhms und Reichtums ist der Philosoph wirklich verfallen.*

Adorno glaubt, dass unter der Herrschaft des kapitalistischen Systems »dem Markt keine Theorie mehr entgeht«. Das ist richtig. Gründlicher könnte man sagen, dass Theorien der Falle des Handels kaum entgehen können, solange es einen Markt gibt. In China gibt es ein altes Sprichwort, das da lautet: »Wer frei von Habsucht ist, der steht aufrecht.« Aber solange der Intellektuelle selbst bzw. ihre Angehörigen sich mit Leib und Seele in die Wirklichkeit begeben, sind sie in der Tat nicht vornehm, ganz gleich ob es dem Philosophen selbst bewusst oder unbewusst ist. Adorno entdeckt, dass Hegel bereits im neunzehnten Jahrhundert erkannt hatte, dass Philosophie nicht etwas ist, was das Leben übersteigt; »Philosophie ist ein bloßes Moment in der Realität, eine arbeitsteilige Tätigkeit.« Darum erlegte Hegel der metaphysischen Inflation der Philosophie schlauerweise historische Schranken auf. Adorno sagt weiter, dass jede philosophische Theorie, ungeachtet ihrer inneren Zusammensetzung oder ihrer angeblichen »immanenten Wahrheit«, unweigerlich von einem wirklichen und geschichtlichen Ganzen abhänge. Es ist vielleicht die Ironie jener Phrase von Marx, dass »Philosophie die geistige Quintessenz ihrer Zeit ist«. Noch trauriger sei, dass die Philosophie in der heutigen Marktwelt »angesichts der unermesslich expandierten Gesellschaft und der Fortschritte positiver Naturerkenntnis Überbleibseln der einfachen Warenwirtschaft inmitten des industriellen Spätkapitalismus«[19] gleicht. Oder mit anderen Worten, in einer Zeit, wo überall auf den Effekt geachtet wird, »erzwingen die Einzelwissenschaften die Philosophie zur Rückbildung in eine Einzelwissenschaft«, in **eine,**

18   Theodor W. Adorno, *Prismen*, in: ders., *Gesammelte Schriften*, Bd. 10, 1, S. 9-287, hier: S. 29.
19   Adorno, *Negative Dialektik*, S. 15.

die der marktzentrierten Schmeichelei um den Profit folgend Unsinn redet. Wie im vereinten Reich der Logik der positivistischen »Absage an die Metaphysik«, beschäftige sich die Philosophie der Technik und Wissenschaft, der Wissenschaft und Technik folgend, mit der instrumentellen Vernunft, die ökonomische Philosophie, der Ökonomie folgend, mit der Effizienzrealisierung, die politische Philosophie, der Politik folgend, mit Machtmechanismen, usw. Auf den ersten Blick ist es klar, dass der implizite Diskurs Adornos die Philosophie immer noch in der Metaphysik verortet.

Adorno weist darauf hin, dass es das Scheitern der Philosophie selbst sei. Freilich heißt das keineswegs, dass der Grund für ihr Versagen darin liegt, dass die Philosophie sich in eine Doktrin der Metaphysik verwandelt hat, noch in dem ungeheuren äußeren Druck, den die Veränderungen der ihr äußerlichen gesellschaftlichen Verhältnisse ausüben, sondern gerade im logischen Gerüst der traditionellen Philosophie selbst, welches auch das notwendige Ergebnis jenes zwanghaften System der **Identität** in der oben genannten Logik der traditionellen Philosophie selbst sei (Mit Foucault gesprochen ist die gesamte moderne Philosophie »als ein Denken der *Identität* entwickelt«[20]). Denn, in jener theoretischen Trägheit, die alle Dinge und Phänomene zwanghaft in einem Begriffsrahmen umfasst, werden die heutige Philosophie und die ganze Welt notwendig gezwungen, denselben »Quadrat im Kreis« zu durchlochen. *Eine alte chinesische Währung, eine rundförmige Kupfermünze, die in der Mitte ein quadratisches Loch hatte. Hier wird es metaphorisch für Geldverhältnisse benutzt.* Es ist ein **isomorphes** Verhältnis. Eine neues »vertikales Verhältnis« sei entstanden; »das Geld ist Gott unserer Zeit«.[21] In der Wirklichkeit der Marktwirtschaft sei das

---

20 Michel Foucault, »Ordnung der Dinge«, in: *Philosophical Discourse in Postmodernism*, Hangzhou Zhejiang Renmin Press 2000, S. 3.

21 Georg Simmel, »Das Geld in der modernen Cultur«, in: ders., *Aufsätze und Abhandlungen 1894-1900*, hg. von H.-J. Dahme und B. Frisby (*Gesamtausgabe*, Bd. 5), Frankfurt/M. 1992, S.178-196, hier: S. 191. Im theologischen Kontext ist *tertium comparationis* des Menschen mit dem Menschen das horizontale Verhältnis; und *coincidentia oppositorum* des Menschen gegenüber Gott ist, auch als Erhebung über den Einzelnen (Individuum), das vertikale Sakralverhältnis. Das neue vertikale Verhältnis des Geldes ist jedoch eine Art herunterfließende Abflachung, welche den Menschen nicht auf die Welt bringt, sondern ihn vom Subjekt ins Ding umkehrt.

Übergeordnete gewiss dieses **objektive abstrakte** »Eine«, nämlich das alles verbindende **Wertäquivalent** – Geld (Kapital). Es sei die **Ausweglosigkeit** der gegenwärtigen Philosophie im stahlharten Gehäuse der Identität des globalisierten Marktes.

Natürlich weist Adorno darauf hin, dass es doch einen lichten Weg gibt, möchte man aus der Identitätslogik abspringen und den Tod wahrhaft vermeiden: durch **Dialektik**. Auf den ersten Blick sieht es wie eine altmodische Identifikation aus, weshalb wir zunächst eine sehr komplexe Abgrenzungs- und Differenzierungsarbeit durchlaufen müssen, um Adornos Definition der Dialektik zu erfahren. Dies ist auch sozusagen eine Deutungsgeschichte der Dialektik, allerdings ein Stück Geschichte missdeuteter Wirkungen.

Adorno behauptet, »ihr Name sagt zunächst nichts weiter, als dass die Gegenstände in ihrem Begriff nicht aufgehen.« Dieses »zunächst« ist selbstverständlich nur die Kritik der **affirmativen** Dialektik, die am Anfang stattfindet. Diese Sprache, die einer heiligen Schrift ähnelt, bedarf natürlich einer volkstümlichen Erklärung. In der Tat erkannte er auch: »Denken heißt identifizieren«. Am Anfang der menschlichen Zivilisation führten die Begriffe eine identische dialektische Abstraktion vom »Vielen« zum »Einen« durch. Es soll darauf hingewiesen werden, dass seit Beginn der Fundierung des wesentlichen Charakters des Begriffs des »Seins« durch die eleatische Schule die Abstraktion vom »Vielen« zum »Einen« stets als epistemische Vertiefung und kultureller Fortschritt vom Phänomen zum Wesen im Fortgang des menschlichen Denkens identifiziert worden ist. Jetzt introspektiert Adorno hingegen von der umgekehrten Seite her, was die Richtung Nietzsches und Heideggers ist. Mir fällt auf, dass Adorno in der Einleitung (sogar im gesamten Buch) die Quelle dieses seines wichtigen Gedankens immer bewusst verdeckt.

Er sagt, »der Schein von Identität wohnt jedoch dem Denken selbst seiner puren Form nach inne«. Der Grund ist ganz einfach: Gibt es keine auf das Eine zurückgehende Abstraktion von dem vielen Gegenständen Gemeinsamen, so gibt es keinen Begriff (Lenin sagte, dass Begriff und Wesen sowie Gesetze Bestimmungen derselben Ordnung sind), sodass es auch keinen Gedanken geben kann, der als Begriff operiert. Es bedarf des Hinweises, dass Adorno diesen Punkt nicht einfach negiert, bzw. dass er die Identität überhaupt nicht schlicht negiert. Doch nach seiner Ansicht habe die metaphysische Philosophie selbst als Denken des Denkens seit Platon begonnen, ein **hierarchisches** Reich identischer Begriffe zu konstruieren, sodass sich unter der Verfügung eines vergöttlichten primären ursprünglichen Begriffs untergeordnete begriffe verschiedener Gattungen ausbildeten – ein despotisches Reich mit strenger Hierarchie. **Die als Gedankendespotie erscheinende Identität** ist das Ziel, welches Adorno angreift. Nach diesem Gedankengang wäre Ideengeschichte natürlich Geschichte der Selbstunterjochung der begrifflichen Identität. Unter dem Umgriff dieser Despotie der Identität »schiebt begriffliche Ordnung sich vor das, was Denken begreifen will« und wird notwendig **Ideologie des Wissens**. In der *Ästhetischen Theorie* von Adorno gibt es eine sehr berühmte Phrase: »Einheit ist Schein«. Denn in der Abstraktion eines Dinges durch irgendeinen Begriff werden sich »Schein des Denkens « und »Wahrheit des Denkens« (jener Teil des wahren Seins, der in der Idee erfasst wird) immer verschränken. Es kommt aber oft vor, dass der Begriff zwanghaft das abschneidet, was »außerhalb des Denkens« ist, und behauptet, jene abgegrenzte, begrenzte begriffliche Bestimmung wäre **alles**. Um es mit Heideggers Worten zu beschreiben: »Theoretisches Hinsehen hat immer schon die Welt auf die Einförmigkeit des puren Vorhandenen abgeblendet«. Dies ist auch das, was Adornos sogenannte affirmative Dialektik der Idee, die immer versucht, dass Gegenstände »in ihrem Begriff nicht aufgehen«, bedeutet. Am Anfang war die Idee nur »ein Ersatz für die Präsenz« (Derrida), doch am Ende w**eist sie sich immer als eigentliche Präsenz aus**. Das wirft eine Frage auf. Denn jeder Begriff kann bestimmte Gegenstände nur auf eine historisch begrenzte Weise widerspiegeln, weshalb sich die Ideologie der Identität der Idee der **Ersetzung des Trügerischen mit der Wirklichkeit** ereignet, wenn sich der Begriff mit allem identifiziert. Es ist Schein. Selbst wenn es die außerordentlich dialektische Form annimmt, ist es immer noch ideologisch.

Adorno sagt, dass Kant glaubt, dass »das dem Begriff jenseitige An sich als ganz Unbestimmtes nichtig« ist. Als Hegel darin Kant widerlegte, schlug er vor, dass es der **Widerspruch** ist, welcher die »begriffliche Totalität« als Schein durchbricht und das Heterogene zur begrifflichen Totalität ist. Dies sei das Tiefschürfende an der Positionierung der Dialektik mittels

Negativität durch Hegel. Weil der Hegelsche Widerspruch am Ende der Einheit und Versöhnung bezweckt, sagt Adorno, dass sein dialektischer Widerspruch immer noch »Nichtidentität unter dem Aspekt der Identität« sei. Das ist eine sehr raffinierte Sichtweise.

Adorno sagt, dass Kant glaubt, dass »das dem Begriff jenseitige An sich als ganz Unbestimmtes nichtig« ist. Als Hegel darin Kant widerlegte, schlug er vor, die »begriffliche Totalität« als Schein damit zu durchbrechen, dass das Heterogene zur begrifflichen Totalität sei **Widerspruch**. Dies sei das Tiefschürfende an der Lokalisierung der Dialektik mittels **Negativität** durch Hegel. Weil der Hegelsche Widerspruch am Ende der Einheit und Versöhnung diene, sagt Adorno, dass sein dialektischer Widerspruch immer noch »Nichtidentität unter dem Aspekt der Identität« sei.

3. Dialektik ist kein starrer Standpunkt

Der negativen Neuinstallation der Dialektik durch Hegel folgend behauptet Adorno im Gegenzug auf eine frontal positiv-identifizierende Weise: »Dialektik ist das konsequente Bewusstsein von Nichtidentität. Sie bezieht nicht vorweg einen Standpunkt«[22]. *Der Untertitel dieses Abschnitts lautet »Dialektik, kein Standpunkt«* ! Dies kann missverstanden werden. Denn, der »Standpunkt« an dieser Stelle bezieht sich vor allen Dingen auf eine erstarrte Ansicht und eine fixierte theoretische Prämisse, die die gesamte theoretisch-logische Operationen auf eine allwissende und teleologische Weise vorantreibt. Falls meine Beurteilung nicht falsch ist, ist die Theorie hier abkünftig von einer spezifischen negativen Identifikation des »vorhandenen Schlusses« der traditionellen Metaphysik durch Heidegger.[23] Das ist das, wogegen Adorno opponiert; Dialektik könne nur **nichtidentische** Bewusstheit sein. Gebe es Nichtidentität, so sei es allerdings auch nicht bestimmt wahre Dialektik. Es ist wirklich sehr schwierig.

Erstens, wie in einer der Varianten der Dialektik – in dem Ganzen der absoluten Idee der Hegelschen Philosophie sei der Widerspruch wohl nichtidentisch, aber dennoch lediglich ein komplizierter Mechanismus, wo die Idee selbst am Ende auf die logische Identität zugehe. Denn bei Hegel

22   A.a.O., S. 17.
23   Heidegger, *Sein und Zeit*, S. 20.

sei »die Totalität des Widerspruchs nichts als die Unwahrheit der totalen Identifikation, so wie sie in dieser sich manifestiert.« Widerspruch und Identität seien in der Tat miteinander verschweißt und gehorchten demselben Gesetz. Das ist richtig. In der Hegelschen Philosophie ist die dialektische Bewegung der Idee überall, und der nichtidentische Widerspruch ist die innere Triebkraft, die die Bewegung der Idee vorantreibt. Trotzdem verwirklichen sich der wahre Fortschritt und das wahre Aufsteigen der Idee jedes Mal durch eine Vereinigung, welche Nichtidentität auslöscht. Dies ähnelt der Sinfonie von Beethoven, »Genosse« von Hegel in der Musik, bei der verschiedene Sätze eine äußerst üppige Nichtidentität vorgeben, doch all dies widersprüchliche Anordnungen und Variationen derselben Tonart und desselben Themas sind und es keine Nichtidentität auftreten wird, die die Tonart und Hauptmelodie wahrhaft zerbricht. Ähnlich entlarvt sich der nichtidentische Anschein und Schein in der Hegelschen Dialektik immer als Identität des Wesens der Idee. Es gibt nur einen Gott; es ist die absolute Idee, gleich der in der Theodizee.

Adorno teilt uns noch mit, dass dieses Gesetz der Identität Hegels »das Gesetz der Realität, nicht Gesetz des Denkens« sei. Hier nimmt er darin wie Marx das Verhältnis Hegels mit Smith und Ricardo wahr.[24] Die Hegelsche absolute Identität beruht auf der Identität der kapitalistischen Marktwirtschaft; hinter Hegels Universalismus der Idee steht eben jener Universalismus der kapitalistischen Warenproduktion, die durch den freien Wettbewerb die Welt erobert. *Im Dritten Teil der Negativen Dialektik hat Adorno seine alte Fassung über die Hegelschen Philosophie, worin diese Ansicht ausgiebiger entfaltet wird, umschrieben.* Demgemäß benannte Marx die Weltgeschichte der absoluten Identität dann in die **Weltgeschichte des Kapitals** neu. Offensichtlich setzt Adorno Marx in einer neuen Erwägung fort. Er weist ferner darauf hin, dass diese Regel der Identität in der Idee des Menschen heute von der Wirklichkeit unmittelbar verstärkt würde. Diese Verstärkung entstamme der »verwalteten Welt« gegenüber uns. *Durch die Erörterung des dritten Teils der Einleitung über die Infiltration und Herrschaft des gesellschaftlichen Lebens durch die instrumentelle Vernunft haben wir den*

---

24   Vgl. Abschnitt 1.2 in Zhang Yibing, *Zurück zu Marx – Der philosophische Diskurs im Kontext der Ökonomie*, Berlin 2019.

Sinngehalt der »verwalteten Welt« bereits verstanden. Adorno sagt, dass in einer Welt, in der **Mittel zum Zweck verkehrt** worden sei, »die Verarmung der Erfahrung als deren abstraktem Einerlei angemessen«[25] erweist. Mit anderen Worten, im Fortschreiten des Gleichmachens (auch Modernisierung oder Säkularisierung genannt) der kapitalistischen Marktwirtschaft ist alles der Standardisierung der Technologie unterworfen; alles wird durch die Vereinheitlichung der Wissenschaft verwaltet; alles wird durch die Homogenisierung (Quantifizierung) des Austauschs gleichgesetzt, was notwendig zu einem **monogenen** und armen Erfahrungsleben führt (wir werden im Folgenden erörtern, dass die heterogene lebendige Erfahrung des Subjekts bei Adorno beinahe die Bedeutung einer Ontologie des Lebens hat). Schreibe man Hegel neu, dann hätten wir eine Formel wie: hier gibt es nur die goldene Farbe; Mannigfaltigkeit ist nichts weiter als die verschiedenen Erscheinungen eines Wertäquivalents. Weiter tiefer ist das Kapital dieses »Eine«. Es ist das Gesetz der Identität der Weltgeschichte des Kapitals (im heutigen globalisierten Kapitalismus), das das Gesetz der Identität der Grenzfläche der Subjektivität hergestellt hat. Adorno glaubt, dass der Mensch dieser despotischen Welt der Identität, in der Subjekt und Objekt isomorph sind, dem nicht entkommen könne, entweder die wahrhafte negative Dialektik zu beschreiten oder sich der allgegenwärtigen honigsüßen bürgerlichen Ideologie zu beugen.

Zweitens, die Kantische Philosophie sei eine andere Variante der Dialektik. Diese Dialektik möchte diese Welt auch herausfordern, allerdings auf Kosten der schmerzhaften Scheidung von Subjekt und Objekt. Die Kantische Philosophie beschränke das Erkenntnisvermögen des Menschen auf diesseitige objektive Phänomene, weshalb die Dialektik nur in der jenseitigen subjektiven Welt antinomisch, **negativ** erreicht werde. Adorno glaubt, dass dies allenfalls eine »unkräftige Renaissance« der Dialektik sei. In seinen Augen dienen Hegelsche und Kantische Dialektik immer noch dem Zweck einer theoretischen Versöhnung. Er sagt zurecht, es sei die Not der bürgerlichen Herrschaft, »den Feind im Kopf zu besiegen«. So seien die Hegelsche und die Kantische Dialektik »als idealistische [...] verklammert mit der Vormacht des absoluten Subjekts als der Kraft, welche negativ jede

---

25   Adorno, *Negative Dialektik*, S. 18.

einzelne Bewegung des Begriffs und den Gang insgesamt bewirkt.«[26] Diese negative Dialektik beruhe freilich auf einem präexistenten idealistischen **Standpunkt**; einmal mit dem gewaltigen Reich der dinglichen Technik und des Austausches im modernen Kapitalismus konfrontiert, sinke sie in ihrem eigenen Betrieb notwendig rasch zu einem Intelligenzspiel der Idee und einem Element der Marktkultur herab.

Drittens, Adorno weist ausdrücklich darauf hin, dass die Dialektik durch das Stalinsche Lehrbuchsystem der traditionellen marxistischen Philosophie ebenso in einen Standpunkt verwandelt worden sei. »Die Wiederaufnahme des Prozesses über Dialektik, deren nicht-idealistische Gestalt unterdessen zum Dogma verkam wie die idealistische zum Bildungsgut.«[27] Dies ist eine Tragödie in der Geschichte der Deutung der Marxschen Dialektik, die Adorno verstanden hat. Diese »materialistische Dialektik«, gleich der Philosophie des Identitätssystems, gebe sogar das »Recht und Fähigkeit, inhaltlich zu denken«, das Hegel der Philosophie verschaffte, auf und mache die Philosophie wieder zu einer »Analyse leerer und im emphatischen Sinne nichtiger Formen von Erkenntnis«, die der wirklichen Welt gegenüber »gleichgültig« ist. Das ist die erneute Identifikation mit Gramscis Kritik der Fehldeutung des historischen Materialismus durch die Theoretiker der Zweiten Internationale.[28] Um es gemeinverständlich zu erklären, kritisiert Adorno, dass die materialistische Dialektik im Deutungsrahmen der traditionellen marxistischen Philosophie in ein theoretisches Hinsehen (Widerspiegelung) außerhalb der objektiven Welt verwandelt worden sei, welche bloß darin bestehe, zur **Einsicht** ins gesetzmäßige Sein und ebenso zur **affirmativen** Beladung der verwalteten Welt mit der abstrakten Identitätslogik ein Theoriennetz zu weben. Denn, bei Hegel hätte die Dialektik den Anspruch, dass der Begriff ihren Weg der Konkretisierung erst dann wahrhaft verwirklichen könne, durchdringe er den konkreten Widerspruch von Subjekt und Objekt historisch. Demgegenüber entarte die materialistische Dialektik im traditionellen philosophischen Deutungsrahmen wieder einmal zu einer »Methodik«, die irgendwelche immerwährende Merkmale wie »Zusammenhang« und »Entwicklung« jenseits

---

26   A.a.O.
27   A.a.O., S. 19.
28   Antonio Gramsci, »*Revolution gegen das ›Kapital‹*«, 1991, S. 10.

der Dinge abstrakt bespreche. Trotz der kurzen und knappen Worte und des vagen Kontextes können wir darin den Schatten der Subjekt-Objekt-Dialektik des jungen Lukács erkennen.

Es ist zu bemerken, dass Adorno oben definiert, was seine einzigartige negative Dialektik nicht ist. Diese Definition wird realisiert durch die Falsifikation von drei Varianten der Dialektik mit Verweis auf Negativität. Wie sieht es denn von der positiven Seite her aus?

Adorno weist darauf hin, dass das wahre **Interesse der Philosophie** das »Begriffslose, Einzelne und Besondere« sein soll, woran der Essentialismus der identischen Idee wie etwa Hegelsche Tradition (die Tradition der Philosophie seit Platon) nicht interessiert sei. Ich möchte ganz offen zu bedenken geben, dass Adorno hier auf die Fußstapfen von Stirner und Kierkegaard getreten hat, es aber noch nicht vermerkt hat. Das zeugt nun wirklich nicht von akademischer Redlichkeit. Schauen wir uns diese Passage an: »Bei dem, was seit Platon als vergänglich und unerheblich abgefertigt wurde und worauf Hegel das Etikett der faulen Existenz klebte.«[29] Das ist keine falsche Referenz. In dem Maßstab der Hegelschen absoluten Verbegrifflichung (Identifikation) wird das nichtidentische Einzelne und Besondere gerade vernichtet, weshalb man Hegel zunächst mit **Entbegrifflichung** widersprechen werde. Gemeinsprachlich gesagt bezieht sich Entbegrifflichung auf die konkreten Dinge, in denen qualitative Differenzen, die noch nicht gelöscht wurden, leben und existieren, was natürlich auch das einzelne und besondere Sein des Menschen sein kann. Es stellt sich heraus, dass es das Erörterungsfeld ist, welcher vom »Diesda« Kierkegaards, der den Neuhumanismus erschaffen hatte, oder dem »Dasein« Heideggers (der Sterbliche ist bestimmt in der Welt) offengelegt worden war. Es sei im Voraus erklärt, dass Adorno natürlich nicht einfach gegen das vernünftige Wesen im Gedanken ist oder versucht zu groben sinnlichen Darstellungen der Dinge zurückzukehren, sondern fordert, auf die konkrete Eigenheit der Dinge in tiefgründigem Denken erneut zu schauen. Es ist etwas wie die »Intuition«, die Bergson und Husserl später immer wieder angedeutet haben, welche nicht der sinnlichen, sondern der vernünftigen Intuition gleich darauf abzweckt, das neue Werden und die Ungefangenheit der starren Idee zu bewerkstelligen.

---

29 Adorno, *Negative Dialektik*, S. 20.

Erstens, die sogenannte Entbegrifflichung will dem von der traditionellen Philosophie erstrebten absoluten Wesen »das Eine« der abstrakten Metaphysik widersprechen. Denn in dieser verbegrifflichten identischen Abstraktion wird »das dialektische Salz [...] im unterschiedslosen Fließen von Leben weggeschwemmt; das dinghaft Verfestigte als subaltern abgefertigt« und nicht gemäß dem konkreten Seinscharakter des Dinges selbst begriffen. Negative Dialektik beachtet die konkrete Individualität der Dinge. Zweitens, Adorno widerspricht »der Zeitlosigkeit, die Bergson in der Metaphysik seit Platon und Aristoteles tadelt.« Denn in diesem verbegrifflichten abstrakten Wesen ist das historische konkrete Sein ausgelöscht; nur der unveränderte Begriff ist übriggeblieben. Unveränderlichkeit ist das Gegenteil von historischer Zeitlichkeit. Hier handelt es sich um zwei logische Wunderwaffen, die sich Heidegger von Marx widerrechtlich aneignet: **bestimmtes Sein und historische Zeitlichkeit des nicht abstrakt werdenden Seienden.** Das sind die allgemeinen Richtlinien der von Adorno besagten Dialektik.

Adorno glaubt, dass in diesem Gedankenfaden zwei Philosophen des modernen Idealismus Bergson und Husserl gegen die obige Idee des unveränderlichen Wesens mit der Lebensphilosophie und Phänomenologie stürmten, aber in die traditionelle Metaphysik zurückschreckten. Bergsons »Hass gegen den starren Allgemeinbegriff stiftet einen Kultus irrationaler Unmittelbarkeit, souveräner Freiheit inmitten des Unfreien«. Er fertige die erstarrte Wirklichkeit als übel ab und erstrebe eine »zum Absoluten erhobene Dauer, das reine Werden« im Zeitbewusstsein; Husserl erschuf »ein Modus, des Wesens innezuwerden«, das sich von der abstrakten Metaphysik unterscheidet, was »eine spezifische geistige Erfahrung [ist], die das Wesen aus dem Besonderen sollte herausschauen können.« Adorno weist jedoch darauf hin, dass diese beiden idealistischen Ausbrüche mit einem Scheitern endeten, denn »Bergson orientierte sich, wie seine positivistischen Erzfeinde, an den données immédiates de la conscience; Husserl ähnlich an den Phänomenen des Bewusstseinsstroms. Dieser wie jener verharrt im Umkreis subjektiver Immanenz.«[30] Es gibt eine Sache, die im Kopf Adorno durchwegs klar ist: **Habe eine Philosophie nie vor, sich der Wirklichkeit gegenüberzustellen, so sei Komplizin irgendwelcher wirklichen Ideologie, auch**

---

30   A.a.O., S. 21.

wenn sie tiefgründig und abstrus ist. Das ist dasselbe Kapitalurteil, das er in jeder seiner Kritiken gegen mehrere Meister der westlichen Philosophie seit den 30er Jahren fällt. *Im Folgenden werden wir noch sehen, dass er explizit auf einem neu-aufgestellten »Materialismus« beharrt und jeder Form von idealistischer Philosophie widerspricht, um die revolutionäre Kritik der Wirklichkeit durch die Philosophie aufzuspreizen.*

Adorno spricht explizit aus, dass er dem passiven Schweigen Wittgensteins über das Unsagbare nicht zustimmt, sondern darauf besteht, »zu sagen, was sich nicht sagen lässt«. Wer ist das schon wieder? Es ist noch der ungekrönte König Heidegger, der »das Geheimnis des Unsagbaren sagt«. Die Sage des Unsagbaren, d.h., die Suche nach dem Unbewegten in der Bewegung, nach der Differenz in der Einheit, nach dem Grenzenlosen im Begrenzten, nach dem konkreten Abstrakte usw. zu suchen, sei heterogen zum **unversöhnbaren** Widerspruch der Hegelschen Dialektik. *Es ist bedauerlich, dass, als Adorno dieses spekulative Geschick Heideggers im Ersten Teil des Buches verspottet, er das komplizierte heterogene Verhältnis darin nicht wieder erwogen hat.* Dies ist auch die wahre philosophische Dialektik in Adornos Gedanken, nämlich ein dialektisches Denken, das die Affirmativität (Positivität) beseitigt und sich unaufhörlich selbst negiert.

4. Totalität und unverschlingbare antagonistische Welt

Adorno will noch ein Argument auf einer tieferen Ebene sagen. Er glaubt, dass die traditionelle Philosophie durchwegs versuche, durch die Identitätslogik ein System der geistigen Totalität und der ganzen Wahrheit zu konstruieren, als ob es **ohne System nicht Philosophie werde**. Es ist sogar eine Tatsache, die in chinesischen philosophischen Zirkeln heute noch erhalten geblieben ist. Bekanntlich steht diese totale Systemphilosophie einer »an sich, höchst realen, antagonistischen« Welt immer **illegal** gegenüber. Seit alter Zeit schon. Deshalb sei jede Konstruktion einer Totalität und Systemphilosophie in der Tat nur das Ergebnis »der zwanghaften Verfassung der Realität, welche der Idealismus in die Region von Subjekt und Geist projiziert hatte.«[31] Auch wenn es in den Lehrbüchern der Philosophie »Dialektischer und Historischer Materialismus« genannt wird.

31 A.a.O., S. 22.

In der Tat sei die totale Systemphilosophie nicht unmittelbar abkünftig von einem System des »absoluten Geistes« und Gottes, sondern es sei das geistige System einiger im wirklichen gesellschaftlichen Leben eingeschränkter Leute, wobei noch wichtiger ist, dass die, »die darüber verfügen, nicht einmal wissen können, wie sehr es ihr eigener ist«, wie etwa die unbewusste Verknüpfung von der liberalen Ideologie und dem Markt. Es sei eine Art **geistiges Unbewusstsein**. Es ist hingegen wahrlich ein bisschen das Gefühl, am Ende des Tunnels das Licht wieder zu sehen. Adorno weist tiefschürfend darauf hin, dass das Geheimnis des Systems nicht im logischen Gerüst des Systems liegt, sondern gerade in der Wirklichkeit, die es unbewusst übersetzt. Möchte man das Geheimnis der Systemphilosophie wirklich verstehen, so ist das nur so möglich, dass man die Metaphysik »zurückübersetzt«, nämlich die weltliche Grundlage der Logik der totalen Identität enthüllt. Adornos Ansicht hier ist hingegen sehr nahe an Marxens Kritik der Feuerbachschen Religionskritik im Jahre 1845.

Die profane Grundlage der heutigen Systemphilosophie sei natürlich die jetzige Gesellschaft. Adorno sagt präziser, es ist der **materielle gesellschaftliche Produktionsvorgang** (Marx).

Ich möchte hier auf einen Punkt hinweisen, den wir immer klarer sehen werden, nämlich dass Adornos philosophische Erörterung immer eine tiefe politisch-ökonomische Grundlage impliziert. In diesem Punkt ist er sehr nahe an Marx' *Ökonomischen Manuskripten 1857/58*. Obwohl er sich akademischen Floskeln der Ökonomie sehr selten bedient, besitzen die Gedanken, die durch seine philosophische Spekulation durchleuchten, oft ein äußerst tiefes ökonomiekritisches Denken. Jameson sagt, »das Wertgesetz wird von Adornos Interpretationen immer vorausgesetzt«[32]. Das ist völlig richtig. Nach meiner Beobachtung begann Adornos eingehendes Verständnis von Marx' ökonomischen Theorien mit seinem 1957 geschriebenen Aufsatz »Soziologie und empirische Forschung«. Dies hat meine Ansicht auch zureichend bestätigt: *Es ist im Grunde*

---

32   Jameson, Frederic, *Late Marxism: Adorno, or the Persistence of the Dialectic*, London 1990, S. 230.

genommen unmöglich, das zugrundeliegende Wesen von Marx'
Philosophie zu verstehen, ohne sich seine ökonomische Theorie zu
erarbeiten. Von den gegenteiligen Rezensionen her gesehen, wird
auch gesagt, dass Adornos Logik des Schließens von der materiellen
Produktionsweise auf die Kultur »Produktivismus« sei.[33]

Adorno sagt, dass die subjektive Präformation des gegenwärtigen materiellen gesellschaftlichen Produktionsvorgangs sein Unaufgelöstes, bzw. mit
den Subjekten Unversöhntes ist. Um es ganz offen zu sagen, die Menschen
wissen noch sehr wenig über den modernen materiellen gesellschaftlichen
Produktionsvorgang – in der Tat Waren-(Markt)-wirtschaft. Die westliche
Mainstream-Ökonomie ist längst auf die Handwerkelei auf der operativen
Ebene herabgefallen und selbst der auf Keynes folgende Interventionismus
ist nicht das Ergebnis eines wahren Verständnisses des Wesens der
Marktwirtschaft, weshalb die Vernunft der Marktwirtschaft (Wesen und
Gesetz) dem Menschen immer noch unvernünftig und unbewusst ist: sie ist
immer noch die »unsichtbare Hand«. Selbst wenn sich die Menschen an das
eine oder andere Armgelenk, die sie im dichten Nebel ausstreckt, klammern
würden, ist das moderne globalisierte Marktsystem wahrlich eine Guan Yin
mit tausend Armen im Rauch.

Von einer tieferen philosophischen Sinnebene her gesehen sei das wirkliche System der Identität **Subjekt als Feind des Subjekts.** Das ist sehr schwer
zu verstehen. *Das Problem am Diskurs Adornos besteht darin, dass er zu*
viel unterlässt und unterstellt, der Leser könne von der Baustelle der in
Bruchstücke zerschlagenen Trümmern den theoretischen Übermenschen
des logischen Hochhauses durchschauen. Ich finde nicht wirklich, dass
dies etwas ist, womit er es sich verdient zu protzen. Was er meint, ist,
dass das Ganze der Idee das logische System ist, aber das System keinesfalls lediglich ein Geistiges ist, sondern in der Tat gewiss eine bewusste
oder unbewusste Widerspiegelung des wirklichen Systems ist. In der kapitalistischen Wirklichkeit ist dieses System das identische Ganze, das aus
dem Wertetausch auf dem Markt entsteht. Im Unterschied zur äußerlichen

---

33   Johnson, Richard, »What is Cultural Studies Anyway?«, in: *Social Text*
      16, 1986, S. 55f.

Identität der feudalen Despotie ist diese Identität nicht länger ein äußerer Zwang, sondern eine unbewusste Struktur in den beiden Aspekten des Subjekts und Objekts. **Spontane Natur** ist ihr Konstruktionsmechanismus. Identität im Dienst des Marktes ist die Quantifizierung des homogenen Geldes, aber das im Leben »nicht unter die Identität zu Subsumierende«[34] der Gebrauchswert ist. Mit anderen Worten, die Marktwirtschaft ist die wirkliche Grundlage der gegenwärtigen Identitätslogik, da alle »inkommensurablen Subjekte« auf dem Markt »durch den Tausch Identität stiften«. Egal ob Adorno den Unterschied zwischen Warenaustausch und Tauschhandel (barter) versteht oder nicht, heißt das, dass sich das Subjekt, als es in den Tauschprozess eingetreten ist, zum Ding verkehrt ist und sich in die Lage versetzt, sich in einen **identischen** Term von Gleichartigen zu verwandeln, das nicht Subjekt ist (»gemeinsamer Nenner« = Tauschwert). Am Ende wird dieses in der Tat dem Subjekt Feindliche (Geld und Kapital) umgekehrt zum identischen Subjekt (Herr) der ökonomischen Welt, die das Menschen-Subjekt erschaffen hat. Die wirkliche Welt der Identität wird nicht zerschlagen. Noch kann die Identität im Reich der Idee wahrlich aufgelöst werden. Daraufhin sagt Adorno: »Die objektiv zur Totalität geschürzte Welt gibt das Bewusstsein nicht frei.«[35] Das ist das **profane Geheimnis** der modernen totalen Identitätslogik und die wirkliche Grundlage der ewigen natürlichen Wahrheit der bürgerlichen liberalen Ideologie.

Adorno glaubt, dass diese Identitätslogik, die eine **ewige Herrschaft** vorhat, in der Tat trügerisch ist, dass, das Kapitalverhältnis das »Eine« (Allgemeinheit) des von Hegel sogenannten Äthers (oder von Marx »allgemeine Beleuchtung«) wird und in der Tat das Produkt einer bestimmten Stufenleiter der Entwicklung der materiellen Produktion ist, und dass diese Identität historisch entstanden ist und auch historisch vergehen muss. Gründlicher gesagt besteht das wirkliche Leben der Menschen nicht darin, identisches Geld zu konsumieren, noch darin, identisches Produkt (»Gebrauchswert«) zu konsumieren. Das zeigt an, dass diese abstrakte Allgemeinheit darauf festgelegt ist, auf das partikulare Interesse des wahren Konsums des Menschen zurückzugehen. Die Nichtidentität in

34 Adorno, *Negative Dialektik*, S. 22.
35 Adorno, *Negative Dialektik*, S. 28.

der Ökonomie ist »Gebrauchswert«, in der Tat das wahre Produkt, in der Marktwirtschaft aber verwirklicht sich dieses Nichtidentische notwendig durch das identische homogene Ware-Preis-Verhältnis—Verwirklichung des Werts. Nach der ähnlichen Formulierung Schelers: »Diese Struktur der Wertauffassung führt aber gleichzeitig von selbst den Sachgütern gegenüber zur primären Auffassung ihrer als Ware, d.h. als in Geldwert auszudrückendes Tauschobjekt.«[36] So wird die Identität (Geld und Kapital) der verdeckten Nichtidentität zu diesem weltlichen Gott. Adorno will diesen Trug aufdecken. Tatsächlich wissen wir, dass dies die Tiefe der Marxschen Philosophie ist. *Es ist ein sehr übler Präzedenzfall, der mit Simmel, Sombart und Weber beginnt, dass moderne bürgerliche Wissenschaftler nie gewissenhaft Belege angeben, wenn sie sich Marx illegal aneignen.* Auch hier spricht Adorno ein sehr schwerwiegendes Wort aus: »darum überschreitet philosophische Kritik an der Identität die Philosophie.«[37] Ich glaube, dass dies ist der hohe Ausgangspunkt der philosophischen Erörterung Adornos und auch die Hauptursache ist, warum nicht wenige derer, die ihn studieren, durchwegs nicht in der Lage sind, ihm wahrhaft auf die Spur zu kommen.

I. Dialektik: Logik des Zerfalls

Wie sehen, dass der Titel des Zweiten Teils der *Negativen Dialektik* aus zwei Teilen besteht: der erste ist »Negative Dialektik«, was sehr deutlich ist und Adornos eigene theoretische Identifikation ist; der zweite ist »Begriff und Kategorien«, was, so finde ich, seine »ontologische« Verkündung ist, das heißt, die negative Dialektik stellt sich nicht unmittelbar der sogenannten primären »objektiven Welt«, noch dem jeder Idee intuitiven »absoluten Wesen«. Die negative Dialektik stellt sich der Welt nur **durch Begriffe und Kategorien historisch und theoretisch gegenüber**. Nicht mehr und nicht weniger. Auch darum streift Adorno in der gesamten Erörterung bewusst die Blasphemie der totalen Logik der Systematisierung. An dieser Stelle gibt es von philosophischen Grundthesen der Vergangenheit und Erörterungsweise der traditionellen Dialektik auch nichts zu suchen. Natürlich ist es im Falle

36 Scheler, *Vom Umsturz der Werte*, S. 68f.
37 Adorno, *Negative Dialektik*, S. 22.

einer sorgfältigen theoretischen Erkenntnis dennoch möglich, Adornos philosophische Grundtendenz mit Mühe in etwa einzufangen – Dialektik als **Logik des Zerfalls**. Das ist der schmerzhafte Preis, den man zahlen soll, um einen wahrhaft wertvollen Gedanken im vernünftigen Denken zu erhalten. Es ist interessant, dass es noch nicht gesagt ist, was negative Dialektik ist, als Adorno mit einer Opposition und einer Absage anfängt. Wie Heidegger tanzt er ohne Unterlass, um Erstarrung zu vermeiden. Beim ständigen »Nein«-Sagen ergeben sich mit viel Mühe und Not einige affirmative Identifikationen von »Symptomen«[38]. Hier repräsentiert sich Adornos postmodernes und post-Marxsches Denken recht klar und deutlich.

1. Gegen »prima philosophia«

Als er im Zweiten Teil damit beginnt, die eigene negative Dialektik positiv darzulegen, verkündet Adorno feierlich: »Kritik an der Ontologie will auf keine andere Ontologie hinaus, auch auf keine des Nichtontologischen.«[39] Dies ist die Abgrenzung zum gescheiterten Heidegger. Konkreter gesagt, es lässt sich auch darin repräsentieren, dass Adornos philosophisches Denken keineswegs länger irgendeinen »eigentlichen« **primären Begriff** aufspürt oder nach einer Philosophie strebt, die »auf Totalität hofft«.[40] Dafür muss er wieder einen blutigen Pfad betreten.

Ich empfinde, dass Adornos theoretisches Denken oft großmütig ist. **Absage an die Ontologie** und **Zerschlagung der Totalisierung des Systems** ist keine Losung, sondern durchzieht unmittelbar seinen konkreten theoretischen Betrieb und verwirklicht sich darin. Vor allem widerspricht Adorno jeder idealistischen wurzellosen falschen Abstraktion und sagt ohne im Geringsten zu zögern: »Kein Sein ohne Seiendes.«[41] Das ist ein Prinzip. Dieses natürlich dem Kontext von Heidegger entliehene Seiende ist nicht das Wesen des alten Materialismus im engeren Sinne, sondern bezieht sich auf irgendeinen objektiven Gegenstand, Phänomen und objektiven Prozess

---

38   Eine Terminologie, die Althusser der Psychoanalyse entlieh, und sich auf nicht definierte und nicht unmittelbar identifizierbare funktionale Merkmale in theoretischen Gedanken bezieht.
39   Adorno, *Negative Dialektik*, S. 140.
40   A.a.O.
41   Adorno, *Negative Dialektik*, S. 139.

(es bezieht sich nicht auf Heideggers illegale Metapher des metaphysischen Dings der Verhärtung des ideellen Wesens). Einfach gesagt ist es ein Gegenstand oder ein Etwas in einem bestimmten Verhältnis. Natürlich hat diese »Sache« die Idee des »In-der-Welt-sein«- Verhältnisses von Heidegger bereits in sich aufgenommen. »Sein – eine Sache, vermutlich *die* Sache des Denkens.«[42] ***Der japanische neumarxistische Philosoph Hiromatsu Wataru schlug daraus »die Ontologie der Dinge« vor.*** Was den Maßstab des Gegenstands und des Gehalts gegenüber dem Denken angeht, besteht Adorno gegen Hegel und Heidegger darauf, dass die Prämisse aller ideellen Abstraktion sicherlich ein bestimmtes Etwas ist, weshalb er sagt, dass »Etwas als denknotwendiges Substrat des Begriffs, auch dessen vom Sein« ist. Hegel widerspricht dem sinnlichen, gemeinten »Etwas« wegen der bewussten Apperzeption der absoluten Idee und Heidegger spielt mit dem In-der-Welt-sein (Verfallen)-Bezug des Daseins wegen des Anspruchs auf eigentlichem Sein und weist das versteinerte Seiende zurück, es ist eine Phantasie ist, durch das Erstreben der absoluten Form der Idee den Inhalt des Gedanken abzustreifen. ***Adorno kann Heidegger nicht vergessen.*** Tatsächlich ist Denken ohne einen bestimmten historischen Gegenstand oder historisches Ereignis nichts; im Gegenpol hängt die Funktion des Denkens ebenso vom wahren menschlichen individuellen Seienden – dem Ich (»Dasein«) – ab.

Adorno weist darauf hin: »Das πρῶτον ψεῦδος [*proto psuedos*] des Idealismus seit Fichte war, in der Bewegung der Abstraktion werde man dessen ledig, wovon abstrahiert ist.«[43] Die Menschen kletterten von der Stufe des Etwas auf die Höhe der Idee, traten aber die Leiter auf der Wolke der Gedanken weg. **Ohne Etwas sein zu können und ohne Subjekt denken zu können** – das ist ein sehr seltsames metaphysisches Nachsinnen. »Philosophisches Denken hat weder Reste noch Abstrich von Raum und Zeit zum Gehalt, noch generelle Befunde über Raumzeitliches. Es kristallisiert sich im Besonderen, in Raum und Zeit Bestimmtem.«[44] Es ist zu beachten, dass Adorno das sogenannte Problem des Primats nicht länger anspricht, obwohl er dem Idealismus widerspricht, sondern nur **ganz gelassen**

---

42   Martin Heidegger, *Zur Sache des Denkens*, Tübingen 1976, S. 4.
43   Adorno, *Negative Dialektik*, S. 139.
44   A.a.O., S. 142.

46

die Identifikation des Etwas macht. Ja, in diesem Sinne stehen Hegel und Heidegger »jenseits der Wolken« (Name eines Films des berühmten italienischen Regisseurs Michelangelo Antonioni aus den 90er Jahren).

Wo liegt das Problem? Adorno glaubt, dass diese beiden Meister der Philosophie nicht im Sinne von Anschauung oberflächlich sind, sondern einer tiefen spekulativen Selbsttäuschung erliegen. Der Grund weshalb Hegel von der Idee des Seins losgeht und sich weigert, vom Etwas auszugehen liege darin, dass er entdeckt, dass das »Etwas« (*ta onta*) in jeder (einzelnen) Idee von der allgemeinen Idee im Selbstbewusstsein bestimmt und konstruiert wird, weshalb er für den »Primat des Subjekts«[45] plädiere, nämlich dem Identitätszwang, der aus dem Primat der Idee hervorgeht. Die Hegelsche Philosophie hab ein despotisches System errichtet, auf dessen Thron die absolute Idee sitze. Die absolute Idee beherrsche jeden subalternen Begriff und materiellen Gegenstand. Dies sei ein weißer Terror der Metaphysik mit dem Vermächtnis der Theodizee. Was Heidegger angeht, so sah er tiefschürfend das Problem des Essentialismus in der traditionellen Metaphysik Hegels ein und versuchte daher, die Starrheit des ideellen Wesens abzustreifen und die jeweilige Funktion des Denkens, dem Geschehen des lebendigen Seins (Sache und Ereignis) zu entsprechen, wahrhaft zu befreien. Die Tiefe Heideggers liegt noch darin, dass er das Denken eines spezifischen persönlichen Subjekts vom historischen In-der-Welt-sein-Bezug abhängig macht. Es ist die Prämisse des »Fragens«, »In-der-Welt-**zu**-sein«. Allerdings sei die **Heimkehr auf die Weise des Nicht-Man** – das eigentliche Sein immer noch primär und Heidegger sei immer noch von einer fundamentalen Ontologie besessen. Heidegger sei sich nicht dessen bewusst, dass »wo ein absolut Erstes gelehrt wird, [...] allemal, als von einem sinngemäßen Korrelat, von einem Unebenbürtigen, ihm absolut Heterogenen die Rede«[46] ist. Dies führe notwendig zum folgenden Ergebnis: Die erste Philosophie habe sicherlich eine **despotische hierarchische Struktur**, wo der fundamentale Oberbegriff die determinierten Begriffe unterjocht. Heidegger, der die substanzielle Metaphysik dem Namen nach abgesetzt hat, entkomme dem Gefangenenkäfig der metaphysischen Logik in Wahrheit nicht.

45   A.a.O., S. 139, Anm. 1.
46   A.a.O., S. 142.

Als Adorno diesen Punkt ganz klar sieht, macht er eine Überzeugung deutlich: Die Dialektik, die er vertritt, sei keineswegs länger eine, die an »einer wie immer auch modifizierten, doch tragenden Struktur festhält«. Im besagten Punkt wird er sich in der philosophischen Prämisse nicht nach der gegenteiligen Seite von Hegel und Heidegger bewegen und erneut »ein Anderes als das schlechthin Erste; diesmal nicht die absolute Identität, Sein, den Begriff, sondern das Nichtidentische, Seiende, die Faktizität setzt«[47]. Das heißt auch, dass Dialektik nicht ein logisches Gerüst ist und wir nicht eine materielle Lehre vom Fundament schaffen werden dadurch, dass wir Hegels idealistische Lehre von der Bestimmung der Idee umkehren; weil Heidegger die Eigentlichkeit des Seins emporhebt, werden wir nicht reaktiv den Primat des Seienden beglaubigen, was in Wirklichkeit die andere Seite derselben falschen Münze ist. Es ist besonders wichtig, diesen Punkt zu beachten, insbesondere, wenn wir bald in den Kontext hineingehen, in dem Adorno Bestimmungen wie Nichtidentität, Nichttotalität, usw. darlegt.

Adorno sagt explizit, dass er nicht auf eine »Philosophie der Totalität« hoffe und das Wesen der Dialektik gegen jede Art von erstem Prinzip sei, nämlich **gegen die von der Fundamentalontologie ausgehende Identitätsphilosophie.** Die Idee des »Ersten« in Philosophie sei selbst eine Art ideologisches Bewusstsein. Aus dem gleichen Grund sei jede metaphysische »Kategorie der Wurzel, des Ursprungs« notwendig »herrschaftlich« und ein »ideologisches Prinzip«.[48] Heideggers Fragen nach der **Wurzel** des Seins, sein Anspruch auf die Wiederkehr des seinsvergessenen Un**heim**lichen konstruiere offenbar in der Phantasie eine immanente Herrschaft mit kosmetischen Änderungen, zweifellos die Ideologie eines Identitätsdenkens voller Poesie. »Wird [aber] solche Identität prinzipiell gekündigt, so reißt sie die Ruhe des Begriffs als eines Letzten in ihren Sturz hinein.«[49] Der Widerspruch gegen die erste Philosophie und die Absage an das systematisierte Identitätsdenkens sind die Prämissen von Adornos negativer Dialektik. Dies ist ein nagelneuer Diskurs, den Adorno in ontologischer Besinnung konstruiert: postmodern, noch dazu notwendig post-Marx.

47 A.a.O., S. 140.
48 A.a.O., S. 158.
49 A.a.O., S. 140.

Es muss darauf hingewiesen werden, dass es hier ein Problem gibt, dem sich zu stellen Adorno nicht vorhat: das Verhältnis der Dekonstruktion des Ontos mit der allgemeinen Grundlage in der wirklichen historischen menschlichen Existenz (nicht das »Erste« in der theoretischen Logik) sowie mit dem gesellschaftlichen Gerüst, welches stets in der leitenden Stellung erscheinen wird. Das ist in der Tat auch das Schlüsselproblem, dem die nachfolgende postmoderne Denkströmung überall ausweichen musste. Das Spiel der aufgelösten Idee ist gegenüber der superglobalen kapitalistischen Wirklichkeit, die immer noch mit großen Schritten voranschreitet, verlegen.

2. Wahr und Falsch im nichtdualen Gerüst

Ein bestimmtes ontologisches Gerüst ergebe notwendig eine homogene Erkenntnisstruktur. Nach der Ansicht Adornos führe jede hierarchische Struktur der Identitätslogik bestimmt zu einem unweigerlich **dualen** Erkenntnisgerüst. Notwendig »gehen erste Philosophie und Dualismus zusammen«. Oder mit anderen Worten, die Polarität der dualen Spaltung von Subjekt und Objekt, die in der traditionellen Metaphysik auftritt, sei eine nichtdialektische Struktur. Offensichtlich bezieht sich der Dualismus, von dem Adorno hier spricht, nicht auf den Dualismus der Spinozaschen Substanz oder auf die Kantische duale Welt, sondern auf die Trennung von Subjekt und Objekt in aller Philosophie. Dies ist der kritische Diskurs, welcher von Heidegger stammt.

Adorno anerkennt, dass Subjekt und Objekt als abstrakte Dinge Produkte des Denkens sind und es im normalen Denkprozess eine »Dichotomie [gibt], ohne die das Denken vielleicht nicht wäre. Jeglicher Begriff, noch der des Seins, reproduziert die Differenz von Denken und Gedachtem.« Aber das Problem, das hier auftritt, sei auf einer tieferen logischen Ebene: »die Supposition ihres Gegensatzes erklärt unabdingbar Denken zum Ersten«[50]. Denn in dieser Dichotomie werde »das Objekt zum Fremden, zu Beherrschenden gemacht«, was selbst eine identische **ordnende Zurüstung** des Subjekts sei, die notwendig »den Totalitätsanspruch [hervorruft], der dem Gedanken inhäriert«. Mit anderen Worten, das Resultat des Dualismus sei am Ende immer noch die Identität des Gedankens. Daher: »Absolute

50   A.a.O., S. 176.

Zweiheit wäre Einheit.«[51] Das ist richtig. Er glaubt, dass Hegel die Subjekt-Objekt-Polarität unmittelbar in seine Totalität der Ideenlogik hineinnimmt, um Kant zusammenzunähen und Fichte und Schelling zu überschreiten und sein Verfahren darin besteht, die Dialektik von Subjekt und Objekt (das reflexive Verhältnis der Idee selbst) selbst ins absolute Subjekt zu verwandeln, und identifiziert diese Verhältnisdialektik unmittelbar als »Seinsstruktur« (Heidegger wohl auch, denn bei ihm erwächst daraus die intentionale **Verhältnis-Ontologie** des nicht-dualen, nicht-verfallenden introspektiven Seins). Es scheint, dass dieses nicht-duale Verhältnis ein neues **Drittes**, ein Retter außerhalb der Zweiteilung ist. Adorno besteht jedoch darauf: »Das Dritte tröge nicht minder.«[52]

Warum? Weil bei Hegel die an-sich-seiende Passion (das individuelle Subjekt) isoliertes Subjekt, das Objekt idearum isoliertes Objekt sei und es folglich ein Verhältnis dieser beiden Trennungselemente (Reflexion der Idee) gebe, würde das Verhältnis als das höhere dritte Element gesetzt. Aber dieses Hegelsche Verhältnis sei immer noch die totale Idee selbst, die gegenüber dem selbständigen Subjekt und Objekt die Apotheose des absoluten Wesens des Gattungssubjekts sei. Adorno sieht sicherlich, dass Heidegger dies erkannt hatte, weshalb er versuchte vermittels der monistischen Verhältnislogik dieses dualistische Gerüst zu umgreifen und begann, den Vorgriff auf das »nicht minder trugvolle« Erste so weit wie möglich zu vermeiden. Man muss anerkennen, dass Heideggers philosophische Anstrengung mehr oder wenige einige wichtige heterogene Punkte besaß. Heidegger wendet sich gegen die duale metaphysische Wesensassimilation irgendeiner Idee und wirklicher Sache und macht uns auf die jeweilige funktionale Anwesenheit der Sache aufmerksam, weshalb er von der Copula von Subjekt und Prädikat »ist« ausgehen wird. Heidegger hatte versucht, das hypostasierte (seiende) Subjekt und Objekt zu zertrümmern: das Dasein als »Variante« des Subjekts ist das In-der-Welt-Sein-Verhältnis (»zuhandene«-Beziehung mit Dingen, »Mitsein« mit Anderen), das Denken ist das auf dem Dasein beruhende, auf das Sein verweisende relationale Fragen, während das Sein selbst die Ontologisierung des funktionalisierten göttlich-intentionalen Verhältnisses

51   A.a.O., S. 176.
52   A.a.O., S. 177.

ist. So scheint die vergangene substantielle Zweiteilung aufgelöst worden zu sein. Trotzdem sagt Adorno unverzagt, dass das Heideggersche Sein bestenfalls ein verborgeneres relationales Drittes ist, was immer noch die Identifikation einer Variante ist, die der subjektiven Identität nicht entkommen ist. Denn, aus diesem nicht verdinglichten funktionalen »Ist« (Sein) entsteht und erwächst ein tieferes primäres Primat (Ontologie des Seins), der notwendig eine unbewusste zwanghafte Identität beanspruchen wird. Sind denn Sein und Seiendes, Eigentliches und Verfallenes denn nicht eine verborgenere Zweiteilung? Offensichtlich habe diese Angst Heideggers vor der Verdinglichung der metaphysischen Idee unmittelbar zum idealistischen Ende des »Denkens ohne Gedachtes« geführt. Dieser Kampf gegen das duale Gerüst sei trügerisch und gescheitert.

Hegel und Heidegger wollen beide die Frage des Kantischen dualen Gerüsts mit Dialektik lösen, aber die Dialektik in ihrer Hand (im Falle Heideggers ist es eine anonyme illegale Aneignung) ist immer noch implizit auf die **Identitätslogik** der traditionellen Metaphysik beschränkt. Das heißt, Hegel wie Heidegger haben den objektiven Widerspruch von Subjekt und Objekt und Ding und Idee zwar entdeckt, haben aber die Dialektik im Rahmen der alten **prima philosophia** gesetzt. Adorno sagt deshalb: »Der Inbegriff der identischen Bestimmungen entspräche dem Wunschbild der traditionellen Philosophie, der apriorischen Struktur und ihrer archaistischen Spätform, der Ontologie.«[53] Er will einen echten Schritt nach vorne machen, die Identitätslogik wahrhaft zerschlagen. *Worauf ist denn Verlass? Wir werden bald erfahren, dass es auf die* <u>*Konstellation*</u> *jenseits aller Zwangsgerüste und mit unzähligen Dimensionen ankommt, dass das »Eine« zurückgewiesen und das identische Duale zerschlagen wird.*

---

53   A.a.O., S. 148.

3. Identitätslogik: »Guckkastenmetaphysik«

Na dann, was meint konkret das Identitätsprinzip, das Adorno letztendlich versucht zu negieren? Nach seiner Meinung hat das Identitätsprinzip,
das die westliche Philosophie und Kultur über Jahrtausende beherrscht hat
und bis in die moderne Philosophiegeschichte fortdauert, vier Bedeutungen:
Erstens meint er die Einheit des individuellen Bewusstseins, was die trügerische Selbstgenüge des Subjekts ist. Der Ausgangspunkt der Identität ist
die absolute Identität des Subjekts selbst, was das jene von Descartes begründete unveränderliche »Ego« in »Cogito ergo sum« meint, welche annimmt, dass das individuelle Subjekt »in all seinen Erfahrungen als dasselbe sich erhalte«. *Tatsächlich begann die spiegelbildliche Identität des
menschlichen individuellen »Ichs« seit Freud im letzten Jahrhundert und
insbesondere seit Lacan, sich zu entfremden, und das Wesen eines gesellschaftlichen »Ichs« wird als eine Schizophrenie identifiziert.*[54] *Nach
Derrida, Deleuze und Foucault wurde diese These in Losungen wie »Tod
des Menschen«, »Tod des Subjekts« und »Tod des Autors« durchgreifend
umgestürzt.* Zweitens meint er die logische Allgemeinheit, das sich aus der
Identität ergibt. Die Prämisse der identischen Allgemeinheit sei das identische Einzelbewusstsein, daher gibt es das einheitliche Gattungssubjekt
und das Gattungssubjekt ist die Grundlage der Allgemeinheit. »Wäre kein
identisches Bewusstsein, keine Identität der Besonderung, es wäre so wenig ein Allgemeines wie umgekehrt.« *Wie ich oben erwähnt habe, war
Stirner der erste, der sich dieser allgemeinen Gattungsidentität in der
modernen westlichen Philosophiegeschichte bewusst widersetzte. Dem
folgte der Neuhumanismus im Gefolge von Kierkegaard.* Drittens meint
er die Gleichheit jedes Denkgegenstandes mit sich selbst, nämlich das logische Prinzip A = A. Dieses Prinzip beruht auf der Vorannahme der
Sichselbstgleichheit und Stabilität des Gegenstandes, was eigentlich nicht
mehr als eine nicht-historische metaphysische Annahme ist. *Nach Husserl
wurde die Vorhandenheit der Idee abgelehnt und durch Heidegger und
Gadamer, folglich im postmodernen Kontext wurde das Prinzip der*

---

54   Jiang Min'an, The *Postmodern Philosophical Discourse – From
      Foucault to Said*, Hangzhou 2000, S. 173-177.

Ungefangenheit des Begriffs am Ende bestätigt. Schließlich fallen Subjekt und Objekt, wie immer auch vermittelt, zusammen; das Subjekt verschlingt immer das Objekt. Dies ist das durchgehende Ideal jenes frühen dualen Erkenntnisgerüstes, das sich entweder in der Anschauung der Fakta oder in der äußerlichen Übereinstimmung mit dem wahren Wesen manifestiert. *Das ist es, was Adorno hauptsächlich angreifen will.*[55]

»Identität ist die Urform von Ideologie«[56] Denn seit Tracy und insbesondere nach Marx und Mannheim verweist Ideologie immer auf einen ideellen impliziten Zwang, der die wahre Struktur der Wirklichkeit mit Pseudoverhältnissen verdeckt. Identität setzt immer voraus, der **Selbstgenügsamkeit** einer Herrschaft zu gehorchen, und in diesem Sinne wird die Identitätslogik in den Tiefen aller Vernunft zur Komplizin der Ideologie, der wahrhaften Aufklärung zu trotzen. Es ist nicht bodenlos, dass Jameson sagt, dass bei Adorno »die Identität selbst im Hinblick auf Herrschaft und Unterdrückung funktionell charakterisiert ist«[57]. Zur historischen Ursache für die Ausbildung dieser Identitätslogik macht Adorno die folgende Analyse:

Erstens, als Gedankengrund ist diese Identität symbiotisch mit **Anthropozentrismus.** »An ihm partizipiert erkenntnistheoretisch-metaphysisch das Subjekt, das sich als Baconschen Meister und schließlich idealistischen Schöpfer aller Dinge ausruft.«[58] Dies ist ein Prinzip der Subjektidentität und auch eine neue Verfeinerung des Themas der *Dialektik der Aufklärung.* Dies ist bereits der Kontext der modernen ökologischen Philosophie. Adorno sagt, dass unter dem anthropozentristischen Machtdiskurs »der Zirkel der Identifikation, die schließlich immer nur sich selbst identifiziert, ward gezogen von dem Denken, das nichts draußen duldet; seine Gefangenschaft ist sein eigenes Werk. Solche totalitäre und darum partikulare Rationalität war geschichtlich diktiert vom Bedrohlichen der Natur. Das ist ihre Schranke. Identifizierendes Denken, das Gleichmachen

---

55 Adorno, *Negative Dialektik*, S. 145, Anm.
56 A.a.O., S. 151.
57 Fredric Jameson, *Late Marxism – Adorno, or, The Persistence of the Dialectic*, p. 22.
58 A.a.O., S. 179.

eines jeglichen Ungleichen, perpetuiert in der Angst Naturverfallenheit.«[59] Ich persönlich glaube, dass dies eine sehr tiefe Reflektion und Ausgrabung der Identitätslogik ist. Offensichtlich stimmt Adorno Marxens Idee der Produktivkräfte, **welche die Unterwerfung der Naturkräfte voraussetzt**, – Grundlage des historischen Materialismus – nicht zu. Das ist auch das wichtige und fundamentale Einfallstor des von Adorno aufgebrochenen post-Marxschen Weges.

In Dritten Teil der Negativen Dialektik nimmt Adorno das in der Wissenschaft gängige Kausalverhältnis als Beispiel, um die unterjochende Natur der Identität, nämlich »Identität, die als geistiges Prinzip nur Widerschein der realen Naturbeherrschung ist«, zu enthüllen. Nach seiner Ansicht könne man an der Idee der Kausalität unmittelbar »lernen, was Identität am Nichtidentischen verübte.« Sowohl subjektiv als auch objektiv ist die Kausalität als eine Idee des Menschen »der Bann der beherrschten Natur.« Warum? Weil die mit Bacon einsetzende Vernunft des Verhörs der Natur, »Kausalität [...] in der Natur überall dort findet, wo jene von ihr beherrscht wird.«[60] Wo immer die Natur kontrolliert und beherrscht werde, **fände** man Kausalität. Dies ist auch eine Rückbefragung des »Menschen als Gesetzgeber der Natur« von Kant: Ist Kausalität denn natürliches **Sein** oder ein Identitätszwang der Unterjochung der Natur durch den Menschen ?

Zweitens, die Entstehung des Begriffs zu Beginn der Kultur sei das Zurückgehen zum »Einen« in dem »Vielen« der sinnlichen Phänomene, womit auch gemeint ist, dass der Begriff identisch ist, von dem bei Adorno die Rede ist. Relativ zu jeglichen Kultursystemen sei »der immanente Anspruch des Begriffs seine Ordnung schaffende Invarianz gegenüber dem Wechsel des unter ihm Befassten«. Adorno, der die getönte Brille der negativen Dialektik aufsetzt, nimmt all das zu ernst. Demnach seien »das Unveränderliche im ewig Veränderlichen« (Sein), das die eleatische Schule aufspürte, das »ewig lebendige Feuer«, wonach Heraklit hinter den *ta onta* suchte, der Gottesstaat (Theokratie und Patriarchat), der die profane Welt ablehnte, und der Mensch (unmündige Menschheit), zu dem die Aufklärung zurückkehrte, allesamt notwendig Zwänge der Identität. Die Konstruktion

59   A.a.O., S. 174.
60   A.a.O., S. 266.

irgendeines philosophischen Systems wie Platons Reich der Ideen, Hegels System des absoluten Begriffs und Stalins Lehrbuchsystem stellten eine logische Ordnung der Identität her, in dem logischen Gerüst welcher alle heterogenen Dinge von einer geistigen Identität durchdrungen wird, »in dem sie sich, wie mit einem gigantischen analytischen Urteil, wiederholen, ohne Raum fürs qualitativ Neue.« Daher musste Hegel sagen, dass es nichts Neues (aufgestülpt auf die heterogene Natur) unter der Sonne (absolute Idee) gebe. Deshalb ist es hier zufällig entschlüsselbar, dass Benjamin sagte, dass das Wesen eines identitären zivilisatorischen Fortschritts zugleich auch eine Barbarei ist.

Drittens, jedes Prinzip der Subjektivität, des Denkens sei nicht aus sich selbst zu erklären, sondern aus Faktischem, »zumal der Gesellschaft«61. Deshalb identifiziert Adorno, dass die heutige wirkliche gesellschaftliche Grundlage der Identitätsphilosophie das **homogene Tauschprinzip der Warenwirtschaft** sei. Dies ist der in der Einleitung bereits bestätigte Punkt mit theoretischer Qualität.

»Das Tauschprinzip, die Reduktion menschlicher Arbeit auf den abstrakten Allgemeinbegriff der durchschnittlichen Arbeitszeit, ist urverwandt mit dem Identifikationsprinzip. Am Tausch hat es sein gesellschaftliches Modell, und er wäre nicht ohne es; durch ihn werden nichtidentische Einzelwesen und Leistungen kommensurabel, identisch. Die Ausbreitung des Prinzips verhält die ganze Welt zum Identischen, zur Totalität.«62 In dieser Analyse von Adorno ist der Gebrauchswert die nichtidentische Heterogenität, Andersheit der Dinge (Produkte), während der Tauschwert die Identität ist, die die Dinge insgesamt homogenisiert. Deshalb sagt er, »der Tauschwert, gegenüber dem Gebrauchswert ein bloß Gedachtes, herrscht über das menschliche Bedürfnis und an seiner Stelle; der Schein über die Wirklichkeit.«63 In diesem Sinne sei die **moderne** Identität, die vom Tauschverhältnis der Waren-(Markt)-Wirtschaft konstruiert wird, gegenüber der von außen aufgezwungenen Identität, die auf dem feudalen Grund und Boden entsteht,

61   A.a.O., S. 142.
62   A.a.O., S. 149.
63   Theodor W. Adorno, »Soziologie und empirische Forschung«, in: *Gesammelte Schriften*, Bd. 8, 1; *Soziologische Schriften I*, S. 196-216, hier: S. 209.

bei Weitem grundlegender und unverbrüchlich. Daher ist das Tauschprinzip gewöhnlich »das philosophische Grundargument«[64] in Adornos Werk. Andererseits identifiziert Adorno auch noch das Komplizenverhältnis der Identität mit der Aufstülpung von gesellschaftlichen Rollen, hervorgerufen durch die Ausdehnung der instrumentellen Vernunft im gesellschaftlichen Leben. Trete jemand in die Gesellschaftsstruktur ein, so bette die »Technik logischer Subsumtion« der Rolle notwendig in die »Manipulation« und in einen Zwang ein, »wesentliche Differenzen verschwinden zu machen«. Das sei der Anschein, welcher der heutigen »industriellen Gesellschaft« eigen sei: »sie sieht von den gesellschaftlichen Produktionsverhältnissen durch Rekurs auf die technischen Produktivkräfte, als ob einzig deren Stand über die gesellschaftliche Form, unmittelbar, entschiede. Diese theoretische Verschiebung kann sich freilich auf die unleugbaren Konvergenzen von Ost und West im Zeichen bürokratischer Herrschaft herausreden.«[65] Die Botschaft dieser Identifikation ist tiefgründig. Es ist das offene Geheimnis der gegenwärtigen bürgerlichen akademischen Tradition, die im Anschluss an Weber die **Entwicklung der Produktivkräfte** betont, während die Produktionsverhältnisse absichtlich verdeckt werden.

Offensichtlich stimmt Adorno dem nicht zu, dass die grenzenlose Entwicklung der Produktivkräfte mit der instrumentellen Vernunft als Kern, oder anders gesagt, der praktische Impuls der Produktion um der Produktion willen die wirkliche Grundlage der heute bestehenden Gewalt der Identität ist. Aus diesem Grund ist es ganz natürlich, dass er sich gegen den **Primat der Praxis** in der philosophischen Prämisse wenden will. Das wurde einem sehr ernsthaften theoretischen Problem post-Marxschen Typs.

---

64 Fredric Jameson, *Late Marxism – Adorno, or, The Persistence of the Dialectic*, p. 22.
65 A.a.O., S. 155, Anm.

4. Gegen Praxis: Bann der »Produktion um der Produktion willen«

Adorno behauptet, dass die Vernunft der Aufklärung der Bourgeoisie im industriellen Fortschritt auf einen allseitigen Sieg zusteuert, dass dieser Sieg jedoch zugleich »mit Leiden und Fehlbarkeit durchtränkt« ist. Denn diese Einheit der Universalgeschichte des Kapitals ist in der Tat die »Einheit [...] von Naturbeherrschung, fortschreitend in die Herrschaft über Menschen und schließlich die über inwendige Natur. Keine Universalgeschichte führt vom Wilden zur Humanität, sehr wohl eine von der Steinschleuder zur Megabombe. Sie endet in der totalen Drohung der organisierten Menschheit gegen die organisierten Menschen, im Inbegriff von Diskontinuität.«[66] Es ist eine von Adornos sehr berühmten Warnsprüchen. Nach einer Ansicht wäre eine solche zwanghafte und identische Totalität »teleologisch das absolute Leiden«, denn »unter dem alles unterjochenden Identitätsprinzip wird, was in die Identität nicht eingeht und der planenden Rationalität im Reich der Mittel sich entzieht, zum Beängstigenden, Vergeltung für jenes Unheil, das dem Nichtidentischen durch Identität widerfährt.«[67] Was unsere Beachtung verdient, ist, dass er darauf hinweist, dass dieses Leiden und diese Fehlbarkeit nicht bloß eine Frage nur der kapitalistischen Produktionsverhältnisse ist, wie es von Marx penibel differenziert wurde. Adorno hat zu tief gegraben; er will durch Marx hindurch **die Produktivkräfte kritisieren**. Die unbewusste Kritik des jungen Lukács an der Verdinglichung der Produktion (Technik) selbst, als er Weber auf den Kopf stellte, wird jetzt in eine bewusste Idee umgestülpt. Fernerhin will er in der philosophischen Grundlogik **gegen den Primat der Praxis** sein und die **Onto**logie der Praxis umstürzen. Das ist die wahrhafte Grundlegung der post-Marxschen Denkströmung.

In der Erörterung der Freiheit im folgenden Dritten Teil spricht sich Adorno explizit **gegen die Praxis** aus: »Marx hat die These vom Primat der praktischen Vernunft von Kant und dem deutschen Idealismus empfangen und geschärft zur Forderung, die Welt zu verändern anstatt sie bloß zu interpretieren. Er hat damit das Programm absoluter Naturbeherrschung, ein Urbürgerliches, unterschrieben.«[68] Er könnte hier nicht falscher liegen.

---

66   A.a.O., S. 314.
67   A.a.O., S. 314f.
68   A.a.O., S. 242.

Nach Adornos Ansicht sei der Gesichtspunkt des Primats der Praxis ein bestimmtes Produkt der industriellen Zivilisation, der Primat von Praxis sei eben Produktivismus, was eben Anthropozentrismus sei. Das ist sein voreiliges Bewusstsein im Stil der Postmoderne, aber die mehrfachen Gleichheitszeichen sind zu vereinfachend. Die Idee des Primats der Praxis mit einem Schlag als »das Programm des Urbürgerlichen« anzusprechen, ist die **post-Marxsche Tendenz** von Adorno. Natürlich scheint es hier auch Unterschiede zu geben. Adorno analysiert, dass Marxens Gesichtspunkt der Praxis darin besteht, einen sogenannten »Telos der fälligen Praxis« zu verfechten: »die Abschaffung des Primats der Praxis in der Form, wie er in der bürgerlichen Gesellschaft herrscht«. Nach Marxens Vorstellung »wäre Kontemplation möglich ohne Inhumanität, sobald die Produktivkräfte soweit entfesselt sind, dass die Menschen nicht länger von einer Praxis verschlungen werden, die der Mangel ihnen abzwingt und die dann in ihnen sich automatisiert.«[69] Später sagt er noch, »die Dialektik von Praxis [des historischen Materialismus – A.d.V.] verlangt auch: Praxis, Produktion um der Produktion willen, universales Deckbild einer falschen, abzuschaffen.«[70] Nichtsdestotrotz hat Adorno diese Meinung offensichtlich noch nicht gebilligt. Er glaubt, dass man die Freiheit der Menschheit nicht von der Praxis selbst abhängig machen kann und selbst »mögliche[n] Reduktion von Arbeit auf ein Minimum« sei vergeblich. Adorno negiert die aus Marxens *Thesen über Feuerbach* folgende **unterjochende** Subjektivität. Alles, was auf der Herrschaft über Andere aufbaut, könne nicht frei sein, und das Glück, das man davon erlangt, könne nicht wahr sein. Theoretisch **ist Adorno gegen alles, was mit Praxis zusammenhängt.** (Das ist der Ausgangspunkt dessen, dass Arendt später Arbeiten, Herstellen und Handeln voneinander abgrenzt und Habermas im Unterschied zur **gegenständlichen Praxis des Werks** eine inter-subjektive **nicht-nützliche** freie Kommunikation vorschlägt.)

Adorno gibt ein Beispiel dafür: dass die Praxis einfach in eine alles überragende Position gebracht wurde, hätte die verheerende Folge der blinden Praxis, die durch Missachtung der Theorie in der Stalinschen sozialistischen Wirklichkeit verursacht wurde. Dort hat der Impuls des Primats der Praxis

69   A.a.O.
70   A.a.O., S. 382.

»die Theorie ausgeliefert der Macht« und die marxistische Theorie selbst unter der angeblichen Losung »Theorie-Praxis« »zur Dienerin erniedrigt«. Weil die wahre Theorie durch den »allherrschenden Betrieb gelähmt und diffamiert« worden sei, wurde die Theorie nicht länger eine wissenschaftliche Erkenntnis oder eine nüchterne Kritik und Reflexion über die Wirklichkeit, sondern verfaulte in ein dem Erweis der Politik dienliches Instrument, sodass »der praktische Sichtvermerk, den man aller Theorie abverlangt, zum Zensurstempel wurde«.[71]

Ich sollte zugeben, dass diese Ansichten von Adorno beachtenswert sind, aber man nicht sagen kann, dass sein Verständnis des historischen Denkens innerhalb der Marxschen Philosophie ganz am Platz ist. Wir alle wissen, dass die Marxsche Praxis die schöpferische sinnliche materielle Betätigung unter bestimmten historischen Bedingungen der menschlichen Existenz meint (bei Heidegger ist es das mit dem Zuhandenen, welches mit dem dinglichen Gegenstand zu-tun-hat, beginnende In-der-Welt-Sein.). In verschiedenen historischen Perioden sind die Inhalte der praktischen Tätigkeit völlig heterogen, und deren Grad an Komplexität sind nicht ganz gleich. Unter bestimmten historischen Bedingungen kann die Stellung der unterschiedlichen praktischen Tätigkeiten in der Praxisstruktur in der historischen Schöpfung des Menschen erheblich variieren. Von der vorgeschichtlichen Produktion des Menschen selbst zur Landwirtschaft in der Agrarzivilisation und zum Tausch auf der industriellen Produktion, dann zur Informationsoperation in der postindustriellen Zeit, als Grundlagen überhaupt des gesellschaftsgeschichtlichen Seins und Entwicklung, können mit solch einem romantischen Gefasel wie »gegen Praxis« keinesfalls abgefertigt werden. Es ist richtig, sich gegen die zerstörerische Erbeutung der Natur zu stellen, aber es ist äußerst widersinnig, überhaupt gegen die Kontrolle der Natur zu sein. Als ich die einfache Befürwortung der Losung »Gegen Anthropozentrismus« kritisierte, sagte ich einst: »Heidegger introspektiert die Bodenlosigkeit der menschlichen industriellen Zivilisation, die materielle Sehnsucht und die instrumentelle Vernunft machen den Menschen per se unheimlich, das von der ›Zuhandenheit‹ ausgelöste technische Gerüst konstruiert ein nichtnatürliches künstliches Machtzentrum, und höhlt die eigentliche Seite des

71   A.a.O., S. 146.

Naturseins und der Existenz der Menschheit selbst aus: Mensch ist nicht Zweck; er ist, gleich den Dingen, das ›jederzeit anwesende‹ Mittel der instrumentellen Vernunft. Der Verlust der Nützlichkeit des Rheins und das ›Man‹-Werden des Menschen hatten die anschließende ökologische Fragestellung und die Kritik der Massenkultur im Voraus angedeutet. Das poetische Wohnen Heideggers ist aber keinesfalls ein Plädoyer für die ›Entwurzelung‹ der menschlichen Existenz. Tatsächlich ist die absolute ›De-zentrik‹ in der postmodernen Strömung ein neuromantischer Schein. Die Hegemonie der Menschheit ist zu stürzen, aber die leitende Stellung der menschlichen Existenz in der ›geozentrischen‹ (Engels) wirklichen Geschichte kann nie verloren gehen. Man darf fragen, ob der Mensch auf eine wahrhaft nicht-zentrische Weise ›das Ding dingen‹ lassen, Naturgegenstände architektieren, das Fleisch anderer Lebewesen essen könnte, um seine Existenz zu erhalten?! Ökologie ist nicht antihuman, sondern besteht in der Beseitigung der Blindheit und exorbitanten Aushebung der Dominanz der menschlichen Existenz. Das ökologische Gleichgewicht ist letztendlich für den Menschen.«[72] Ist der Mensch in der Lage, ohne den auf die Existenz des Menschen ausgerichteten Austausch mit der äußerlichen Natur vermittels der praktischen Tätigkeit fort zu existieren? Das Opponieren gegen den bürgerlichen Industrialismus in der Praxisphilosophie und grundsätzliche Negation der historische Fundamentalität der Praxis sind zwei qualitativ verschiedene Fragen. Adorno ist sich darüber nicht im Klaren.

Sicherlich ist Adorno schließlich in der Lage, Marx zu deuten. Nach seinem Verständnis liegt hinter dem Primat von Praxis im Wesentlichen das Gestell der materiellen Produktion oder die fortwährende Entwicklung der Produktivkräfte. Er sagt, »Perioden des mit dem Weltgeist Seins, substantielleres Glück als das individuelle, möchte man der Entfesselung der Produktivkräfte assoziieren«. Richtig, was Marx eigentlich will ist, durch die Verbesserung der ganzen materiellen Bedingungen des gesellschaftlichen Seins (das Glück des »großen Ichs«) die individuellen subjektiven Wertansprüche zu ersetzen. Trotzdem ist Adorno der Meinung, »die Entfesselung der Produktivkräfte, Tat des naturbeherrschenden Geistes,

---

72   Zhang Yibing, »Human Egocentricity: Going In and Going Out«, in: *Philosophical Trends*, Vol. 6, 1996.

hat Affinität zur gewalttätigen Herrschaft über Natur. Temporär mag sie zurückzutreten, nicht aber ist sie vom Begriff der Produktivkraft wegzudenken und am letzten von dem der entfesselten; im bloßen Wort klingt eine Drohung mit.«[73] Das ist eine theoretische Beschreibung im Sinne der Negation. Die **grenzenlose** Entwicklung der Produktion ist in der Tat das Wesen der industriellen Zivilisation insgesamt, die grenzenlose Forderung der instrumentellen Vernunft der Aufklärung. Die Voraussetzung einer solchen Forderung ist die anthropozentrische Kontrolle der Natur. Adorno glaubt, dass Marx über diesen Industrialismus nicht hinausgeht. In ihrer kritischen Rückbesinnung über die Philosophie der Aufklärung behaupten Adorno und Horkheimer ausdrücklich, dass sich diese Entfesselung auf ihre Gegenseite zusteuern, nämlich von der Unterjochung der Natur zur Unterjochung des Menschen selbst abgeleitet werde, was als »Dialektik der Aufklärung« identifiziert wird.

Es ist sehr entscheidend, dass Adorno achtsam die Idee bemerkt, dass Marx unmittelbar kritisiert, dass der Kapitalismus (Ricardo) »rücksichtslos die Menschheit zur Produktion um der Produktion willen zwingt«[74]. Mit anderen Worten, im ökonomischen Betrieb des Kapitalismus sei die materielle Produktion als Mittel zur Erhöhung des Existenzniveaus des Menschensubjekts zum Zweck verkehrt und der Mensch zum Mittel geworden. Marx sei gegen den Charakter der kapitalistischen Produktion, welche an Ort und Stelle »sich das gegen die Fetischisierung des Produktionsvorgangs in der Tauschgesellschaft kehrt«. Adorno glaubt, »sobald die Entfesselung der Kräfte von den tragenden Beziehungen zwischen den Menschen sich sondert, wird sie nicht weniger fetischisiert als die Ordnungen.« In solchen Phasen könne der Weltgeist »übergehen an das, was er unter sich begräbt«. Auf den ersten Blick ist das ziemlich unverständlich. Es bedarf einiger Erklärungen.

Obgleich Marx und Engels dem Kapitalismus und dem Gesichtspunkt der Praxis bürgerlicher Art widersprachen, hatten sie keinen Zweifel an der Unvermeidbarkeit der Totalität der Weltgeschichte.[75] Allenfalls versuchten sie, die Totalität des Kapitals mit einer bewussten Identität der Befreiung

73 Adorno, *Negative Dialektik*, S. 301.
74 Karl Marx, *Das Kapital*, Bd. I, Berlin 1955, S. 621 f., zit. nach Adorno, *Negative Dialektik*, S. 301.
75 Adorno, *Negative Dialektik*, S. 315.

der Menschheit zu verdrängen. Sie sahen jedoch nicht voraus, dass die von der Identität vorgebrachte »Herrschaft die Planwirtschaft, welche die Beiden freilich nicht mit Staatskapitalismus verwechselt hatten, zu überdauern vermag«. Mit anderen Worten, der Grund für »die Zählebigkeit der Herrschaft nach dem Sturz dessen, was die Kritik der politischen Ökonomie zum Hauptobjekt hatte, nämlich die kapitalistischen Produktionsverhältnisse, die Marx damals umwälzen wollte, sei, dass die »Herrschaft unendliche Zukunft [hat], solange organisierte Gesellschaft irgend sei.«[76] Dasselbe gilt für den jungen Lukács, mit dem einzigen Unterschied, dass er die goldfarbene Totalität der Weltgeschichte des Kapitals gegen die rosa Farbe der Revolution umtauschte. Das ist schon ein Problem auf einer anderen Ebene. In dieser Hinsicht verdienen einige Aspekte von Adornos Überlegungen eine tiefere Diskussion.

Darüber zu diskutieren, ob Marx in der Lage war, über das Denkparadigma der industriellen Zivilisation, in der er lebte, hinauszugehen, das Merkmal der Unterjochung im Verhältnis des Menschen mit der Natur zu besprechen und die Totalität des Industrialismus zu identifizieren, ist durchaus nicht unmöglich. Die Hauptsache bei dieser Frage liegt hier: einmal die Praxis und die Entwicklung der Produktivkräfte bekämpft, wie will Adorno sich der historischen Wirklichkeit stellen ? Direkte Fragestellungen wären: Wie stellt sich die Konstellation der Welt ? Nicht der Idee, sondern der Existenz. Tatsächlich ist Adorno in der Theorie so stark, dass er beinahe beim höchsten Punkt jener transzendentalen Reflexion steht, die seine Epoche kundgeben konnte. Trotzdem will er niemals darüber nachdenken, wie sich die negative Dialektik in die gesellschaftsgeschichtliche Wirklichkeit umwandelt. Es ist nicht unmachbar, in der Idee gegen den »Primat« zu opponieren, die Identität zu verweigern oder die Totalität zu verwerfen, doch Adorno kein Rezept dafür, wie die Identität, die sogar für den Sozialismus unvermeidlich ist, in der wirklichen Gesellschaftsgeschichte wahrhaft zu beseitigen ist. Er **sitzt und schulmeistert**. Auf dieser Ebene ist seine negative Haltung zur Praxis reaktionär. Negative Dialektik ist nur eine theoretische Haltung. Obwohl ihm zutiefst bewusst ist, dass die praktische Haltung des großbürgerlichen Industrialismus die Grundlage der Despotie der

76   A.a.O., S. 316.

modernen Identität ist, ist das Verfahren und Verwirklichung der theoretischen Haltung des Nicht-Industrialismus, die er vertritt, in der Realität vernachlässigbar. In dieser Hinsicht ist seine Opposition gegen Marcuse notwendig: Die Praktik der »große Weigerung« von Marcuse wird bestimmt scheitern, aber er besitzt immerhin revolutionären Mut; Habermas schlägt die bürgerliche Reform der Wirklichkeit ein (»Flicke den Himmel«), und ist ebenfalls in der Praxis. Adorno jedoch ist wahrlich ein Musiker der Schönheit. Er sollte daran denken, egal wie wenig Rebellionen in Musik und Idee Gesetz und Gott achten, heißt das nicht wirklich, dass sich die Welt verändert hat. In dieser Hinsicht ist er mitnichten viel weiser als Heidegger, der die Welt des Mans mit dem Heimweh des Seins im Gewissen rettet. Dass Adorno die negative Dialektik wissentlich in eine Strategie des Denkens der Begriffsdialektik platziert, wird unweigerlich von einem riesigen Schatten überschattet werden.

Alles klar, lasst uns zurückdrehen und uns die Ideenrevolution Adornos nochmal ansehen. Jetzt werden wir nicht immer zu ihm aufschauen.

II. Nichtidentität: Kategorienkonstellation in der negativen Dialektik

Aus der obigen Erörterung hat Adorno aus dem Blickwinkel der Falsifikation erklärt, gegen was die negative Dialektik opponiert. Nach unserer Ansicht verhängt er in einer solchen negativen Reflexion über die erste Philosophie, Totalität und Identitätslogik beinahe eine Todesstrafe über die gesamte menschliche Kultur und über die Ideengeschichte. Das ist die allseitig subversive Logik des Neuschreibens von Nietzsche und Heidegger, und auch die Anfangskonfiguration des postmodernen Denkens. Seine Opposition gegen den Primat von Praxis und gegen Industrialismus lässt ihn klüger als Marx aussehen. Adorno scheint gründlicher als andere zu sein zu wollen, daher muss er sich etwas einfallen lassen, was gegenüber mehr Gewicht hat. Diesmal erscheint vor uns die Anordnung der Konstellation am Himmel der nichtidentischen Dialektik. Ich empfinde, dass die dialektische Konstellation über dem Kopf und das moralische Imperativ im Herzen gegen das schöne Tongedicht ausgetauscht wird, was, so befürchte ich, der Falle des ästhetischen Romantizismus schwer entkommt. Um ehrlich zu sein

63

ist Adornos Elan absolut ungebrochen, wenn er andere kritisiert, wenn er sich jedoch selber etwas einfallen lässt, geht ihm offensichtlich die Puste aus. Wenn es um etwas Entscheidendes geht, ist es oft unausgearbeitet und unerträglich, zu Ende zu lesen.

1. Dialektik: Bewusstheit von Nichtidentität (des Anderen)

Adornos positive Beschreibung der negativen Dialektik entstammt seiner kritischen Analyse der Hegelschen Dialektik. Nach seiner Ansicht versucht Kant in der kopernikanischen Revolution, die »die Illusion des unmittelbaren Wissens vom Absoluten zerstört«, den Widerspruch zwischen Erscheinung und Wesen und zwischen dem endlichen Subjekt und der unendlichen Erkenntnis auf dualistische Weise zu vermeiden; indem er die Phänomene des Erfahrungssubjekts begrenzt und das Ding an sich im Jenseits postuliert, wird die Dialektik im Kontext der Zenonischen dialektischen Vernunft angetroffen. Bei Kant sei »Dialektik [...], als philosophische Verfahrensweise, der Versuch, mit dem ältesten Medium der Aufklärung, der List, den Knoten der Paradoxie zu entwirren.«[77] Hegel gebe sich mit der Kantischen Zweiteilung nicht zufrieden; die Dialektik der »Philosophie des absoluten, totalen Subjekts«, mit der er die Widersprüche und Differenzen in der eigenen Logik auflöst, sei **negativ**. Diese Negativität anerkenne den Widerspruch zwischen Differenz und Nichtidentität, aber die Identität, die mit Positivität zusammenfällt, »schließt alles Nichtidentische und Objektive in die zum absoluten Geist erweiterte und erhöhte Subjektivität« ein. Anders ausgedrückt, Hegels Unterstützung der Heterogenität sei strategisch, da Differenz und Widerspruch nicht mehr sind als die Werkzeuge in die Richtung des letzten identischen Ganzen (Absoluten) seien; die Anerkennung der Nichtidentität diene dem Zweck, letzten Endes zwanghaft alles abzuschaffen, was nichtidentisch oder widersprüchlich ist. Daher sagt Adorno, Hegels Dialektik sei letzten Endes eine negativ erscheinende »Gewalttat des Gleichmachens«[78]. Zumal wenn sich diese totale negative Dialektik und die reale preußische Despotie auf Grund und Boden im selben Schlamm suhlen. Ich denke, dass Adornos Analyse im Grunde treffend ist.

---

77 A.a.O., S. 144f.
78 A.a.O., S. 146.

Er vertritt richtigerweise die Ansicht, dass »die Wendung zur Nichtidentität« von jener Hegelschen – noch erste Philosophie – Identitätslogik mit den »Linkshegelianern«, namentlich Junghegelianern begann, zu denen der junge Marx freilich gehörte. Dies ist eine präzise korrekte Identifikation, die **den Vektor der Zeit trägt**. Das sich vereinzelnde Selbstbewusstsein ist die bereits die Negation der Hegelschen identischen absoluten Idee, was sich in der Doktorarbeit des jungen Marx als Zerschlagung der Demokritischen Identität der Deklination in der geraden Linie durch die Epikureische Abweichung des Atoms in der Naturphilosophie manifestiert. Als Marx sich den objektiven Widersprüchen in der wirklichen Gesellschaft wahrhaft stellte, habe sich die Dialektik »von Hegel losgesagt«. Das ist ebenfalls richtig. Die neue Dialektik ist zu der Hegelschen Dialektik darin heterogen, dass »ihre Bewegung nicht auf die Identität in der Differenz jeglichen Gegenstandes von seinem Begriff tendiert; eher beargwöhnt sie Identisches. Ihre Logik ist eine des Zerfalls: der zugerüsteten und vergegenständlichte Gestalt der Begriffe, die zunächst das erkennende Subjekt unmittelbar sich gegenüber hat.«[79] *Marx hatte lediglich eine stille Übereinkunft mit dem Konzept der »Logik des Zerfalls«, womit sich Adorno in seiner Jugend selbst einschätzte.* In der philosophischen Prämisse bezieht sie sich auf die Auflösung der materiell-substanziellen Idee durch die historisch wechselnde sinnliche Praxis in *Thesen über Feuerbach* (1845). Nach der Bestätigung des **historisch** negativen Elements der Produktion in der *Deutschen Ideologie* gründete Marx die wahrhaft revolutionäre Dialektik der Geschichte. Adorno hat es zutiefst erkannt. Doch er möchte offensichtlich noch weiter gehen als Marx. Der negative Charakter der Dialektik soll nicht nur die Geschichtlichkeit und die Vorläufigkeit des kapitalistischen Systems beweisen und die Identität der Kapitallogik zerschlagen, sondern, wichtiger, **jede** Identität zerstören. Die wirkliche Dialektik will nicht länger auf eine neue Identität hinaus, auch nicht auf eine kommunistische Identität (»Plan«). Die kritische und revolutionäre Natur der negativen Dialektik muss todesmutig sein. Dies ist bereits ein anderer Auslegungsfaden des revolutionären Wesens der Dialektik post-Marxschen Typs.

79   A.a.O., S. 148.

Mit einer solchen theoretischen Tendenz behauptet Adorno, dass die negative Dialektik als Logik des Zerfalls weder eine **reine Methode** noch eine **Realität** sei. Das ist eine einzigartige Interpretation. Zunächst ist Dialektik keine Methode allein, »denn die unversöhnte Sache, der genau jene Identität mangelt, die der Gedanke surrogiert, ist widerspruchsvoll und sperrt sich gegen jeglichen Versuch ihrer einstimmigen Deutung. Sie, nicht der Organisationsdrang des Gedankens veranlasst zur Dialektik.« Dies erklärt das reale treibende Element der negativen Dialektik; dass Dialektik revolutionär ist, stammt nicht aus der logischen Methode, sondern ist zunächst determiniert durch die Differenzialität des objektiven Seins selbst. Die Nichtidentität von Dingen, Phänomenen und Prozessen konstituiert die Grundlage der negativen Dialektik. Ist es bestätigt, so kann die totale negative Dialektik nach der Art Hegels und des jungen Lukács aus dem logischen Gerüst der Idee wahrhaft befreit werden. Zweitens ist Dialektik auch »kein schlicht Reales.« Das heißt, negative Dialektik verwandelt sich nicht, da sie die aus der objektiven Realität kommende Grundlage der Nichtidentität anerkennt, in die »Widerspiegelung äußerer Gesetze«. »Dialektik als Verfahren heißt, um des einmal an der Sache erfahrenen Widerspruchs willen und gegen ihn in Widersprüchen zu denken. Widerspruch in der Realität, ist sie Widerspruch gegen diese.«[80] **Opposition gegen die Realität** ist sehr nahe an der »Aufhebung der Bestimmungen des Seins«, wie Lenin sie in *Philosophischen Heften* benutzt, was bedeutet, dass negative Dialektik nicht schlicht der objektiven Dialektik entspricht. Das menschliche Individuum und das historische Subjekt sind gleichfalls wahrhafte »Quellen der Negentropie«, die Heterogenität schaffen.

Praxis gegen Realität. Nachdem Lenin in den *Berner Heften* der *Philosophischen Hefte* einen langen Abschnitt aus Hegels Formulierungen transkribiert hat, macht er mit einem kleinen Kästchen am rechten oberen Seitenrand einen Kommentar: »Alias: Das Bewusstsein des Menschen widerspiegelt nicht nur die objektive Welt, sondern schafft sie auch.«[81] »Alias« knüpft an das,

---

80 A.a.O.
81 W. I. Lenin, Philosophische Hefte, in: *Werke*, Bd. 38, S. 203.

was in dem Kästchen darüber Marxens »Thesen über Feuerbach«
meint, was auch der Titel der vergleichenden Erkenntnis an der
Stelle ist. Wir finden heraus, dass diese These insofern gerade der
Gegenstand der abfälligen Kritik von Lenin ist, dass sie im Laufe
der Frühphase der Lektüre war (vor S. 170). Freilich meint diese
These nicht, dass die Gedanken des Menschen die Welt schaffen
können, sondern bezeugt, dass die menschliche Existenz immer
noch eine (vom Menschen unabhängige) Natur voraussetzt, aber
der Mensch den Trieb hat, den subjektiven Zweck (»sich«) zu realisieren, sich durch objektive materielle Praxis (NB: dies ist das reale
»Wirkende« des Menschen) eine neue objektive Existenzgrundlage
geben. »D.h., dass die Welt den Menschen nicht befriedigt und der
Mensch beschließt, sie durch sein Handeln zu verändern.«[82] Hier
gibt es zwei »Wirkliche«, das eine ist der äußere Gegenstand und
das andere die objektive praktische Tätigkeit des Menschen; das
erste ist eine inhärente Voraussetzung, während das letztere eine
neue Grundlage gibt.

In der Hinsicht entwickelt Lenin sehr tiefschürfend weiter: »Die
Tätigkeit des Menschen, der sich ein objektives Weltbild gemacht
hat, *verändert* die äußere Wirklichkeit, hebt ihre Bestimmtheit auf
(= verändert diese oder jene ihrer Seiten, ihrer Qualitäten) und
nimmt ihr auf diese Weise die Züge des Scheins, der Äußerlichkeit
und Nichtigkeit, macht sie zur an und für sich seienden (= objektiv wahren).«[83] In dieser Formulierung bestimmt Lenin zum ersten Mal explizit, dass die Praxis ein objektives Weltbild macht,
was am Ende die wichtige Stellung der praktischen Dialektik auf
der Ebene der philosophischen Ontologie bestimmt. Das objektive
Weltbild des Menschen ist kein direkter Eindruck von der äußeren
gegenständlichen Welt; das Weben seiner Kett- oder Schussfäden
verändert die äußere Wirklichkeit, d. h., verändert diese oder jene
Seiten und Qualitäten des Objekts auf dem Grunde der Zwecke
(Bedürfnisse) des Menschen. Indem wir die Naturbedingungen

82   A.a.O., S. 204.
83   A.a.O., S. 209.

umändern, dämpfen oder mindern wir in der gegenständlichen Umgebung jene Seiten, die für die Existenz des Menschen ungünstig sind (»Unglück«, »Unheil« des »Himmels«), während wir jenes bewahren, auserlesen und ausdehnen, was für die Existenz des Menschen günstig sind (Feldfrüchte, konzentrierte und optimale Nutzung von Energie und ökologischer Umwelt), sodass wir der Natur ständig jene Äußerlichkeit »nehmen«, die in Bezug auf den Menschen gleichgültig ist, und sie in der praktischen Wirkung des Menschen zu einem Sein »für mich« (im Dienste der Existenz des Menschen).[84]

Zumal unter bestimmten historischen Bedingungen lässt die Realität geschichtlich oft eine bestimmte identische und zwanghafte Totalität entstehen (etwa die äußerliche Despotie im Mittelalter oder die spontane Totalität auf dem Markt) und die negative Dialektik wendet sich in dieser Situation hervorstechend gegen die Realität. Der Unterschied besteht darin, dass Lenin, wie Marx, explizit vorschlägt, sich mit der materiellen Praxis gegen die Realität zu wenden, während wir darauf keine Antwort kriegen, wie Adorno, der gegen die Praxis ist, sich gegen die Realität wendet.

Natürlich sieht Adorno auch, dass die Zerstörung der Identitätslogik durch die negative Dialektik die Identität keine schlichte Preisgabe der Identität ist. Wie er zuvor sagte, ist das Denken identisch, der Begriff identisch, ohne Identität kann es keinen Gedanken geben, weshalb auf der Ebene der Vernunft »das Realitätsprinzip noch zu durchschauen, nicht aber kann ohne Identifikation gedacht werden, jede Bestimmung ist Identifikation.«[85] Das ist hingegen eine unromantische Tatsachenbilligung. Nach seiner Ansicht besteht »der Fehler des traditionellen Denkens darin, dass es die Identität für sein Ziel hält«, woraus dann die absolute zwanghafte Identitätslogik entsteht. Das ist eigentlich etwas, wogegen er sich wenden möchte. Aber ebenso gewiss und zweifellos ist, dass Adorno nicht gegen jene Identität ist, die im Begriff notwendig eingeschlossen ist, sondern die **absolute** Identität auflösen möchte, und dass er eine **Nichtidentität in der Identität** ausgraben

84 Zhang Yibing, *The Collected Works of Zhang Yibing*, o.O. 1999, S. 272-273.
85 Adorno, *Negative Dialektik*, S. 152.

möchte. Ich denke, das ist der blinde Punkt beim größten Teil der vergangenen Forscher in der Frage der Identität. Adorno ging es nie darum, die Identität im Sinne von Commonsense schlicht zu negieren (wie die postmoderne Denkströmung beinahe auf nihilistische Weise tut). An dieser Stelle sollten wir eine sorgfältige und ernsthafte Analyse vornehmen.

Die von der negativen Dialektik bestätigte »Nichtidentität ist das Telos der Identifikation, das an ihr zu Rettende.«[86] Es ist ein sehr tiefes dialektisches Verhältnis. Wenn wir zum Beispiel sagen, »der Parasolbaum ist ein Baum«, dann hat dies hier zwei Intentionen: Erstens zu sagen, was es selbst als Parasolbaum ist, und zweitens zu sagen, dass der Parasolbaum nicht selbst ist, sondern zum Baum (Gattung) zugehört. Ersteres ist Erkenntnis des Nichtidentischen, letzteres ist Identitätsdenken. Adorno sagt: »Sie [die Erkenntnis des Nichtidentischen] will sagen, was etwas sei, während das Identitätsdenken sagt, worunter etwas fällt, wovon es Exemplar ist oder Repräsentant, was es also nicht selbst ist.«[87] In der vergangenen Denktradition achteten die Menschen zu sehr auf das subsumierende Identitätsdenken und verabsolutierten es auf abstrakte Weise, ohne eben jene Nichtidentität zu beachten, die die Eigentümlichkeit des Gegenstands selbst identifiziert. Diese Nichtidentität-in-Identität ist der Punkt, wo Adornos dialektische Besinnung anfängt. *Dies ist auch der Ausgangspunkt der sämtlichen nachfolgenden postmodernen Kontexte. Barthes' Unfassbarkeit des Begriffs, Derridas Dekonstruktion der Différance, Lyotards nicht-große Erzählung und Foucaults Einrichtung der Anti-macht sind allesamt Operationen und Durchführungen der Nichtidentität, die die Macht der Identität zurückweisen.*

86   A.a.O.
87   A.a.O.

2. Sinnfeld der Nichtidentität

Erstens sollte besonders darauf hingewiesen werden, dass Adornos Nichtidentität nicht ein »Nein«-Sagen von außen, keine schlichte Absage und Zerstörung, sondern eine auf Identität beruhende, **der Eigenlogik der Identität immanente** Nichtidentität und Differenzialität, namentlich **unversöhnliche** Differenzialität in der widersprüchlichen Einheit ist. Ich fand heraus, dass es möglicherweise die ursprüngliche Differenz zwischen Adorno und Marcuse im Hinblick auf ihr Verständnis der Negativität der Nichtidentität ist. *Ich habe bemerkt, dass einige Forscher schlicht von der Zeit her den Schluss ziehen, dass die Nichtidentität der negativen Dialektik Adornos eine Imitation von Marcuses negativem Denken sei, aber im Hinblick auf die grundsätzliche Heterogenität zwischen den beiden keine exakte theoretische Unterscheidung vorgenommen haben.[88] Dies kann nicht als eine genaue Abgrenzung gelten.* Im Unterschied zu Marcuse vertritt Adorno keinesfalls eine schlichte Negation der Identität und Einheit, denn eine »abstrakte Negation [der Einheit] ziemt dem Denken nicht. Die Illusion, des Vielen unmittelbar habhaft zu werden, schlüge als mimetische Regression [...] zurück«[89], als ein Mythos, der nicht verwirklicht werden kann. Der Kurs von der einfachen Identität auf die extreme Negativität und Nichtidentität scheint durchgreifend und radikal zu sein, tatsächlich berührt sie aufgrund ihrer Unmöglichkeit nie wahrhaft die reale Identität und endet schließlich in einer Art Komplizenschaft mit dem Status quo. Das ist möglicherweise einer der wesentlichen Gründe, warum Adorno später den linken Studenten entschieden widersprach, Marcuses Bewegung der »großen Weigerung« zu praktizieren.

Tatsächlich ist die Nichtidentität in der Identität, wofür Adorno eintritt, nicht nur die Forderung des Betriebs des Denkens selbst, sondern auch eine Forderung der Realität. Wie wir oben gesehen haben, kritisiert er zum Beispiel den Zusammenhang von Tauschprinzip und Identität, hat aber nicht vor, dieses Verhältnis wirklich schlicht zu zerstören. Er sagt

---

88 Li Zhongshang, *The Third Road*, o.O. 1994, S. 219; Yu Wujin/Chen Xueming, *Foreign Schools of Marxism*, Fudan University Press 1990, S. 162.

89 Adorno, *Negative Dialektik*, S. 160.

äußerst eindringlich, würde das Tauschprinzip abstrakt negiert, »würde als Ideal verkündet, es solle, zur höheren Ehre des irreduzibel Qualitativen, nicht mehr nach gleich und gleich zugehen, so schüfe das Ausreden für den Rückfall ins alte Unrecht«. Das erinnert an den Kriegskommunismus während der frühen Phase der Oktoberrevolution, als der Tausch auf eine idealisierte Weise schlicht abgeschafft wurde, und an die irrsinnigen und törichten »Volkskommunen« 1958 in China. Adorno sagt: »Der Äquivalententausch bestand von alters her gerade darin, dass in seinem Namen Ungleiches getauscht, der Mehrwert der Arbeit appropriiert wurde. Annullierte man simpel die Maßkategorie der Vergleichbarkeit, so träten anstelle der Rationalität, die ideologisch zwar, doch auch als Versprechen dem Tauschwert innewohnt, unmittelbare Aneignung, Gewalt, heutzutage: nacktes Privileg von Monopolen und Cliquen.«[90] Seine Analyse ist wirklich glänzend. Die Identität im Tauschprinzip zu kritisieren und das Wesen der bürgerlichen Ideologie im Prinzip des Äquivalententauschs aufzudecken, geschieht keinesfalls um den Preis **eines Rückfalls in die unmittelbaren Gewalt der feudalen Despotie**, sondern es ist gerade die Verwirklichung des Tauschprinzips, die »den Tausch transzendiert«. Adorno sagt zudem, »die Selbstreflexion der Aufklärung ist nicht deren Widerruf«, »so wie Freiheit nur durch den zivilisatorischen Zwang hindurch, nicht als retour à la nature real werden kann«. Aus demselben Grund. Was diesen Punkt betrifft sind die Wunden der historischen Praxis unserer wirklichen sozialistischen Bewegung zu tief. Ich empfinde, dass Adornos Analyse hier einen Schritt tiefer geht als die Dialektik der Aufklärung. Die Gründe sind tiefschürfend, aber wie ist es denn zu tun? Wir stehen immer noch mit leeren Händen da.

Zweitens, Nichtidentität ist Heterogenität in der Identität, ein **objektiver Widerspruch**. Negative Dialektik ist das Bewusstsein der zutiefst widersprüchlichen Differenzen in der historischen Existenz. In dieser Hinsicht belebt Adorno Hegels Konzept des Widerspruchs neu. »Die objektive Widersprüchlichkeit designiert aber nicht nur, was vom Seienden im Urteil draußen bleibt, sondern etwas im Geurteilten selbst.«[91] Daher ist Hegel derjenige, »der erstmals ihn [den objektiven Widerspruch] visierte«.

---

90   A.a.O., S. 150.
91   A.a.O., S. 154.

Adorno stimmt dem folgenden Gesichtspunkt zu: das Visieren der dem Ding innewohnenden Widersprüche ist der Kern der Dialektik. In dieser Hinsicht stimmt er mit Marx und Lenin überein, die die Geheimnisse der Hegelschen Philosophie wahrhaft verstanden haben. Im Unterschied zu Hegel, der den Widerspruch in eine Art »Vehikel der totalen Identifikation« verwandelt, hält die negative Dialektik den Widerspruch natürlich als Vermittlung, um die Identitätslogik dialektisch aufzulösen. »Dialektik bedeutet objektiv, den Identitätszwang durch die in ihm aufgespeicherte, in seine Vergegenständlichungen geronnene Energie zu brechen.«[92] Eine solche Nichtidentität in der Identität ist selbst ein Widerspruch. Mit Hegelschen Worten formuliert, sie ist »sein Anderes«. Ein weiteres sehr tiefes dialektisches Verhältnis. Tatsächlich ist die Urform dieser Verhältnisweise das sich selbst verwirklichendes »Nicht-Ich« von Fichte; dieses **Ich, das nicht Ich ist,** interpretiert eine tiefsitzende wesensgleiche Beziehung. In der späteren Hegelschen Ontologie wird das Subjekt durch die **auf das Anderes zugehende** Reflexbestimmung verwirklicht; die brillanteste Erklärung des metaphorischen Verhältnisses ist das in *Phänomenologie des Geistes* beschriebene Herr-Knecht-Verhältnis. *Dieser Gesichtspunkt wurde später durch »den Anderen« in Lacan sowie Derrida und in Saids postkolonialistischer Kulturkritik illegal angeeignet.* Adorno sagt, »das Innere des Nichtidentischen ist sein Verhältnis zu dem, was es nicht selber ist und was seine veranstaltete, eingefrorene Identität mit sich ihm vorenthält.«[93] Im Unterschied zu Hegels »Gleichgültigkeit gegenüber dem Anderen« ist es gerade dieses im Inneren der Identität liegende fremde Andere, mit dem sich Adorno beschäftigen will.

Drittens, die dialektische Nichtidentität ist ein **ewiger Widerstand** des Anderen gegen die Identität. Adorno sagt, »Unmittelbar ist das Nichtidentische [als Anderes – a.d.V.] nicht als seinerseits Positives zu gewinnen und auch nicht durch Negation des Negativen«. Adorno will hier etwas Neues vorbringen. Er glaubt, bei Hegel »gewinnt im Innersten von Dialektik das antidialektische Prinzip die Oberhand«, namentlich **Gleichsetzung der Negation der Negation mit Positivität.** Obwohl Hegel den Widerspruch

92   A.a.O., S. 159.
93   A.a.O., S. 165.

anerkennt, »glättet er den Widerspruch durch Identität«; er hebt ebenfalls Negation und Kritik empor, aber der Zweck dieser Negation ist immer noch die erneute Positivität. Daher: »Die Negation der Negation wäre wiederum Identität, erneute Verblendung; Projektion der Konsequenzlogik, schließlich des Prinzips von Subjektivität, auf Absolute.«[94] Adorno sagt, eine solche Logik, dass **zwei Negative ein Positives** ergeben, ist gerade die »Quintessenz [eines] Identifizierens«, die listiger ist. Vom realen Lebens her gesehen, liegt der hinterlistige Plan der Bourgeoisie darin, dass sie im Unterschied zur schlichten Positivität der feudalen Despotie (»Nein« sagen ist verboten) dich »Nein« sagen lässt, dich im Plenarsaal in einer institutionalisierten Weise fluchen und den Protestmarsch auf der Hauptstraße nach der vorgeschriebenen Route abhalten lässt, mit dem Zweck, diese »demokratische« Institution zu bejahen! Das sei eine »Fetischisierung des Positiven an sich«, **Negation um der tieferen Bejahung des Bestehenden willen**, was auch der Grund dafür sei, dass sie »als Ideologie über die Welt sich verbreitet«. Das lässt uns an Foucaults spätere Kritik der versteckten Anordnung des Machtdiskurses, wie auch an Mintz' Theorie der »süßen Macht« denken. Adorno findet, dass die wahre Negativität durchwegs negativ ist; sie würde niemals »Sanktionierung des Seienden«. Das Wesen der Nichtidentität sei **ewige** Negation; allein am ewigen »Widerstand des Anderen gegen die Identität« hat die Dialektik »ihre Gewalt«.[95]

Viertens, nicht wegen der Opposition gegen abstrakte Identität verwandele die Nichtidentität das der Idee überhaupt entgegengesetzte Einzelne in ein metaphysisches Letztes. Adorno kritisiert hier offensichtlich den individuum-zentrierten Neohumanismus im Anschluss an Kierkegaard. Er sagt, wenden wir uns gegen die Opposition gegen die rationale Identität der irrationalen individuellen Existenz zu, so schaffen wir dem spekulativen Introspektionsmodell des persönlichen Subjekts notwendig »Nimbus und die Autorität geistiger Undurchdringlichkeit und Härte« und die Theorie repräsentiert die »Resignation« gegenüber dem reinen Einzelnen, was immer noch im »Bestehenden« resultiert.[96] Diese Identifikation ist sehr eindringlich. Denn

94   A.a.O., S. 162.
95   A.a.O., S. 163.
96   A.a.O.

würde eine Theorie (wie die Husserlsche oder Heideggersche) lediglich zur rein individuellen introspektiven Stimmung oder zum Vergnügen von wenigen spekulativen Experten, auf eine poetische Weise selbstgefällig mit dem Kopf zu wackeln, sei es unmöglich, dass Menschen daraus Widerstandskräfte erlangen. Das ist ganz richtig. Meine Frage jedoch ist – können die Menschen Adornos eigene Sachen lesen und verstehen ?

Kurzum, die Nichtidentität, wofür Adorno eintritt, ist eine Heterogenität, welche den objektiven Widerspruch in der Einheit anerkennt (Derridas spätere Différance erwuchs darauf[97]). Dies ist ein nicht-zentriertes, nicht-hierarchisches und nicht-unterjochendes dialektisches Verhältnis. Adorno sagt bildhaft, dass dies die **Konstellation** ist. Schließlich werden wir »jenseits der Wolken« leben.

3. Konstellation: Seinsweise der Nichtidentität

Aus der »Vorrede« wissen wir bereits, dass die sogenannte **Konstellation**, nämlich die Nichtidentität, die auf Heterogenität achtet, ein neuer Typus des Verhältnisses von Sein und Denken ist, welches Widersprüche und Differenzen anerkennt, wofür Adornos negative Dialektik plädiert. Nicht nur zwischen Subjekt und Objekt, sondern überall, wo es ein Verhältnis wie Subjekt und Subjekt, Subjekt und Gattung, Bewusstsein und Sein, Begriff und Erfahrung, Wert und Technik usw. gibt, soll dies zwischen allen möglichen verschiedenen Elementen eine »friedliche« Kameradschaft, nämlich »den Stand eines Unterschiedenen ohne Herrschaft, in dem das Unterschiedene teilhat aneinander«[98] konstituieren. Ich empfinde, dass die theoretische Setzung Adornos hier an Heideggersche Lektion angeknüpft hat, nach Auslöschung einer äußerlichen dualen Konfrontation von Subjekt und Objekt trotzdem die Allmacht eines neuen Gottes des Seins zu rekonstruieren und eine große Menge von subalternen nichteigentlichen Seinen und das Sein des Mans vom dem eigentlichen Sein abzuheben. Adornos Konstellation ist aber ein ganz neues anleitendes Kameradschaftsverhältnis nach der Auslöschung aller Knechtschaftsverhältnisse.

97   Vgl. Jacques Derrida, Margins of Philosophy, zit.n. The Postmodern Philosophical Discourse, S. 71-73.
98   Adorno, Zu Subjekt und Objekt, S. 153.

Was dieses ganz neue **nichtunterjochende Verhältnis** angeht, so gibt ihr Adorno scharfsinnig erdachte Benennungen wie die »Konstellation« ohne Zentrum und Nicht-Architektur des »Kraftfeldes«. Wir hatten verstanden, dass sich Kraftfeld und Konstellation – Termini, die Adorno jeweils aus der Physik und von Benjamin entlehnt – beide auf ein Aggregat von mehreren Wechselfaktoren beziehen, die nebeneinanderstehen und nicht von einem Zentrum integriert sind, wobei diese Faktoren nicht auf das erste Prinzip eines gemeinsamen Nenners, Grundkerns oder Ursprungs zurückgebracht werden können. Die sogenannte Konstellation ist jener sowohl lose als auch verbundene Seinszustand von Sternen und Sternbildern, mit dem Benjamin ein nichtzwingendes dialektisches Verhältnis von Begriffen und Objekten illustriert. Benjamin sagt oft, »Sternbilder sind nicht die Gesetze von Sternen!«. Adorno folgt gerade diesem Faden, um den Begriff der Konstellation neu zu verorten. Er sagt, »die Konstellation der Momente ist nicht auf ein singuläres Wesen zu bringen; ihr wohnt inne, was selbst nicht Wesen ist.«[99] Mit Eagleton gesprochen, »weigert sich die Konstellation, an irgendeinem metaphysischen Wesen festzuhalten«. Der Sinn der Konstellation liege darin, dass sie, indem sie das nichtidentische Einzelne schützt und sichert, dem Gegenstand im Sprengen der Identität eine Neugeburt verschafft. Bei Adorno »[würde] rationale Identität durch jene Lücke in jedem Einzelnen konstituiert, die diese Identität der unbeherrschbaren Andersartigkeit seiner Mitmenschen öffnet«[100].

Allerdings denke ich nicht, dass diese Kategorie von Adorno selbst in der Theorie sehr erfolgreich erklärt wurde; im Hinblick auf Qualität sowie Quantität ist seine Erklärung recht schwach. Ich kann nicht beurteilen, ob es eine theoretische Strategie ist. Dies bringt auch einige Schwierigkeiten in unsere Diskussion. Um Adornos sehr schöpferische Bestimmungen zu erklären, können wir zunächst seine konkrete Analyse der Erkenntniskonstellation als Beispiel nehmen.

---

99 A.a.O., S. 111.
100 Eagleton, *Ästhetik, Die Geschichte ihrer Ideologie*, S. 340, 368. Eagleton glaubt, dass das Konzept der Konstellation »der originellste Versuch« in Benjamin und Adornos Kampf gegen Totalität und Identität ist.

Wie bereits erwähnt, bedeutet die Opposition gegen das despotische Identitätsdenken nicht, dass Erkenntniskonstellation nur wissenschaftliche Einheit in der negativen Dialektik, überhaupt nicht alle Einheit im Denken ist. Hier besteht Einheit nicht länger darin, dass »von den Begriffen im Stufengang zum allgemeineren Oberbegriff fortgeschritten wird, sondern [dass] sie in Konstellationen treten.«[101] Im Unterschied zum Zwang des »Einen« der traditionellen Metaphysik »repräsentieren Konstellationen allein, von außen, was der Begriff im Innern weggeschnitten hat, das Mehr, das er sein will so sehr, wie er es nicht sein kann. Indem die Begriffe um die zu erkennende Sache sich versammeln, bestimmen sie potentiell deren Inneres, erreichen denkend, was Denken notwendig aus sich ausmerzte«. In jener vergangenen essentialistischen Erkenntnisstruktur der **Rückkehr** in das Eine nimmt sich der Begriff des historischen Erkenntnisresultats immer nur völlig als Gegenstand selbst an. Daher ist die nichthistorische Darstellung des Begriffs (Essenz) die grobe Exzision des Gegenstands, und das was in den Begriff nicht eingeht, ist stark verdeckt. Konstellative Erkenntnis ist ein historischer **Anti-Beschnitt**. Letzten Endes gesteht sie eine geschichtliche Erkenntnistoleranz zu. Zum Beispiel: »Als Konstellation umkreist der theoretische Gedanke den Begriff, den er öffnen möchte, hoffend, dass er aufspringe wie die Schlösser wohlverwahrter Kassenschränke: nicht nur durch einen Einzelschlüssel oder eine Einzelnummer sondern eine Nummernkombination.«[102] Das ist ein ähnliches Beispiel wie das von Maslow, als er der linearen Auffassung von Kausalität und der Reduktionstheorie widersprach: Heute, auf dem Billardtisch der wissenschaftlichen Erkenntnis, wird eine Kugel nicht länger von einer Kugel getroffen, sondern oft von zehn oder mehr Kugeln zugleich ! Hier sind nicht nur das Verhältnis von Objekt und Subjekt, das Verhältnis von Substanz und Geist, sondern alle Bedingungen und Elemente, die in der objektiven Welt existieren, formen einen natürlichen konstellativen Zusammenhang. In einer solchen Erkenntnis ist jeder lineare unterjochende Zwang, alle theoretischen Systeme und »Ismen« beseitigt und jede auf den Menschen zentrierte nützliche Intention aufgelöst. Hier gibt die negative Dialektik dem Menschen ein wahres Weltbild.

101 Adorno, *Negative Dialektik*, S. 164.
102 A.a.O., S. 165f.

Dafür greift Adorno Weber als Beispiel heraus. Er argumentiert, dass »diese [Konstellationen] bei Weber anstelle einer Systematik treten«. Das ist ein sehr bedeutender Kommentar. Adorno sagt: »Im Gegensatz zur gängigen wissenschaftlichen Übung wurde Weber in der Abhandlung über die protestantische Ethik und den Geist des Kapitalismus, als er die Frage nach dessen Definition aufwarf, der Schwierigkeit der Definition historischer Begriffe so deutlich inne, wie vor ihm nur Philosophen, Kant, Hegel, Nietzsche. Er lehnt ausdrücklich das abgrenzende Definitionsverfahren nach dem Schema ›genus proximum, differentia specifica‹ ab und verlangt stattdessen, soziologische Begriffe müssten aus ihren ›einzelnen der geschichtlichen Wirklichkeit zu entnehmenden Bestandteilen allmählich komponiert werden. Die endgültige begriffliche Erfassung kann daher nicht am Anfang, sondern muss am Schluss der Untersuchung stehen.‹«[103] Das heißt, dass sich Weber in seiner Diskussion über den Geist des Kapitalismus nicht länger bloß auf die Definition oder essentialistische Behauptungen fokussiert, sondern versucht, eine konkrete Beschreibung der Genesis der Geschichte vorzunehmen. Eine solche Identifikation hat bestimmte Gründe. Adorno bemerkt auch, dass Webers Analysen »nicht nur begriffliche Fixierungen, sondern eher Versuche [sind], durch die Versammlung von Begriffen um den gesuchten zentralen auszudrücken, worauf er geht, anstatt ihn für operative Zwecke zu umreißen.«[104] Er meint wahrscheinlich, dass Weber, wenn er den Kapitalismus beschreibt, nicht von einem fixem Schlüssigen besessen sei, sondern konkret und aus mehreren Ebenen ein konstellatives Funktionsganzes der Geschichte des Kapitalismus aufrolle (wie etwa die instrumentelle formale Rationalisierung auf der Ebene der Vernunft, Berechenbarkeit und Standardisierung auf der Ebene der Technik, doppelte Buchführung im ökonomischen Betrieb und Bürokratie im politisch-rechtlichem System). Adorno glaubt sogar, dass Webers Analyse sehr nah an Marx sei; darüber hinaus sei Webers konstellative Analyse des Kapitalismus keine Fabrikation der Idee, sondern basiere gerade auf der Komplexität des realen Kapitalismus selbst: »Dessen Momente verschlingen sich zu einem stets vollständigeren Funktionszusammenhang«, weshalb »...nicht erst

103   A.a.O., S. 167.
104   A.a.O., S. 168.

Erkenntniskritik, der reale Gang der Geschichte nötigt zum Aufsuchen von Konstellationen.«[105] Diese Aussage ist nicht völlig falsch.

Interessanterweise scheint Adorno Webers Schreibweise, »wofür Weber den Namen des Komponierens gebraucht«, aufrichtig zu bejahen. Konstellative Erkenntnis und Komponieren werden als ein musikalisches Denken identifiziert. Das ist wahrlich sehr bildhaft. Nichtsdestotrotz hat Weber einen derart tiefen Einfluss auf den westlichen Marxismus ausgeübt, insbesondere auf die Frankfurter Schule, dass sein theoretischer Betrieb der Kritik des modernen kapitalistischen Systems in recht großem Ausmaß auf der Umkehrung von Webers Konzept der instrumentellen Vernunft begründet ist (mit *Geschichte und Klassenbewusstsein* des jungen Lukács beginnend). Adorno sagt jedoch in Bezug auf die Methodik so viel Gutes zu Weber, dass es wirklich jenseits meiner Erwartungen ist.

Wenn von musikalischer Komposition und Denken die Rede ist, weiß der Leser bereits, dass die theoretische Analyse von Musik Adornos Stärke ist. Aber bei ihm hat das Denken von Musik eine nicht von Natur aus konstellative Bedeutung, die eine Frage der historischen Konstruktion ist. In der vorigen Vorstellung haben wir vorläufig verstanden, dass eine der wichtigen theoretischen Quellen von Adornos negativer Dialektik die Revolution der modernen Neuen Musik ist. Verglichen mit jenem tonalen System in der westlichen Musik, das in Übereinstimmung mit dem industriellen System ist, namentlich »eigene Persistenz, eigenes Motiv, Entfaltung des eigenen Themas, Vollständigkeit, Erstreckung und Melodiestruktur, [Konstruktionsweisen der] logischen Entwicklung in musikalischen Routinen«[106], hat Wagners chromatische tonale Struktur in Halbtonschritten eine wichtige Bresche geschlagen, während Schönberg das tonale System weiter zerfallen und das atonale Prinzip gebildet hat, in das Adorno sich verliebt. Insbesondere hat die von Schönberg geschaffene Zwölfton-Technik im musikalischen Schaffen zum ersten Mal die neue konstellative Revolution gebildet. In *Philosophie der Neuen Musik* hatte Adorno die Eigenschaften dieser konstellativen Technik in der Musik sorgfältig analysiert. Nach seiner Ansicht waren die Hauptbestandteile des traditionellen musikalischen

---

105 A.a.O.
106 Yu Runyang, *An Introduction to Philosophy of Modern Western Music*, o.O. 2000, S. 410.

78

Schaffens – musikalische Hauptelemente – lange Zeit in einem abgeschiedenen und kontrapuntischen Zustand, oftmals hatte ein Hauptelement die dominierende Stellung, während die anderen dem unterstellt waren. Das ist die Hierarchie in der Struktur der Musik. Zum Beispiel hat in der romantischen Musik Harmonie die Leitstellung, während sich die Melodie dem Gerüst der Harmonie anfügt; der Kontrapunkt ist nichts weiter als eine Verzierung in der musikalischen Hauptton-Kompositionstechnik. In der neuen Musik Schönbergs sind alle möglichen Hauptelemente zum ersten Mal miteinander verschmolzen und bilden eine unhierarchische, wechselseitig synthetische und wechselseitig übersteigende musikalische Konstellation aus. Daher erscheint eine atonale und unfixierte revolutionäre neue Musik.

4. Kategorienkonstellation der negativen Dialektik

Ich habe schon gesagt, dass Adorno die Dialektik niemals in einem **ontologischen** Sinne diskutiert. Seine negative Dialektik sind theoretisch-konstellative, in historischer Veränderung befindliche Begriffe und Kategorien. Daher betont Adorno besonders: »Wo eine Kategorie – durch negative Dialektik die der Identität und der Totalität – sich verändert, ändert sich die Konstellation aller und damit wiederum eine jegliche.«[107]

Der Leser soll daran gemahnt werden, darauf zu achten, dass der Schlüssel beim Erfassen von konstellativen Kategorien darin besteht, mit der **Auserwähltheit** und **Vorrangigkeit** im Kategorienverhältnis aufräumen, d. h. das Resultat der vergangenen Tyrannei der Identität sei das metaphysische Entweder-Oder immer einen Begriff zu setzen oder die Kategorie ist der determinierende, während der bezügliche andere Begriff oder Kategorie determiniert oder untergeordnet sei. Das konstellative Verhältnis ist das **gleichrangige Mitsein mit Differenzen.** *Dieser Gesichtspunkt verkörpert sich später eindringlich in Deleuzes Auffassung vom »ET (UND)«. Bei ihm bedeutet die Opposition gegen die Vorrangigkeit des identischen »Einen«, die Betonung des »ET (UND)« zwischen den Kategorien Vielfalt, Vielfältigkeit, die Zerstörung von Identitäten.*[108] Als nächstes wollen wir uns einige Konstellationen des dialektischen Verhältnisses ansehen, wie sie von Adorno erörtert werden.

107 Adorno, *Negative Dialektik*, S. 169.
108 Gilles Deleuze, *Six fois deux/Sur et sous la communication*, Commercial Press, 2000, S. 51.

Zuallererst **Konstellation von Subjekt und Objekt**. Adorno glaubt, dass der Einspruch gegen das dualistische Gerüst nicht bedeutet, dass »die Differenz von Subjekt und Objekt« einfach zu negieren ist. Dekonstruktion des Dualismus bedeutet keineswegs eine nicht-historische Regression zu jenem primitiven chaotischen Zustand Heideggers, in dem Subjekt und Objekt ungetrennt sind. Das Verhältnis von Subjekt und Objekt, das sich in einem Konstellationsverhältnis befindet, ist »weder [...] letzte Zweiheit, noch verbirgt hinter ihnen sich letzte Einheit. Sie konstituieren ebenso sich durch einander, wie sie vermöge solcher Konstitution auseinandertreten.«[109] Die Abgrenzung von Subjekt und Objekt ist wegen einer aktiven gegenseitigen Konstruktion, eine »Konstitution durch einander«, deren Positionierung der sehr wichtig ist: sie betont weder schlicht das Ansichsein des Dinges, noch neigt sie zur Wut des Subjekts. Dies ist ein **ontologisch gleichrangiges** Verhältnis des Einander-Konstituierens. Es ist sehr klar, dass Adorno eine »bestimmte Negation der Einzelmomente« fordert. Eine solche spezifische Negation ist damit konfrontiert, dass »Subjekt [...] in Wahrheit nie ganz Subjekt, Objekt nie ganz Objekt« ist, die beiden in abgeschiedener Trennung nicht allein sein können, und zugleich dass sie nicht »aus einem Dritten herausgestückt [sind], das sie transzendierte.«[110] Das Verhältnis kann nicht zum Dritten hypostasiert werden, weniger kann es eine neue Verhältnisontologie konstituieren. Dies ist zugleich gegen Hegel und Heidegger.

Nach der Sicht Adornos unterscheiden sich Subjekt und Objekt »ebenso, sind nicht auf die reine Identität der einen oder anderen Seite zu bringen, und bedingen sich dort wechselfällig, weil kein Objekt bestimmbar ist ohne die Bestimmung, die es dazu macht, das Subjekt, und weil kein Subjekt etwas denken kann, das nicht ein ihm gegenüber Stehendes wäre, das Subjekt selbst nicht ausgenommen: Denken ist an Seiendes gekettet.«[111] Das heißt, dass das Subjekt-Objekt-Verhältnis nicht durch die Verwirklichung eines **Friedens** zwischen Menschen sowie zwischen der Menschheit und ihren Gegenständen entschieden wird. Das Wesen eines solchen Friedens ist der gleichrangige Verkehr zwischen Dingen, zwischen

109 Adorno, *Negative Dialektik*, S. 176.
110 A.a.O., S. 177.
111 A.a.O., S. 110, Fn.

Subjekt und Objekt wie auch zwischen Subjekten mit Differenzen. Das ist das Konstellationsverhältnis. An anderer Stelle beschreibt Adorno es als **Dreierkonstellation** von kollektiver Subjektivität, individueller Subjektivität und der objektiven Welt (später dehnte Habermas sie in eine kommunikative Theorie aus).[112]

Zweitens, **Konstellation von Wesen und Erscheinung.** Natürlich sind Wesen und Erscheinung keine ontologische sondern **epistemologische** Kategorien, denn nur insofern das Objekt sich dem Subjekt **stellt**, gibt es eine Aufteilung von Erscheinung und Wesen. Darin liegt die Tiefe von Kant, dessen Hegel sich nicht bewusst ist. In dieser Hinsicht widerspricht Adorno ausdrücklich dem Positivismus und lehnt die schlichte Negation des Wesens (Ismen) ab. Er glaubt, dass bei Hegel die Logik der Identität ihn das Wesen als »noch nicht zu sich gekommenen Geist« betrachten lässt. Darin ist das Wesen das von der Erscheinung unterschiedenes »reines geistiges Ansichsein«. Das ist ein Absolutes, das nämlich daraus resultiert, dass »die Identität von Subjekt und Objekt« vom Idealismus affirmativ glattgestrichen wird. Adorno argumentiert, dass dieses Kategorienpaar in dem Widerspruch der Nichtidentität von Subjekt und Objekt zu begreifen sei: »Nur am Widerspruch des Seienden zu dem, was es zu sein behauptet, lässt Wesen sich erkennen.«[113] Das heißt, in Hegelscher Epistemologie ist Erkenntnis immer Selbsterkenntnis des absoluten Wesens, **denn es gibt nichts Neues in der Erscheinung** ! Das zeigt auch, dass es in der Erkenntnislogik der Identität eine neue Möglichkeit der Erkenntnis nie existiert, »Freiheit die Einsicht in die Notwendigkeit« ist. Auf der ontologischen Basis der Epistemologie ist das Resultat immer **vorhanden**. Adorno ist gegen eine solche theologische Teleologie. Er erkennt die Präexistenz (was es ist) des Erkenntnisgegenstands an, sieht jedoch eher die Konstruktivität der Erkenntnistätigkeit in der historischen Existenz; »Wesen« ist keine nichthistorische starre Substanz, sondern ebenso veränderlich und unbeständig. Das heißt auch, dass es in der Erkenntnis natürlich etwas Neues gibt, das gleichwesentlich zur historischen Bewegung von Dingen und Erscheinungen ist,

---

112 Theodor W. Adorno, »Letters to Walter Benjamin«, in: *Aesthetics and Politics*, New York 1977, S. 113.
113 Adorno, *Negative Dialektik*, S. 169.

dass Erkenntnis immer eine wahrhaft neue Möglichkeit sein soll und immer historisch entsteht, statt bloß Reflexion zu sein.

Zugleich ist das Wesen gegenüber Tatsachen »begrifflich, nicht unmittelbar.«[114] Das heißt, dass in der menschlichen Erkenntnis das Wesen immer durch den abstrakten Begriff vermittelt erreicht wird. Wichtiger ist, dass die Begrifflichkeit des Wesens nicht beweisen muss, dass das Wesen rein subjektives Sein ist, sondern bestätigt gerade, dass in Bezug auf die Erkenntnis des Wesens durch den Menschen »die begriffene Welt, wie immer auch durch Schuld des Subjekts, nicht seine eigene sondern ihm feind ist.«[115] An diesem Punkt kritisiert Adorno auch Husserl. Er denkt, dass obwohl sich Husserl mit der »Allherrschaft des denkenden Subjekts« nicht begnügt und sich dagegen wendet, das Wesen als »seinerseits Moment: entsprungen« zu sehen, ist seine Ansicht über den Wesensschau wegen seines »Idealismus, eine Ontologisierung des reinen Geistes« so »hypertrophisch«, dass sie in eine andere absolute Identitätslogik hineinfällt. Adorno weist tiefschürfend darauf hin: »Die Phänomenologie verbot diesem [dem Subjekt] dort Gesetze vorzuschreiben, wo es ihnen bereits gehorchen muss.«[116] Das bedeutet, dass Husserl die gerüstmäßige Antezedenz, das als Bewusstseinsform nicht eingeklammert werden kann, einklammern muss, was auch die Voraussetzung dafür ist, zur Reduktion zu kommen. Adorno sagt, dass Husserl in der Tat zutiefst eine gewisse Nichtidentität, »ein Objektives«, verspürt, das das begriffliche Gerüst der Identität, welches dem Gegenstand aufgezwungen wird, verdeckt. Da jedoch bei Husserl, wie bei allen Idealisten, die Vermittlung stets zum subjektiven Denken gehört, kann er dieses Objektive nur »als Unmittelbarkeit sui generis [...] konzipieren und muss [es], mit erkenntnistheoretischem Gewaltakt, der sinnlichen Wahrnehmung nachbilden«[117]. Die Wesensschau sei das spekulative Ungeheuer, das sich unter dem Zwang eines solchen Idealismus bilde. Heidegger ziehe später auch nach.

Andererseits spricht Adorno noch vom wahnsinnigen Nietzsche, um die Frage des Positivismus in Bezug auf das Verhältnis von Wesen und Erscheinung zu stellen. Er glaubt: »Nietzsche, unversöhnlicher Widersacher

114 A.a.O.
115 A.a.O.
116 A.a.O., S. 169f.
117 A.a.O., S. 169f.

des theologischen Erbes in der Metaphysik, hatte den Unterschied von Wesen und Erscheinung verspottet und die Hinterwelt den Hinterwäldlern überantwortet, darin eines Sinnes mit dem gesamten Positivismus.«[118] Doch der radikale Nietzsche würde nie daran denken, das Wesen zu negieren. »Wesen ist, was nach dem Gesetz des Unwesens selber verdeckt wird; bestreiten, dass ein Wesen sei, heißt sich auf die Seite des Scheins, der totalen Ideologie schlagen, zu der mittlerweile das Dasein wurde.« Denn annuliere man die Unterscheidung von Wesen und Erscheinung, würde das angeschaute »Faktische« ontologisiert. Sei man nur in der Lage, dass einem »alles Erscheinende gleich viel gilt«, und nicht wesentlich, dann resultiere daraus notwendig, dass man sich im Schlamm der Erscheinung suhlt. Ein Ergebnis, das Nietzsche vielleicht nicht zu sehen wünschte. In der Tat können wir auch über ein gegenwärtiges Problem nachdenken, dass nämlich die ebenso von Nietzsche abstammende radikale postmoderne Denkströmung auch Wesen, Gesetzmäßigkeit sowie jede tiefgründige Erkenntnis negiert. Wenn so etwas tatsächlich darin mündet, dass Menschen einer wahrhaftig kritischen Vernunft ernsthaft verlustig werden, wird die postmoderne Denkströmung zum finsteren Komplizen der wirklichen Herrschaft reduziert werden. Das ist ein Problem, das unsere Beachtung verdient.

Die Unterscheidung von Wesen und Erscheinung aufzuheben, die Wahrheit hinter dem unmittelbar »Faktischem«, mit denen sich die Menschen beschäftigen, abzulehnen, sei das Wesen des Positivismus und die wichtigste Ideologie der Bourgeoisie. Adorno erkennt, dass Menschen in der gegenwärtigen kapitalistischen Gesellschaft, in der der Positivismus in den Sozialwissenschaften des Mainstreams Wesen und Erscheinung **nivelliert**, die Fähigkeit verlieren, zwischen Wesen und Erscheinung zu unterscheiden. Die Grenze zwischen Glück und Leiden oder Schmerz sei verschwunden. »Der Hinterwäldler jüngsten Stils lässt von keiner Hinterwelt sich irritieren, zufrieden mit der Vorderwelt, der er abkauft, was sie ihm mit Worten und stumm aufschwatzt. Positivismus wird zur Ideologie...«[119] Positivismus sei die wichtigste Prämisse des Kontrolliert-Werdens.

118 A.a.O., S. 171.
119 A.a.O., S. 172 [A.d.Ü.].

Drittens, **Vermitteltheit des Objekts**. Wie wir seit dem jungen Lukács wissen, hat sich der westliche Marxismus immer auf die die Kategorie der Vermittlung konzentriert. In der nichtidentischen negativen Dialektik interpretiert Adorno auch die Vermittlung neu. Sein Diskurs hierzu ist sehr abstrakt.

In der traditionellen Philosophie ist die Vermitteltheit eine äußerst wichtige Kategorie in der idealistischen Dialektik. Gegenüber der anschauenden Epistemologie (möglicherweise der alte Materialismus und alle Metaphysik, die von unmittelbarer Erfahrung und unmittelbarem Objekt ausgeht, eingeschlossen) habe die idealistische Dialektik die Bestimmung der nichtunmittelbaren Vermitteltheit freigelegt. Die idealistische Dialektik gehe von der **Mittelbarkeit** der Vermittlung aus. »Der Triumph, das Unmittelbare sei durchaus vermittelt, rollt hinweg über das Vermittelte und erreicht in fröhlicher Fahrt die Totalität des Begriffs, von keinem Nichtbegrifflichen mehr aufgehalten, die absolute Herrschaft des Subjekts.«[120] Das heißt, in der menschlichen Erkenntnis wurde jede unmittelbare Bestimmtheit im tieferen Kontext tatsächlich vermittelt, es »ist schon nichts, was nicht vermittelt wäre«. Zudem gilt im traditionellen Idealismus: da Vermitteltheit oft mit Subjektivität zusammenhängt, **kommt die Vermittlung unmittelbar dem Begriff gleich**. Wie oben erwähnt ist die Begrifflichkeit der Vermittlung in der Tat essentiell, »er [der Begriff] selber ist seiner Beschaffenheit nach unmittelbar die Vermittlung«. Darum wird, aufgrund dieser idealistischen Entdeckung der Vermitteltheit, auch die absolute Herrschaft der begrifflichen (subjektiven) Identität errichtet und es wird ist notwendig, dass alles Vermittelte unterjocht wird. Hegel beginnt damit, dass Sinnlichkeit bedeutet, vom Selbstbewusstsein vermittelt zu sein (bildet die Apperzeption aus), und identifiziert schließlich die absolute Vermitteltheit der Idee, um sein Reich der absoluten Idee zu errichten. In der modernen wissenschaftlichen Epistemologie erwuchs und entwickelte sich auch daraus Poppers und Piagets »Theorie geht der Beobachtung voran«.

120 A.a.O., S. 174.

Theorie geht der Beobachtung voran. Das Feuer des Durchbruchs der Epistemologie der modernen Philosophie wurde von der Wissenschaftsphilosophie Poppers entzündet. Vorerst brachte er die Idee vor, dass »Theorie der Beobachtung vorangeht«. Das mit Bacon beginnende wichtige Prinzip der neuzeitlichen experimentelle Wissenschaft »Wissenschaft beginnt mit Beobachtung« wird von Popper als »veralteter Mythos« bezeichnet, mit dem Grund, dass moderne Naturwissenschaft nicht mit dem Experiment beginnt, sondern auf einem spezifischen wissenschaftlich-theoretischem Rahmen beruht. Popper beteuerte Kants Behauptung vom Blickwinkel der modernen Wissenschaftsgeschichte: Reine Beobachtung hat es nie gegeben und alle experimentelle Beobachtung ist notwendig eine, die von einem bestimmten theoretischen Referenzsystem abhängt; sie ist »eine Tätigkeit mit einem Ziel, eine von Fragen geleitete und vom Kontext von Erfahrungen geleitete Tätigkeit«[121]. In diesem Punkt waren Popper und Piaget völlig derselben Meinung. Ihrer Ansicht nach ereignet und entwickelt sich die menschliche Erkenntnistätigkeit unter der Einschränkung eines bestimmten theoretischen Rahmens; eine theoretischen Tiefenstruktur (oder wissenschaftliche Erkenntnisstruktur genannt) determiniert stets die bestimmte Erkenntnistätigkeit, und der Wechsel des Koordinatensystems der kognitiven Referenz dieses theoretischen Rahmens löst mit Sicherheit den Gestaltwandel aller Erkenntnistätigkeiten. Dies ist der Determinismus des theoretischen Rahmens der Epistemologie der modernen Philosophie. Kant scheint damit auf der Basis der neuen Wissenschaft zu neuem Leben zu erwachen, mit dem Unterschied, dass Kants apriorische Rahmen der Vernunft durch ein historisches dynamisches theoretisches Muster ersetzt wurde und auch der Agnostizismus in sein Grab geworfen wurde.[122]

---

121 Karl Popper, *Unended Quest,* S. 55.
122 Zhang Yibing, »On the Constraints of Theoretical Framework of Scientific Truth and Social Basis«, in: *The Collected Works of Zhang Yibing,* o.O. 1999, S. 93.

Offensichtlich stimmt Adorno einer derartigen Auffassung von Vermittlung im Idealismus nicht zu. Wir haben dies vorher in seiner Kritik des jungen Lukács gesehen.

Zuallererst ist Vermitteltheit in der negativen Dialektik nicht länger bloß das Element der begrifflichen Subjektivität, sondern ein objektiver Vermittlungseffekt. »Was die Tatsachen vermittelt, ist gar nicht so sehr der subjektive Mechanismus, der sie präformiert und auffasst, als die dem Subjekt heteronome Objektivität hinter dem, was es erfahren kann.«[123] Adornos Analysen sind manchmal sehr geradeheraus, »es bliebe keine Vermittlung ohne das Etwas«. Die Unmittelbarkeit des Gegenständlichen komme jener **Anschauung im Scheinbild** nicht gleich; Anerkennung der Vermitteltheit soll die objektive Unmittelbarkeit nicht negieren. In dieser Hinsicht denke ich, dass er auch den jungen Lukács und andere kritisiert, deren unangemessene Übertreibung der Vermittlung zur idealistischen spekulativen Tendenz führt. Zweitens, es ist widerrechtlich, dass die idealistische Dialektik mit spekulativer Vermittlung die absolute Herrschaft der Ideenidentität errichtet. Denn bei Hegel, Husserl und Heidegger seien die Einwände gegen Anschaulichkeit (die »vorhandene« Unmittelbarkeit) schließlich allesamt die Herrschaft der idealistischen Identität gefördert von der spekulativen Ontologisierung der Vermittlung. Nach Adornos Ansicht macht die Anerkennung der Vermitteltheit gerade »die eskamotierte Differenz erkennbar« (dies meint die direkte Gleichheit von Anschaulichkeit und Trug der Dinge), welche gerade »den Bann der Identität zerstören« kann.

Es gibt hier nur ein Sternhaufen in der Idee, dessen Sprechen eher wie eine ästhetische Konzeption ist. Was die Frage betrifft, wie die reale gesellschaftsgeschichtliche Existenz der Menschheit zu konstellieren ist, oder konkret, wie diese »verwaltete Welt«, die Adorno kritisiert, in einen von Sternhaufen übersäten Himmel transformiert wird. Er legt bloß die Hände in den Schoß, wendet sich sprachlos dem Klavier der Nichtidentität zu und schweigt vor sich hin.

123 Adorno, *Negative Dialektik*, S. 172.

III. Primat des Subjekts und Priorität des Objekts

Adornos Beschreibung der negativen Dialektik ist recht simpel. Sie ist letztlich eine theoretische Haltung (kein Standpunkt), ein leerer Geist (kein logisches System), ein rein kritischer »Gottesstaat« und kann sich daher niemals auf dem Boden der Realität niederlassen. Trotzdem muss Adorno, um seinen Unterschied zu allen Idealismen zu zeigen, einen grundlegenden Standpunkt demonstrieren, das heißt die **wirkliche Gültigkeit** von Begriffen und Kategorien der negativen Dialektik. In der obigen Analyse konnten wir eine feste grundlegende Ansicht der negativen Dialektik deutlich sehen: die Ansicht, die wir in Vergangenheit »Materialismus« nannten. Natürlich besteht Adorno auf dieser materialistischen Tendenz unter der Voraussetzung der Absage an die alte Ontologie. Dies ist auch ein Aspekt, welcher in Adornos Theorie gewöhnlich ernsthaft missverstanden wird. Einige Theoretiker, die Adorno nicht wahrlich richtig gelesen haben, behaupteten willkürlich, dass negative Dialektik »objektive Dialektik negiert« und verwandeln die Dialektik in ein »rein Subjektives«.[124] Ist das wirklich wahr? Sehen wir uns an, was Adorno selber uns eigentlich sagen will. Wir finden heraus, dass Adorno mit dieser theoretischen Abgrenzung im Bereich der traditionellen Epistemologie beginnt und sie dann auf wichtige relevante theoretische Diskussionsfelder ausweitet.

1. Apriorität des Ideensubjekts und das gesellschaftliche Unbewusste

Adorno sagt, »der Gang der erkenntnistheoretischen Reflexion war, der vorherrschenden Tendenz nach, der, immer mehr an Objektivität aufs Subjekt zurückzuführen.«[125] Es ist zunächst nötig, darauf hinzuweisen, dass das Subjekt bei Adorno nicht das Subjekt als Einheit von Erkenntnis und Praxis, von dem Marx in *Thesen über Feuerbach* spricht, sondern **Ideensubjekt** ist. Von seinem Kontext hier her gesehen scheint hier eine Identifizierung von der auf Hume und Kant folgenden Tendenz der epistemologischen Forschung, zumal der philosophischen Forschung seit dem frühen 20. Jahrhundert vorzuliegen, die sich für das objektive Verhältnis

---

124 Li Zhongshang, *Analysis of »Neomarxism«*, o.O., 1987, S. 222.
125 Theodor W. Adorno, *Negative Dialektik*, S. 178.

von kognitivem Gerüst und Beobachtung (Erkenntnis) interessiert. Adorno hat die inhärente Neuaufführung des **apriorischen** Satzes von Kant in der Gegenwart erblickt. Ob die philosophische Verallgemeinerung des Unschärfegesetzes in der Quantenmechanik oder der Satz »Theorie geht der Beobachtung voran« (Popper, Piaget), bei beiden gehören die Erkenntnisresultate von außen her gesehen zur (transzendentalen) Rolle des kognitiven Gerüsts des Subjekts und somit wird die absolute Objektivität der Erkenntnis negiert. Das ist nur eine schlichte Abstoßung und Auflösung jener Ansicht, für die die Erkenntnis »Seindem nachgebildet« sei. Von einer tieferen philosophischen Forschung her gesehen schließt es die phänomenologische Reduktion der transzendentalen Intuition des Wesens Husserl, die nach der Epoché des rationalen Gerüsts einen Schritt weitergeht, sowie das ontologische Fragen und Denken des Seins Heideggers nach dem Einwand gegen das Seiende auch ein. Letzten Endes ist es noch die Reduktion auf ein verborgenes transzendentales Subjekt. Adorno wendet sich klar und deutlich gegen diese **idealistische** theoretische Tendenz in der Erkenntnistheorie ein. Er sagt: »Eben diese Tendenz wäre umzukehren« (ganz wie in Marxschen Tönen). Tatsächlich hat er die genetischen Wurzeln dieser irrigen Tendenz auf eine sehr tiefgreifende und glänzende Weise entschlüsselt. Ich finde sogar, dass die Kritik der idealistischen Erkenntnistheorie hier bei Adorno in nicht wenigen Fragen über Lenin zu der Zeit von Materialismus und Empiriokritizismus hinausgegangen ist.

In der modernen westlichen Forschung zur Erkenntnistheorie ist die von der Gestaltpsychologie initiierte Bestätigung des kognitiven Unterstützungssystems ein bedeutender Fortschritt in der wissenschaftlichen Erkenntnistheorie.

In der Entwicklung der neuzeitlichen Philosophie legte der Rationalismus vorerst Wert auf die entscheidende Wirkung der rationalen Faktoren des Subjekts auf die Erkenntnistätigkeit der Menschen. Kant entwickelte aus dieser Tendenz eine ganze Reihe von Logik und man kann sagen, dass er der Urheber der Theorie von den theoretischen Rahmenbedingungen der modernen Erkenntnistheorie ist. In der Lehre von Kant wurde das »Ding an sich« als das Wesen der Welt ins Jenseits der wirklichen Welt verbannt. Kant hat den Gedanken von Locke, dass Wissenschaft das »Verhören der Natur« ist, vertieft in einen Prozess, in dem der Mensch bewusst einen rationalen Rahmen anwendet, um die sinnlichen Stoffe der Erfahrung zu erheben und zusammenzustellen; »Gesetzgebung für die Natur« sei das Wesen der Wissenschaft, oder mit anderen Worten, **alles was uns in Vergangenheit als Naturgesetz galt, lediglich »Menschengemachtes« und allenfalls das Ergebnis der Einwirkung des menschlichen Erkenntnissubjekts auf den sinnlichen Gegenstand sei.** Man kann sagen, dass dieser Gedanke von Kant ein bedeutender Durchbruch in der Geschichte der neuzeitlichen menschlichen Erkenntnis ist, da er in der Tat der erste Durchblick auf das Wesen der Wissenschaft auf dem Standpunkt des Idealismus. In den Augen Kants sind sämtliche Erkenntnistätigkeiten des Menschen Resultat der tätigen Rolle des Subjekts: »Gefühle sind konstituiert«. Gefühle sind nicht eine schlichte Anschauung des äußerlichen Gegenstands durch das Subjekt zu sein. Der Mechanismus, der die sinnlichen Stoffe formt, kommt von der Apperzeption, der synthetische Funktion a priori, die das Subjekt in sich trägt. Kants Theorie von der Apperzeption wurde aus Leibniz' äußerlichen Einheit der organisatorisch niederen Gefühle zu einer Konstruktionstheorie neuen Typs sublimiert. Hier ist die ganze Sinneswelt vorerst durch das apriorische Gerüst wie Zeit und Raum zusammengestellt und festgestellt. Als Nächstes werden alle hochrangigen Erkenntnisbewegungen weiter durch das kognitive Kategoriensystem und den rationalen Rahmen »vorgängig« bestimmt. So ergibt sich für Kant die wissenschaftliche Wahrheit bedingt durch den transzendentalen Rahmen der Vernunft, welcher aus dem Ding an sich verursacht wird und das Ding »für mich« bildet.

In der anschließenden westlichen Ideengeschichte war Kants Theorie der Schranken des rationalen Rahmens in der Hauptsache der von Herbart und Wundt gegangene Weg der Psychologie, aus der Philosophie herauszutreten. Die Theorie von der Apperzeption wird ferner als eine Art bewusster Hintergrund des psychologischen Wahrnehmungsprozesses betrachtet. Sie betont unmittelbar die umgreifende Rolle vergangener Erfahrungen und des Bewusstseins gegenüber der jeweiligen Wahrnehmung, und beginnt, von der allgemeinen Beachtung der Einheit der psychischen Phänomene allmählich zu einem Durchblick der Grundlage der Schranken des psychischen Hintergrunds überzugehen. Das Ergebnis dieser Bemühungen ist war das Aufkommen der berühmten Gestaltpsychologie. Die Gestaltpsychologie wendet sich gegen Wundts Reduktionismus der Wahrnehmungselemente und gegen seine Theorie von der Akkumulation des Wissens und entwickelt die Theorie der Apperzeption, die die Wahrnehmungen schlicht miteinander verknüpft und das psychische Ganze bestimmt, in eine den psychologischen Bewusstseinsphänomenen **tiefsitzende ganze Theorie von Schranken**. Sie haben zum ersten Mal die Frage des psychischen Perzeptionsfelds aufgeworfen, mit dem Hinweis, dass das Ereignis und die Entwicklung eines psychologischen Phänomens durch eine Struktur innerhalb des Bewusstseins des Subjekts bedingt ist und dass die Feststellung und der Gleichstand (psychische Zustand) aller psychischen Phänomene von der ganzen Determinierung des spezifischen Bewusstseinshintergrunds abhängt. In diesem Sinne ist dies ein bedeutendes Verdienst, das die Gestaltpsychologie zum Fortschritt der modernen Epistemologie geleistet hat. Es war Piaget, der die Kantische Epistemologie in der modernen Psychologie hochgehalten hat. Beginnend mit der psychischen Genese und Wachstum der Kinder studierte er die Genese und den Betrieb des ganzen menschlichen Erkenntnissystems und stellte die Lehre der Beschränkung der theoretischen Muster auf. Piagets Psychologie der genetischen Epistemologie wurde zu einer weit beachteten Philosophie.

Die Beschäftigung der wissenschaftlichen Epistemologie mit der Vermittlungsrolle der kognitiven Struktur hat zur Fortpflanzung einer neuen Reihe von allerlei solcher idealistischer Denkströmungen in der Gegenwart geführt. Es ist angesichts dessen, dass Adorno ausdrücklich sagt, dass es auf oberflächliche Weise irreführend sei, wegen des Vermittlungscharakters des Erkenntnisgerüsts des Subjekts zu versuchen, die Objektivität der Erkenntnis selbst zu verneinen. Der entscheidende Punkt sei hier, dass man »die Vermittlung im Vermittelnden, dem Subjekt, vergaß«, nämlich **wie** das Erkenntnisgerüsts des Subjekts, sofern als transzendentales Gerüst, selbst **konstruiert** ist. Die konkrete Frage ist, ob es denn nicht möglich ist, dass die transzendentale Apperzeption selbst von Kant, jener Wesensschau des **Ich** der phänomenologischen Reduktion wie auch das begrenzte Fassen der historischen Seins durch den Sterblichen Heideggers, sofern nicht die vom Himmel bescherte Wahrheit der Theodizee, konstituiert sind? Adorno beginnt seine Analyse mit Spott, wenn er sagt: »Gleichwie zur Strafe wird das Subjekt vom Vergessenen ereilt.«[126] Das heißt, je mehr das Subjekt seine eigene konstruierte Grundlage vergisst oder negiert, umso mehr wird es unbewusst in etwas umgewendet, das es zu vergessen versucht – diese Grundlage ist die **gesellschaftliche Faktizität**. Das ist eine Dialektik. Adorno nennt diesen Prozess »Umwendung der subjektiven Reduktion«, womit er auch den Abschnitt überschrieben hat. Ich muss den Leser vorab darauf aufmerksam machen, dass auch eine Flaschenpost ist, die ins Meer geworfen wird, ein schwer verständlicher Teil in Adornos Text ist.

Adorno sagt: »Seine Wesenhaftigkeit [die des Subjekts], ein Dasein zweiter Potenz, setzt, wie Hegel nicht verschwieg, das erste, Faktizität, als Bedingung seiner Möglichkeit, wenngleich negiert, voraus.«[127] Offenbar pocht Adorno hier auf einem dem Materialismus ähnlichen Prinzip (später werden wir sehen, dass dies ein Missverständnis ist). Es scheint, dass das transzendentale Gerüst des Subjekts oder die Intuition des Wesens des Ich die Wesenhaftigkeit im tieferen Verstehen ist. Die Bedingung jedoch, die die Menschen davon abhält, die zugrundeliegende Rolle zu durchschauen, ist gerade eine wirkliche Macht, die zur Potenz des subjektiven Gerüsts aufsteigt. Je stärker das Subjekt dies negiert, umso stärker wird es durch diese verborgene Grundlage unbewusst eingeschränkt. Ist das Ich, jene reduzierte Intuition des Wesens nach der eingeklammerten Vorschau, jenes durch Selbstreflexion des Daseins und Introspektion identifizierte »Sein« dann tatsächlich ein wahres Gesichtsfeld? Adorno analysiert: »Die Unmittelbarkeit

---

126 A.a.O.
127 A.a.O.

der primären Reaktionen ward einmal in der Formation des Ichs gebrochen und mit ihnen die Spontaneität, in welche nach transzendentalem Brauch das reine **Ich** sich zusammenziehen soll«. Das heißt, die besagte **eigentlich unmittelbare** Intuition des Wesens ist nichts anderes als eine transzendentale Spontaneität. **Es ist ein komplexes Scheinbild, welches auftritt, nachdem das einfache Scheinbild beseitigt worden ist.** Denn »die zentristische Identität [des *Ichs*] geht auf Kosten dessen, was dann der Idealismus ihm selber attribuiert. Das konstitutive Subjekt der Philosophie ist dinghafter denn der besondere seelische Inhalt, den es als dinghaft-naturalistisch aus sich ausschied.«[128] Was ist in der wesenhaften Anschauung? Was ist im »Zu-Sein«? Es sind Fragen, über die die Meister nicht denken. Adorno entbirgt, dass es der Verdienst des Idealismus in der Ideengeschichte ist, nichts so sehr zu achten als die (subjektive) Tätigkeit des Subjekts, diese tätige Rolle aber abhängig ist. Wird diese Tätigkeit selbst ontologisiert, so wird sie zwangsläufig dinghaft werden. Das heißt, »je selbstherrlicher das Ich [als Dasein – A.d.V.] übers Seiende sich aufschwingt, desto mehr wird es unvermerkt zum Objekt und widerruft ironisch seine konstitutive Rolle«. Sobald das Ich und das Dasein zu einer zwanghaften Identität werden, so geht das auf Kosten der rationalen Tätigkeit. In der Tat heißt das nicht nur, dass das reine »Ich« notwendig objektiv durch das empirische »Ich« vermittelt sein muss, sondern vielmehr, dass irgendein transzendentales Prinzip, an welchem das »Erste der Philosophie« gegenüber dem Seienden beansprucht wird, auch vermittelt ist, nämlich durch die gesellschaftliche Wirklichkeit. Diese Bejahung ist eine Sache, die Husserl und Heidegger nicht entdeckt haben.

Adorno weist darauf hin, dass das Entscheidende zum Knacken des Geheimnisses des transzendentalen Subjekts darin bestehe, dessen wirkliche gesellschaftliche und historische Grundlage zu enthüllen. »Jenseits des identitätsphilosophischen Zauberkreises lässt sich das transzendentale Subjekt als die ihrer selbst unbewusste Gesellschaft dechiffrieren.«[129] Das sei das Erbe von Marx, das Adorno nicht abschütteln will, und es ist auch die wirkliche Identifikation der Phrase, dass »Denken selber, sei nicht aus sich zu erklären sondern aus Faktischem, zumal der Gesellschaft«, welchen er zuvor

128 A.a.O.
129 A.a.O., S. 179.

schrieb. Adorno identifiziert, dass, seitdem die geistige Arbeit von der körperlichen sich im Zeichen der Herrschaft des Geistes schied, auch eine Idee aufkam, die diese Herrschaft vindiziert: »er [der Geist] sei das Erste und Ursprüngliche«. Nach Adorno würde diese idealistische Idee »angestrengt vergessen, woher [ihr] Anspruch kommt«. Er sagt, Grund und Wurzel der Herrschaft des Geistes (Die sogenannte »Abstraktion wird herrschend« bei Marx oder die sogenannte »Schein wird herrschend« bei Adorno) sei nicht die ideelle Herrschaft des Geistes selbst, sondern liege in der Verfügung der rationalen Abstraktion über die körperlichen Arbeit. »Abstraktion, die [...] das Subjekt zum Konstituens überhaupt erst macht.«[130] Allerdings wird diese Abstraktion durch das Subjekt nicht in der subjektiven Gelegenheit erfüllt; sie ist vorerst eine gesellschaftliche Tatsache, d. h. die Abstraktion ergibt sich aus der **Funktion überhaupt** des gesellschaftlichen Betriebs. Das ist eine Enthüllung der Opposition Heideggers gegen das funktionale Sein des Seienden, die einem den Boden unter den Füßen wegzieht. Warum?

Adorno erklärt, dass es bereits bei Kant die bedeutende Identifikation der Funktionalität des transzendentalen Wesens, der »reinen Tätigkeit« gab. Bei Kant »projiziert [die reine Tätigkeit] freischwebende Arbeit aufs reine Subjekt als Ursprung« und die freischwebende Arbeit hier ist tatsächlich das, was Marx später als abstrakte gesellschaftliche Arbeit bezeichnete. Kant hatte bereits zurecht bemerkt, dass »gesellschaftliche Arbeit eine an Etwas ist«[131], eine Abstraktion aus der konkreten Arbeit. Hegel hatte diese historische Tatsache, die zum ersten Mal von der klassischen Ökonomie herausgestellten, ebenfalls tiefschürfend durchschaut.[132] Adorno analysiert weiter, »die Allgemeinheit des transzendentalen Subjekts aber ist die des Funktionszusammenhangs der Gesellschaft, eines Ganzen, das aus den Einzelspontaneitäten und -qualitäten zusammenschießt, diese wiederum durchs nivellierende Tauschprinzip begrenzt und virtuell, als ohnmächtig vom Ganzen abhängig, ausschalte. Die universale Herrschaft des Tauschwerts über die Menschen, die den Subjekten a priori versagte, Subjekte zu sein, Subjektivität selber zum bloßen Objekt erniedrigt, religiert jenes

130 A.a.O.
131 A.a.O.
132 Vgl. Abschnitt 1.2 in Zhang Yibing, *Zurück zu Marx – Der philosophische Diskurs im Kontext der Ökonomie*, Berlin 2019.

Allgemeinheitsprinzip, das behauptet, es stifte die Vorherrschaft des Subjekts, zur Unwahrheit. Das Mehr des transzendentalen ist das Weniger des selbst höchst reduzierten empirischen Subjekts.«[133] Das heißt, die von uns isolierte transzendentale Subjektivität sei eigentlich eine ideelle Verinnerlichung der Allgemeinheit der gesellschaftlichen Funktion; auch darum sei Heidegger imstande, mit dem »In-der-Welt-sein«-Zusammenhang und transzendentalen »Sein« der Funktionalisierung die Hypostasis des empirischen Subjekts zu denunzieren. Ich finde, dass Adorno die Marxsche Ökonomie wirklich verstanden und den impliziten philosophischen Sinn dahinter durchschaut hat. Wie zuvor erwähnt, erklärte Marx in den *Ökonomischen Manuskripten 1857-1858* zum ersten Mal auf wissenschaftliche Weise die gesellschaftlich-historische Ursache, insbesondere die ökonomische Basis des begrifflichen Idealismus, insbesondere der transzendentalen Subjektivität. Dort hat Marx die Grundlage der ökonomischen Verhältnisse, wo **Abstraktion zur Herrschaft wird**, tiefschürfend erklärt. Adornos Ansicht hier ist sehr tiefschürfend.

Hier richtet Adorno die Speerspitze wieder einmal auf Heidegger. Er glaubt, dass jenes allgemeine eigentliche Sein Heideggers, welches nach der Verwandlung des transzendentalen Subjekts in ein funktionales begrenztes Dasein fragt, eine sehr tiefe »Selbsterhaltung der Gattung« sei. Aber angesichts der Wirklichkeit würde Heideggers »Sprachmythologie«, nämlich die Apotheose des objektiven Geistes, aus den Angeln gehoben: »Eine Apotheose objektiven Geistes, welche von vornherein die Reflexion auf den in diesen hineinragenden materiellen Prozess als minderwertig verfemt.«[134] Das meint die Illusion Heideggers, der verdinglichten Wirklichkeit zu widerstehen. Nach der Sicht Adornos ist »die transzendentale Allgemeinheit keine bloße narzisstische Selbsterhöhung des Ichs, nicht die Hybris seiner Autonomie, sondern hat ihre Realität an der durchs Äquivalenzprinzip sich durchsetzenden und verewigenden Herrschaft. Der von der Philosophie verklärte und einzig dem erkennenden Subjekt zugeschriebene Abstraktionsvorgang spielt sich in der tatsächlichen Tauschgesellschaft ab«[135] Denn dieses

---

133 Adorno, *Negative Dialektik*, S. 180.
134 A.a.O.
135 A.a.O.

94

transzendentale allgemeine Ganze, die dem individuellen Bewusstsein vorgeht, sei in der Tat die Einheit des individuellen Bewusstseins, nichts anderes als die objektive Einheit im Verhältnis des Menschen mit dem Menschen in der gesellschaftlichen Wirklichkeit, »der begriffliche Reflex des totalen, lückenlosen Zusammenschlusses der Akte der Produktion in der Gesellschaft.«[136] Diese Vollendung der objektiven Abstraktion selbst ist das Resultat der Herausbildung des objektivierten Ich; das funktionale transzendentale Allgemeine (»Sein«) ist das wahre unbewusste Porträt des verdinglichten Systems. In diesem Sinne wird Heideggers Impuls, sich gegen die Verdinglichung zu wenden, gerade im umgekehrten Sinne aufgelöst. Was für eine Ironie ! Heidegger, der am meisten von der Geschichtlichkeit des Seins spricht, spricht am wenigsten von der Geschichtlichkeit der gesellschaftlichen Wirklichkeit.

Ich muss zugeben, dass Adornos Analyse hier auf einem theoretischen Niveau ist, das von der abstrakten philosophischen Vernunft niemals erreicht werden kann.

2. Schein des Primats des Subjekts und Selbstentfremdung des Anthropozentrismus

In der idealistischen Philosophie überhaupt wird das Ich als Kern des Subjekts der Idee gewöhnlich als feste, dauerhafte und undurchdringbare Substanz gesetzt, was in der Tat die krude Imitation der äußerlichen Welt durch das Urbewusstsein tradiert. Es ist eigentlich eine Projektion in beide Richtungen im genetischen Prozess des Urbewusstseins. Denn im Urbewusstsein würde der Mensch auch die Natur personifizieren (animistische Naturreligionen). Zudem sei die Projektion des menschlichen Subjekts auch der Anfang der Inflation des Ideensubjekts, was ein impliziter illusorischer Anthropozentrismus sei. Je kümmerlich der Mensch, umso höher rage er in den Himmel des Scheins. Das sei der berühmte Spruch Feuerbachs. Darum sagt Adorno: »In der geistigen Allmacht des Subjekts hat seine reale Ohnmacht ihr Echo.« Dies sei der Anfang des Primats allen idealistischen Subjekts danach.

136 A.a.O., S. 181.

Wie wir sehen wendet sich Adorno in seinem philosophischen Standpunkt entschieden gegen den Idealismus, gegen jedes offene und verborgene Prinzip des **Primats des Subjekts**. Er sagt:»Der Primat von Subjektivität setzt spiritualisiert den Darwinschen Kampf ums Dasein fort. Die Unterdrückung der Natur zu menschlichen Zwecken ist bloßes Naturverhältnis; darum ist die Superiorität der naturbeherrschenden Vernunft und ihres Prinzips Schein. An ihm partizipiert erkenntnistheoretisch-metaphysisch das Subjekt, das sich als Baconschen Meister und schließlich idealistischen Schöpfer aller Dinge ausruft. In der Ausübung seiner Herrschaft wird es zum Teil von dem, was es zu beherrschen meint. In der Ausübung seiner Herrschaft wird es zum Teil von dem, was es zu beherrschen meint, unterliegt gleich dem Hegelschen Herrn.«[137] Es ist zu beachten, dass die Analyse Adornos, die wir zitiert haben, einen sehr tiefen Sinn hat, die, wie ich finde, das einschlägige Thema der Negativen Dialektik vertieft.

Erstens, das menschliche Subjekt manipuliere die Natur zu Gunsten eigener Zwecke, was die Grundlage der Darwinschen materiellen Existenz der Natur ist. Es sei eine vergeistigte Fortsetzung des Darwinismus, das menschliche Subjekt für eine fundamentale Prämisse, zumal die Ideen des Menschen (»Wesen« und »Gesetz« als Kategorien) für das Wesen der Welt und Gesetzgebung auf die Natur zu halten. Dies sei auch das wahre Geheimnis aller Idealismen. Adorno weist hier klar und deutlich darauf hin, dass die Unterjochung der Natur durch den Menschen das Zeichen dafür sei, dass sich die Menschheit selbst noch im **Naturverhältnis** befinde. Das »Naturverhältnis«, welches Adorno hier verwendet, ist ein abwertender Begriff gegenüber dem gesellschaftlich-geschichtlichen Sein des Menschen (später werden wir Adornos spezielle Diskussion dieser Frage sehen). Es ist auch in dem ursprünglichen von Marx und Engels besprochenen Sinne, dass der Mensch sich nicht wahrhaft vom Tier losgelöst hat. Doch ist es grundsätzlich heterogen zu Marx, dass Adorno den Säbel der Kritik auf die von Marx nie angezweifelte Produktivkräfte selbst, nämlich auf die Eroberung der Natur und der äußeren Welt, richtet. Das ist auch eine der wichtigen Thesen der post-Marxschen Tendenz, die ich oben mehrfach bloßgelegt habe. Adorno identifiziert, dass die »naturbeherrschende Vernunft«—die

---

137 A.a.O.

instrumentelle Vernunft ein idealistischer Schein ist, und verkündet daher offiziell die **Illegalität der instrumentellen Vernunft der Eroberung der Natur durch den Menschen.** Dies ist eine Ansicht, auf dem die spätere Ökologie und die post-Marxsche Tendenz stark beruhen.

Zweitens, sobald dieser hegemoniale Urschein der Eroberung des Subjekts durch die Kenntnisse der Wissenschaften und der Technologie einmal verwirklicht ist, stürzt der Mensch in der Tat im anderen Sinne unbewusst in den Gegenstand herunter, den er selbst beherrscht, und das Herrschaftsverhältnis kehrt sich zum Subjekt selbst herum. Um dies zu illustrieren, erklärt Adorno, dass Platon einen großen Schritt zur Entmythologisierung gemacht hat, indem er die Stellung der Ideen im Betrieb des Bewusstseins bestätigte. Doch da die Platonische Ideenlehre »die von der Natur auf den Menschen übergegangenen und von diesem praktizierten Herrschaftsverhältnisse als Wesenheiten verewigt«, sei dies nichts anderes als, dass sich die Herrschaft der Natur (der Mensch ist Sklave der Natur) in die Herrschaft der Ideen (die Idee ist Herrin der Welt) verwandelt. Platon »wiederholt den Mythos« unter der Diktatur der Identität des Scheins. Auch im selben Kontext identifiziert Adorno, »dass dasselbe Subjekt, welches [Kant] frei und erhaben heißt, als Seiendes Teil jenes Naturzusammenhangs ist«. Denn alles, was auf der unterjochenden Herrschaft aufbaue, sei immer noch natürlich. Furchtbarer sei: »war Herrschaft über die Natur Bedingung und Stufe der Entmythologisierung, so hätte diese auf jene Herrschaft überzugreifen«, nämlich die **Kontrolle der instrumentellen Vernunft über dem Menschen** (das verdinglichte Walten der Wissenschaft). Wir haben die konkrete Analyse dieser Ansicht in dem Aufsatz *Soziologie und empirische Forschung* bereits gesehen. Hier bringt Adorno nur eine bildliche Metapher: »So schleppen Tiergattungen wie der Dinosaurier Triceratops oder das Nashorn die Panzer, die sie schützen, als angewachsenes Gefängnis mit sich herum, das sie – so scheint es zumindest anthropomorphistisch – vergebens abwerfen wollen. Die Gefangenschaft in der Apparatur ihres survival mag die besondere Wildheit der Nashörner ebenso erklären wie die uneingestandene und darum desto furchtbarere des homo sapiens.«[138] Dass das Subjekt zum Objekt wird, ist **Verdinglichung**; die Selbstverfangenheit,

---

138 A.a.O., S. 182.

dass die Herrschaft des Subjekts in die Selbstbeherrschung umschlägt, ist **Entfremdung** ! Das ist **Dialektik der Aufklärung, Dialektik der Vernunft** und **Dialektik der Selbstverkehrung des Subjekts.** Daher sagt Adorno: »Wie sehr es [das Subjekt] dem Objekt hörig ist, indem es dieses verzehrt, kommt in ihm zutage. Was es tut, ist der Bann dessen, was das Subjekt in seinen Bann einzufangen wähnt. Seine verzweifelte Selbsterhöhung ist Reaktion auf die Erfahrung seiner Ohnmacht, die Selbstbesinnung verhindert; das absolute Bewusstsein bewusstlos.«[139] Wir können nicht umhin, Adornos Analysekraft zu bewundern.

Nach der Meinung Adornos »sperrt die philosophische Emphase auf der konstitutiven Kraft des subjektiven Moments aber immer auch von der Wahrheit ab.« Denn tatsächlich ist der Schein als ideell-subjektiver Moment des objektiv-gegenständlichen Herrn gerade durch den objektiven Moment bedingt. Der Idealismus ist wie zwei Hände, die einem eigenen Augen überdecken. Adorno will sie wirklich entbergen.

3. Vakanz des Königsthrons: Vorsein und Vermitteltheit des Objekts

Nun sollten die Leser daran erinnert werden, dass wir aus der obigen Analyse Adornos niemals schlichtweg den Schluss ziehen können, dass er notwendigerweise den allgemeinen philosophischen Materialismus bejaht. Einer der wichtigsten Gründe für seine Opposition gegen das transzendentale Ideensubjekt ist die »Vorgängigkeit von Gesellschaft vorm Einzelbewusstsein und all seiner Erfahrung«, wozu er oben eine ausführliche Analyse vorgelegt hat. Einzugestehen, dass das Denken durch die Vermittlung der Objektivität bestimmt ist, negiere oder diffamiere das Denken, »aus diesem nicht herauszuspringen sei«, jedoch nicht. Adorno plädiert, »der kritische Gedanke möchte nicht dem Objekt den verwaisten Königsthron des Subjekts verschaffen, auf dem das Objekt nichts wäre als ein Götze, sondern die Hierarchie beseitigen.«[140] Das Grundziel der negativen Dialektik Adornos ist es, alle durch Identität geschaffenen Hierarchien, und alle Zentren der theoretischen Logik zu beseitigen. Dies wird ihn natürlich davon abhalten, einen Material**ismus**, welcher abstrakte Materie, Objekt,

---

139 A.a.O., S. 181.
140 A.a.O., S. 182.

Objektivität und sogar das gesellschaftliche Sein als fundamentalen Ontos fasst, schlichtweg anzuerkennen. Der logische Ausgangspunkt der postmodernen Tendenz, alle »Ismen« zu bekämpfen, ist auch hieraus erwachsen.

Nachdem er jedem ontologischen Prinzip der prima philosophia klar und deutlich widerspricht, sagt Adorno: »Kritik an der Identität tastet nach der Präponderanz des Objekts.«[141] Es ist gewiss zu beachten, dass Adorno das wohl überdachte Wort »Präponderanz« nur verwendet, um dem Verdacht, ontologische Bestimmungen zu verwenden, auszuweichen. Jedwede Idee einer Identität (der Materialismus des Primats der Materie natürlich miteingeschlossen) sei subjektivistisch. Sich gegen Identität zu wenden, heiße, sich gegen Subjektivismus zu wenden, bzw. es sei wichtig, die Objektivität im Auge zu haben. Wenn man das Subjekt-Objekt-Verhältnis als Beispiel nimmt, könne das Objekt »nur durch Subjekt gedacht werden, erhält sich aber diesem gegenüber immer als Anderes; Subjekt jedoch ist der eigenen Beschaffenheit nach vorweg auch Objekt. Vom Subjekt ist Objekt nicht einmal als Idee wegzudenken; aber vom Objekt Subjekt.«[142] Das ist eine faktische Identifikation. Er sagt sogar klugerweise, dass zwar eine Urgeschichte des Subjekts zu schreiben wäre, aber keine Urgeschichte des Objekts. Hier fängt Adorno wieder an, auf Heidegger zu klopfen. Er sagt, dass das »Ich« selbst als Dasein bestimmt ein »Seiendes« sei, ein Subjekt als Objekt unter Objekten, denn »ohne dies ›meine‹ wäre kein ›Ich denke‹«, »Bewusstsein ist Funktion des lebendigen Subjekts, sein Begriff nach dessen Bild geformt.« Das Dasein könne eine Zeit lang »in-der-Welt-sein«, könne fragen (denken), unter der Voraussetzung, dass das »Ich« objektiv existiert. Das wird sich nicht ändern, weil Heidegger die Bestimmung der Funktion (+ en) in die herrschende Stellung erhoben hat, denn »die Copula, das Ist, enthält eigentlich immer schon [...] Gegenständlichkeit.«[143] Ähnlich beim Schwenk zum Husserl: »ohne alle Relation zu einem empirischen Bewusstsein, dem des lebendigen Ichs, wäre kein transzendentales, rein geistiges. Analoge Besinnungen über die Genese von Objekt wären nichtig.«

---

141 A.a.O., S. 184.
142 A.a.O.
143 A.a.O., S. 185, Fn.

Wenn es jedoch um Adorno geht, definiert er sofort, dass, dass er die Präponderanz des Objekts bestätigt, heiße »nicht dass Objektivität ein Unmittelbares, dass die Kritik am naiven Realismus zu vergessen wäre.«[144] Das ist eine klare Absage an den naturalistischen Materialismus. Bloß die Präponderanz des Objekts anzuerkennen, bedeute »die fortschreitende qualitative Unterscheidung von in sich Vermitteltem« und dem idealisierten Objekt des naturalistischen Materialismus. Es ist entscheidend, diesen Punkt zu markieren. Auch in diesem Kontext kritisiert Adorno das antidialektische Wesen dessen, dass sich das Objekt zum jenseitigen Ding an sich verwandelt, nachdem Kant die Vermitteltheit des Objekts gesehen hat. Zumal ist Kants Konstruktion der transzendentalen Subjektivität »großartig paradoxe und fehlbare Anstrengung, des Objekts in seinem Gegenpol mächtig zu werden.« Erzwungene Prahlerei mit der »Gesetzgebung auf die Natur« sei ein großes Versagen. Adorno vertritt den »Vorrang des Objekts, als eines doch selbst Vermittelten«. Dies wurde bei seinem Schüler Alfred Schmidt nicht so genau durchgeführt.

Die zweiachsige Vermittlung von Natur und Gesellschaft. Schmidt schlägt zunächst eine Abgrenzung vor: die Natur sei die Materie, die mit dem Zweck menschlicher Tätigkeit zu tun habe, aber nicht geschaffene, waehrend der Naturstoff bei Marx bereits etwas Geschaffenes sei. Das sei ungenau, weil die Materie selbst nicht geschaffen werden kann – der Mensch könne lediglich die Seinsform des materiellen Gegenstands verändern. Der Sinn Schmidts will betonen, dass es Natur und menschlicher Tätigkeit eine zweiachsige Vermittlung gibt: Der Zweck menschlicher Tätigkeit muss die Vermittlung der Natur erfahren, waehrend der Naturstoff durch die Vermittlung der Gesellschaftsgeschichte gehen muss. Ich finde, dass die Formulierung von Schmidt zu Beginn unwissenschaftlich ist. Die Natur drückt sich dem Menschen durch die Vermittlung der menschlicher Tätigkeit aus und tritt dadurch in die Gesellschaftsgeschichte ein, was eine Hebung der Schicht des materiellen Seins ist; das gesellschaftliche Sein basiert auf

144 A.a.O., S. 185.

anderen Aspekten des materiellen Seins, dass Beiden zwei völlig ungleichwertige »Vermittlungen« sind. Als Schmidt sagte, dass die Verwirklichung der Möglichkeit der Materie sei »eine Funktion des Standes der materiellen und intellektuellen Produktivkräfte, und »ihr Begriff reichert sich vielmehr ununterbrochen an im Verlaufe der Geschichte der Naturwissenschaften, die aufs engste verwoben ist in die der gesellschaftlichen Praxis.«[145] Sei es eine historisch-soziale Vermittlung, durch welche die Natur angesichts des Menschen geht, so sei das richtig. Doch sei es logisch problematisch, auf eine gleichwertige Weise zu sagen, dass »sich menschliche Zwecke vermittels der Naturprozesse realisieren lassen«. Denn, Naturstoff und seine Bewegung beruhen seit jeher auf dem gesellschaftlichen Sein. Dass der Mensch eine biologische Natur hat, sei die Voraussetzung, es sei aber nicht erforderlich, zu sagen, der Mensch existiere vermittels der biologischen Natur. Das ist die logische Krankheit, welche vom spekulativen Charakter der Übernahme des Hegelschen Begriffs der »Vermittlung« durch den jungen Lukács herrührt. Zudem ist es unangemessen, dass Schmidt die Fundamentalität des Naturstoffs als Prämisse der Argumentation wählen. Wir bestreiten keineswegs die Richtigkeit der Negation des Idealismus bei Schmidt. In der allgemeinen logischen Relation ist dies auch erforderlich. Allerdings war Schmidt dessen nicht bewusst, dass, ging man von der Fundamentalität des Naturstoffs aus, das Problem gerade auf die Ebene des philosophischen Materialismus reduziert wäre.[146]

Das ist die Dialektik des Subjekts und Objekts, und auch **die Dialektik der Unmittelbarkeit und der Vermitteltheit** Beider. Marx und Engels hatten diese Art des dialektischen Verhältnisses in der Deutschen Ideologie schon erläutert.

---

145 Alfred Schmidt, *Der Begriff der Natur in der Lehre von Karl Marx.* Frankfurt/M. 1967, S. 51.
146 Vgl. meinen Aufsatz »Die zweiachsige Vermittlung von Natur und Gesellschaft«, in: *Study and Exploration*, 2003(3).

IV. Verdinglichung, Entfremdung und Widerstand

Es ist nach dem Erblicken des dialektischen Verhältnisses von Unmittelbarkeit und Vermitteltheit des Objekts, dass Adorno einen herausfordernden Auge-in-Auge-Dialog mit dem zeitgenössischen Empirismus durchführt. Nachdem er einen bedeutenden theoretischen Fortschritt erzielt, wendet er sich der Untersuchung eines anderen wichtigen These zu, nämlich der kritischen Logik von Verdinglichung und Entfremdung (Verdinglichung und Entfremdung waren seit dem jungen Lukács stets der Fokus der theoretischen Logik der westlichen marxistischen Philosophie). Adornos Analyse hier ist sehr komplex und subtil. Er beginnt mit der Ausforschung der genetischen Abkunft des empirischen Idealismus in der Ideengeschichte der Erkenntnis und entdeckt, dass die Brutstätte des wirklichen Kampfes gegen die Verdinglichung eigentlich der idealistische Aufschrei der Idee sei. Dies war danach auch die wichtige gedankliche Prämisse der gesellschaftskritischen Theorie seit Marx. Offensichtlich ist Adorno gegen die verdinglichte Wirklichkeit des Kapitalismus, denn sie sei die wirkliche Grundlage der Identitätslogik, dem die negative Dialektik zu widerstehen trachte. Doch unerwarteterweise widerspricht er der Entfremdungslogik des Humanismus, welche vom traditionellen westlichen Marxismus erneut affirmiert wurde. Ich finde, dass er in diesem Punkt zutiefst an der Seite von Marx steht. Wohl lehnt Adorno den Anthropozentrismus ab, was Marx sich nicht zu Herzen nahm.

1. Auflösung des »Körpers« und der neue Trug der Unmittelbarkeit der Erfahrung

Wir wissen, dass die Kritik der Unmittelbarkeit der Erkenntnis eine theoretische Tradition der westlichen marxistischen Philosophie nach *Geschichte und Klassenbewusstsein* des jungen Lukács ist, dass aber die bisherige Erörterung dennoch nicht tiefgreifend genug war. Ich entdecke, dass Adornos Analyse über das Verhältnis von epistemologischer Unmittelbarkeit und Vermitteltheit der Erkenntnis der erste wichtige theoretische Fortschritt in dieser Frage ist.

Im Laufe ihrer Opposition gegen den naiven Realismus kehrte die Forschung der traditionellen idealistischen Epistemologie die Unmittelbarkeit an die Seite des Subjekts zurück und das Objekt sei nicht länger Gegenstand der Unmittelbarkeit, sondern »Gegebenheit oder Affektion« des Subjekts. Es sei also kein Wunder, dass die Schlussfolgerung zum weißen Humor des »Esse est Percipi« wird. Was den Empirismus angeht, so sei die Erfahrung ein Wall (Lenin); es sei nicht möglich, durch die sinnliche Erfahrung hindurch aufs Objekt zuzugehen, weshalb Berkeley und Hume dem Realismus widersprechen, indem sie den objektiven Gegenstand und die Verdinglichung auf die Unmittelbarkeit des Gegebenen reduzieren. Adorno sagt: »Die Kritik am naiven Realismus im gesamten Empirismus, gipfelnd in der Abschaffung des Dinges durch Hume, war vermöge des Faktizitätscharakters der Unmittelbarkeit, an den er sich band, und der Skepsis gegen das Subjekt als Schöpfer.«[147]

Im gewissen Sinne sei es rational, dass der Empirismus dazu auffordert, von der Unmittelbarkeit des individuellen Subjekts auszugehen, um dem zu widersprechen, dass die als Rohmaterial der sinnlichen Wahrnehmung erscheinende integrale Apperzeption irrtümlicherweise für das äußerliche Ding gehalten wird. Daher »gebietet Unmittelbarkeit [des Empirismus – A.d.V.] der Idolatrie von Ableitung Einhalt«, und zerrüttet darum den Trug des Körpers des naiven Realismus. Daraus erstreckt sich, dass das extreme Verfahren Kants diese als Rohmaterial der Erfahrung erscheinende Unmittelbarkeit geradezu auf die phänomenale Welt ausweitet, den Ontos des Objekts aber als jenseitiges Ding an sich einklammert, und somit eine Tragödie der geteilten Welt vorführt. Adorno weist darauf hin, dass das Problem des Empirismus darin bestehe, dass es ihm nicht bewusst sei, dass die auf das Subjekt zurückgeführte Unmittelbarkeit der Erfahrung selbst, »ihrerseits ein[e] vom Objekt Abstrahierte« ist und die Unmittelbarkeit der sinnlichen Erfahrung sich vom Objekt nicht völlig lossagen kann. Andernfalls könne das jeweilige unmittelbare Ergebnis der Erfahrung wie Gefühl, Gehör und Geschmack nicht entstehen. Tatsächlich sei das Gegebene »bloß der Grenzwert, dessen Subjekt im eigenen Bannkreis nicht ganz Herr wird.«[148] Ganz egal, wie der Empirismus das Ding auflöse, könne in der Anerkennung der Unmittelbarkeit der Erfahrung der Vorrang des Objekts darum dennoch nicht negiert werden.

---

147 Adorno, *Negative Dialektik*, S. 188.
148 A.a.O., S. 188.

Natürlich hat das Problem auch eine andere Seite. Adorno sagt in Heideggerscher Sprache: »Was Sache selbst heißen mag, ist nicht positiv, unmittelbar vorhanden.«[149] **Vorhandenheit** ist Heideggers negative Identifikation des Stands, wo sich das Subjekt außerhalb des Seienden (das idealisierte fertige Objekt) befindet, und er identifiziert auf eine negative Weise, dass der Ausgangspunkt, die »bewandtnisganze Welt« in der konkreten Welt des Daseins zu konstruieren, »zuhanden« ist, was tatsächlich eine spekulative Abart der praktischen Tätigkeit ist, von der bei Marx die Rede ist. Bei der Klärung dieses Punktes geht es nicht darum, sich auf das schlichte andere Pol einzulassen und »jeden Anspruch auf unmittelbare Verständlichkeit preiszugeben«[150]. Wir können die »Sache« der Anschauung des Denkens beim naiven Realismus nicht unmittelbar in die Konstituante des Denkens verwandeln, um die Identität des Ideensubjekts zusammenzuhalten. In der folgenden Diskussion verweist Adorno auf Leute wie Husserl und Heidegger: »Die Verflüssigung alles Dinghaften ohne Rest regredierte auf den Subjektivismus des reinen Aktes, hypostasierte die Vermittlung als Unmittelbarkeit. Reine Unmittelbarkeit und Fetischismus sind gleich unwahr.«[151] Dies sei ein größerer Trug des Idealismus.

Adorno weist darauf hin, dass allein dort, wo man sich vom idealistischen Apriorismus lossagt, es möglich sei, den Bann dieser Verkehrung zu zerstören. In der kantischen Lösung der Frage von Hume würde das Objekt der Anschauung auf einige bruchstückhafte Gegebenheiten reduziert und anschließend erlange man im Gerüst der Ideenformen a priori (von Zeit-Raum, Qualität bis hin zu allen Bestimmungen des Seins) unmittelbar allerlei konkrete »sinnliche Dinge« in der phänomenalen Welt. Kants »Bestimmungen, durch die das Objekt konkret wird, ihm bloß auferlegt seien, gilt nur unterm unerschütterten Glauben an den Primat der Subjektivität.« Denn, »nach Kantischer Lehre vollzieht das Bewusstsein Identifikationen bereits gleichsam automatisch, bewusstlos. Dass die Tätigkeit des Geistes, erst recht die, welche Kant dem Konstitutionsproblem zurechnet, ein anderes sei als jener Automatismus, dem er sie gleichsetzte,

---

149 A.a.O., S. 189.
150 Heidegger, *Zur Sache des Denkens*, S. 5.
151 A.a.O., S. 367.

macht spezifisch die geistige Erfahrung aus, die von den Idealisten entdeckt, sofort freilich kastriert wurde.«[152] Ferner kann man sagen, dass vom Trug des Dinges der Anschauung des naiven Realismus bis hin zum subjektiven Konstrukt des Apriorismus Kants beide gleichsam die prima philosophia verkörpern, welche eine ultimative Identität erstrebt. Daher sei »das Residuum des Objekts als das nach Abzug subjektiver Zutat erübrigende Gegebene ein Trug der prima philosophia.«[153] Kant dachte nicht daran, dass jene unveränderlichen Formen des subjektiven Gerüsts des synthetischen Urteils a priori, die er setzte, tatsächlich historisch sind und nichts anderes bestimmte Ideen schlechthin sind, die zunächst im bestimmten individuellen Subjekt bestehen, die mitnichten »ein der Erkenntnis Letztes« sein können. In der geschichtlichen Entwicklung« vermag diese [die Erkenntnis] im Fortgang ihrer Erfahrungen sie [die Formen] zu durchbrechen.«[154] Adorno liegt völlig richtig. Im Gegensatz zum überaus komplexen Erkenntnisgerüst, die sich in den gegenwärtigen Naturwissenschaften und im gesellschaftlichen Leben ausbildeten, sind die damaligen transzendentalen Ideengerüste in Wirklichkeit überaus elementare Denkbestimmungen. Ein einfaches Beispiel ist, dass die Entwicklung der Physik »seit Einstein mit theoretischer Stringenz das Gefängnis der Anschauung sowohl wie der subjektiven Apriorität von Raum, Zeit und Kausalität gesprengt hat«[155].

2. Absage an Objektivität und Opposition gegen Verdinglichung

Die Anerkennung der Rationalität der Kritik des naiven Realismus und die Korrektur der Fehler des idealistischen Empirismus ist an sich ein sehr kompliziertes theoretisches Projekt. Trotzdem legt Adorno mit seiner einzigartigen historischen Tiefe ferner die wirkliche gesellschaftliche Wurzel einer derartigen idealistischen Wut nahe. Das ist eine erstaunliche theoretische Identifikation: **Die Grundlage der idealistischen Opposition gegen Objektivität ist eine Verzerrung der Absage an den wirklichen Zustand der Verdinglichung!** Ich finde, dass es eine wichtige akademische Entdeckung ist.

---

152 A.a.O., S. 189.
153 A.a.O., S. 188.
154 A.a.O.
155 A.a.O.

In der Sicht Adornos erkennen die meisten Philosophien von Anspruch den Vorrang des Objekts scheinbar schlicht nicht an, weshalb die **Opposition gegen den Körper der Anschauung** zum tiefen Zeichen der spekulativen Philosophie geworden ist. Er sagt, »der Widerwille dagegen [ist] seit Fichte institutionalisiert.« Oben haben wir Adornos Falsifikation des empirischen Idealismus seit Hume bereits gesehen. Doch wendet er seine Federspitze und sagt: »Solcher philosophische Subjektivismus begleitet ideologisch die Emanzipation des bürgerlichen Ichs als deren Begründung.«[156] Was bedeutet das? Was Adorno meint, ist, dass diese Art von abwertender Haltung des subjektiven Idealismus Fichtes gegenüber dem Objekt abkünftig von einer **Kritik der Verdinglichung der gesellschaftlich-geschichtlichen Wirklichkeit** sei. Wohl sei dies eine verzerrte Opposition: »Seine zähe Kraft zieht er aus fehlgeleiteter Opposition gegen das Bestehende: gegen seine Dinghaftigkeit. Indem Philosophie diese relativiert oder verflüssigt, glaubt sie, über der Vormacht der Waren zu sein und über ihrer subjektiven Reflexionsform, dem verdinglichten Bewusstsein.«[157] Das ist eine überaus eingehende theoretische Entdeckung und sogar eine Frage, dem sich Marx und Engels nicht aufrichtig zugewandt haben. Ich finde auch, dass in der Geschichte der menschlichen Zivilisation und des Denkens sämtliche Idealismen eine deformierte Absage an die Dinghaftigkeit und Verdinglichung der wirklichen Geschichte ist. Dies ist ein komplexeres theoretisches Thema.

Adornos zieht dieses theoretische Phänomen im Sinne der gesellschaftlichen Historizität in Betracht und identifiziert, dass der moderne subjektive Idealismus die Durchdringung der Verdinglichung der modernen Gesellschaft sei. Natürlich sei er auch eine logische Reaktion auf den fetischisierten Positivismus. Daher nennt Adorno den hegemonialen Impuls des Ichs Fichtes »antiideologisch«. Die verbleibende Frage ist, ob sich Fichte dessen bewusst war. Ich identifizierte, dass Hegel eine hochgradige Bewusstheit vom verdinglichten System des neuzeitlichen Kapitalismus, wie es von der klassischen englischen Ökonomie beschrieben wurde, erreicht hatte; auf der Grundlage derer widersprach er der entfremdeten zweiten Natur auf die Weise eines theodizeeischen objektiv-absoluten Wesens. Genau gesprochen soll diese bewusste Absage an die verdinglichte Wirklichkeit, welche von Adorno identifiziert wurde, der Impuls der neuhumanistischen Philosophie nach Kierkegaard

156 A.a.O., S. 190.
157 A.a.O.

sein. Trotzdem ist »das« Ich Kierkegaards grundsätzlich heterogen zum großem Ich Fichtes.

Adorno analysiert: »Trotz des Vorrangs des Objekts ist die Dinghaftigkeit der
Welt auch Schein. Sie verleitet die Subjekte dazu, das gesellschaftliche Verhältnis
ihrer Produktion den Dingen an sich zuzuschreiben.«[158] Diese theoretische
Analyse ist tiefschürfend. Was er meint, ist, dass der Vorrang des Objekts richtig ist, aber in der Welt, der wir heute gegenüberstehen (hauptsächlich »unsere Welt« in der gesellschaftlichen und geschichtlichen Umgebung), sich eine
Objektivität präsentiert, das Phänomen der Verdinglichung der verkehrten gesellschaftlichen Verhältnisse ist. Adorno teilt uns deutlich mit, dass der Schlüssel
zum Verständnis dieser Formulierung in den Ausführungen im Kapitel über die
Fetisch-Kritik im *Kapital* ist. Überdies sei Marx Ansicht gerade ein »Stück Erbe
der klassischen deutschen Philosophie«, »sogar ihr systematisches Motiv überlebt darin«. Ich entdecke, dass Adornos Analyse in diesem Abschnitt eine der
tiefsten Inhalte ist. *Ich finde, dass die allgemeine Anerkennung des Vorrangs
des Objekts der subjektiven Welt des Subjekts gegenübersteht, während die
Dinghaftigkeit-Verdinglichung des gesellschaftlich-geschichtlichen Seins eine
andere Kritik der tieferen Erkenntnis der* <u>*Phänomenologie der Geschichte*</u>
ist.[159] *Adorno hat diesen Punkt überaus tiefgreifend erkannt, hat aber nicht
die Absicht, ihn aufrichtig konkret zu analysieren.*[160] *Das ist schade!*

---

158 A.a.O., S, 189.
159 Ich schlage diese Idee vor, um das vergangene Deutungsgerüst der
marxistischen Philosophie zu durchbrechen und ein wissenschaft-
liches und kritisches Verständnis des Marxismus zu erreichen. Im
kapitalistischen ökonomischen Leben sind Erscheinung und Wesen
widersprüchlich: Die gesellschaftlichen Verhältnisse werden von
Verhältnissen der Dinge untergraben; die Ökonomie drückt sich durch
eine verkehrte Repräsentation aus; die Gesellschaftsstruktur zeigt
sich in einer Logik, die zur wirklichen historischen Entwicklung anti-
thetisch ist. Die kapitalistische politische Ökonomie, inklusive ihres
gesellschaftlichen Materialismus, bildet die Vorbedingung der Pseudo-
Erscheinungen. Diese vielfältigen komplexen Verkehrungen erfordern
eine nicht-intuitive, nicht-vorhandene kritische Phänomenologie,
um die Ideologie zugunsten der Eigentlichkeit der ökonomischen
Wirklichkeit zu beseitigen. Dies ist der grundlegende Gehalt der
Phänomenologie der Geschichte von Marx.
160 Vgl. Zhang Yibing, *Zurück zu Marx – Der philosophische Diskurs
im Kontext der Ökonomie*, Berlin 2019, Kapitel 1, in dem Hegels
Verhältnis zur klassischen Ökonomie erörtert wird, und Kapitel 8, in
dem Marx' ökonomische Manuskripte analysiert werden.

Adorno sagt: »Der Fetischcharakter der Ware ist nicht subjektiv-irrendem Bewusstsein angekreidet, sondern aus dem gesellschaftlichen Apriori objektiv deduziert, dem Tauschvorgang.«[161] Der Warenfetisch geht nicht aus dem Kopf hervor, sondern er ist Ergebnis des wirklichen gesellschaftlichen Seins, zumal wird er in den Tauschverhältnissen der kapitalistischen Marktwirtschaft, diesem besonderen gesellschaftlichen Apriori, konstruiert. Diese Identifikation über das gesellschaftliche Apriori ist allzu wichtig. In der Tat enthüllt sie zum ersten Mal die wahre Grundlage der Apriorität der Idee, welche die **Apriorität der gesellschaftlichen Verhältnisse** ist.[162] Zudem ist die als das Auftreten des gesellschaftlichen Apriori »Verdinglichung selbst die Reflexionsform der falschen Objektivität.«[163] Das erklärt auch auf eine konzentrierte Weise das isomorphe Verhältnis der auf eine verkehrte Weise verdinglichten **Pseudo-Apriorität** des Waren-, Geld-, und Kapitalverhältnisses mit der Ideologie, unter den spezifischen Bedingungen der gesellschaftsgeschichtlichen Entwicklung, zumal des Kapitalismus. Adorno sagt: »In Marx bereits spricht die Differenz zwischen dem Vorrang des Objekts als einem kritisch Herzustellenden und einer Fratze im Bestehenden, seiner Verzerrung durch den Warencharakter sich aus.«[164] In seiner Sicht ist »der Tausch als Vorgängiges reale Objektivität und ist zugleich objektiv unwahr, vergeht sich gegen sein Prinzip, das der Gleichheit; darum schafft er notwendig falsches Bewusstsein, die Idole des Marktes.«[165] Adornos Analyse hier kann bloß im Gesichtsfeld der traditionellen Philosophie grundsätzlich nicht klar erkannt werden; sie muss den tiefen theoretischen Hintergrund der üppigen Marxschen politischen Ökonomie durchdringen.

Adorno weist darauf hin, dass »nur sardonisch ist die Naturwüchsigkeit der Tauschgesellschaft Naturgesetz; die Vormacht von Ökonomie keine Invariante.«[166] Das ist offensichtlich die Vertiefung der kritischen Auffassung der gesellschaftlich-natürlichen Gesetzes vom jungen Lukács.

161 Adorno, Negative Dialektik, S. 190.
162 Der US-amerikanische Marxist Levine hat diesen Begriff missbraucht, ohne sich mit dem Grundkontext des Wortes »gesellschaftliches Apriori« vertraut zu machen. Vgl. Norman Levine, *Dialogue within the Dialectic*, 1984, S. 199.
163 A.a.O., S. 191.
164 A.a.O., S. 190.
165 A.a.O.
166 A.a.O., S. 190f.

Die Erörterung Adornos hier geht ein wenig weiter und auch ein wenig tiefer. Was er aussprechen will, ist nichts anderes, als dass es richtig sei, der Verdinglichung, der Dinghaftigkeit und der fetischisierten Entfremdung der Wirklichkeit sowie der Pseudo-Objektivität in der Idee zu widersprechen, waehrend es eine unverzeihliche Irrung sei, darum die Objektivität von Ideen her abzulehnen. Ich empfinde auch, dass Adorno ganz Recht hat, aber die Frage ist, ob das Denken der großen Meister des Idealismus denn auch tatsächlich vor einem solchen wirklichen Hintergrund errichtet wird. Das ist eine Frage, die man eingehender studieren könnte.

3. Logik der Entfremdung: Schein des philosophischen Imperialismus

Adorno entdeckt, dass es angesichts dieser verdinglichten Wirklichkeit, abgesehen vom zuvor kritisierten spekulativen Widerstand der Idee des idealistischen Apriorismus, eine direktere gesellschaftskritische Theorie gibt, welche Aufmerksamkeit verdient, nämlich die humanistische Logik der **Entfremdung** gegen die wirkliche Verdinglichung widerspricht. Hier ist eine andere glänzende theoretische Analyse von Adorno. Seine Speerspitze ist auf die ethische Kritik des philosophischen Humanismus gerichtet, welcher »Sollen« (das eigentliche Wesen) und »Sein« (verdinglichte oder entfremdete Wirklichkeit) in einen Gegensatz erhebt; die negativen Denkpunkte Nietzsches, Schelers und Heideggers sind zumeist derart und insbesondere Philosophen des westlichen Marxismus der junge Lukács, Lefebvre und der frühe Sartre.

Angesichts der verdinglichten Wirklichkeit der kapitalistischen Marktwirtschaft haben einige Denker unmittelbar die Losung Gegen Verdinglichung ausgerufen. Bisher jedoch war ein solcher Widerstand eher eine humanistische Kritik, die von abstrakten theoretischen **Wertpostulaten** ausging. »Leicht bildet Denken tröstlich sich ein, an der Auflösung der Verdinglichung, des Warencharakters, den Stein der Weisen zu besitzen.« Und: »Die Theorie um sie, eine Gestalt des Bewusstseins, zu zentrieren, macht dem herrschenden Bewusstsein und dem kollektiven Unbewussten die kritische Theorie idealistisch akzeptabel.«[167] Das ist eine logische Bresche. Adorno weist ausdrücklich hin: »Dem verdanken die frühen Schriften von

167   A.a.O., S. 191.

Marx, im Gegensatz zum *Kapital*, ihre gegenwärtige Beliebtheit, zumal unter Theologen.« Natürlich bezieht es sich auf die *Ökonomisch-philosophischen Manuskripte aus dem Jahre 1844* des jungen Marx, die vom westlichen Marxismus als Bibel verehrt werden. Adornos Front ist klar.

Adorno erwähnt den berechtigten Ärger der Behörden der ehemaligen Sowjetunion über die Verdinglichungstheorie in dem Artikel *Geschichte und Klassenbewusstsein* des jungen Lukács, weil sie den Idealismus darin in einem anderen Sinne lasen. Offensichtlich stimmt Adorno der humanistischen Verdinglichungstheorie des jungen Lukács nicht zu, und mit Sicherheit allen Entfremdungstheorien auch nicht. Er widerspricht dem jungen Lukács darin, dass er die marxistische historische Dialektik in einen humanistischen ethischen Vorstoß verwandelt hat, dessen Kern die Kritik der Verdinglichung (Entfremdung) ist. Adornos Verdikt hier, dass »Dialektik so wenig auf Verdinglichung zu bringen ist«, stellt sich der humanistischen Denkströmung des westlichen Marxismus direkt entgegen. War es beim jungen Lukács noch eine implizite humanistische Logik, so schlüpfte aus der Denkströmung des westlichen Marxismus nach der Publikation von Marx' *Ökonomisch-philosophischen Manuskripte aus dem Jahre 1844* im Jahre 1932 rasch ein offener humanistischer Marxismus, die Theorie der Entfremdung der Arbeit des jungen Marx wurde zum Kern ihrer **neuhumanistischen** logischen Konstruktion und alle Arten von Entfremdungsideen leiteten sich daraus ab (es sind hauptsächlich die Entfremdungstheorien von Leuten wie der frühe Fromm und Lefebvre gemeint). Obwohl sie die entfremdete ökonomische Wirklichkeit des Kapitalismus kritisieren, gilt in der Sicht Adornos in einem tieferen Sinn:»worunter die Menschen leiden, darüber gleitet mittlerweile das Lamento über Verdinglichung eher hinweg, als es zu denunzieren.«[168] Warum ? Adorno analysiert, dass das »Unheil«, die die sozio-ökonomische Entwicklung des Kapitalismus stiftet, in einigen objektiven Bedingungen und ökonomischen Verhältnissen liegt, welche den Menschen zur Ohnmacht und Apathie verdammen; es sind gerade auch die Bedingungen, die von menschlichen Handlungen erzeugt werden. Daher liege der Schlüssel zu diesem Problem nicht darin, diese Verhältnisse zu Tage zu fördern und auch nicht in ideeller ethischer Kritik. Verglichen

168 A.a.O.

mit dem Ganzen der kapitalistischen ökonomischen Verhältnisse sei »Verdinglichung ein Epiphänomen«, während Entfremdung nichts anderes als das subjektive Bewusstseinsphänomen der verdinglichten Wirklichkeit sei. Verdinglichung und Entfremdung seien nicht Ursache, sondern ein Ergebnis, was der Grundmaßstab dafür ist, Marx vom Humanismus abzugrenzen. In diesem Punkt ist Adornos Verständnis erstaunlich genau.

Erstens, die erste Manifestation ist der **Gattungsmensch** des klassischen Humanismus. Nach Adorno wird das Allgemeine als das Sein des menschlichen Gattungswesen »insgeheim von bestehenden Formen der Herrschaft bezogen«. Das ist dem Diskurs Stirners sehr ähnlich. In den Jahren, als Stirner mit Feuerbach aufräumte, enthüllte er, dass der allgemeine (wesentliche) Gattungsmensch tatsächlich **Menschengott** nach dem Umsturz von Gott ist. Zu jener Zeit konnte er jedoch die wirkliche Abkunft des Gattungsmenschen nicht knacken. Als Gattungsmensch ist das Charisma des Menschen »erborgt von der Unwiderstehlichkeit des Allgemeinen«. Das »Allgemeine«, welches uns vom obigen Gebiet der Erörterung bereits bekannt ist, ist tatsächlich das durch die kapitalistische verdinglichte Wirklichkeit konstruierte gesellschaftliche Apriori und vom Absoluten im traditionellen Mythos verschieden und diesmal ist das Gattungswesen gerade von auf dem Markt spontan gebildeten Tauschverhältnissen verinnerlicht. Daher: Das Prinzip des Gattungsmenschen der Bourgeoisie, »ihr Prinzip, das unerschütterlicher Einheit, wie es ihre Selbstheit ausmacht, wiederholt trotzig im Subjekt die Herrschaft«. Adorno sagt, die Person sei »der alte Bann des Allgemeinen, im Besonderen verschanzt.« Diese Behauptung ähnelt zu sehr dem Tone Foucaults. Foucault sagt aber, dass der Mensch ein Produkt der Moderne ist; Adorno glaubt hingegen, dass der Mensch der neue Trick des alten Banns ist. Wie auch immer, »die Person ist der geschichtlich geknüpfte Knoten, der aus Freiheit zu lösen, nicht zu verewigen wäre.«[169]

Zweitens, die zweite Manifestation ist der Neuhumanismus in der Art Heideggers. Hier »wird die Person zur Tautologie für jene, denen nichts übrig bleibt außer dem begriffslosen ›Diesda‹ ihres Daseins.« Was diesen Punkt betrifft, so haben wir ihn in der Erörterung des letzten Kapitels gründlich behandelt. Dieses »Diesda« Heideggers ist nichts anderes als das Bewusstsein

---

169 A.a.O., S. 273.

des Menschen. »Human sind die Menschen nur dort, wo sie nicht als Person agieren und gar als solche sich setzen.« Adorno identifiziert, das Heideggersche begrenzte individuelle »Subjekt ist die Lüge, weil es um der Unbedingtheit der eigenen Herrschaft willen die objektiven Bestimmungen seiner selbst verleugnet.« Es ist zugleich ein »ideologisches Unwesen der Person«.[170] In solch einem ideologischen Schein fingiert ein nicht objektiv existierendes »Substantielles« des Menschen ein Wertpostulat, nämlich etwas, was der Mensch werden soll (eigentliches Sein), dem wirklichen »Ist« (Seiende) entgegenzusetzen. Das ist auch die Logik der Selbstentfremdung. Die Logik der Entfremdung sei den Apologeten der bestehenden Herrschaft »anheimgefallen«, »weil sie mit Vatermiene zu verstehen gibt, der Mensch wäre von einem Ansichseienden, das er immer schon war, abgefallen, während er es nie gewesen ist und darum von Rückgriffen auf seine αρχαί nichts zu hoffen hat als Unterwerfung unter Autorität, gerade das ihm Fremde.« Mit einem sehr anständigen textologischen Bedeutung sagt er, dass in Marxʼ *Kapital* eine Art Begriff der Selbstentfremdung nicht mehr figuriert. Das sei nicht nur von der ökonomischen Thematik des Werkes bedingt sondern philosophischen Sinnes.[171] In diesem Punkt unterscheidet sich Adorno offensichtlich vom jungen Lukács sowie anderen Humanisten des westlichen Marxismus. Wir hatten diese Frage bereits in der Vorrede diskutiert.

Die abstrakte Entfremdungstheorie ist wesentlich noch eine romantische Phantasie, insbesondere, wenn die Grundlage dieses humanistischen Vorstoßes eine Logik des **Zurückgreifens** ist (typische Ideen sind z.B. Schillers Zerstückelung des Menschentums und Heideggers Interpretation vom Weg zur »Heimkehr« Hölderlins.). Adorno glaubt: »Die Verklärung vergangener Zustände dient später und überflüssiger Versagung, die sich als ausweglos erfährt; erst als verlorene gewinnen sie ihren Glanz.« Eigentlich ist es eine Kritik am Traumfang Nietzsches und Heideggers, die nach einer Art altgriechischem Retroismus schmachten. In Wirklichkeit war die vorgeschichtliche Gesellschaft vor der industriellen Zivilisation kein Paradies, wie es vom Romantismus verklärt wurde; da war »dinghaft Entmenschlichtes Bedingung von Humanität«, denn der Mensch war noch

---

170 A.a.O., S. 274.
171 A.a.O.

112

»Sklave der Natur« (Engels), und das Bewusstsein des Menschen befand sich insgesamt immer noch im Stadium der dinghaften Nachahmung. Das sei das geistige Wesen der ganzen landwirtschaftlichen Zivilisation. Bevor sich die Naturwissenschaften Wissenschaften absonderten, »ging [die Humanität] mit dinghaften Gestalten des Bewusstseins zusammen, während Gleichgültigkeit für die Dinge, die als reine Mittel eingeschätzt und aufs Subjekt reduziert werden, Humanität abtragen half.« Seine Worte sind etwas unverständlich. Was Adorno eigentlich sagen will, ist, dass das Bewusstsein des Menschen in vorgeschichtlichen Gesellschaften eindeutig dinghaft sei, das instrumentalisierte Sein beschränkter Dinge in der Naturwirtschaft aber unbewusst unmittelbar für subjektives Bewusstsein gehalten und die subjektive Projektion universalisiert auf den Gegenstand ausgedehnt worden sei, was die Spaltung des schwachen menschlichen Subjekts wie auch eine Verdinglichung im unmittelbarsten Sinne sei. Als sich jedoch der Kapitalismus entwickelte, zumal die Welt zum Gegenstand der Industrie wurde, und der Mensch begann, vom »Zuhandenen« der Produktion her wahrhaft eine ganz neue Umwelt zu konstruieren, sei hingegen ein Verrat des **vom Menschen geschaffenen instrumentellen Systems** am Subjekt aufgetreten und damals erst ein neuer Bereich der Verdinglichung erschienen, wo »beides ineinander [sei], das Unidentische des Objekts und die Unterwerfung der Menschen unter herrschende Produktionsverhältnisse«[172]. Dies sei das Phänomen der Verdinglichung im wissenschaftlichen Sinne von Marx. Das »Unidentische des Objekts« hier bezieht sich auf die Heterogenität von neuen von Menschen geschaffenen Produktivkräften und dem Willen des menschlichen Subjekts; der Mensch könne das von ihm selber konstruierte »Bewandtnisganze« nicht kontrollieren; und wenn der Mensch die vorherrschenden kapitalistischen Produktionsverhältnisse nicht durchschauen könne, würde er notwendig vor dem »Funktionszusammenhang« ihres verdinglichen-verkehrten geschichtlichen Seins (Ware, Geld und Kapital) niederknien. Das gilt als eine relativ genuine Marxsche historische Analyse.

Adorno sagt exakt, dass Marx gegenüber demselben Phänomen der Verdinglichung und Entfremdung vorher und nachher zwei völlig verschiedene theoretischen Haltungen besaß: »Der reife Marx hat in seinen

172 A.a.O., S. 192.

kargen Äußerungen über die Beschaffenheit einer befreiten Gesellschaft sein Verhältnis zur Arbeitsteilung, zum Grund von Verdinglichung geändert. Den Stand der Freiheit unterscheidet er von urtümlicher Unmittelbarkeit. Im Moment des Planens, von dem er Produktion für die Lebendigen anstatt für den Profit, in gewissem Sinn Restitution von Unmittelbarkeit sich erhoffte, ist das dinghaft Fremde aufbewahrt; noch im Entwurf der Verwirklichung des von der Philosophie erst nur Gedachten die Vermittlung.«[173] Diese philosophischen Ausführungen sind im Prinzip nicht falsch, bedürfen aber einer besonderen Erklärung. Von Adornos Äußerungen her gesehen sieht er einen **unreifen** Marx ein, der den junge Marx während der Niederschrift der *Ökonomisch-philosophischen Manuskripte aus dem Jahre 1844* meinen soll. Damals setze der junge Marx den Stand der Freiheit des Menschen dem nichtentfremdeten Stand der Natur (Unmittelbarkeit) gleich, während die Entfremdung der Arbeit, die die Arbeitsteilung herbeiführt, der Hauptgrund des Fallens sei, und darum sei die Aufhebung der Entfremdung sowie die Wiederkehr der Unmittelbarkeit des Menschen das Ziel der Befreiung. Es sei die ethische Kritik im Anschluss an das humanistische Wertpostulat. Beim »reifen Marx« jedoch (den Adorno als den Marx im vierten Kapitel des ersten Bandes des *Kapitals* genau identifiziert) halte Marx die ursprüngliche unmittelbare Existenz der Menschheit nicht länger für die Freiheit selbst; er erkenne den gesellschaftsgeschichtlichen Fortschritt, zumal die ungeheure Entwicklung der Produktion, die die kapitalistische Produktionsweise bescherte, objektiv an; er schlage lediglich ein Projekt des »Planens« vor, welcher die Unordnung der gesellschaftlichen löst, indem er die Grundverkehrung des Zwecks (Profit) des kapitalistischen Seins kritisiere. Hierbei werde das eigene Leben des Menschen zum erneut umzustülpenden Zweck, was eine »Restitution von Unmittelbarkeit« sei, aber er habe die vermittelten komplexen gesellschaftlichen Verhältnisse als Wirklichkeit des geschichtlichen Fortschritts zureichend bejaht. Zugleich betont Adorno, dass »Planen« mitnichten eine zwanghafte Identität ist.

173 A.a.O., S. 192f.

V. Negative Dialektik und Lehre von der Materie

Adorno behandelt den »Materialismus«, der in der Ausgangserörterung allgemein philosophisch kommentiert wurde, erst im zweiten Abschnitt des Buches. Er verkündet schließlich, dass er den Materialismus gutheiße. Wir hatten aber bestätigt, dass sein Materialismus hier keine Ontologie, kein »Ismus« im Sinne von prima philosophia ist, weshalb wir diese Identifikation von Adorno strategisch Lehre von der Materie nennen. Ich entdecke, dass Adorno einer Wirklichkeit nicht ausweichen konnte, nämlich dass die Philosophie von Marx die Lehre von der Materie bejaht. In diesem Bereich der Erörterung möchte Adorno anscheinend durch eine sorgfältige Setzung des »Materialismus« seinen Bezug und seine Differenz zu Marx abgrenzen. Es scheint zudem Adornos akribisch durchdachter Plan zu sein.

1. Kritische Theorie und Materialismus

Am Ende der theoretischen Logik gesteht Adorno ein, dass negative Dialektik materialistisch ist. »Durch den Übergang zum Vorrang des Objekts wird Dialektik materialistisch.«[174] Dies ist ein theoretisches Geständnis. Nicht wegen der fundamentalen Ontologie, sondern weil sie den objektiven Vorrang des Objekts anerkennt, wird sich die negative Dialektik theoretisch auf die Seite der Lehre von der Materie stellen. Allerdings gibt es darin sehr viele Ad hoc-Grenzbeschränkungen.

Zunächst analysiert Adorno die Frage der **Subjektivität des Objekts**, eine Diskussion, die von Husserls Phänomenologie angestoßen wurde. Bei Husserl, »im Gegenstand, zugerüstet zu dem der Erkenntnis, ist vorweg das Leibliche vergeistigt durch seine Übersetzung in Erkenntnistheorie, reduziert derart...«[175] Was heißt das ? Es meint, dass die Phänomenologie im Gegensatz zu jener Materie an sich im Gesichtsfeld des naiven Realismus, das das Reale zur Sicht des Auges Gottes macht, einen auf das intentionale Bedeuten des Subjekts zentrierten subjektiven Gesichtspunkt setzt und die objektive Welt, die diesen Gesichtskreis betritt, wird erst bestätigt als das dem Subjekt **zugewandte** Objekt, nämlich »Objekt nur unterm Blickpunkt

---

174 A.a.O., S. 193.
175 A.a.O.

115

der subjektiv gerichteten Analyse, welcher der Primat des Subjekts fraglos dünkt.«[176] Es sei eine subjektive Übertreibung der empirischen Befragung Humes und Kants, aus der Korrelation von Subjekt und Objekt in der Epistemologie die Abhängigkeit des Objekts vom Subjekt zu folgern und anschließend einen idealistischen Schluss zu ziehen. Hier wird Kants Identifikation der »Darstellung« der Natur auf eine ahistorische Weise ontologisiert. Innerlich gesehen ist es jene altmodische Forderung, die sich von der Logik der Subjektidentität nicht lossagen kann. Warum aber sind die Menschen nie imstande, diese falsche zwanghafte Subjektidentität zu zerschlagen?

Der Korrelation von Subjekt und Objekt gleich, geht man von der historischen Nichtidentität aus, sieht man klar, dass das Gesichtsfeld der Erkenntnis des Subjekts ebenfalls »als untrennbar fusioniert mit Materiellem« ist. Adorno nimmt zunächst Empfindung als Beispiel, um die materialistische Grundlage der Erkenntnistheorie zu erklären. Allgemein gesprochen ist Empfindung der Schlüssel der gesamten Erkenntnistheorie, und »die subjekt-immanente Rekonstruktion der Dingwelt [durch zahlreiche idealistische Philosophen seit Hume – A.d.V.] hätte die Basis ihrer Hierarchie, eben die Empfindung«. Es ist jedoch die einfachste Tatsache, dass es »keine Empfindung ohne somatisches Moment gibt«. Er nennt die Dinge überaus schlicht beim Namen. »Eine jegliche [Empfindung des Menschen] ist in sich auch Körpergefühl. Nicht einmal ›begleitet‹ es die Empfindung. Das setzte deren Chorismos vom Leibhaften voraus.«[177] Tatsächlich haben sich Berkeley, Kant und Hegel allesamt mehr oder weniger auf die **Zusammensetzung** der grundlegendsten Empfindungen (»compound«, »Apperzeption« und »Wahrnehmungskonstruktion«) bezogen, begaben sie sich aber ohne Ausnahme auf vielfältige Idealismen. Aber warum bedenken wir nicht gleichfalls das Element der Materie, das an dieser Konstruktion beteiligt ist? Adorno sagt, »irreduzibel ist das somatische Moment als das nicht rein cognitive an der Erkenntnis«. Es könne mitnichten auf eine Subjektivität reduziert werden, was der Grund für den notwendigen Zusammenbruch des empirischen Idealismus sei. Offensichtlich fordert Adorno, im subjektiven

---

176 A.a.O.
177 A.a.O., S. 194.

Verständnis der Empfindung den nichtidentischen konstellativen Schau auf das materielle Objekt (das Somatische) zu bewahren.

Man kann mit Gewissheit sagen, dass Adorno dabei nicht versagt, die Kritik des Idealismus am vulgären Materialismus und am naiven Realismus zu verstehen, aber er sagt auf figurative Weise, dass sie sich der »plumpen Willkür« in der Theorie verdankt. Tatsächlich sei der philosophische Materialismus eine »plumpen Willkür«, welche einer Widerlegung in der theoretischen Logik nicht wert ist. Selbst wenn, hat er keinesfalls vor, zum ebenso kruden philosophischen Materialismus der Identität zurückzukehren, während er sich gegen den Idealismus wendet. Adorno tritt für die Rekonstruktion eines neuen tiefgründigen Denkens ein: Marx' historischen Lehre von der Materie. *Wenn ich mich nicht täusche, ist es das erste Mal in diesem Buch, dass Adorno sich explizit auf seine Beziehung zu Marx bezieht.* Er identifiziert unmittelbar: »Marx hatte den historischen Materialismus gegen den vulgär-metaphysischen pointiert.«[178] Das ist eine wichtige Abgrenzung. Adorno sagt: »Materialismus ist nicht das Dogma, als das seine gewitzigten Gegner ihn verklagen, sondern Auflösung eines seinerseits als dogmatisch Durchschauten.« Dass der historische Materialismus kein Dogma, sondern eine Anleitung zum Handeln ist, wurde auch bereits von Engels und Lenin bekräftigt, Adorno möchte unterstreichen, dass es Marx' historische Lehre von der Materie hauptsächlich nicht darum geht, das Bestehende affirmativ aufzubewahren, sondern gerade darum, mit jener Idee des traditionellen philosophischen Materialismus, Dinge in erstarrte Körper zu verwandeln, zu brechen. Nach seiner Meinung habe die kritische Theorie der Frankfurter Schule, die mit Horkheimer anfing, die Lehre von der Materie niemals zu einer schlichten theoretischen Prämisse gemacht wie jene »dilettantische Welterklärungen« über »Dinge außerhalb des Bewusstseins«, sondern zum »theoretischen Selbstbewusstsein«, nämlich zur wahrhaft **negativen kritischen** Theorie. Das ist die wahrhaft dialektische und historisch-materialistische Sichtweise, die das Wesen von Marx' Theorie begründet.

---

178 A.a.O., S. 197.

Daher sagt Adorno auch, dass der historische Materialismus nicht zu einer Art Mannheimschen »Wissenssoziologie« werden könne. Das heißt, dass Marx' historische Lehre von der Materie keineswegs eine unmittelbar affirmative Bestätigung von allerlei Funktionen des gesellschaftlichen Betriebs sein könne; anderenfalls würde sie verderben und in dieselbe Art von Positivismus entarten. Er sagt auf eine stechende Weise, dass jene »behende Philosophie«, die sich auf die operative Ebene einlässt, aus Theorien wie Ökonomie und Politik »ihre breite Bettelsuppe kocht«. Ich empfinde, dass Adorno hier auch jenen historischen Materialismus im Deutungsgerüst der traditionellen Philosophie kritisiert, welcher zu einer technischen Theorie der Beschreibung des gesellschaftlichen Betriebs verzerrt worden ist, insbesondere den historischen Materialismus als eine soziologische Form, welche in akademischen Kreisen der ehemaligen Sowjetunion erschien. Diese Wissenssoziologie sei trotzdem ein **ideologischer** Schein.[179] Es sei eine theoretische Aufgabe der negativen Dialektik, diese ideologische Fingiertheit zu enthüllen. Nach Adorno negiere die Wissenssoziologie nicht nur die objektive Struktur der Gesellschaft, sondern muss natürlich auch objektive Wahrheit und ihre Erkenntnis negieren: »Ihr ist, gleich dem Typus von positivistischer Ökonomie, dem ihr Begründer Pareto zuzählte, Gesellschaft nichts anderes als der Durchschnittswert individueller Reaktionsweisen.«[180] Diese Identifikation Adornos verdient heute, wo wir von positiven Wissenschaften umzingelt werden, ein tiefe Reflektion.

2. Geistbegriff im Verständnis des Idealismus

Im Unterschied zur Art und Weise, wie der vulgäre Materialismus sich dem Idealismus widersetzt, will Adorno seinen Gegenangriff vom historischen Materialismus starten. Wenn es untrennbare materielle Momente in der Empfindung gibt, wie steht es dann mit der geistigen Idee, die von allerlei Idealismen als ontologische Basis der Philosophie verwendet werden? Ist sie denn etwas Primäres, Selbstgenügsames und Ursprüngliches? Wir sehen,

---

179 Es ist interessant, dass die von Mannheim festgestellte Prämisse der »Wissenssoziologie« gerade eine Definition von »Ideologie« und »Utopie« ist. Vgl. Mannheim, Karl, *Ideologie and Utopie*, 1929.
180 A.a.O., S. 198.

dass Adornos Antwort auf diese Frage ein sehr einzigartiges Gesichtsfeld eröffnet, nämlich die historische Analyse der wirklichen gesellschaftlichen Grundlage der Ausbildung des Geistbegriffs.

Adorno glaubt, dass das Geheimnis der Hypostasis des Geistes in der Mystifizierung des »Ichs« liegt. Im Unterschied zur Erörterung der traditionellen Philosophie, geht er nicht von der allgemeinen philosophischen Logik, nämlich von der Untersuchung des Verhältnisses von Erfahrung und Vernunft und von Selbstbewusstsein und Idee, aus, und verweist direkt auf die gesellschaftlich-historische Grundlage, von welcher der Geist konstruiert wird. Adorno stimmt der Idee des alten Materialismus nicht zu, das Wesen des Geistes als Widerspiegelung der äußerlichen Dinge zu deuten. Er glaubt, »der Ursprung des Ichs im Nichtich wird im realen Lebensprozess aufgesucht, in den Gesetzmäßigkeiten des Überlebens der Gattung, ihrer Versorgung mit Lebensmitteln.«[181] Das Ich als geistiges Subjekt sei tatsächlich eine Hebung der **gesellschaftlichen Gattungsbande** zwischen uns. Er sagt, dass diese Ansicht am ehesten von Hegel in seiner Phänomenologie des Geistes entwickelt wurde. »Das Hegelsche Kapitel über Herr und Knecht entwickelt, wie man weiß, aus dem Arbeitsverhältnis die Genese des Selbstbewusstseins, und zwar in der Anpassung des Ichs an den von ihm bestimmten Zweck sowohl wie an das heterogene Material.«[182] Nach Adornos Ansicht vermag dies der wichtigste Zugang dafür zu sein, die Idee des Geistes zu durchschauen. Hier bedeutet es, dass die Idee weder die sogenannte Widerspiegelung der äußeren Gegenstände (einschließlich Wesen und Gesetze) des alten Materialismus noch die sogenannte subjektive Intention oder Selbsterkennen des Idealismus sei. Wesenhaftigkeit der Idee entspringe aus gesellschaftlichen Arbeitsverhältnissen: **Die Basis der ideellen Intention des Ichs sei das Verhältnis zwischen der Zweckmäßigkeit der Arbeit und der Gegenständlichkeit des Objekts.** Das ist eine außerordentlich tiefschürfende Sichtweise. Adorno glaubt, dass es dieser Punkt sei, den Hegel benutzt, um die **Gattungsbande** der Individuen, die in die gesellschaftliche Arbeit eingreifen, zu vergeistigen und alsdann die in die Zweckmäßigkeit des geistigen Subjekts erhobene Intention der Arbeit

---

181 A.a.O., S. 199.
182 A.a.O., S. 198f.

zum Verschlingen der Welt durch eine Ideentotalität wird. Dadurch wird der Geist hypostasiert und zu einem identischen absoluten Ganzen aufgebläht. Deshalb ist das Wichtige bei Hegel, dass Gattung (Idee) und das Individuum (Passion) geringfügig ist. In diesem Sinne ist die Schelte Feuerbachs, dass Hegel eine delikate Theodizee sei, nicht unberechtigt. Da Gott die Entfremdung des Gattungswesens des Menschen sei, habe Hegel Gott lediglich durch die objektive Idee ersetzt. Adorno sagt: »Der idealistische Geistesbegriff beutet den Übergang zur gesellschaftliche Arbeit aus: die allgemeine Tätigkeit, welche die einzelnen Tuenden absorbiert, vermag er leicht, unter Absehung von diesen, ins An sich zu transfigurieren.«[183] Das sei die Wurzel der wahren Wirklichkeit für die Ausbildung des neuzeitlichen objektiven Idealismus. Ich denke, dass Adornos Analyse präzise und einschneidend ist. Er reißt sich vom Vorgehen los, welches den Idealismus einfach auf den Kopf stellt, wonach Hegel scheinbar zum Materialismus wird und die Dialektik der Idee sich in die materialistische Dialektik transformiert, sobald die »absolute Idee« mit »Materie« ausgetauscht würde. Das sei der Trick von altem Wein in neuen Schläuchen. Man habe nicht daran gedacht, dass jene abstrakte »Materie« im philosophischen Idealismus tatsächlich immer noch die unbewusste Verhärtung der gesellschaftlichen Arbeitsverhältnisse oder das metaphysierte »Seiende« im Heideggerschen Sinne ist.

Natürlich ist Adorno damit auch nicht einverstanden, die Gattungsphilosophie schlicht herumzudrehen und in jenes Supremat des Individuums des Neuhumanismus nach Kierkegaard zu verwandeln. Denn in Wirklichkeit habe die Marxsche Ökonomie das Wertgesetz als Gattungs-(gesellschaftliches) Verhältnis des verdinglichten Menschen, nämlich »das Wertgesetz, das im Kapitalismus über den Köpfen der Menschen sich realisiert«, bereits aufgedeckt. Er vermag die schlichte und gewaltsame Negation der Gattungsphilosophie nach Stirner nicht zu affirmieren. Er plädiert noch für das dialektische Konstellationsverhältnis von Gattung und Individuum, dem Allgemeinen und dem Besonderen. »Die dialektische Vermittlung des Allgemeinen und Besonderen erlaubt es der Theorie, die für das Besondere optiert, nicht, übereifrig das Allgemeine als Seifenblase

---

183 A.a.O., S. 199.

zu behandeln. Weder könnte dann Theorie die verderbliche Vormacht des Allgemeinen im Bestehenden fassen noch die Idee eines Zustands, der, indem er die Individuen zu den ihren brächte, das Allgemeine seiner schlechten Partikularität entäußerte.«[184] Die »Theorie, die für das Besondere optiert«, wie sie hier von Adorno genannt wird, meint den Neuhumanismus nach Stirner, insbesondere nach Kierkegaard, bei dem das Individuum zum Standard wird. Natürlich sind die humanistischen Ideen des traditionellen westlichen Marxismus darin eingeschlossen.

Adorno sagt, dass es eine tiefere Definition des Geistverständnisses des Idealismus darin bestehe, ihn als »Tätigkeit« zu bestimmen; »Geist als Tätigkeit ist [...] ein Werden.«[185] Bei Fichte und Hegel sowie später Bergson, Husserl und Heidegger gibt es eine Seinshierarchie, die Dinge sind vorhanden, während der Geist als eine werdende Tätigkeit schöpferisch ist, und daher erst die Tätigkeit des Geistes »innerzeitlich, geschichtlich« sei und darum Geschichte sowie das Gewordene, in dem geistige Konstruktion sich akkumuliere, werde. Im Gegensatz zu dem alten anschauenden alten Materialismus sei dies ein Denken mit Tiefe. Allerdings können wir das Geheimnis darin auch erst in der oben genannten historischen Lehre von der Materie Adornos knacken, dass es nämlich nicht die geistige Tätigkeit ist, die die Geschichte wahrhaft konstruiert, sondern dass erst die menschliche gesellschaftliche Arbeitstätigkeit Geschichte generiere. Adorno hat in dieser Interpretation die Oberhand, weil er die Frage ergreift, dem die idealistischen Denker bestimmt begegnen müssen, wenn sie den Geist als Tätigkeit deuten, nämlich die Frage, **was** tätig ist. Tatsächlich »ist keine Tätigkeit ohne Substrat«. Dass die Geistestätigkeit werdend ist, setzt offenbar etwas voraus, was nicht die materielle Substanz, sondern das werdende Wesen der praktischen Tätigkeit des gesellschaftlichen Subjekts. In diesem Kontext stimmt Adorno mit den Worten von Marx, dass Bewusstsein »keine Geschichte« hat, im Grunde darin überein.

---

184 A.a.O., S. 199f.
185 A.a.O., S. 201.

121

Adorno sagt, dass die idealistischen Philosophen nicht daran denken würden, dass der »Übergang der Philosophie vom Geist zu dessen Anderem immanent seine Bestimmung als Tätigkeit erzwingt«[186]. Wie wir von der obigen Erörterung bereits wissen ist dieses »Andere« tatsächlich die wirklichen gesellschaftsgeschichtlichen Genesen, von denen sich der Geist lossagen möchte, aber nicht wahrhaft loszusagen vermag. »Einzig sofern es seinerseits auch Nichtich ist, verhält das Ich sich zum Nichtich, ›tut‹ etwas, und wäre selbst das Tun Denken«[187], so bei Fichte. Ohne Gegenstand sei Subjekt Nichts; erst die Beherrschung des Gegenstands angesichts des Gegenstands würde das Subjekt konstituieren und die beherrschende Tätigkeit selbst sich vergeistigen und ontologisieren können. Das sei das Geheimnis der absoluten Idee Hegels und des abstrakt funktionalisierten Seinsverständnisses Heideggers. Adorno glaubt darum auch, dass, enthalte das Denken in der ontologischen Konstruktion seines eigenen Werdens einen fremden Gegenstand, so breche dies notwendig »die Suprematie des Denkens über sein Anderes«, einschließlich »des obersten Abstraktum[s], der transzendentalen Funktion, [welcher] kein Vorrang vor den faktischen Genesen [gebührt]. Genau das bricht das Primat-Prinzip des Idealismus selbst. Schließlich sagt er, »befreit wäre das Subjekt erst als mit dem Nichtich versöhntes.«[188] Das ist sehr tiefe Dialektik. Adorno weist deshalb daraufhin, dass die Seinsphilosophie Heideggers »ideologisch wird, indem sie das materialistische Moment im Denken durch seine Transposition in reine Funktionalität jenseits alles Seienden unvermerkt vergeistigt, wegzaubert, was dem materialistischen Seinsbegriff an Kritik falschen Bewusstseins innewohnt.«[189] *Verflüchtigt eine Philosophie die wahre Wirklichkeit durch mysteriöse und rätselhafte Spekulation und lässt die versklavten Menschen, nach dem Wahren, Guten und Schönen am Kreuz fragen und das Leiden auf eine poetische Weise zuertragen, so mag es nicht übertrieben sein, zu sagen, dass sie ein neues »volksverdummende Opium« ist.*

186 A.a.O.
187 A.a.O.
188 A.a.O., S. 279.
189 A.a.O., S. 200.

3. Negative Dialektik und Lehre von der Materie

Ich habe darauf hingewiesen, dass Adornos eingehende Kritik des Idealismus mitnichten bedeutet, dass er mit irgendeiner Form von altem Materialismus einverstanden ist. Adorno weist eigens darauf hin, dass »der Satz, Bewusstsein hinge vom Sein ab, war keine umgekehrte Metaphysik.«[190] Mit anderen Worten, obwohl er gegen den Idealismus ist, dagegen opponiert, den Geist in eine selbstgenügsame Totalität an sich zu verwandeln, den Identitätszwang des Geistes verwirft und dessen Abhängigkeit von der Wirklichkeit enthüllt, meint das Zugeständnis, Geist hängt vom Sein ab, umgekehrt nicht, das objektive Sein, dem der Mensch gegenübersteht, in die selbstgenügsame materielle Substanz an sich zu verwandeln und in den **philosophischen Materialismus**, welcher ebenfalls eine abstrakte Logik der identischen Totalität konstituiert, zurückzufallen. Nachdem zum Beispiel einige Materialisten in der Beziehung von Körper und Geist dem Primat des Geistes widersprachen, schrieben sie umgekehrt den Primat des Körpers auf. Das sei in gleich lächerlich. Adorno weist pointiert darauf hin, dass »die Kontroverse über die Priorität von Geist und Körper vordialektisch verfährt. Sie schleppe die Frage nach einem Ersten weiter.« Nach seiner Sicht sei die Zweiteilung von Körper und Geist selbst das Resultat der Identitätsphilosophie, was lediglich eine abstrakte Setzung in der Vorstellung sei. Körper und Geist können jedoch in der Wirklichkeit nicht getrennt werden, und noch können sie unter dem Identitätszwang des einen über den anderen nach jener abstrakten Abgrenzung vereint werden.

Tatsächlich entdecke ich, dass Adorno am Ende dieses Teils nicht aufrichtig vorhat, die Grundtheorie der historischen Lehre von der Materie positiv zu beschreiben. Stattdessen hat er den wichtigen Schlussteil dieser Schrift auf eine sehr aufgeregte Weise für die Kritik des Materialismusmodells im traditionellen philosophischen Interpretationsgerüst der ehemaligen Sowjetunion reserviert. Adorno sagt auf eine überaus unhöfliche Weise, dass, als der Materialismus als offizielle Ideologie oder der Materialismus, einmal zum Dogmatismus verzerrt, zum Instrument der politischen Macht wurde, furchtbar in eine unräsonable **theoretische Fälschung** deformiert

190 A.a.O.

123

war. Der Materialismus sei damals am wenigsten materialistisch gewesen. Adorno sagt, »im Apokryphen des Materialismus offenbart sich das der hohen Philosophie, das Unwahre in der Souveränität des Geistes«. Hier verliert Adorno auch sehr schwerwiegende Worte, die auf das Stalinsche ideologische System der ehemaligen Sowjetunion und Osteuropas abzielen: »Terroristische Staatsmaschine verschanzen unterm fadenscheinigen Vorwand einer bald fünfzig Jahre währenden Diktatur des längst verwalteten Proletariats sich als Dauerinstitution, Hohn auf die Theorie, die sie im Munde führen. Sie ketten ihre Untertanen an ihre nächsten Interessen und halten sie borniert.«[191] *Ich glaube, dass diese kritische theoretische Identifikation für die Kritik der geistigen Zustände der Menschen während der Periode der »Kulturrevolution« in China auch angemessen ist. Wenn der Mensch keine selbständige geistige Persönlichkeit besitzt, wird die Theorie selbst (auch wenn sie sich Materialismus nennt) zu einem grauenhaften Kerker von Gedanken mit einer unmittelbaren totalen Identität. Der individuelle Geist verbleibt lange Zeit in einer Ignoranz auf niedrigem Niveau, verbal reden die Menschen großspurig vom Materialismus, praktizieren aber dabei ungeheuerlich idealistische Aktionen. Als die älteren Herren auf dem Lande 1958 durch das Raten anhand ihrer eigenen Erfahrungen mit den Steinen vor sich für den philosophischen Materialismus argumentierten, begingen die Menschen die Dummheit »Wer mutiger sät, dem gönnt das Land mehr Ernte«. Mitte der 70er Jahre, als die Chinesen die klassische Literatur der marxistischen Philosophie »ernsthaft« studierten, war auch die Periode, wo die Metaphysik der »Viererbande« am wildesten wucherte.* Adorno sagt, in einer ähnlichen Situation wird »der Materialismus zum Rückfall in die Barbarei, die er verhindern wollte«[192].

Ich habe bemerkt, dass Adorno im selben kritischen Gesichtsfeld mehr Tinte verwendet, um die Epistemologie theoretisch zu erklären, was ein theoretischer Blickwinkel ist, womit er sich immer relativ beschäftigt hat. Adorno hatte zuvor gesagt, dass »durch die Einsicht in den Vorrang des Objekts [in der erkenntnistheoretischen Ebene A.d.V.] nicht die alte intentio

191 A.a.O., S. 204.
192 A.a.O., S. 205.

recta restauriert«[193] werde, oder direkter gesagt, »ist das vermeintlich reine, der Zutat von Denken und Anschauung ledige Objekt gerade der Reflex abstrakter Subjektivität.«[194] Dies stimmt mit seiner negativen Haltung gegenüber dem philosophischen Materialismus, die wir oben gesehen haben, im Grunde überein. Nach der Sicht Adornos gab es in dem Materialismus im Rahmen der traditioneller philosophischen Interpretation der ehemaligen Sowjetunion einen enormen theoretischen Fehler, nämlich das Streben nach einer totalen Identität der **Systemphilosophie.** Erkenntnistheoretisch gesehen stellt es sich hingegen so dar, dass das Wesen des Bewusstseins schlicht als ein direktes Abbild des Gegenstands genommen wird, um einen eunuchenhaften Objektivismus zu errichten. Das Problem liegt darin, den Gegenstand zunächst metaphysisch für das totale-identische Vorhandene zu halten und das Bewusstsein alsdann wiederum als unmittelbare »Übereinstimmung« mit dem Gegenstand anzusehen. Sie denken jedoch nicht, dass »in einer schlechthin Einen, unterschiedslosen, totalen Materie wäre keine Dialektik.«[195] Das sei der fatale Fehler der metaphysischen Ontologie der Materie, nämlich der **nicht-historischen** logischen Bestimmung. Dasselbe gelte für die menschliche Erkenntnis. Bewusstsein kann unter bestimmten historischen Bedingungen nur beschränktes Erkenntnisresultat sein, nicht das unmittelbare Abbild des Gegenstands, weshalb »die offiziell materialistische die Erkenntnistheorie durch Dekrete übersprungen [hat]. Rache ereilt sie erkenntnistheoretisch: in der Abbildlehre. Der Gedanke ist kein Abbild der Sache—dazu macht ihn einzig materialistische Mythologie Epikurischen Stils, die erfindet, die Materie sende Bildchen aus—, sondern geht auf die Sache selbst.«[196] Warum ?

In der Epistemologie im Deutungsrahmen der traditionellen Philosophie »fügt sich der Inbegriff der Bilder zum Wall vor der Realität. Die Abbildtheorie verleugnet die Spontaneität des Subjekts, ein Movens der objektiven Dialektik von Produktivkräften und Produktionsverhältnissen. Wird das Subjekt zur sturen Widerspiegelung des Objekts verhalten, die

---

193 Theodor W. Adorno, *Zu Subjekt und Objekt,* in: *Gesammelte Schriften,* Bd. 10.2, Frankfurt/M. 1977, S. 741-758, hier: S. 746.
194 A.a.O., S. 747.
195 Adorno, *Negative Dialektik,* S. 205.
196 A.a.O.

notwendig das Objekt verfehlt, das nur dem subjektiven Überschuss im Gedanken sich aufschließt, so resultiert die friedlose geistigen Stille integraler Verwaltung.«[197] Die abstrakte Widerspiegelungstheorie missdeute die Erkenntnisresultate der Menschen unter bestimmten historischen Bedingungen als die Sache selbst, was die Erkenntnis des Objekts durch das Subjekt blockiere und zu einem »Wall« werde. Hier falle die selbsternannte materialistische Epistemologie erneut in den Idealismus zurück. Adorno betont die Spontaneität des Subjekts selbst und die zeitliche Bewegung, welche durch die produktive Tätigkeit des Subjekts im gesellschaftsgeschichtlichen Sein fortwährend konstituiert wird, was ein subjektiv konstruierter »Überschuss« sei. Andernfalls würde die Widerspiegelungstheorie eine Komplizin des integralen Zwanges in der gesellschaftlichen Wirklichkeit. An diesem Punkt sagt Adorno auch, »einzig unverdrossen verdinglichtes Bewusstsein wähnt, oder redet andern ein, es besitze Photographien der Objektivität. Seine Illusion geht über in dogmatische Unmittelbarkeit.«[198] Daher habe Marx »schwerlich Ausdrücke wie Widerspiegelung allzusehr belastet«.

Adorno glaubt, dass die von Marx initiierte kritische Erkenntnistheorie notwendig reflexiv sei. In der kritischen Reflexion sei der Gegenstand der Philosophie »kein Unmittelbares, dessen Abguss sie nach Hause schleppen könnte«. »Erkenntnis besitzt nicht, wie die Staatspolizei, ein Album ihrer Gegenstände. Vielmehr denkt sie diese in ihrer Vermittlung: sonst beschiede sie sich bei der Deskription der Fassade. Das Überdehnte und bereits an seiner Stelle problematische Kriterium sinnlicher Anschauung ist, wie Brecht denn doch zugestand, nicht auf das radikal Vermittelte, die Gesellschaft, anzuwenden; ihm entzieht sich, was ins Objekt als dessen Bewegungsgesetz einwanderte, notwendig verdeckt von der ideologischen Gestalt des Phänomens.«[199] Das, worauf Adorno hier hinweist, ist nicht die abstrakte philosophischen Epistemologie, sondern die historische **Epistemologie der Gesellschaft**. Theorie kann nicht Instrument für politische Argumentation sein, sonst wäre die sogenannte »Verbindung von Theorie und Praxis« ein

197 A.a.O.
198 A.a.O.
199 A.a.O., S. 206.

Trug. Adorno weist dafür darauf hin: »Keine Theorie darf agitatorischer Schlichtheit zuliebe gegen den objektiv erreichten Erkenntnisstand sich dumm stellen. Sie muss ihn reflektieren und weitertreiben. Die Einheit von Theorie und Praxis war nicht als Konzession an die Denkschwäche gemeint, die Ausgeburt der repressiven Gesellschaft ist.«[200] Die abstrakte Widerspiegelungstheorie sei nicht-historisch und nicht-kritisch. Eine solche nichtreflexive Widerspiegelungstheorie wird von Adorno »abbildendes Denken« genannt. Er sagt: »Abbildendes Denken wäre reflexionslos, ein undialektischer Widerspruch; ohne Reflexion keine Theorie. Bewusstsein, das zwischen sich und das, was es denkt, ein Drittes, Bilder schöbe, reproduzierte unvermerkt den Idealismus; ein Corpus von Vorstellungen substituierte den Gegenstand der Erkenntnis, und die subjektive Willkür solcher Vorstellungen ist die der Verordnenden.« Adorno wendet sich entschieden gegen die Direktheit der Erkenntnis. Werden die Menschen unterrichtet, das Bestehende schlicht zu affirmieren, und das was man sieht, hört und tastet sei objektive Notwendigkeit, so schüfe dies »die Verschworenheit des subjektiven Positivismus mit den powers that be«. Wie furchtbar es auch sein mag, ist es wahr.

Auf einer tieferen Ebene betrachtet führt der philosophische Materialismus, welcher auf der Ebene des gesellschaftlichen Lebens beim Unmittelbaren stehenbleibt, notwendig zu einem neuen **Materialismus** (*wuyu* im Sinne von materiellen Sehnsüchten – A.d.Ü.). Mit anderen Worten: wird das Verfolgen wirklicher materieller Interessen einmal zum einzigen Zweck der Menschen, beginnt der Materialismus vulgär zu werden. Darum glaubt Adorno auch, dass der Materialismus, dort wo dieses gesellschaftliche Leben selbst »am materialistischsten ist, mit der Theologie übereinkommt. Seine größte Sehnsucht wäre die Auferstehung des Fleisches, eine Sehnsucht, die dem Idealismus, dem Reich des absoluten Geistes, völlig fremd ist.« Was Adorno meint, ist, dass die Opposition gegen den Idealismus nicht heißt, das gesellschaftliche Leben zum absoluten Streben nach materiellen Interessen verwandeln zu müssen, weil »Fluchtpunkt des historischen Materialismus wäre seine eigene Aufhebung«, nämlich »die Befreiung vom Primat der

200 A.a.O.

materiellen Bedürfnisse.«[201] Adornos Ausdruck hier kann nicht als falsch gelten, ist sie jedoch in eine hochgradige logische Verwirrung eingeflochten. Es ist die Scheidung vom historischen Materialismus im weiteren Sinne und dem historischen Materialismus im engeren Sinne im Gesichtsfeld der Marxschen Geschichtsphilosophie, die Adorno nicht versteht.

Der historische Materialismus im weiten Sinne und der historische Materialismus im engen Sinne. In meinen Büchern, *The Subjective Dimension of Marxist Historical Dialectics*[202] (1995) und *Zurück zu Marx: Der philosophische Diskurs im Kontext der Ökonomie*[203] (1999) habe ich diese Frage eigens analysiert. Tatsächlich ist dies auch die entsprechende Studie, nachdem ich den wesentlichen theoretischen Mangel herausgefunden habe, welcher in der gesamten Erörterung der westlichen marxistischen Philosophie besteht. Darin habe ich die heterogene Fortentwicklung in diesem theoretischen Hauptfaden der Marxschen Philosophie sorgfältig unterschieden: Erstens, der »Materialismus« (im Sinne von materiellen Sehnsüchten – s.o.), den Adorno hier erörtert, ist zufällig der Grund, auf dem der junge Marx, der sich um 1840 immer noch im Gerüst des Idealismus befand, den Materialismus verwarf. Zu jener Zeit war der Materialismus der schmutzige Fetischismus des »Pfennigsmagazins«, welcher von Junker-Grundbesitzern verfolgt wurde. Zweitens, im Laufe der Rekonstruktion des historischen Materialismus von 1845 bis 1858 durch Marx begann er sich nach und nach nach zwei wichtigen Seiten abzuschichten: Erstens, die Anerkennung der Idee, dass die materielle Produktion immer und ewig die Basis überhaupt des Seins und der Entwicklung der menschlichen Gesellschaftsgeschichte ist. Das ist das Fundamentalprinzip des historischen Materialismus im weiteren Sinne. Marx hatte nie die vor, dieses theoretische Prinzip preiszugeben. Zweitens, Marx bemerkte, dass unter bestimmten historischen Bedingungen, zumal im Reich der Waren-Marktwirtschaft,

---

201 A.a.O., S. 207.
202 Canut Intl. Publishers, London, 2011.
203 Canut Intl. Verlag, Berlin, 2019.

welches durch die kapitalistische Industrie erschaffen worden war, die blinde Bewegung der Verfolgung materieller Interessen durch die Menschen die von ihnen erschaffene ökonomische Macht auf eine verkehrende Weise zu einem herrschenden Element verzerrt, und dass da das Wesen des »Primats der Materie« im gesellschaftlichen Leben gerade der bourgeoise Fetisch ist. Nach dieser letzteren Seite machte Marx den historischen Materialismus (im engeren Sinne) in der Tat auch zur gedanklichen Waffe zum Überschreiten des Reichs der Notwendigkeit. Adorno bringt diese mehreren theoretischen Ebenen durcheinander und drückt eine Idee aus, die bei Marx als klar gelten kann, aber umso verworrener wird, je mehr er darüber redet.

Ganz egal, was für Probleme es in den Ansichten Adornos gibt, ist seine Mahnung für das gesellschaftliche Leben in China, das heute in die Modernisierung eintritt, dennoch von erwägenswerter Bedeutung. Beim Streben nach idealisierten Idealzielen in vergangenen Jahrzehnten wurde die Orientierung nach geistigen Werten irrigerweise zur Grundlage, die das gesellschaftliche Leben als ein Gestell einrahmte, und die revolutionäre Romantik auf armen Böden nicht lange andauern konnte; wurde uns einmal bewusst, dass die materielle Produktion die wahre Grundlage des historischen Seins ist, war es richtig, zu den allgemeinen Gesetzen, die der historische Materialismus aufgedeckt hat, zurückzukehren, kann sich aber kein menschliches gesellschaftliches Leben allein vermöge der Verfolgung materieller Interessen gesund entwickeln, zumal auf einem nationalen Entwicklungsweg, die sich noch sozialistisch nennt, und es ist ein wichtiges Warnsignal, die materialistische Natur (im Sinne von materiellen Sehnsüchten – s.o.) zu verhindern. Hohendahl sagte zurecht, dass »*Negative Dialektik* das Subjekt nicht einfach auflöst, sondern zwischen den herrschenden Prinzipien und dem Widerstand gegen das Gesellschaftssystem eine dialektische Spannung entwickelt.«[204] Echte Dialektik ist wohl schwer zu erreichen.

204 Hohendahl, Peter-Uwe, Introduction: Adorno Criticism Today, in: *New German Philosophy* (56), p. 3-15.

Kapitel 2

Das durch Bilder dargestellte Scheinsein: Lektüre von Debords *Die Gesellschaft des Spektakels*

Die Gesellschaft des Spektakels von Guy Debord[1] nimmt eine wohlverdiente

1   Guy Ernest Debord (1931-1994) war ein berühmter zeitgenössischer französischer Denker, experimenteller Filmkünstler und linksradikaler Vorreiter der Situationistischen Internationale. Er wurde als Sohn eines Pariser Geschäftsmanns am 28. Dezember 1931 geboren. 1957 schloss er in Cannes die Oberschule ab und nahm keine weitere Ausbildung auf. Debord organisierte 1957 die Situationistische Internationale und gab Zeitschriften wie *Potlach* und *Internationale Situationniste* heraus. Seine Hauptwerke umfassen: Hurlements en faveur de Sade, ein Film von 1952, »Introduction à une critique de la géographie urbaine« (1954), »Théorie de la dérive« (1956), »Mode d'emploi du détournement« (1957, zusammen mit Gil J. Wolman), »Préliminaires pour une définition de l'unité du programme révolutionnaire« (1960), »Rapport sur la construction des situations et sur les conditions de l'organisation et de l'action de la tendance situationniste internationale« (1957), »Thèses sur la révolution culturelle« (1958), »Sur la Commune« (1962, zusammen mit Raoul Vaneigem), »Le déclin et la chute de l'économie spectaculaire-marchande« (1965) und *La société du Spectacle / Die Gesellschaft des Spektakels* (1967). In seinen späten Jahren schrieb er sein halb-autobiografisches Werk und beendete *Commentaires sur «La societé du spectacle»*, in denen er seine kritische Theorie über die kapitalistische Spektakel-Gesellschaft weiter ausführte. 1994 vollendete er seinen letzten Film, Guy Debord: son art et son temps, zusammen mit Brigitte Cornand. Er nahm sich im gleichen Jahr am 30. November im Alter von 63 Jahren an seinem Rückzugsort das Leben.

Stellung unter den bedeutendsten Brüchen der kulturellen Logik der westlichen marxistischen Philosophie ein. In diesem Buch, das Mitte der 60er Jahre geschrieben wurde, theoretisiert Debord zum ersten Mal die verdinglichte Realität des industriellen Kapitalismus in eine allgemeine sichtbare Darstellung der gegenwärtigen kapitalistischen Ideologie, die sich von der materiellen Produktion absondert. Das Arbeitsverhältnis, das nach Marx in das Verhältnis zwischen Sachen verkehrt wird, wird erneut in einer Struktur des Pseudobegehrens abstrahiert, die sich in einer kommerziellen spektakulären Erscheinung darstellt. Das ist das Spektakel der Gesellschaft. Debord behauptet, dass das Spektakel das vorherrschende Muster der Beziehung zwischen Menschen in der gegenwärtigen Gesellschaft sei. Obwohl die Menschen wissen, dass das Spektakel hergestellt ist, verlieren sie sich selbst in ihm, so dass sie ihr eigentliches gesellschaftliches Sein vergessen. Das sei ein neues Entfremdungverhältnis. Daher wendet sich Marxens Kritik des ökonomischen Fetischs zu einer Kritik des **Spektakelfetischs**. *Im Großen und Ganzen ist es ein Werk mit dem Thema der Gesellschaftskritik und der kulturellen Falsifikation, in dem das von Debord und anderen Situationisten vorgeschlagene Programm der Umwälzung und Umgestaltung einer alternativen Gesellschaft wie »die Revolution des Alltagslebens« und die Konstruktion einer künstlerischen »Situation«[2] nicht konzentriert verkörpert ist.* Verglichen mit der von Adorno fundierten Konstruktionsglied der negativen Methodologie eröffnet Debord daher einen anderen wichtigen wirklichen Zugang zur post-Marxistischen Denkströmung. Debords Gedanken haben einen direkten Einfluss auf Baudrillard, Kellner und andere. In diesem Kapitel werde ich eine kurze Interpretation einiger zentraler Begriffe in *Die Gesellschaft des Spektakels* vornehmen. Da Debord einen Film gemacht hat, der auf diesem Buch basiert, werde ich ebenfalls eine Einleitung zu einigen speziellen Situationen dieses Films geben.

---

2   Debord drehte den Film *La société du Spectacle,* der eine Stunde und 28 Minuten dauert. 1973 machte er einen weiteren 21-minütigen Film, *Réfutation de tous les jugements, tant élogieux qu'hostiles, qui ont été jusqu'ici portés sur le film »La société du spectacle«.* Bei beiden Filmen schrieb er das Drehbuch und führte Regie. Zu Beginn des zweiten Films hielt Debord einen entschlossenen Monolog, um seine Ansichten zu verteidigen. Er verbot die Aufführung seiner eigenen Filme, solange er am Leben war. Erst nach seinem Tod gelangten seine verschiedenen Filme an die Öffentlichkeit. Beim Filmfestival von Venedig 2001 wurden Debords wichtige Filme gezeigt.

I. Verkehrung der wiederverkehrten Welt des Spektakels

Die theoretische Absicht von Debords Buch *Die Gesellschaft des Spektakels* ist eigentlich recht offensichtlich. Er hofft damit, eine neue Periodisierung der Geschichte zu verkünden, nämlich dass die verdinglichte Epoche des Kapitalismus, dem Marx gegenüberstand, heute zu einer verkehrten Welt übergegangen sei, worin sich die von ihm identifizierte **visuelle Repräsentationalisierung** der ontischen Grundlage der Gesellschaft bemächtigt habe, oder mit anderen Worten zu einem Reich der gesellschaftlichen Spektakel übergegangen sei. Debord schlägt deutlich vor, dass im heutigen Zeitalter »das Spektakel-Zuschauer-Verhältnis an sich ein standhafter Träger der kapitalistischen Ordnung ist«[3]. Best und Kellner identifizierten die Theorie Debords und der Situationistischen Internationale als »einen Versuch, die Marxsche Theorie in der französischen Konjunktur nach dem Zweiten Weltkrieg auf den aktuellen Stand zu bringen«.[4] Das trifft die Sache. Best erkennt noch eine weitere wichtige Schicht des unterstützenden theoretischen Hintergrunds, wenn er sagt, dass »die Situationisten, auch durch Gramsci beeinflusst, das neueste Stadium der gesellschaftlichen Kontrolle als etwas sahen, das eher auf Konsens als auf Zwang basiert, als eine kulturelle Hegemonie, die durch die Transformation der Warengesellschaft in die ›Gesellschaft des Spektakels‹ erreicht wird.«[5] Im ersten Kapitel, das zugleich das wichtigste ist, beschreibt Debord die grundlegenden Inhalte und Charakteristika dieser bedeutenden Verschiebung, die streng genommen die grundlegenden Formen und Kennzeichen der Existenz des Spektakels definieren.

1. Verzerrung der Repräsentationalisierung des Ontos des gesellschaftlichen Seins

Im einleitenden Teil des ersten Kapitels zitiert Debord einen Abschnitt aus dem Vorwort der zweiten Auflage von Feuerbachs *Das Wesen des*

---

3   Guy Debord and Pierre Canjuers, »Preliminaries Toward Defining a Unitary Revolutionary Program«, in Ken Knabb (ed.), *Situationist International Anthology*, 390.
4   Steven Best/Douglas Kellner, *The Postmodern Turn*, New York 1997, S. 81.
5   Douglas Kellner (Hg.), *Baudrillard. A Critical Reader*, Oxford 1994, S. 47.

Christentums, seine wohlbekannte Erklärung, in der er die Ersetzung des wirklichen menschlichen Lebens durch die Illusion der Stadt Gottes im christlichen Kontext kritisiert. Debord weist anschaulich und scharf darauf hin, dass Feuerbach den Punkt trifft, wenn er das chaotische Zeitalter als eines analysiert, das »das Bild der Sache, die Kopie dem Original, die Vorstellung der Wirklichkeit, den Schein dem Wesen vorzieht.« Da ihm an der Menschheit liegt, verlangt Feuerbach natürlich eine Revolution der Logik der Pseudorealität, um die theistische Illusion zu beseitigen und zum wirklichen Sein der Menschheit zurückzukehren. Wie bekannt kritisiert Marx, dass Feuerbachs Angriff auf die Religion nicht weiter erklärt, dass der wirkliche Grund, der sich hinter der Entstehung der theistischen Welt verbirgt, eben in der »Selbstzerissenheit und Sichselbstwidersprechen« der Realität liegt, obwohl Feuerbach recht hat, die religiöse Welt mit jener des Säkularen gleichzusetzen. In seiner berühmten Feststellung zeigt Marx, »dass die weltliche Grundlage sich von sich selbst abhebt und sich ein selbständiges Reich in den Wolken fixiert.«[6] Damit will er sagen, dass der Grund, dessentwegen das Christentum die Stadt Gottes aus einer theistischen Illusion heraus baut, wesentlich aus den Notwendigkeiten der Ideologie des feudalen Autoritarismus in der authentischen Welt hervorgeht. Hier borgt Debord mühelos und klug diesen doppelten Zusammenhang von Marx und Feuerbach, um seine neue Idee zu begründen. Ähnlich wie die Stadt Gottes habe sich die säkulare Grundlage des gegenwärtigen Kapitalismus **abgeschieden** und in der uferlosen Schar von totalen Spektakeln eine ebenso phantasmagorische **Gesellschaft des Spektakels** errichtet. Debord denkt, dass »Feuerbachs Urteil, dass seine Zeit ›das Bild der Sache, die Kopie dem Original und die Vorstellung der Wirklichkeit‹ vorziehe, ist durch das Jahrhundert des Spektakels voll und ganz bestätigt worden.«[7] *In seinen beiden Filmen mit dem Thema der »Gesellschaft des Spektakels« scheint er stets durch eine Kombination und Collage von Szenen die Tatsache zu verdeutlichen, dass Abbilder und Bilder das wirkliche Sein in der heutigen kapitalistischen Gesellschaft überwältigt oder das Sein selbst ersetzt und*

---

6   Karl Marx, Thesen über Feuerbach, in: *MEW*, Bd. 3, Berlin 1978, S. 5-7, hier: S. 6.

7   Guy Debord, *Kommentare zur Gesellschaft des Spektakels*, in: ders. *Die Gesellschaft des Spektakels*, Berlin 1996, S. 189-280, hier: S. 242.

vorgegaukelt haben. Wir sollten uns ebenfalls seine eigenen theoretischen Argumente ansehen.

In der Einleitung heißt es: »Das ganze Leben der Gesellschaften, in welchen die modernen Produktionsbedingungen herrschen, erscheint als eine ungeheure Sammlung von **Spektakeln.** Alles was unmittelbar erlebt wurde, ist in eine Vorstellung entwichen.«[8] *Das ist eine der berühmtesten Behauptungen im Buch von Debord. Im gleichnamigen Film ist die Szene, bei der die Stimme aus dem Off diesen Satz sagt, jene, in der der amerikanische Astronaut das Raumschiff verlässt und den Mond betritt. Debord illustriert mit dieser Szene das Verhältnis zwischen Abbildern und der Realität. Er bemerkt,* »Bilder, die sich von jedem Aspekt des Lebens abgetrennt haben, verschmelzen in einen gemeinsamen Lauf«[9].

Spektakel[10] ist das zentrale Wort in Debords neuer Gesellschaftskritik. Es bedeutet ursprünglich eine sich aufrollende sichtbare objektive Landschaft, ein Anblick, und es bedeutet ebenso eine subjektive, bewusste Aufführung, eine Show. Hierdurch erfasst Debord die neuen Charakteristika der gegenwärtigen kapitalistischen Gesellschaft, deren *dominierendes* Wesen sich als eine aufgerollte Spektakularität verkörpert. Der tranceartige Zustand der Menschen im Spektakel beraubt sie ihres Begehrens und ihres Verlangens nach einem authentischen Leben, und die Kapitalisten manipulieren das gesellschaftliche Leben als Ganzes durch die Herstellung und Veränderung von Spektakeln. In Debords Sicht ist das Spektakel das wichtigste Kennzeichen des modernen Kapitalismus. Es ist auch Debords wichtigste theoretische

8 *Die Gesellschaft des Spektakels,* in: ders., *Die Gesellschaft des Spektakels,* Berlin 1996, S. 7-187, hier: S. 13.
9 A.a.O.
10 Das Wort »Spektakel« leitet sich von den lateinischen Wörtern »spectae« und »specere« ab, die sehen, starren oder angesehen werden bedeuten. Taiwanesische Wissenschaftler übersetzen es auch »spektakuläre Szene«. Nach meiner Ansicht ist »Spektakel« keine spektakuläre Szene. Es ist einfach eine Erscheinung ohne unmittelbaren Zwang der Bildcluster und eine Vorschrift im ontologischen Sinn. Es bedeutet, dass das Sein in eine pompöse Erscheinung verkehrt wird: Wenn die Erscheinung das Sein ersetzt, wird es zum Spektakel. Debord benutzt »Spektakel« in einer Filmbesprechung zu *Hiroshima Mon Amour,* die in *Situationist International,* Vol. 3 (1959) veröffentlicht wurde. Nach Husserl hat das Wort »Spektakel« seinen Ursprung in Nietzsches *Die Geburt der Tragödie.*

Entdeckung. Offensichtlich wird Debords Begriff des Spektakels durch eine Logik des humanistischen binären **Wertpostulats** gestützt, da er das Spektakel wie das Reale einer Gesellschaft in einer kritischen Spannung zwischen »sein« und »sollen« sieht. Tatsächlich verhält sich die tiefe Logik von Debords Theorie völlig heterogen zu Marx' Horizont des historischen Materialismus, der sich seit 1845 herausgebildet hat. Für Debord ist das Spektakel eine Illusion, die durch die Bilder der wahrnehmbaren Darstellung konstruiert wird. Seine Existenz wird durch Repräsentationen mit verschiedenen Bildern als einer Erscheinungsform untermauert. Mehr noch, **die Anwesenheit des Spektakels verschleiert das eigentliche gesellschaftliche Sein.** *Baudrillard prägte im Anschluss daran auf dieser Grundlage das Wort »Simulation«. Die pseudo-reale (sog. Simulakrum) Positionierung des Letzteren ist aber zweifellos eine grundsätzliche Machtergreifung im ontologischen Sinne, denn er ist realer als das originale Sein.* Abgesehen davon fährt Debord fort, die Logik der marxistischen Kritik voranzutreiben, wenn er folgert, dass die Entstehung des Spektakels wesentlich aus der Selbstentfremdung der gesellschaftlichen Realität des gegenwärtigen Kapitalismus resultiert. Und er hat recht. Wir werden später feststellen, dass die Trennung, auf die Debord hinweist, ein ontologisches Ereignis ist, die realistische Fundierung der Entfremdung des gesellschaftlichen Seins. Es versteht sich von selbst, dass Debords Theorie eine negative ist. In seinem Film *La Sociéte du Spectacle* bringt er deutlich seine Ablehnung des »Null-Grad-Schreibens« und der passiven Beschäftigung mit der Realität zum Ausdruck. Er unterstreicht die revolutionäre und kritische Natur der Dialektik. Hier unterschiedet sich Debord von der strukturalistischen Idee »nicht auf die Straße zu gehen«. Interessanterweise läuft im Film zu dieser heftigen Diskussion die Kriegsszene, in der sich verteidigende Soldaten entscheiden, sich vor ihren immer wieder angreifenden Gegnern zurückzuziehen und sich dann, als sie von einem Offizier, der ihnen Vorhaltungen macht, aufgehalten werden, noch einmal in ihre Stellungen zurückkehren und die Studenten besiegen.

Debord theoretisiert die Definition des Spektakels im Buch nicht. Stattdessen versucht er, sich durch Untersuchung und Diskussionen auf dieses Phänomen zu beziehen.

136

Definition des Spektakels. Belden Fields und Steven Best haben eine klare Definition des Spektakels vorgelegt. »Unmittelbar bedeutet der Begriff eine Art Zirkusveranstaltung oder Show, die von Wenigen aufgeführt wird, und der die Massen zuschauen.«[11] Die sogenannten »Wenigen« beziehen sich ohne Zweifel auf die Kapitalisten, die durch versteckte Kontrolle dafür sorgen, dass das Spektakel das gesamte Leben durchdringt. Die Massen beziehen sich auf das beherrschte Publikum, die gewöhnlichen Menschen, »die sprachlos vor Erheiterung und Verwunderung«[12] auf die Veranstaltung starren, die von einer Minderheit produziert und manipuliert wird. Dieser gefesselte Blick »umfasst Kontrolle und Passivität, Trennung und Isolation.«[13] Daher nennt Baudrillard diese verhexten Menschen «die stille Mehrheit«.[14] Ähnlich anschaulich porträtiert Debord die »Massen«, wenn er sagt: »Vom Zuschauer wird angenommen, dass er von nichts eine Ahnung und auf nichts einen Anspruch hat. Wer stets nur zuschaut, um die Fortsetzung nicht zu versäumen, der wird nie handeln: und genauso hat der Zuschauer zu sein.«[15] Zweitens ist das Spektakel kein äußerer Zwang. Es ist weder eine gewalttätige politische Ideologie noch ein erzwungenes Kaufen und Verkaufen im Prozess des Handels. Stattdessen »umfasst der Begriff *Spektakel* alle Mittel und Methoden, die die Macht außerhalb von direkter Gewalt benutzt, um potentiell politische, kritische und kreative Menschen an den Rand des Denkens und des Verhaltens zu verbannen. Das Spektakel ist daher die Entpolitisierung par excellence: ›Das wesentliche Prinzip des Spektakels [ist] die Nicht-Intervention.‹«[16] Die tiefgreifendste

---

11 Belden Fields/Steven Best, »Situationist International«, in: Robert A. Gorman (Hg.), *Biographical Dictionary of Neo-Marxism*, Westport 1985, S. 384.
12 A.a.O.
13 A.a.O.
14 Douglas Kellner (Hg.), *Baudrillard. A Critical Reader*, Oxford 1994, S. 141.
15 Guy Debord, *Kommentare zur Gesellschaft des Spektakels* S. 214.
16 Belden Fields/Steven Best, »Situationist International«, in: Robert A. Gorman (Hg.), *Biographical Dictionary of Neo-Marxism*, Westport 1985, S. 385.

Versklavung ist die verdeckte, nicht-eingreifende. Drittens werden die Menschen, verwirrt durch die Unterhaltung, die durch das Spektakel herstellt wird, gezwungen, sich von ihren wirklichen kritischen und kreativen Fähigkeiten zu entfremden und werden zu bloßen Sklaven dieses Spektakels reduziert. Diese Idee ist natürlich eine Neuzusammenfassung und Neuanalyse ihrer Nachfolger. Best definiert, dass die Wahrheit des Spektakels eine gesellschaftliche Einrichtung der Klassenherrschaft ist, eine Ideologie, die auf den gesellschaftlichen Bedingungen der Realität basiert, die praktisch und materiell gerechtfertigt wird und die fähig ist, die Zuschauer zu stimulieren und zu hypnotisieren.[17]

Offensichtlich ist der oben zitierte Abschnitt aus der Gesellschaft des Spektakels eine bewusste Veränderung, die Debord an marxistischen Texten vornimmt. Zu Beginn des ersten Kapitels des *Kapital* erklärt uns Marx, »der Reichtum der Gesellschaften, in welchen kapitalistische Produktionsweise herrscht, erscheint als eine ›ungeheure Warensammlung.‹«[18] Er führt uns von der Erkenntnis der Ware als Zelle der kapitalistischen Marktökonomie zu den Entdeckungen des wirklichen Verhältnisses zwischen Geld und Kapital, das zwischen den verschiedenartigen Formen der Verhältnisse zwischen Sachen verborgen ist, insbesondere der kapitalistischen Aneignung des Mehrwerts. Im Gegensatz dazu vertritt Debord von Anfang an eine Position, die sich der von Marx radikal unterscheidet, wenn er glaubt, dass die frühere verdinglichte ökonomische Welt in der Gesellschaft, wo die »kapitalistische Produktionsweise herrscht«, in die Existenz des Spektakels umgewandelt worden ist. Die Natur dieser Umwandlung liegt darin, dass »alles, was einmal unmittelbar gelebt wurde, zu reiner Repräsentation geworden ist.« Man sollte anmerken, dass hier unmerklich eine *doppelte Umkehrung* geschehen ist! Die kapitalistische ökonomische Realität, mit der Marx

17   Vgl. Steven Best, »The Commodification of Reality and the Reality of Commodification: Baudrillard, Debord, and Postmodern Theory«, in: Douglas Kellner (Hg.), *Baudrillard. A Critical Reader*, Oxford 1994, S. 41-67.
18   Karl Marx, *Das Kapital*, Bd. 1, in Marx/Engels; *Werke*, Bd. 23, Berlin 1968, S. 49.

sich auseinandersetzte, ist die verdinglichte ökonomische Umkehrung der Beziehung zwischen Menschen, während Debord in seiner Zeit die erneute Umkehrung der Repräsentation der bereits verkehrten Verdinglichung selbst sieht. Wir werden sehen, dass Debord in Wirklichkeit die marxistische theoretische Kritik der Verdinglichung nicht verstanden hat. Seine Ideen liefern die entscheidenden logischen Anhaltspunkte für Baudrillards politische Ökonomie des Zeichens als Ersatz für die marxistische politische Ökonomie, eine der wichtigen Quellen der Logik der postmarxistischen Theorien. Nach meiner Ansicht wendet Debord den Begriff »Repräsentation« im ontologischen Sinn an, was bedeutet, dass die Verdinglichung der kapitalistischen Existenz auf eine intentionale Repräsentation reduziert wird, eine neue Form des Scheinseins.

Debord legt eine detaillierte Anatomie dieses Punkts vor. Er behauptet, dass die kapitalistische ökonomische Entwicklung in zwei Stadien unterteilt werden kann:

>»Die erste Phase der Herrschaft der Wirtschaft über das gesellschaftliche Leben hatte in der Definition jeder menschlichen Realisierung eine offensichtliche Degradierung des *Seins* zum *Haben* mit sich gebracht. Die gegenwärtige Phase der völligen Beschlagnahme des gesellschaftlichen Lebens durch die akkumulierten Ergebnisse der Wirtschaft führt zu einer verallgemeinerten Verschiebung vom *Haben* zum *Scheinen*, aus welchem jedes tatsächliche ›Haben‹ sein unmittelbares Prestige und seinen letzten Zweck beziehen muss. Zugleich ist jede individuelle Wirklichkeit gesellschaftlich geworden, direkt von der gesellschaftlichen Macht abhängig und von ihr geformt. Nur sofern sie *nicht* ist, darf sie erscheinen.«[19]

---

19   Debord, *Die Gesellschaft des Spektakels*, S. 18-19.

Die Natur der kapitalistischen Produktionsweise besteht in der »ökonomischen Beherrschung der sozialen Welt«, nämlich der speziellen historischen Bedingung der dem Menschen äußerlichen ökonomischen Gewalt über die Totalität der gesellschaftlichen Existenz. Das ist im Wesentlichen richtig. Für Debord ist die erste Phase die »Herabsetzung des Seins zum Haben«. Das kommt nicht unmittelbar von Marx. Stattdessen hat es einen unterstützenden Hintergrund, der einer humanistischen Logik ähnelt, denn in seinem »Sein« ist es eine Wertspannung. Später gibt Marx eine wissenschaftliche Erklärung in seinem speziellen historischen Materialismus oder seiner historischen Phänomenologie: Es ist die unmittelbare Arbeitsbeziehung zwischen Menschen in den vorkapitalistischen Produktionsweisen. Abgesehen davon ist die Natur der kapitalistischen Produktionsweise weit entfernt vom unmittelbaren Besitz des Objekts, dafür gibt es den Primat des Besitzes durch das Kapital an ihm. Einfach gesagt ist die kapitalistische Produktionsweise exakt durch die Verschiebung des Besitzes an Objekten (einem Kennzeichen der Feudalverhältnisse) zum Besitz an Produktionsmitteln charakterisiert. Die Kapitalisten verfügen nicht über Material, sondern über den Besitz an Kapital, das Material und Mensch beherrscht und vermittelt. Hier liegt das Problem in Debords theoretischer Analyse. Dieser Punkt stimmt in gewisser Weise mit Fromms humanistischer Theorie überein.[20] Am wichtigsten jedoch ist, dass Debord denkt, der gegenwärtige Kapitalismus durchlaufe ein Stadium, in dessen Zentrum die Verschiebung »vom *Haben* zum *Erscheinen*« liege, oder dass die Erscheinung des gesellschaftlichen Seins zum herrschenden Paradigma werde. Es versteht sich von selbst, dass Debord beabsichtigt, die neue Situation in der gegenwärtigen Gesellschaft aufzudecken, jedoch ist seine formende Sichtweise der individuellen Realität, die in gesellschaftliche Realität degradiert, und des von gesellschaftlichen Kräften begrenzten Individuums nichts Neues. Philosophen von Marx bis Smith, Ricardo und Hegel waren sich alle der Tatsache bewusst, dass die abstrakte Arbeit als gesellschaftliche Totalität auf der Grundlage einer adäquaten Arbeitsteilung die konkrete und erfahrbare individuelle Arbeit seit dem Aufkommen der industriellen Produktion und der kapitalistischen Marktwirtschaft ersetzt hat. Der Wert der individuellen Arbeit wird nur über die Anerkennung des Marktes realisiert. Im Unterschied dazu

---

20 Vgl. Erich Fromm, *Haben oder Sein. Die seelischen Grundlagen einer neuen Gesellschaft*, München: 2010.

fehlt es Debords Feststellung an Präzision und Originalität. Vielmehr kann seine Idee, dass »jedes tatsächliche ›Haben‹ sein unmittelbares Prestige und seinen letzten Zweck« aus dem Schein beziehen muss, als sein spezieller Beitrag gesehen werden. Tatsächlich denkt er, dass die existierende Beziehung in der vorherigen ökonomischen Gesellschaft sich jetzt in ein Prestige umgewandelt hat, das von der Erscheinung abhängt (man bemerke, dass es ihm nicht gelingt, die Verdinglichung der gesellschaftlichen Beziehung zu erfassen). Seine Behauptung, dass individuelle Wirklichkeit nur erscheinen dürfe »sofern sie *nicht* ist«, ist im Wesentlichen eine Revision der marxistischen Sichtweise. Während die reale und unmittelbare Beziehung zwischen Menschen in der kapitalistischen Gesellschaft nach Marx nicht effektiv verwirklicht wird, ohne in ein Verhältnis zwischen Sachen verwandelt zu werden, so behauptet Debord, dass man nichts sei, wenn es der individuellen Realität nicht gelinge, als unwirkliche spektakuläre Berühmtheit zu erscheinen. Oder einfacher gesagt, keine Berühmtheit, kein Glück. Diese Wahrnehmung Debords ist aufschlussreich und scharfsinnig. Wenn wir uns die Welt ansehen, im der wir leben, dann werden wir feststellen, dass nichts zu existieren scheint, wenn nicht durch Zeitungen oder Fernsehberichte. In diesem Sinn sind die Erscheinung und das Spektakel des Lebens ontologisch.

> »Da, wo sich die wirkliche Welt in bloße Bilder verwandelt, werden die bloßen Bilder zu wirklichen Wesen und zu den wirkenden Motivierungen eines hypnotischen Verhaltens. Das Spektakel als Tendenz, durch verschiedene spezialisierte Vermittlungen die nicht mehr unmittelbar greifbare Welt *zur Schau zu stellen*, findet normalerweise im Sehen den bevorzugten menschlichen Sinn, der zu anderen Zeiten der Tastsinn war; der abstrakteste und mystifizierbarste Sinn entspricht der verallgemeinerten Abstraktion der heutigen Gesellschaft. Das Spektakel lässt sich jedoch nicht mit dem bloßen Zusehen identifizieren, wenn dieses auch mit dem Zuhören kombiniert wäre. Das Spektakel ist das, was der Tätigkeit der Menschen, der Wiedererwägung und der Berichtigung ihres Werkes entgeht. Es ist das Gegenteil des Dialogs. Überall, wo es unabhängige *Vorstellung* gibt, baut sich das Spektakel wieder auf.«[21]

21 Debord, *Die Gesellschaft des Spektakels*, S. 19.

Die wirkliche Welt wird zu Bildern reduziert, während Bilder zu einer scheinbar realen Existenz erhöht werden. Baudrillard erklärt, »die primitive Gesellschaft hatte ihre Masken, die bürgerliche ihre Spiegel. Wir haben unsere Bilder.«[22] Debord sagt in seinem Film *La société du spectacle*, dass das Spektakel die Seele der Gesellschaft sei. Die Natur dieser Veränderungen liegt darin, dass die erschaffenen Objekte die Menschen in einen tranceartigen Zustand eingelullt haben. Wie die Tricks von Zauberern stehen verschiedene »spezialisierte Medien« im Rampenlicht, »das Spektakel [...] findet normalerweise im Sehen den bevorzugten menschlichen Sinn, der zu anderen Zeiten der Tastsinn war.« Tatsächlich waren die Massenmedien zu Debords Zeit erst in einem vorbereitenden Stadium, wo sie eine weniger tiefgreifende oder extensive Rolle im gesellschaftlichen Leben spielten als das heutige hegemoniale globale Internet. In diesem Sinne entwickelt Kellner Debords Spektakel in das umfassende Konzept des Medienspektakels.[23] Natürlich wird der Gesichtssinn in den philosophischen Zusammenhang gestellt. Debord will sagen, dass wenn wir die Welt verändern, indem wir das konkret Stoffliche manipulieren, den »besonderen Platz« des Tastsinns, das was heute zählt, darin besteht, *gesehen zu werden*! Entsprechend dieser Logik weisen einige Denker sogar darauf hin, dass die heutige Gesellschaft eine »Gesellschaft des Bildes« ist oder auf theoretischer Ebene auf einen »visual« oder »pictorial turn«[24] mit dem »Gesichtssinn als vorherrschende Form der gesellschaftlichen Realität«. Martin Jay nennt es »Okularzentrismus«. Das scheint Commonsense geworden zu sein. Debord weist ferner darauf hin, dass die Natur des Spektakels in der Verweigerung des *Dialogs* besteht. Das Spektakel ist eine tiefere, unsichtbare Kontrolle, die den Widerstand und die kritische Negation des Subjekts auflöst. Unter dem Charme des Spektakels

---

22 Jean Baudrillard, *Transparenz des Bösen. Ein Essay über extreme Phänomene*, Berlin 1992, S.178.
23 Nach Kellner beziehen sich Medienspektakel auf »jene Spektakel, die die grundlegenden Werte der gegenwärtigen Gesellschaft verkörpern, die dazu dienen, Individuen in diesen Lebensweise einzuführen und seine Kontroversen und Auseinandersetzungen wie auch seine Formen der Problemlösung zu dramatisieren. Sie beinhalten mediale Extravaganzen, Sportereignisse, politische Happenings.« Vgl. Douglas Kellner, *Media Spectacle*, London/New York 2003, S. 2.
24 Alex Erjavec, *Toward the Image*; Chanchun 2003, S. 5-6.

passt sich das Individuum in eindimensionaler Weise an. Das ist das Wesen der Ideologie des Spektakels.

Debord reagiert so darauf: »Das Spektakel hat die ganze *Schwäche* des abendländisch-philosophischen Entwurfes geerbt, der in einem von den Kategorien des *Sehens* beherrschten Begreifen der Tätigkeit bestand; so wie es sich auch auf die unaufhörliche Entfaltung der genauen, technischen Rationalität, die aus diesem Gedanken hervorgegangen ist, gründet.«[25] Diese ontologische Sichtweise ist unterschiedlich, weil sie zur Repräsentation des Seins selbst führt, während Repräsentation einfach die neue überlebende Form des Kapitalismus ist. Baudrillard erkennt es als »einen Idealismus, der die Inhalte der Repräsentation privilegiert.«[26]

Diese »Repräsentation« im ontologischen Zusammenhang erinnert an Kants erkenntnistheoretische Revolution. Wie man weiß, beginnt Kant mit Humes Aussage und endet bei der Schlussfolgerung, dass die natürliche Welt sich immer vor uns (dem Subjekt) in einer festen Form repräsentiert und dass die Repräsentation selbst das Ergebnis der Vorherrschaft der transzendentalen Struktur des Verstands ist. Kant ist einsichtig, insofern er die folgende Tatsache wahrnimmt: Das Resultat besteht nicht im Wesen (oder in Dingen an sich), sondern einfach in »Erscheinung«, einem integrierten *aprioristischen* Urteil. Hegel folgt Kant, indem er den Schöpfer der Struktur vernünftiger Logik erfasst, und Marx gebührt das Verdienst, dass er diese Vorsehung unerbittlich des rhetorischen Mantels entkleidet und konsequent die Realität der kapitalistischen Verhältnisse und der Struktur der industriellen und modernen Zeitalters aufdeckt und daher den Trick der Verdinglichung der kapitalistischen Logik erkennt. Debord beerbt seine Vorgänger, wenn er noch einmal die umgekehrte Materialisierung als Repräsentation der Erscheinung, als einen Umsturz des Umgestürzten erkennt. Wenn die Ware in Marx' Zusammenhang immer noch eine fassbare und wahrnehmbare materielle Form hat, so löst sich im heutigen kapitalistischen Leben sogar das »Tischerücken«, die mysteriöse Schale des Wesens in nichts auf. In der weiten Welt liegt unser Tastsinn brach; wir haben nur das Spektakel, das neben anziehenden Bildern steht. Das bedeutet jedoch nicht,

---

25   Debord, *Die Gesellschaft des Spektakels*, S. 20.
26   Jean Baudrillard, *The Mirror of Production*, St. Louis 1975, S. 116.

dass das Wesen in Wirklichkeit zum absoluten Spektakel wird. Was Debord meint, ist, dass *das Spektakel zur herrschenden Kraft wird.* Das Spektakel erzeugt Begehren, das umgekehrt die Produktion bestimmt. Die materielle Produktion ist immer noch objektiv, ist aber durch die Illusion und die Tricks vermittelt, die das Spektakel hervorbringt. Was für eine sich überschlagende verkehrte Welt! »In der *wirklich verkehrten* Welt ist das Wahre ein Moment des Falschen.«[27] Das Spektakel stellt Spektakel und das Leben der Menschen nebeneinander, in der bizarren Welt, in der sie verzweifelt nach der Illusion als ihrer letzten Hoffnung greifen.

»Die Bilder, die sich von jedem Aspekt des Lebens abgetrennt haben, verschmelzen in einen gemeinsamen Lauf, in dem die Einheit dieses Lebens nicht wiederhergestellt werden kann. Die *teilweise* betrachtete Realität entfaltet sich in ihrer eigenen allgemeinen Einheit als *abgesonderte* Pseudo-Welt, Objekt der bloßen Kontemplation. Die Spezialisierung der Bilder der Welt findet sich vollendet in der autonom gewordenen Bildwelt wieder, in der sich das Verlogene selbst belogen hat. Das Spektakel überhaupt ist als konkrete Verkehrung des Lebens, die eigenständige Bewegung des Unlebendigen.«[28]

Das Spektakel ist die konkrete Umkehrung des Lebens, durch die »partiellen« Szenen der Realität zusammengestellt. Es erschafft eine autonome Bewegung des Nicht-Lebens, deren Wesen die durch Bilder ersonnene isolierte »Pseudo-Welt« ist. »Die Wirklichkeit bricht im Spektakel durch und das Spektakel ist wirklich. Diese gegenseitige Entfremdung ist das Wesen und die Stütze der bestehenden Gesellschaft.«[29]

2. Formen der Herrschaft des Spektakels

Debord wirft die Frage nach den Herrschaftsformen des Spektakels erst in den Abschnitten 64 und 64 auf. Er unterteilt das Spektakel in eine *konzentrierte* und eine *diffuse* Form.

27   Debord, *Die Gesellschaft des Spektakels*, S. 16.
28   A.a.O., S.13.
29   A.a.O., S. 16.

144

»Das konzentrierte Spektakuläre gehört wesentlich zum bürokratischen Kapitalismus.« Das ist seine theoretische Orientierung. Als Technik kann die sogenannte konzentrierte Form bei Gelegenheit als Technik zur Untermauerung der staatlichen Macht über rückständigere gemischte Ökonomien übernommen werden, und selbst der fortgeschrittenste Kapitalismus kann sie in Zeiten der Krise heranziehen. Es ist im Wesentlichen der Apparat der bürokratischen Politik.

»Das bürokratische Eigentum ist tatsächlich selbst konzentriert in dem Sinne, dass der einzelne Bürokrat lediglich vermittels der bürokratischen Gemeinschaft, nur als deren Mitglied, mit dem Besitz der Gesamtwirtschaft verbunden ist. Außerdem stellt sich auch die hier weniger entwickelte Warenproduktion in einer konzentrierten Form dar: die von der Bürokratie verwahrte Ware ist die ganze gesellschaftliche Arbeit, und was sie der Gesellschaft wiederverkauft, ist deren Überleben im Ganzen. Die Diktatur der bürokratischen Wirtschaft kann den ausgebeuteten Massen keine nennenswerte Wahlfreiheit lassen, denn sie hat alles selbst wählen müssen und jede andere äußere Wahl, ob sie nun die Ernährung oder die Musik betrifft, ist deshalb bereits die Wahl ihrer vollständigen Zerstörung. Sie muss von einer ständigen Gewaltsamkeit begleitet werden.«[30]

Nach Debords Ansicht verkörpern die faschistischen Staaten das konzentrierte Spektakel, das auch in kapitalistischen Ländern in Momenten der Krise zum Ausdruck kommt. Jedoch bezieht Debord unrichtigerweise auch den Stalinismus mit ein, den er als ein Phänomen der Übernahme des konzentrierten Spektakels erklärt, das entsteht, wenn rückständige Staaten beabsichtigen, ihre Macht zu vergrößern. *In seinem Film verbindet er die Szene von Hitlers Armeeinspektion mit jener von Leonid Breschnew auf dem Roten Platz in Moskau, um dieses Spektakel zu exemplifizieren.* Debord bringt hier mehrere Beispiele. Zum Beispiel eignet sich die Bürokratie die Ware als die Totalität der gesellschaftlichen Arbeit an und verkauft an die Gesellschaft nur deren »Überleben«; oder dass das Spektakel ein Bild des Guten erzwingt,

30   A.a.O., S. 51-52.

das eine Zusammenfassung von allem ist, das offiziell existiert, und das üblicherweise in einem einzigen Individuum konzentriert ist, dem Garanten der totalitären Kohäsion des Systems. »Jedermann muss sich entweder magisch mit diesem absoluten Star identifizieren oder verschwinden.«[31] Oder: »Wo das konzentrierte Spektakuläre herrscht, da herrscht auch die Polizei.«[32] Nach meiner Meinung ist Debords sogenanntes konzentriertes Spektakel nichts Besonderes oder Tiefes im realen Sinn; er überträgt lediglich das Spektakel als uniformes Bild der Gewalt auf die Diktatur. In seinem Film erklärt er kurz, dass das Kapital nicht länger ein unsichtbares Zentrum sei, das durch die Produktionsweise manipuliert wird. Das Spektakel visualisiert seine Gewalt. Diese Stimme aus dem Off gibt es in der Szene, in der die Polizei mit den Studenten kämpft. Die am häufigsten wiederholte Szene im Film ist jene mit dem Konflikt zwischen der Polizei und den Studenten in der Bewegung des Mai 1968, wobei die schockierendste die ist, in der die Polizei gegen die Studenten mit Schlagstöcken vorgeht. Nebenbei bemerkt ist das sogenannte konzentrierte Spektakel weder ein neues Phänomen in der Entwicklung des Kapitalismus noch eine logische Ableitung der vorhergehenden theoretischen Beschreibung des Spektakelst: Wie kommt es, dass das aus der Diktatur abgeleitete Spektakel nicht unterbrechend ist? Und diese Intervention ist der äußere Zwang, dessen Existenz Debord bestreitet. In diesem Sinn ist seine Erklärung des konzentrierten Spektakels offensichtlich eine falsche Formulierung.

Die allgemeine Form des Spektakels, das diffuse Spektakel, hält Debord für die neue Form der kapitalistischen Beherrschung der Gesellschaft und ihrer Ideologie. Tatsächlich konzentrieren sich alle Diskussionen, die wir oben geführt haben, auf diese Form des Spektakels, die keine weitere Einführung benötigt: Vor allem gab Debord einundzwanzig Jahre nach der Veröffentlichung des Buchs seinen neuen theoretischen Text über das Spektakel heraus, die *Kommentare zur Gesellschaft des Spektakels*, der die Formen des Spektakels erneut behandelt und eine neue Form einführt, das *integrierte Spektakel*. Zu jener Zweit bekräftigte Debord seine theoretischen Entdeckungen, die er über zwei Jahrzehnte vorher gemacht hatte, noch

31   A.a.O.
32   A.a.O.

einmal und lieferte weitere Ausführungen und zusätzliche Erklärungen zu einigen seiner früheren Ansichten. Ich denke, dass seine neuen theoretischen Entdeckungen den Diskurs zum integrierten Spektakel, der neuen Form der Kontrolle durch das Spektakel, kristallisieren.

Debord erklärt, dass er in *Die Gesellschaft des Spektakels* gezeigt habe, »was das moderne Spektakel bereits im Wesentlichen war: die Selbstherrschaft der zu einem Status unverantwortlicher Souveränität gelangten Warenwirtschaft und die Gesamtheit der neuen Regierungstechniken, die mit dieser Herrschaft einhergehen.«[33] Als Autokratie unterscheidet sich das Spektakel anscheinend von jenem der vorhergehenden Tyrannei dadurch, dass es sich häufiger als eine Art *milder* ideologischer Kontrolle manifestiert. Debord denkt, dass der Sturm des Mai 1968 kurzlebig ist und dass es ihm nicht gelingt, die Verbreitung des Spektakels zu verhindern, dieses hat sich »allenthalben weiter verstärkt. Das heißt, es hat sich nach allen Seiten bis zu den äußersten Enden hin ausgebreitet und dabei seine Dichte im Zentrum erhöht. Sogar neue Defensivtechniken hat es erlernt, wie dies gewöhnlich bei angegriffenen Mächten der Fall ist.«[34] *Im Unterschied dazu bedachte er die Mai-Bewegung in sein Filmen von 1973 und 1974 mit großem Lob.* Das impliziert, dass die Gesellschaft des Spektakels nach einer Entwicklung von zwanzig Jahren am überhaupt nicht schwächer geworden ist. »Eine dritte Form hat sich seitdem gebildet, eine fein abgewogene Kombination der beiden vorangegangenen, beruhend auf dem Sieg derjenigen, die sich als die stärkste erwiesen hatte, der diffusen Form. Es handelt sich um das *integrierte Spektakuläre*, das heute danach strebt, sich weltweit durchzusetzen.«[35] Debord stellt das integrierte Spektakel sehr detailliert dar:

»Das integrierte Spektakuläre tritt als konzentriert und diffus zugleich auf. Seit dieser fruchtbaren Vereinigung hat es es verstanden, die eine wie die andere Eigenschaft umfassender zu verwenden. Ihr früherer Anwendungsmodus hat sich stark geändert. Betrachten wir den konzentrierten Teil, so ist dessen Führungszentrum nunmehr geheim geworden: nie wieder wird darin ein bekannter Chef

33 Debord, *Kommentare zur Gesellschaft des Spektakels,* S. 194.
34 A.a.O.
35 A.a.O., S. 200.

oder eine klare Ideologien zu finden sein. Was seinen diffusen Aspekt betrifft, so lässt sich sagen, das der spektakuläre Einfluss noch nie zuvor die annähernde Totalität aller gesellschaftlich hergestellten Verhaltensweisen und Gegenstände so sehr gekennzeichnet hat. Denn der Sinn des integrierten Spektakulären ist letztlich darin zu finden, dass es sich in die Wirklichkeit integriert hat in dem Maße, wie es davon sprach und sie so rekonstruierte, wie sie davon sprach. Dergestalt, dass die Wirklichkeit ihm nicht mehr als etwas Fremdes gegenübersteht. In seiner konzentrierten Form entging dem Spektakulären der Großteil der peripheren Gesellschaft, in seiner diffusen Form ein geringer Teil und heute gar nichts mehr. Das Spektakel hat sich mit der Wirklichkeit vermischt und sie radioaktiv verseucht. Wie theoretisch leicht vorauszusehen war, hat die praktische Erfahrung der schrankenlosen Erfüllung des Willens der Warenvernunft rasch und ausnahmslos gezeigt, dass das Weltlich-Werden der Fälschung ein Fälschung-Werden der Welt bedeutet hat.«[36]

Zweifellos betont Debord lediglich die Allgegenwart des integrierten Spektakels. Das Spektakel »durchdringt alle Realität«; die Globalisierung des Kapitalismus ist die Globalisierung des Spektakels. Zugleich identifiziert Debord die fünf Hauptmerkmale des integrierten Spektakels: »ständige technologische Erneuerung; Fusion von Staat und Wirtschaft; generalisiertes Geheimnis; Fälschung ohne Replik und immerwährende Gegenwart.«[37]

Tatsächlich ist nichts neu an der Debords obiger Analyse der Formen des Spektakels. Im Gegenteil, verglichen mit seiner vorherigen einzigartigen und tiefgreifenden Bekräftigung der Natur des Spektakels ist seine Aussage über dessen Formen ein theoretischer Fehler, der seine Unzulänglichkeit bei der Wahrnehmung der Gesellschaftsstruktur und der Entwicklung der gegenwärtigen Wissenschaft und der gesellschaftlichen Praxis bezeugt. Insbesondere nach dem Ende des zwanzigsten Jahrhunderts tragen der Fortschritt des globalen Kapitalismus (flexible kapitalistische

36 A.a.O., S. 200-201.
37 A.a.O., S. 203.

148

Produktionsweise und die EU als regionaler Bündnispartner von regionalen Kapitalisten) zusammen mit dem Rückgang internationaler kommunistischer Bewegungen und zudem dem Anwachsen postmodernen Denkens, insbesondere der Hegemonie ganz neuer Medien der IT-Industrie und des Internets alle zu einer beispiellos drastischen Transformation der Welt insgesamt bei. Aber Debord scheint diese ganzen Veränderungen nicht zu sehen und spricht und denkt wie ein Einsiedler auf einem abgelegenen Berg. Kellners Untersuchung des gegenwärtigen Spektakels kann das Verdienst zugesprochen werde, eine kraftvolle Erweiterung von Debords Theorie zu sein. Er denkt, dass Debords Begriff des Spektakels eine »ziemlich verallgemeinerte und abstrakte Idee« sei. während sein eigenes Konzept spezifischer und mikrokosmisch ist.[38]

3. Imperialismus des Spektakels und unwiderstehliche Hegemonie

Man muss zugeben, dass Debord das Aufkommen des Spektakels nicht als Reduktion der Welt als ein falsches Abbild von Bildern sieht: »Das Spektakel kann nicht als Übertreibung einer Welt des Schauens [...] begriffen werden«, so argumentiert er, und man sollte verstehen, »das Spektakel ist nicht ein Ganzes von Bildern, sondern ein durch Bilder vermitteltes gesellschaftliches Verhältnis zwischen Personen.«[39] Das ist zweifellos die Ausweitung der kritischen Logik von Marx' historischer Phänomenologie. Während Marx das Verhältnis zwischen den ökonomischen Phänomenen im kapitalistischen Markt als das materialisierte Verhältnis zwischen Menschen sieht, definiert Debord es als Spektakel. In gewisser Umfang deckt Debord das Geheimnis auf. Es ist auffällig, dass die Veränderung, die Debord an der marxistischen Theorie vornimmt, eine negative Transzendenz enthält, das heißt, dass die bestimmende Struktur der materiellen Produktionsweise in der gegenwärtigen Welt sich in die von Bildern beherrschte *spektakuläre Produktionsweise* verwandelt hat. Später folgt Best dieser Logik und bringt sein Ersatzprojekt der Informations-Produktionsweise vor. Debord argumentiert:

---

38 Douglas Kellner, *Media Spectacle*, London/New York 2003, S. 2.
39 Guy Debord, *Die Gesellschaft des Spektakels*, S. 14.

»In seiner Totalität begriffen, ist das Spektakel zugleich das Ergebnis und die Zielsetzung der bestehenden Produktionsweise. Es ist kein Zusatz zur wirklichen Welt, kein aufgesetzter Zierrat. Es ist das Herz des Irrealismus der realen Gesellschaft. In allen seinen besonderen Formen: Information oder Propaganda, Werbung oder unmittelbarer Konsum von Zerstreuungen ist das Spektakel das gegenwärtige *Modell* des gesellschaftlich herrschenden Lebens. Es ist die allgegenwärtige Behauptung der in der Produktion und ihrem korollären Konsum *bereits getroffenen* Wahl. Form und Inhalt des Spektakels sind identisch die vollständige Rechtfertigung der Bedingungen und der Ziele des bestehenden Systems. Das Spektakel ist auch die *ständige Anwesenheit* dieser Rechtfertigung, als Beschlagnahme des hauptsächlichen Teils der außerhalb der modernen Produktion erlebten Zeit.«[40]

Debord weiß gut, dass er strikt Marx' Grundlegung der materiellen Produktion folgen muss, bevor er bevor er eine strukturelle Orientierung für seine Theorie des Spektakels zu Referenzzwecken liefert. Best bemerkt, dass Debord mit seiner Theorie das konstituierende Verhältnis einer Gesellschaft und ihre ideologische Funktionsweise erfassen will.[41] Das unterscheidet sich völlig von Baudrillard, der den Marxismus komplett aufgibt (zu Baudrillards Angriff auf den Marxismus vgl. das folgende Kapitel). Für Debord hat das Spektakel zwei wesentliche Merkmale.

Zunächst ist das Spektakel zum Zweck der heutigen kapitalistischen Produktionsweise oder zum »Zentrum der Unwirklichkeit in einer wirklichen Gesellschaft« geworden. Um es einfach zu sagen, das Spektakel ist zum »vorherrschenden *Modell* des Lebens« geworden. Das ist eine entscheidende theoretische Aussage! Nach meinem Verständnis will Debord sagen, dass die Konzeption des Lebensziels und des Lebensmodells heute im Vergleich zum Streben der Menschen nach Nahrung; Kleidung, Wohnung und täglichen Notwendigkeiten in der Vergangenheit völlige Veränderungen durchlaufen

---

40   A.a.O., S. 14-15.
41   Vgl. Steven Best, »The Commodification of Reality and the Reality of Commodification: Baudrillard, Debord, and Postmodern Theory«, in: Douglas Kellner, *Baudrillard: A Critical Reader*, Oxford 1994.

hat; wir streben nach einer blendenden und spektakulären *Manifestation des Spektakels*. Das verkörpert das irreale Bedürfnis heutiger Menschen nach Nachrichten, Propaganda, Werbung und Unterhaltung, nach etwas, das sie nicht so wirklich benötigen. Die Existenz des Menschen besteht nicht länger in seinen eigenen wirklichen Bedürfnissen, stattdessen ist es eine Akkumulation der Demonstration und der Entfremdung, auf die das Spektakel zielt. »Der zutiefst tautologische Charakter des Spektakels geht aus der bloßen Tatsache hervor, dass seine Mittel zugleich sein Zweck sind«, erklärt Debord, »die Gesellschaft, die auf der modernen Industrie beruht, ist nicht zufällig oder oberflächlich spektakulär, sie ist zutiefst *spektaklistisch*. Im Spektakel, dem Bild der herrschenden Wirtschaft, ist das Endziel nichts, die Entwicklung alles. Das Spektakel will es zu nichts anderem bringen als zu sich selbst.«[42] Hier erscheint unmerklich ein entscheidender Wendepunkt. Die Begründung der modernen industriellen Gesellschaft (der 1960er Jahre) ist nicht länger das reale Verhältnis zwischen Ware und Konsum in der materiellen Produktion in traditionellen Gesellschaften. Auf der anderen Seite übernimmt dies das Spektakel, und die ökonomische Ordnung wird durch *visuelle Bilder* beherrscht. Darum lösen sich die wirklichen Ziele auf (darunter der historische Fortschritt der Gesellschaft und der menschlichen Bedürfnisse), während das Spektakel alles ist, was zählt: das Spektakel ist das Ziel. Die späteren Forscher weisen alle darauf hin, dass das Spektakel in den 60er Jahren, als Debord seine Theorien des Spektakels entwickelte, erst in seiner Entstehungsphase war. Die gegenwärtige Gesellschaft des Spektakels befindet sich nach Erjavecin einer voll entwickelten Phase.[43] Debord fand nach zwanzig Jahren auch für sich selbst heraus, dass das Spektakel »sich nach allen Seiten bis zu den äußersten Enden hin ausgebreitet und dabei seine Dichte im Zentrum erhöht«[44] hat.

Zweitens *die ideologische Funktion des Spektakels*. Debord argumentiert, dass die Manifestationen der Existenz und der Autorität des Spektakels einfach die Legitimität des herrschenden Kapitalismus beweisen. Die Masse bestätigt durch ihre Unterordnung unter das Spektakel unbewusst die

---

42 Debord, *Die Gesellschaft des Spektakels*, S. 18.
43 Vgl. Alec Erjavec, *Toward the Image*, Changchun, 2003, S. 27.
44 Debord,. *Kommentare zur Gesellschaft des Spektakels*, S. 194.

Herrschaft der gegenwärtigen Situation. Daher ist das Spektakel auch die »permanente Präsenz« der Rechtfertigung des herrschenden Kapitalismus. Das zeigt die ideologische Funktion des Spektakels. Um genauer zu sein, beinhaltet es drei Aspekte: die Verankerung der Massen in der »bereits getroffenen Wahl« in der kapitalistische Produktion und im kapitalistischen Konsum durch positive Erscheinung; oder mit anderen Worten, jeder Kontext des Details, den wir heute haben, muss sich unbewusst mit einer Welt der Objekte des Begehrens auseinandersetzen, die durch die Manifestation der Werbung dekoriert wird. Die Reklame herrscht im weiten Territorium dieser Welt, während wir entmachtet sind und nirgendwohin entfliehen können. Die eleganten und glamourösen Szenen, die Bilder von schlanken, schönen Frauen, Formen und Muster eines modischen Lebensstils und alle Arten von überzeugenden und eloquenten Sachkenntnissen und Ratschlägen locken alle Individuen, ausnahmslos von ihrer oberflächlich vernünftigen Wahrnehmung bis zu ihren tief verborgenen Sehnsüchten, mit ihren bunten und anziehenden Spektakeln in die Falle. *Debord kritisiert die Experten im Dienste des Spektakels, wenn er sagt*: »Alle Experten sind Experten von Medien und von Staats wegen und beziehen ihre Anerkennung als Experten allein daraus. Jeder Experte dient seinem Herrn; denn alle früheren Möglichkeiten der Unabhängigkeit sind von den Organisationsbedingungen der heutigen Gesellschaft fast gänzlich zunichte gemacht worden. Am besten dient selbstverständlich der Experte, der lügt. Die, die den Experten benötigen, sind aus verschiedenen Beweggründen der Fälscher und der Ignorant.«[45] Die Welt ist ein allgegenwärtiges Spektakel, dem wir nicht entfliehen und dem wir nicht standhalten können. Wir erkennen das existierende System unmittelbar an, indem wir das Spektakel übernehmen und uns unbewusst an das Modell des spektakulären Lebens anpassen. In *Die Gesellschaft des Spektakels* definiert Debord dies als »eingebildete Akzeptanz«. Er sagt: »Das Spektakel ist, seinen eigenen Begriffen nach betrachtet, die Behauptung des Scheins und die *Behauptung* jedes menschlichen, d.h. gesellschaftlichen Lebens als eines bloßen Scheins.«[46] Zweitens ist das zensierte Spektakel zweifellos der Komplize bei der Rechtfertigung des bestehenden Systems. Das Spektakel ist natürlich

---

45   A.a.O., S. 208.
46   Debord, *Die Gesellschaft des Spektakels*, S. 16.

eine *verdeckte* Ideologie. Mit anderen Worten, die verschiedenen Spektakel, die vor uns entweder durch Reklame oder andre Bilder manifestiert werden, dienen im Wesentlichen dazu, die Struktur unserer Begehren zu manipulieren oder zu identifizieren. Wir sichern das kapitalistische Marktsystem durch das leidenschaftliche Streben nach Waren oder indem wir uns, von der Kultur des Spektakels fasziniert, in kriecherische Sklaven verwandeln, da wir das bestehende System mit dem wahren Sein verwechseln. Drittens verwirklicht das Spektakel seine umfassende Kontrolle über den modernen Menschen, indem es den Großteil der Zeit außerhalb der Produktion beherrscht, eine Entdeckung, die Debord in Bezug auf die neue Form der Herrschaft des gegenwärtigen Kapitalismus gemacht hat. Es ist die Kontrolle über die *Nicht-Produktions-Zeit* des Menschen. Die Freizeit außerhalb der Arbeit ist die Beute des Spektakels. Die unbewusste psychologische und kulturelle Kontrolle und die Herstellung des falschen menschlichen Konsums finden still außerhalb der Arbeitszeit statt. Auf diese Weise dehnt das Kapital seine Herrschaft über den Menschen beträchtlich in Raum und Zeit aus. Und wenn das Spektakel das Begehren des Menschen in seiner Freizeit unterwandert, wird die materielle Produktion weiter weggerückt von den wirklichen Bedürfnissen des Menschen und dient unmittelbarer der Mehrwertsteigerung des Kapitals. Aber was ist der Sinn des Spektakels? Was hält es für den modernen Menschen bereit? Debord gibt die folgende Antwort:

»Das Spektakel stellt sich als eine ungeheure, unbestreitbare und unerreichbare Positivität dar. Es sagt nichts mehr als: ›Was erscheint, das ist gut; und was gut ist, das erscheint.‹ Die durch das Spektakel prinzipiell geforderte Haltung ist diese passive Hinnahme, die es schon durch seine Art, unwiderlegbar zu erscheinen, durch sein Monopol des Scheins, faktisch erwirkt hat.«[47]

Die Dinge in den Szenen des Spektakels sind unbestreitbar, und das Spektakel ist selbst ein Monolog nach dem anderen, den wir in seiner Manifestation nicht kritisch überblicken können und der Unterordnung statt Gespräch verlangt.

47   A.a.O., S. 17.

In seinem Film von 1974 verkündet Debord, »Wir werden niemals am Spektakel teilnehmen. Wir sind lediglich Zuschauer.« Er erklärt, dass «die Dummheit glaubt, alles sei klar, wen das Fernsehen ein schönes Bild gezeigt und mit einer dreisten Lüge kommentiert hat.«[48] Wir können die Situation auch mit den Worten von de Certeau beschreiben: der Fernsehzuschauer kann nicht auf den Bildschirm schreiben. Er ist vom Produkt getrennt worden; er spielt keine Rolle in dessen Erscheinung. Er verliert seine Autorenrechte und wird, zumindest scheint es so, zum reinen Rezipienten.[49] (Zum Beispiel kann der durchschnittliche Mensch niemals nein sagen zu den Funktionen der Autos und der Digitalkameras in der täglichen Fernsehwerbung. Heute wird der Videorecorder beworben, und morgen VCD, und übermorgen werden wir eine hochauflösende DVD haben. Wenn es alle diese nutzlosen elektronischen Anwendungen in allen Familien vorhanden sind, werden die Kapitalisten hinter den immer wieder verschwindenden und immer wieder erzeugten Spektakeln mit dem Geld in der Tasche schallend lachen. Das ist die stumme Gewalt des Spektakels mit einer unsichtbaren kolonialen Logik.)

»Der Fluss der Bilder reißt alles mit sich fort, und wiederum ist es ein anderer, der nach seinem Gutdünken dieses vereinfachende Resümee der sinnlich wahrnehmbaren Welt regiert; der bestimmt, wohin dieser Strom zu fließen hat und der den Rhythmus dessen angibt, was darin zur Geltung kommen soll, als ständige willkürliche Überraschung, keine Zeit zum Nachdenken gewährend und völlig unabhängig von dem, was der Zuschauer davon verstehen oder denken mag.«[50]

Die imperialistische Logik des Spektakels besteht ohne Zweifel darin, dass »alles, was erscheint, gut ist und alles, was gut ist, erscheint.« In *Die Gesellschaft des Spektakels* ist es niemand anderes als Castro, der vor der Fernsehkamera steht. Die Manifestation wird gewaltsam vorgeschrieben, und die tautologische Erscheinung des Spektakels, die umgekehrt durch eine

48 Debord,. *Kommentare zur Gesellschaft des Spektakels*, S. 251.
49 Michel de Certeau, *The Practice of Everyday Life*, Berkeley 2002, S. 31.
50 Debord, *Kommentare zur Gesellschaft des Spektakels*, S. 219.

eindimensionale Affirmation gestützt wird, die keine Antwort verlangt, ist ebenso monopolisiert. Das ist die Wahrheit hinter dem Spektakel. Debord zeigt, »die Auslöschung der Persönlichkeit begleitet unvermeidlich die konkret den spektakulären Normen unterworfenen Existenzbedingungen. Eine Existenz, die so stets immer mehr von den Möglichkeiten getrennt ist, authentische Erfahrungen zu machen und dadurch seine individuellen Neigungen zu entdecken.«[51] Auf diese Weise wird uns nur ein Weg gelassen: passive Akzeptanz. Natürlich gibt es unterschiedliche Stimmen zu diesem Problem. So denkt Kellner zum Beispiel im Unterschied zu Debord, dass das Spektakel nicht völlig unbesiegbar ist; stattdessen könnte es auch in ein Dilemma des Widerspruchs mit sich selbst oder in eine Umkehrung geraten. Nach Debord liegt der Herrschaftserfolg des spektakulären Kapitalismus in seinem Geheimnis, dass er die gelebte Geschichte aus dem Gedächtnis verdrängt, oder in der Zerstörung der Geschichte. Er analysiert diesen Punkt 1988 in seinen Kommentaren zur *Gesellschaft des Spektakels*:

»Als erstes hat es die spektakuläre Herrschaft darauf abgesehen, die Kenntnis der Geschichte im Allgemeinen zu beseitigen, angefangen mit fast allen Informationen und allen vernünftigen Kommentaren zur allerjüngsten Vergangenheit. Eine so flagrante Evidenz bedarf keiner weiteren Erklärung. Das Spektakel organisiert meisterhaft die Ignoranz dessen, was passiert, und unmittelbar darauf das Vergesen von dem, was trotzdem hat ruchbar werden können. Die größte Bedeutung kommt dem zu, was am verborgensten ist.«[52]

Das ist so, weil nur jemand, der über kein historisches Wissen verfügt und der der vorherigen Zeit gegenüber gleichgültig ist, sich der falschen Präsenz, die die Spektakel darstellen, anpassen kann. Nach Debord isoliert dieses, alles was es zeigt, von seinem Kontext, seiner Vergangenheit, seinen Absichten und seinen Folgen. Das ist völlig unlogisch. Da niemand ihm widerspricht, hat es das Recht, sich selbst zu widersprechen, seine eigene Vergangenheit zu korrigieren. Es ist äußerst vergesslich. Die Produkte der »Gesundheitsregeln«, die zu verbreiten sich sämtliche Boulevardzeitungen

51   A.a.O., S. 223.
52   A.a.O., S. 205.

an den Kiosken heute alle Mühe gebe, können morgen in der Reklame, die ein anderes Produkt oder eine andere Medizin bewirbt, heftigen Angriffen ausgesetzt sein. Noch empörender ist es, dass das Spektakel sogar unmittelbar die Wahrheit des Ereignisses, das gerade stattfand, verbergen kann.

»Den kostbarsten Vorteil, den das Spektakel aus dieser *Ächtung* der Geschichte gezogen hat, daraus, dass es die ganze jüngere Geschichte zur Klandestinität verurteilt hat und mit Erfolg des gesellschaftlichen Geschichtssinn im weitesten Maße der Vergessenheit hat anheimfallen lassen, dieser Vorteil liegt zuerst darin, dass es seine eigene Geschichte abdeckt: die Bewegung seiner jüngsten Welteroberung. Seine Macht erscheint bereits vertraut, so als sei sie immer schon dagewesen. Alle Usurpatoren haben vergessen machen wollen, *dass sie gerade erst an die Macht gekommen sind.*«[53]

Insgesamt gesehen manipuliert das Spektakel alles und lässt nichts außer den Szenen, die es präsentieren will, in unserem Blickfeld. »Das, worüber das Spektakel drei Tage lang nicht mehr zu reden braucht, ist wie etwas, was es nicht gibt. Denn es spricht dann über etwas anderes, und dies ist es denn auch, mit einem Wort, das von da an existiert.«[54] Debords Kommentar ist klarsichtig. Zum Beispiel machen es sich die heutigen Medien zur Routine, den »Rauswurf« eines Sängers oder eines Prominenten anzukündigen, womit sie unweigerlich erfolgreich sind. Denn wie berühmt jemand auch sein mag, wenn er eine Zeitlang nicht am Spektakel teilnimmt, ist er dazu verurteilt, still für immer zu verschwinden, ohne Hoffnung, weiterhin für Aufmerksamkeit in der Öffentlichkeit zu erregen, wie ein Stein, der in der Tiefe des Ozeans versinkt - weil jemandes Präsenz nur eine spektakuläre ist und die Verdrängung einer spektakulären Darstellung das Gleiche ist wie der direkte Mord am eigenen Selbst. In Die *Gesellschaft des Spektakels* spricht Debord von den verzweifelten Versuchen der Stars, sich einen Weg in das Spektakel zu erkämpfen. Er sagt, dass wir nur das fühlen und nur über das nachdenken können, worüber uns das gegenwärtige Spektakel

---

53   A.a.O., S. 207.
54   A.a.O., S. 212.

uns informieren will, und wir wissen nichts darüber, woher diese Spektakel kommen und warum sie sich auf diese Weise ereignen. Er sagt, dass gegenwärtige Ereignisse sich mit der Zerstörung der Geschichte in einen abgelegenen und fantastischen Bereich nicht beweisbarer Geschichten, unwahrscheinlicher Erklärungen und unhaltbarer Schlussfolgerungen zurückziehen. Solche Aussagen sind uns nicht fremd und erfüllen uns mit unbeschreiblicher Furcht.

Mit dem trügerischen Schein der Bilder kämpfend erklärt Debord mit einem Anflug von Sorge, dass das Spektakel »die Sonne [ist], die über dem Reich der modernen Passivität nie untergeht. Es bedeckt die ganze Oberfläche der Welt und badet sich endlos in seinem eigenen Ruhm.«[55]

> »Das Spektakel ist die ununterbrochene Rede, die die gegenwärtige Ordnung über sich selbst hält, ihr lobender Monolog. Es ist das Selbstportrait der Macht in der Epoche ihrer totalitären Verwaltung der Existenzberechtigungen. Der fetischistische Schein reiner Objektivität in den spektakulären Beziehungen verbirgt deren Charakter als Beziehung zwischen Menschen und zwischen Klassen: eine zweite Natur scheint unsere Umwelt mit ihren unvermeidlichen Gesetzen zu beherrschen.«[56]

Er erkennt ferner, dass das Spektakel »als unerlässlicher Schmuck der jetzt erzeugten Waren, als allgemeine Darstellung der Rationalität des Systems und als fortgeschrittener Wirtschaftsbereich, der unmittelbar eine wachsende Menge von Objekt-Bildern gestaltet, […] die *hauptsächliche Produktion* der heutigen Gesellschaft«[57] ist. Das bestätigt die unerschütterliche Herrschaftsposition des Spektakels als »hauptsächliche Produktion« in der gegenwärtigen Gesellschaft. Das impliziert die drei folgenden Bedeutungsebenen: Erstens, keine der heutigen Warenproduktionen ist in der Lage, mit dem Schmuck der Darstellung und der Werbung des Spektakels zu brechen. Wir können so weit gehen zu sagen, dass keine Warenproduktion ohne das Spektakel möglich ist. Zweitens hat das

---

55 Debord, *Die Gesellschaft des Spektakels.*, S. 17.
56 A.a.O., S. 21-22.
57 A.a.O., S. 18.

Spektakel als hauptsächliche Produktion der Gesellschaft den fortgeschrittenen Zustand seiner Selbsterzeugung und Selbstherstellung etabliert. Es scheint der wichtigste und herausragendste Sektor der Gegenwart zu sein. Drittens spielt das Spektakel eine zentrale Rolle bei der Darstellung und Unterstützung der Grundprinzipien der vorherrschenden kapitalistischen Struktur. Kellner weist darauf hin, dass »das Spektakel für Debord ein Instrument der Befriedung und der Entpolitisierung ist; [...] das gesellschaftliche Subjekte betäubt und sie von der dringendsten Aufgabe des wirklichen Lebens fernhält.«[58]

Ein anderer bedeutender Gesichtspunkt ist bei Debord ein entschiedener Widerstand gegen das Verbergen der ideologischen Kennzeichen im Spektakel durch die Medien. In Reaktion auf den vorherrschenden Begriff des »Zeitalters der Massenmedien« in der westlichen akademischen Welt der 1970er Jahre argumentiert Debord:

»So wird der Bezeichnung Spektakel oft die des Mediensektors vorgezogen: damit will man ein einfaches Instrument bezeichnen, eine Art öffentlichen Dienstleistungsbetrieb, der mit unparteiischen [sic!] ›Professionalismus‹ des neuen Reichtum der Kommunikation aller *Mass Media* verwaltet, der Kommunikation, die es endlich zur unilateralen Reinheit gebracht hat, in der sich selig die bereits getroffene Entscheidung bewundern lässt.«[59]

Als Herrschaftsform sind Debords Spektakel und die sogenannten »Medien« in den Medientheorien zwei völlig verschiedene Ausdrucksformen, wobei sich letztere lediglich auf eine gewöhnliche Form der Kommunikation bezieht, die zumindest eine unilaterale Einheit erreicht hat, bei der Entscheidungen, die bereits getroffen worden sind, als passive Bewunderung präsentiert werden. Das Entscheidende dabei ist, dass neutrale Medien niemals existieren. Sie sind vielmehr »offiziell voneinander unabhängig [...], insgeheim aber durch diverse *Ad Hoc*-Netze miteinander verbunden.«[60] Debord zielt hierbei auf den Begründer der Medientheorie

---

58   Douglas Kellner, *Media Spectacle*, London/New/York 2003; S. 2-3.
59   Debord, *Kommentare zur Gesellschaft des Spektakels*, S. 198.
60   A.a.O., S. 203.

und wirft ihm vor, einseitig das Reich der Medientheorie der »Erweiterung des menschlichen Körpers« geschaffen zu haben. Er kritisiert scharf

> »Der erste Apologet des Spektakels, McLuhan höchstpersönlich, der der überzeugenste Dummkopf des Jahrhunderts schien, hat seine Meinung geändert, als er 1976 endlich entdeckte, dass ›der Druck der Massen-Medien zum Irrationalen drängt‹ und dass es angeblich Not täte, deren Gebrauch zu mindern. Der Denker aus Toronto hatte zuvor mehrere Jahrzehnte damit verbracht, ob der zahllosen Freiheiten in Verzückung zu geraten, die dieses ›Weltdorf‹ mit sich brachte und die einem jeden augenblicklich und mühelos zur Verfügung standen.«[61]

Anscheinend gibt es in Debords theoretischer Sicht solche Medien, über die jeder mit Wohlwollen spricht. Er denkt, dass das, was für unsere Augen sichtbar ist, nur das aktive und allgegenwärtige Spektakel ist, die unbesiegbare Waffe der Herrschaft des gegenwärtigen Kapitalismus, während die berührende Legende vom Zeitalter der Massenmedien nur eine der spektakulären Gesellschaft mit bourgeoiser Ideologie ist.

4. Trennung: der tiefe reale Hintergrund des darstellenden Spektakels

Nach Debord ist Trennung die unmittelbare Ursache des Spektakels in der gegenwärtigen Gesellschaft. Interessanterweise benutzt er hier nicht den üblichen Begriff Entfremdung als Schlüsselwort. Er merkt an: »Die *Trennung* ist das Alpha und Omega des Spektakels.«[62] Ich habe bemerkt, dass er in seiner eigenen theoretischen Argumentation niemals die Logik der marxistischen Religionskritik in den Thesen über Feuerbach verlässt; und auch hier werden die marxistischen Gedanken wieder einmal vorgebracht:

> »Als Gewalt des getrennten Gedankens und als Gedanke der getrennten Gewalt, ist es der Philosophie nie durch eigene Kraft gelungen, die Theologie aufzuheben. Das Spektakel ist der materielle Wiederaufbau der religiösen Illusion. Die spektakuläre Technik hat

---

61 A.a.O., S. 225.
62 Debord, Die Gesellschaft des Spektakels, S. 23.

die religiösen Wolken nicht aufgelöst, in die die Menschen ihre von ihnen losgerissenen, eigenen Kräfte gesetzt hatten: sie hat sie nur mit einer weltlichen Grundlage verbunden. So ist es das irdischste Leben, welches undurchsichtig und erstickend wird. Es verweist nicht mehr auf den Himmel, sondern beherbergt bei sich seine absolute Verwerfung, sein trügerisches Paradies. Das Spektakel ist die technische Verwirklichung der Verbannung der menschlichen Kräfte in ein Jenseits; die vollendete Entzweiung im Innern des Menschen.«[63]

Bekanntlich wirft Marx Feuerbach vor, der Trennung im wirklichen Leben als der Grundlage der Theologie nicht genug Bedeutung beizumessen und dass die Beseitigung der Illusion die Veränderung der Widersprüche im Leben voraussetzt. Debord jedoch sieht das Spektakel als die das Leben selbst mystifizierende Rekonstruktion der religiösen Illusion. Die Ablehnung des religiösen Nebels durch die bürgerliche Aufklärung ist angeblich die Wiederherstellung des weltlichen Lebens. In der auf Zement und Stahlbeton aufgebauten industriellen Moderne war die mutige Stadt Gottes am anderen Ufer die Erneuerung der natürlichen Realität als deren Objekt. Und die Abstinenz und Jenseitigkeit der Theologie wurden durch die Emanzipation wahrnehmbarer Begierden und den Hedonismus dieser Welt ersetzt. Trotzdem denkt Debord, dass das Spektakel heute die Welt wieder in ein »Paradies der Illusion« verwandelt hat. Das wirkliche Leben im Spektakel wird schnell durch die ephemere Illusion kontrolliert. Hier kehrt die Illusion zurück, niemals in der Form des geheiligten Paradieses, aber als etwas Ähnliches. Was für eine tiefe und einsichtige Metapher! In einem Wort, kaum haben wir die ephemere und religiöse Illusion hinter uns gelassen und materialisierten und festen Boden betreten, schon stolpern wir wieder in Debords Nebel des Spektakels.

Debord denkt, dass, soweit die Genealogie der Theologie betroffen ist, »die Institutionalisierung der gesellschaftlichen Teilung der Arbeit und die Herausbildung der Klassen [...] eine erste heilige Kontemplation gebaut [hatten], die mythische Ordnung, mit der sich jede Macht schon von Urbeginn

63 A.a.O., S. 20.

an umhüllt. Das Heilige hat die kosmische und ontologische Anordnung gerechtfertigt, die den Interessen der Herren entsprach und es hat das erklärt und beschönigt, was die Gesellschaft *nicht tun konnte.*«[64] Das ist gut gesagt. Der Widerspruch und die Trennung sind die ursprüngliche Form der religiösen Illusion, die Hierarchie der Erde muss durch die Hierarchie des Himmels geheiligt werden. Kurz gesagt, die Götter im Himmel schützen die Profite des Menschen auf der Erde. In diesem Sinn hat Religion Berührungspunkte mit dem Spektakel, deren Wesen in einem gemeinsamen Verständnis von Verlust besteht, eine imaginäre Kompensation für eine Armut der wirklichen gesellschaftlichen Tätigkeit, die immer noch weithin als Tatsache des Lebens empfunden wird. Aber Debord findet auch, dass das Spektakel heute verglichen mit der spektakulären Seite der Religion eine gegenteilige Funktion hat:

»Im Gegenteil drückt das moderne Spektakel das aus, was die Gesellschaft *tun kann,* aber in dieser Äußerung stellt sich das *Erlaubte* absolut dem *Möglichen* entgegen. Das Spektakel ist die Erhaltung der Bewusstlosigkeit in der praktischen Veränderung der Existenzbedingungen. Das Spektakel ist sein eigenes Produkt, es selbst ist es, das seine Regeln aufgestellt hat: es ist ein Pseudo-Heiliges. Es zeigt was es *ist*: die getrennte Macht, welche – bei dem Produktivitätswachstum durch die unaufhörliche Verfeinerung der Teilung der Arbeit zur Zerstückelung der zugleich von der unabhängigen Maschinenbewegung beherrschten Gesten – sich in sich selbst entwickelt und für einen stets weiteren Markt arbeitet. Jedes Gemeinwesen und jeder kritische Sinn haben sich während dieser ganzen Bewegung aufgelöst, in der sich die Kräfte, die bei ihrer Trennung wachsen konnten, noch nicht *wiedergefunden* haben.«[65]

Debord sieht dies als bedeutende Heterogenität. Im Unterschied zur Funktion der religiösen Illusion zur Kompensation dessen, was die Realität nicht kann, zeigt das heutige Spektakel nur das, was die Realität bieten kann. Und nein, um genau zu sein, müsste es heißen »was erlaubt ist« statt »was

64   A.a.O., S. 23.
65   A.a.O., S. 23-24.

möglich ist«. Im Spektakel wird man verdeckt kontrolliert, und man muss sich den vom Spektakel vorgeschriebenen Spielregeln unterwerfen, so dass die Trennung, die real entsteht, in der Realität verborgen bleibt. Erstens ist das Ziel der gesellschaftlichen Entwicklung die Steigerung der Produktivität und nicht der Mensch selbst; und das Wachstum des Wohlstands ist lediglich die immanente Antriebskraft der gesellschaftlichen Bewegung, während die Existenz des Menschen zum Werkzeug für das verrückte Streben nach Profit wird. Das ist der Standpunkt, den Marx in Bezug auf die Umkehrung der Mittel und Ziele in der kapitalistischen Produktionsweise einnimmt. Weiterhin ist die Subjektivität des Individuums in eine Art Handlung, Pose oder Anhang irgendwelcher äußeren Kräfte des Maschinensystems und der Arbeitsteilung fragmentiert worden, so dass es nicht länger eine Entwicklung seiner selbst ist. *Ich denke nicht, dass dies eine neue Idee ist, da Schiller, Marx und der junge Lukács dies tiefschürfend diskutiert haben.* Drittens haben die Menschen keine Wahl, sondern müssen sich hiermit angesichts der Verwirrung dieser äußeren Realität identifizieren, so dass sie unbewusst alle ihre eigene kritischen negativen Dimensionen verlieren (diesen Punkt diskutiert Marcuse klarer und detaillierter in seinem Buch *Der eindimensionale Mensch*). Debord erkennt, dass alle die zuvor erwähnten wichtigen gesellschaftlichen Trennungen tief im Spektakel versteckt sind. Es ist einfach zu erkennen, dass seine Idee nur noch einmal einige grundlegende Konzepte in bestimmten bestehenden kritischen Gesellschaftstheorien zusammenfasst und aus diesem Grund alter Wein in neuen Schläuchen ist.

Als Nächstes bringt Debord seine theoretische Kritik der Trennung in der spektakulären Gesellschaft vor. Wie zuvor, so imitiert er auch diesmal den jungen Marx und den jungen Lukács. Es ist jedoch interessant, dass er den nicht die Kategorie der Entfremdung vom jungen Marx übernimmt und auch nicht die Begrifflichkeit der Verdinglichung von Marx und dem jungen Lukács. Stattdessen entwickelt er ein demonstratives und informales Wort, Trennung. Im Film *La société du spectacle* jedoch zitiert er vor einer schwarzen Leinwand einen Abschnitt aus den *Ökonomisch-philosophischen Manuskripten von 1844* des jungen Marx. Debord argumentiert, dass Trennung die Grundlage der gesellschaftlichen Realität sei, in der das Spektakel erzeugt wird. In *La société du spectacle* wird diese Erklärung begleitet von Bildern der Arbeiter in einer Autofabrik. Genauer gesagt beinhaltet Entfremdung in dieser Situation die folgenden Aspekte:

Zuerst die Trennung der Arbeiter von ihren Produkten:»Der von seinem Produkt getrennte Mensch produziert immer machtvoller alle Einzelheiten seiner Welt und findet dadurch immer mehr von seiner Welt getrennt. Je mehr sein Leben jetzt sein Produkt ist, umso mehr ist er von seinem Leben getrennt.«[66] Wem Marx' *Ökonomisch-philosophische Manuskripte von 1844* bekannt sind, der kennt auch den Ursprung dieses Zitats, abgesehen davon, dass die Entfremdung vom Produkt zu dessen »Trennung« wird. Debords Zusammenhang hat etwas mit dem des jungen Marx von 1844 gemeinsam, jedoch macht Debord nicht klar, was die innere Verbindung zwischen der Trennung des Arbeiters von seinem Produkt mit dem Spektakel ist. Es ist klar, dass diese »Trennung« nichts Neues im Leben der heutigen kapitalistische Welt ist. In *La société du spectacle* ist die Szene des Kontrasts zwischen den Arbeitern am Arbeitsplatz und den Hochhäusern, die sie gebaut haben, das Äquivalent zu dieser Erklärung. Debord stellt fest: »Der Mensch trennt sich von seinem eigenen Produkt.«

Zweitens die Trennung von der unmittelbaren Vergesellschaftung zwischen den Produzenten. Nach Debords Ansicht bedeutet die verallgemeinerte Trennung von Arbeiter und Produkt das Ende jeder umfassenden Sicht auf die getane Arbeit wie auch das Ende der unmittelbaren persönlichen Kommunikation zwischen den Produzenten. Wenn die Akkumulation entfremdeter Produkte voranschreitet und wenn der produktive Prozess konzentrierter wird, werden Konsistenz und Kommunikation die ausschließlichen Aktivposten der Verwalter des Systems. Der Triumph eines ökonomischen Systems, dass auf Trennung begründet ist, führt zu einer Proletarisierung der Welt. Ich sehe nichts Neues in diesem Abschnitt. Aber Debord beruft sich hier nicht länger auf die *Ökonomisch-philosophischen Manuskripte von 1844*, sondern beginnt mit den *Ökonomischen Manuskripten von 1857-1858* oder dem *Kapital*. Oder um genauer zu sein, der eigenständige Prozess der Arbeitsaktivität wird aufgrund der Arbeitsteilung und des Markttauschs in fragmentierte Aktivitäten aufgelöst, die Produzenten stehen einander nicht mehr von Angesicht zu Angesicht gegenüber, und das unmittelbare

66   A.a.O., S. 27.

Austauschverhältnis der Güter wird durch das Mittel des Warenmarkts ersetzt. Der Unterschied besteht darin, dass die indirekte Kommunikation im liberalen kapitalistischen Zeitalter, mit dem Smith und Marx konfrontiert waren, nicht unmittelbar durch die Herrscher monopolisiert war. Debord scheint jedoch zu denken, dass in seinem Zeitalter das Spiel der umfassenden Kontrolle der monopolitischen ökonomischen Struktur über die Gesellschaft zeigt und dass diese unmittelbare Kontrolle die bedeutendste Grundlage der Herstellung des Spektakels durch die Kapitalisten bildet. Es ist allerdings schade, dass Debord diesen Punkt nicht weiter ausführt.

Drittens die Trennung der Zeit, die nicht mit Arbeit verbracht wird. Man sollte bemerken, dass dies Debords Beitrag ist. Er denkt, dass die Trennung der Produktion selbst mit Sicherheit darin enden werde, dass sich »die Grunderfahrung, die in den Urgesellschaften mit einer hauptsächlichen Arbeit verbunden war, zur Nichtarbeit und zur Untätigkeit«[67] verschiebt, zumindest »am Pol der Entwicklung des Systems.«[68] Mit anderen Worten, die Erfahrung, die mit sinnlicher und konkreter Arbeit in der früheren kapitalistischen Gesellschaft verbunden war, ist durch das inaktive müßige Leben außerhalb der Arbeit ersetzt worden. Entscheidend ist, dass die Zeit außerhalb der Arbeit nur ein Teil der geteilten Realität ist.

»Doch diese Untätigkeit ist keineswegs von der Produktionstätigkeit befreit: sie hängt von ihr ab, sie ist unruhige und bewundernde Unterwerfung unter die Erfordernisse und Ergebnisse der Produktion; sie ist selbst ein Produkt von deren Rationalität. Außerhalb der Tätigkeit kann es keine Freiheit geben, und im Rahmen des Spektakels wird jede Tätigkeit verneint, genauso wie die wirkliche Tätigkeit vollständig für den Gesamtaufbau dieses Ergebnisses aufgefangen worden ist. Daher ist die heutige ›Befreiung von der Arbeit‹, die Ausdehnung der Freizeit, keineswegs Befreiung in der Arbeit oder Befreiung einer durch diese Arbeit geformten Welt.«[69]

67   A.a.O., S. 24.
68   A.a.O.
69   A.a.O., S. 24-25.

Aus diesem Grund befinden sich Arbeiter in der kapitalistischen Produktion von Anfang an in einer passiven Position gegenüber der immensen Manipulationsmacht des automatischen Maschinensystems. Auch Marx hat das bemerkt. Marx sieht jedoch nicht, dass sich der Mensch in diesen angeblich angenehmen Stunden der Freizeit nicht auf freie oder tiefgehende Weise entwickelt, in der Hoffnung, eine freie Kreativität nach seinem Willen zu verwirklichen; er ist im Gegenteil hörig und inaktiv. Von da an entsteht Verzweiflung, während die Herrschaft der spektakulären Kontrolle nicht länger nur innerhalb der Produktionszeit wahrgenommen wird. Stattdessen dient sie auch der Manipulation und Kontrolle der Freizeit außerhalb der Arbeit. Vom Spektakel versklavt wird die Freizeit, die dem freien Spiel der Kreativität dienen sollte, auch mit einer *Inaktivität* gefüllt, die aktiv erscheint, jedoch innerlich passiv ist. In diesem Stadium ist der Mensch völlig auf die Stellung des Affenkönigs reduziert, der nicht der Hand Buddhas entfliehen kann. Er lebt immer und überall im Spektakel. In *La société du spectacle* erscheinen häufig Menschen, die ihre Ferien am Strand verbringen und andere Szenen.

Debord weist eindeutig darauf hin, dass die erbärmliche Inaktivität in der Existenz der Freizeit außerhalb der Arbeit nicht vom Produktionsprozess befreit ist, sondern selbst durch das Spektakel hergestellt wird. Warum sagt er das? Im kapitalistischen spektakulären Leben dienen alle Produkte, die *durch das spektakuläre System vorgeschlagen werden*, von Autos bis hin zu Fernsehern, diesem System auch als Waffen, indem es danach strebt, die Isolation der »einsamen Masse« zu verstärken. Das Spektakel entdeckt kontinuierlich seine eigenen grundlegenden Annahmen neu – und jedes Mal in einer konkreteren Weise. Es ist offensichtlich, dass der Mensch in den kapitalistischen Gesellschaften sich nur mit dem auseinandersetzen muss, was das Spektakel ihm aufzwingt, und er ist nur ein Publikum, das alle Bilder empfängt. Man entspricht nicht länger seiner eigenen Anlage, noch kennt man seine eigenen Bedürfnisse. Der Mensch weitet auch seine Kreativität und Aktivität nicht weiter aus, da alle Formen der Freizeit zuvor vom Spektakel geschaffen werden. Insgesamt betreibt die Kapitallogik eine ganz neue Kolonisierung der Zeit außerhalb der Arbeit. An sonnigen Urlaubstagen gehen wir auf Reisen, betreiben Outdoor-Übungen oder verbringen Zeit in

Geschäften, Restaurants und anderen Orten der Unterhaltung. Jedoch sind alle diese Aktivitäten durch das Spektakel auf unsichtbare Weise angestoßen und vorgegeben. Unter der glänzenden Oberfläche der Aktivität und Kreativität existiert in Wirklichkeit eine *Pseudo-Aktivität*, die in ihrem Wesen eine Inaktivität ohne das Gefühl für Individualisierung ist. Debord sagt entsprechend: »Die Auslöschung de Persönlichkeit begleite unvermeidlich die konkret den spektakulären Normen unterworfenen Existenzbedingungen. Eine Existenz, die so stets immer mehr von den Möglichkeiten getrennt ist, authentische Erfahrungen zu machen und dadurch seine individuellen Neigungen zu entdecken.«[70] Kellner behauptet, dass der »unterwürfige Konsum des Spektakels die Entfremdung von der aktiven Hervorbringung des Lebens«[71] sei.

»Die Entfremdung des Zuschauers zugunsten des angeschauten Objekts (das das Ergebnis seiner eigenen bewusstlosen Tätigkeit ist) drückt sich so aus: je mehr er zuschaut, um so weniger lebt er; je mehr er sich in den herrschenden Bildern des Bedürfnisses wiederzuerkennen akzeptiert, um so weniger versteht er seine eigene Existenz und seine eigene Begierde. Die Äußerlichkeit des Spektakels im Verhältnis zum tätigen Menschen erscheint darin, dass seine eigenen Gesten nicht mehr ihm gehören, sondern einem anderen, der sie ihm vorführt. Der Zuschauer fühlt sich daher nirgends zu Hause, denn das Spektakel ist überall.«[72]

Ein auf der Hand liegendes Beispiel sind die zahllosen Film-, Fernseh- und Printmedien, deren Inhalt und deren Ziele vorgefertigt sind, mit allen Dingen, die wir erwarten und anstreben sollen, hergestellt von Geschäftsleuten, die sich verbergen. Wenn wir diese Bilder als unsere Begierden verinnerlichen, dann werden wir unsere wirklichen eigenen Bedürfnisse aus den Augen verlieren. Das meint Debord, wenn er sagt, »je mehr er zuschaut, umso weniger lebt er; je mehr er sich in den herrschenden Bildern des Bedürfnisses wiederzuerkennen akzeptiert, umso weniger

---

70   Debord, *Kommentar zur Gesellschaft des Spektakels*, S. 223.
71   Kellner, *Media Spectacle*, S. 3.
72   Debord, Die *Gesellschaft des Spektakels*, S. 26.

versteht er seine eigene Existenz und seine eigene Begierde.«[73] (Tatsächlich ist es offensichtlich, dass er in seiner Darlegung die Idee der Entfremdung aus den *Ökonomisch-philosophischen Manuskripten* von 1844 übernimmt.)

Schließlich ist das Spektakel eine neue Maschine zur Herstellung und Verschönerung der Entfremdung. In der heutigen Gesellschaft produziert »der Arbeiter [...] nicht sich selbst, sondern eine unabhängige Macht.« Das klingt so, als habe es nichts mit Trennung zu tun, sondern eher mit der Entstehung von Entfremdung. Das ist ein sehr wichtiger theoretischer Wechsel. Es ist jedoch schade, dass Debord dessen Bedeutung nicht erklärt:

> »Der *Erfolg* dieser Produktion, ihr Überfluss, kehrt zum Produzenten als *Überfluss der Enteignung* zurück. Die ganze Zeit und der ganze Raum seiner Welt werden ihm bei der Akkumulation seiner entfremdeten Produkte *fremd*. Das Spektakel ist die Landkarte dieser neuen Welt, eine Landkarte, die genau ihr Territorium deckt. Eben die Kräfte, die uns entgangen sind, *zeigen sich* uns in ihrer ganzen Macht.«[74]

Hier ist der Diskurs übermäßig metaphysisch und paradox. Wie enthüllen sich die Mächte, die uns weggenommen wurde, uns gegenüber? Warum ist das Spektakel die neue Landkarte dieser neuen Welt der Entfremdung? Debord liefert keine weitere Erklärung, betont jedoch, »das Spektakel in der Gesellschaft entspricht einer konkreten Herstellung der Entfremdung.«[75] Er vergisst jedoch, eine detaillierte Analyse der Verbindung zwischen den wichtigen Theorien von Entfremdung und Trennung vorzunehmen.

Dieses Kapitel endet mit der Erklärung: »Das Spektakel ist das *Kapital*, das einen solchen Akkumulationsgrad erreicht, dass es zum Bild wird.«[76] Das ist sicherlich ein weiterer Schritt in Debords theoretischer Logik. Offensichtlich ist das Verhältnis zwischen Kapital und Spektakel das nächste Thema, das er detailliert diskutiert.

---

73 A.a.O., S. 26.
74 A.a.O., S. 26-27.
75 A.a.O., S. 27.
76 A.a.O., S. 27.

II. Fetischismus des Spektakels: Die Ware ist zur völligen Besetzung gelangt

In der *Gesellschaft des Spektakels* wiederholt Debord die Kritik, die Marx in seiner historischen Phänomenologie an der Verdinglichung der kapitalistischen Ökonomie übt. Debord weist in Kapitel II und II darauf hin, dass die Entstehung des Spektakels in der gegenwärtigen kapitalistischen Produktionsweise die hegemoniale Logik verstärkt, die von der früheren Ware, dem früheren Geld und dem früheren Kapital begründet wurde. Mit anderen Worten, dem Spektakel gelingt es nicht nur nicht, die drei Fetischismen als bürgerliche Ideologie zu beseitigen; vielmehr kolonisiert es den ökonomischen Fetischismus als die unbewusste Begierde im Individuum durch die Bombardierung mit Bildern. Ich denke, dass ist einer der wichtigsten Aspekte im gesamten theoretischen Rahmen von Debords Theorie. Diese Idee beeinflusst unmittelbar Baudrillard, Best, Kellner und andere in ihrer postmodernen Medienkritik, die unsere Untersuchung verdient.

1. Vom Warenfetischismus zum Fetischismus des Spektakels

Am Ende von Kapitel I bringt Debord diesen Schlusspunkt: »Das Spektakel ist das *Kapital*, das einen solchen Akkumulationsgrad erreicht, dass es zum Bild wird.«[77] Nach meinem Verständnis liefert dies eine wichtige logische Orientierung, die, um genau zu sein, die Schlussfolgerung der logischen Analyse von Kapitel I sein sollte. Warum sage ich das? Wir sollten uns zunächst Debords Analyse ansehen.

Zu Beginn dieses Kapitels zitiert Debord aus *Geschichte und Klassenbewusstsein*, dem Buch des jungen Lukács, dass die Warenverhältnis, speziell die Materialisierung der Ökonomie in der kapitalistischen Produktionsweise, nur dann eine bestimmende Rolle in der Gesellschaft spielen kann, wenn Ware zu einer verallgemeinerten gesellschaftlichen Kategorie wird. Wie ich oben argumentiert habe, ist die Erzählung des jungen Lukács problematisch: In der historisch-phänomenologischen Kritik erklärt Marx, das die grundlegend dominierende Logik der verdinglichten Umkehrung

---

77   A.a.O.

nur in der voll entwickelten kapitalistischen Marktökonomie vorherrschen kann, wenn das Kapitalverhältnis zum »erhellenden Licht« wird. Debord stimmt mit dem jungen Lukács darin überein, dass die Unterordnung, da die Arbeit zunehmend rationalisiert und mechanisiert wird, durch die Tatsache gefördert wird, dass die menschlichen Aktivitäten weniger aktiv und stärker imaginär werden. Dies entspricht den Problemen, die Debord in seinem vorherigen Kapitel festgestellt hat, in dem Unterwerfung und Fehlen von Tätigkeit herausgehoben werden. Natürlich ist es seine theoretische Absicht, seine eigen neue Erklärung auf der Grundlage der Aussage Formulierung einzuführen, die Lukács vierzig Jahre zuvor formuliert hatte.

Debord erklärt:

>»An dieser wesentlichen Bewegung des Spektakels, die darin besteht, alles in sich aufzunehmen, was in der menschlichen Tätigkeit *in flüssigem Zustand* war, um es in geronnenem Zustand als Dinge zu besitzen, die durch die *negative Umformulierung* des erlebten Wertes zum ausschließlichen Wert geworden sind – erkennen wir unsere alte Feindin wieder, die so leicht auf den ersten Blick ein selbstverständliches, triviales Ding scheint, während sie doch im Gegenteil ein sehr vertracktes Ding ist, voll metaphysischer Spitzfindigkeit: *die Ware.*«[78]

Er impliziert, dass das Prinzip für die Existenz des Spektakels in Wirklichkeit eine Ausweitung des Warenprinzips ist, die Demonstration des Lebendigen selbst *in einer verkehrten Weise.* Trotzdem ist es mit allen seinen Veränderungen und Variationen wesentlich das Prinzip des Warenfetischismus, den Marx ablehnt: »die Beherrschung der Gesellschaft durch ›sinnliche übersinnliche Dinge‹«.[79] Das ist auch eine Geschichte, die sich von derjenigen des hölzernen Tisches ableitet: Eine Ware realisiert sich durch den nicht-wahrnehmbaren Wert hinter dem wahrnehmbaren Material. Wenn daher das unsichtbare Wertverhältnis von der Verdinglichung des Wertäquivalents zum Zeichen in Form von Geld übergeht, ersetzt es subversiv den realen Wert durch eine leere Form. Der

78   A.a.O., S. 31.
79   A.a.O.

Grund, warum Menschen wie verrückt nach Geld streben und ihm huldigen, liegt darin, dass der Besitz von Geld den Besitz der Welt bedeutet. Debord denkt, dass das Spektakel das Prinzip des Warenfetischismus ausführt und entwickelt, »das sich absolut im Spektakel vollendet, wo die sinnliche Welt durch eine über ihr schwebende Auswahl von Bildern ersetzt wird, welche sich zugleich als das Sinnliche schlechthin hat anerkennen lassen.«[80] Hier findet wieder eine *Usurpation* statt. Jedoch ist Marx der Ansicht, dass der Gebrauchswert der realen Ware in der kapitalistischen Marktökonomie durch eine Unterordnung unter ihren Wert realisiert wird, daher kann Geld mehr Geld erzeugen (Kapitalverhältnis), wenn die symbolische Ersetzung gerechtfertigt den Thron besteigt. In der heutigen kapitalistischen Welt wird die reale Existenz jedoch durch ihre Bilder ersetzt, und die Menschen nehmen diese Bilder immer unbewusst als Authentizität. Was für ein *Spektakelfetischismus!* Es beinhaltet Baudrillards wichtigste Logik, der Debords Spektakel als abstrakteres politisches Zeichen in den Vordergrund rückt, was er in seinem Buch *Pour une critique de l'économie politique du signe*[81] ausführt. Der innere Mechanismus der Heervorbringung des Spektakelfetischismus verwandet sich in Bilder, indem er das wirkliche Sein in ihnen zerstört und sie dann in eine phantastische Vision verdampfen lässt. Debord analysiert diesen Mechanismus sehr detailliert.

Im früheren Verhältnis des Warentauschs ist die Warenform ausschließlich durch Selbstäquivalenz charakterisiert – sie ist der Natur nach ausschließlich quantitativ: Sie bringt das Quantitative hervor und kann sich nur im Quantitativen entwickeln. Marx, Weber, Simmel und später Adorno und Horkheimer untersuchen alle dieses Problem. Zu jener Zeit mussten Menschen und unterschiedliche Güter nur durch die einheitliche Währung repräsentiert werden, daher ist die Qualität der Dinge beseitigt. Tatsächlich kümmert sich Debord nicht so sehr um den tieferen Hintergrund dieser Quantifizierung wie um die abstrakte Arbeit und die allgemeine Produktion als Voraussetzung des Verhältnisses der Wertmenge.

---

80   A.a.O., S. 31-32.
81   Jean Baudrillard, *Pour une critique de l'économie politique du signe*, Paris 1986 (Collection Tel; Band 12), [A.d.Ü.].

Nach Debords Analyse sind »die Existenzbedingungen der Menschengruppen als Überlebensbedingungen«[82] durch eine »*bewusstlose wirkliche Geschichte*«[83] bedingt. Mit »unbewusst« meint er, dass die Achse der Beziehung zwischen Mensch und Natur in den frühen kapitalistischen Gesellschafen den Menschen zum »Sklaven« (in Engels' Worten) der äußeren natürlichen Welt macht, so dass der Mensch nicht bewusst zum Herren über die Natur werden kann, während die Entwicklung der Produktivkräfte des industriellen Kapitalismus diese Bedingung in ihrer innersten Grundlage erschüttert.

»Da jedoch, wo sie die gesellschaftlichen Bedingungen des Großhandels und der Kapitalakkumulation antraf, bemächtigte sie sich der gesamten Wirtschaft. Die ganze Wirtschaft ist also zu dem geworden, als was sich die Ware bei dieser Eroberung erwiesen hatte: zu einem Prozess quantitativer Entwicklung. Diese unaufhörliche Entfaltung der wirtschaftlichen Macht in der Form der Ware, die die menschliche Arbeit zur Ware Arbeit, zur *Lohnarbeit*, umgebildet hat, führte kumulativ zu einem Überfluss, in dem die Grundfrage des Überlebens zweifelsohne gelöst wird, aber so dass sie immer wiederkehren muss; sie wird jedesmal wieder auf einer höheren Stufe gestellt. Das Wirtschaftswachstum befreit die Gesellschaften vom natürlichen Druck, der ihren unmittelbaren Überlebenskampf erforderte, nun aber sind sie von ihrem Befreier nicht befreit. Die *Unabhängigkeit* der Ware hat sich auf das Ganze der von ihr beherrschten Wirtschaft ausgedehnt. Die Wirtschaft verwandelt die Welt, aber nur in eine Welt der Wirtschaft. Die Pseudonatur, in der sich die menschliche Arbeit entfremdet hat, erfordert, dass ihr *Dienst* endlos fortgesetzt wird, und da dieser Dienst nur von sich selbst beurteilt und freigesprochen wird, erlangt er in der Tat die Gesamtheit der gesellschaftlich zulässigen Bemühungen und Vorhaben als seine Diener.«[84]

82 Debord, *Die Gesellschaft des Spektakels*, S. 33.
83 A.a.O.
84 A.a.O., S. 33-34.

Kurz gesagt meint Debord, dass der vorherige Druck, der aus dem Konflikt zwischen Mensch und Natur entsteht, in der reifen kapitalistischen Waren-Markt-Ökonomie stufenweise in umfassendem Handel und in der Akkumulation des Kapitals bis zum Punkt des sogenannten »Überflusses« reduziert wird, so dass das Hauptproblem des Menschen gelöst ist. Die Entwicklung der Gesellschaft verändert jedoch nicht die Entfremdung des Menschen, der sich, während er sich in der Vergangenheit der Natur unterwarf, nun der Pseudo-Natur unterwirft, die er durch seine eigene ökonomische Macht geschaffen hat. Hegel nennt dies die »zweite Natur« Der junge Lukács und Adorno übernehmen beide diesen Begriff. Daher: »Die Wirtschaft verwandelt die Welt, aber nur in eine Welt der Wirtschaft.« Die ökonomische Macht des Kapitalismus, des Befreiers des Menschen von der Natur, befreit den Menschen in Wirklichkeit nicht, sondern konstruiert eine Hegemonie verdinglichter ökonomischer Macht, die ebenfalls den Willen des Menschen ignoriert. Das ist Marx' Urteil offensichtlich ähnlich. Debord denkt, dass die Ware mit dem Aufkommen der industriellen Revolution, der Arbeitsteilung, die spezifisch für das Produktionssystem dieser Revolution ist, der Massenproduktion für einen Weltmarkt in ihrer voll entwickelten Form mit all ihrer Kraft entsteht, die nach der vollständigen Kolonisierung der sozialen Lebens strebt. Diesmal macht Debord eine wirklich originelle Entdeckung. Emergenz ist das spezifische Konzept, durch das Debord sein Spektakel definiert. Im Unterschied zum marxistischen Gedanken der verdinglichten Umkehrung des kapitalistischen Gesellschaftsverhältnisses legt Debord Wert auf die verkehrte verdinglichte Wirklichkeit selbst, die wieder einmal trügerisch hervortritt. Die voll entwickelte Emergenz bezieht sich auf die Erscheinung und das Spektakel der Existenz im Ganzen. Ein anderer Punkt, der sich vom Ökonomie-Fetischismus unterscheidet, ist der, dass Waren-, Geld- und Kapitalfetischismus alle spontan und unbewusst stattfinden. Die Manifestation des Spektakels jedoch ist im Unterschied dazu *intentional*. Žižek wird dies später eindringlich darlegen. Ich werde im letzten Teil dieses Buches darauf zurückkommen.

Debord erklärt: »Das Spektakel ist der Moment, in welchem die Ware zur *völligen Besetzung* des gesellschaftlichen Lebens gelangt ist.«[85] Das ist

---

85   A.a.O., S. 35.

ein neues Stadium der Kolonisierung durch die Ware, denn »das Verhältnis zur Ware ist nicht nur sichtbar; sondern man sieht nichts anderes mehr: die Welt, die man sieht, ist seine Welt.«[86] Man könnte auch sagen, dass die Warenökonomie erfolgreich die realen und unmittelbaren Beziehungen zwischen Menschen mit Beschlag belegt hat und dass das Spektakel weiter seine verkehrten materiellen Verhältnisse in die Bilder phantasiert, die die Existenz verschleiern. Die Welt ist ein Spektakel, und das Spektakel ist der Gott des Lebens, der auf überwältigende Weise alles manipuliert. So betritt der ganz neue Spektakelfetischismus die Bühne in seiner Majestät.

2. Der Pseudo-Gebrauch und die Pseudo-Muße im Angeblickt-Werden

Nach Debord hat der neue Typus des Spektakelfetischismus zwei entscheidende qualitative Veränderungen durchlaufen. Zunächst hat sich im Spektakelfetischismus »der Tauschprozess ist endlich dazu gekommen, den Gebrauchswert zu steuern. Der Tauschprozess hat sich mit jedem möglichen Gebrauch identifiziert und hat ihn auf seine Gnade und Ungnade unterjocht.«[87] In seinem Film *La société du spectacle* erklärt Debord, dass der Gebrauchswert sich in Tauschwert ausdrückt. Das wird von seinem Nachfolger Baudrillard weiterentwickelt. Der Gebrauchswert der Ware dient nur zur Betrachtung. Das ist eine sehr wichtige theoretische Erklärung, obwohl sie natürlich ein wenig zu weit geht. Debord entdeckt

»Das Spektakel ist die andere Seite des Geldes: das abstrakte allgemeine Äquivalent aller Waren. Wenn aber das Geld als Vertretung der zentralen Äquivalenz, d.h. als Vertretung der vielfältigen Güter – deren Gebrauch unvergleichbar blieb – die Gesellschaft beherrscht hat, ist das Spektakel seine moderne, entwickelte Ergänzung, in der die Totalität der Warenwelt als allgemeine Äquivalenz mit all dem, was die Gesamtheit der Gesellschaft sein und tun kann, im ganzen erscheint: Das Spektakel ist das Geld, das man *nur anblickt*, denn das Ganze des Gebrauchs hat sich in ihm schon gegen das Ganze der abstrakten Vorstellung ausgetauscht. Das Spektakel ist nicht

---

86 A.a.O.
87 A.a.O., S. 38.

nur der Diener des *Pseudogebrauchs*, es ist bereits in sich selbst der Pseudogebrauch des Lebens.«[88]

Indem er die Funktionen von Geld und Spektakel vergleicht, kommt Debord zu der Schlussfolgerung, dass Geld als allgemeines Äquivalent von Waren als Tauschmittel funktioniert, sich jedoch jetzt in ein Ziel (Reichtum) verwandelt hat und zu einer entfremdenden Kraft geworden ist, die die Gesellschaft beherrscht. Die instrumentelle Funktion, die das Wertverhältnisses in der Vergangenheit besaß, ist unmerklich als die begehrte Natur des Seins entfremdet worden. In einer spektakulären Gesellschaft wird das Spektakel zu dem, »was die Gesamtheit der Gesellschaft sein und tun kann«[89], es nimmt eine bedeutendere Stellung ein als Geld, denn »das Spektakel ist das Geld, das man *nur anblickt.*«[90] Und unter den Blicken aller Menschen wird der wirkliche Gebrauch der Waren unvermeidlich durch den durch das Spektakel geschaffenen »Pseudo-Gebrauch« usurpiert. Wir können auch sagen, dass das Sein durch abstrakte Repräsentation gehandelt wird. Wir sind uns bewusst, dass es Walter Benjamin war, der diese Veränderung zuerst bemerkt hat. Im Arkadenprojekt weist Benjamin darauf hin, dass die gegenwärtige Warenwelt eine »Illusion« im Angeblickt-Werden ist, in der der Wert durch Repräsentation und Demonstration verschleiert wird. Adorno berührt diesen Punkt ebenfalls in seiner Untersuchung der Popkultur. Debord zitiert an einer Stelle ein Beispiel, dass selbst die Erotik ihre unmittelbare reale Funktion in der spektakulären Gesellschaft verloren hat, wo »der Striptease die offensichtlichste Form der Erotik ist, die zu einer bloßen Form des Spektakels absinkt«[91]. In seinem Film präsentiert Debord oftmals Stripteaseszenen. Dies ist ein außergewöhnliches Beispiel.

Ich denke jedoch, dass seine Analyse irgendwie problematisch ist. Das Spektakel ist tatsächlich zur »Betrachtung« da, es hat den Gebrauchswert in seinem ursprünglichen Sinn aber nicht wirklich und völlig ersetzt. Es führt

---

88   A.a.O., S. 39.
89   A.a.O.
90   A.a.O.
91   Guy Debord and Pierre Canjuers, »Preliminaries Toward Defining a Unitary Revolutionary Program«, in Ken Knabb (ed.), *Situationist International Anthology*, S. 390.

174

bestenfalls dazu, dass man den wirklichen Gebrauch von Dingen ignoriert. Beherrscht von Reklame und anderen Medien kann man sich nur der vom Spektakel anerkannten Dinge bewusst sein, ein Zwang, der vom unbewussten Begehren internalisiert worden ist und der einen dazu bringt zu kaufen, was er/sie nicht wirklich braucht und zu konsumieren, was er/sie nicht verlangt hat. Das ist jedoch nicht das Gleiche wie die sogenannte Transformation des Gebrauchswerts in die Betrachtung im Konsum. Debord macht die subtilen Verbindungen zwischen den beiden nicht deutlich.

Nach seiner Ansicht kann unter der Kontrolle des Spektakels,

>»wenn diese autonome Wirtschaft durch die Notwendigkeit der endlosen wirtschaftlichen Entwicklung die wirtschaftliche Notwendigkeit ersetzt, [...] sie nur die Befriedigung der summarisch anerkannten ersten menschlichen Bedürfnisse durch eine ununterbrochene Erzeugung von Pseudobedürfnissen ersetzen, die sich auf das einzige Pseudobedürfnis der Aufrechterhaltung ihres Reichs zurückführen lassen. Die autonome Wirtschaft aber hebt sich für immer vom tiefen Bedürfnis im gleichen Maße ab, wie sie aus *dem gesellschaftlichen Unbewussten* heraustritt, das von ihr abhing, ohne es zu wissen. ›Alles, was bewusst ist, nutzt sich ab. Was unbewusst ist, bleibt unveränderlich. Aber wenn es einmal befreit ist, zerfällt es dann nicht seinerseits?‹ (Freud.)«[92]

Die Situation wird immer komplizierter, wenn sogar Freud als eloquenter Zeuge gegen das Spektakel angeführt wird. Tatsächlich glaube ich nicht, dass Debord Freud richtig begreift.

Debord unternimmt eine vertretbare Analyse, indem er erkennt, dass das Ziel der spektakulären Vorherrschaft darin besteht, *Pseudo-Bedürfnisse* herzustellen (anstatt des Gebrauchswerts in Gütern oder Waren) und dass diese unwirklichen Bedürfnisse einfach durch das Unbewusste in der Manifestation des Spektakels hergestellt werden. Es ist kein äußerer Zwang, sondern eine versteckte Manipulation mit scheinbarer Nichteinmischung. Dass die Menschen in den Illusionen leben, die durch die Spektakel hergestellt

92   A.a.O., S. 51.

175

werden, führt dazu, »dass die Täuschung überhaupt beim Konsum der modernen Waren hingenommen wird. Der wirkliche Konsument wird zu einem Konsumenten von Illusionen; Die Ware ist diese wirkliche Illusion und das Spektakel ihre allgemeine Äußerung.«[93] Der Konsum im Spektakel ist in Wirklichkeit jener der Illusion. Das bedeutet nicht, dass man irgendeine Illusion über die Güter hat, die man kauft, sondern dass man eine *Illusion über das Motiv* hat, wenn man darüber nachdenkt, warum man kaufen, mitmachen oder Geld ausgeben will.

Weiterhin, wenn »die Ware diese [....] Illusion«[94] ist, dann ist das Spektakel ihre »allgemeine Äußerung«. Wenn die Umkehrung der Verdinglichung nur aus der Zurückhaltung gegenüber der Kenntnis der Mysterien entsteht, dann ist die Logik der Ware im Spektakel eine selbst hervorgebrachte Wahrheit, die vom Unbewussten inspiriert ist, das heißt von der spektakulären Pseudo-Wahrheit, mit der man sich identifiziert hat. Debord zeigt deutlich, dass die Mission des Spektakels darin besteht, die Menschen davon zu überzeugen zu kaufen, was sie nicht wirklich brauchen. Best und Kellner kommentieren, dass das Spektakel »unmittelbare Erfahrung in ein besonderes und glitzerndes Universum von Bildern und Zeichen umwandelt, wo die Individuen, anstatt ihre eigenen Leben zu begründen, die glänzenden Oberflächen der Warenwelt betrachten und die Psychologie eines Warenselbst annehmen, das sich selbst durch Konsum und Image, Aussehen und Stil definieren, wie es sich vom Spektakel ableitet.«[95] Das ist gut gesagt. Viele Szenen von Modelshows und Werbung für verschiedene Produkte (von Unterwäsche über Lebensmittel bis hin zu Autos) erscheinen in Debords Film als Beispiele.

Wenn wir unseren Blick zurückrichten auf die heutige Realität, dann wissen wir, dass wir häufig nicht gezwungen werden, sondern inbrünstig an den glitzernden Produkten festhalten, die durch das Spektakel *beleuchtet* werden. Oder wir verwechseln sogar sehnsüchtig die spektakuläre Werbung mit unserem eigenen Begehren. So wird »neben der entfremdeten Produktion der entfremdete Konsum zu einer zusätzlichen Pflicht für die Massen.«[96]

93 A.a.O., S. 38.
94 A.a.O., S. 35.
95 Best/Kellner, *Postmodern Turn*, S. 90.
96 Debord, *Die Gesellschaft des Spektakels*, S. 35.

Im Unterschied dazu reduziert einen die authentische Wirklichkeit oftmals zu einer peinlichen Situation. Was Debord darstellt, ist keine Legende; es ist zu einem täglichen Phänomen in unserem Leben geworden. Ich frage mich, ob es auch in China eine Tragödie ist. Der zweite wichtige Aspekt des spektakulären Fetischismus ist die unmittelbare Manipulation und illusorische Verfälschung der Zeit außerhalb der Arbeitszeiten des Arbeiters. Diese streben nach größeren kommerziellen Profiten, indem sie Pseudo-Freizeit und Pseudo-Freiräume schaffen. Die Wahrheit lässt einen zweifellos noch empörter werden. Selbst Marx lässt uns ein Tor der Hoffnung, indem er die Emanzipation des Menschen in der Zukunft mit der Auflösung der Sklavenarbeit im Reich der Notwendigkeit verbindet. Jetzt wird die letzte Hoffnung völlig durch die Kapitalisten mit ihrem Spektakel kolonisiert. Debord sagt:

»Während in der ursprünglichen Phase der kapitalistischen Akkumulation ›die Nationalökonomie den *Proletarier* nur als *Arbeiter* betrachtet‹, der das zur Erhaltung seiner Arbeitskraft unentbehrliche Minimum bekommen muss, ohne ihn jemals ›in seiner arbeitslosen Zeit, als Mensch‹ zu betrachten, kehrt sich diese Denkweise der herrschenden Klasse um, sobald der in der Warenproduktion erreichte Überflussgrad vom Arbeiter einen Überschuss von Kollaboration erfordert. Dieser Arbeiter, von der vollständigen Verachtung plötzlich reingewaschen, die ihm durch alle Organisations- und Überwachungsbedingungen der Produktion deutlich gezeigt wird, findet sich jeden Tag außerhalb dieser Produktion, in der Verkleidung des Konsumenten, mit überaus zuvorkommender Höflichkeit scheinbar wie ein Erwachsener behandelt. Da nimmt der *Humanismus der Ware* den Arbeiter »in seiner arbeitslosen Zeit und als Mensch« in die Hand ganz einfach deswegen, weil die *politische Ökonomie* diese Sphären beherrschen kann und muss. So hat ›die konsequente Durchführung der Verleugnung des Menschen‹ die Ganzheit der menschlichen Existenz in die Hand genommen.«[97]

97   A.a.O., S. 36.

Das Problem hat viel mit dem zu tun, was wir oben diskutiert haben. Solange das Kapital fortfährt, Pseudo-Bedürfnisse und Pseudo-Konsum hervorzubringen, muss ein großer Teil der Nichtarbeitszeit für den Konsum aufgebracht werden; daher ist dies offensichtlich ein anderer Bereich, den das Spektakel erobern muss. Im Unterschied zu der Situation in den traditionellen kapitalistischen Ländern müssen die Kapitalisten heute, um den absoluten Mehrwert zu plündern, darauf achten, dass die Arbeiter in der Lage sind zu kaufen und dass sie Freizeit für den Konsum haben. Diese neue Form kolonialer Plünderung ist das Wesen des Fordismus. Die »Menschlichkeit der Ware« ist nur die »*Menschenorientierung*« in der Manifestation des Kapitals. Die menschlichsten Absichten und Leistungen sind die erfolgreichsten Tricks, die das Spektakel ausspielt.

Debord denkt, dass das Spektakel in dieser Hinsicht eine entscheidende Rolle spielt. Hinter dem Konsum von Waren beinhalten die Ziele der spektakulären Kontrolle auch die Herstellung von Freizeit und Freiraum. Der einzige Raum, in dem man frei atmen kann, ist nun ebenfalls kolonialisiert. Die Kapitalisten verwandeln die Arbeiter »großzügig« in Konsumenten, die über »Zeit außerhalb der Produktion« verfügen, in der Lage sind zu kaufen und sich zu vergnügen, so dass sie selbst in ihrer freien Zeit vom Kapital in die Falle gelockt werden. Kellner kommentiert an einer Stelle: »Die spektakuläre Gesellschaft verbreitet ihre Waren hauptsächlich durch die kulturellen Mechanismen der Freizeit und des Konsums, der Dienstleistungen und der Unterhaltung, die von den Diktaten der Werbung und der kommerzialisierten Medienkultur beherrscht werden. Diese strukturelle Verschiebung hin zu einer Gesellschaft des Spektakels impliziert eine Kommodifizierung von zuvor nicht-kolonialisierten Sektoren des sozialen Lebens und die Ausweitung der bürokratischen Kontrolle auf die Bereiche der Freizeit, des Begehrens und des alltäglichen Lebens.«[98] Die spektakuläre Manipulation ist nicht weit von uns entfernt: Sonderangebote für Ferien, Reisen in der »Goldenen Woche«[99] und Vergnügungen unter verschiedenen Namen

---

98 Keller, *Media Spectacle*, S. 3.
99 In der Volksrepublik China bezeichnet die »Goldene Woche« seit 1999 die Woche des chinesischen Neujahrsfests sowie die Woche der Arbeit um den 1. Mai, die aber ab 2008 auf den 1. Mai selbst reduziert wurde, und schließlich auch die Nationaltagswoche, die am 1. Oktober beginnt [A.d.Ü.].

finden sich in allen Arten medialer Werbung. Die Freizeit ist unbestreitbar von Bildern des Spektakels besetzt worden, die einen Pseudo-Raum im Dienst der Geschäftsprofite errichten. Dieses ernsthafte Ereignis ist geschehen, und es geschieht weiterhin. Debord beobachtet:

> »Das Spektakel ist ein ständiger Opiumkrieg, um die Identifizierung der Güter mit den Waren und auch die der Zufriedenheit mit dem sich nach seinen eigenen Gesetzen vermehrenden Überleben aufzuzwingen. Wenn aber das konsumierbare Überleben etwas ist, das sich ständig vermehren muss, so deshalb, weil es *die Entbehrung* immer noch *enthält*. Wenn es kein Jenseits des vermehrten Überlebens gibt, keinen Punkt, an dem dieses Überleben sein Wachstum beenden könnte, so deshalb, weil es selbst nicht jenseits der Entbehrung liegt, sondern die reicher gewordene Entbehrung ist.«[100]

Das ist ein berühmter Absatz des Buchs. Debord wiederholt diese Erklärung in seinem Film. Das Spektakel ist wie ein andauernder Opiumkrieg, in den die Menschen sich hineinstürzen und ihre Forderung nach einem authentischen Leben vergessen. In der heutigen spektakulären Gesellschaft ist »der höhere Lebensstandard eine reicher gewordene Entbehrung.« Welch eine bedeutsame Bemerkung von Debord!

3. Das Spektakel: Falsches Leben im Warenparadies

Debord denkt, dass die Trennung im Zentrum des Spektakels steht und dass dessen Bild der Einheit in seiner inneren Trennung begründet ist. Der entfremdete Konsum, den wir als Einheit sehen, baut gleichfalls auf der immanenten Teilung zwischen dem wirklichen Bedürfnis und dem Pseudo-Begehren auf. Debord bemerkt daher: »Wie die moderne Gesellschaft ist das Spektakel zugleich geeint und geteilt. Wie sie baut es seine Einheit auf die Zerrissenheit auf. Aber wenn der Widerspruch im Spektakel auftaucht, wird ihm seinerseits durch eine Umkehrung seines Sinnes widersprochen; so dass die aufgezeigte Teilung einheitlich ist, während die aufgezeigte Einheit geteilt ist.«[101] Ironischerweise zitiert Debord in der Einleitung zum dritten

100 Debord, *Gesellschaft des Spektakels*, S. 36-37.
101 A.a.O., S. 45.

Kapitel aus einem Artikel zum Thema »eins teilt sich in zwei« und »zwei vereinigen sich zu einem« aus dem chinesischen Magazin Rote Fahne (Peking) vom 21. September 1964.

Für ihn hat die Entstehung des Spektakels viel mit dem »Überfluss« der Ware zu tun. Wie oben gesagt wurde, stammen die Bedürfnisse des Konsumenten nicht länger aus der »Erfüllung des Gebrauchswerts«, sondern entstehen aufgrund der Wahrnehmung des *sichtbaren* spektakulären Werts. Hier kämpft

> »jede bestimmte Ware [...] für sich selbst, kann die anderen nicht anerkennen, will sich überall durchsetzen, als ob sie die einzige wäre. Damit wird das Spektakel zum epischen Gesang dieses Zusammenstoßes, den der Fall keines Ilion beenden könnte. Das Spektakel besingt nicht die Männer und ihre Waffen, sondern die Waren und ihre Leidenschaften. In diesem blinden Kampf vollbringt jede Ware, indem sie sich von ihrer Leidenschaft hinreißen lässt, bewusstlos ein Höheres: das weltlich-Werden der Ware, das ebenso das zur-Ware-Werden der Welt ist. So kämpft sich, dank einer *List der Warenvernunft,* das *Besondere* der Ware aneinander ab, während die Warenform auf ihre absolute Verwirklichung zugeht.«[102]

Das Spektakel ist ein erweitertes episches Gedicht, durchdrungen von all der List der Ware. Alle Waren in der spektakulären Welt werden andauernd durch das spektakuläre Scheinwerferlicht gewürdigt, bevor sie mit ihrer »souveränen Macht« auf dem Markt eingeführt werden, als seien sie »die einzige Existenz der Welt«. Aber diese vorgefertigte Souveränität ist nur die Erscheinung ihres kurzen Überlebens. Mit anderen Worten, die spektakuläre Ware muss von Anfang an in großer Eile die Bühne betreten, da ihr bald ein »plötzlicher Tod« bevorsteht. Ist es in diesem Licht betrachtet nicht die ironische Version von »geboren, um zu sterben«?

> »Jedes besondere Produkt, das die Hoffnung auf eine blitzschnelle Abkürzung darstellen soll, um endlich ins gelobte Land des totalen

---

102   A.a.O., S. 53.

Konsums zu gelangen, wird der Reihe nach zeremoniös als die entscheidende Einzelheit hingestellt. Aber wie im Falle der augenblicklichen Verbreitung der Moden von scheinbar aristokratischen Vornamen, die von fast allen gleichaltrigen Individuen getragen werden, so konnte der Gegenstand, von dem eine besondere Gewalt erwartet wird, nur dadurch der Andacht der Massen angeboten werden, dass er in einer hinreichend großen Zahl von Exemplaren vervielfältigt wurde, um massenhaft konsumiert zu werden. Der Prestigecharakter kommt diesem beliebigen Produkt nur dadurch zu, dass es als offenbares Mysterium der Produktionsfinalität für einen Moment ins Zentrum des gesellschaftlichen Lebens gestellt wurde. Der Gegenstand, der im Spektakel ein Prestige hatte, wird vulgär, sobald er bei diesem Konsumenten und gleichzeitig bei allen anderen eintritt. Zu spät bringt er seine wesentliche Armut ans Tageslicht, die er natürlich vom Elend seiner Produktion her hat. Aber schon trägt ein anderer Gegenstand die Rechtfertigung des Systems und die Forderung, anerkannt zu werden.«[103]

Debord hat tatsächlich eine große Einsicht! Die Singularität, die sich hinter der spektakulären Ware verbirgt, ist der Mechanismus der Massenproduktion, und die Dinge, die heute in der Werbung dargestellt und übertrieben werden, sind dazu verdammt, in den Warenhäusern von morgen zu unbeachtetem Abfall zu werden. Was immer in der Reklame schillernd und verführerisch war, hat nur ein kurzes Leben und verliert, wenn wir es einmal besitzen, sofort seinen Glanz und seinen Charme, den es zuvor besaß. Lury nennt das eine *desillusionierende Erfahrung*: »Der tatsächliche Konsum oder Gebrauch von Gütern wird zu einer desillusionierenden Erfahrung. Der Wirklichkeit des Konsums gelingt es nicht, dem Traum oder der Phantasie zu entsprechen. Dieser andauernde Kreislauf von angenehmer Erwartung und Enttäuschung erklärt den niemals endenden, unersättlichen Charakter des modernen Konsums, warum Menschen immer weiter einkaufen, bis sie umfallen.«[104] Jenseits all dessen sieht Debord die Dynamik des spektakulären Kapitalismus

---

103   A.a.O., S. 55-56.
104   Celia Lury, *Consumer Culture*, New Brunswick 1996, S. 73.

181

auf den ersten Blick: »*Dinge* sind es, die herrschen und jung sind.«[105] Die sogenannte »ewige Jugend« beinhaltet genau die Zeitlichkeit, die die spektakulären Dinge haben müssen, ihre Natur. In seinem Film sagt Debord, dass in der Frische der Ware die Dekadenz liege.

Er endet nicht dabei. Die spektakulären Dinge sind die Objekte, die von den durch das Spektakel erzeugten Pseudobedürfnissen angestrebt werden:

> »Zweifellos lässt sich das im modernen Konsum aufgezwungene Pseudobedürfnis keinem echten Bedürfnis oder Begehren entgegensetzen, das nicht selbst durch die Gesellschaft und ihre Geschichte geformt wäre. Aber die Ware im Überfluss existiert als der absolute Bruch einer organischen Entwicklung der gesellschaftlichen Bedürfnisse. Ihre mechanische Akkumulation macht ein *unbeschränktes Künstliches* frei, angesichts dessen die lebendige Begierde entwaffnet ist. Die kumulative Macht eines unabhängigen Künstlichen zieht überall *die Verfälschung des gesellschaftlichen Lebens* nach sich.«[106]

Die wirklichen Bedürfnisse und Begehren der Menschen verschwinden alle in der spektakulären Gesellschaft, in der alles durch die glänzenden Güter ersetzt wird, die durch das Spektakel hergestellt werden; die Existenz des Menschen wird zur Verfälschung des Lebens. Auf den ersten Blick gibt es in der spektakulären Gesellschaft tatsächlich nichts außer einem Schwarm hektischer Käufer, die durch den entfremdeten Konsum vermittelt sind. De Certau denkt, dass dies ein »Rätsel der Konsumenten-Sphinx« ist. Man ist durch das Spektakel verhext, ohne zu wissen, warum und zu welchem Zweck man verhext ist. Die spektakuläre Manifestation ist «charakterisiert durch ihre Listen, ihre Fragmentierung (das Ergebnis der Umstände), ihre Wilderei, ihre heimliche Natur, ihre unermüdliche doch stille Aktivität, kurz gesagt durch ihre Quasi-Unsichtbarkeit, da sie sich selbst nicht in ihren eigenen Produkten zeigt (wo wurde sie diese platzieren?), sondern in der Kunst jene zu benutzen, die ihr auferlegt sind.«[107] Im Gegenteil, die im

---

105 Debord, Die Gesellschaft des Spektakels, S. 51.
106 A.a.O., S. 55.
107 Michel de Certeau, *The Practice of Everyday Life*, Bekeley 2002, S. 31.

Spektakel verlorenen Konsumenten sind voll von »religiösem Eifer«, und auf diese Weise proklamiert der verdinglichte Mensch seine Intimität mit der Ware. Den Spuren des alten religiösen Fetischismus mit seinen entrückten Zuckungen und Wunderkuren folgend erreicht auch der Warenfetischismus seinen Moment der heftigen Inbrunst. In den Reden des spektakulären Konsums proklamieren die Kapitalisten mit Berechtigung, dass die Konsumenten Götter sind. Sie konstruieren einfach ein Einkaufsparadies für Konsumenten. Im Wesentlichen sind jedoch diejenigen, die unter der Kontrolle des Spektakels sind, nichts Besseres als eine Herde unglücklicher Sklaven der Ware, deren *Thronbesteigung* nur eine Wahrnehmung durch den anderen ist. In Einkaufszentren, die als Paradies gepriesen werden, werden sie straff durch das Spektakel kontrolliert, und hier kaufen und konsumieren sie Dinge, die bald verschwinden werden. Die »Mehrheit«, die glücklich in diesem Pseudohimmel versunken ist, spielt unermüdlich die Rolle der pathetischen Märtyrer für das Spektakel; während immer die Kapitalisten gesegnet sind, die erstaunliche Profite machen. Debord bringt ein lebendiges Beispiel, um dieses anormale Verhältnis zu illustrieren:

»So breiten sich mit großer Geschwindigkeit Begeisterungswellen für ein mit allen Informationsmitteln gestütztes und angekurbeltes bestimmtes Produkt aus. Ein Kleidungsstil entsteht aus einem Film, eine Zeitschrift lanciert Klubs, die ihrerseits verschiedenen Ausrüstungen lancieren. Das ›Gadget‹ spricht diese Tatsache aus, dass im gleichen Augenblick, da die Masse der Waren dem Irrsinn zugleitet, das Irrsinnige selbst zu einer besonderen Ware wird. An den Werbeschlüsselringen z.B., die nicht mehr gekauft werden, sondern als Zugabe bei dem Verkauf von Prestigegegenständen geschenkt werden oder die durch Austausch aus ihrer eigenen Sphäre herkommen, lässt sich die Äußerung einer mystischen Selbsthingabe an die Transzendenz der Ware erkennen. Wer die Schlüsselringe sammelt, die nur zum Sammeln erzeugt wurden, häuft *die Ablassbriefe der Ware*, ein ruhmreiches Zeichen ihrer wirklichen Gegenwart unter ihren Getreuen.«[108]

108 Debord, *Die Gesellschaft des Spektakels*, S. 54.

Es stimmt, Kapitalisten stellen das Spektakel her, das umgekehrt die verrückte Masse in Haft nimmt. In diesem beispiellosen absurden Konsum des Spektakels haben die Initiatoren, die Kapitalisten, den Löwenanteil. In gewisser Weise scheint der Lebensstil, der in Modemagazinen, Seifenopern und Filmen gezeigt wird, realer zu sein als das authentische Leben selbst; eine Zeile aus dem gestrigen Film kann leicht über Nacht ein Werbespruch und zum Glaubensbekenntnis vieler Menschen werden. Eine zufällige Kleidungskombination, die ein Filmstar heute trägt, kann morgen auf den Straßen einen Modesturm entfachen. Es versteht sich von selbst, dass das Spektakel nicht nur Pseudokonsum schafft, es ist auch an der Erschaffung des Lebens beteiligt.

Nicht nur das, Debord zeigt dann auf, dass das Spektakel nicht nur den entfremdenden Konsum in der Trennung herstellt, sondern es erzeugt spektakuläre Pseudosubjekte, wovon die allgegenwärtigen Stars und Massen ein offensichtliches Beispiel sind. »Indem er das Bild einer möglichen Rolle in sich konzentriert, konzentriert der Star – d.h. die spektakuläre Vorstellung des lebendigen Menschen – diese Banalität.«[109] Der Glanz der Stars wird unmittelbar der Alltäglichkeit der Masse gegenübergestellt. Das ist selbst eine Dialektik der Identifikation mit dem anderen. »Die Bewegung der *Banalisierung*, die hinter den schillernden Ablenkungen des Spektakels die moderne Gesellschaft weltweit beherrscht, beherrscht sie auch auf jedem der Punkte, wo der entwickelte Warenkonsum die zur Auswahl stehenden Rollen und Gegenstände scheinbar vervielfacht hat.«[110] Wer ist der Star? Niemand anderes als derjenige, der Träume für unser mittelmäßiges tägliches Leben webt. Aber die Banalität bezieht sich nicht auf die Verdummung in einer Karriere; vielmehr bezieht sie sich auf die Inaktivität, die aus der Versklavung des alltäglichen Lebens durch das Spektakel hervorgeht.

»Der Stand eines Stars ist die Spezialisierung des *scheinbaren Erlebten*, ist das Objekt der Identifizierung mit dem untiefen, scheinbaren Leben, welches die Zerstückelung der wirklich erlebten Produktionsspezialisierungen aufwiegen soll. Die

---

109 A.a.O., S. 48.
110 A.a.O., S. 47.

Stars sind da, um verschiedenerlei Typen von Lebensstilen und Gesellschaftsauffassungen darzustellen, denen es *global* zu wirken freisteht. Sie verkörpern das unzulängliche Resultat der gesellschaftlichen *Arbeit*, indem sie Nebenprodukte dieser Arbeit mimen, die als deren Zweck magisch über sie erhoben werden.«[111]

Das Leben der Stars in der Totalität wird immer als die Verwirklichung eines vollen Lebens und individueller Werte imaginiert, und »der Star der Entscheidung muss den vollständigen Bestand all dessen besitzen, was an menschlichen Eigenschaften zugelassen wird.«[112] in seinem Film *La société du spectacle* behauptet Debord, dass die Existenz der Stars unterschiedliche Perspektiven des Lebens zeigen soll. Die Szene auf der Leinwand ist ein westliches Rockkonzert mit den Rockstars. Diese müssen ihr positives und glitzerndes Image vor der Öffentlichkeit aufrechterhalten, genau wie Michael Jordan, Yao Ming, Jennifer Lopez und Maggie Cheung. Sie müssen vor dem Publikum als glänzende Sterne ohne einen Moment der Dunkelheit erscheinen – die Athleten und Schauspieler als Stellvertreter der Ware der weltberühmten Marken. Für Kellner sind sie »die Ikonen der Medienkultur, die Götter und Göttinnen des Alltagslebens.«[113] Die Präsenz der Stars ist einfach die Illusion des Pseudo-Subjekts, hervorgerufen durch das Spektakel, das beabsichtigt, die Fragmentierung und Spezialisierung der Herstellung von Existenz zu verschleiern. Die Stars werden daher die Stellvertreter des Spektakels, deren Präsenz genau aus der Abwesenheit des Durchschnittsmenschen hervorgeht. Debord denkt, dass die Natur der Stars im Widerspruch zwischen ihrer glitzernden Erscheinung und ihrer realen Existenz steht: »Der als Star in Szene gesetzte Agent des Spektakels ist das Gegenteil, der Feind des Individuums, an sich selbst ebenso offensichtlich wie bei den anderen. Indem er als Identifikationsmodell ins Spektakel übergeht, hat er auf jede autonome Eigenschaft verzichtet, um sich selbst mit dem allgemeinen Gesetz des Gehorsams gegenüber dem Lauf der Dinge zu identifizieren.«[114] Der Glanz eines Stars ist ein gemachter. Man ist ein Star

---

111 A.a.O., S. 48.
112 A.a.O., S. 49.
113 Kellner, *Media Spectacle*, London/New York 2003.
114 Debord, *Die Gesellschaft des Spektakels*, S. 49.

nur in dem Sinne, dass man nicht man selbst ist. Debord unterteilt die Stars, die als Pseudosubjekte in der spektakulären Welt erscheinen, in zwei Typen. Der eine ist der Star der Entscheidung, die bekannten Politiker, die jeden Tag im Fernsehen und in der Zeitung auftauchen. Die Regierungsmacht nimmt die personifizierte Form des Pseudostars an. In einem gewissen Maß ist Politik eine völlig heuchlerische Show, und sie haben eine Größe darin erlangt, eine niedrigere Ebene der Realität einzunehmen als das unbedeutendste individuelle Leben - und jeder weiß das. Der andere Typus sind die Stars des Konsums, die, dick gepudert und ohne Ende ihre kommerzielle Kleidung ändernd, keinen Augenblick verpassen, um sich in den Reklamen sämtlicher Medien zu präsentieren. »Hier lässt sich der Star des Konsums als Pseudogewalt über das Erleben durch Plebiszit akklamieren. Aber diese Aktivitäten des Stars sind ebensowenig wirklich global wie verschiedenartig.«[115]

Noch trauriger ist es, dass das spektakuläre Leben der Stars zur illusionären Welt geworden ist, das von der Masse in ihrem banalen täglichen Leben bewundert und ersehnt wird. Die gewöhnlichen Zuschauer des Spektakels neigen dazu, in das falsche Leben und das künstliche Geschehen der Stars abzugleiten, um so über ihre langweilige tägliche Existenz hinwegzutäuschen. Auf der anderen Seite sind sie noch hilfloser gefangen im Abgrund des Pseudokonsums der modischen Spektakel. Wie ist es heute in China? Ist es nicht genauso?

III. Pseudo-Sein und die spektakuläre Zeit

Es ist akzeptiert, dass Marx die Wahrheit des historischen Materialismus durch die historische Zeit hindurch erkennt und dass Heidegger das Geheimnis darin versteht, indem er die Existenz der Toten in der Beziehung zwischen Sein und Zeit bejaht. Beide legten die Grundlage ihrer philosophischen Reformen mit ihrer Klarsichtigkeit und ihrer Bewältigung der realen historischen Zeit. Auf der anderen Seite bringt Debord im fünften und sechsten Kapitel der *Gesellschaft des Spektakels* das Problem der spektakulären Zeit auf, die sich von der historischen realen Zeit unterscheidet. Nach

---

115 A.a.O.

seiner Auffassung ist die in der gegenwärtigen kapitalistischen Gesellschaft existierende spektakuläre Zeit im Unterschied zur zyklischen Zeit in der traditionellen Gesellschaft und der irreversiblen Zeit im industriellen Zeitalter eine verbrauchbare Sache mit der falschen Erscheinung der pseudozyklischen Zeit, deren Wesen in der Abdeckung der Geschichte und daher der Herstellung von konsumierbarer Pseudohistorizität besteht.

1. Statische Zeit und zyklische Zeit

Ich habe bemerkt, dass Debord immer versucht, philosophischer und ausgeklügelter zu erscheinen, indem er sich an Hegel oder Marx um Hilfe wendet. In den willkürlichen Hegelschen Gedanken hat die natürliche Existenz der Stofflichkeit keine Geschichte, wenn er sagt, dass es nichts Neues unter der Sonne gebe. Die historische Zeit der Welt gehört nur der Vernunft des Subjekts, die Menschen jedoch, die das subjektive Bewusstsein teilen, gelangen durch eine »Nacht« des natürlichen Seins oder durch »das negative Sein« in die Zeit und in den historischen Kontext. Daher könnte es sein, dass der individuelle Mensch lediglich als ein Apparat der absoluten Idee dient, damit sie sich mittels seines Lebens verwirklichen kann, doch die Totalität der historischen Entwicklung der Gesellschaft ist zeitlich. Indem er sein fünftes Kapitel mit »Zeit und Geschichte« überschreibt, lehnt Debord das Hegelsche Konzept ab und versucht, es mit der Marxschen Idee der wirklichen gesellschaftlich-historischen Zeit, in deren Zentrum die Bewegung der Produktionsweise steht, zu verschmelzen.

Debord argumentiert, dass die wirkliche historische Bewegung vor allem die langsame und subtile Entwicklung der wahren Natur des Menschen ist. Die Existenz des Menschen initiiert die historische Zeit. Debord richtet Zeit als gesellschaftliche Zeit aus: Hier können wir sehen, was von Hegel zurückgeblieben ist. Aber in unterschiedlichen historischen Stadien der Gesellschaft unterscheiden sich die Zeitmuster entsprechend den Produktionsweisen. In der vorherigen »statischen Gesellschaft« wird die sich entwickelnde Geschichte als Kreislauf dargestellt, der die Zeit verleugnet. Das ist der Punkt, an dem Hegel seine Logik der Geschichte in seiner *Philosophie der Geschichte* beginnt.

»Wenn eine komplexere Gesellschaft dazu kommt, sich der Zeit bewusst zu werden, besteht ihre Arbeit vielmehr darin, diese Zeit zu leugnen, denn sie sieht in der Zeit nicht das, was vergeht, sondern das, was wiederkommt. Die statische Gesellschaft organisiert die Zeit nach ihrer unmittelbaren Erfahrung der Natur, im Modell der *zyklischen Zeit*.«[116]

Nach meinem Verständnis bezieht sich Debord mit der statischen Gesellschaft und der zyklischen Zeit hauptsächlich auf die Periode der Naturalwirtschaft in der menschlichen Gesellschaft, die auf nomadischer und landwirtschaftlicher Produktion basierte. Von einer größeren Zeitspanne aus gesehen ist diese Gesellschaft gezwungen, sich langsam nach vorn zu bewegen, der Mensch ist jedoch in seiner natürlichen Erfahrung entsprechend der Wiederholung der natürlichen ökonomischen Produktionsweise und des engen Raums seiner Existenz daran gewohnt, von der zyklischen Wiederkehr des Lebens und des Seins auszugehen. Das ist auch die Grundlage einer *imaginären* zyklischen Zeit. Debord gibt diesen Punkt nicht formal zu, vielmehr scheint es für ihn tatsächlich eine wirkliche objektive zyklische Zeit zu geben. Zeit ist nicht das lineare Fließen, sondern eine Wiederkehr und ein Zyklus identischer Lebensbedingungen. Debord sagt, dass die zyklische Zeit bereits in der Erfahrung nomadischer Völker vorherrschend war, die zu jedem Zeitpunkt ihrer Wanderschaft mit den gleichen Bedingungen konfrontiert waren. Und das trifft aus der Perspektive einer kurzen Zeitspanne zu. Die Jagd und die Viehzucht früherer Völker waren durch bestimmte Bedingungen bestimmt (wie dem Vorhandensein von jagdbaren Tieren und Gras), und die Menschen vollendeten ihre Produktion und Reproduktion in einer bestimmten Umgebung. Debord erklärt, dass diese »zyklische Zeit«, wenn die menschliche Gesellschaft den Schritt vom nomadischen Leben zu einer relativ stabilen Form macht, noch verstärkt wird, denn »die von dem Rhythmus der Jahreszeiten beherrschte agrarische Produktionsweise überhaupt ist die Basis der völlig ausgebildeten Wiederkehr des Gleichen.«[117] – »Die Ewigkeit ist ihr *innerlich*, es ist hier auf Erden die Wiederkehr des Immergleichen.«[118]

116 A.a.O., S. 112.
117 A.a.O., S. 113.
118 Dieser Satz steht im französischen Original und in der englischen Übersetzung gleich nach der zuvor zitierten Textstelle; in der deutschen Übersetzung fehlt er [A.d.Ü.].

188

Natürlich versetzt Debords Einsicht ihn in die Lage weiterzublicken. Er findet, dass eine andere, nichtzyklische und *irreversible* Zeit nur innerhalb der sogenannten »zyklischen Zeit« existiert: der Existenz der realen Geschichtlichkeit. Diese gehört jedoch nicht den Sklaven, die auf dieser Erde arbeiten und schwitzen, sondern der neu entstandenen herrschenden Klasse.

»Die gesellschaftliche Aneignung der Zeit, die Erzeugung des Menschen durch die menschliche Arbeit, entwickeln sich in einer in Klassen geteilten Gesellschaft. Die Macht, die sich über der Knappheit der Gesellschaft der zyklischen Arbeit gebildet hat, die Klasse, die diese gesellschaftliche Arbeit organisiert und sich deren begrenzten Mehrwert aneignet, eignet sich ebenso *den zeitlichen Mehrwert* ihrer Organisation der gesellschaftlichen Zeit an: sie besitzt für sich allein die irreversible Zeit des Lebendigen. Der einzige Reichtum, den es konzentriert in dem Bereich der Macht geben kann, um materiell für festlichen Aufwand ausgegeben zu werden, wird dabei auch als Vergeudung einer *geschichtlichen Zeit der Oberfläche der Gesellschaft* ausgegeben. Die Eigentümer des geschichtlichen Mehrwerts besitzen die Kenntnis und den Genuss der erlebten Ereignisse.«[119]

Wir treffen hier nun auf mehrere neue Konzepte. In der Falschheit der zyklischen Zeit leben die armen in der Landwirtschaft arbeitenden Menschen, deren zyklische Arbeit den *nichtzyklischen* zeitlichen Mehrwert ansteigen lässt. Das ist ein neues Konzept und ein neuer Punkt, womit Debord sagen will, dass die unterdrückte Klasse für die herrschende Klasse in ihrer zyklischen Zeit irreversible Zeit produziert. Es gibt keine Geschichte im Zyklus, aber an der Spitze stehen die Herrscher, die materiellen Reichtum »für festlichen Aufwand« ausgeben, zeitlichen Mehrwert. Jene, die das Leben genießen, sind jene, die nicht arbeiten. Und es sind dieselben, die den »historischen Mehrwert« besitzen und die deswegen über »die Kenntnis und den Genuss der erlebten Ereignisse« verfügen. Das ist eine scharfsichtige Bemerkung. Auf der einen Seite haben wir die bäuerlichen Massen im

119   A.a.O., S. 113-114.

Dunkel der Geschichte in der zyklischen Zeit, Zeiten, die den bäuerlichen Massen bekannt sind und »die sich in dem Zusammenbruch der Reiche und ihrer Chronologien niemals verändern.«[120] Auf der anderen Seite haben wir die Kaiser und Generäle im Rampenlicht der Geschichte, als Herren der zyklischen Zeit, die historischen Mehrwert besitzen, den Veränderungen der historischen Ereignisse unterliegen und die »ihre eigene Geschichte« schreiben. Das ist eine wichtige historische Dialektik; ein zweiter bedeutender Punkt, den Debord hier vorbringt.

Die irreversible Zeit (Geschichte) reflektiert also im Anfangsstadium nicht den einfachen Prozess der Produktion und Reproduktion der primitiven ökonomischen Struktur, sondern wird umgekehrt durch die Politik der Dynastien von Königen und Generälen repräsentiert, den »Herren« im Rampenlicht. Genauer gesagt denkt Debord an die Chronologie als Ausdruck der irreversiblen Zeit einer Macht. Nach seiner Ansicht entsteht Geschichte nicht erst im Prozess der realen materiellen Produktion, sondern vielmehr in der Arena des politischen Konflikts zwischen den Sklavenbesitzern und den Feudalherrschern. »Die irreversible Zeit ist die Zeit desjenigen, der herrscht; und die Dynastien sind deren erstes Maß. Die Schrift ist ihre Waffe.«[121] Auch das ist richtig. Die herrschende Klasse schreibt nicht nur Geschichte, sondern »die *Besitzer der Geschichte* haben in die Zeit *einen Sinn* gesetzt: eine Richtung, die auch eine Bedeutung ist.«[122] Ich denke, dass die Geschichte, die Debord hier meint, eine Geschichte in Anführungszeichen ist, insofern sie eine usurpierende Pseudogeschichte ist, die die historische Realität beherrscht, die von den Arbeitern mit ihrem Leben geschaffen worden ist.

Unterdessen findet Debord heraus, dass Mythologie zu einer Komplizin der Pseudogeschichte wird. Unter dem Schutz der Mythologie monopolisierten die Herrscher den freien Bereich der Imagination, der den Gedanken der Masse zugänglich ist, daher glaubt er, dass alle diese Konsequenzen aus der einfachen Tatsache hervorgehen, dass die Herren nur in dem Maße, indem sie es zu ihrer Aufgabe machen, die zyklische Zeit mit einem mythischen

120 A.a.O., S. 116.
121 A.a.O.
122 A.a.O.

Unterbau zu versehen wie in den jahreszeitlichen Ritualen der chinesischen Kaiser, selbst hiervon vergleichsweise befreit sind. Debord weist dann darauf hin, dass danach halbhistorische Religionen die Mythen als neue Waffe ersetzen, mit der die Herrscher ihre weltliche Herrschaft aufrechterhalten.

»Die monotheistischen Religionen waren ein Kompromiss zwischen dem Mythos und der Geschichte, zwischen der zyklischen Zeit, die noch die Produktion beherrschte und der irreversiblen Zeit, in der die Völker aufeinanderstoßen und sich wieder zusammensetzen. Die aus dem Judentum hervorgegangenen Religionen sind die abstrakte universelle Anerkennung der irreversiblen Zeit, die nun zwar demokratisiert ist und allen offensteht, aber nur im Illusorischen. Die Zeit ist ganz und gar auf ein einziges letztes Ereignis hin orientiert: ›Das Reich Gottes ist nah.‹ Diese Religionen sind auf dem Boden der Geschichte entstanden und haben sich auf ihm festgesetzt. Aber noch dort bleiben sie in radikalem Gegensatz zur Geschichte. Die halbgeschichtliche Religion führt in die Zeit einen qualitativen Ausgangspunkt ein, die Geburt Christi, die Flucht Mohammeds, aber ihre irreversible Zeit – die eine tatsächliche Akkumulation einleitet, die im Islam die Gestalt einer Eroberung und im Christentum der Reformation die Gestalt einer Vermehrung des Kapitals wird annehmen können – ist im religiösen Denken in Wirklichkeit wie eine *Zählung gegen den Strich* umgekehrt: das Warten in der abnehmenden Zeit auf den Zugang zur wahren anderen Welt, das Warten auf das Jüngste Gericht.«[123]

Auf diese Weise entfaltet Debord vor uns eine neue historische Perspektive für die Untersuchung von Religionen. Er denkt, dass religiöse Zeit irreversible historische Elemente umfasst, nämlich die orthodoxe Geschichte des Theismus, dass die Welt sich wieder in Richtung der Stadt Gottes bewegt. Diese irreversible Zeit wird jedoch als »eine Art Countdown« dargestellt. Das ist buchstäblich die Logik der millenaristischen Teleologie. Zudem denkt Debord, dass die Natur dieser Irreversibilität immer noch in der zyklischen Antihistorizität besteht, da sie letztlich in die Ewigkeit führt. »Die Ewigkeit

123   A.a.O., S. 119-120.

ist aus der zyklischen Zeit herausgetreten. Sie ist ihr Jenseits. Sie ist das Element, das die Irreversibilität der Zeit herabsetzt, das die Geschichte in der Geschichte selbst abschafft, indem sie sich als ein reines punktuelles Element, in das die zyklische Zeit zurückgekehrt und verschwunden ist, *auf die andere Seite der irreversiblen Zeit* stellt.«[124] Das ist in der Tat aufschlussreich.

2. Bourgeoisie und irreversible Zeit

Debord weist darauf hin, dass die Bourgeoisie mit einem neuen Lebensmodell aufwartet: der industriellen Produktion nach dem Zusammenbruch des Mittelalters. Die industrielle Revolution zerschlägt die vorherige auf der landwirtschaftlichen Produktion basierende statische Gesellschaft, beendet die zyklische Zeit und führt die irreversible Zeit im realen Sinne ein.

»Mit dem Scheitern der Kreuzzüge, der großen offiziellen geschichtlichen Unternehmung dieser Welt, enthüllte sich langsam, als die unbekannte Arbeit der Epoche, in dieser Mannigfaltigkeit des möglichen geschichtlichen Lebens die irreversible Zeit, die unbewusst die Gesellschaft in ihrer Tiefe mit sich riss; jene von der Bourgeoise in der Warenproduktion gelebte Zeit, in der Gründung und Ausdehnung der Städte, in der kommerziellen Entdeckung der Erde – dem praktischen Experimentzieren, das jede mythische Organisation des Kosmos für immer zerstört.«[125]

Debords Beschreibung der Geschichte ist übervoll von eleganter Poesie und unsäglicher Feierlichkeit. Nach seiner Ansicht beginnt dies alles mit der europäischen Renaissance. Im Gefolge der zyklischen Ewigkeit des oben erwähnten theistischen Diskurses, behauptet er weiter: »Der neue Besitz am geschichtlichen Leben, die Renaissance, die im Altertum ihre Vergangenheit und ihr Recht findet, trägt in sich den freudigen Bruch mit der Ewigkeit. Ihre irreversible Zeit ist die Zeit der unendlichen Akkumulation der Kenntnisse und das geschichtliche Bewusstsein, das aus der Erfahrung der demokratischen Gemeinschaften und der Kräfte, die sie zerstören, hervorgegangen ist,

---

124   A.a.O., S. 120.
125   A.a.O., S. 121-122.

fängt mit Machiavelli wieder die Reflexion über die entheiligte Macht auf, spricht das Unaussprechliche über den Staat aus.«[126] Das ist gut begründet. Wissen steht der feudalen Einfältigkeit entgegen, und das Aufkommen der Industrie und der experimentellen Wissenschaft als Schlüssel zu den natürlichen Mysterien muss die Verhärtung der Theologie aufbrechen, um sich selbst als eine neue Form des historischen Lebens zu etablieren. Wichtiger ist, dass zum ersten Mal *historisches Bewusstsein* auftaucht. Im Unterschied zu den vorherigen falschen Chroniken der Macht hat hier der Fortschritt als Wesen des historischen Seins seinen Ausgangspunkt. Genau gesagt ist es ein Fortschritt, der auf der modernen industriellen Produktion basiert. Irreversible Zeit kommt im realen Sinne infolge dieses Prozesses auf. Zugleich stellt Geschichte auch eine neue Form der Existenz im Gegensatz zur Ewigkeit dar, nämlich *Zeitlichkeit*. Das ist ein sehr wichtiger Meilenstein der modernen Theorie. Debord zitiert eine Lobrede, die »die eine wehmütige Ahnung der kurzen Herrlichkeit der Renaissance selbst« versinnbildlicht: »Wie schön die Jugend ist – die so bald vergeht.«[127]

Wie jedoch erschafft die Bourgeoisie diese neue irreversible Zeit? Nach Debord ist

»die Bourgeoisie [...] mit der zum ersten Mal vom Zyklischen befreiten *Zeit der Arbeit* verknüpft. Die Arbeit ist mit der Bourgeoisie zur *Arbeit* geworden, *die die geschichtlichen Bedingungen verändert*. Die Bourgeoisie ist die erste herrschende Klasse, für die die Arbeit ein Wert ist. Und die Bourgeoisie, die jedes Privileg abschafft und nur den Wert anerkennt, der aus der Ausbeutung der Arbeit entspringt, hat gerade mit der Arbeit ihren eigenen Wert als herrschende Klasse identisch gesetzt und macht den Fortschritt der Arbeit zu ihrem eigenen Fortschritt. Die Klasse, die die Waren und das Kapital akkumuliert, verändert ständig die Natur, indem sie die Arbeit selbst verändert, indem sie deren Produktivität entfesselt.«[128]

---

126 A.a.O., S. 124.
127 A.a.O., S. 124 [nach einer berühmten Gedichtzeile Lorenzo de Medicis: »Quant'è bella giovinezza/Che si fugge tuttavia!«; [A.d.Ü.].
128 A.a.O., S. 124-125.

Das ist offensichtlich eine weitere von Debords geistreichen theoretischen Bemerkungen. Die Natur der zyklischen Zeit ist die natürliche materielle Zeit, während die Arbeit (oder genauer die industrielle Produktion) eine neue Form des gesellschaftlichen Reichtums schafft, die völlig anders ist als der natürliche Reichtum aus landwirtschaftlicher Produktion. Wenn wir davon ausgehen, dass das Wesen der Landwirtschaft darin besteht, dem Gesetz der Natur zu entsprechen, dann ist es das Ziel der industriellen Produktion, historische Bedingungen zu transformieren. Daher ist die Beziehung zwischen Natur und Mensch nicht länger die Mutter-Kind-Bindung, die beide eng miteinander verbindet. Die Natur wird zum Objekt, und die Industrie verändert die Welt im Sinne der Arbeitszeit und des Arbeitswerts. Der Fortschritt der Arbeit wird zu dem der Geschichte selbst, und die Arbeitszeit konstituiert irreversible Zeit, die die zyklische Zeit durchbricht.

»Der Sieg der Bourgeoisie ist der Sieg der *zutiefst geschichtlichen* Zeit, weil sie die Zeit der wirtschaftlichen Produktion ist, die die Gesellschaft fortwährend und von Grund auf verändert. Solange die agrarische Produktion die Hauptarbeit bleibt, nährt die zyklische Zeit, die auf dem Grund der Gesellschaft gegenwärtig bleibt, die verbündeten Kräfte der *Tradition*, die die Bewegung hemmen. Aber die irreversible Zeit der bürgerlichen Wirtschaft rottet diese Überreste auf der ganzen weiten Welt aus. Die Geschichte, die bis dahin als die alleinige Bewegung der Individuen der herrschenden Klasse erschien und folglich als Geschichte von Ereignissen geschrieben wurde, wird jetzt als die *allgemeine Bewegung* begriffen, und in dieser strengen Bewegung werden die Individuen aufgeopfert.«[129]

Marx definiert das kapitalistische Produktionsverhältnis als niemals endende Revolution, die ihrem Schicksal des Untergangs ohne eine Veränderung ihrer Existenzweise nicht entkommen wird. Daher hat Debord recht, wenn er darauf hinweist, dass der Sieg der kapitalistischen Klasse der Sieg einer zutiefst historischen (irreversiblen) Zeit ist. Indessen sieht er zwei bestimmende Faktoren in diesem Sieg: Einer ist, dass der Triumph der

129 A.a.O., S. 125-126.

irreversiblen Zeit auch deren Metamorphose in die Zeit der Dinge war, genau gesagt der Massenproduktion von Dingen in Übereinstimmung mit den Gesetzen der Ware. Die Produktion »seltener Luxusartikel«, die sich um die aristokratische Klasse in der statischen Gesellschaft drehte, ist nun in eine Massenproduktion alltäglicher Produkte transformiert worden. Debord behauptet sogar, dass »das Hauptprodukt, das die Wirtschaft von einem seltenen Luxusartikel in ein gefährliches Konsumgut verwandelte, [...] daher *die Geschichte*«[130] sei. Das ist an sich interessant, jedoch nicht überzeugend.

Der zweite Faktor ist, dass die irreversible Zeit dazu neigt »diese erlebte Zeit gesellschaftlich abzuschaffen.«[131] Damit impliziert er, dass wenn die traditionelle zyklische Zeit »die gesellschaftliche Existenz in sich trug«, die irreversible Zeit des heutigen Bürgers eine historische mit eifriger Akkumulation eines nichtlebendigen Reichtums ist. Das enthält ein implizites Werturteil, dass wie schlecht auch immer die zyklische Zeit in traditionellen Gesellschaften ist, sie immerhin eine Zeit des Menschen ist, während die progressive Zeit des Bürgers, sei sie auch großartig, eine nichtmenschliche, verdinglichte Zeit ist, eine Zeit der Ausbreitung von Gütern. Debord behauptet daher, dass die irreversible Zeit der Produktion in der kapitalistischen Gesellschaft zuerst und vor allem das Maß der Waren sei. Die Zeit, die offiziell überall auf der Welt als die *allgemeine Zeit der Gesellschaft* vorangetrieben wird, ist daher, da sie nichts jenseits der speziellen Interessen derjenigen bezeichnet, die sie begründen, ihrem Charakter nach nicht allgemein, sondern *partikular*. Auch das ergibt einen Sinn. Die kapitalistische irreversible Zeit ist keine progressive Zeit des wirklichen menschlichen Seins, sondern eine verdinglichte historische Zeit. Für Marx ist ein Kapitalist kein Mensch (Subjekt), sondern die Personifizierung des Kapitals oder bestenfalls ein ökonomisches Wesen.

Debord weist ferner darauf hin, dass man vorsichtig sein sollte, um nicht zu glauben, dass die kapitalistische Klasse wirklich irreversible historische Zeit besitzt, da die bürgerliche Ideologie im Wesentlichen gezwungen sein wird, das reaktive Konzept der historischen Zeit zu bestätigen.

130 A.a.O., S. 126.
131 A.a.O., S. 126.

»So hat die Bourgeoisie die Gesellschaft mit einer irreversiblen geschichtlichen Zeit bekannt gemacht und diese ihr aufgezwungen, verweigert ihr aber deren *Gebrauch*. ›Somit hat es eine Geschichte gegeben, aber es gibt keine mehr‹, weil die Klasse der Besitzer der Wirtschaft, die nicht mit der *Wirtschaftsgeschichte* brechen kann, auch jede andere irreversible Verwendung der Zeit als eine unmittelbare Bedrohung verdrängen muss. Die herrschende Klasse, die aus *Spezialisten des Besitzes der Dinge* besteht, die dadurch selbst ein Besitz der Dinge sind, muss ihr Schicksal mit der Aufrechterhaltung dieser verdinglichten Geschichte verknüpfen, mit der Permanenz einer neuen Unbeweglichkeit *in der Geschichte*. Zum ersten Mal ist der Arbeiter, der an der Basis der Gesellschaft steht, *der Geschichte* nicht materiell *fremd*, denn irreversibel bewegt sich jetzt die Basis der Gesellschaft.«[132]

Wenn wir vom obigen Zitat ausgehen, dann muss die Bourgeoisie auf der Ebene der Politik wieder mit der Geschichte brechen. Marx sagte, dass es für den Bourgeois »einmal eine Geschichte gab«, als er auf die feudale Gesellschaft traf, jetzt jedoch »gibt es keine Geschichte mehr«. An diesem Punkt mangelt es Debords Analyse an ihrer früheren Subtilität. Die objektiv irreversible Zeit existiert immer noch, aber die nichthistorische Markierung, die er erwähnt, ist in der Aufrechterhaltung der politischen Ideologie im Produktionsprozess verdinglichten Reichtums und der endlosen Expansion des Kapitals verkörpert. Debord sieht nicht, dass dies zwei unterschiedliche Probleme sind.

Debord kommt letztlich zu der Schlussfolgerung:

»Mit der Entwicklung des Kapitalismus wird die irreversible Zeit *weltweit vereinheitlicht*. Die Weltgeschichte wird Wirklichkeit, denn die ganze Welt wird unter der Entwicklung dieser Zeit versammelt. Aber die Geschichte, die überall und zugleich dieselbe ist, ist erst noch die innergeschichtliche Ablehnung der Geschichte. Es ist die in gleiche abstrakte Stücke geschnittene Zeit der wirtschaftlichen

---

132 A.a.O., S. 127.

Produktion, die sich auf dem ganzen Planeten als *der gleiche Tag* äußert. Die vereinheitlichte irreversible Zeit ist die Zeit des *Weltmarkts* und folglich die des Weltspektakels.«[133]

Sicherlich, das Spektakel als neues Stadium der kapitalistischen Entwicklung ist vorhanden, aber die Betonung liegt hier auf der Zeit, obwohl natürlich als Zeit des Spektakels. Die weltweite Geschichte des Kapitals erhält eine neue räumliche Dimension hinzu, die einfach das neue zeitliche Element in der Logik des Kapitals ist.

3. Konsumzeit und pseudozyklische Zeit

Debord überschreibt sein sechstes Kapitel von *Gesellschaft des Spektakels* mit »Die spektakuläre Zeit«. In diesem Kapitel konzentriert er seine Diskussion auf dieses neue Zeitkonzept, das er definiert. Die Beschreibungen der zyklischen Zeit und der irreversiblen Zeit dienen beide dazu, den Weg für das Aufkommen der spektakulären Zeit zu ebnen.

Diesmal beginnt Debord seine Diskussion über die spektakuläre Zeit mit der Zeit-als-Ware oder als Produktionszeit im Kapitalismus. Einfach gesagt ist es die Zeit, von der wir sprechen, wenn wir in China sagen, »Zeit ist Geld«.[134]

»Die Zeit der Produktion, die Zeit als Ware, ist eine unendliche Akkumulation von äquivalenten Intervallen. Sie ist die Abstraktion der irreversiblen Zeit, deren Abschnitte alle auf dem Chronometer ihre alleinige quantitative Gleichheit beweisen müssen. Diese Zeit ist in ihrer ganzen Wirklichkeit, was sie in ihrer *Austauschbarkeit* ist. Bei dieser gesellschaftlichen Herrschaft der Zeit als Ware ist ›die Zeit alles, der Mensch nichts mehr; er ist höchstens noch die Verkörperung der Zeit‹ (*Das Elend der Philosophie*). Es ist die entwertete Zeit, die vollständige Umkehrung der Zeit als ›Raum der menschlichen Entwicklung‹.«[135]

133 A.a.O., S. 128.
134 Die Parole »Zeit ist Geld« tauchte zuerst auf den Straßen von Shenzhen auf, einer Sonderwirtschaftszone zu Beginn der Öffnungs- und Reformpolitik.
135 Debord, *Die Gesellschaft des Spektakels*, S. 133.

Wir sollten dies andersherum diskutieren. Zunächst nimmt Debord eine *implizite Werthypothese* vor, das heißt, Zeit ist der irreversible Fortschritt des menschlichen Lebens. Die zyklische Zeit in der traditionellen Gesellschaft ist nicht irreversibel, obwohl sie zum Menschen gehört. Das ist ein theoretischer Maßstab, »*der existieren sollte*«, den Debord jedoch mit allen Mitteln zu verbergen versucht. Nur wenn wir das verstehen, haben wir hier einen Zugang zu seiner analytischen Logik. Wenn Zeit für den Menschen ein irreversibler Maßstab ist, dann ist Zeit in der kapitalistischen Warenproduktion keine menschliche, sondern eine austauschbare Menge von Arbeitszeit, die nichts mit der Existenz des Menschen zu tun hat. Vielmehr ist sie eine »unendliche Ansammlung« homogener Zeitfragmente. Debord beobachtet, dass die kapitalistische Klasse die auf Arbeit basierende Produktionszeit als »Raum der menschlichen Entwicklung« sieht, wenn sie die zyklische Zeit des Mittelalters ablehnt, sie erkennt jedoch nicht, dass unter der Parole »Zeit ist Geld« die wirkliche Entwicklung des Menschen niemals möglich ist. In einer Zeit unbegrenzter Akkumulation materiellen Reichtums wird der Mensch auf eine Unterordnung unter das Materielle reduziert. Und im Gegensatz zu der von Debord beschriebenen Zeit der Entwicklung des menschlichen Seins ist der Mensch notwendig eine völlige Umkehrung der Zeit, denn in der Zeit, die die Produktion zum Ziel hat, ist der Mensch nur die »Verkörperung der Zeit«.

Im Vergleich mit der verdinglichten Zeit der Ware definiert Debord zum ersten Mal das abrupte Aufkommen der *konsumierbaren Zeit* des gegenwärtigen Kapitalismus. Er entdeckt, dass die allgemeine Zeit des Menschen außerhalb seiner Produktion jetzt ebenfalls auf dieser kapitalistischen Produktionsweise basiert, was sich in der Form von »pseudo-zyklischer Zeit« im täglichen Leben zeigt. Der situationistischen Bewegung geht es um das Alltagsleben. Beeinflusst von Lefebvre werten Debord und andere die Kritik und die Revolutionierung des Alltagslebens als die wichtigste revolutionäre Praxis. Der Situationismus hat seinen Namen von der Situation der Vermischung des Lebens mit der Kunst (Lefebvre), durch die Reform des pseudo-alltäglichen Lebens.

»Die pseudozyklische Zeit ist eine Zeit, die *von der Industrie verändert* worden ist. Die Zeit, die ihre Basis in der Produktion der Waren hat, ist selbst eine konsumierbare Ware, die alles, was sich vorher, während der Auflösungsphase der alten einheitlichen Gesellschaft in Privatleben, Wirtschaftsleben und politisches Leben gegliedert hatte, sammelt. Die gesamte konsumierbare Zeit der modernen Gesellschaft wird schließlich als Rohmaterial neuer verschiedenartiger Produkte verarbeitet, die sich auf dem Markt als gesellschaftlich organisierte Zeitanwendungen durchsetzen. ›Das Produkt, das in einer für die Konsumtion fertigen Form existiert, kann von neuem zum Rohmaterial eines anderen Produkts werden‹. (*Das Kapital*)«[136]

Wir wussten bereits, dass Debords »pseudozyklische Zeit« *Freizeit* ist, die künstlich zu Zwecken des Konsums von Produkten in der kapitalistischen Gesellschaft geschaffen worden ist. Nach seiner Ansicht ist die Freizeit außerhalb der Arbeit kein wirklicher Prozess, in dem man sich entspannt und das Leben genießt, sondern es ist ein Zeitablauf, die von der Industrie verändert worden ist. Direkt gesagt, es ist eine Zeit, die durch den Markt neu geordnet worden ist und die für den effizienten Konsum von Gütern existiert, um die Produktion zu fördern. Tatsächlich ist das genau der Punkt, an dem eine gewisse Heterogenität im Zeitbegriff zwischen der gegenwärtigen kapitalistischen Gesellschaft und dem traditionellen Kapitalismus besteht. Wenn ich es richtig verstehe, dann entstand die neue Situation nach der Durchsetzung des Fordismus im Westen, als Ford zum ersten Mal die Idee vertrat, dass Arbeiter in die Lage versetzt werden sollten, Güter zu kaufen. Erst dann verwandelte sich die kapitalistische Produktionsweise von der Extraktion des absoluten Mehrwerts (durch die Verlängerung der Arbeitsstunden) zur Extraktion des relativen Mehrwerts. Wenn in Marx' Zeiten die Verbesserung der Produktivität das zentrale Problem in der Produktion des relativen Mehrwerts war, dann hatte sich die kapitalistische Logik hin zu einer Situation entwickelt, in der *neue Produktion nur möglich ist, wenn es Konsum gibt*! Daher muss ein Teil der Zeit für den Konsum von Gütern freigehalten werden. Debord ist einsichtig genug, um dieses Phänomen zu erkennen.

Aber warum wird diese Freizeit pseudozyklische Zeit genannt? Debord denkt, dass die kapitalistische Konsumzeit künstlich in einen allgemeinen Zyklus vom Konsum zur Arbeit und dann wieder zum Konsum unterteilt werden kann.

136   A.a.O., S. 135.

»Die pseudozyklische Zeit ist die Zeit des Konsums des modernen wirtschaftlichen Überlebens, des vermehrten Überlebens, worin das tägliche Erlebte ohne Entscheidungsgewalt und unterworfen bleibt, aber nicht mehr der natürlichen Ordnung, sondern der in der entfremdeten Arbeit entwickelten Pseudonatur; und so findet diese Zeit *ganz natürlich* den alten zyklischen Rhythmus wieder, der das Überleben der vorindustriellen Gesellschaften regelte. Die pseudozyklische Zeit stützt sich auf die Überreste der zyklischen Zeit und stellt aus ihnen zugleich neue homologe Zusammensetzungen her: den Tag und die Nacht, die wöchentliche Arbeit und Ruhe, die Wiederkehr der Ferienzeiten.«[137]

Debord denkt, dass der Mensch in der gegenwärtigen kapitalistischen Gesellschaft die Möglichkeit und das Recht verliert, im täglichen Leben eine wirkliche Wahl zu treffen, »die natürliche Ordnung« ist verschwunden, und man muss sich der aus der entfremdeten Arbeit abgeleiteten »pseudonatürlichen Ordnung« unterwerfen. Alle die Wochenenden und Ferien, die sich klar von der Arbeitszeit abzugrenzen scheinen, erscheinen als auf natürliche Weise durch die vorhergehende zyklische Zeit der Arbeit und der Erholung geformt, doch das Gegenteil trifft zu. Das Aufkommen der zyklischen Zeit dient dem Konsum von Gütern außerhalb der Arbeitszeit. Dieser hergestellte Pseudokonsum wird zum immanenten Antrieb der Produktion selbst. Auf diese Weise entsteht die Kette von Konsum und Produktion, innerhalb derer der Konsum vital für die Existenz des gegenwärtigen Kapitalismus wird. Entsprechend ist auch die Zeit des Pseudokonsums wesentlich für die Kapitalisten.

Debord bemerkt daher: »Die pseudozyklische Zeit ist in Wirklichkeit nur die *konsumierbare Verkleidung* der Zeit der Produktion, der Zeit als Ware. Sie enthält deren wesentlichen Charaktere: austauschbare homogene Einheiten und die Abschaffung der qualitativen Dimension. Aber als Nebenprodukt dieser Zeit, die zur Herstellung – und Aufrechterhaltung – der Rückständigkeit des konkreten täglichen Lebens bestimmt ist, muss sie mit Pseudowertungen besetzt sein und in einer Folge scheinbar individualisierter

---

137 A.a.O., S. 134.

Momente erscheinen.«[138] Während die ersten Sätze verständlich sind, so braucht man eine Weile, um zu verstehen, warum die Funktion der pseudozyklischen Zeit in der »Aufrechterhaltung der Rückständigkeit des täglichen Lebens« liegt. Nach meiner Ansicht meint Debord mit der Herstellung und Aufrechterhaltung der Rückständigkeit des alltäglichen Lebens, dass die heutigen Kapitalisten immer ihre blendenden Instrumente anwenden, um einen die »*Rückständigkeit*« des eigenen Lebens spüren zu lassen oder das Gefühl zu geben, dass es immer möglich ist, *den eigenen Lebensstandard zu verbessern*. Wir werden diesen Satz im Fernsehen und in den Zeitungen immer wieder hören und lesen. Dieses Gefühl der Rückständigkeit wird von den Kapitalisten hergestellt, die ihre eigenen Produkte zu fördern versuchen. Es stimuliert einen dazu, ohne Ende zu kaufen und zu konsumieren. Die Kapitalisten sind die Paten hinter der allgegenwärtigen Werbung und anderer Formen der Propaganda, die kopierbare, »fortgeschrittenere« Muster herstellt, indem sie »Individualität« »falsch beurteilt und fördert, so dass man im illusorischen spektakulären Begehren lebt und willentlich in die Fallen des Warenhandels geht.

4. Spektakuläre Zeit: Zeitblöcke, die Pseudoereignisse herstellen

Nachdem er eine Weile herumlaviert hat, ist Debord schließlich bereit, seine wichtige theoretische Aussage zu formulieren: »*Die konsumierbare pseudozyklische Zeit ist die spektakuläre Zeit.*«

»Die konsumierbare pseudozyklische Zeit ist die spektakuläre Zeit, als Zeit des Konsums der Bilder im engen Sinn und zugleich, in ihrem ganzen Ausmaß, ein Bild des Konsums der Zeit. Die Zeit des Konsums der Bilder, das Medium aller Waren, ist untrennbar das Feld, auf dem die Instrumente des Spektakels ihre volle Wirkung ausüben, und das Ziel, das diese Instrumente global als Ort und zentrale Gestalt aller besonderen Arten des Konsums darstellen.«[139]

Debord bezieht sich in den vorhergehenden Kapiteln auf Reklame und Medien, die Konsumverlangen herstellen, aber hier spricht er unmittelbarer

138 A.a.O.
139 A.a.O., S. 136.

über das Problem der Bilder als das wichtigste Element im spektakulären Sein. Nach Debord liegt das Wesen der pseudozyklischen Zeit in einem durch das Bombardement der Bilder erzwungenen Import der Konsumgüter hinter den Bildern in den Geist der Menschen. Das Spektakel fabriziert Pseudobegehren, die den Pseudokonsum zum Zweck einer neuen Runde der Warenproduktion begründen. Das ist das ganze Spiel der spektakulären Zeit. In seinem Film bemerkt Debord, dass Zeit, wenn sie unser Konsum der Bilder ist, zu einer Ware wird. Dazu läuft eine Szene mit Menschen, die Urlaub machen. Debord erklärt, dass die spektakuläre Zeit konstitutiv für unser Leben ist.

Vor allem sagt Debord, dass die spektakuläre Zeit als ein neues Mittel des gegenwärtigen Kapitalismus wie »alles inbegriffene« Zeitblöcke ist.

> »So kann in der sich expandierenden Wirtschaft der ›Dienstleistungen‹ und der Freizeit die Zahlungsformel ›alles inbegriffen‹ auftauchen, für die spektakuläre Wohnung, die kollektiven Pseudoreisen der Ferien, das Abonnement auf den kulturellen Konsum und den Verkauf selbst der Geselligkeit in der Form von »erregenden Gesprächen« und ›Begegnungen mit Persönlichkeiten‹. Diese Art spektakulärer Ware, die natürlich nur deshalb in Umlauf ist, weil die entsprechenden Realitäten immer knapper werden, gehört ebenso natürlich zu den Pilot-Artikeln der Modernisierung der Verkaufstechniken, denn sie ist auf Kredit zahlbar.«[140]

Die spektakulären Waren, die in der spektakulären Zeit beworben werden, werden erfolgreich für den Konsum durch Bilder eingeführt. Debord sagt, »der ständige Zeitgewinn, den die moderne Gesellschaft erstrebt – sei es durch die Schnelligkeit der Beförderungsmittel oder durch den Gebrauch von Fertigsuppen – kommt bekanntlich für die Bevölkerung der Vereinigten Staaten positiv darin zum Ausdruck, dass sie durchschnittlich zwischen drei und sechs Stunden täglich allein mit der Betrachtung ihres Fernsehers beschäftigt sind.«[141] Das ist wahr, die moderne Gesellschaft hat für jeden eine große Menge an Freizeit bereitgestellt, viele Blöcke von spektakulärer Zeit,

140 A.a.O., S. 135-136.
141 A.a.O., S. 136.

manipuliert durch Bilder, die voll sind mit allen Arten von spektakulärem Betrug und bewusster Irreführung. Debord denkt, »die Zeit des modernen Überlebens muss sich im Spektakel um so nachdrücklicher anpreisen als sich ihr Gebrauchswert vermindert hat. Die *Werbung* für die Zeit hat die Wirklichkeit der Zeit ersetzt.«[142] Da sie »alles inklusive« ist, gibt es keinen Ort, an den wir vor der spektakulären Zeit fliehen können. Es ist nie schwierig, Debords Beispiele im heutigen China zu sehen: Fernsehen, Radio, Zeitungen und Internetmedien, alle sind durchsetzt mit verschiedenen Formen von Werbung und Reklame. Tägliche Waren in Topqualität, neu vermarktete Gebäude, attraktive Reisen in der Goldenen Woche, alle diese Wünsche, die durch die Werbung geschaffen werden, hören niemals auch nur eine Minute auf, unser Leben anzugreifen. Hinzu kommen all die Interviews mit berühmten Persönlichkeiten und die Herausstellung der Stars, wodurch wir von ihren spektakulären Begehrlichkeiten umgeben werden. Zweifellos haben wir bereits die spektakulären Phänomene und die spektakuläre Zeit, wie sie von Debord definiert werden, gefühlt und erlebt. Was er gesagt hat, geschieht gerade jetzt um uns herum.

Zweitens stellt spektakuläre Zeit Pseudofeste im Leben her. Die typischste Pseudofeierlichkeit sind die sogenannten »Goldenen Wochen« im heutigen China. Allgemein sind Feste in dieser spektakulären Zeit nicht länger bedeutsame Feiern in unserer Existenz, vielmehr sind sie zu einem charakteristischen Mittel der Warenwerbung geworden. Daher sind Ferien nicht länger Ferien, sondern die von den Kapitalisten patentierte entfremdete Konsumzeit, in der wir vom Spektakel gezwungen werden zu konsumieren, was wir nicht wirklich brauchen.

»Diese Epoche, die ihre Zeit sich selbst wesentlich als die beschleunigte Wiederkehr zahlreicher Festivitäten zeigt, ist gleichfalls eine Epoche ohne Feste. Was in der zyklischen Zeit der Moment der Teilnahme einer Gemeinschaft an der verschwenderischen Ausgabe des Lebens war, ist der gemeinschafts- und luxuslosen Gesellschaft unmöglich. Ihre vulgarisierten Pseudofeste, Parodien des Dialogs und der Gabe, regen zwar zu einer wirtschaftlichen Mehrausgabe

---

142 A.a.O., S. 137.

an, bringen aber stets nur die durch das Versprechen einer neuen Enttäuschung kompensierte Enttäuschung wieder. Die Zeit des modernen Überlebens muss sich im Spektakel um so nachdrücklicher anpreisen als sich ihr Gebrauchswert vermindert hat. Die *Werbung für die Zeit* hat die Wirklichkeit der Zeit ersetzt.«[143]

Das ist uns nicht länger fremd. Vom »Neujahrs-Frühlings-Festival Goldene Woche« über den »Valentinstag« bis zur »Goldenen Woche im Mai«, dem »Mittherbstfest« bis zur »Goldenen Woche im Oktober« und zur »Weihnachts-Einkaufs-Saison« sind alle diese Feiertage zyklische Zeit, die im wirklichen Leben in China geschaffen wurde. Ihre Existenz basiert auf der Logik der spektakulären Pseudofeierlichkeiten mit dem realen Zweck, die Leute dazu zu bringen, Geld für den Konsum spektakulärer Güter auszugeben.

Drittens und am wichtigsten: Debord entdeckt in der spektakulären Zeit *die Vortäuschung des authentischen Lebens*. Wir wissen, dass Debords Situationismus der Idee des Surrealismus in ihrer Ablehnung des banalen Alltagslebens nahesteht. Sie wollen die authentischen oder surrealistischen künstlerischen Momente des Lebens durch die Umkehrung der Pseudorealität einfangen. Und Debord findet heraus, dass das Spektakel die Menschen glauben lässt, es sei der ultimative Zustand des Seins und sie in die Falle des Konsums gehen lässt, indem es alle Arten künstlerischer Momente vortäuscht.

»Das gesellschaftliche Bild des Konsums der Zeit wird seinerseits ausschließlich von den Momenten der Freizeit und der Ferienzeit beherrscht, Momente, die *von fern* vorgestellt werden und die, wie jede spektakuläre Ware, durch Postulat begehrenswert sind. Diese Ware wird hier ausdrücklich als der Moment des wirklichen Lebens ausgegeben, dessen zyklische Wiederkehr es abzuwarten gilt. Aber in diesen dem Leben zugewiesenen Momenten selbst ist es noch das Spektakel, das sich zu sehen und zu reproduzieren gibt und dabei eine noch stärkere Intensität erreicht. Was als das wirkliche

143 A.a.O.

204

Leben vorgestellt wurde, erweist sich lediglich als das Leben, das noch *wirklicher spektakulär* ist.«[144]

»Momente« sind von Natur aus wirkliche Lebensbedingung des Menschen in der situationistischen Revolution des täglichen Lebens. Debord sieht jedoch, dass die spektakuläre Zeit oftmals die Rolle dieses »Moments« imitiert und spielt. Insbesondere wird man immer durch die herausragenden Momente, die in der Werbung dargestellt werden, vergiftet, wenn sie Ästhetik als Mittel ihrer Darstellung benutzen. Die Menschen neigen dazu zu glauben, dass die Pseudosituationen und Pseudoereignisse, die durch das Spektakel produziert werden, unmittelbare Manifestationen des Lebens und der Erwerb bestimmter Güter und die Teilnahme an bestimmten Reisen oder Shows einen Schritt hinein in die künstlerischen Momente des authentischen Lebens seien. Wir können unser Sein nur vergessen, wenn wir unachtsam sind. Debord zeigt, »die Pseudoereignisse, die sich in der spektakulären Dramatisierung drängen, wurden nicht von denjenigen erlebt, die darüber informiert werden; und außerdem gehen sie mit jedem Schlag der spektakulären Maschinerie in der Inflation ihres beschleunigten Ersatzes verloren.«[145] Dem Spektakel und der Mode zu folgen, nutzt sich ab und bereitet dem Leben ein Ende, wenn wir uns in der Nebeneinanderstellung von spektakulären Bildern verlieren. Schließlich wird das »Pseudoselbst«, das in diesen Bildern verbleibt, im Laufe der Geschichte erbarmungslos vergessen.

5. Die mit pseudozyklischer Zeit synchrone spektakuläre Zeit

Debord denkt, dass das Spektakel nicht nur pseudozyklische Zeit hervorbringt, sondern auch entsprechenden spektakulären Raum. Dass ist die »Raumordnung«, durch die die gegenwärtige kapitalistische Gesellschaft ihre räumliche Umgebung auf gleichförmige Weise gestaltet. Es ist die Überschrift des siebten Kapitels von *Die Gesellschaft des Spektakels*. Es ist auch das Feld, dem Lefebvre, der *La production de l'espace* schrieb, später seine tiefgehende Untersuchung widmen wird.

144   A.a.O., S. 136-137.
145   A.a.O., S. 138.

Spektakulärer Raum ist *räumliche Entfremdung*, deren sichtbare Form wie allgemein bekannt die Urbanisierung oder der *Urbanismus* ist. Nach Debords Meinung ist »der Urbanismus [...] diese Inbesitznahme der natürlichen und menschlichen Umwelt durch den Kapitalismus, der, indem er sich logisch zur absoluten Herrschaft entwickelt, jetzt das Ganze des Raums als *sein eigenes Dekor* umarbeiten kann und muss.«[146] Der Urbanismus besteht hier in Wirklichkeit aus modernisierten Metropolen, einer besonderen räumlichen Form des Kapitalismus. In der räumlichen Anordnung der Stadt ist das Kapital in der Lage, die Natur und die menschliche Gesellschaft in einer zentralisierteren und geeigneteren Weise zu kontrollieren. Durch das Leben in diesem durch das industrielle Kapital geschaffenen gesellschaftlichen Raum verlieren die Existenz des Menschen und die der Natur beide ihr Geheimnis und ihren poetischen Glanz. Es ist in Pascals Worten die stille Welt aus Metall und Zement, wo alle Gebäude und Straßen entsprechend der kommerziellen Logik des Kapitals entworfen und ausgeführt sind. In den geraden und weiten Straßen sehen wir keine Spur von Natur oder menschlicher Natur. Wir leben in einer Zeit, in der Klimaanlagen und Gewächshäuser die Jahreszeiten auslöschen und in der Kunstlicht den Unterschied zwischen Tag und Nacht verschwinden lässt. Die Menschen können daher nicht länger in der natürlichen Welt leben, und unsere täglichen Aktivitäten geschehen in den von Menschen gemachten kommerziellen Städten. Debord verweist auf die Anforderung des Kapitalismus, denen der Urbanismus entspricht, indem er das Leben einfriert. Die gegenwärtige kapitalistische spektakuläre Gesellschaft scheint in ihrem Versuch, die räumliche Trennung des gesellschaftlichen Lebens durch umfangreichere Technik zu beschleunigen, darüber hinauszugehen. Das ist der sogenannte Prozess der Urbanisierung.

Zunächst ist das Ziel der Urbanisierung nach Debords Ansicht die *Rekonstruktion des Pseudoraumes* der atomisierten Arbeiter in der kapitalistischen Gesellschaft. Er sagt,

»›Mit den Massenkommunikationsmitteln über große Entfernungen hat sich herausgestellt, dass die Isolierung der Bevölkerung ein viel wirksameres Mittel der Kontrolle ist‹, stellt

146 A.a.O., S. 146.

Lewis Mumford in *The City in History* fest, wo er eine ›von nun an bestehende Einbahnwelt‹ beschreibt. Aber die allgemeine Isolierungsbewegung, die die Realität des Urbanismus ist, muss auch eine kontrollierte Wiedereingliederung der Arbeiter nach den planbaren Erfordernissen der Produktion und des Konsums enthalten. Die Integration in das System muss die isolierten Individuen als *gemeinsam isolierte* Individuen wieder in Besitz nehmen: die Betriebe wie die Kulturzentren, die Feriendörfer wie die großen Wohnsiedlungen sind speziell für die Ziele dieser Pseudogemeinschaftlichkeit organisiert, die das vereinzelte Individuum auch in die *Familienzelle* begleitet: die verallgemeinerte Verwendung von Empfängern der Spektakelbotschaft bewirkt, dass seine Vereinzelung von den herrschenden Bildern bevölkert wird, von Bildern, die erst durch diese Vereinzelung ihre volle Macht erreichen.«[147]

Der spektakuläre Raum ist die »kontrollierte Wiedereingliederung« der Arbeiter. Insbesondere nachdem die Massenmedien zu einem wesentlichen Rahmen der Gesellschaft geworden sind, stellen die einsamen Massen eine seltsame Existenz in der realen räumlichen Isolation und der vom Spektakel geschaffenen illusionären Gemeinschaft dar: Der Mensch ist von Natur aus allein, er gewinnt jedoch ein falsches Miteinander durch die »allgegenwärtigen« Bilder (indem das gleiche Radioprogramm gehört, das gleiche Fernsehprogramm gesehen und die gleiche Zeitung gelesen wird). In diesem Sinn gehört der spektakuläre Raum auch nicht länger zur geographischen räumlichen Struktur im traditionellen Sinn, vielmehr kann er »als Psychogeographie beschrieben«[148] werden. Dieser neue Raum ist eine soziohistorische Konzeption, eine spezielle Form der Kontrolle durch das Kapital.

Zweitens haben wir eine *massenhafte Pseudoarchitektur* im spektakulären Raum. Debord findet auch, dass wenn Architektur in der Vergangenheit für die herrschende Klasse konstruiert wurde, es jetzt anders ist:

---

147 A.a.O., S. 147-148.
148 Belden Fields/Steven Best, »Situationist International«, in: Robert Gorman (Hg.), *Biographical Dictonary of Neo-Marxism*. Westport 1985, S. 385.

»Zum ersten Mal ist eine neue Architektur, die in jeder früheren Epoche der Befriedigung der herrschenden Klassen vorbehalten war, direkt *den Armen* zugedacht. Das formale Elend und die riesenhafte Ausdehnung dieser neuen Wohnungserfahrung sind die Folge ihres *Massen*charakters, den sowohl ihre Bestimmung als auch die modernen Konstruktionsbedingungen einschließen. Die *autoritäre Entscheidung*, die abstrakt den Raum zu einem Raum der Abstrakten anordnet, steht natürlich im Zentrum dieser modernen Konstruktionsbedingungen.«[149]

Das ist eine neue räumliche Entwicklung. Debord argumentiert, dass die Urbanisierung tatsächlich zu Beginn der Industrialisierung stattfand. Die räumliche Konstruktion der Stadt entwickelt sich grundsätzlich überall auf die gleiche Art, selbst in rückständigen und industriell unterentwickelten Gebieten. Urbanisierung findet auf Kosten der Zerstörung der natürlichen Umwelt statt. Debord hat bereits zu seiner Zeit beschrieben, was wir heute unmittelbar fühlen können:

»Die Zersplitterung der Städte auf das Land, das durch ›formlose Massen städtischer Überbleibsel‹ (Lewis Mumford) überwachsen wird, wird unmittelbar von den Erfordernissen des Konsums geleitet. Die Diktatur des Automobils, des Pilotproduktes der ersten Phase des Warenüberflusses, hat sich durch die Herrschaft der Autobahn, die die alten Zentren sprengt und eine immer stärkere Zerstreuung gebietet, dem Gelände aufgeprägt. Zugleich polarisieren sich vorübergehend die Momente der unvollendeten Reorganisation des städtischen Gefüges um die ›Distributionsfabriken‹ herum, um die riesigen *supermarkets*, die in ödem Gelände, auf einem *Parkplatz*-Sockel, errichtet werden.«[150]

Hochentwickelte Autobahnen, immer mehr Autos und riesige Einkaufszentren vor der Stadt, das ist es, was Debord sah und was wir heute sehen. Der Unterschied besteht darin, dass Debord einiges Disparate in der

---

149   Guy Debord, *Die Gesellschaft des Spektakels*, S. S. 148-149.
150   A.a.O., S. 149.

unbegrenzten Ausweitung dieser materiellen Objekte sah, nach denen wir uns sehnen.

Drittens haben wie das »*Pseudo-Land*«, das im spektakulären Raum erscheint. Debord sagt, dass die globale Geschichte des Kapitalismus »in den Städten entstanden« und in der Zeit mündig geworden sei, als die Stadt das Land entscheidend besiegte. »Der Urbanismus, der die Städte zerstört, baut ein neues *Pseudo-Land* auf, in dem die natürlichen Verhältnisse des alten Landes genauso wie die direkten und direkt in Frage gestellten gesellschaftlichen Verhältnisse der geschichtlichen Stadt verloren sind. Eine neue künstliche Bauernschaft wird durch die Bedingungen der Siedlung und der spektakulären Kontrolle in dem heutigen ›geordneten Raum‹ geschaffen.«[151] Die neue Bauernschaft wird in der Tat durch das Spektakel erzeugt:

> »Aber wenn diese Bauernschaft, die die unerschütterliche Basis des ›orientalischen Despotismus‹ war und deren Zersplitterung selbst nach der bürokratischen Zentralisierung rief, als Produkt der Wachstumsbedingungen der modernen staatlichen Bürokratisierung wieder auftaucht, so hat ihre *Apathie* diesmal *geschichtlich erzeugt* und aufrechterhalten zu sein; die natürliche Unwissenheit hat dem organisierten Spektakel des Irrtums Platz gemacht. Die ›Trabantenstädte‹ der technologischen Pseudobauernschaft prägen in das Terrain deutlich den Bruch mit der geschichtlichen Zeit ein, auf die sie errichtet sind; ihr Motto könnte lauten: ›Hier wird nie etwas geschehen, so wie hier *nie etwas geschah*‹.«[152]

Debord liefert keine tiefere Analyse dieser spektakulären Bauernschaft. Ich denke, gemeint sind die Arbeiter der Agrarindustrie, die ebenfalls durch moderne Spektakel manipuliert werden. Sie hängen nicht länger von der patriarchalischen Clan-Beziehung des Bodens und der Tradition ab, sondern leben in den »neuen Städten des spektakulären Raums. Sie sind »gleichgültige Menschen«, die ihrer Bindung an die Natur beraubt sind.

Natürlich ist Debord angesichts dieses spektakulären Raums nicht pessimistisch. Er erwartet immer noch optimistisch eine Kritik der menschlichen

---

151 A.a.O., S. 151.
152 A.a.O., S. 152.

Geographie. Er hofft:

>Die Geschichte, die diese dämmernde Welt bedroht, ist auch die
Kraft, die der erlebten Zeit den Raum zu unterwerfen vermag.
Die proletarische Revolution ist diese *Kritik der menschlichen
Geographie*, wodurch die Individuen und die Gemeinschaften die
Landschaften und die Ereignisse konstruieren müssen, die der
Aneignung nicht mehr nur ihrer Arbeit, sondern auch ihrer ge-
samten Geschichte entsprechen. In diesem bewegten Raum des
Spiels und der freigewählten Variationen der Spielregeln kann die
Autonomie des Ortes, ohne die Wiedereinführung einer neuen aus-
schließlichen Bindung an den Boden, wiedergefunden werden und
dadurch die Wirklichkeit der Reise zurückbringen, sowie die des
Lebens, verstanden als Reise, deren Sinn ganz in sich selber ist.«[153]

Debord glaubt immer noch an die proletarische Revolution und glaubt,
dass ihre Natur die »Kritik der menschlichen Geographie« sei. Das ist genau die Kritik und die Revolution der spektakulären Zeit. Das Ziel der
Revolution ist es, die Entfremdung des Raums aufzulösen, die vom spektakulären Raum erzeugt wird, und den Menschen die Verfügung über die
Totalität der Geschichte zurückzugeben. Der neue Raum der Menschen
wird ein Raum sein, der »in sich selbst all seinen Sinn hat«.

IV. Spektakuläre Ideologie und ihr Umsturz

Abgesehen von den oben erwähnten Ideen enthält *Die Gesellschaft des
Spektakels* eine weitere revolutionäre Sichtweise, nämlich die, dass das
Spektakel von Debord uneingeschränkt als wichtige Ausdrucksform der gegenwärtigen kapitalistischen Ideologie betrachtet wird. Debord erklärt, dass
das Spektakel die verwirklichte Konkretion des bürgerlichen Fetischismus
der ökonomischen Verhältnisse ist. wenn der vorherige Fetischismus nur
ein mysteriöses Konzept im menschlichen Geist war, so wird er jetzt zu
einer sichtbaren und spürbaren spektakulären Kontrolle entwickelt. Im
Unterschied zu früher haben sich die Menschen der Gegenwart in ihrer

---

153   A.a.O., S. S. 152-153.

unbedingten Unterstützung aller himmelsgleichen Spektakel unbewusst der kapitalistischen Ideologie untergeordnet. Aber als radikaler linker Revolutionär versucht Debord auch, das Thema der Unterwanderung der spektakulären Ideologie zu diskutieren.

1. Das Spektakel als verdinglichte Ideologie

Für Debord ist das Spektakel ein abscheulicher Krimineller. Es ist auf der einen Seite der wichtigste Unterstützungsrahmen der gegenwärtigen kapitalistischen Gesellschaft, auf der anderen Seite ist es der bereitwilligste Komplize bei deren Herrschaft. Der Mikromechanismus der spektakulären ideologischen Operation in den vorherigen Kapiteln entwickelt worden, und die Diskussion hier sieht mehr wie eine theoretische Schlussfolgerung aus. Im letzten Kapitel seines Buchs, dem Debord die Überschrift »Die materialisierte Ideologie« gibt, zitiert er umfangreich aus Hegels *Phänomenologie des Geistes*, was kurz gesagt bedeutet, dass das Selbstbewusstsein für den anderen existiert; das heißt, dass es die Wahrnehmung und Anerkennung des Selbstbewusstseins dieses anderen gewinnen muss. Betont wird, dass das Spektakel eine materialisierte Intensivierung der Ideologie ist:

»Die Ideologie ist im konfliktorischen Verlauf der Geschichte die *Grundlage* des Denkens einer Klassengesellschaft. Ideologische Gegebenheiten waren niemals nur bloße Hirngespinste, sondern das entstellte Bewusstsein der Realitäten und als solche reelle Faktoren, die ihrerseits eine reell entstellende Wirkung ausübten; um so mehr als die Materialisierung, die der konkrete Erfolg der autonom gewordenen Wirtschaftsproduktion in Form des Spektakels nach sich zieht, praktisch mit der gesellschaftliche Realität einer Ideologie verschmilzt, die das Reelle in seiner Gesamtheit nach ihrem Modell hat zuschneiden können.«[154]

Ideologie ist keinesfalls eine Illusion, sondern eine begriffliche Verwirrung eines realen gesellschaftlichen Verhältnisses. Das ist die grundlegende Orientierung seit Mannheim und Althusser, Debord will jedoch

---

154   A.a.O., S. 181.

eine neue Form der ideologischen Existenz verstehen: Das Spektakel ist die *unmittelbare Materialisierung* der gesamten bürgerlichen Ideologie. Wir leben in einer grellen Zeit, in der das Spektakel durch überwältigende Bilder die unsichtbare implizite Hegemonie der vorhergehenden Ideologie zu einem spürbaren Zwang der falschen spektakulären Welt verändert hat. Das Spektakel verwirklicht seine unmittelbare Kontrolle über die tiefe unbewusste Struktur des Menschen auf bewundernswerte Weise, indem es Sehnsüchte erzeugt und uns mit allgegenwärtigen Reizen anlockt. Debord ist der Auffassung, dass diese Kontrolle sich zu einem automatischen Mechanismus weiterentwickelt hat und die Rolle der unmittelbaren Materialisierung der ideologischen Bilder spielt. Daher erkennt er weiter, dass das Spektakel intensivierte Ideologie ist, in deren Entwicklung eine unbewusste gesellschaftliche Identität verwirklicht wird, um die bestehende soziale Kontrolle zu bestätigen. Das ist die Zwangsideologie.

Debord sagt, »das Spektakel ist die Ideologie schlechthin, weil es das Wesen jedes ideologischen Systems in seiner Fülle darstellt und zum Ausdruck bringt: die Verarmung, die Unterjochung und die Negation des wirklichen Lebens.«[155] Das ist eine tiefempfundene Aussage. Wenn wir uns der Herrschaft des Spektakels unterordnen, bemerken wir niemals, dass wir das authentische Leben und das wirkliche Sein aufgegeben haben. Das Leben, das wir leben, ist nicht besser als das von Marionetten, die vom Spektakel manipuliert werden.

»Wenn sich die Ideologie, die der *abstrakte* Wille zum Allgemeinen und seine Illusion ist, durch die allgemeine Abstraktion und die tatsächliche Diktatur der Illusion in der modernen Gesellschaft legitimiert findet, ist sie nicht mehr der voluntaristische Kampf des Parzellierten, sondern sein Triumph. Von da an gewinnt der ideologische Anspruch eine Art seichte positivistische Genauigkeit: er ist nicht mehr eine geschichtliche Wahl, sondern eine Evidenz. In dieser Behauptung haben sich die besonderen *Namen* der Ideologien verflüchtigt. Selbst der Teil der im eigentlichen Sinn ideologischen Arbeit im Dienst des Systems lässt sich nur noch als Anerkennung

155   A.a.O., S. 182-183.

eines ›epistemologischen Sockels‹ begreifen, der jenseits jedes ideologischen Phänomens stehen will. Die materialisierte Ideologie
ist ebenso namenlos wie ohne aussprechbares geschichtliches
Programm. Das heißt mit anderen Worten, dass die Geschichte *der
Ideologien* zu Ende ist.«[156]

Auch wenn anerkannt wird, dass zu Marx' Zeiten die bürgerliche
Konzeption als bestimmender Wille der herrschenden Klasse ihren
Ausdruck gewöhnlich in einer der Arbeiterklasse aufgezwungenen Invasion
des Idealismus findet, so ist die bürgerliche Phantasie in der heutigen Zeit
der spektakulären Ideologie zu einer um sich greifenden »monotonen positivistischen Korrektheit« geworden. Während wir uns selbst in der unaufhörlichen Bewunderung des Spektakels begraben, lassen wir keine Zeit
und keine Energie mehr für einen Moment des Misstrauens gegenüber der
Wahrheit der Lebenswerte und der wissenschaftlichen Begriffe, die durch
das Spektakel vermittelt werden. Es trifft zu, dass die spektakuläre Ideologie
vollständig den Platz der vorher vertretenen politischen Ideologien einnimmt. Best bemerkt, »das Spektakel ist ein Instrument der Befriedung und
der Entpolitisierung, es ist ein ›permanenter Opiumkrieg‹, der die gesellschaftlichen Subjekte betäubt und sie von der dringlichsten Aufgabe des
realen Lebens abhält.«[157] Das Ende der traditionellen Ideologie ist nur der
Beginn der spektakulären Ideologie, die keine genaue politische Tendenz
(historische Agenda) hat. Diese scheinbar gutgemeinte Anonymität ist genau der Punkt, der den herausragenden Trick des Spektakels ausmacht.

Als Nächstes entwickelt Debord die verschiedenen Kennzeichen der
spektakulären Ideologie weiter, indem er sie auf die Ebene einer abstrakten Metaphysik bringt. Zunächst macht er deutlich, dass die spektakuläre
Ideologie die existentielle Entfremdung des menschlichen Lebens ist. Er
sagt, dass das Prinzip, das Hegel in der *Jenenser Realphilosophie* als das des
Geldes benennt – »das sich in sich bewegende Leben des Toten« –, jetzt durch
das Spektakel auf die Gesamtheit des gesellschaftlichen Lebens ausgedehnt

---

156 A.a.O., S. 182.
157 Steven Best, »Commodification of Reality and Commodified Reality:
     Baudrillard, Debord, and Post-Modern Theories«, in: Douglas Kellner
     (Hg.), *Baudrillard: A Critical Reader*, Oxford 1994, S. 47.

worden ist. Hier erinnert er noch einmal an die Idee der Entfremdung. Er fragt sich jedoch nicht, ob die Logik der Entfremdung eine humanitäre Werthypothese ist. Es ist bemerkenswert, dass er nicht zuerst den jungen Marx zitiert, sondern sich vielmehr direkt an Hegel als den Lehrmeister des jungen Marx wendet – und spezifisch an den jungen Hegel. Debords Erklärung fügt dem bekannten Begriff der Entfremdung mehr oder weniger einige unangenehme Aspekte hinzu. Bei ihm verwandelt das Spektakel die nichtlebenden Dinge, die der Mensch selbst geschaffen hat, in eine sich auf ewig selbst wieder erzeugende Macht, die das Leben des Menschen ersetzt und dessen Sein manipuliert.

> »Das Spektakel ist materiell ›der Ausdruck der Trennung und der Entfremdung zwischen Mensch und Mensch‹. Die neue ›Potenz des wechselseitigen Betrugs‹, die sich in ihm konzentriert hat, hat ihre Grundlage in dieser Produktion, durch die ›mit der Masse der Gegenstände das Reich der fremden Wesen wächst, denen der Mensch unterjocht ist‹. Es ist das höchste Stadium einer Expansion, die das Bedürfnis gegen das Leben gewendet hat. ›Das Bedürfnis des Geldes ist daher das wahre, von der Nationalökonomie produzierte Bedürfnis und das einzige Bedürfnis, das sie produziert‹. (Ökonomisch-philosophische Manuskripte.)«[158]

Es ist leicht zu sehen, dass Debords Formulierung hier nicht mehr ist als die Aneinanderreihung von Zitaten. Aber dieser Abschnitt ist offensichtlich in seiner allgemeinen Logik die direkte Übernahme von Marx' *Ökonomisch-philosophischen Manuskripten* von 1844. Es ist schade, dass Debord die Heterogenität zwischen der historischen Perspektive der Entfremdung durch den jungen Marx und seiner wissenschaftlichen Methode des historischen Materialismus nicht erkennt. Er begreift nicht, dass die Kritik humanitärer Werte allein vor dem heutigen Spektakel immer noch schwach ist und dass mit ihr allein keine wissenschaftliche Klarheit möglich ist. Hier ist es nur zu offensichtlich, dass Debords theoretische Grundlage zu zerbrechlich ist.

---

158 Debord, *Die Gesellschaft des Spektakels*, S. 183.

Zweitens ist die Theorie des Spektakels auf der Ebene grundlegender philosophischer Annahmen das einfache Wiedererwachen des alten Materialismus und Idealismus. Debord denkt, dass Marx in den *Thesen über Feuerbach* die Praxis und die Dichotomie zwischen traditionellem Materialismus und Idealismus überwunden habe, das Spektakel jedoch

»erhält [...] die ideologischen Charakterzüge des Materialismus und des Idealismus zugleich und setzt sie im Pseudokonkreten seines Universums durch. Die kontemplative Seite des alten Materialismus, der die Welt als Vorstellung und nicht als Tätigkeit auffasst – und der letzten Endes die Materie idealisiert –, ist im Spektakel vollendet, wo konkrete Dinge automatisch Herren über das gesellschaftliche Leben sind. Umgekehrt vollendet sich auch die *geträumte Tätigkeit* des Idealismus im Spektakel durch die technische Vermittlung von Zeichen und Signalen – die letzten Endes ein abstraktes Ideal materialisieren.«[159]

Das ist eine interessante Idee. Zu meiner Überraschung ist Debord in der Lage, den ersten Punkt in Marx' *Thesen über Feuerbach* auf derart bedeutsame Weise zu interpretieren und anzuwenden. Wie bekannt kritisiert Marx zugleich Feuerbach und Hegel, während Debord die Kritik an diesen beiden Dimensionen in seiner Lektüre zur Kritik des Spektakels zusammenfügt. Zunächst verwirklicht sich der Erscheinungsbereich des alten Materialismus wieder im spektakulären Sein, aber niemals, um sich auf die unmittelbare Auseinandersetzung mit den natürlichen Objekten durch die eigenen Sinne zu beziehen, sondern auf die passive und inaktive Rezeption der durch die Spektakel hergestellten Bilderwelt. Zweitens ist die Aktivität des Idealismus im Spektakel durch die »technische Vermittlung von Zeichen und Signalen« im Spektakel verkörpert: das Spektakel transformiert sich selbst durch die begriffliche Herrschaft in die Materialisierung.

Drittens gelingt es der spektakulären Ideologie auf der Ebene des gesellschaftlichen Seins, die gesellschaftlichen Konflikte und Widersprüche zu verbergen. Debord argumentiert, dass kontrolliert durch die spektakuläre

159   A.a.O., S. 183-184.

»die Ausschaltung der Praxis, und das falsche antidialektische Bewusstsein, das sie begleitet, das ist [...], was in jeder Stunde des dem Spektakel unterworfenen, Alltagslebens aufgezwungen wird; was als eine systematische Organisation des ›Versagens der Begegnungsfunktion‹ und als deren Ersatz durch ein *halluzinatorisches gesellschaftliches Faktum* zu begreifen ist: das falsche Bewusstsein der Begegnung, die ›Illusion der Begegnung‹. In einer Gesellschaft, in der niemand mehr von den anderen *anerkannt* werden kann, wird jedes Individuum unfähig, seine eigene Realität anzuerkennen. Die Ideologie ist zu Hause; die Trennung hat ihre Welt gebaut.«[160]

Verloren in der vom Spektakel hergestellten Welt und dem verrückten Streben nach spektakulären Phantasien kann man niemals die Widersprüche und Konflikte in der wirklichen Gesellschaft erkennen, so dass man der Fähigkeit beraubt ist, die Bedeutung seiner Existenz und der Realität des Lebens zu erfassen. Das ist die zentrale Funktion der gesellschaftlichen Überwachung durch die spektakuläre Ideologie.

Für Debord ist jemand, der in der spektakulären Welt lebt, ein

»Gefangener eines verflachten Universums, das durch den *Bildschirm* des Spektakels beschränkt ist, hinter den sein eigenes Leben verschleppt worden ist, kennt nur noch die *Scheingesprächspartner*, die es einseitig mit ihrer Ware und der Politik ihrer Ware unterhalten. Das Spektakel in seiner ganzen Ausdehnung ist sein eigenes ›Spiegelzeichen‹. Hier wird der Scheinabgang eines generalisierten Autismus inszeniert.«[161]

Das klingt sehr nach Lacan: Das Spektakel ist eine Art Spiegelzeichen, das das Individuum fälschlich für sich selbst hält, wobei es sein eigenes Sein verliert. Das spektakuläre Narrativ, das ein »Scheingesprächspartner« ist, das das Individuum »einseitig unterhält«, reduziert die Menschen in ihr

160 A.a.O., S. 184.
161 A.a.O., S. 185.

zu passiven Zuschauern, die von Anfang bis Ende keine Macht haben zu sprechen. Diese grotesken und grellen spektakulären Spiegelbilder, die im Überfluss vorhanden sind, sind das, was wir werden sollen, und das wirkliche Selbst wird innerhalb des Spektakels auf hinterlistige Weise getötet:

> »Das Spektakel, das die Verwischung der Grenzen von Ich und Welt durch die Erdrückung des Ichs ist, das von der gleichzeitigen An- und Abwesenheit der Welt belagert wird, ist ebenso die Verwischung der Grenzen zwischen dem Wahren und dem Falschen durch die Verdrängung jeder erlebten Wahrheit unter der von der Organisation des Scheins gewährleisteten *reellen Präsenz* der Falschheit. Wer passiv sein täglich fremdes Schicksal erleidet, wird daher zu einem Wahnsinn getrieben, der illusorisch auf dieses Schicksal reagiert, indem er sich mit magischen Techniken behilft. Die Anerkennung und der Konsum der Waren stehen im Zentrum dieser Pseudoantwort auf eine Kommunikation ohne Antwort. Das Nachahmungsbedürfnis, das der Konsument empfindet, entspricht genau dem infantilen Bedürfnis, das durch alle Aspekte seiner fundamental Enteignung bedingt wird.«[162]

Lacans Zauberwort erscheint wieder im Spektakel: Jeder ist wahnsinnig, und im Unterschied zum pathologischen Sinn sind wir wahnsinnige, die sich vernünftig verhalten. Noch schlimmer ist, dass wir niemals wissen, dass unser wirkliches Selbst unter der Kontrolle des Spektakels bereits tot ist. Und der Körper, der nach dem Willen des Spektakels tanzt, ist lediglich hohl.[163]

2. Revolution des Alltagslebens: Umsturz des Spektakels

Als linker Intellektueller verankert Debord seine Gesellschaftskritik des Spektakels in seinem Eintreten für revolutionäre Praktiken. Im Unterschied zu Baudrillard und anderen Vertretern der Postmoderne gibt Debord seinen Versuch nicht auf, die gesellschaftliche Realität zu erklären und zu

---

162 A.a.O., S. 185.
163 Zur Lacanschen Philosophie vgl. meine Monographie *Die Wahrheit des Unmöglichen Seins: Das Abbild der Lacanschen Philosophie*, Beijing 2005.

verändern. Auf der anderen Seite verhält sich seine spektakuläre Theorie heterogen zur traditionellen marxistischen Theorie der proletarischen Revolution, da er für die situationistische *künstlerische* Transformation des Lebens eintritt.

Für Debord erscheinen die *historischen Gedanken* in der Realität seit dem entscheidenden Sieg der kapitalistischen Produktionsweise. Es ist auch die »irreversible Zeit«, die er zuvor diskutiert hat. »Die Entwicklung der Produktivkräfte hat die alten Produktionsverhältnisse gesprengt, und jede statistische Ordnung zerfällt zu Staub. Alles, was absolut war, wird geschichtlich.«[164]

Beim Aufstieg der Bourgeoisie erstrebt diese immer mit bewusstem revolutionäre Klassenbewusstsein »das *Denken der Geschichte*, d.h. die Dialektik, das Denken, das nicht mehr bei der Suche nach dem Sinn des Seienden stehen bleibt, sondern sich zur Erkenntnis der Auflösung alles Bestehenden erhebt, und in der Bewegung jede Trennung auflöst.«[165] Wenn sie jedoch einmal die Gesellschaft beherrscht, lässt die kapitalistische Klasse plötzlich die Historizität der gesellschaftlichen Geschichte im Sinne des Noumenon hinter sich. Geschichte wird einfach zu einer abstrakten Konzeption, und das Wesen der bürgerlichen Ideologie ist der Versuch, die Nichthistorizität des kapitalistischen Systems zu verdeutlichen: Ewigkeit. Debord analysiert das korrekt. Dies ist auch ein Schlüsselkonzept, dass Marx beleuchtet hat.

Debord denkt, dass Marx selbst die historische Wissenschaft begründet hat. In seinem Film *La société du spectacle* zitiert er oftmals Marx und fügt Bilder von Marx und Engels ein. Die Natur der Theorie liegt im Prozess der Wiederbelebung begrifflicher Geschichte zu einer realen, objektbezogenen Gesellschaftsgeschichte, da historische Gedanken nur erhalten werden, indem sie zu praktische Gedanken werden. Debord wirft Marx jedoch die »deterministische« Seite seiner Gedanken vor, da Marx seine historische Analyse zu einem linearen Modell der Entwicklung von Produktionsweisen vereinfacht habe, nach dem Klassenkämpfe in jedem Stadium »»mit einer revolutionären Umgestaltung der ganzen Gesellschaft [...] oder mit dem

---

164 Debord, *Die Gesellschaft des Spektakels*, S. 61.
165 A.a.O., S. 62.

gemeinsamen Untergang der kämpfenden Klassen‹ enden.«[166] Debord illustriert die statische »asiatische Produktionsweise«. Tatsächlich gelangt Debord nicht einmal bis an den Rand der Forschungen des späteren Marx über die ältere Geschichte, insbesondere den historischen Überblick über die russische Dorfgemeinschaft. Genau aus diesem Grund entsteht der ökonomisch deterministische Marxismus der Zweiten Internationale:

> »Der ›orthodoxe Marxismus‹ der II. Internationale ist die wissenschaftliche Ideologie der sozialistischen Revolution, die ihre ganze Wahrheit mit dem objektiven Prozess in der Wirtschaft und mit dem Fortschritt einer Anerkennung dieser Notwendigkeit in der von der Organisation erzogenen Arbeiterklasse identifiziert. Diese Ideologie findet das Vertrauen in die pädagogische Beweisführung wieder, das den utopischen Sozialismus charakterisiert hatte, ergänzt es aber durch eine *kontemplative* Bezugnahme auf den Lauf der Geschichte.«[167]

Debord hält die »Notwendigkeit des Sozialismus« nicht für selbstverständlich. Zugleich lehnt er offen des russischen Sozialismus ab, der, so denkt er, eine diktatorische Ideologie entstehen lässt. Stalins UdSSR verkörpert das konzentrierte Spektakel. »Derselbe geschichtliche Moment, in dem der Bolschewismus in Russland *für sich selbst* siegte, und die Sozialdemokratie siegreich *für die alte Welt* kämpfte, bezeichnet die vollendete Entstehung einer Ordnung der Dinge, welche im Mittelpunkt der Herrschaft des modernen Spektakels steht: die *Repräsentation der Arbeiter* hat sich radikal der Klasse entgegensetzt.«[168] Debord denkt nicht, dass dies der richtige Weg zur Abschaffung der gegenwärtigen spektakulären Herrschaft ist. In seinem Film fügt er oft Szenen mit den russischen Führern ein, die an einer Massenkundgebung teilnehmen, darunter Reden von Stalin. Oftmals arrangiert er diese Szenen in einem abwertenden Sinn.

Das ist nicht angemessen, und auch nicht der Fall: Was ist denn dann die revolutionäre Haltung, die Debord selbst vorschlägt, um der gegenwärtigen

---

166   A.a.O., S. 71.
167   A.a.O., S. 80-81.
168   A.a.O., S. 85.

kapitalistischen Gesellschaft des Spektakels zu widerstehen? Für ihn ist das Proletariat unter der umfassenden Kontrolle des Spektakels »nicht aufgehoben. Seine Existenz in der gesteigerten Entfremdung des modernen Kapitalismus dauert unerbittlich fort: dieses Proletariat besteht aus der ungeheuren Mehrzahl der Arbeiter, die jede Macht über die Bestimmung ihres Lebens verloren haben und sich, *sobald sie das wissen*, wieder als Proletariat definieren, als das in dieser Gesellschaft wirkende Negative.«[169] Offensichtlich erwacht leise das Klassenbewusstsein des jungen Lukács! Und Debord findet auch heraus, dass »Zeichen der Negation, die sich in den wirtschaftlich fortgeschrittensten Ländern mehren« immer noch vorhanden sind, obwohl sie durch fas Spektakel falsch interpretiert oder verändert werden. Mehr noch, Debord verweist auf ein ganz neues revolutionäres Element: die unmittelbare Missachtung der Jugend gegenüber der Gesellschaft des Spektakels, »die aufständischen Strömungen der Jugend einen ersten formlosen Protest erheben, in dem jedoch die Verweigerung der alten spezialisierten Politik, der Kunst und des Alltagslebens unmittelbar eingeschlossen ist«.[170] Offensichtlich akzeptiert er Marcuses Idee der neuen revolutionären Subjektivität und der kulturellen Revolution, wobei letztere von Marcuse als »kulturelle Negation« bezeichnet wird. Nach Debords Meinung scheint die von der jungen Generation begonnene Revolution an der Oberfläche ruhig zu sein, doch sie hat bereits den Enthusiasmus unter den Menschen entfacht. Die künstlerische Revolution der jungen Generation stimmt offensichtlich mit Debords Idee überein, der in ihr den wirklichen Weg sieht, die Fesseln der spektakulären Manipulation abzuwerfen, was der wesentliche Inhalt dieser neuen Revolution ist. In *La société du spectacle*, seinem Film von 1973, ist eine der am häufigsten wiederkehrenden Szenen die der jungen Studenten, die sich Straßenschlachten mit der französischen Militärpolizei liefern. Nach dem französischen Maisturm von 1968 hatte Debord größere Erwartungen an die revolutionäre Praxis der Jugend. Die revolutionären Szenen in Paris werden häufig mit den historischen Szenen der Russischen Revolution verwoben, in der Hoffnung, eine tiefe historische Bedeutung zu vermitteln.

169 A.a.O., S. 102.
170 A.a.O., S. 103-104.

Tatsächlich ist es kein Wunder, dass Debord sich an die Seite dieser jungen Menschen stellt, da seine Situationistische Internationale selbst ein revolutionäres Experiment ist, das *das Spektakel mit künstlerischen Momenten unterwandert.* Ich behaupte, dass die Entstehung der Situationistischen Internationale keinesfalls zufällig ist, sondern ihre Wurzeln im Aufschwung der westlichen Welt aufgrund der sprunghaften Entwicklung nach den beiden heftigen Schlägen der beiden Weltkriege hatte.

Bis zur Mitte der 60er Jahre erlebte die kapitalistische Ökonomie, vermittelt durch die keynesianische Revolution und den Fordismus, eine Periode des beispiellosen Aufstiegs, mit dem die kapitalistischen westlichen Ländern ein neues Aussehen annahmen und der zugleich bedeutende Veränderungen (verglichen mit dem frühen Kapitalismus) in der politischen Herrschaft und der ökonomischen Struktur auf der einen Seite und Wohlstand und Konsumismus aufgrund der stark steigenden Akkumulation von Waren auf der anderen Seite hervorbrachte. Tatsächlich rief der westliche Marxist Lefebvre bereits in den 1940er Jahren dazu auf, sich mit der durch den Konsum außerhalb des Bereichs der Produktion geschaffenen Sphäre des »Alltagslebens« zu beschäftigen. Seine Idee ebnete den Weg für den logischen Ausgangspunkt von Situationisten wie Debord und Vaneigem. Lefebvres Schüler Baudrillard liefert eine detaillierte und scharfe Anatomie dieser neuen Form der kapitalistischen Gesellschaft in seiner *Konsumgesellschaft*[171].

Diese von Lefebvre begründete Denkschule kann zusammengefasst werden in der entschiedenen Behauptung, dass sich die gegenwärtige kapitalistische Gesellschaft sich von der grundlegenden Struktur des Primats der Produktion zur grundlegenden Struktur des *Primats des Konsums* umgewandelt habe. Dies kann auch als die ursprüngliche Quelle der *post-Marxschen Tendenz* in der westlichen marxistischen Gesellschaftskritik verstanden werden. Wenn man dieser Strömung folgt, dann ist die Sphäre der materiellen Produktion, auf die sich der traditionelle Marxismus konzentriert, auf einen zweitrangigen Platz in Wesen des gesellschaftlichen Lebens verdrängt

---

171 Jean Baudrillard, *Die Konsumgesellschaft. Ihre Mythen, ihre Strukturen* (Konsumsoziologie und Massenkultur), Wiesbaden 2014 [A.d.Ü.].

worden. Als Nächstes vertiefen Debord und Vaneigem Lefebvres Konzept und erklären, dass die Warengesellschaft durch die spektakuläre Gesellschaft ersetzt worden sei und dass an die Stelle von Begriffen wie Produktionsweise, Produktivität und Produktionsverhältnisse das Spektakel, der Raum, das Alltagsleben und dergleichen tritt. Was den Klassenkampf betrifft, der auf die kapitalistische Ökonomie und das ökonomisch-politische Leben zielt, so ist er ebenfalls in eine »Revolution des Alltagslebens« transformiert worden, die das Sein in künstlerische Momente verwandelt. Zudem werden die Ablehnung der Entfremdung und die Zurückweisung des Fetischismus auch zum »Umherschweifen« der Künstler und zum »Entgleisen« im psychologischen Sinn, in deren Zentrum die sogenannte Konstruktion aktiver realer Situationen der Existenz steht. Interessanterweise benennen sich die Situationisten nach dieser Situation. In dieser Sichtweise trennt sich der grundlegende Standpunkt der Situationisten vom Marxismus.

Best und Kellner fassen diesen Unterschied so zusammen:

»Während der klassische Marxismus sich auf die Produktion konzentrierte, betonten die Situationisten die Bedeutung der gesellschaftlichen Reproduktion und der neuen Formen der Konsum- und Mediengesellschaft, die sich seit dem Tod von Marx herausgebildet hatten. Während sich der Marxismus auf die Fabrik konzentriert, konzentrierten sich die Situationisten auf die Stadt und das Alltagsleben, indem sie die Marxsche Betonung des Klassenkampfs durch ein Projekt der kulturellen Transformation und der Transformation der Subjektivität und der gesellschaftlichen Beziehungen ersetzten. Und während der Marxismus sich auf Zeit und Geschichte fokussierte, betonten die Situationisten die Produktion von Raum und die Herstellung befreiter Zonen des Begehrens.«[172]

Wie oben erwähnt hat die Form der Kontrolle abgedankt, die für politischen Zwang und ökonomische Methoden charakteristisch war, und die Kontrolle der kulturellen Ideologie hat die Thronfolge mit Erhabenheit

---

172 Steven Best/Douglas Kellner, *The Postmodern Turn*, S. 81.

angetreten. Das Spektakel erschafft mithilfe des kulturellen Apparats und der Massenmedien eine Pseudorealität, eine Pseudowelt, die das alltägliche Leben beherrscht (was Baudrillards »Reich der Simulation« sein könnte). Die Revolution besteht daher darin, die entfremdende Natur des Spektakels im Alltagsleben zu demaskieren und das Spektakel weiter zu beschädigen und die Menschen anzuleiten, zum Moment der realen Existenz zurückzukehren. Sie wollen den Menschen auch zeigen, dass sich das falsche Begehren, das durch das Spektakel vorgeführt wird, als irrig erweist, das wirkliche Begehren unseres Seins befreien, ganz neue Lebenssituationen konstruieren und das Alltagsleben revolutionieren. Best und Kellner behaupten, dass es »das grundlegende Ziel der situationistischen Praxis war, die Gesellschaft und das Alltagsleben neu zu begründen, um die Apathie, Enttäuschung, Passivität und Zersplitterung zu überwinden, die durch das Spektakel herbeigeführt wird. Die Wiedergewinnung der aktiven Existenz war nur durch die Zerstörung der spektakulären Verhältnisse möglich und durch die Überwindung der Passivität, durch die aktive Herstellung von ›Situationen‹ und den Gebrauch der Technologie zur Verbesserung des menschlichen Lebens.«[173] In dieser glorreichen Revolution, so hofft Debord, wird eine neue Umwelt geschaffen, in der die Gegenwart über die Vergangenheit herrschen und die Kreativität des Lebens immer über die Wiederholung des Lebens siegen wird.

Die revolutionären Strategien der Situationisten umfassen »Umherschweifen (dérivé) und »Entgleisung« (détournement) und die konstruierte Situation. Dérivé ist die erstarrte Negation des repressiven urbanen Lebens, insbesondere die Vorführung des architektonischen Raums. Détournement bezieht sich auf die »Demonstration kapitalistischer Bilder durch die Offenlegung der versteckten Manipulation oder der unterdrückten Logik«, oder mit anderen Worten eine umkehrende Selbstzerstörung der ideologischen Bilder (wie beim Gegenangriff in der Werbung, der Architektur und der Comics). Die konstruierte Situation soll den Lebensprozess des Subjekts entsprechend den wirklichen Wünschen des Subjekts neu entwerfen, neu schaffen und neu erfahren. Für Debord ist es ein Moment des Lebens, der sorgfältig durch eine kollektive Organisation

173 A.a.O., S. 92.

eines einheitlichen Spiels von Umwelt und Ereignissen konstruiert wird, eine Konstruktion des revolutionären negativen Spektakels. Die Situation bezieht sich auf die »nicht-spektakulären Brüche und das »Zerbrechen des Spektakulären«[174]. In einer revolutionären Situation ist den Menschen »der Ausdruck von Begehren und emanzipierten Möglichkeiten, die das alltäglichen Leben unterdrückt hat«[175], erlaubt. Die Situationisten denken sogar, dass Marx' Erneuerung der Hegelschen Dialektik eine bekannte Strategie der subversiven Entgleisung ist, und die Ziele von beiden bestehen darin, die nichtmaterielle Armut und Entfremdung der Menschheit in der Gesellschaft des Spektakels herauszustellen, um die wirkliche Natur des Selbst zu zeigen.

Diese Revolution zwingt uns, aktiv eine neue Lebenssituation zu konstruieren, einen individuellen Raum und einen urbanen öffentlichen Raum, der auf befreitem Begehren basiert. Im Prozess der Revolution spielt Kunst eine entscheidende Rolle (die Situationisten waren größtenteils Künstler) und ist zusammen mit Poesie ein wesentlicher Zugang.

Während seines gesamten Lebens trat Debord den überwältigenden Spektakeln mit einer unbeugsamen Geste der Zurückweisung entgegen und widmete sich der revolutionären Praxis, die verschwommene gesellschaftliche Realität zu entlarven und zu verändern. Er unternahm einen Versuch, die im Spektakel vergifteten Menschen aufzuwecken, indem er zu Aktionen der Situationisten aufrief, die, anstatt passiv auf das weit entfernte Signalhorn der Revolution zu warten, für eine grundlegende Erneuerung des gegenwärtigen Alltagslebens, die Veränderung der Sichtweise der Menschen und eine Umwandlung der gesellschaftlichen Struktur eintraten. Durch Selbstemanzipation können wir die Machtverhältnisse ändern, um die Gesellschaft zu erneuern. Die drei Aufgaben weisen alle in die gleiche Richtung. Aus diesem Grund versuchte er mit Konventionen zu brechen, indem er Situationen konstruierte und Menschen dabei half, mit ihrem immer gleichen Rhythmus des Denkens und Verhaltens zu brechen. Alle diese Gesten der Verweigerung gelten als emblematisch für Kreativität. Die Situationistische Internationale betrachtete es als ihre Aufgabe, die Masse zu befähigen, sich ihrer unbewussten Verhaltensweisen bewusst zu werden.

---

174   Belden Fields/Steven Best, »Situationist International«, S. 386.
175   A.a.O.

Auf diese Weise hofften sie, die permanente Revolution wiederzubeleben. Sie bestanden darauf, dass jedes Individuum aktiv und bewusst an der Rekonstruktion jeder Minute des Lebens teilhaben solle. Sie nennen sich selbst Situationisten in dem Sinn, dass sie es für richtig halten, dass jedes Individuum seine Potentiale voll ausschöpfen und sein jeweiliges Vergnügen darin finden kann, seine Lebenssituationen zu rekonstruieren. Tatsächlich können die situationistischen Theorien als ein Austrieb der umfassenden Kritik der neuen Formen der kapitalistischen Kontrolle gesehen werden, die im Nachkriegsfrankreich und anderen westlichen Ländern mit dem Aufstieg des Konsumdenkens entstanden.

Kapitel 3

Der verkehrte Durchschau des Menschenkörpers durch den Affenkörper: Kritische textuelle Lektüre von Baudrillards *Der Spiegel der Produktion*

Prolog

Seit meiner ersten Lektüre von Baudrillards *Le miroir de la production* (engl. *The Mirror of Production*) empfinde ich eine Verärgerung, die schwer zu unterdrücken ist. Baudrillard, der weise und talentierte Kobold, wird allgemein als ein großer postmodernistischer Avantgardist gesehen. Unerwartet erweist er sich als profundester und gefährlichster theoretischer Kritiker des Marxismus, den wir jemals gesehen haben. Sein Angriff auf den Marxismus, insbesondere auf den historischen Materialismus in *Le miroir de la production* ist zweifellos die bösartigste, wenngleich umfassendste Kritik der gegenwärtigen Geschichte. Es ist wahr, dass Marx überall im bürgerlichen Lager viele Feinde hat. Seit der Entstehung des Marxismus haben Kritik und Verurteilungen gegen ihn niemals aufgehört. Im Vergleich zu diesen Angriffen von außen jedoch ist Baudrillards philosophischer Ausgangspunkt die innere Logik des Marxismus. Als Schüler des führenden westlichen Marxisten Henri Lefebvre und Mitarbeiter an der französischen Übersetzung der *Deutschen Ideologie* hat Baudrillard in vieler Hinsicht ein tiefes Verständnis des historischen Materialismus. Aus diesem Grund ist seine Anklage des historischen Materialismus und des Marxismus insgesamt auf beinahe tödliche Weise grundsätzlich. Im Unterschied zu den meisten marxistischen Kritikern, die wie eine Libelle über die Wasseroberfläche fliegen, jedoch das wirkliche Ziel verfehlen, scheint Baudrillards Kritik bis zu einem sehr zerstörerischen Niveau entwickelt zu sein, mit dem man sich äußerst ernsthaft auseinandersetzen muss. In dieser Hinsicht ist er Jürgen Habermas[1], dem Deserteur der Frankfurter Schule, sehr ähnlich und geht in gewissem Maße über diesen hinaus. Kurz gesagt ist Baudrillard tiefer und präziser als seine dummen Vorläufer, deren Missbräuche eher Bluffs in Richtung des Pseudobildes des Stalinismus sind, die jedoch überhaupt nicht in der Lage waren, den wirklichen Marxismus zu erschüttern. Baudrillard nimmt die beiden grundlegenden marxistischen Begriffe, die materielle Produktion und die Produktionsweise, von denen ausgehend er die grundlegenden Standpunkte, Begriffe und die Methodologie des gesamten marxistischen Systems ablehnt. Auf diese Weise scheinen alle grundlegenden Begriffe des historischen Materialismus und die grundlegende Logik der marxistischen politischen Ökonomie in der Reichweite von Baudrillards kritischem Feuer zu liegen. Hätte er Erfolg, dann würde der Aufbau des marxistischen historischen Materialismus, der 160 Jahre gut überstanden hat, zusammenbrechen. Um dieses Unglück zu vermeiden, sind wir gezwungen, uns mit Baudrillard auseinanderzusetzen und seine Herausforderung anzunehmen.

Anfang 1973 erschien Baudrillards *Le miroir de la production*. Bedauerlicherweise ist dem Buch in den letzten dreißig Jahren von den meisten linken Gelehrten wenig Aufmerksamkeit geschenkt worden. Nur wenige von ihnen haben wirklich die theoretische Wahrheit des Textes untersucht,

---

1 Der junge Habermas beendete sein Buch *Legitimationsprobleme im Spätkapitalismus* 1973. das Buch ist eine weitere wichtige Kritik des Marxismus aus seiner inneren Logik heraus. Im Unterschied zu Baudrillards Entscheidung zu einer pseudoromantischen Rückkehr zu einer ursprünglichen Situation, wandte sich Habermas direkt dem Kapitalismus zu.

abgesehen von einigen abstrakten und leeren Zurückweisungen im Namen der Kritik.[2] Ironischerweise gilt *Le miroir de la production* in anderen Feldern wie der Anthropologie und der Soziologie als bedeutende philosophische Leistung.[3] Noch enttäuschender ist die Situation in China. Es gab seit dem Erscheinen der chinesischen Übersetzung keinen Essay der Gegenkritik. Das ist erstaunlich. Wo sind jene Parolen rufenden »theoretischen Linken« und bombastischen Ankläger, die immer nach dem »perfekten Marxismus« verlangen? Warum steht die orthodoxe alte Garde nicht auf, um Baudrillard entgegenzutreten und hochklassige Widerlegungen vorzubringen? Vor über dreißig Jahren hat Baudrillard allen Marxisten mit *Le miroir de la production* den Fehdehandschuh hingeworfen, während diese Seite größtenteils still geblieben ist. Als chinesischer marxistischer Wissenschaftler meiner Generation bin ich gezwungen, andere anliegende Dinge zu verschieben und mich mit diesem wichtigen theoretischen Gegner auseinanderzusetzen. Vor einer konkreten Diskussion des Buchs müssen zwei notwendige Fragen geklärt werden.

Zunächst beziehen sich konventionelle westliche Forscher in ihren Untersuchungen zu Baudrillard einfach auf seine frühe theoretische Entwicklung innerhalb des Rahmens des Neomarxismus, so zum Beispiel Mark Poster, der impliziert, dass Baudrillards Kritik vor 1973 immer noch als etwas gesehen werden kann, das sich innerhalb des allgemeinen Rahmens der marxistischen politischen Ökonomie und des Strukturalismus bewegt, wenn er sagt: »*The Mirror of Production* markiert die Abkehr Baudrillards vom Marxismus.«[4] Ähnliche Ansichten vertreten Steve Best und Douglas Kellner.[5] Mir scheint, dass die meisten chinesischen Forscher diese Meinung ebenfalls akzeptieren. Nach einer sorgfältigen Lektüre von Baudrillards frühen Werken, *Das System der Dinge* und *Die Konsumgesellschaft*, muss ich

---

2   Kein Essay des 1994 erschienenen Baudrillard-Readers enthält eine ernsthafte Diskussion von *Le miroir de la production*. Vgl. *Baudrillard. A Critical Reader*, Jiangsu People's Publishing House 2006.
3   Soweit ich weiß, befindet sich *Le miroir de la production* auf den soziologischen Literaturlisten vieler ausländischer Universitäten.
4   Mark Poster, *Jean Baudrillard. Selected Writings*, Stanford 1988, S. 4.
5   Douglas Kellner, » Introduction: Jean Baudrillard in Fin-de-Millenium«, in: *Baudrillard: A Critical Reader*, S. 7. Bei Kellner heißt es sogar, dass Baudrillards früher Text eine semiologische Ergänzung des Marxismus sei. Zu einer ähnlichen Idee bei Best vgl. S. 58 im gleichen Buch.

dieses Urteil anzweifeln. Gab es einen wirklichen Marxisten Baudrillard? Meine Antwort ist nein. Baudrillard war *niemals* ein Marxist. Selbst ganz zu Anfang war seine erste theoretische Position die des Postmarxismus. Interessanterweise war ein symbolisches Textereignis jener Zeit sein erstes Buch, *Das System der Dinge*, das 1968 veröffentlicht wurde, dem Grenzjahr in der Geschichte der linken akademischen Welt in Europa.[6] In der frühen Mitte der 1960er Jahre gehörten die drei Lehrer Baudrillards, Henri Lefebvre, Roland Barthes und Guy Debord nicht zum Lager des traditionellen westlichen Marxismus. Obwohl Barthes in seinen späteren Jahren zur europäischen Linken gehörte, war er niemals ein Marxist. Auch Lefebvre und Debord gingen zu jener Zeit über den Marxismus hinaus.[7] Diesen entscheidenden Punkt sollten wir im Kopf behalten.

Zweitens ist es meine Einschätzung, dass Baudrillard in seinen früheren Werken, *Das System der Dinge*[8] und *Die Konsumgesellschaft*, die Kritik seiner Lehrer an den neuesten Veränderungen des Kapitalismus in eine abstrakte philosophische Reflexion umgewandelt hat. Insbesondere in *Die Konsumgesellschaft* bietet er lediglich ein populäres und hyperbolisches Porträt des vorherrschenden Phänomens in der gegenwärtigen Gesellschaft, dessen sich Lefebvre und Debord bereits bewusst gewesen waren. Lefebvre nannte es die bürokratische Gesellschaft des kontrollierten Konsums, und Debord betrachtete es als Konsumgesellschaft mit einer Kontrolle durch

6   Der Mai 1968 erlebte den Ausbruch einer berühmten Bewegung der Studenten und Arbeiter gegen die moderne kapitalistische Kultur in Paris. Gewöhnlich ist er unter der Bezeichnung »Mai 1968« bekannt, nach dem der Niedergang des westlichen Marxismus begann.

7   1967 begann Lefebvre seine Kritik des marxistischen Produktivismus in *La vie quotidienne dans le monde moderne*. Zur gleichen Zeit ersetzte Debords *Gesellschaft des Spektakels*, ein im Wesentlichen postmarxistischer Text, die Warenproduktion durch Spektakelproduktion. Ich habe Grund zu der Schlussfolgerung, dass der junge Baudrillard seinen logischen Ausgangspunkt jenseits des Rahmens des westlichen Marxismus setzte.

8   *Das System der Dinge* diskutiert nicht natürliche Materialien oder Objekte außerhalb der menschlichen Gesellschaft, sondern zielt darauf, die nicht-natürlichen Objekte innerhalb der menschlichen »Umsicht« (Heidegger) zu untersuchen, das heißt die Objekte des menschlichen materiellen Systems in gesellschaftlicher Existenz. Tatsächlich erscheinen solche in Gruppen klassifizierten Objekte nicht vor der Industrialisierung.

das Spektakel als herrschender Struktur. Es sollte angemerkt werden, dass Baudrillard seinen theoretischen Standpunkt nicht auf dem Marxismus aufbaut. Marx' historische Phänomenologie hat hier wenn überhaupt eine oberflächliche und nicht überzeugende Präsenz. Stattdessen wendet er an, was Lefebvre ihn gelehrt hat, das *symbolische Sein* des antiken Lebens, unbeeinflusst durch utilitaristische Logik. Die Wurzel dieses Zusammenhangs reicht zurück zu der Theorie, die von dem französischen Soziologen Marcel Mauss in sozialanthropologischen Studien begründet worden ist. Nach der metaphorischen philosophisch-kulturellen Übertreibung durch Bataille erreicht das Denken schließlich die Konzeption der Grasswurzeltheorie, die um primitive/tribale Geschenkaustausch-Beziehungen und nicht-utilitaristischen Konsum zentriert ist. Dieses Konzept erscheint sporadisch in Baudrillards beiden frühen Büchern, wurde jedoch in *Pour une critique de l'économie politique du signe* sprunghaft entwickelt, wo er begann, die zweite große Entdeckung von Marx, die Theorie des Mehrwerts, anzugreifen. Durch die semiologische Umschrift von Debords »Gesellschaft des Spektakels« legte Baudrillard unverzüglich die Logik der symbolischen Beziehungen und des symbolischen Werts vor. Danach wurden in *Le miroir de la production* die Methodologie der marxistischen Ökonomie, der historische Materialismus und andere darauf folgende wichtige marxistische Konzepte, insbesondere Produktion-Arbeit, Geschichte und Produktionsweise, natürlicherweise zu seinen Angriffszielen. Die wichtigste theoretische Grundlage dieser heftigen Kritik ist nichts anderes als Batailles Philosophie der Graswurzelromantik. Es ist richtig, dass es bei Baudrillard immer noch einen Überrest der postmarxistischen Idee gab, aber mit *Le miroir de la production* vollendete er seine Position als konsequent antimarxistischer Theoretiker. Schließlich verkündete er in *er symbolische Tausch und der Tod*. zum ersten Mal seinen theoretischen Rahmen – die Logik des symbolischen Tauschs, mit dem er die Kritik der gegenwärtigen Gesellschaft neu zusammenfasste. An dieser Stelle wies Baudrillard die wissenschaftliche sozialistische Theorie des Marxismus ab. Er schlug ein politisches Alternativschema der *symbolischen Subversion* vor. Die wirkliche Revolution gegen die kapitalistische Kontrolle wird dann in eine Veränderung von Begriffen übersetzt. Während der symbolischen »Revolution in den Tiefen der Seele« wird alles durch Imagination ersetzt.

Baudrillard fährt fort, mit großer Aufmerksamkeit für die bedeutendsten Veränderungen in der gegenwärtigen westlichen Gesellschaft eine große Zahl von Begriffen und analytischen Systemen zu erstellen; daher rückt er mit seiner radikal negativen Perspektive und seiner postmodernen Kritik in der westlichen akademischen Welt in das Zentrum der Aufmerksamkeit. Hier muss ich die Leser daran erinnern, dass Baudrillard kein Postmodernist ist. Er ist lediglich ein eigensinniger Denker, der in seiner eigenen Graswurzelromantik beständig ist, jedoch einen entfernten Bereich entlang der Dimension des menschlichen Denkens, selbst jenseits der Domäne des Postmodernismus erreicht. Tatsächlich fühlt sich Baudrillard selbst unwohl angesichts der populären Fehlinterpretation, ihn als »postmoderne Autorität« zu sehen. Für ihn ist es ziemlich absurd, dass seine kritische Analyse der gegenwärtigen Gesellschaft »im Nachhinein lässig zusammengeflickt« und als »postmodern« etikettiert wurde«.[9] Aus diesem Grund würden wir Baudrillard lediglich *verfehlen*, wenn wir ihn als postmodernistischen Theoretiker preisen.

Streng genommen sind die Werke Baudrillards, die wirklich zur postmarxistischen Schule gehören *Das System der Dinge, Die Konsumgesellschaft* und *Pour une critique de l'economie politique du signe*. Obwohl *Le miroir den la production* ein Übergangstext ist, der sich vom Marxismus verabschiedet, stellt seine Existenz eine ernsthafte Bedrohung des Marxismus dar, die ich in mein Untersuchungsfeld einbeziehen muss. Als chinesischer Marxist hoffe ich, diesem erbitterten Gegner entgegentreten und den historischen Materialismus in der folgenden theoretischen Argumentation verteidigen zu können.

In diesem Kapitel werden wir den äußerst populären Jean Baudrillard[10]

---

9   Vgl. das Vorwort zu Baudrillards The system of Objects., übersetzt von Lin Zhiming und veröffentlicht 2001.
10 Jean Baudrillard (Juli 1929-März 2007) der berühmte zeitgenössische französische Denker, wurde in einfachen Verhältnissen in Reims, in einer abgelegenen Gegend Nordostfrankreichs geboren. Sein Großvater war ein einfacher Bauer, und seine Eltern waren normale Angesellte, daher verfügte Baudrillard in seinem frühen Denken nicht über den tief verwurzelten Elitismus. Dies könnte psychologisch auch seine spätere Akzeptanz des Graswurzelradikalismus von Bataille und Mauss erklären. Nach dem Abschluss der Sekundarschule fiel er beim Eingangsexamen der Pariser Ecole Normale Supérieure

behandeln, der eine bedeutende Figur unter den radikalen postmodernen Denkern Europa ist, jedoch niemals den Marxismus vertreten hat oder genauer gesagt, er hat seine akademische Präsenz dadurch erworben, dass er die linke Position seiner Lehrer verraten hat. Im Rückblick auf die Zeit »nach 1968« in Europa fiel dieser Verrat mit dem Aufkommen des Postmarxismus zusammen. Zugleich entstand das postmoderne Denken insgesamt. Es

---

durch. Es gelang ihm auch nicht, durch die üblichen Verfahren an einer Universität zugelassen zu werden. In seinen eigenen Worten geschah seine Immatrikulation »auf quälende Weise«. Dass es ihm nicht gelang, ein Lehrerdiplom zu erwerben, verstärkte seinen Hass auf die westliche Mainstreamkultur. Daher konnte sich Baudrillard in den frühen 1960er Jahren nur auf seine Sprachbegabung verlassen, als er Deutsch in einer Mittelschule unterrichtete. Zur gleichen Zeit begann er, sich mit Mauss' anthropologischen Sichtweisen zu beschäftigen und Batailles Philosophie wahrzunehmen. 1966 verteidigte Baudrillard unter der Betreuung von Lefebvre, des berühmten Gelehrten des westlichen Marxismus, seine »Thèse de Troisième Cycle«. Im gleichen Jahr erhielt er eine Anstellung als Assistent an der Universität Paris 5. Von da an stand Baudrillard unter zwei konkurrierenden Einflüssen, Sartres Existentialismus und dem französischen Strukturalismus, insbesondere der strukturellen Semiologie von Roland Barthes. Später lehrte er an der Université de Paris-X Nanterre. Nach seiner akademischen Karriere zu urteilen, ist er kein orthodoxer Gelehrter. Sein Stil ist relativ frei, und in seinen späteren Jahren legt er wenig Aufmerksamkeit auf Nachweise und Bibliographien. Trotzdem müssen wir die explosive Kraft der Kreativität und die außergewöhnliche Tiefe des Denkens in seinem Text anerkennen. Zudem weist sein Denken eine extreme Vielfalt und eine nichtlineare Dichte auf. in seine eigenen Worten war er mit 20 ein Pataphysiker und dann ein »Situatonist mit 30, ein Utopist mit 40, transversal mit 50, viral und metaleptisch mit 60.« (zitiert nach Baudrillard *Cool Memories* [Bd. II] von Lin Zhiming in seinem chinesischen Vorwort zu *Das System der Dinge*). Seine Werke umfassen u.a. *Le système des objets / Das System der Dinge* (1968), *La société de consommation. Ses mythes, ses structures / Die Konsumgesellschaft. Ihre Mythen, ihre Strukturen* (1970), *Pour une critique de l'économie politique du signe* (1972), *Le miroir de la production* (1973), *L'échange symbolique et la mort / Der symbolische Tausch und der Tod* (1976), *Simulacres et Simulation* (1978), *De la séduction / Von der Verführung* (1979), *Amérique / Amerika* (1986), *L'autre par lui-même/Das Andere selbst* (1987), *Cool Memories* (1986/1990), *L'illusion de la fin / Die Illusion des Endes oder der Streik der Ereignisse* (1991), *La transparence du mal: Essai sur les phénomènes extrêmes/ Transparenz des Bösen: Ein Essay über extreme Phänomene* (1993), *Le cime parfait* (1996), *L'échange impossible / Der unmögliche Tausch* (1999).

233

muss insbesondere bemerkt werden, dass Baudrillard *kein Postmodernist* im strengen Sinne ist.[11] Tatsächlich ist er nicht nur ein unnachgiebiger Gegner der Moderne, sondern er *kritisiert und verwirft auch radikal alles, was postmodern ist.* Man kann mit Sicherheit sagen, dass Baudrillards theoretische Wurzel, *die Logik vom Mauss und Bataille,* grundlegend antizivilisatorisch ist. Wir könnten sie auch als *Grasswurzelromantik* bezeichnen. (Ich werde dazu später eine detaillierte Erläuterung geben.) Zusätzlich unterscheidet sich seine Logik auf dramatische Weise von der *affirmativen* Schlussfolgerung des Postmodernismus von Denkern wie Jacques Derrida und Jean Lyotard. Dieses Kapitel wird sich auf das logische System von *Le miroir de la production* konzentrieren, des Werks des jungen Baudrillard, und auf seine umfassende Infragestellung des historischen Materialismus antworten. Baudrillard unternimmt die größten Anstrengungen im ersten und fünften Kapitel von *Le miroir de la production.* Entsprechend werden diese beiden Kapitel im Zentrum meiner Aufmerksamkeit stehen. Unterdessen halte ich es für notwendig, um die wirkliche Logik zu klären, die den Text stützt, einen einführenden Abschnitt zu verwenden, um die Grasswurzelromantik und die beiden frühen Bücher Baudrillards zu diskutieren. Danach können wir leicht in den Zusammenhang von *Le miroir de la production* eintreten.

I. Baudrillard: Vorher ein Marxist?

Der junge Baudrillard wurde mit *Das System der Dinge, Die Konsumgesellschaft* und *Pour une critique de l'économie politique du signe* berühmt. Sie werden gewöhnlich von Forschern außerhalb Europas als neomarxistische Texte klassifiziert, weil Baudrillard irgendwie den heutigen Kapitalismus kritisiert. Trotzdem ist es eine übereilte Schlussfolgerung, die nach reiflicher Überlegung nicht aufrechterhalten werden kann. Wenn wir hinter die Zeilen des Textes dringen, dann ist es nicht schwierig zu erkennen, dass die wirkliche Logik des Textes weder aus marxistischen Ideen noch aus dem kritischen Denen seiner linken Lehrer wie Lefebvre, Barthes und

---

11   Tatsächlich kann das Postmoderne nicht allgemein als »-ismus« angesehen werden, da es jede theoretische Struktur ablehnt .Es kann als postmodernes Denken oder postmoderne Sichtweise übersetzt werden.

Debord besteht. Es ist lediglich das Denken des symbolischen Tauschs von Mauss und Bataille. In diesem Abschnitt werden wir zunächst das Denken von Mauss und Bataille kritisch diskutieren und dann die grundlegenden Schlüsselbegriffe in Baudrillards Diskurs in den frühen Werken klären, um den Weg für die Kritik von *Le miroir de la production* zu ebnen.

1. Mauss' symbolischer Tausch und die Graswurzelromantik

Seltsamerweise scheint dem bedeutenden Einfluss des französischen anthropologisch-soziologischen Denkens auf die Entwicklung von Baudrillards Denken in allen verfügbaren Biographien des jungen Baudrillard nicht genügend Aufmerksamkeit gewidmet zu werden. Nach meiner Ansicht sind insbesondere westliche Forscher von den modischen »postmodernen« Ideen seiner letzten Phase gefesselt, während sie den ursprünglichen Diskursrahmen ignorieren, der in seinen verschiedenen kreativen logischen Plattformen verborgen ist. Daher werden Mauss' sozialanthropologische Konzepte und die darauf aufbauenden Philosophie Batailles, der einflussreichste und wichtigste Faktor für die Entwicklung des Denkens des jungen Baudrillard, durch den populären Diskurs ausgeblendet und der Aufmerksamkeit entzogen. Ich möchte von Marcel Mauss' anthropologischen Entdeckungen über primitive Gesellschaften ausgehen, die er durch seine Feldforschung gewonnen hat, und dann die ihnen inhärente Verbindung untersuchen.

Als Neffe des berühmten Soziologen Émile Durkheim[12] hatte Marcel Mauss[13] privilegierte Ausgangsbedingungen, um seine Untersuchungen

---

12 Émile Durkheim (1858-1917) war ein berühmter zeitgenössischer Soziologe in Frankreich.

13 Marcel Mauss (1872-1950) war ein berühmter französischer Anthropologe und Soziologe: Er wurde in einer jüdischen Familie in Épinal geboren. Sein Vater war der Besitzer einer kleinen Stickereimanufaktur, während seine Mutter die Schwester des bedeutenden Sozialisten Émile Durkheim war. Nach dem Abschluss der Sekundarschule 1890 wurde er nicht an der Pariser École Normale Supérieure zugelassen, sondern studierte Philosophie in Bordeaux, wohin er Durkheim folgte und sein Assistent wurde. Zugleich war er ab 1891 für Rechtswissenschaften immatrikuliert. Zwei Jahre später wurden seine Studien durch Militärdienst im Ausland unterbrochen. 1895 bestand Mauss das nationale Qualifikationsexamen für

zur Soziologie und Anthropologie durchzuführen. Er übernahm viele von Durkheims soziologischen Lehren. In seinen frühen Untersuchungen wurde er von anderen Soziologen wie Claude Levi-Strauss und Antoine Meillet angeleitet. Diese Erfahrung war ihm beim Studium der Methodologie und des Sanskrit von Vorteil und legte eine feste Grundlage für seine spätere anthropologische Feldforschung. Mauss begann mit der unmittelbaren Erforschung des Lebens primitiver Stämme. Sein bedeutendster Beitrag zur Anthropologie besteht darin, dass er die konservative Konstruktion primitiver Gesellschaften durch den modernen westlichen Diskurs aufgab. Stattdessen begab er sich selbst in das reale Leben primitiver Stämme und die Tiefe primitiver Kulturen hinein, gelangte durch Feldforschungen zu völlig neuen Erklärungen, schuf eine neue akademische Grundlage für französische soziologische und anthropologische Studien und beeinflusste eine ganze Generation von französischen Denkern. Wir sollten den folgenden Aspekten von Mauss' Leistungen Aufmerksamkeit widmen.

Zunächst *beherrscht die gesamte symbolische Kultur die materielle Existenz im primitiven sozialen Leben.* 1896 veröffentlichte Mauss seine erste wichtige Untersuchung *Entwurf einer allgemeinen Theorie der Magie* (*Esquisse d'une théorie générale de la magie)*[14] Durch die Beobachtung der primitiven Stämme begann Mauss sein besonderes Nachdenken über die gesellschaftliche Rolle der Magie. Nachdem er die indigenen Völker in Australien, Melanesien sowie die Irokesen in der Nordpazifikregion und die mexikanischen Stämme untersucht hatte, erkannte Mauss, dass Magie beinahe das gesamte Stammesleben durchzog, sei es in primitiven Techniken, der Kunst oder mystischen religiösen Zeremonien. Die Macht der Magie konnte überall beobachtet werden. »Sie tendiert zur Behexung, um die sich die

---

Philosophielehrer und studierte und arbeitete dann an der École pratique des Hautes Études 1898 gründete Mauss zusammen mit Durkhem die Zeitschrift *Année Sociologique* und initiierte die »École de L'Année Sociologique« in Frankreich. 1930 übernahm er den Lehrstuhl für Soziologie am Collège de France. 1938 wurde er zum Dekan der Fakultät für Religion und Naturwissenschaften an der EPHAS gewählt. Er starb 1950 im Alter von 78 Jahren. Seine Werke umfassen *La nation* (1920), *Essai sur le don / Die Gabe* (1925), *Sociologie et anthropologie / Soziologie und Anthropologie* (1950), *Œuvres* (Bde. 1-3) (1968-69).

14 Mitverfasser war Henri Hubert.

magischen Riten gruppieren und die immer die ersten Umrisse des Bildes abgibt, das die Menschheit sich von der Magie gemacht hat.«[15] Verschiedene Rituale drehten sich um eine übernatürliche Macht, mit dem Ziel, die materielle Existenz des Menschen zu strukturieren. Im Unterschied zur religiösen Tendenz zum Abstrakten bezieht sich Magie üblicherweise auf das Konkrete. Mauss benennt drei Gesetze der Magie: »Kontiguität, Ähnlichkeit und Kontrast.« Er erklärt, dass das Wesen der Magie in der Vergewisserung der Menschen, der Dinge und der Begriffe wie auch der spezifischen, allgemeinen und gemeinschaftlichen Macht bestehe. Magie strebt nach einer kraftvollen und formlosen Totalität der symbolischen Beziehungen, um die Kontrolle über Interpretationen und Konstruktionen im Leben zu gewinnen. Daher macht Mauss die bedeutsame Feststellung, dass im primitiven Leben »die Einheit des ganzen [...] jedoch viel realer als jedes der Teile«[16] ist. (Claude Lévi-Strauss lobte diese Meinung außerordentlich). In primitiven Stämmen gehören Dinge wie »Natur«, »Mana«[17] und »Macht« zu einer symbolischen Totalität, die dem Menschen, Dingen und verschiedenen gesellschaftlichen Phänomenen wirkliche Bedeutung vermittelt und die materielle Existenz in Sein verwandelt. Mauss entdeckte das »Heilige«[18] als Objekt der Anbetung in primitiven Gesellschaften. Zumindest für die primitiven Menschen ist das Heilige keine Halluzination, sondern eine »reale gesellschaftliche Einheit«[19], das allgemein die Existenz des primitiven Lebens strukturiert. (Mauss' Konzeption hatte einen tiefen Einfluss auf Bataille.) Maus wertet diese symbolische Beziehung weiter als ein äußerst reales Wesen, das nur durch eine Vielzahl von materiellen Zeichen der heutigen Gesellschaft verdeckt werde. (Nach Lévi-Strauss sagte Mauss bereits 1924, dass das soziale Leben sich in »einer Welt der Symbole« abspiele, was auch

---

15 Marcel Mauss, »Entwurf einer allgemeinen Theorie der Magie«, in: Soziologie und Anthropologie I, Frankfurt/M. u.a. 1978, S. 43-179, hier: S. 56.
16 A.a.O., S. 120.
17 Ein wichtiges Konzept der göttlichen Macht, das Mauss in seiner Feldforschung über die Melanesier entdeckt hat.
18 Marcel Mauss, A General Theory of Magic, S. 11 [der »Prolog« der französischen und englischen Ausgabe ist in der deutschen Ausgabe nicht vorhanden; A.d.Ü.].
19 Vgl. den Anhang zu A General Theory of Magic, Shanghai Translation Publishing House 2003, S. 104.

für Marshall Sahlins Logik der symbolischen Kultur, die die Welt beherrscht, verantwortlich ist.)[20]

Zweitens die Struktur des *wechselseitigen symbolischen Austauschs* in primitiven Gesellschaften. In *Essai sur le don / Die Gabe* (1925) entdeckte Mauss eine »menschliche Handelsnatur« der ursprünglichen Menschen, die er als Gabentausch-Verhältnis bezeichnete. Dieses unterscheidet sich stark von dem utilitaristischen ökonomischen Verhältnis, das die heutige Gesellschaft beherrscht. Mauss zog diese Schlussfolgerung aus seiner Analyse der indianischen Stämme in der Nordpazifikregion, insbesondere dem Phänomen des »Potlach« zwischen den Stämmen der Tlingit und der Haida. Der sogenannte »Potlach« ist eine moderne Bezeichnung, die bedeutet, dass die Gastgeber bestrebt sind, ihren Reichtum durch gegenseitige Essenseinladungen zu demonstrieren. Mauss fand scharfsinnig heraus, dass die Menschen während des Potlach zwischen diesen beiden Stämmen dem Essen keine Bedeutung beimaßen, sondern einen Prozess des Geschenktauschs beabsichtigten, so verschwendeten und zerstörten sie zum Beispiel während ihres begeisterten Geschenktauschs hemmungslos Dinge. In ihren Augen hatte alles eine bestimmte spirituelle Macht, »hau« genannt. Im Prozess des Gabentauschs waren die Verantwortlichkeit und die erhaltenen Dinge nicht streng festgelegt. Selbst wenn jemand das Geschenk nicht erhielt, gehörte ihm immer noch das »hau«. Daher korrespondiert der Akt des Gabenerhalts einem symbolischen Wesen und einer symbolischen Spiritualität. Aus diesem Grund musste »hau« dorthin zurückkehren, woher es kam.[21] Mauss glaubte, dass der Potlach dem Verzehr und der Zerstörung in Opferzeremonien sehr ähnlich sei, dass es lediglich andere Bezeichnungen für Mensch und Gott gebe, jedoch mit dem gleichen Zweck des gegenseitigen Friedens und der Koexistenz. Mauss fand auch noch eine andere Form des Potlach, die Kula, »das System des Geschenketauschs« in einem umfangreicheren Maße, in der der allgemeine Sinn einer Zirkulation des »Reichtums« angehalten und durch die »Tötung« der ausgetauschten Geschenke ersetzt wurde. Dieser Tausch erwies sich als ein stärker *symbolisches* Ritual, in dem die Menschen

---

20 Claude Lévi-Strauss, »Introduction to Sociology and Anthropology«, Shanghai 2003, S. 5.
21 Marcel Mauss, *Die Gabe. Form und Funktion des Austauschs in archaischen Gesellschaften*, Frankfurt/M. 1990, S. 18.

ihre Seele und ihre Bedeutung austauschen, wobei das Geschenk zum heiligen Gegenstand wird. Im Unterschied zum allgegenwärtigen Markttausch von heute vermeiden es primitive Menschen nicht nur, den heiligen Gegenstand zu besitzen, sondern verehren ihn auch und sind bereit, alles für ihn herzugeben. Dieser symbolische Tausch bringt eine kontinuierliche, wechselseitige und gleiche Kommunikation und Zirkulation hervor. Er formt die grundlegende Struktur, die alle gesellschaftlichen Handlungen stützt.

Schließlich kam Mauss ausgehend von seiner anthropologischen Forschung zu einem bedeutenden *Werturteil*, dass das Verhältnis des primitiven symbolischen Austauschs die Heilung für die modernen gesellschaftlichen Krankheiten sei (Das ist auch die Schlussfolgerung der Extase bei Bataille und Baudrillard). Mauss glaubte, dass das primitive System des symbolischen Tauschs »einen gemeinsamen soziologischen Wert« für unsere heutige Gesellschaft besitze. Es kann die Historiographie menschlicher Gesellschaften erklären und sollte zeigen »wie unsere Gesellschaft besser zu verwalten wäre«[22] wiederhergestellt werden. Nach Mauss ist es ein nicht lange zurückliegendes Ereignis, dass der Mensch zum »ökonomischen Wesen (Marx)« wurde. (Michel Foucault hat dies später wieder aufgenommen). »Der *homo oeconomicus* steht nicht hinter uns, sondern vor uns – wie der moralische Mensch, der pflichtbewusste Mensch, der wissenschaftliche Mensch und der vernünftige Mensch. Lange Zeit war der Mensch etwas anderes; und es ist noch nicht sehr lange her, seit er eine Maschine geworden ist – und gar eine Rechenmaschine.«[23] Nach seiner Meinung ist es noch nicht lange her, dass Menschen begannen, Ruhm und Reichtum hinterherzujagen, während die Menschen in der epikureischen Ethik der alten Zeit Güte und Glück statt materieller Interessen anstrebten. Mauss stellt sich dann eine wunderschöne Zukunft vor, in der er versucht, den heutigen Austausch von Wert durch das primitive Verhältnis es symbolischen Tauschs zu ersetzen. »Der austauschende Produzent spürt wieder, wie er es schon immer gespürt hat – doch diesmal spürt er es schärfer –, dass er ein Stück von sich selbst,

---

22   A.a.O., S. 166.
23   A.a.O., S. 173.

seine Zeit und sein Leben gibt.«[24] Mauss freut sich, dass man »in einigen ökonomischen Gruppen und in den Herzen der Masse, die oftmals besser als ihre Führer ihr eigenes wie das gemeinsame Interesse kennen, [...] diese Praxis bereits am Werk«[25] sehen kann.

Diese Idee bringt letztlich das hervor, was ich *Graswurzelromantik* nenne. Es ist bekannt, dass die Authentizität des idealisierten Menschen auf einem abstrakten Werturteil beruht. Der Widerspruch zwischen der *Muss-Existenz* (»Sollen«) und der nichtlogischen *schlechten Wirklichkeit* (»Sein«) bringt eine enorme kritische Spannung hervor, so etwa Rousseaus idealen Naturzustand des Menschen vor dem Verfall und Feuerbachs nicht entfremdetes natürliches sortales Sein des Menschen, das durch göttliche Attribute ausgehöhlt wird. Daher gehört Mauss' Position nicht in den traditionellen humanitären Diskurs. Er hat geistig einen logischen Modus entwickelt, in dem das primitive Stammesleben (die Vergangenheit) benutzt wird, um die gesellschaftliche Realität (die Gegenwart) zu beurteilen. Offensichtlich stammt diese Idee aus unterentwickelten primitiven Gesellschaften: Zudem übernimmt Mauss die *ontologische Grundlage* der primitiven Existenz und das *authentische Sollen* des sortalen Seins. Zweifellos gehört dies zur Romantik, wobei es sich von der klassischen Romantik unterscheidet, die um die theologische Kritik des Mittelalters zentriert war. Ich nenne dies daher hier Graswurzelromantik. Diese *rückwärtsgewandte* Logik kam auch in der bisherigen Geschichte vor, zum Beispiel in der konfuzianischen Vision der Selbstverleugnung und der Restauration der Etikette, wobei eine historische Vergangenheit als Maßstab zur Bewertung der gegenwärtigen Wirklichkeit betrachtet wird. Mauss' ontologische Sicht der Vergangenheit ist eine bedeutende Leistung in der Feldforschung der modernen Anthropologie, und ihr theoretischer Wert kann nicht überschätzt werden. Wenn sie auf die Ebenen der sozialen Reform ausgedehnt wird, kann sie Praktopismus genannt werden, im Unterschied zum phantastischen Utopismus. Die reale Situation des primitiven Stammeslebens ist jedoch nicht so schön wie in Mauss' poetischer Beschreibung. Die Teilnahme am Potlach war auf einige Häuptlinge beschränkt, und im freien Geschenketausch konnten auch Frauen vergeben

24   A.a.O., S. 174.
25   A.a.O., S. 175.

werden. Bereits vorher hatte Marx kommentiert, dass ein solches Leben »naturwüchsig, borniert«[26] sei. Auf den ersten Blick ist das primitive Leben nicht vom kapitalistischen Tauschwert vergiftet, und aus der Perspektive des symbolischen Tauschwerts *scheint* es im Allgemeinen »persönlich« zu sein. Schließlich ist es eine frühe Stufe des gesellschaftlichen Lebens. Wenn jedoch der herausragende Anthropologe Mauss sein Forschungsfeld verlässt und auf idealistische Weise das primitive Stammesleben zum authentischen Sein der menschlichen Moderne erklärt, dann wird er das, was Lenin einen »dürftigen Philosophen« nannte. Der Grund, aus dem Mauss' Konzept hier zuerst behandelt wird, ist der, dass es später bei Leuten wie dem jungen Baudrillard und Sahlins, mit denen ich mich im folgenden Teil beschäftigen werde, zu einem theoretischen Werkzeug wird, um den marxistischen historischen Materialismus zu kritisieren. Außerdem ist es in bestimmten Feldern wie der Anthropologie und der Soziologie immer noch populär.

Man sollte verstehen, dass Mauss' Einfluss auf die akademische Welt in Frankreich enorm war was sich bei vielen anderen Theoretikern widerspiegelt. So gibt es zum Beispiel Bataille im Bereich der Philosophie; in der Soziologie gibt es Lévi-Strauss, der auf der Grundlage von Mauss' Theorie eine strukturelle Anthropologie vorschlug, die das symbolische System betonte, und seinen Nachfolger Sahlins[27]; In der Soziologie kombinierte

---

26 Karl Marx, *Grundrisse*, in: *MEW*, Bd. 42, S. 96.
27 Marshall David Sahlins (geb 1930) wurde am 27. Dezember 1930 in Chicago, Illinois geboren. Er ist ein bekannter amerikanischer Anthropologe. Er erhielt 1951 und 1952 seinen Bachelor und Master an der University of Michigan. 1954 erwarb er einen Ph.D. in Anthropologie an der Columbia University. Von 1956 bis 1973 kehrte er an die University of Michigan zurück, um dort zu lehren. Danach ging er an die University of Chicago, wo er heute Charles F. Grey Distinguished Service Professor of Anthropology Emiritus ist. 1976 wurde er Mitglied der American Academy of Arts and Sciences. Zu seinen wichtigsten Werken gehören: *Social Stratification in Polynesia* (1958), *Evolution and Culture* (Hg., 1960), *Moala: Culture and nature on a Fijian Island* (1962), *Culture and Practical Reason* (1976), *Historical Metaphors and Mythical Realities* (1981), *Islands of History* (1985), *Cosmologies of Capitalism* (1988), *Anahulu: The Anthropology of History in the Kingdom of Hawaii* (zusammen mi Patrick Kerch) (1992), *How »Natives« Think: About Captain Cook, for Example* (1995), *The Sadness of Sweetness* (1996). Bereits in den 60er Jahren gab Sahlins allmählich das traditionelle Konzept der historischen Entwicklung auf

Pierre Bourdieu zuerst Mauss' Konzept mit marxistischer Ökonomie und entwickelte Begriffe wie »kulturelles Kapital« und »soziales Kapital«. Später waren Baudrillard und andere treue Nachfolger von Mauss.[28] Es ist festzustellen, dass Mauss' Denken überall akzeptiert wurde, wo es sich in der akademischen Landschaft Frankreichs verbreitete. Sein Ruhm erreichte in den 1980er Jahren den Höhepunkt, als von französischen Soziologen ein berühmtes interdisziplinäres »Mouvement anti-utilitariste dans les sciences sociales«, in einem Wort: MAUSS, ins Leben gerufen wurde.

Als Nächstes werden wir Batailles philosophisches Konzept untersuchen, denn Baudrillards frühe theoretische Logik leitet sich unmittelbar von ihm ab.

2. Batailles unbrauchbare Grasswurzelphilosophie

Georges Bataille (1879-1962) ist ein sehr bedeutender zeitgenössischer französischer Denker.[29] (Schon mein Buch *Die Wahrheit des Unmöglichen*

---

und übernahm den sogenannten Neoevolutionismus. Mitte der 70er Jahre wandte er sich auf der Grundlage der Anthropologie von Mauss der Kritik der ökonomischen Anthropologie zu, einer Anthropologie, die die gegenwärtige westliche Kultur und insbesondere die Ökonomie zur Erklärung primitiver Gesellschaften oder nichtwestlicher Kulturen benutzte. 1976 veröffentlichte er *Culture and Practical Reason* (dt. *Kultur und praktische Vernunft*, Frankfurt/M. 1981). Nach seiner Ansicht ist die symbolische kulturelle Logik eine zutiefst stützende Struktur für die gesellschaftliche Existenz und gesellschaftliche Bewegungen. In seinem Buch zitiert Sahlins sehr viel und mit tiefem und genauem Verständnis aus den Schriften von Marx. Im Vergleich dazu ist Baudrillards *Miroir de la production* eine einfache Negation des marxistischen historischen Materialismus. Da Sahlins' Text später entstanden ist als *Le miroir*, wird es hier keine umfassende Diskussion dazu geben, sondern eine recht selektive Nutzung seiner Inhalte, um das Denken des jungen Baudrillard zu illustrieren.

28 Der junge Baudrillard stimmte nicht mit Bourdieus Interpretation von Mauss überein.

29 Georges Bataille (1897-1962) wurde am 10. September 1897 in Billom in Frankreich geboren. Mit 17 Jahren wurde er katholisch getauft. Nach dem Ausbruch des ersten Weltkriegs wurde er zur Armee eingezogen und aufgrund einer Krankheit im selben Jahr wieder entlassen, 1918 bestand er das Eintrittsexamen zur Universität und studierte in den folgenden Jahren an der École National de Chartes. Nach seinem Examen 1922 erhielt er eine Anstellung als Bibliothekar an der Bibliothèque Nationale. Er gründete dann eine Reihe von Zeitschriften

Seins: Das Abbild der Lacanschen Philosophie hat sich mit Batailles philosophischem Denken beschäftigt.[30]) Bereits in den mittleren 1920er Jahren hatte er mit den Surrealisten kommuniziert, Bataille lehnte jedoch ihren Elitismus ab. Er unterstützte die »vulgäre« Herogenität des berühmten pornographischen Autors Marquis de Sade. (Man kann davon ausgehen, dass Batailles Philosophie von Anfang an von einer antielitären *Graswurzelposition* ausgeht.) Zu dieser Zeit konzentrierte sich Bataille bereits auf die unnütze säkulare »Ausscheidung« in einer Gesellschaft des Besitzes und des Utilitarismus wie auch auf das heterogene religiöse Leben.[31] 1925 veröffentlichte Mauss *Die Gabe*, was für Bataille, der sich bald darauf der populären anthropologischen und soziologischen Erforschung des primitiven Stammeslebens widmete, zu einem beliebten Fundus wurde. 1933 erschien mit *La notion de dépense* ein weiteres Buch, das die metaphysische Zusammenfassung von Mauss' Theorie war. 1937 gründete Bataille zusammen mit anderen das »Collège de Sociologie«. Sie verehrten Mauss als ihren geistigen Führer und versuchten, seine anthropologischen und soziologischen Leistungen zu einer neuen Philosophie weiterzuentwickeln, um die gesellschaftliche Wirklichkeit zu kritisieren. (Zu ihrer Enttäuschung gewährte Mauss nur eine bescheidene Unterstützung und brachte sogar offen seine Ablehnung dagegen zum Ausdruck, seine eigene Theorie philosophisch und politisch überzuinterpretieren.) Bataille diskutierte das Thema dann in *La limite de l'utile* (1945, Entwurf), *La Part maudite* (1945-1954), *Hegel, la mort et le sacrifice* (1955). Diese Schriften bildeten sein wichtigstes philosophisches Denken. (sie sind auch der logische Pfeiler hinter der vom arroganten jungen Baudrillard vorgeschlagenen kritischen Theorie.) Als Nächstes werde ich Bataille allgemein diskutieren.

Documents 1929, Acephale 1936. Er starb am 8. Juni 1962 in Paris. Seine wichtigsten Werke umfassen: *L'Anus solaire* (1931), *The Notion of Expenditure*, 1933, *L'Expérience intérieure* (1943), *La part maudite* (1949) und *Sur Nietzsche* (1945).

30 Vgl. *Die Wahrheit des Unmöglichen Seins: Das Abbild der Lacanschen Philosophie* (The Commercial Press, 2006).
31 Vgl. Georges Bataille, »The Use Value of D.A.F. Sade«, in: *Visions of Excess: Selected Writings, 1927-1939* (Theory and History of Literature, V. 14), Minneapolis 1985.

Zunächst seine Unterscheidung zwischen der profanen und der heiligen Welt: Die heilige Sache ist Mauss' ehrerbietiger Ruf nach der uneigentlichen Existenz, die durch die symbolische Tauschbeziehung im primitiven Leben gekennzeichnet ist. Bataille dehnt das Konzept auf die Philosophie aus. (Er bekräftigt, dass die Teilung der binären Welt »eines der Ergebnisse der sozialen Anthropologie«[32] sei.) In seinen frühen Untersuchungen zu de Sade entwickelt Bataille die Unterscheidung zwischen der »profanen« Realität, mit dem utilitaristischen Besitz als Maßstab der Existenz und der religiösen Realität mit der nutzlosen Ausscheidung als Maß. Er glaubte an die »Teilung gesellschaftlicher Tatsachen in religiöse Tatsachen (Verbote, Pflichten und die Verwirklichung heiligen Handelns) auf der einen Seite und profanen Tatsachen (bürgerliche, politische, juristische, industrielle und kommerzielle Organisation) auf der anderen.«[33] In seinen späteren Studien ging Bataille so weit zu erklären, dass die säkulare Welt zugleich eine *materialisierte* Welt der Homogenität sei, in der die materielle Produktion und Reproduktion als einziger Maßstab, der die Welt beherrscht, eine grundlegende Stellung erhält. (Das ist ein logischer Ausgangspunkt für den historischen Materialismus. Später verfolgte der junge Baudrillard diesen negativen theoretischen Punkt.) In einer solchen utilitaristischen profanen Welt sind alle Gegenstände durch von Menschen definierte Mittel und Zwecke miteinander verbunden. Diese Verbindung entwickelt sich immer weiter und ergibt eine materielle Welt der Nützlichkeit (Hier kann leicht gesehen werden, was Heidegger als die »zuhandene« materielle Welt definiert. Ebenso wird hier die Erde zu einer irdischen Welt.[34]) In einer solchen Welt drehen sich das Denken und die Praxis des Menschen nur um die Erfordernisse des materiellen Nutzens. Die Hauptaufgabe des Objekts ist es, seinen »Nutzwert« vor der Zerstörung zu schützen und in bestimmter Weise *aufrechtzuerhalten.*[35] Auf diese Weise macht die utilitaristische Welt den menschlichen Charakter zu »einer abstrakten und austauschbaren Wesenheit.«[36] (Batailles Idee hat-

---

32 Georges Bataille, *Die psychologische Struktur des Faschismus,* München 1978, S. 20.
33 Bataille, »The Use Value of D.A.F. Sade«, S. 94.
34 Vgl. Martin Heidegger, *Nietzsche*; San Francisco 1979.
35 Hiroo Yuasa, *Georges Bataille: Consumption,* o.O., 2001, S. 155.
36 Bataille, *Die psychologische Struktur des Faschismus,* S. 11.

te einen unmittelbaren Einfluss auf Baudrillards *System der Dinge*.) Nach Batailles Ansicht ist die an Produktion und Besitz orientierte *fortschrittliche* Welt eine *projektierte* Welt. (Bataille glaubt, es sei eine historisch fortschrittliche Logik des Rationalismus, die von Descartes postuliert wurde.[37]) Das sogenannte Projekt bezieht sich auf die Arbeit und die kreativen Aktivitäten der Menschen unter der Anleitung der Rationalität. Und ihr Ziel ist nicht unmittelbares Vergnügen, sondern eine aufgeschobene Erwartung. (Dieses Projekt/dieser Plan ist die ontologische Grundlage der Idealisierung des Marxismus durch den späten Sartre). Im Unterschied zu anderen Tieren, die momentanem Vergnügen nachgeben, geben Menschen die gegenwärtige Befriedigung auf und schieben es auf, weil sie glauben, dass ihre laufende Arbeit Ergebnisse hervorbringen wird, die in der Zukunft angeeignet werden. Menschen wachsen aus der unmittelbaren animalischen Existenz heraus und leben für den aufgeschobenen Nutzwert. Daher wird alles, was nicht hilft, dieses Ziel zu erreichen oder das gewünschte Ergebnis zu erzielen, für bedeutungslos gehalten und rücksichtslos aufgegeben. (Offensichtlich ist die profane Welt hier die existierende Gesellschaft, die auf der materiellen Produktion aufbaut, die der junge Baudrillard verabscheute.) Bataille denkt, dass die heiligen Dinge im Gegensatz zu dieser utilitaristischen säkularen Welt stehen. Sie stammen im Unterschied zu den greifbaren und nützlichen Dingen aus dem Widerstand gegen diese Welt und die säkulare Zeit.[38] Sie beziehen sich im Wesentlichen auf den Schmutz, den Sex und den Tod in der profanen Welt, in der der Mensch der Zeit entflieht und sein Leben dem Verbrauch widmet.[39] »Die Welt des *Heterogen* [begreift] alles in sich, was durch *unproduktive* Verausgabung hervorgebracht worden ist. Die sakralen Dinge gehören ihrerseits hierzu.«[40] Im Vergleich zu Mauss' anthropologischem Denken ist Batailles Diskussion ontologisch. Er verwandelt Mauss' Hypothese der Graswurzelromantik in eine gegenwirkliche *Philosophie der Graswurzelideologie*.

---

37 Georges Bataille, »Pain«, in: *Eroticism, Expenditure and General Economy*, Jilin People's Publishing House 2003, S. 49.
38 Vgl Georges Bataille, *History of Eroticism*, The Commercial Press 2003, S. 187.
39 A.a.O.
40 Bataille, *Die psychologische Struktur des Faschismus*, S. 16-17.

Zweitens, Batailles Bestätigung des nicht-produktiven Verbrauchsschemas: Nach Mauss findet der nicht-utilitaristische Verbrauch in der Sicht der primitiven Stämme im Opfer, dem Potlach oder umfassenden Formen des Tauschs statt. Batailles Begriff der Verschwendung ist zunächst vor allem eine Übernahme von de Sades »Ausscheidung« im Gegensatz zum industriellen Utilitarismus. In *La valeur d'usage de Sade* (*Lettre ouverte à mes camarades actuels*) sagt Bataille, dass in den Augen normaler Menschen das Seltsame aber auch Anziehende an de Sade in seiner Wahrnehmung der Exkremente und des daraus folgenden Vergnügens bestehe.[41] Im Unterschied zum utilitaristischen Besitz im heutigen Bereich der Produktion erlebt der Mensch während der physischen Ausscheidung des Abfalls ein authentisches existentielles Vergnügen der Flucht vor der Homogenität. Die gleiche Erfahrung wiederholt sich in anderen Situationen wie sexuellem Missbrauch, der Betrachtung eines Toten und im Ekel genauso wie in Zeiten, in denen man von Wahrheit und Heiligkeit gegenübersteht. Bataille ging sogar von einer identischen Natur »von Gott und Exkrementen«[42] aus. Auf der Grundlage von Mauss' Theorie weitet Bataille die nicht-utilitaristische heilige »Ausscheidung« zu einem ontologischen Konzept der Verschwendung aus. (Im zweiten Teil von *La notion de dépense* [engl. *The notion of expenditure*] geht Bataille detailliert auf Mauss' Diskussion des Potlachphänomens ein.[43]) Wie die Logik der nicht-nützlichen Ausscheidung erklärt, ist das Wesen der Verausgabung nicht-produktivistisch und nicht-utilitaristisch. In der primitiven Opferzeremonie erkennt Bataille eine rein destruktive »Erschöpfung«, einen materiellen Verbrauch, der sich von der utilitaristischen Nützlichkeit im realen gesellschaftlichen Leben unterscheidet. Dieser Konsum von Verzicht, Zerstörung, Verlust und Leere symbolisiert eine bestimmte gottesorientierte spirituelle Funktion, die der materiellen

41 Lacan schrieb den Aufsatz »Kant mit Sade«, dieser ist jedoch nicht Teil der chinesischen Ausgabe der Ausgewählten Werke Lacans: Bataille schrieb »The Use Value of D.A.F. Sade«: An Open Letter to My Current Comrades, in: *Eroticism, Expenditure and General Economy*, Jilin People's Publishing House 2003.
42 Bataille, »The Use Value of D.A.F. Sade«, S. 102.
43 Vgl. Bataille, »The Notion of Expenditure«, in: *Visions of Excess: Selected Writings, 1927-1939* (Theory and History of Literature V. 14), Minneapolis 1985.

Existenz des Menschen äußerlich ist. Daher bricht nach Ansicht von Bataille die nicht-produktivistische Verausgabung mit der Logik des Projekts und führt dazu, dass die Existenz ihr ursprüngliches Leuchten wiedererlangt, indem sie die utilitaristische Nützlichkeit verneint. (Diese Nützlichkeit ist die Beleidigung des Menschen gegenüber dem Objekt durch die Produktion, wenn wir Heideggers Worte anwenden, das »nicht be-dingte Ding«). In dieser Hinsicht, so sagt Bataille, kann sich Verausgabung beziehen auf:

»Luxus, Trauer, Krieg, die Konstruktion aufwändiger Monumente, Spiele, Spektakel, Künste, perverse sexuelle Handlungen (d.h. solche, die abgelenkt sind von genitaler Bestimmtheit) – all diese stellen Handlungen dar, die zumindest unter primitiven Bedingungen kein Ziel außer sich selbst haben.«[44]

Diese Definition geht deutlich über Mauss' anthropologischen Rahmen hinaus. Bataille glaubt, »dass die Tauschprozesse in der Marktökonomie einen auf Erwerb ausgerichteten Sinn haben.«[45] Im Unterschied zu produktivistischem Besitz und der Aneignung während des Wertaustauschs ist Verausgabung eine nicht-utilitaristische und nicht-nützliche Handlung. Sie betrifft das gesamte Innere des Menschen statt seine materielle Existenz.[46] Um das zu illustrieren, verwendet Bataille das Beispiel der Pyramide: im Hinblick auf Profit ist der Bau von Pyramiden ein großer Fehler; ebenso gut hätte man ein Loch graben und es dann auffüllen können.[47] Für die alten Ägypter jedoch war die Pyramide das Symbol der scheinenden Sonne. Sie glaubten fest, dass die Pyramiden, obwohl sie in der heutigen säkularen Welt nutzlos sind, den Tod in Strahlung, die endlose Existenz transformieren können.[48] Das Streben nach göttlichen Eigenschaften ist vorherrschend. (Wenn Batailles Gedanke aktualisiert würde, könnte er die Szene in Andrej Platonovs *Gorod Gradov* (*Die Stadt Gradov*)[49] oder der Chinesischen

---

44 A.a.O., S. 118.
45 A.a.O., S. 123.
46 Bataille, *History of Eroticism*, S. 181.
47 Georges Bataille, »Economy«, in: *Eroticism, Expenditure and General Economy*, S. 236.
48 Bataille, *Eroticism, Expenditure and General Economy*, S. 236.
49 *Die Stadt Gradov* wurde vom früheren sowjetischen Schriftsteller Andrej

Kulturrevolution betreten, wo die Menschen das materielle Interesse verleugneten, die nützliche Produktion komplett stoppten, gleichgültig das Unkraut auf dem Maisfeld blühen sahen, blind die sogenannte Bourgeoisie erschossen oder leidenschaftlich den »Tanz der Loyalität« aufführten. Mit unglaublichem Enthusiasmus beteiligten sich die Menschen an den symbolischen revolutionären Aktivitäten und erlaubten es der abscheulichen Ökonomie fröhlich, im Zusammenbruch zu enden. Das erbärmliche Ergebnis kann man sich leicht vorstellen).

Drittens die Koexistenz der *allgemeinen Ökonomie* mit göttlichen Eigenschaften: Bataille stellt seine Philosophie auf die Grundlage religiöser Gefühle, was ihn von Mauss unterscheidet. Mit dieser religiösen Sichtweise verfügt Bataille nicht über Mauss' praktopischen Komplex zur Wiederherstellung des primitiven Lebens. In meinem Verständnis ist die sogenannte allgemeine Ökonomie in Batailles Denken der *Weg zu einer heiligen Welt*. Für Bataille implementiert die säkulare kapitalistische Ökonomie eine begrenzte spezielle Ökonomie in Verfolgung des weltlichen Utilitarismus, während er eine allgemeine Ökonomie mit dem Maßstab der »Nicht-Aneignung« bewundert und anstrebt. Bataille denkt, dass die kapitalistische Besitzökonomie, die auf dem Utilitarismus basiert, eine Art spezieller, sozial entfremdeter existierender Form ist und dass das allgemeinste authentische Sein einfach in der »herrlichen« Existenz der endlosen Verausgabung verkörpert ist wie die scheinende Sonne, die niemals untergeht.[50] Bataille erklärt, dass dies tatsächlich die authentische Lebensweise des Menschen und die Bedeutung der Existenz Gottes sei, weil das Wesen der Religion in der Überwindung des materiellen Besitzes durch den Menschen liege. Die Verherrlichung Gottes ist daher mit der Ent-Verherrlichung des menschlichen Lebens verbunden.[51] Nur in der hellen Stadt Gottes können wir die göttliche Existenz der nicht-produktivistischen Verausgabung erreichen. In diesem Zusammenhang glaubt Bataille, dass die Schönheit und der Künstler

Platonov 1927-1928 geschrieben, jedoch erst 1978 veröffentlicht.
50 Georges Bataille, »Economy«, S. 151.
51 Georges Bataille, »Origin and Reform in Capitalism«, in: *Eroticism, Expenditure and General Economy*, S. 171.

nicht zur materiellen Welt gehören.[52] »Gott ist NICHTS.«[53] Tatsächlich wird das Wahre, Gute, Schöne und das Göttliche der heiligen Welt zum antizipierten Nichts und *désoeuvrement*. Aufgrund des Fehlens eines Objekts ist Gott keine wirkliche und nützliche Präsenz, sondern der »Tod« in einer profanen Welt des Utilitarismus. Es sollte angemerkt werden, dass Bataille die Stadt Gottes von der primitiven Grasswurzelexistenz aus anstrebt. Das ist sein wesentlicher Unterschied zu Mauss.

Es gibt bei Bataille zwei Punkte, die unsere Aufmerksamkeit verdienen. Zunächst, obwohl er die heilige Sache und die nicht-utilitaristische Verausgabung in Mauss' Theorie bemerkt, betont er Mauss' Gedanken des symbolischen Tauschs nicht übermäßig: Im Vergleich dazu wurde die Idee des symbolischen Tauschs von Lévi-Strauss und Sahlins in ihren anthropologischen Studien wie auch vom jungen Baudrillard zur Begründung seiner philosophischen Ontologie häufig wiederholt. Zweitens wandte Bataille seine Kritik nicht gegen Karl Marx. In seinen jungen Jahren gab er zu, dass Marx in seiner Kritik des Kapitalismus in der Frage von Nation und Klasse gerechtfertigt sei.[54] Später, in seinen Ausführungen, dass die gesamte säkulare Welt auf materieller Produktion basiere, bestätigte er wiederholt Marx' Idee, durch die Ablehnung der materiellen Realität »zurück zum wirklichen Sein« zu gehen und glaubte, dies werde ein neues Kapitel für die menschliche Befreiung eröffnen.[55] Wie Sartre so lobt auch Bataille Marx' entscheidende Bedeutung für unsere Zeit, obwohl er zugleich darauf verweist, dass Marx' kommunistisches Ideal immer noch materiellen Wohlstand zur Voraussetzung hat. Genau diese Ideen bereiteten den Weg für die avantgardistische Kritik des jungen Baudrillard am Marxismus.

52 Georges Bataille, *Eroticism, Expenditure and General Economy*, S. 265.
53 A.a.O., S. 217.
54 Bataille, *Die psychologische Struktur des Faschismus*, S. 12.
55 Bataille, »Origin and Reform in Capitalism«, in: *Eroticism, Expenditure and General Economy*, S. 180.

3. Verborgene logische Unterstützung in *Das System der Dinge* und *Die Konsumgesellschaft*

Jetzt sind wir bereit, uns mit den beiden wichtigen Werken des jungen Baudrillard zu beschäftigen: *Das System der Dinge* und *Die Konsumgesellschaft*. Es gibt genügend Untersuchungen über ihren historischen Kontext und ihre theoretische Konstruktion, zum Beispiel die theoretischen Prämissen von Lefebvre, Barthes und Debord. Es gibt in den Texten auch eine klare Herausarbeitung der grundlegenden Ideen.[56] Daher werden diese Themen hier nicht erneut hervorgehoben. Ich versuche, eine ernsthafte Diskussion über die *verborgene aber beherrschende Idee von Mauss und Bataille* herauszuarbeiten, die in diesen Texten vom jungen Baudrillard stufenweise konstruiert wird.

Frühere Studien beschäftigten sich stark mit Aspekten wie Semiologie und haben möglicherweise eine andere wichtige logische Struktur übersehen. Im *System der Dinge* entwickelt der junge Baudrillard sein ontologisches Konzept aus Heideggers »Umsicht«. Er glaubt, dass im täglichen Leben des kapitalistischen Systems die funktionelle Nützlichkeitskette die grundlegende Existenz der Gegenstände wird, was »der verwissenschaftlichte und strukturalisierte Prozess der Objekte«[57] genannt wird. Und siehe, Baudrillard nimmt hier eine negative Haltung gegenüber der Funktionalität von Objekten ein. Zweifellos leitet sich eine solche Logik auch von der Kritik des späten Heidegger an der Technologie ab, der romantischen Umwandlung von »Das Ding dingt«. Wie zu erwarten sagt Baudrillard, dass in einem solchen strukturierten System »viele Objekte in ihrer eigenen Funktionalität begrenzt sind und in einer funktionalisierten Situation gemäß den menschlichen Bedürfnissen koexistieren.«[58] An dieser Stelle ist er deutlich unzufrieden mit dem anthropozentrischen Diskurs.

Der Beginn von *Das System der Dinge* scheint die frühe patriarchale bürgerliche Tradition zum Ausgangspunkt zu nehmen, um die Funktionalität

---

56 Vgl. Yang Haifeng, *Towards Post-Marx: From Mirror of Production to Mirror of Symbols*, in: Wang Min'an (Hg.), *Eroticism, Expenditure and General Economy*, Jilin People's Publishing House, 2003.
57 Vgl. die Einleitung von Lin Zhiming zu *The System of Objects*, Shanghai Century Publishing Group Co, Ltd., 2001, S. 3.
58 A.a.O., S. 6.

von Familienmobiliar und ähnlichen Dingen zu kritisieren. Das Wesen des traditionellen Möbeldesigns liegt in der Konstruktion einer unsichtbaren »Einheit der moralischen Ordnung«, das heißt, es hat, in Übernahme der Worte von Marx, die Funktion, »die menschlichen Beziehungen zu personifizieren«.[59] Die Erklärung ist an sich nicht falsch. Jedoch findet sich in Baudrillards Überlegung zur traditionellen Struktur der Objekte und des Raumes ein anderes wichtiges Indiz der »symbolischen Beziehung«. Durch das Vorhandensein von Objekten, so sagt Baudrillard, verkörpert und *symbolisiert* das traditionelle Möbeldesign ein tiefes emotionales Verhältnis des Familiengeistes. Mit der Veränderung des Lebens zerbrechen die gegenwärtigen kapitalistischen Möbel die traditionelle Dichte-Struktur. Das Objekt ist stark funktionalisiert worden, und moderne Möbel entwickeln sich in Richtung eines komplett neuen nützlichkeitsorientierten Systems, bei dem der junge Baudrillard leidenschaftlich klagt: Warum?

In seiner Sicht nutzt das moderne System der Dinge den Organisationswert, um die »Symbolwerte und jene der Verwendungsweise«[60] zu verbergen. (Zugleich betrachtete Baudrillard den Gebrauchswert als eine *ursprüngliche* materielle Eigenschaft, ein weniger radikales Ideal als das seines *Miroir de la production* später.) Er erklärt, dass man in der heutigen Struktur der Dinge

»den Gegenständen [...] keine ›Seele‹ mehr verleiht, und sie selbst erwecken im Käufer keine Vorstellung ihrer symbolischen Anwesenheit. Das Verhältnis wird betont sachlich, ist nur noch ein Disponieren und Spielen. Sein Wert ist nicht mehr instinktiver oder psychologischer Art, er wird taktischer Natur.«[61]

Es ist bemerkenswert, dass Baudrillard den ursprünglichen Gebrauchswert immer noch für die Grundlage des *symbolischen Werts* hält, der hier eine bedeutende symbolische Beziehung hat. (Nach meiner Meinung hatte der junge Baudrillard zu dieser Zeit eine große Ähnlichkeit mit Sahlins.) Die konventionelle Struktur der Dinge ist poetisch, und ihre Dinglichkeit übernimmt geschlossene und auf einander reagierende Dinge

59 Jean Baudrillard, *Das System der Dinge. Über unser Verhältnis zu den alltäglichen Gegenstände*, Frankfurt/New York 1991, S. 23-4.
60 A.a.O., S. 30.
61 A.a.O.

um eine zusammenhängende Szene zu inszenieren, nämlich das System symbolischer Familienbeziehungen. Dieses System wird von einer ganzen Reihe poetischer und metaphorischer Familienbeziehungen begleitet. »Da nun Sinn und Wert, gemäß den Bedingungen der Form, aus er erblichen Übertragung der Substanzen hervorgehen, wird die Welt so aufgefasst, wie sie zu sein scheint (so wird sie immer im unbewussten und in der Kindheit erfasst).«[62] (Diese nicht-utilitaristische und nicht-reziproke Gabe gehört zu Mauss. Baudrillard glaubt jedoch, dass sie nur im frühen Leben des Menschen und im unbewussten Zustand existiere.) Das Ding existiert in einer »anthropomorphen« Gegenwart. Als Ergebnis der gegenwärtigen funktionalen Dinge »geht es nicht mehr um eine gegebene, sondern um eine gemachte, gemeisterte, manipulierte, inventarisierte und kontrollierte, also selbstgeschaffene Welt.«[63] Daher haben »unsere Räume [...] die symbolwerte der Familie gegen die Zeichen der sozialen Beziehungen getauscht.«[64] Baudrillard kommentiert traurig, »dieser Weg führt von einem vertikalen Feld des Zusammenhangs zu einem horizontalen Feld des Nebeneinanders.«[65] (Dieser Punkt wurde später in *Der symbolische Tausch und der Tod* weiterentwickelt, wo sich der Übergang der vertikalen zur horizontalen Beziehung auf die Transformation des »Gesetzes des Warenwerts« mit Bezugssystem zum semiotischen »strukturellen Gesetz des Warenwerts« ohne Bezugssystem bezieht.)

Im zweiten Teil des Textes, »Die Strukturen der Stimmung« widmet Baudrillard dem »Ende der symbolischen Dimension« sogar einen eigenen Abschnitt, um den Verlust des symbolischen Werts in den gegenwärtigen Künsten zu illustrieren. Menschen in den traditionellen Handwerken verbinden sich durch Gesten miteinander und bilden ein symbolisches »Theater«, in dem Gegenstände unterschiedliche Rollen spielen, während »die vermittelnde Rolle der Gebärden [...] nur eine praktische Ausrichtung« hat »Eine ganze phallische Symbolik drückt sich in der schematischen Andeutung des Eindringens, Widerstehens, Prägens und der Reibung aus.«[66] Im modernen

---

62   A.a.O., S. 39.
63   A.a.O., S. 40.
64   A.a.O., S. 62.
65   A.a.O., S. 67.
66   A.a.O., S. 72.

System der technischen Produktion jedoch ist das traditionelle symbolische Verhältnis der Gesten vollständig zurückgetreten. Die Technologie erschafft durch Imitation eine »Welt der künstlichen Intelligenz«, in der nur Funktionalität und Symbole herumhängen, und der symbolische Wert, der die qualitative Existenz des Menschen repräsentiert, verschwindet.

»Gleichzeitig lösen sich die symbolischen Beziehungen auf. Was durch das Zeichen hindurchscheint, ist eine ständig gemeistert, bearbeitete, abstrahierte Natur, eine der Zeit und der Angst entrückte Natur, die durch die Kraft der Zeichen fortlaufend Kultur wird: eine Naturalität (oder auch Kulturalität).«[67]

Baudrillard erklärt wiederholt, dass die gegenwärtige Existenz die symbolische Beziehung verloren hat und dass Existenz des Menschen als Folge davon nicht mehr authentisch und die Natur nicht mehr die wirkliche Natur ist. (Dieser Punkt bezieht sich auf seine Ansicht zur Natur, die er in *Le miroir de la production* vertritt.)

Wir müssen klären, was genau der junge Baudrillard mit dem symbolischen Wert meint. Aus der Diskussion über den symbolischen Wert von Antiquitäten erkenne ich, dass Baudrillard trotz des Einflusses, den Mauss auf ihn ausgeübt hat, nur ein vages und imaginäres Verständnis von dieser Idee hat. In Baudrillards Sicht vermag das alte Objekt »wenn es nichts Zweckhaftes ist, [...] eine besondere Bedeutung anzunehmen.«[68] Der Grund, aus dem Antiquitäten wertvoll sind, besteht in ihrer bedeutenden Nutzung der *Nutzlosigkeit* (Eine Übernahme von Bataille). Mit einer symbolischen göttlichen Präsenz im Unterschied zur Zweckmäßigkeit der funktionalisierten Objekte von heute bedeutet das Alte eine vollständige Erfüllung und beantwortet die Frage als ultimative und perfekte Existenz. Wenn das funktionalisierte Ding »arm an Bedeutsamkeit«[69] ist, dann sollte die Existenz der Antiquität als solche im »Perfektum« benutzt werden. Daher rechtfertigt die Antiquität ihre eigene Existenz, die authentische Präsenz. Heidegger nennt das »das Ding dingt«. Und auch Baudrillard ruft leidenschaftlich aus:

67 A.a.O., S. 84.
68 A.a.O., S. 97.
69 A.a.O., S. 104.

»Wie die Reliquie, deren Funktion es säkularisiert, so bildet auch das alte Objekt auf eine lebende Weise die Welt aufs neue, ganz verschieden von der funktionellen Organisation der räumlichen Ausdehnung, und sucht dieser gegenüber die tiefe Irrealität der inneren Instanz zu behüten.«[70]

Er erklärt weiter, dass wir umso näher an einer frühen Zeit »zur Gottheit, zur Schöpfung, zu Wissen der Primitiven«[71] sind, je älter das Objekt ist. Es ist nicht überraschend, dass man hier eine deutliche Mauss-Bataille-Logik sieht. Die Theorie, die im *System der Dinge* verwendet wird, um das kapitalistische System anzugreifen, ist keinesfalls Marxismus, sondern eine nostalgische Graswurzelromantik nach Art von Bataille und Mauss. Es ist richtig, dass Baudrillard das kapitalistische System des Nutzens und der Nützlichkeit hasst, seine Alternative ist jedoch keine progressive Reform, sondern vielmehr eine unmögliche *Rückkehr in die Vergangenheit*.

Tatsächlich ist es nicht schwer, in den abschließenden Bemerkungen zu *Das System der Dinge* zu sehen, dass Baudrillard bereits den Prozess der modernen kapitalistischen Gesellschaft auf dem Weg zur Welt des Konsums erkannt hat, in der »der Vollzug einer systematischen Manipulation von Zeichen.«[72] Zur wichtigsten existierenden Struktur wird.

Später in der *Konsumgesellschaft* geht Baudrillards Analyse des Systems der Dinge zur Erforschung der Struktur der Warenzirkulation über. (Ich bemerke, dass er von diesem Buch an beginnt, sich mit Ökonomie zu beschäftigen, allerdings mit Untersuchungen die nicht tiefgreifend genug sind.) Seine logische Position ändert sich jedoch leicht, wenn man sie mit seinen ersten Argumenten vergleicht. Er spricht nicht mehr unmittelbar vom symbolischen Wert: Stattdessen bezieht er sich auf den widerständigen Standpunkt, der die Konsumlogik als »Gesetze natürlicher Umwelt« gegenüber dem »Gesetz des Tauschwerts« dekonstruiert.[73] Im Übergangsabschnitt vom ersten zum zweiten Kapitel stellt Baudrillard verschiedene Probleme in

70   A.a.O., S. 102-103.
71   A.a.O., S. 99.
72   A.a.O., S. 244.
73   Jean Baudrillard, *Die Konsumgesellschaft. Ihre Mythen, ihre Strukturen*, Wiebaden 2014, S. 40.

der Konsumgesellschaft dar. Am Ende des ersten Abschnitts in Kapitel zwei begegnen wir einem alten Freund, Sahlins, mit seinem berühmten Buch *Original Affluent Society*. Baudrillard stimmt völlig mit Sahlins Konzept überein, dass die Bedürfnisse in der kapitalistische *produktivitätsorientierten* Gesellschaft in »die der Produktionsordnung eigene Bedürfnisse und nicht die ‚Bedürfnisse' der Menschen«[74] verwandelt werden. (Es sollte angemerkt werden, dass Baudrillard dieses Konzept der »Produktivitätsorientierung« von Sahlins übernimmt und es zu einem bösartigen Slogan verändert, der gegen den historischen Materialismus verwendet wird.) In Baudrillards Sicht führen die australischen primitiven Stämme ein Leben »im Überfluss«. Die Menschen haben niemals Dinge besessen, und sie haben auch keine materiellen Sorgen. Sie haben nicht unser politisch-ökonomisches Konzept der Nützlichkeit im Kopf. Bereitwillig wird alles, was sie wollen, weggeworfen oder konsumiert. (Im folgenden Abschnitt sagt Baudrillard, dass die primitive Gesellschaft nicht die heutige Zeitvorstellung hat wie etwa die, dass »Zeit Geld sei«. Für sie ist Zeit nur der Rhythmus der Existenz, nicht in der Lage, abstrahiert oder substantialisiert zu werden[75], und in dieser vom symbolischen Wert beherrschten Existenz sind »Geld und Gold *Exkremente*«. Sie heben eine nicht-utilitaristische »Opferfunktion als Exkremente«.[76]) Baudrillard schließt daraus, dass der wertvollste Schatz im primitiven Leben nicht materieller Reichtum ist, sondern eine symbolische soziale Beziehung, die im Unterschied zum chaotischen und blinden Besitz von Dingen »transparent und reziprok« ist.[77]

»In der Ökonomie der Gabe und des symbolischen Tauschs reicht eine geringe und immer endliche Menge an Gütern aus, um einen allgemeinen Reichtum zu schaffen, denn die Güter wechseln ständig von einem zum anderen. Der Reichtum gründet nicht in en Gütern, sondern im konkreten Tausch zwischen Personen. So ist er grenzenlos, da der Tauschzyklus endlos ist, denn selbst bei

74 A.a.O., S. 99.
75 A.a.O., S. 223.
76 A.a.O., S. 217-218.
77 George Ritzer, »Introduction«, in: Jean Baudrillard, *The Consumer Society. Myths and Structures*, London 1998, S. 11.

einer begrenzten Zahl von Individuen trägt jeder Moment in diesem Zyklus zur Wertsteigerung des ausgetauschten Objekts bei.«[78]

Welcher Wert? Der symbolische Wert. Ausgehend von dieser bedeutenden Bezugskoordinate beginnt Baudrillard seine Kritik der »Konsumgesellschaft«. Seine theoretische Grundlage ist nicht der Marxismus. Indem er die Legitimität der Konsumgesellschaft verneint, übernimmt Baudrillard nicht den historischen Materialismus, um das kapitalistische Ausbeutungssystem zu kritisieren. Im Gegenteil, er baut sein theoretisches System auf der Graswurzelromantik von Mauss und Bataille auf. Er legt das Wesen der Konsumlogik als symbolische Manipulation in den folgenden Worten dar:

> »Die Logik des Konsums definiert sich, wie wir gesehen haben, als Manipulation von Zeichen. Es fehlt ihr der symbolische Wert des Erschaffens, das symbolische Verhältnis zum Inneren – sie waltet ganz und gar in der Äußerlichkeit. Das Objekt verliert seine objektive Zweckbestimmung, seine Funktion, und wird zum Endpunkt in einer viel umfassenderen Kombinatorik, von Objektensembles, in denen es nur noch einen relationalen Wert hat. Darüber hinaus verliert er seinen symbolischen Sinn, seinen tausendjährigen anthropomorphen Status, um sich tendenziell in einem Diskurs von Konnotationen zu erschöpfen, die sich wiederum im Rahmen eines kulturellen Systems aufeinander beziehen, das insofern totalitär ist, als es sämtliche Signifikationen integrieren kann, woher auch immer sie stammen.«[79]

Die reaktionäre Konsumentenlogik beraubt den Menschen und das Ding des realen symbolischen Werts; entsprechend wird die Existenz zu einem nützlichen Austausch von Werten degradiert. Baudrillard nimmt das sexuelle Verlangen als Beispiel: »Ist ihre totale und symbolische Tauschfunktion erst einmal abgebaut und verschwunden, fällt die Sexualität dem doppelten Schema von Gebrauchswert/Tauschwert anheim.«[80] und wird zu einem

---

78 A.a.O., S. 100.
79 A.a.O., S. 167-168.
80 A.a.O., S. 221.

256

falschen Konsum. Das letzte Kapitel des Buchs diskutiert die Freizeit. Hier lässt Baudrillard endlich Bataille die Bühne betreten. Er geht unmittelbar zu *La part maudite* des späten Bataille und bedient sich des von Mauss eingeführten »Gabentauschs«. In Baudrillards Sicht ist wirkliche Freizeit der *Austausch von Bedeutungen und Symbolen*, und der Wert der Existenz liegt in »der Destruktion selbst, indem sie nämlich geopfert wird.«[81]

Jetzt erkennen wir die wirkliche Logik, die den Diskurs des jungen Baudrillard in diesen beiden wichtigen Werken stützt. Offensichtlich gibt es nichts Marxistisches in ihnen. Kritiken des Kapitalismus sind nicht notwendig marxistisch. Es kann eine Ablehnung der Bourgeoisie aus einer theologischen Perspektive sein wie bei Pascal oder eine antikapitalistische Spekulation, die auf orientalischem Populismus basiert wie bei Mikhaylovsky. Der junge Baudrillard folgt nur äußerlich seinen linken Lehrern in der Kritik des kapitalistischen Systems der Dinge und der Konsumgesellschaft, verbunden mit ein wenig post-Marxschem Denken. Im Zentrum steht Mauss' und Batailles Graswurzelromantik. Die obige Analyse zerstört eindeutig die Illusion, dass Baudrillard einmal ein Marxist gewesen sei.

Tatsächlich folgt der junge Baudrillard dem Konzept von Mauss und (Sahlins)-Bataille von Beginn seiner Theoriebildung an. Obwohl er dem Marxismus in *Das System der Dinge* und in *Die Konsumgesellschaft* einige oberflächliche Aufmerksamkeit widmet, so ist dies doch nur eine Hintergrunddarstellung, die seinen Lehrern Respekt zollt. Das Wesen von Baudrillards Theorie liegt in der Graswurzelromantik, die sich qualitativ (wesentlich) vom Marxismus unterscheidet. Nach *Pour une critique de l'économie politique du signe*, einer direkten Transzendenz der marxistischen politischen Ökonomie, wechselt der junge Baudrillard schnell von seiner postmarxistischen Position zum Gegenteil des Marxismus. Mit *Le miroir de la production* ist er zu einem wütenden Gegner des Marxismus geworden. Im Unterschied zum späten Lefebvre, zu Debord und Derrida hat Baudrillard nach 1973 niemals ein positives Bild von Marx, und er nutzt jede Gelegenheit, um den symbolischen Tausch der primitiven Gesellschaften zu verwenden, um den Marxismus und das gesamte moderne Leben zu beerdigen. Nach meiner Meinung ist diese selbstgerechte und absurde Phantasie dazu verurteilt zu scheitern.

81   A.a.O., S. 251.

257

Nun sind wir bereit, uns mit Baudrillards *Miroir de la production* auseinanderzusetzen.

II. Marx: Theoretische Überschreitung des historischen Materialismus

Le miroir de la production hatte nach seinem Erscheinen eine bedeutende akademische Wirkung. Der wichtigste Grund mag der sein, den wir zuvor in der Einleitung erwähnt haben: Als Überläufer aus dem westlichen Marxismus unterscheidet sich Baudrillard von anderen Feinden des Marxismus von außen, die einfach die aus dem Marxismus stammenden historischen Muster angreifen. Er versucht eine direkte und zielgenaue Vernichtung der Hauptstützen, die den marxistischen historischen Materialismus halten – die grundlegende Theorie der materiellen Produktion und die Logik der historischen Phänomenologie.[82] Es läuft auf eine Angelegenheit von Leben und Tod in Bezug auf die methodologischen Postulate des Marxismus hinaus. Daher müssen wir uns ernsthaft mit *Le miroir de la production* auseinandersetzen. In diesem Abschnitt werden wir mit einigen wichtigen Frage und Gegenvorschlägen beginnen, die Baudrillard vorbringt.

1. *Le miroir de la production*: Gegen was will sich der junge Baudrillard wenden?

»Ein Gespenst verfolgt die revolutionäre Phantasie: das Gespenst der Produktion. Überall stützt es eine ungezügelte Romantik der Produktivität.«[83] Baudrillard beginnt sein Vorwort mit einer Parodie der berühmten Erklärung aus dem *Kommunistischen Manifest*. Dieser Satz ist Gegenstand zahlreicher Kritiken gewesen, und er ist an verschiedene theoretische Zusammenhänge angepasst worden – *Capitalist Manifesto* von Kelso

---

82 Nach meinem Verständnis gibt es im Marxismus zwei bedeutende theoretische Dimensionen. Genauer gesagt betrifft die eine das allgemeine Gesetz der gesellschaftlichen Existenz und der Entwicklung des allgemeinen historischen Materialismus in der subjektiven Dimension der historischen Dialektik, das heißt der historischen Phänomenologie. Vgl. mein Buch The *Subjective Dimension of Historical Dialectics* (Canut Publishers, London 2011) und *Zurück zu Marx – Der philosophische Diskurs im Kontext der Ökonomie*, Berlin 2019..

83 Jean Baudrillard, *The Mirror of Production*, St. Louis, 1975, S. 17.

und Adler, neohumanistische Texte von Exkommunisten aus Osteuropa und sogar das heutige postmoderne Denken, zum Beispiel Derridas Marx' *»Gespenster«*. Trotzdem ist es diesmal in Baudrillards Übernahme anders, die bedrohlich auf das eigentliche Zentrum des Marxismus zielt. »Revolutionäre Phantasie« wird als Metapher benutzt, um alle radikalen Diskurse zu präsentieren, die den Kapitalismus kritisieren. Baudrillard versucht aufzuzeigen, dass sich genau hinter diesen scheinbar radikalen revolutionären Erwartungen ein wilder Drache verbirgt, der sich »Romantik der Produktion« nennt und dessen Initiator niemand anders ist als der Revolutionär Marx. Baudrillard gibt jedoch zu, dass dieser Drache von Marx *unbewusst* freigelassen wurde.

Baudrillards wirkliches Angriffsziel ist der marxistische historische Materialismus, der alle alten Ideologien zusammen mit der folgenden kritischen Theorie der gesamten kapitalistischen historischen Produktionsweise transzendiert. (Ich habe schon einmal erwähnt, dass die kritische Logik der Produktionsweise eine wichtige qualitative Logik zur Definition spätkapitalistischen Denkens ist.[84]) Baudrillard glaubt, die Achillesferse des Riesen Marx zu treffen, wenn er sagt:

»die kritische Theorie der Produktions*weise* berührt nicht das *Prinzip* der Produktion. Alle Begriffe, die sie artikuliert, beschreiben nur die dialektische und historische Genealogie der *Inhalte* der Produktion und lassen die Produktion als *Form* intakt. Diese Form taucht idealisiert wieder hinter der Kritik der kapitalistischen Produktionsweise auf. Durch eine seltsame Infektion verstärkt diese Form der Produktion lediglich den revolutionären Diskurs als eine Sprache der Produktivität. Von der Befreiung der Produktivkräfte in der unbegrenzten› textuellen Produktivität von *Tel Quel* bis zu Deleuzes Fabrik-Maschinen-Produktivität des Unbewussten (inklusive der ›Arbeit‹ des Unbewussten) kann keine Revolution sich selbst unter ein anderes Zeichen setzen.«[85]

---

84 Vgl. das Vorwort zu diesem Buch.
85 Baudrillard, *The Mirror of Production*, S. 17.

Ohne meine vorbereitende Diskussion des Gedankens von Mauss und Bataille über das Nichtproduktive fände der normale Leser es ziemlich abrupt und daher schwieriger, hier in Baudrillards textuellen Zusammenhang einzutreten. Tatsächlich will Baudrillard folgendes sagen: Trotz der Kritik an der kapitalistischen Produktionsweise gelingt es Marx niemals, die ontologische Grundlage zu berühren, auf der der Kapitalismus beruht, nämlich die *Logik der Produktion*; trotz seiner Diskussion der spezifischen Inhalte der Produktion in unterschiedlichen historischen Perioden. Marx erkennt nicht und übersieht die qualitative Struktur (»Form«) der Produktion an sich. Man kann hier sehen, dass Baudrillard beabsichtigt, die *Produktion* zu kritisieren, die zum ersten negativen Schlüsselbegriff seiner Kritik wird. Wie wir wissen, ist der Begriff der Produktion für den marxistischen historischen Materialismus äußerst wichtig, sei es in der ersten Erklärung des allgemeinen historischen Materialismus, wie er in der *Deutschen Ideologie* begründet ist, oder in der theoretischen Entwicklung des historischen Materialismus; die Produktion und Reproduktion der Subsistenzmittel ist immer das fundamentale Paradigma der marxistischen Philosophie. Nach Baudrillard ist die niemals infrage gestellte Logik der Produktion (und der Produktivkräfte) tief verborgen, und sie wächst schnell unter dem Schutz der Ausrufe der Kritik am Kapitalismus, bis zu dem Maße, dass alle gegenwärtigen kritischen Diskurse, die scheinbar über den Marxismus hinausgehen, durch diesen unsichtbaren Drachen der Produktion verfolgt werden. Zudem attackiert Baudrillard den sogenannten Produktionstext, der aus dem Modernitätstext von Barthes und Kristeva (*Tel Quel*) hervorgeht[86], zusammen mit den unbewussten Produktivkräften von Deleuzes machines désirantes. Wir finden selten eine Person, die so arrogant ist wie Baudrillard ist, die auf *Tel Quel* und dem stolzen Deleuze herumtrampelt! Nach Ansicht von Baudrillard sucht der Postmodernismus offenbar unermüdlich nach einer fließenden wahren Erschaffung des Lebens, um der Totalität des modernen Industriesystems zu entfliehen, aber unglücklicherweise findet er sich immer eingeschlossen innerhalb der Logik der Produktion. Nach meiner Meinung ist Baudrillard ein theoretischer Prophet, der von einem

---

86   Vgl. meinen Aufsatz »Barthes: Text is a Kind of Weaving«, in: *Tribune of Social Sciences* (2002, Vol. 10).

Standpunkt, der dem Postmodernismus *entgegengesetzt* ist, die Geheimnisse jener Strömung erkennt, die wie verrückt frische exzentrische Ideen auswirft. Daher kann er nicht als ein *positiver* Postmodernist gesehen werden.

Nachdem das Geheimnis einmal gelüftet ist, erkennt Baudrillard »einen produktiven Eros« in dem, was er hinter der radikalen marxistischen Kritik vermutet und der auch als das ideale Sein des Menschen im industriellen System gesehen wird. Im Ergebnis ist alles – der gesellschaftliche Wohlstand oder die Sprache, Bedeutung oder Wert, Zeichen oder Phantasma – der Arbeit entsprechend »produziert«. Gut! Hier erscheint Baudrillards zweiter negativer Schlüsselbegriff: *Arbeit*. (Wie ich zuvor geschlussfolgert habe, war Baudrillard niemals ein Marxist, auch nicht ganz am Anfang seiner theoretischen Entdeckungen. Ironischerweise war Baudrillard an der französischen Übersetzung der *Deutschen Ideologie* beteiligt, weswegen der kluge Kobold des Denkens mit dem ersten Originaldokument bekannt wurde, das den historischen Materialismus hervorbrachte, und er nutzte diesen Vorteil in seiner Kritik des Marxismus.) Es ist jetzt klar, dass Baudrillard gegen Produktion und Arbeit argumentiert. Für Marx ist Produktion die Vorbedingung der gesamten Gesellschaftsgeschichte des Menschen und die allgemeine Grundlage der gesellschaftlichen Existenz und Entwicklung. Was ist also Arbeit? Nach Engels ist es die grundlegende Verbindung, die den Menschen von der animalischen Existenz zum menschlichen Sein bringt: es ist die dominante subjektive Handlung im Prozess der materiellen Produktion. Was Baudrillard versucht, für nichtig zu erklären, ist nichts anderes als die Grundlage des Marxismus: die gesellschaftliche Existenz und der Mensch in der Sichtweise des historischen Materialismus. Baudrillards logischer Ausgangspunkt ist tatsächlich der *umfassende logische Tod* des Marxismus. Das mag ein Licht darauf werfen, warum er in europäischen akademischen Kreisen so prominent wurde.

Er glaubt, dass alle gegenwärtige gesellschaftliche Existenz auf der Logik von Produktion und Arbeit basiert, was ebenfalls »die Wahrheit des Kapitals und der politischen Ökonomie« ist. Baudrillard sagt, dass die marxistische Kritik des Kapitalismus als präzise gelten kann, dass sie jedoch niemals einen Zweifel über die Logik der Produktion hervorbringt, was die revolutionäre Kritik verengt und sie an Dynamik verlieren lässt. Was Marx will, ist nur eine Befreiung der Produktivkräfte von den schweren Ketten des Kapitalismus. Nach Baudrillards Meinung nach können selbst radikalere Kritiken des Kapitalismus seither diesem Muster nicht entkommen. Die Befreiung der Produktivkräfte wird zu einer revolutionären Parole, zugleich jedoch umfasst sie eine Vision, die grandioser und subversiver ist. (Vorsicht, Baudrillard falsifiziert auch den zugrundeliegenden Weg, auf dem sich das heutige China fortschreitet.)

Er sagt, dass

»das kapitalistische System der Produktion im Namen einer authentischen und radikalen Produktivität unterwandert werden muss. Das kapitalistische Wertgesetz muss im Namen der nichtentfremdeten Hyperproduktivität, einem produktiven Hyperspace, abgeschafft werden, Das Kapital entwickelt die Produktivkräfte, begrenzt sie aber auch: sie müssen befreit werden. Der Austausch von Signifikaten hat immer die »Arbeit« des Signifikanten verborgen: wir wollen den Sigifikanten und die textuelle Herstellung von Bedeutung befreien! Das Unbewusste ist umgeben von sozialen, linguistischen und ödipalen Strukturen: wir wollen ihm seine rohe Energie zurückgeben; wir wollen es als produktive Maschine wiederherstellen! Überall herrscht der produktivistische Diskurs, und ob diese Produktivität objektive Ziele hat oder für sich selbst angewandt wird, sie nimmt selbst die Wertform an. Das ist das Leitmotiv sowohl des Systems wie einer radikalen Infragestellung.«[87]

Baudrillard scheint ein übergreifendes Netz auszuwerfen, dass Marx einfängt, der nach der Befreiung der Produktivkräfte von den Fesseln der kapitalistischen Produktionsweise ruft, Barthes und Kristeva ergreift ‚die versuchen, die gesamte textuelle Produktion zu befreien, die durch das Streben nach Originalität in der Moderne begrenzt ist, und Freud und Deleon einzufangen, die darauf hoffen, den unbewussten Eros als das authentische Sein des Menschen freizusetzen. Siehe da, all dies gehört zum »Diskurs des Produktivismus«! Trotzdem geht es nicht einfach um den von Adam

---

87   Jean Baudrillard, *The Mirror of Production*, St. Louis, 1975, S. 18.

Smith und Ricardo überlieferten modernen Liberalismus, sondern genau um den Diskurs der *Kritik des Kapitalismus* gegenüber dem »Leitmotiv der radikalen Infragestellung«. Unter diesen radikalen Diskursen der Revolution gegen den Kapitalismus hat Marx das größte Verbrechen begangen. Baudrillard hat hierfür eine spezifische Erklärung: Marx spielte eine zentrale Rolle in der Verankerung dieser produktivistischen Metapher, weil er die Produktionsweise radikalisiert und rationalisiert und ihr einen »revolutionären Adelstitel« verliehen hat. Daher richtet Baudrillard das Schwert auf Marx, um diese Art von Produktivismus auszulöschen. Daher ist der dritte Schlüsselbegriff die *Produktionsweise*, die die Produktivkräfte und die Produktionsverhältnisse vereinigt.

Der Marxismus weist in Baudrillards Kritik viele Probleme auf. Zum Beispiel hat er die Fiktion des *homo oeconomicus* zerschlagen, den Mythos, der den gesamten Prozess de Naturalisierung des Tauschwerts, des Marktes und des Mehrwerts und seiner Formen zusammenfasst. (Ich vermute, dass Baudrillard das Konzept des »homo oeconomicus« zuerst in Mauss' Gabe entdeckt hat, bevor er eine Bestätigung bei Marx fand.) Baudrillard weiß mit Sicherheit, dass Marx die kapitalistische Ökonomie (die Hypothese des homo oeconomicus) transzendiert, indem er erbarmungslos die Externalisierung und Naturalisierung der Ideologie der kapitalistischen Produktion freilegt und heftig negiert. Baudrillard bestreitet diesen Punkt nicht. Trotzdem verwirklicht sich Marx' Methode in seinen Augen immer noch »im Namen der Arbeitskraft«. Genauer gesagt entdeckt Marx, dass der Kapitalist nur den »Wert« der Arbeitskraft bezahlt, der auf dem Verhältnis des Äquivalententauschs auf dem Markt basiert, sich jedoch heimlich eine große Summe des Mehrwerts aneignet. In dieser Hinsicht geht Marx über Proudhon und andere kapitalistische Ökonomen hinaus und begründet eine wissenschaftliche politische Ökonomie, die die kapitalistische Produktionsweise kritisiert. Baudrillard zeigt weiter, dass die Theorie des Mehrwerts das Geheimnis der kapitalistischen Ausbeutung aufdeckt, es sei jedoch die gleiche »mythische« und »naturalisierte« Ideologie, wenn Marx die Ansicht vertritt, dass Wert durch Arbeit produziert werde. Man bemerke, dass hier der vierte marxistische Begriff auftaucht, der von Baudrillard heftig angegriffen wird: die Arbeits*kraft*. Baudrillard meint, dass der Mensch im philosophischen Diskurs des marxistischen historischen Materialismus durch die Arbeitskraft definiert wird, die am Arbeitsprozess beteiligt ist, während sich die Arbeitskraft als die authentische Überlebensmethode in allen gesellschaftlich-historischen Mustern erweist. (Diese Verurteilung durch Baudrillard ist absolut unbegründet, was in einem separaten Abschnitt behandelt wird.) Hier zielt Baudrillard nicht auf Marx' Kritik oder die seine Aufdeckung des Kapitalismus, sondern er wendet sich gegen die *gesellschaftliche ontologische Basis*, auf der die marxistische Kritik des Kapitalismus beruht. (Wir wissen bereits, dass Baudrillard sich aufgrund der Idee der auf symbolischen Beziehungen basierenden *nichtproduktiven Existenz* gegen den Marxismus wendet.) Er nörgelt unfreundlich: »Ist das nicht eine bekannte Fiktion, eine ähnliche Naturalisierung – eine weitere völlig willkürliche Konvention, ein Simulationsmodell, das dazu gezwungen ist, alles menschliche Material und jeden Zufall des Begehrens zu *kodieren* und in Form von Wert, Finalität und Produktion zu tauschen?«[88] Es stellt sich heraus, das Baudrillards Verärgerung ihren Ursprung in seinen Bedenken gegen Marx' Methode der Verwendung des Systems von Produktion und Wert zur Universalisierung der gesamten menschlichen Existenz und Gesellschaftsgeschichte hat, insbesondere des nichtproduktiven »praktopischen« Zustands, den er bei Mauss kennengelernt hat. Mit den obigen Worten schient Baudrillard Marx eine schärfere Frage zu stellen: Wird die gesamte Geschichte der menschlichen Existenz durch die Logik der Produktion kontrolliert?

Baudrillard hat bereits seine Antwort darauf: nein. Er glaubt, dass Marx' Logik der Produktion zu einer Illusion führt, »nicht länger man selbst zu ›sein‹, sondern sich selbst zu ›produzieren.‹« Nach seiner Ansicht bringt die versteckte humanistische Logik eine Situation des *Ich produziere, also bin ich* (*je produis, donc je suis*) hervor oder, wenn sie ein wenig ausgeweitet wird, sogar eines *Ich produziere, also gibt es Geschichte* hervor. In einem gewissen Maße ist seine Zusammenfassung von Marx' philosophischem Diskurs nicht völlig falsch. Dies erklärt auch, warum Baudrillard seinem Buch den Titel *Le miroir de la production* gibt. Er erklärt, »der Spiegel der Produktion,

88   A.a.O., S. 19.

in der alle westliche Metaphysik sich reflektiert, muss zerbrochen werden.«[89] Baudrillard erklärt, dass der Titel eine Anleihe bei Lacans Theorie des Spiegelstadiums sei, das sich seiner Meinung nach auch in jedem Aspekt der politischen Ökonomie findet (ich muss bemerken, dass Baudrillards Bezug auf Lacan hier nicht legitim ist. Offensichtlich zeigt es seine unzureichende Kenntnis von Lacans Spiegeltheorie.) Man betrachte einmal diese Überlegung:

> »Durch dieses Produktionsschema, diesen Spiegel der Produktion, kommt die menschliche Spezies im Imaginären zu Bewusstsein [*la prise de conscience*]. Produktion, Arbeit, Wert, alles, durch was eine objektive Welt entsteht und durch was der Mensch sich selbst objektiv erkennt – das ist das Imaginäre. Hier ist der Mensch mit einer kontinuierlichen Entzifferung seiner selbst durch seine Werke beschäftigt, abgeschlossen durch seine Schatten (sein eigenes Ziel), reflektiert durch seinen operationellen Spiegel, eine Art Idee eines produktivistischen Egos. Der Prozess spielt sich nicht nur in der materialisierten Form einer durch das System des Tauschwerts bestimmten ökonomischen Obsession mit Effektivität ab, sondern tiefergehend in dieser *Überdetermination durch den Code*, durch den Spiegel der politischen Ökonomie; in der Identität, die der Mensch mit seinen eigenen Augen anlegt, wenn er von sich selbst nur als etwas denken kann, das produziert, transformiert oder Wert hervorbringt.«[90]

Dieser kurze Abschnitt versammelt eine Reihe von Baudrillards negativen Schlüsselbegriffen, *Arbeit, Wert, politische Ökonomie* und so weiter. (Später fügt Baudrillard seiner schwarzen Liste andere grundlegenden Begriffe hinzu wie *Bedürfnis, Arbeitskraft, Gebrauchswert; Geschichte, Natur, Gesetz, Dialektik* usw.) Wie wir wissen ist Lacans Spiegeltheorie die negative Identifikation der Begründung eines Egos, das von einem falschen Bild ausgeht. Mit dem Ursprung im äußeren Bild eines *Individuums* wird die Illusion vom Unbewussten zunächst fälschlicherweise für das »Selbst« gehalten und

89   A.a.O., S. 47.
90   A.a.O., S. 58.

dann als Pseudoselbst durch die regulatorischen Spiegelreflexion der umgebenden Gesichter während der Frühphase begründet. Nach Lacan ist die Reflexionsbeziehung (das Pseudoselbst), die das subjektive Selbst besetzt, autre (genauer gesagt autre I und autre II). Daher ist das Spiegelstadium ein ontologischer Betrug in der Frühphase der Formation des Selbst.[91] Baudrillard wendet Lacans Spiegeltheorie auf das allgemeine Feld der menschlichen Existenz an. Es kann als eine logische Möglichkeit gezählt werden, wenn nicht als Fehler: Als objektive Aktivität des Menschen stammt die Produktion jedoch nicht aus der unmittelbaren objektiven Reflexion der menschlichen Subjektivität. Kein Denker hat die Produktion jemals mit dem menschlichen Sein verwechselt, abgesehen vom Fehlen einer *unbewussten Selbstreferenz* in Lacans Spiegellogik. Ironischerweise baut Baudrillards stolze Analogie tatsächlich auf einem Missverständnis Lacans auf. In dieser Weise wird seine kritische Begründung zu einem Nichts. *Nichts wird durch das Nichts begründet.* Baudrillard erweist sich als gutes Beispiel für Lacans Satire jener verrückten, selbstgerechten Menschen.

Nach Baudrillard erwirbt der Mensch eine Imago durch den Spiegel von Smith und Marx und erschafft dann eine illusorische objektive Welt, eine Selbstreferenz des Subjekts. Das Wesen des Bildes ist die *utilitaristische Wertlogik*; daher kann die Produktion des Spiegels zum *Spiegel der politischen Ökonomie* entwickelt werden. (Er verwendet später solche Begriffe wie *Spiegel der Arbeit* und *Spiegel der Geschichte*.) Auf einer tiefergehenden Ebene versucht Baudrillard, jeden Anthropozentrismus infrage zu stellen, der um den utilitaristischen Wert zentriert ist. Es ist interessant zu sehen, dass Baudrillard die extreme Ökonomisierung und den Wachstumszwang in der kapitalistischen Ökonomie nicht bestreitet, sondern sich gegen Marx wendet, der im Gegensatz zur kapitalistischen Ideologie steht. Nach Baudrillard negiert Marx nicht die offene Ahistorizität der klassischen Ökonomie, während der produktive und expressive Diskurs immer noch zwei »unanalysierte« Dinge in Marx' kritischer Logik sind. Weiterhin verbirgt sich der Spiegel der Produktion tief in Marx' innerer Logik.

---

91   Vgl. das dritte Kapitel in: *Die Wahrheit des Unmöglichen Seins: Das Abbild der Lacanschen Philosophie* (2002).

Was bedeutet das? Der sogenannte produktive Diskurs verweist auf Marx' Theorien der materiellen Produktion und der Entwicklung der Produktivkräfte, während der expressive Diskurs die marxistischen Produktionsverhältnisse und die Produktionsweise repräsentiert. Nach Baudrillards Ansicht ist das kapitalistische Produktionsschema nur die oberflächliche Form der Repräsentation oder »die Ordnung der Repräsentation« der Produktionslogik. Marx bestreitet nicht die Produktionslogik an sich, die die gesamte kapitalistische Existenz stützt. Entsprechend »ist es nicht länger erstrebenswert, eine radikale Kritik an der Repräsentationsordnung im Namen der Produktion und ihrer revolutionären Formel zu üben.«[92]

Tatsächlich ist diese Entdeckung, die Baudrillard macht, nicht so phantastisch. Nach meiner Meinung ist es lediglich eine Art kritischer Spannung mit einer Pseudoromantik als Ausweitung dessen, was Bataille die heilige Sache nennt. Nur der beschwingte Baudrillard sieht sich selbst als das reine Kind, das die Falschheit der gesamten gesellschaftlichen Existenz beobachtet und das sich entscheidet, »des Kaisers neue Kleider« herunterzureißen, was für ihn nichts weiter als die Produktion, der Spiegel der Produktion ist. Er möchte herausstechen und der erste sein, der diesen magischen Spiegel zerbricht (nach Sahlins haben vor Baudrillard bereits Gajo Petrović und Alfred Schmidt die Universalität des historischen Materialismus kritisiert.[93] Ich frage mich, ob Baudrillard weiß, dass sein kapriziöser Dünkel zu einer zu quixotischen Kämpfen und Illusionen führt. Es stimmt, er ist in einigen Punkten tiefgehend, aber er macht immer noch die gleichen Fehler wie die »Katarakt-Theoretiker«. Der Teufel, den er sich bemüht zu bekämpfen, ist ein falsches Bild, das nicht existiert oder einfach missverstanden wird (Als Nächstes werden wir uns mit Baudrillard mit seinen eigenen Mitteln auseinandersetzen und seine Kritik des Marxismus untersuchen, insbesondere die des historischen Materialismus.)

Baudrillards Textanordnung ist manchmal unterbrochen und oftmals repetitiv, daher beabsichtige ich, einen logischen Weg der Diskussion zu wählen, statt mich streng an die ursprüngliche Ordnung des Texts zu halten, was nach meiner Meinung die kritische Logik originalgetreuer wiederherstellen

---

92   Baudrillard, *The Mirror of Production*, S. 20.
93   Marshal D. Sahlins, *Culture and Practical Reason*, Beijing 2002, S. 20.

wird als Baudrillards eigene Ordnung, da für ihn die Realität bedauerlicherweise tot ist. (Das Thema des Todes der Realität wird in seinem späten bedeutenden Text *Das perfekte Verbrechen* [*Le crime parfait*] diskutiert, der auch der Hintergrund von *Matrix* ist, einem Film, der tief beeinflusst ist von Baudrillard.)

2. Absage an das Gerüst des historischen Materialismus

Der eifrige Kritiker Baudrillard zielt auf den Begriff der Arbeit, weil er nach seinem Urteil der Schlüssel der marxistischen Logik der Produktion ist. (Tatsächlich ist dies eine akademische Fehleinschätzung und eine logische Verwirrung, die auf eine Vermischung verschiedener Forschungsfelder zurückzuführen ist.) Zu Anfang demonstriert Baudrillard seine Absicht: Die wirkliche Kritik der politischen Ökonomie sollte nicht auf die Erläuterung solcher anthropologischen Begriffe wie Bedürfnis und Gebrauchswert beschränkt werden, die sich hinter dem Konsum verbergen, sondern «alles demaskieren, was hinter den Begriffen von Produktion, Produktivkräften, Produktionsverhältnisse usw. verborgen ist. All die grundlegenden Begriffe der marxistischen Analyse müssen infrage gestellt werden, beginnend mit ihrer eigenen Forderung nach einer radikalen Kritik und Transzendenz der politischen Ökonomie.« Baudrillard verdient es, ein Genie genannt zu werden. Das ist eine sehr genaue Erklärung, in der er erkennt, was andere nicht sehen können, um ein Schwert auf das Herz des Marxismus zu richten. (Ich erkenne auch an, dass Baudrillard bisweilen furchtbar nüchtern ist.) Nach seiner Ansicht sollte eine tiefgreifende Kritik der politischen Ökonomie keine Negationen innerhalb ihres eigenen Systems vornehmen, sondern zuerst Marx' *Transzendenz* der politischen Ökonomie überschreiten, das heißt, eine tiefgehende unmittelbare Reflexion über die Methodologie des historischen Materialismus sein, den Marx benutzt, um die politische Ökonomie zu transzendieren. (Politische Ökonomie sollte nicht in ihrem eigenen Rahmen abgelehnt werde, was der Standpunkt ist, den Marx einnahm, um Proudhon zu kritisieren, der hier aber von Baudrillard in seiner Ablehnung von Marx ausgeliehen wird.) Baudrillard versteht, dass Marx' Geheimnis bei der Transzendenz der bürgerlichen klassischen Ökonomie die Methodologie des historischen Materialismus ist. Dieses Verständnis ist sicherlich richtig. Was für Baudrillard zu tun übrig bleibt, ist umgekehrt Marx' Transzendenz zu transzendieren.

Daher wirft er zwei axiomatische Fragen auf:

»Was ist axiomatisch an Produktivkräften oder an der dialektischen Genese von Produktionsweisen, aus denen alle revolutionäre Theorie hervorgeht? Was ist axiomatisch am generischen Reichtum des Menschen, der Arbeitskraft ist, an der Antriebskraft der Geschichte oder an der Geschichte selbst, die nur ›die Produktion des materiellen Lebens durch die Menschen‹ ist?«[94]

Wenn es auf einfache Weise interpretiert wird, dann ist das erste historische »Axiom« die Frage, warum der Widerspruch zwischen den Produktivkräften und den Produktionsverhältnissen als Antriebskraft der gesellschaftlich-historischen Entwicklung betrachtet wird, während die Forderung nach einer Veränderung der Produktionsverhältnisse die Ursache der Revolution ist. Das ist ein Problem, das die gesellschaftliche Bewegung betrifft. Das zweite historische »Axiom« hat eine tiefere Bedeutung, die folgendermaßen erklärt werden kann: Warum ist die Geschichte nur der Prozess der Produktion des materiellen Lebens des Menschen? Und warum ist die Produktion dann der Antrieb der historischen Entwicklung? Weiterhin, warum erwirbt der Mensch den »generischen« Reichtum, wenn er als »Arbeitskraft« betrachtet wird? (Wir werden diese Frage später detailliert diskutieren: Baudrillards vereinfachte Aneignung des Begriffs »Arbeitskraft« aus dem Zusammenhang der marxistischen politischen Ökonomie ist unzulässig.) Man sollte bemerken, dass dies eine systematische Verfälschung von Aussagen ist. Zunächst gehört es zum Bereich der philosophischen Fragen. Genauer gesagt ist es eine Frage, die sich gegen den historischen Materialismus richtet. Wieder müssen wir sagen, dass Baudrillard in seiner Kritik präzise das Hauptproblem erfasst. Trotzdem entscheidet er sich ganz zu Anfang, einen theoretischen blinden Fleck zu ignorieren, der eine fortschreitende Entwicklung erfahren hat. Marx unterstellt zunächst, dass die generische Natur des Menschen in der Arbeit(skraft) bestehe, bevor er danach die Gesellschaftsgeschichte der

---

94 Baudrillard, *The Mirror of Production*, S. 20.

Menschen als Geschichte der Eigenbewegung der materiellen Produktion betrachtet. Er erklärt, dass der Widerspruch zwischen Produktivkräften und Produktionsverhältnissen die gesamte menschliche Gesellschaftsgeschichte vorantreibt. Wenn ich die betrachte, komme ich zu folgender Ansicht:

Zunächst, nach der Begründung des historischen Materialismus im Jahr 1845, betrachtete Marx die Arbeit nicht als die generische Natur des Menschen im Sinne der *philosophischen Ontologie*. Da Baudrillard Althusser gelesen haben muss, sollte er nicht die bedeutende historische Veränderung des Marxismus vernachlässigen. Er benutzt den humanistischen Diskurs, der von Marx *gründlich widerlegt* wurde, um auf einen verschwundenen logischen Beginn zu schießen, was nicht als angemessen gelten kann. Nebenbei bemerkt universalisierte Marx niemals die historische Sicht und die Anthropologie mit der *Arbeitskraft der Arbeiter*, der besonderen historischen Materialisierung, die nur im ökonomischen Zusammenhang der kapitalistischen Produktionsweise möglich ist. Das gehört nicht zum Marxismus, sondern resultiert aus Baudrillards eigener Verwirrung. Baudrillard fehlt es wirklich an einer ausreichenden Kenntnis der marxistischen Geschichte. Tatsächlich ist es so, dass Marx, als er den letzten Schritt in der Entwicklung des historischen Materialismus unternahm, deutlich die Erklärung des Menschen zum Lohnarbeiter ablehnte. In einem Entwurf zu Friedrich Lists Ökonomiebuch vom März 1845 schrieb Marx, dass der Mensch unter dem kapitalistischen System zu einer »Produktivkraft des Reichtums« reduziert worden ist, denn in dieser Produktionsweise steht er als Arbeitskraft neben anderen materiellen Kräften wie der Wasserkraft, der Dampfkraft und der Pferdekraft. Marx fragt ärgerlich: »Ist es eine große Anerkennung des Menschen, dass er mit dem Pferd, dem Dampf, dem Wasser als ›Kraft‹ figuriert?«[95] Von diesem Punkt aus beurteilt war Baudrillard ein schlechter Schüler des Marxismus. Er hat die obige Erklärung nicht sorgfältig gelesen; sonst hätte er Marx wahrscheinlich nicht mit dieser *anthropologischen Arbeitskraft* verleumdet.

---

95 Karl Marx, »Über Friedrich Lists Buch ›Das nationale System der politischen Ökonomie‹ (1845)«, in: Friedrich List, *Das nationale System der politischen Ökonomie*, Berlin 1982, S. 441-447.

Zweitens ist es bekannt, dass der Begriff der Produktion in Marx' Text mehrere semantische und historische Veränderungen durchläuft. Trotzdem scheint Baudrillards Urteil an diesem Punkt sehr schwach, oder möglicherweise ist das Genie durch seine kritischen Impulse und Ambitionen so überwältigt, dass er den dummen Fehler macht, einer Theorie, die über beinahe fünfzig Jahre einen akademischen Fortschritt erlebt hat, *absolute Homogenität* zu unterstellen. (Ich habe in einer Untersuchung einmal dieses Vorgehen eines unterschiedslosen Zitierens vom ersten bis zum letzten Band der Gesammelten Werke von Marx und Engels kritisiert. Tatsächlich ist es eine stalinistische Illustration. Bedauerlicherweise ist diese faschismusartige Grammatik auch in Baudrillards subalterner Kritik unter der Mode der Avantgarde erkennbar.) Ignoranz bringt Impulsivität hervor. Baudrillard ist sich nicht bewusst, dass der marxistische historische Materialismus in allgemeine und besondere Typen aufgeteilt ist, mit verschiedenen Begriffen der Produktion, die *wörtlich ähnlich* sind, sich jedoch aber substantiell in ihren Inhalten und Bedeutungen unterscheiden.

Baudrillard sollte wissen, dass Marx' allgemeiner historischer Materialismus die allgemeine Situation und die Regelungen der menschlichen Gesellschaftsgeschichte diskutiert, während der spezielle historische Materialismus sich hauptsächlich mit dem historischen Phänomen der kapitalistischen Gesellschaft beschäftigt. Produktion bezieht sich zunächst auf die *allgemeine* produktive Aktivität als etwas, das in philosophisch-historischer Sicht gegeben ist, und das sowohl die *Produktion des Menschen an sich* wie auch das Stoffliche betrifft. Zweitens ist Produktion ein *moderner* Begriff, der verwendet wird, um die Natur der gegenwärtigen Gesellschaftsgeschichte zu verstehen. In den *Thesen über Feuerbach* existiert sie als ein relationales Sein, um die binäre Trennung von Subjekt und Objekt zu beseitigen, eine Präsenz revolutionärer Praxis; oder in der *Deutschen Ideologie* erscheint sie im grundlegendsten materiellen Erschaffungsprozess der modernen industriellen Aktivitäten, wo sie der Kern der Logik des historischen Materialismus ist. Die obigen beiden Axiome gehören zum philosophischen Diskurs. Nach 1858 verwandte Marx mehrere besondere Begriffe der *allgemeinen* und *besonderen* Produktion im Kontext der politischen Ökonomie, um hauptsächlich maschinelle Produktion in der kapitalistischen Produktionsweise zu bezeichnen, wenn Warenproduktion und Markttausch sich bis zu einem bestimmten Niveau entwickelt haben. Die Komplexität der marxistischen Theorie der Produktion scheint den klugen Baudrillard zu verwirren, der trotz seines Talents von einer schwachen Grundlage ausgeht, um seine Theorie aufzubauen. Egal, wie großartig sein theoretischer Palast aussieht, er wird unter einem leichten aber vitalen Druck zusammenbrechen.

Dann bringt Baudrillard ein sehr wichtiges Zitat aus der *Deutschen Ideologie* – an deren Übersetzung er beteiligt war –, die berühmte Erklärung des historischen Materialismus im weiteren Sinne, die zuerst von Karl Marx formuliert wurde:

> »Die erste geschichtliche Tat ist also die Erzeugung der Mittel zur Befriedigung dieser Bedürfnisse, die Produktion des materiellen Lebens selbst, und zwar ist dies eine geschichtliche Tat, eine Grundbedingung aller Geschichte, die noch heute, wie vor Jahrtausenden, täglich und stündlich erfüllt werden muss, um die Menschen am Leben zu erhalten.«[96]

Hat Marx Unrecht? Frühere Denker sahen Geschichte nur als geschaffen durch heldenhaften Willen, während Marx einfach die Wahrheit der Geschichte erkannte. Da Wort »Erzeugung« (production) im ersten Satz wird in seinem allgemeinen Sinn benutzt, nicht im Sinne einer besonderen historischen Existenzform. Es bezieht sich auf die grundlegende materielle Aktivität, die die gesamte menschliche Gesellschaft hervorbringt, ohne die die Menschen nicht überleben können. Entsprechend sehen Marx und Engels in der *Deutschen Ideologie*, die den allgemeinen historischen Materialismus begründet, Produktion als die Initiative der menschlichen Gesellschaftsgeschichte. Zudem ist auch das Wort »Bedürfnisse« hier allgemein. Marx ist sich definitiv der spezifischen Bedürfnisse des Menschen in jeder historischen Produktion bewusst. Marx nahm in der Deutschen Ideologie eine spezielle Analyse der unterschiedlichen Bedürfnisse unter unterschiedlichen historischen Bedingungen vor. Ähnlich schrieb Marx im

96   Karl Marx/Friedrich Engels, *Die deutsche Ideologie*, in *MEW*, Bd. 3, S. 28.

späteren *Ökonomischen Manuskript von 1861-1863*, dass »da der Umfang sog. erster Lebensbedürfnisse größtenteils von dem Kulturzustand der Gesellschaft abhängen – selbst historisches Produkt sind, gehört in einem Land oder in einer Epoche zu den notwendigen Lebensmitteln, was in der anderen nicht dazu gehört.«[97]

Obwohl Baudrillard nicht offen seine Interpretation dieser Erklärung darlegt, können wir folgern, dass nach seiner Ansicht Marx' Produktion und Notwendigkeiten hier zum kapitalistischen System gehören. Aus diesem Grund kann er zu der voreiligen Schlussfolgerung gelangen, dass die Befreiung der Produktivkräfte mit der Befreiung des Menschen verwechselt wird. Er fragt daher: Ist das eine revolutionäre Formel oder die der politischen Ökonomie selbst?

In dieser Frage denke ich wirklich, dass Baudrillard einige zusätzliche Unterweisungen benötigt, da Marx niemals die Befreiung der Produktivkräfte mit der Befreiung des Menschen gleichgesetzt hat. Stattdessen ist Ersteres die *materielle Voraussetzung* des Letzteren und die wirkliche objektive Grundlage, auf der soziale Revolutionen stattfinden. (Diese Frage wird später detailliert diskutiert.) Baudrillard will sagen, dass wir über dieses Thema nachdenken müssen, das heißt, die Produktion wird für die Natur der Geschichte gehalten, sogar für den einzigen qualitativen Aspekt des Menschen. Aus dem gleichen Grund lehnt er Marx' Formulierung in der *Deutschen Ideologie* vehement ab: »Sie selbst [die Menschen] fangen an, sich von den Tieren zu unterscheiden, sobald sie anfangen, ihre Lebensmittel *zu produzieren.*«[98] Baudrillard fragt: Warum sollte sich der Mensch von anderen Tieren unterscheiden? In seinen Augen ist es eine humanistische »Verbohrtheit« und Bigotterie der politischen Ökonomie. Diese Meinung würde jeden normalen Leser erstaunen: Gibt es irgendjemanden, der Menschen nicht als unterschiedlich von anderen Tieren betrachtet? Kann es sein, dass der Mensch auf die gleiche Weise existiert wie andere Tiere? (Für Baudrillard ist es überhaupt nicht seltsam, denn sein geistiger Lehrer Bataille war immer von dem französischen pornographischen Schriftsteller

---

97 Karl Marx, *Ökonomisches Manuskript 1861-1863*, in: *MEW*, Bd. 43, S. 40-41.

98 Karl Marx/Friedrich Engels, *Die deutsche Ideologie*, in *MEW*, Bd. 3, S. 21.

Marquis de Sade fasziniert, der behauptete, dass das authentische Sein des Menschen durch animalische sexuelle Triebe und Ausscheidungen erkannt wird.) Im weiteren Verlauf der Untersuchung werden wir das wahre Wesen der Logik von Mauss und Bataille verstehen, der Baudrillard anhängt.

Nach Baudrillards Ansicht setzt Marx vor dem Hintergrund, dass er die Existenz des Menschen als Ziel an sich betrachtet, ein Mittel (die Produktion) ein, das sich vom Ziel unterscheidet, um die Bedürfnisse zu befriedigen, die der Mensch hat, das heißt, er muss produzieren. Entsprechend ist der Mensch gezwungen, sich selbst als die Arbeitskraft der Produktion zu sehen, während derer der Mensch als Ziel durch den Menschen als Mittel ersetzt wird. Dies wird »Entfremdung« genannt. Marx' kritische Transzendenz der politischen Ökonomie zielt darauf, den Menschen als Ziel seiner selbst wiederherzustellen. (Natürlich ist meine obige Paraphrasierung eine Umstellung von Baudrillards unklarer, gebrochener Gedankenlinie, die oft durch seine eigenen Fragen unterbrochen wird. Wir wären völlig verloren, folgten wir seiner eigenen Abfolge.) Auch hier hat Baudrillard unrecht! Nach 1845 war Marx nicht länger von Feuerbachs humanistischer *Sicht der Entfremdung* abhängig. Es ist richtig, dass Marx immer noch das Phänomen kritisierte, in der die vom Menschen hergestellte materielle Gewalt diesen in der kapitalistischen gesellschaftlichen Ökonomie versklavt, so wie es in den *Grundrissen* und im *Kapital* erklärt wird, er formulierte seine ablehnende Kritik jedoch stärker aus der Perspektive der verkehrten materialisierten gesellschaftlichen Verhältnisse. Hat er jemals auf unüberlegte Weise erklärt, dass der Mensch zu seinem eigenen Zweck wiederhergestellt werden solle, indem er die Entfremdung verleugnete?

Baudrillard erhebt den Anspruch, Marx infrage zu stellen, um den Marxismus zu Fall zu bringen, so dass er den »politischen Radikalismus« ablehnen kann, der von »Generationen von Revolutionären« verfolgt und unterstützt wurde. Ich bin pessimistisch in Bezug auf seinen Wunsch.

3. Die methodische Krankheitsursache: Transhistorisierung der Geschichte

Baudrillard fokussiert sich in seinem ersten Kapitel auf die Kritik des marxistischen Begriffs der Arbeit, obwohl sein unzusammenhängender

Gedanke einen hastigen Sprung vom kaum vorbereiteten Gebiet der historischen Philosophie in den ökonomischen Zusammenhang macht, was nur ein unzulässiges Argument ist. (Wir werden dies detailliert im nächsten Abschnitt diskutieren.) Ich werde zunächst die philosophische Schlussfolgerung des ersten Kapitels diskutieren, und zwar weil es theoretisch seine methodologische Fortschreibung der obigen Kritik ist.

In *Le miroir de la production* hat fast jedes Kapitel eine sogenannte Zusammenfassung der Epistemologie, um Baudrillards metaphysische Selbstgefälligkeit zur Schau zu stellen (außer Kapitel IV haben die ersten vier Kapitel alle Zusammenfassungen der Epistemologie.) Der Titel der ersten Epistemologie lautet »Im Schatten marxistischer Begriffe«, was, wenn man es vom gesamten Text aus beurteilt, dazu dienen soll, den methodologischen Ursprung des marxistischen historischen Materialismus zu identifizieren. Nach Baudrillards Ansicht werden die spezifischen begrenzten Begriffe »universalisiert«. Diese kritische Logik wird aus der Methodologie des marxistischen historischen Materialismus übernommen. Sie führt zu einer unzulässigen theoretischen Überschreitung. Wir wollen diese Kritik untersuchen.

Baudrillard gibt zu, dass »die marxistische Theorie versucht hat, die abstrakte Universalität der Begriffe des bürgerlichen Denkens (Natur und Fortschritt, Mensch und Verstand, formale Logik, Arbeit, Tausch usw.) zu zerstören.« Seltsamerweise wird man, wenn man im Nachhinein marxistische Texte liest, nicht finden, dass Marx das ablehnt, was Baudrillard als die Universalität der Konzepte bürgerlichen Denkens bewertet. Nach meiner Meinung lehnt Marx Natur und Fortschritt nicht ab, aber er ist gegen die Naturalisierung und Externalisierung der kapitalistischen Produktionsweise; er wendet sich nicht gegen den Menschen und die Rationalität, sondern leistet Widerstand gegen die kapitalistische Abstraktion des Menschen und die Heuchelei der Rationalität; er weist nicht a fortiori die formale Logik, Arbeit und Tausch zurück, sondern weist stattdessen die materialisierten gesellschaftlichen Verhältnisse und das fetischistische Denken unter dem kapitalistischen System zurück. Lächerlicherweise behauptet Baudrillard, dass Marx versuche, das bürgerliche Denken durch Begriffe wie »historischer Materialismus, Dialektik, Produktionsweise, Arbeitskraft« und so weiter zu vernichten, was erneut seinen eigenen Trugschluss zum Ausdruck bringt.

Zunächst ist der historische Materialismus der universellste Begriff, die Weltanschauung, die Marx die einzige »Wissenschaft der Geschichte« nennt, während die historische Dialektik eine bedeutende logische Struktur dieser Weltanschauung ist. Der historische Materialismus ist im Wesentlichen historische Dialektik. Die Produktionsweise ist der zentrale Begriff des historischen Materialismus wie auch die entscheidende Perspektive, die Marx benutzt, um die Natur der kapitalistischen Gesellschaft zu untersuchen. Was den letzten Begriff der »Arbeitskraft« betrifft, so gehört er in die ökonomische Kategorie und unterscheidet sich offensichtlich von den anderen drei Begriffen. In keinem der veröffentlichten Texte von Marx wird er jemals im weiteren Sinne einer Philosophie (Epistemologie) verwendet. Baudrillard neigt dazu, Gedanken verschiedener Kategorien durcheinanderzubringen. Wir müssen uns auf diese seine charakteristische Eigenart einstellen.)

Noch wichtiger ist, dass Marx in der Lage ist, die klassische Ökonomie der bürgerlichen Ideologie zu transzendieren, da er auf dem Höhepunkt des historischen Materialismus steht. Er basiert seine Kritik und die Zerstörung der bürgerlichen Ideologie auf der tiefgreifenden Untersuchung der Ökonomie sowie der Gesellschafts- und Wissenschaftsgeschichte. Nach 1845 gab Marx seine jugendliche Erklärung auf, dass das Königreich des Bürgers im philosophischen Sinne tot sei (wie er es in den *Ökonomisch-philosophischen Manuskripten von 1844* geschrieben hatte.) Unglücklicherweise ist Baudrillard nicht nur selbstgerecht, er hat auch unrecht.

Nach einer weit hergeholten Kritik bringt Baudrillard eine andere Entdeckung des epistemologischen Ursprungs bei Marx vor: Trotz seiner richtigen Kritik der abstrakten bürgerlichen Begriffe »universalisiere« Marx erneut die Begriffe, die benutzt werden, um die bürgerliche Ideologie zu transzendieren. Im Ergebnis ist Marx' Epistemologie in ihrem Wesen »›kritischer‹ Imperialismus«. (Diese scharfe Kritik verdient ernsthafte Aufmerksamkeit.) Baudrillard sagt, dass die Behauptung, dass ein Begriff nicht nur eine interpretative Hypothese, sondern eine Übersetzung eines universellen Moments sei, von reiner Metaphysik abhänge. Auch marxistische Begriffe entkommen diesem Fehler nicht. Nach seiner Meinung ist die Transformation eines Paradigmas oder eines Begriffs in eine universelle Formel eine alte metaphysische Praxis, der Marx nicht entgeht.

»Stattdessen wird die Geschichte im Marxismus transhistorisiert: sie verdoppelt sich selbst und wird daher universalisiert. Um konsequent zu sein, muss die Dialektik dialektisch über sich selbst hinausgehen und sich selbst aufheben. Indem er die Begriffe der Produktion und der Produktionsweise an einem bestimmten Moment radikalisiert, verursacht Marx einen Bruch im gesellschaftlichen Geheimnis des Tauschwerts. Der Begriff bezieht daher alle seine strategische Kraft aus seinem Hereinbrechen, womit er die politische Ökonomie ihrer imaginären Universalität beraubt. Seit der Zeit von Marx jedoch hat er seinen Vorteil verloren, wenn es als ein Erklärungsprinzip verstanden wird. Er hat seinen ›Unterschied‹ abgeschafft, indem er sich selbst universalisierte und auf die herrschenden Form des Codes (Univesalität) und die Strategie der politischen Ökonomie zurückfiel. Es ist nicht tautologisch, dass der Begriff der Geschichte historisch ist, dass der Begriff der Geschichte dialektisch ist und dass der Begriff der Produktion selbst produziert wird (das heißt, er muss durch eine Art Selbstanalyse beurteilt werden.) Vielmehr zeigt dies die explosive, tödliche, gegenwärtige Form kritischer Begriffe. Sobald sie als universal konstituiert werden, hören sie auf, kritisch zu sein, und die Religion der Bedeutung beginnt.«[99]

Dieser lange Abschnitt bei Baudrillard ist ausgesprochen wichtig. Er zeigt auf lebendige Weise, was Baudrillard für eine innere Kritik und eine einsichtsvolle Perspektive des marxistischen historischen Materialismus hält. Ich möchte diese »klassische Aussage« erklären.

Baudrillard erkennt die effektive Zurückweisung der Universalität der bürgerlichen Ökonomie (der ewigen Existenz der Marktökonomie als natürliche Ordnung) durch den Marxismus in der Hinsicht an, dass Marx durch die kritische Analyse von Geschichtlichkeit und Dialektik illustriert, dass die bürgerliche Produktionsweise historisch (nicht dauerhaft) ist, Geschichte ist fortschreitend und der historische Materialismus wendet sich gegen jeden Versuch, die Gegenwart zu zementieren. Wenn Marx

---

99 Jean Baudrillard, *The Mirror of Production*, S. 48.

diesen historischen Begriff jedoch ausweitet, ist er nicht länger historisch, und er schießt sich umgekehrt dem »herrschende Code« der bürgerlichen Ideologie an. Diesmal ist Baudrillard nicht undeutlich bei der Formulierung seiner Idee, abgesehen von dem Unsinn der Radikalisierung der Begriffe der Produktion und der Produktionsweise. Er versucht, Marx zu dafür zu kritisieren, dass er einen historischen Begriff (*Notwendigkeit des Fortschritts*) zu universeller Gesellschaftsgeschichte ausweitet, insbesondere auf die primitive Gesellschaft, wo es *keine* solchen Begriffe wie Fortschritt oder Produktionsweise gibt. Das beweist die theoretische Gewalt des Marxismus.

Nach meiner Meinung spielt Baudrillard hier mit den Begriffen einen Streich. *Nach 1845* hatte Marx in der Auseinandersetzung mit der gesellschaftlichen Realität der menschlichen Geschichte, insbesondere der kapitalistischen Gesellschaft, mehrere unterschiedliche Begriffe in seinem Gedankenexperiment. Zunächst ist es das historische Paradigma als Natur des historischen Materialismus – das methodologische (und das epistemologische) Paradigma der *begrenzten Geschichtlichkeit und der Zeitskala* der ontologischen Subsistenz im Zentrum des Marxismus , das heißt das analytische Modell »unter einer besonderen historischen Bedingung«, das von Marx besonders gekennzeichnet und von mir außergewöhnlich herausgestellt wird. Mit anderen Worten, Marx lehnte genau jede transhistorische Konzeption ab. (Aus diesem Punkt geht Heideggers Begriff des sterblichen Daseins hervor.)[100]

Das zweite ist die moderne industrielle Produktion, der Begriff der Geschichte, der sich während der kapitalistischen Entwicklung herausbildet und der fließender und revolutionärer ist. Die dialektische Natur in der deutschen klassischen Philosophie hat diese historische Modernität antizipiert. Bedauerlicherweise fehlte Deutschland die Wirklichkeit der industriellen Produktion. Marx spottete in der *Deutschen Ideologie*, dass die Deutschen »keine Geschichte haben«. Offensichtlich wird Geschichte hier im speziellen modernen Sinn verwendet.

---

100 Vgl. Kapitel sechs meines Buchs *Zurück zu Marx – Der philosophische Diskurs im Kontext der Ökonomie*, Berlin 2019.

Das Dritte erscheint erst nach der Befreiung des Menschen, was die wirkliche Entwicklung der *menschlichen Geschichte* ist. Nach Ansicht von Marx ist die kapitalistische Gesellschaft immer noch die Welt der »ökonomischen Wesen«. (Er hatte die Verwendung humanistischer Begriffe wie »unmenschlich« aufgegeben.) Er nennt sie oftmals eine »vorgeschichtliche Gesellschaft«. Der dritte Begriff wird in einer Ad-hoc-Bedeutung verwendet.

Viertens verwendet Marx ihn auch im allgemeinen historischen Sinne und in allgemein historischen Untersuchungen. Es ist nicht nötig, dies hier zu erklären.

Es ist deutlich, dass Baudrillards Kritik der historischen Begriffe nur bei der zweiten Bedeutung einen Sinn ergibt. Zudem muss er beweisen, dass Marx den Versuch unternommen hat, der gesamten Geschichte das kapitalistische *moderne Zeitschema* überzustülpen. Ansonsten endet die Kritik, wie rigoros sie auch sein mag, in Unwahrheit.

Mit der obigen Einführung zum Hintergrund erweist sich Baudrillards Vorwurf als unberechtigt und leer.

> »Sie [die Begriffe] werden nur in einem unbestimmten metonymischen Prozess evoziert, der folgendermaßen abläuft: Der Mensch ist historisch; Geschichte ist dialektisch; die Dialektik ist der Prozess der (materiellen) Produktion; Produktion ist der eigentliche Moment der menschlichen Existenz; Geschichte ist die Geschichte der Produktionsweise usw. Dieser wissenschaftliche und universalistische Diskurs (Code) wird unmittelbar imperialistisch. Alle möglichen Gesellschaften werden herangezogen, um zu reagieren.«[101]

Es gibt in Baudrillards Überlegung ein bedeutendes Problem. Er neigt dazu, Marx' Gedanken mit dem alten philosophischen System der stalinistischen dogmatischen Erklärung gleichzusetzen, insbesondere durch simple Schlussfolgerung. Obwohl er klug ist, macht er derart einfache Fehler. Wo können wir in marxistischen Texten und im marxistischen Denken den oben genannten Code-Imperialismus finden? Obwohl Baudrillards Behauptungen

---

101   Jean Baudrillard, *The Mirror of Production*, S. 49.

auf die konventionellen dogmatischen Lehrbücher des Marxismus anwendbar sind, findet sich die Aussage »die Dialektik ist der Prozess der materiellen Produktion!« nirgendwo. (Selbst in den Lehrbüchern der ehemaligen Sowjetunion und der osteuropäischen sozialistischen Länder bezieht sich die Dialektik auf die Untersuchung der allgemeinen Gesetze der Natur, der Gesellschaft und des menschlichen Denkens.) Baudrillard erfindet hier wieder einmal etwas.

Baudrillard scheint mit seinem Angriff unzufrieden zu sein. Abgesehen von seinem Urteil über den epistemologischen Trugschluss im Marxismus weitet er sein Zielfeld aus: »Was wir über die marxistischen Begriffe gesagt haben, gilt ebenfalls für das Unbewusste, Verdrängung, den Ödipuskomplex usw.« Er verurteilt also auch die Freudsche Psychoanalyse zum Tode.

Überdies ist Baudrillard sehr glücklich über seine letzte Zuflucht. Er ist überzeugt, dass wenn er einmal »Schach« sagt, Marx und Freud schachmatt sein werden. Der letzte Zug sind seine bevorzugten »primitiven Gesellschaften.« (Wir sind bereits mit primitiven Gesellschaften vertraut, die bei Baudrillard als ontologischer Ausgangspunkt gesehen werden. Die primitive Gesellschaft ist natürlich eine imaginierte ideale Szenerie der menschlichen Existenz, die durch das Prisma von Mauss und Bataille gebrochen wird.) Er kann seine Erregung in der folgenden Bemerkung nicht verbergen:

> »Es gibt in primitiven Gesellschaften *weder eine Produktionsweise noch eine Produktion*. Es gibt keine *Dialektik* und kein *Unbewusstes* in primitiven Gesellschaften. Diese Begriffe analysieren nur unsere eigenen Gesellschaften, die von der politischen Ökonomie beherrscht werden. Daher haben sie nur eine Art Bumerang-Wert.«[102]

Baudrillard hebt seine Schlussfolgerung mit kursiv geschriebenen Worten hervor[103], was nach meiner Ansicht nur ein kleiner Trick ist, um sich selbst zu amüsieren. Eine genauere Darstellung sollte so gehen: In primitiven Gesellschaften gibt es keine Produktionsweise und keine Produktion *im modernen Sinne*, und die heutigen Theorien der Dialektik und des Unbewussten sind immer noch außer Sichtweite. Marx sieht die heutige

---

102   A.a.O., S. 49.
103   Baudrillard misst dem große Bedeutung bei.

moderne Produktion niemals als die existenzielle Grundlage von primitiven Gesellschaften. Im Diskurs des historischen Materialismus gilt: »*Wenn* also von *Produktion* die Rede ist, ist *immer* die Rede von *Produktion* auf einer bestimmten *gesellschaftlichen Entwicklungsstufe.*«[104] Die Produktionsweise und die Reife der Produktion variieren in unterschiedlichen gesellschaftlichen Entwicklungsstufen, aber Produktion existiert immer als materielle Grundlage der gesellschaftlichen Existenz und Bewegung, so »dass das Leben der Menschen von jeher auf Produktion, d'une manière ou d'une autre auf gesellschaftlicher Produktion beruhte.«[105] Sogar in primitiven Gesellschaften, es sei denn, unsere Vorfahren hätten nicht gegessen und getrunken, musste man sich an Aktivitäten zum Überleben, der Beschaffung von Nahrungsmitteln und dem Schutz vor Gefahren beteiligen. Wie Marx sagt, ist es »Aneignung der Natur vonseiten des Individuums innerhalb und vermittelst einer bestimmten Gesellschaftsform.«[106] *Der Grund, warum es einen* »Lebensgewinnungsprozess«[107] *gibt*, ist der, dass der Mensch über ein charakteristisch überlegenes Modell des Überlebens und des Nahrungsmittelerwerbs verfügt und nicht eine leere Zurschaustellung, um sich von den Tieren zu unterscheiden. Andernfalls wären nicht nur der Gabentausch und der Konsum verschwunden, die von Baudrillard und seinen Lehrern inthronisiert werden, sondern die primitiven Völker hätten auch einfach ihre Überlebensmöglichkeiten verloren.[108] Tatsächlich kann die

---

104 Karl Marx, *Einleitung zur Kritik der politischen Ökonomie*, in: MEW, Bd. 13, S. 616.

105 Karl Marx, *Grundrisse der Kritik der politischen Ökonomie*, in: MEW, Bd. 42, S. 388.

106 Marx, *Einleitung zur Kritik der politischen Ökonomie*, S. 619.

107 Karl Marx, »*Randglossen zu Adolph Wagners Lehrbuch der politischen Ökonomie*«., in: MEW, Bd. 19, S. 362.

108 Marx zitiert ein Beispiel hierfür. Er sagt: »Es ist eine hergebrachte Vorstellung, dass in gewissen Perioden nur vom Raub gelebt ward. Um aber rauben zu können, muss etwas zu rauben da sein, also Produktion.« (Karl Marx; *Grundrisse*, S. 42.) Und die Art des Raubs ist wiederum durch die Art der Produktion bestimmt. Wenn man es ein wenig angleicht, kann die obige Aussage auf Baudrillard übertragen werden: damit Gabentausch (symbolischer Tausch) möglich ist, muss es Gaben geben, die getauscht werden können, also Produktion. Ohne »Gaben« gäbe es keinen umfangreichen Konsum wie im »Potlach«, ganz zu schweigen von grundlegendem Überleben.

primitive Aktivität in keiner modernen Sprache »Produktion« genannt werden, aber diese objektive Aktivität ist die einzige Grundlage für menschliches Überleben. Sie gehört nicht zum utilitaristischen Wertesystem, aber sie ist ein Muss. Sie wird von Marx im allgemeinen historischen Materialismus als allgemeine materielle Produktion bezeichnet. In dieser Hinsicht verändert sie ihr Wesen nicht, obwohl Marx und Engels später bemerkten, dass die materielle Produktion in L.H. Morgans grober Untersuchung der primitiven Gesellschaften im späten 19. Jahrhundert nur eine »periphere Angelegenheit« sei. (Marx sagt, dass primitive Völker nicht entsprechend einer verkehrten materiellen Beziehung tauschen. Er folgerte daraus, dass sie »nur carrying trade hatten und nicht selbst produzierten. Wenigstens war das bei den Phöniziern, Karthaginiensern etc. Nebensache.«[109] Mit anderen Worten, materielle Produktion wurde in primitiven Gesellschaften nicht zu einem entscheidenden Faktor, aber ohne sie hätten die Menschen ihre Überlebensgrundlage verloren, was zeigt, dass Marx' anthropologische Sichtweise ziemlich gut mit Mauss' späterer Entdeckung vergleichbar ist.) Der Grund hierfür ist, dass die Form der Aktivitäten der primitiven Völker (wenn man es nicht eine Produktionsweise nennt), die der einfachen Tiere bei der Erhaltung des Lebens überlegen war, eine objektive Realität ist wie auch eine grundlegende Bedingung für das Überleben des Menschen. Es muss deutlich gemacht werden, dass Marx' Theorie, dass die Gesellschaftsgeschichte des Menschen allgemein auf der Produktion materieller Mittel des Überlebens basiert, nicht zur Logik der politischen Ökonomie gehört, sondern zum philosophischen Diskurs des historischen Materialismus. Baudrillards Kritik verwechselt den Diskurs der politischen Ökonomie mit dem Diskurs der Philosophie, was ihre Gültigkeit sehr infrage stellt.

Zudem enthält Baudrillards Kritik ein Paradox, dessen er sich selbst völlig unbewusst ist. Er wirft Marx vor, gegenwärtige Begriffe wie Produktion und Geschichte auf primitive Gesellschaften zu projizieren. Zugleich stülpt er dem gesamten menschlichen Leben die elementare gesellschaftliche Struktur und Existenzweise in primitiven Gesellschaften über. Ist das nicht der wirkliche Code-Imperialismus? Baudrillard sagt, dass er mit dem

109 Marx; *Grundrisse*, S. 149.

Marxismus und der Psychoanalyse brechen will. Das erschreckt niemanden. Es ist sicher, dass der Bumerang, den er wirft, ihn selbst treffen wird.

III. Ontik der Produktion: Ich produziere, also gibt es Geschichte

Das erste Kapitel von *Le miroir de la production* trägt den Titel »Der Begriff der Arbeit«, aber Baudrillards wichtigstes Ziel der Kritik ist das Zentrum des historischen Materialismus: die materielle Produktion. Nach seiner Ansicht wendet sich Marx ernsthaft gegen die kapitalistische Produktionsweise und enthüllt die Ausbeutungsnatur des Kapitalismus, er ist sich jedoch nicht bewusst, dass der Diskurs der Geschichtsphilosophie, der um die *nützliche* Produktion von Arbeit zentriert ist, immer noch das kodierte Erzeugnis des Unbewussten im bürgerlichen System des Wertetauschs ist. Baudrillard verkündet, dass er die Seinsontologie des »Ich produziere, also gibt es Geschichte« durchgreifend negieren und dem Marxismus und auch dem radikalen Diskurs in der post-Marxschen Denkströmung eine durchgreifende Absage erteilen will. Angesichts dieses anmaßenden Getöses können wir nicht umhin, auf Baudrillards theoretische Missdeutung und boshaften Angriff frontal zu antworten. Daher werde ich zunächst eine eingehende Analyse und Erörterung von Baudrillards Sichtweise über die Frage Produktion machen.

1. Schiefe Kritik des Gebrauchswerts und des »Tauschwerts«

Das erste Thema in ersten Kapitel ist die Kritik des »Gebrauchswerts und der Arbeitskraft«, in der Baudrillard argumentiert, dass der Marxismus auf den spezifischen Bestimmungen aufgebaut ist, die durch das bürgerliche System des utilitaristischen Werts und der Logik des Markttauschs begründet sind. Kategorien wie Gebrauchswert und Arbeitskraft ergeben nur im kapitalistischen System einen Sinn und werden in theoretischen Überschreitungen enden, wenn sie auf die gesamte Geschichte angewandt werden.

Wieder einmal missversteht Baudrillard den Marxismus. Marx unterscheidet sich von den bürgerlichen Denkern, indem er jedem Paradigma spezifischer Epochen eine historische Begrenzung in der theoretischen

Anwendung hinzufügt. Baudrillards Vorwurf beweist exakt Marx' einzigartigen Vorzug. Tatsächlich kritisiert Baudrillard einen nicht existierenden »Pseudomarxismus«, eine dämonisierte Illusion, die nur in Baudrillards eigenem abwegigem Denken existiert. Baudrillard sagt, dass

> »der Marxismus in der Unterscheidung zwischen Tauschwert und Gebrauchswert seine Stärke, aber auch seine Schwäche zeigt. Die Vorbedingung des Gebrauchswerts – die Hypothese eines konkreten Werts jenseits des Tauschwerts, eines menschlichen Zwecks der Ware im Moment des unmittelbaren Gebrauchsverhältnisses für ein Subjekt – ist nur der Effekt des Systems des Tauschwerts, eines Begriffs, der von ihm erzeugt und entwickelt wird. Weit davon entfernt, einen Bereich jenseits der politischen Ökonomie zu bezeichnen, ist der Gebrauchswert nur der Horizont des Tauschwerts.«[110]

Trotz dieser Wortwahl gelingt es ihm nicht, Marx zu beschädigen. Zunächst sollte die Unterscheidung zwischen Tauschwert und Gebrauchswert als frühe ökonomische Übung von Smith und Ricardo und nicht als Beitrag von Marx gesehen werden. Baudrillard liest nicht sorgfältig genug. Es ist richtig, dass Marx sie im Bereich der klassischen Ökonomie verwendet (bis zur ersten Hälfte der *Grundrisse*), später im *Kapital* jedoch definiert er den Zwieschlächtigkeit der Ware durch Gebrauchswert und *Wert* und bestätigt, dass der Tauschwert nur die *oberflächliche Erscheinung* des Werts ist. Baudrillard ignoriert diesen Punkt.[111] Noch wichtiger ist, dass Marx die Ware nicht von den Problemen des Werts, des Tauschwerts und des Gebrauchswerts trennt und auch nicht einfach ökonomische Begriffe auf die Bereiche der Philosophie und der Anthropologie anwendet. Zunächst wählt Baudrillard ein falsches Angriffsziel.

Zweitens akzeptiert Baudrillard nicht den anthropologischen Gebrauchswert, der vom »System des Tauschwerts« getrennt ist, insbesondere vom »unmittelbaren Nützlichkeitsverhältnis für ein Subjekt«.

---

110 Jean Baudrillard, *The Mirror of Production*, S. 23.
111 Marx sagt einmal, der Tauschwert sei nur eine »Erscheinungsform des Werts, welcher zunächst jedoch unabhängig von dieser Form zu betrachten ist« (Karl Marx, *Das Kapital*, Bd. 1, in: MEW, Bd. 23, S. 53.).

Verständlicherweise sehnt er sich danach, mit der Logik von Mauss und Bataille fortzufahren, wobei er radikal das bürgerliche utilitaristische Wertsystem beiseiteschiebt, das es nicht erlaubt, dass das »Ding dingt« (Heidegger), aber wo um alles in der Welt verwendet Marx einen ahistorischen, abstrakten, verewigten Begriff des Gebrauchswerts? Auf der einen Seite zitiert Baudrillard die spezifischen Punkte der marxistischen Ökonomie; auf der anderen macht er einen ontologischen Gebrauch von diesen Punkten. Was für ein Missverständnis ist das! Marx begrenzt die Diskussion des Gebrauchswerts und des Werts (Tauschwerts) auf den historischen Prozess der Warenproduktion und des Warentauschs. Er spricht niemals über den Zwieschlächtigkeit von Waren in der primitiven Gesellschaft und im Kommunismus, wo Warentausch nicht zu finden ist. Marx sagt: »Die Auflösung aller Produkte und Tätigkeiten in Tauschwerte setzt voraus sowohl die Auflösung aller festen persönlichen (historischen) Abhängigkeitsverhältnisse in der Produktion als die allseitige Abhängigkeit der Produzenten voneinander.«[112] Hier verwendet Marx die Formulierung »feste persönliche Abhängigkeitsverhältnisse«, um die erste der drei gesellschaftlichen Formen zu kennzeichnen, die in meinem Verständnis sicherlich das primitive Stammesleben der Forschung von Mauss und Baudrillard beinhaltet. Zum Beispiel repräsentieren der symbolische Gabentausch und das Opfer die enge *Verwandtschaftsbeziehung*, die definitiv eine persönliche ist; trotzdem durchdringen solche ontologischen Größenordnungen wie Wert, Tauschwert und Gebrauchswert das gesamte menschliche Leben und die gesellschaftlichen Beziehungen nicht eher, bis die »bürgerliche Gesellschaft« erscheint.[113] Zudem erklärt Marx, »sobald der Tauschwert keine Schranke der materiellen Produktion mehr bildet, sondern die Schranke gesetzt ist durch ihr Verhältnis zu der Gesamtentwicklung des Individuums, fällt die ganze Geschichte fort mit ihren Krämpfen und Wehen.«[114] Marx Aussage kann hier nicht deutlicher sein! Tatsächlich kann ich mir die wirkliche Absicht hinter Baudrillards logischer Gewalt vorstellen. Er will sagen, dass er nicht damit übereinstimmt, die Nützlichkeit als Maßstab für alles zu

112 Karl Marx, *Grundrisse*, S. 89.
113 A.a.O.
114 A.a.O., S. 524

sehen. (Seine Nützlichkeit steht in einer Linie mit Batailles Nutzlosigkeit, nicht mit dem Gebrauchswert in Antithese des Werts, der später detailliert diskutier werden soll.) An zweiter Stelle macht Baudrillard aus einem ursprünglich klaren Sachverhalt ein Chaos.

Drittens betrachtet Baudrillard den Gebrauchswert nicht als die Grundlage des Tauschwerts. Er denkt, dass der Gebrauchswert «aus dem System des Tauschwerts erzeugt und entwickelt worden ist.« Ich muss zugeben, dass Baudrillard diesmal nicht ohne Grundlage ist. Seine Meinung wurde einst von einem klassischen Ökonomen unterstützt, dies war Adam Smith, aber nicht Marx. In *Der Reichtum der Nationen* erklärte Adam Smith zuerst, dass die Nützlichkeit einer Sache deren Tauschwert bestimmt. Nachdem der Mensch in das Zeitalter der Maschinen eingetreten war, wandte sich jedoch der kluge Ricardo gegen dieses Argument und erklärte, dass der unmittelbare Faktor, der den Tauschwert eines Gegenstands bestimmt, nicht die Nützlichkeit, sondern vielmehr Knappheit und die zu ihrer Erzeugung aufgewendete Arbeitsmenge sei.[115] Baudrillard versteht nicht, dass sie die Arbeitswerttheorie in einem ökonomischen Zusammenhang diskutieren. In dieser Hinsicht nähert sich Marx aus einer ökonomischen Perspektive den Wertverhältnissen und dem Gebrauchswert, dem durch abstrakte Arbeit erzeugten Wert, der durch die Arbeitsmenge bestimmten Wertmenge, der notwendigen Arbeitszeit, die der wirkliche Maßstab des Werts ist usw. Zugleich weist Marx darauf hin, die Entwicklung des Handels unter kapitalistischen Bedingungen werde »die Produktion mehr und mehr dem Tauschwert unterwerfen; den unmittelbaren Gebrauchswert mehr und mehr in den Hintergrund drängen«.[116] Alles in allem beschäftigt sich Marx niemals mit dem Wert der Arbeit *außerhalb* des ökonomischen Zusammenhangs.

Baudrillard scheint erfolglos gegen den Marxismus zu lästern. Er hat die Absicht, durch die Linse von Mauss und Bataille zu sehen, geht über das ökonomische Feld hinaus und erklärt: Die *Nützlichkeit* aller Dinge (sein angeeigneter «Gebrauchswert«), sogar der gesamten Welt sei nur die

115   David Ricardo, *On the Principles of Political Economy and Taxation*, London 1821, S. 16-25.
116   Marx, *Grundrisse*, S. 747.

ahistorische *universelle* Projektion der spezifisch bürgerlichen Existenzweise (sein »System des Tauschwerts«). Er denkt, dass Marx der Schuldige an diesem Fehler ist. Auf den ersten Blick ist es ein bizarrer Vorwurf. Ist Marx nicht entschieden gegen die kapitalistische Produktionsweise? Tatsächlich benutzt Baudrillard diesen Angriff, um seine »Einsicht« zu demonstrieren. Nach seiner Ansicht kritisiert Marx lediglich die kapitalistische *Produktionsweise*; er lehnt die bürgerliche ökonomische und politische Struktur ab, ist sich jedoch nicht bewusst, dass das wirkliche Problem in der kapitalistischen *Produktion* an sich liegt. Konsequenterweise neutralisiert Marx die Produktivkraft, indem er die Grundlage der allgemeinen gesellschaftlichen Existenz und des allgemeinen gesellschaftlichen Fortschritts ausweitet, während er nicht in der Lage ist zu verstehen, dass es dieses Nützlichkeitssystem der Produktion ist, das die gesamte *utilitaristische* Wertekoordinate hervorbringt. Daher denkt Baudrillard, dass Marx' Kritik der kapitalistischen Produktionsweise nicht daran scheitert, das Problem ein für alle Mal zu lösen, sondern dass sie auch in dem Ausmaß die tiefe Wahrheit der Angelegenheit in dem Maße verschleiert, dass die radikale Revolution verlorengeht. Baudrillard versucht, Marx und dann seinen historischen Materialismus und die materielle Produktion abzulehnen, und er geht so weit, jede utilitaristische ökonomische Sichtweise zu kritisieren, die sich vom Begriff der Produktion ableitet. Kurz gesagt kritisiert er die Ontologie des Ich-produziere-also–bin-ich und des Ich-produziere-also-gibt-es-Geschichte der *utilitaristischen Arbeit*. Hier formuliert Baudrillard dies als Kritik des »Gebrauchswerts« (Ich werde später auf diesen Punkt zurückkommen.) Aus diesem Grund sagt Baudrillard, dass der endgültige Weg, das Problem zu lösen, darin besteht, die *Bedürfnisse* des Konsums und die Produktion zusammen mit der Arbeitskraft als zentrales Subjekt der Produktion radikal neu zu denken. (Die Bedürfnisse sind hier keine Bedürfnisse im üblichen Sinne. Sie beziehen sich auf die utilitaristischen Notwendigkeiten, die im System des Tauschwerts geschaffen werden. In der Logik von Mauss und Bataille sind diese Bedürfnisse falsch; Konsum ist schlecht, während nicht-spezifische und nicht-utilitaristische Verausgabung geschätzt werden sollte.)

2. Der von primitiven symbolischen Tauschverhältnissen konstituierte theoretische Knüppel

Der Leser wird sich sicherlich die Frage stellen, was die Grundlage von Baudrillards Angriff auf den Marxismus ist. Glücklicherweise liefert das gleiche Kapitel ein interessantes textuelles Ereignis, durch das wir die Antwort finden können. Es ist Baudrillards Kritik an Julia Kristeva. Hier demonstriert er unzweideutig die Logik, auf der er aufbaut – die Graswurzellogik von Mauss und Bataille, die sich um den symbolischen Tausch dreht. (Baudrillard ist sehr aggressiv. Er ist nicht bereits, jemanden aus seiner Kritik herauszulassen).

Trotz des Titels »Marx und die Hieroglyphe des Werts« konzentriert sich Baudrillard auf die Zurückweisung von Kristevas »Verteidigung« des Marxismus. Er zitiert zunächst einen Abschnitt aus ihrem Buch *Semiotica*, wobei er besonders von den folgenden Sätzen verärgert ist: »Marx hat deutlich eine andere Möglichkeit skizziert; Arbeit könnte außerhalb des Werts erfasst werden, auf der Seite der Ware, die in der Kommunikationskette produziert wird und zirkuliert. Hier repräsentiert Arbeit nicht länger einen Wert, einen Sinn oder eine Bedeutung. Es ist nur eine Frage eines Körpers und einer Entladung...«[117] Kristeva hat nicht unrecht. Marx erkennt Arbeit und Produktion außerhalb des Systems des Warentauschs an. In seinen Notizbüchern zur Anthropologie benennt Marx Lebens- und Arbeitsaktivitäten jenseits des Warenwerts. Tatsächlich hatte Kristevas Argument ursprünglich nicht die Absicht, Marx zu verteidigen. Trotzdem lässt der intolerante Baudrillard immer noch seinen Groll auf Marx gegen die unschuldige Kristeva aus, denn er muss das Gefühl haben, dass ihre Verteidigung von Marx die Wahrheit bedroht, dass nur seine Lehrer und er selbst verstehen können, dass Marx offensichtlich durch das bürgerliche System des Tauschwerts verwirrt ist.

Baudrillard wendet sich klugerweise dem Text aus dem ersten Band von *Kapital* zu, den er vorher zitiert. Er hebt den folgenden Satz hervor.

---

117 Baudrillard, *The Mirror of Production*, S. 42, Vgl. Fn. 28 in diesem Buch. Julia Kristeva, »La sémiotique et la production«, in: *Semiotica 2* [der Übersetzer der englischen Ausgabe von Baudrillards Buch konnte diesen Nachweis nicht vervollständigen].

»Sieht man ab von der Bestimmtheit der produktiven Tätigkeit und daher vom nützlichen Charakter der Arbeit, so bleibt das an ihr, dass sie eine Verausgabung menschlicher Arbeitskraft ist.«[118] Baudrillard fragt: Gibt es bei Marx eine Konzeption der Arbeit, die sich von der der Produktion für nützliche Ziele (die kanonische Definition von Arbeit als Wert im Rahmen der politischen Ökonomie und der anthropologischen Definition der Arbeit als menschlicher Zweckbestimmtheit) unterscheidet? Nein! Er ist sehr aufgebracht.

> »Kristeva schreibt Marx eine radikal andere Sichtweise zu, die um den Körper, Entladung, Spiel, Anti-Wert, Nicht-Nützlichkeit, Nicht-Finalität usw. herum zentriert ist. Sie möchte, dass er Bataille gelesen hätte, bevor er schrieb – ihn aber auch vergisst, wenn es angebracht ist. Wenn es etwas gab, an das Marx nicht dachte, dann war es Entladung, Vergeudung, Verschwendung, Opfer, Spiel und Symbolismus.«[119]

Was für eine weit hergeholte Interpretation! War Marx so begierig, der Schüler von Bataille zu sein? Warum sollte Marx Dinge aus dem nächsten Jahrhundert über Entladung, Anti-Wert, Nicht-Nützlichkeit von Bataille lesen? Das ist lächerlich! Hier holt Baudrillard seine Lehrer hervor, um seine orthodoxe Gelehrsamkeit zu zeigen. Weiterhin zitiert er einen längeren Abschnitt von Bataille, um die sogenannte »Opferökonomie« und die Theorie des symbolischen Tauschs zu illustrieren, die auch Batailles Kritik der politischen Ökonomie und eine völlige Ablehnung des Begriffs der Arbeit enthält. (Wir haben Batailles Ansicht im ersten Abschnitt kennengelernt.) Für Bataille ist »der produzierte gesellschaftliche Reichtum *materiell*; er hat nichts mit dem *symbolischen* Reichtum zu tun, der die natürliche Notwendigkeit verspottend aus der Zerstörung, der Zerstörung des Werts, der Überschreitung und der Entladung kommt.«[120] (Baudrillards Worte stimmen nicht immer mit seinen Taten überein. Als hervorragender Fotograf verwendete er seine hochwertigen Kameras, machte viele

---

118   Marx, *Das Kapital*, Bd 1, S. 58.
119   Baudrillard, *The Mirror of Production*, S. 42.
120   A.a.O., S. 43.

wertvolle Bildern, hatte eine Reihe von persönlichen Ausstellungen und veröffentlicht mehrere schöne Sammelbände, in denen wir keine nutzlose Verausgabung von »Überschreitung und Entladung« finden.)[121] Es erscheint Baudrillard sinnvoll, Kristeva zu beschuldigen, Marx das aufzuzwingen, was dem Marxismus fehlt; wie sonst kann er beweisen, dass sein Buch gegen Marx wertvoll ist?

Nach Baudrillard ist die »Entladung« der menschlichen Kraft, von der Marx spricht, keine Entladung mit purer Vergeudung, keine symbolische Entladung im Sinne Batailles (pulsierend, libidinös); es ist immer noch eine ökonomische, produktive, abgeschlossene Entladung, eben weil es sich mit dem anderen verbindet, sie zeugt eine produktive Kraft, die Erde (oder Materie) genannt wird. Es ist eine nützliche Entladung, eine Investition, keine großzügige und festliche Energetisierung der Körperkräfte, kein Spiel mit dem Tod oder ein Handeln aus Begehren.[122] Baudrillard sagt:

> »Was der Mensch in der Arbeit von seinem Körper gibt, wird niemals gegeben oder verloren oder von der Natur in einer reziproken Weise zurückgegeben. Arbeit zielt nur darauf, die Natur etwas ›einbringen‹ zu ›lassen‹. Diese Entladung ist daher unmittelbar eine Investition von Wert, eine *Inwertsetzung* im Gegensatz zu allem symbolischen *Ins-Spiel-Setzen* wie in der Gabe oder der Entladung.«[123]

Wie wir wissen, ist die Gabe (der Gabentausch) hier Mauss' anthropologische Entdeckung. Es ist eine nicht-utilitaristische Struktur des symbolischen Tauschs in primitiven gesellschaftlichen Beziehungen, die von Baudrillard benutzt wird, um das moderne Königreich der Werterzeugung abzuwehren. Baudrillard übernimmt die nutzlose Entladung als Szene eines authentischen Seins von de Sade, während Marx die Bedeutung von symbolischem

---

121 Baudrillards Interesse an der Fotografie begann in den 80er Jahren. Ein Freund gab ihm eine Kompaktkamera. Zunächst fotografierte er nur gelegentlich. Allmählich aber faszinierte ihn die Fotografie. Er hatte mehrere persönliche Ausstellungen und veröffentlichte eine Reihe von Fotobänden. Auch ich mag Fotografie. Ich habe einen gebrauchten Fotoband von Baudrillard bei Amazon.com gekauft. Offen gesagt mag ich seine eigenartige Auffassung von Licht und Bildaufbau.

122 Baurillard, *The Mirror of Production*, S. 44.

123 A.a.O.

Tausch und Entladung nicht versteht. Aber warum sollte er? Baudrillards *theoretischer Terrorismus* (seine eigenen Worte) versucht jeden dazu zu zwingen, eine Theorie zu vertreten, eine, die wenig Wahrheit enthält. Das ist reine Gewalt. Wie ich zuvor gesagt habe, ist es unmöglich, die Moderne durch eine antike oder primitive Form der menschlichen Existenz zu ersetzen. Es ist nur ein schöner Traum, der es nicht verdient hat, erwähnt zu werden. Die Graswurzeltheorie von Mauss und Bataille ist im Wesentlichen kindisch. In unserem täglichen Leben kennen wir den Wunsch, »einfach Kind zu bleiben«, aber das Vermeiden der Komplexität und der Übel der Erwachsenenwelt rechtfertigt nicht die kontinuierliche Aufrechterhaltung einer kindlichen Einfachheit und Reinheit. Ein Baby mag empfinden, dass Entladung das angenehmste Gefühl ist oder es kann gelegentlich Dinge verschwenden oder zerstören, was man auch bei jungen Katzen oder Hunden erleben kann. Trotzdem muss das Baby erwachsen werden, und seine Existenz wird sich natürlich von der anderer Tiere unterscheiden. Die menschliche Geschichte kann nicht umgekehrt oder angehalten werden; sie wird nur durch Fortschritt und Revolution befreit. Es gibt keine Hoffnung in historischer Umkehrung. Dazu hat Marx einen wunderbaren Kommentar abgegeben: »Ein Mann kann nicht wieder zum Kind werden, oder er wird kindisch. Aber freut ihn die Naivetät des Kindes nicht, und muss er nicht selbst wieder auf einer höheren Stufe streben, seine Wahrheit zu reproduzieren?«[124] Marx' Stimme hallt noch immer in unseren Ohren nach. Er würde niemals erwartet haben, dass ein Schüler seines Schülers versuchen würde, den Menschen zurück in ein Kind zu verwandeln. Dieser Akt ist mehr als kindisch. Er ist absurd.

Kristeva hat hier jedoch eine schwere Zeit. Sie wird ohne Grund angegriffen. Baudrillard erklärt stolz, dass sie »glücklich wäre, den Wert loszuwerden, aber weder die Arbeit noch Marx.« Zu seinem Glück glaubt Baudrillard, dass Kristevas Probleme in ihrer Blindheit gegenüber Marx' Fehler, der sogenannten »Hieroglyphe des Werts« liegt. Nach Baudrillards Ansicht ist es eine unsichtbare, aber wirksame Falle; zudem betont er, dass Marx selbst diese Definition vornimmt. Er zitiert den folgenden Abschnitt aus dem ersten Band des *Kapital*:

---

124 Marx, *Einleitung zur Kritik der Politischen Ökonomie*, S. 641-642.

»Es steht daher dem Werte nicht auf der Stirn geschrieben, was er ist. Der Wert verwandelt vielmehr jedes Arbeitsprodukt in eine gesellschaftliche Hieroglyphe. Später suchen die Menschen den Sinn der Hieroglyphe zu entziffern, hinter das Geheimnis ihres eignen gesellschaftlichen Produkts zu kommen, denn die Bestimmung der Gebrauchsgegenstände als Werte ist ihr gesellschaftliches Produkt so gut wie die Sprache.«[125]

Dies sind tatsächlich die exakten Worte von Marx, aber Baudrillards Zitat belegt seine eigenen Fehler. Zunächst gibt Marx die Verwendung des »Tauschwerts« auf, wählt jedoch einen präzisen Begriff: Wert (Tauschwert ist nur die äußere Erscheinung des Werts im Tauschprozess). Zweitens erklärt Marx, dass die Bestimmung nützlicher Dinge als wertvoll sich unter einer spezifischen historischen Bedingung vollzieht, auf die gleiche Art wie die Sprache. Mit anderen Worten, Wert existiert nicht in primitiven Gesellschaften. Versteht Baudrillard dies? Drittens wird die Hieroglyphe hier von Marx verwendet, um das universelle Licht zu bezeichnen, das *in der kapitalistischen Produktionsweise* alles in Waren verwandelt. Marx erlaubt es diesem bösartigen Licht nicht, für alle Zeiten über der gesamten Geschichte zu scheinen. Er ist tatsächlich dagegen, die Logik des Kapitals (Gebrauchswert und Wert jedes Objekts) als eine ahistorische ideologische Halluzination in jeder gesellschaftlichen Form zu betrachten. Marx schlussfolgert, dass die kapitalistische Produktion, die »auf den Tauschwert gegründet«[126] ist, zusammenbrechen wird. Baudrillard macht seine kleinen Tricks, und manchmal scheinen seine Überlegungen einsichtsvoll zu sein: Er gibt zu, dass die Bedeutung bei Marx klar ist, obwohl

»seine gesamte Analyse des Geheimnisses des Werts grundlegend bleibt. Doch anstatt nur für das Arbeitsprodukt in der Distribution und im Tausch zu gelten, gilt es sogar für das Arbeitsprodukt (und für die Arbeit selbst), das als ›nützliche Sache‹ gesehen wird. Nützlichkeit (inklusive die der Arbeit) ist bereits gesellschaftlich hergestellt und durch hieroglyphische Abstraktion bestimmt. Die

125 Karl Marx, *Das Kapital*, Bd. 1, S. 88.
126 Karl Marx, *Grundrisse*, S. 188.

gesamte Anthropologie des ›primitiven‹ Tauschs zwingt uns, mit der natürliche Evidenz der Nützlichkeit zu brechen und die gesellschaftliche und historische Genese des Gebrauchswerts neu zu konzipieren, so wie es Marx mit dem Tauschwert getan hat. Nur dann wird die Hieroglyphe völlig entziffert und der Fluch des Werts radikal exorziert sein.«[127]

Baudrillard mag die obige Analyse tiefgreifend erscheinen: Marx beschäftigt sich nur mit dem Produkt in der Distribution und im Tausch; solange die Menschen die »Nützlichkeits«-Haltung einnehmen, fallen sie den Hieroglyphen des Werts zum Opfer. Nur durch primitive Tauschbeziehungen (symbolischen Tausch) können sie radikal die Nützlichkeit der Natur ablehnen und die Magie der gesellschaftlichen Hieroglyphen des Werts brechen. Nach meiner Ansicht kann selbst ein nistender Vogel mit der Graswurzeltheorie der »nutzlosen Ontologie«, die von Baudrillard und seinen Lehrern geliebt wird, nicht einverstanden sein; wie könnte er sonst ohne das schützende nützliche Nest überleben? In der Sicht der gesamten Geschichte des Denkens ist es eine übliche Praxis, die Nützlichkeit von Dingen anzuerkennen, weil es eine Grundvoraussetzung des menschlichen Überlebens ist: Warum sollte Marx herausgegriffen werden, um hierfür verantwortlich gemacht zu werden? Könnte es sein, dass Baudrillard die Wahrheit nicht kennt oder nur vorgibt, sie nicht zu verstehen und nur leer daherredet? Wenn nicht, wie kann der Fotograf Baudrillard existieren?

3. Nieder mit der Ontologie der nützlichen Produktion

Die Kritik des »Gebrauchswerts« führt zur Verfälschung des Begriffs der Arbeitskraft. Baudrillard ist wirklich gut im Assoziieren. Er sagt, dass «die revolutionäre Originalität seiner Theorie aus der Befreiung des Begriffs der Arbeitskraft von ihrer Stellung als ungewöhnliche Ware stammt, deren Insertion in den Kreislauf der Produktion *unter dem Namen des Gebrauchswerts* das Element X trägt, einen differenziellen Extra-Wert, der Mehrwert und den gesamten Prozess des Kapitals erzeugt. (Bürgerliche Ökonomie würde stattdessen einfach an ›Arbeit‹ als einen Produktionsfaktor

---

127 Vgl. Anm. 33 in: *The Mirror of Production*.

unter anderen im ökonomischen Prozess denken.)«[128] Baudrillards Text ist
von Gedankensprüngen mit einsichtsvollen Perspektiven gekennzeichnet.
Wir wissen, dass Marx bei der Lösung der Frage des gleichen Tauschs zwischen dem Arbeiter und dem Kapitalisten auf dem Markt den Begriff des
Werts der *Arbeitskraft* anstelle der alten unpräzisen Gerbrauchs von »Wert
der Arbeit« vorschlägt. (Nach Althusser hat Marx aus den Texten von Ricardo
und Smith die symptomatische Leere herausgelesen). Auf diese Weise bezahlt
der Kapitalist den Arbeiter nur für sein Recht, die Arbeit zu nutzen. Hinter
dem scheinbar gleichen Tausch enthält der in der Aktivität der Arbeitskraft
geschaffene hinzugefügte Wert einen Teil, der vom Kapitalisten angeeignet
wird, was das Geheimnis des Mehrwerts ist. Hier scheint Baudrillard auf die
»revolutionäre Kreativität« der marxistischen Theorie des Mehrwerts hinzuweisen, seine Erklärung ist jedoch unverständlich.

Er zitiert dann Marx' Kommentar zu Wagners Lehrbuch der politischen
Ökonomie: Es ist eine berühmte Darstellung des Verhältnisses zwischen
dem Doppelcharakter der Arbeit und dem Doppelcharakter der Ware, in
der Marx unterstreicht, dass seine Erklärung des Gebrauchswerts durch
die Analyse spezieller ökonomischer Formationen erreicht wird.[129] Die
Ad-hoc-Erklärung spezifiziert, dass ökonomische Begriffe wie Wert und
Gebrauchswert nur für eine bestimmte ökonomische Gesellschaftsform gelten. Marx versucht nicht, die Werttheorie auf die gesamte sozialgeschichtliche Existenz anzuwenden. Seltsamerweise sieht Baudrillard einen philosophischen Sinn in dieser rein ökonomischen Diskussion. Er denkt, dass Marx
immer noch »etwas von der *scheinbaren Bewegung der politischen Ökonomie*
beibehält« und dass »er das Schema nicht bis zu dem Punkt radikalisiert,
diese Erscheinung umzudrehen und den Gebrauchswert als etwas aufzudecken, *das durch das Spiel des Tauschwerts hergestellt wird.*« Wieder einmal
phantasiert er. In Marx' ursprünglichem Diskurs wird der Gebrauchswert
unter dem kapitalistischen System durch konkrete Arbeit erzeugt, während
der Wert (nicht der Gebrauchswert) durch abstrakte Arbeit hergestellt wird.
Baudrillard kann den *Doppelcharakter* der Arbeit nicht erkennen, die sich im

---

128   Jean Baudrillard, *The Mirror of Production*, S. 23.
129   Karl Marx, Randglossen zu Adolph Wagners »Lehrbuch der politischen
      Ökonomie«, S. 371.

selben Produktionsprozess in abstrakte Arbeit und konkrete Arbeit differenziert. Der von Marx betonte Gebrauchswert ist die Grundlage des Werts, das heißt, abstrakte Arbeit basiert auf konkreter Arbeit. Diese logische Abfolge kann im ökonomischen Zusammenhang jedoch nicht umgekehrt werden. Das Abstrakte ist nicht die Grundlage des Konkreten, außer in Hegels idealistischer Philosophie; Wert ist nicht die Grundlage von Gebrauchswert; Tauschwert (Preis), der den Wert ausdrückt, kann nicht den Gebrauchswert hervorbringen. Tatsächlich will der unnütze Baudrillard in Wirklichkeit sagen, dass die utilitaristische Nützlichkeit jeder Sache durch das bürgerliche System der Waren hervorgebracht wird. Ich frage mich nur, warum er sich in den ökonomischen Zusammenhang begibt, der ihm so fremd ist. Wenn er den ökonomischen Zusammenhang verlässt, scheint er in der Lage zu sein, etwas Korrektes zu sagen.

«Die Definition von Produkten als nützlich und als etwas, das auf Bedürfnisse reagiert, ist der vollendetste, am stärksten verinnerlichte Ausdruck des abstrakten ökonomischen Austauschs: es ist sein subjektiver Abschluss. Die Definition der Arbeitskraft als Quelle des konkreten gesellschaftlichen Reichtums ist der vollständige Ausdruck der abstrakten Manipulation der Arbeitskraft: die Wahrheit des Kapitals kulminiert in dieser ›Evidenz‹ des Menschen als Produzent von Wert.«[130]

Wie man sieht, ist die Logik von Bataille und Mauss hier nur präsent, wenn wir bereit sind, sie in umgekehrter Ordnung zu interpretieren. Zunächst dient die Existenz aus der Perspektive des Kapitaldiskurses wesentlich der Produktion von Wert, das heißt der Schaffung von nützlichen Gegenständen für das Subjekt, was die *Ontologie der Produktion* ist. Zweitens postuliert die Ontologie der Produktion die Existenz des Menschen als Arbeitskraft, die an den Aktivitäten der Produktion beteiligt ist, das soll heißen, die Arbeitskraft ist der *Arbeiter*, was die Folge des »abstrakten Manövers« der menschlichen Existenz durch den Diskurs des Kapitals ist. Drittens können die falschen Bedürfnisse des Menschen (das Begehren des Anderen) nur in

---

130   Baudrillard, *The Mirror of Production*, S. 25.

der Ontologie der Produktion aufkommen, und nur dort können die Dinge in *nützliche* Gegenstände verwandelt werden.

Ich habe ein Buch geschrieben, das sich speziell mit der engen Beziehung zwischen der marxistischen ökonomischen Forschung und dem philosophischen Diskurs des historischen Materialismus auseinandersetzt. Die philosophischen Methoden des Marxismus entwickeln sich mit den fortwährenden Leistungen der Ökonomie, Historiographie und Anthropologie.[131] Das bedeutet jedoch nicht, dass all die spezifischen Erklärungen der marxistischen Ökonomie *unmittelbar* in die philosophische Logik *umgewandelt* werden können. Baudrillard begeht wie viele andere französische Denker den üblichen Fehler, die Leistungen der marxistischen Ökonomie immer unmittelbar auf andere Disziplinen anzuwenden. Zum Beispiel überträgt Bourdieu Marx' Konzept des Kapitals und entwickelt modische Begriffe wie »kulturelles Kapital«, »symbolisches Kapital« und »soziales Kapital«; Lacan macht aus Marx' Mehrwert ein »Mehrgenießen«; Debord entwickelt den »Spektakelfetischismus« aus Marx' ökonomischem Fetischismus etc. Baudrillard folgt diesem Beispiel und erschafft eine »semiotische politische Ökonomie« in seinem vorherigen Buch. Hier geht er über sich hinaus und radikalisiert (in Baudrillards eigenen Worten) diese simple logische Übertragung zu einer *metaphysischen* Ablehnung von Marx' ökonomische Leistungen. Hieraus ergibt sich ein Problem: Ist es tatsächlich so inkongruent wie Tag und Nacht, wenn er selbstgefällig die spezifischen ökonomischen Begriffe der Arbeitskraft, des Werts und des Tauschs aus einer philosophischen Perspektive analysiert? Er klärt die Frage nicht, sondern macht das Problem noch verwirrender.

Baudrillard hat noch mehr zu sagen. Nach seiner Ansicht verbirgt der historische Materialismus als die Ontologie der Produktion immer noch eine humanistische Logik, einen *potentiell* anthropologischen Rahmen, den Baudrillard aufgrund der Tatsache, dass die Existenz des Menschen zwei latente Dimensionen hat, *Bedürfnisse* und *Arbeitskraft*, als das doppelte »generische« Gesicht des Menschen bezeichnet.

---

131 Vgl. mein Buch *Zurück zu Marx – Der philosophische Diskurs im Kontext der Ökonomie*, Berlin 2019.

Man muss zugeben, dass Baudrillard diesmal Marx' historischen Materialismus an sich erfasst. Ihm zufolge sind im klassischen Diskurs des historischen Materialismus zwei Bedingungen erforderlich, damit menschliche Handlungen sich ereignen können: Bedürfnisse und die von diesen Bedürfnissen erzeugte Produktion, während der Mensch lediglich der Arbeiter ist, der in der Produktion tätig ist. Entsprechend ist die Natur der marxistischen Menschheit der *Humanismus der Produktion*. Baudrillards Kommentar scheint, abgesehen von dem ungenauen Begriff der Arbeit, korrekt. Wir werden jedoch bald entdecken, wogegen Baudrillard sich wendet.

Nach Baudrillards Ansicht ist Marx' philosophische Codierung der Geschichte immer noch ein kontrolliertes Ergebnis der bürgerlichen politischen Ökonomie, nur dass er sich selbst dessen nicht bewusst ist. Der Grund hierfür ist, dass Marx' Bedürfnisse im Wesentlichen der »Konsum des Gebrauchswerts« des Objekts sind, der die gleichen Kennzeichen aufweist wie der konkrete Aspekt der Arbeit: Einzigartigkeit, Differenzierung und Nichtvergleichbarkeit, kurz gesagt Qualität (wieder wendet Baudrillard auf unzulässige Weise die spezifischen Begriffe in der marxistischen politische Ökonomie an):

> »In der konkreten Arbeit gibt der Mensch der Natur ein nützliches, objektives Ziel; im Bedürfnis gibt er Produkten ein nützliches, subjektives Ziel: Bedürfnisse und Arbeit sind die doppelte Potentialität des Menschen zu doppelter generischer Qualität. Das ist der gleiche anthropologische Bereich, in dem der Begriff der Produktion als die ›grundlegende Bewegung der menschlichen Existenz‹ skizziert wird, als etwas, das eine Rationalität und eine dem Menschen entsprechende Sozialität definiert.«[132]

Bedürfnisse und Arbeit sind die generischen Eigenschaften des Menschen oder sein doppeltes generisches Gesicht. Als Potentialität oder Natur des Menschen müssen sie durch Produktion verwirklicht werden. Daher ist die Produktion als »die grundlegende Bewegung der menschlichen Existenz« die unvermeidliche Grundlage der marxistischen Philosophie. Letztlich

---

132 Baudrillard, *The Mirror of Production*, S. 32.

verdank sich der Grund, warum wir Menschen sind, der Produktion: *Ich produziere, also bin ich.*

Ich werde mich zunächst mit Baudrillards Vorwurf gegen den historischen Materialismus beschäftigen: Trotz verschiedener ökonomischer und philosophischer Missgriffe, die oben erwähnt sind, hat Baudrillard in seinem Verständnis von Marx nicht völlig unrecht. Sein Ziel ist es, sich gegen Bedürfnis, Arbeit und Produktion zu wenden, die Produktion von Mitteln des Überlebens, die von Marx für die Grundlage der menschlichen gesellschaftlichen Existenz gehalten werden. Entsprechend seiner Mauss-Bataille-Logik entstehen die idealen persönlichen Beziehungen im Rahmen des nicht-utilitaristischen symbolischen Tauschs, wo es keine Überlegung über die Nützlichkeit einer Sache und den Tauschwert der Gabe gibt, nicht einmal einen utilitaristischen Konsum und Gebrauch und wo nicht-nützlicher Konsum seinen Höhepunkt erreicht. Daher sollte das Bedürfnis nach Nützlichkeit in der realen Existenz des Menschen nicht vorkommen, ebenso wenig wie die materielle Produktion, die darauf zielt, nützliche Gegenstände herzustellen. Wie wir wissen, ist es eine rückwärtsgewandte Graswurzeltheorie, eine westliche Variante der »Selbstverleugnung und Restauration der Etikette« und ein unrealistischer Praktopismus. Ich verliere sogar das Interesse daran, es zu widerlegen.

In der *Deutschen Ideologie* diskutiert Marx die Bedürfnisse als Bedingung der historischen Handlungen des Menschen. Sie stammen aus der Bedingung der Lebenssubsistenz (den grundlegendsten Aktivitäten wie essen, trinken, eine Behausung finden oder bauen usw.), deren Entwicklung bis zu Tieren, sogar bis zu lebenden Organismen zurückverfolgt werden kann. Trotzdem werden diese Bedingungen nicht durch die Lebewesen selbst erzeugt, die sich zu ihrer Umgebung verhalten müssen und einen materieller Transfer (ich vermeide sorgfältig das Wort »Austausch«) durchführen, in dem das notwendige metabolische Material von außen bezogen und ihre Abfälle abgesondert werden (ich fühle mich unwohl dabei, die obigen Worte zu schreiben. Es ist peinlich, über Alltagsbiologie in einer ernsthaften philosophischen Diskussion zu schreiben. Baudrillard setzt sich ähnlich wie der krankhafte de Sade oftmals in Szene.) Marx spricht nicht aus der Sicht des kapitalistischen utilitaristischen Werts über menschliche Bedürfnisse.

Hätten anderenfalls die Stämme in Australien und in den Küstenregionen im Nordpazifik überlebt, ohne zu essen und zu trinken? Offensichtlich nicht. Es ist unmöglich, die grundlegenden Bedürfnisse von Lebewesen abzulehnen, wenn wir nicht die gesamte Existenz des Lebens verneinen. Wenn Marx' Voraussetzung richtig ist, dann führen Bedürfnisse unweigerlich zu höheren Aktivitäten des Menschen zur Gewinnung von Subsistenzmitteln. Wir wissen, dass das Tierreich dem Gesetz des Dschungels und der natürlichen Selektion gehorcht. Der Mensch unterscheidet sich von anderen Tieren nicht nur durch die Stärke, sondern, was wichtiger ist, durch die Anpassung der *Existenzweise*, die mit der Veränderung der Aktivitätsweise zur Herstellung der Bedingungen des Überlebens oder der Weise, seine eigenen Bedürfnisse zu befriedigen, beginnt. (Der junge Marx erkannte dies, bevor er ein Marxist wurde. Er sagte, dass die Tiere und die Natur homogen seien, während der Mensch sich von der Natur unterscheidet, indem er die gegenwärtige Existenz transzendiert.) Wenn der Homo sapiens (oder die Anthropoiden in der prähistorischen Periode) ihre Bedürfnisse befriedigen wollen, müssen sie Werkzeuge verwenden und Aktivitäten entwickeln, also *Produktion*, um die notwendigen Lebensmittel zu erhalten, was anders ist als bei anderen Tieren, Das ist der Prozess der Veränderung und Herstellung der Natur, den andere Tiere nicht haben. Nach Marx ist die Produktion die Ursache dafür, dass der Mensch sich von andren Tieren unterscheidet. Marx' Produktion ist hier nicht das, was Baudrillard über die Produktion mit der spezifischen Struktur, die aus dem bürgerlichen ökonomischen Code bezogen wird, sagt, sondern es sind die allgemeinen Aktivitäten, die der Mensch unternimmt, um die Mittel der Subsistenz zu erwerben. Es ist richtig, dass die *moderne industrielle Produktion* nicht die Grundlage der gesamten menschliche Geschichte ist, aber das Überleben des Menschen kann nicht von der objektiven Handlung des Erwerbs von Mitteln des Überlebens getrennt werden, wovon es keine Ausnahme gibt, nicht einmal für die primitiven Stämme in der Logik von Mauss und Bataille. Ohne diese materielle Produktion der Naturveränderung wäre der Mensch wie andere Lebewesen in den Wechselfällen der Geschichte ausgestorben.

Baudrillard mag erklären, dass Objekte in primitiven Gesellschaften nicht hauptsächlich durch Produktion oder die utilitaristische Arbeit des

Menschen sichergestellt werden. Trotzdem ist die unmittelbare *Beschaffung* aus der Natur die wesentliche Überlebensbedingung für Tiere, in Marx' Worten, die Aneignung der Natur (nicht der utilitaristische *Besitz*, den Baudrillard ablehnt.) In den von Baudrillard bevorzugten *Grundrissen* analysiert Marx die angeblich »natürlich gebildete Gesellschaft« mit der Anthropologie und Historiographie des 19. Jahrhunderts, die sich auch mit der primitiven tribalen Existenz auseinandersetzt, der Mauss und Bataille anhängen. (Ehrlich gesagt ist Marx' Diskussion auch nach heutigen Maßstäben nicht überholt.) Marx gibt zu, dass die ursprüngliche Existenz des Menschen mit der Aneignung der Natur beginnt: »Die ursprünglichen Bedingungen der Produktion erscheinen als Naturvoraussetzungen, natürliche Existenzbedingungen des Produzenten, ganz so wie sein lebendiger Leib, sosehr er ihn reproduziert und entwickelt, ursprünglich nicht gesetzt ist von ihm selbst, als die Voraussetzung seiner selbst erscheint; sein eignes Dasein (leibliches) ist eine natürliche Voraussetzung, die er nicht gesetzt hat.«[133] Um als Art zu überleben, muss der Mensch sich selbst reproduzieren, was eine materielle Voraussetzung ist. Zudem beginnt die Reproduktion des Lebens (oder die Fortsetzung der Art) mit der kompletten Abhängigkeit von der Natur, genau auf die gleiche Art wie bei Tieren. »Der Mensch bemächtigt sich d'abord der fertigen Früchte der Erde, wozu unter andrem auch die Tiere gehören und für ihn speziell die zähmbaren.«[134] Hier tritt »der Mensch [...] nicht als Arbeiter, sondern als Eigentümer der Natur ursprünglich gegenüber.«[135] Die Dinge ändern sich jedoch schnell:

> »Wir *reduzieren dies Eigentum auf das Verhalten zu den Bedingungen der Produktion.* Warum nicht der Konsumtion, da ursprünglich das Produzieren des Individuums sich auf das Reproduzieren seines eignen Leibs durch Aneignen fertiger, von der Natur selbst für den Konsum zubereiteter Gegenstände beschränkt? Selbst wo nur noch zu finden ist und zu entdecken, erfordert dies bald Anstrengung, Arbeit – wie in Jagd, Fischfang, Hirtenwesen – und

133 Marx, *Grundrisse*, S. 397-398.
134 A.a.O., S 400.
135 Karl Marx, *Ökonomisches Manuskript 1861-1863*, Teil I, in: MEW, Bd. 43, S. 93.

Produktion (i.e. Entwicklung) gewisser Fähigkeiten auf seiten des Subjekts. Dann aber sind Zustände, wo zu dem Vorhandnen zugegriffen werden kann, ohne alle Instrumente (also selbst schon zur Produktion bestimmte Produkte der Arbeit), ohne Änderung der Form (die selbst schon beim Hirtenwesen stattfindet) etc. sehr bald vorübergehende und nirgendswo als Normalzustände zu betrachten; auch nicht als Normalurzustände. Übrigens schließen die ursprünglichen Bedingungen der Produktion direkt, ohne Arbeit konsumierbare Stoffe, wie Früchte, Tiere etc. von selbst ein; also der Konsumtionsfonds erscheint selbst als ein Bestandteil des *ursprünglichen Produktionsfonds*.«[136]

Nach meiner Ansicht ist die obige Analyse zutreffend. Marx illustriert deutlich, wie die ursprüngliche Geschichte der Menschheit begann, wie Arbeit und Produktion zur wirklichen objektiven Grundlage der menschlichen Gesellschaft wurden, wie der Mensch materielle Gegenstände nur durch Arbeit und Produktion besitzt und mehr und mehr von ihnen abhängig wird. »Die wirkliche Aneignung geschieht erst nicht in der gedachten, sondern in der tätigen, realen Beziehung auf diese Bedingungen – das wirkliche Setzen derselben als der Bedingungen seiner subjektiven Tätigkeit.«[137] Jetzt wissen wir, dass sich Baudrillard etwas Unmögliches vorstellt. Sein Geistesblitz endet lediglich in der Zerstörung seiner eigenen logischen Grundlage.

Hier muss ich Baudrillard eine gewöhnliche Lektion in marxistischer Geschichte erteilen. Vielleicht ist er sich nicht bewusst, dass Marx, bevor er die materielle Produktion zu einem zentralen Paradigma des historischen Materialismus machte, in seinen *Thesen über Feuerbach* von 1845 die *Praxis* als den logischen Ausgangspunkt seiner neuen Weltanschauung postulierte. Der Begriff der Praxis durchlief eine allmähliche Entwicklung von der philosophischen Konzeption der Arbeit (generische Natur), die Baudrillard ablehnt (die *Manuskripte von 1844*), wobei der gesamte Prozess zu kompliziert ist, um ihn hier detailliert zu diskutieren. Wir wollen eine

---

136 Marx *Grundrisse*, S. 400.
137 A.a.O., S. 401.

allgemeine Einleitung der Beziehungen zwischen ihnen liefern. 1845 entdeckte Marx in der Kritik Max Stirners das grundlegende Problem des humanistischen generischen Diskurses und eliminierte dann den Begriff der Arbeit, den er in Ricardos sozialistischer Ökonomie kennengelernt hatte, aus seiner philosophischen Logik. Er erkannte auch, dass die wirklich existierende Arbeit in der Geschichte nur die »lebendige« subjektive Tätigkeit des Menschen ist.[138] Aus diesem Grund stellte er den Menschen und seinen gesamten Objektivierungsprozess (worin die Arbeit ein Aspekt der menschlichen Tätigkeit ist) als Grundlage seiner Philosophie wieder her, was die *ursprüngliche, revolutionäre* materielle Praxis war. Daher war nach 1845 die Arbeit nicht länger das Zentrum des Marxismus oder der generischen Natur des Menschen. Marx erklärte in den *Thesen über Feuerbach,* dass seine Philosophie immer noch vom Subjekt ausging, aber nicht vom hegelianischen ideellen Ausgangspunkt; stattdessen ist es der menschliche Ausgangspunkt der objektiven materiellen Tätigkeiten. Ich habe auch bemerkt, dass die Natur dieser Praxis modern ist, ein spezifisch *industrielles* Produkt. (Der Grund hierfür ist, dass die Arbeitsproduktion der natürlichen Ökonomie nicht die Totalität der revolutionären Beziehungen, den Zeitpunkt, wenn »die Natur zum Objekt wird«, wie Heidegger sagt, hervorbringen kann.) Hier betrachtet Marx die Geschichte aus der Höhe der historischen Entwicklung. Als er und Engels die *Deutsche Ideologie* schrieben, behandelten sie die menschliche Praxis als ein komplexes System von Tätigkeiten im Prozess der Gesellschaftsgeschichte, wenn die Tätigkeit der Arbeit und der materiellen Produktion der *grundlegendere* Aspekt ist, da sie die universelle Grundlage der menschlichen Existenz und Entwicklung wie auch das grundlegendste Prinzip des allgemeinen historischen Materialismus darstellt.

Es ist verständlich, dass Baudrillard den Standpunkt von Maus und Bataille einnimmt und das kapitalistische utilitaristische System hasst, er hätte jedoch wissen müssen, dass Marx ebenfalls eine kritische Haltung zum kapitalistischen Ricardoismus der *Produktion um der Produktion willen* vertritt, der den Menschen unbedeutend werden lässt. Für Marx bedeuten solche ökonomischen Beziehungen »nicht Produktion als Entwicklung

138   A.a.O., S. 197-198.

der menschlichen Produktivität; sondern als Darstellen von *sachlichem Reichtum*, im Gegensatz zur produktiven Entwicklung des menschlichen Individuums.«[139] Baudrillard unterstellt Marx fälschlicherweise, dass er den Menschen zur Arbeitskraft verwandelt, während dieser radikal die Transformation des Menschen in eine »helferartige« Arbeitskraft im kapitalistischen Produktionsprozess ablehnt.[140] (Ich möchte auch anmerken, dass Sahlins bei der Betrachtung dieses Punkts objektiver ist als Baudrillard. In *Culture and Practical Reason* nimmt Sahlins eine behutsame Unterscheidung zwischen Marx und traditionalistischen marxistischen Interpreten vor. Er kommt zu dem Schluss, dass »«Marx keinen krassen Ökonomismus des unternehmerischen Individuums« vertrat.[141] Marx' Ziel ist die Befreiung der Produktivkräfte und dann des Menschen mittels seiner Kritik der kapitalistischen Produktionsweise, während für Baudrillard die Befreiung der Produktivkräfte selbst ein Fehler ist. Seine Graswurzeltheorie stellt Fragen wie: Warum sollte die Geschichte sich weiterentwickeln? Warum sollte ein Objekt nützlich sein? Warum sollte der Mensch produzieren? Oder ist nicht das primitive System des Gabentauschs, dessen Voraussetzung der authentische symbolische Tausch ist, die beste existentielle Situation des Menschen? Baudrillard denkt, dass Marx immer noch der kapitalistischen materiellen Fundierung und der gesamten westlichen Zivilisation, die diese Fundierung erschafft, zum Opfer fällt. Nach seiner Ansicht ist, abgesehen von den verdorbenen bürgerlichen ökonomischen Verhältnissen und politischen Strukturen, die materielle Produktionsweise an sich die wirklich Schuldige, während der Kapitalismus nur der höchste Grad dieser Produktionsweise ist. Irritiert schreibt er:

»Und Produktivität ist nicht primär eine generische Dimension, ein menschlicher und sozialer Kern allen Reichtums, der aus der Hülse der kapitalistischen Produktionsweise herausgeschält wird (die

---

139 Karl Marx, *Zur Kritik der politischen Ökonomie (Manuskript 1861-1863)*, Text, Teil 2, in: *MEGA* II. 3, S. 2145 [Schreibweise modernisiert].
140 Karl Marx, *Ökonomisches Manuskript 1861-1863*, in: MEW, Bd. 43, S. 50-51.
141 Marshall D. Sahlins, *Culture and Practical Reason*, Beijing 2002, S. 165.

ewige empiristische Illusion). Stattdessen muss all dies umgestürzt werden, um zu sehen, dass es die abstrakte und verallgemeinerte Entwicklung der Produktivität (die entwickelte Form der politischen Ökonomie) ist, die das Konzept der Produktion selbst als die Bewegung und das generische Ziel des Menschen (oder besser als das Konzept des Menschen als Produzenten) erscheinen lässt.«[142]

Baudrillard wendet sich wirklich gegen den historischen Materialismus, die Logik der Produktion und die Entwicklung der Produktivkräfte als Ziel des Menschen. Hinter dem unklaren Ausdruck der politischen Ökonomie ist seine Strategie klar: Er verleugnet jede gesellschaftliche Existenz und jede historische Bewegung, die auf materieller Produktion begründet ist, lehnt die Perspektive der gesellschaftlichen Entwicklung einer fortschreitenden Geschichte ab und weigert sich, den Menschen als Produzenten (Arbeitskraft) zu sehen. Aus einer allgemeinen Kenntnis des zeitgenössischen westlichen Denkens heraus beurteilt will Baudrillard den *Produktivismus* zu Fall bringen. Daher ist Baudrillards Philosophie nicht trivial gegenüber dem marxistischen historischen Materialismus. Er ist dazu bestimmt, Marx' theoretischer Gegner zu sein.

Nach meiner Ansicht ist Baudrillards Angriff auf Marx' Theorie der Produktion nicht völlig originell. Im westlichen marxistischen Lager war der junge Lukács der erste, der diese Frage vorbrachte. In *Geschichte und Klassenbewusstsein* machte er, als er Webers auf der Produktionstechnologie basierende instrumentelle Vernunft umstieß, zufällig die Entdeckung, dass der kontrollierende und ausbeutende Charakter des modernen Kapitalismus wider Erwarten der materielle Aspekt der *Produktion an sich* ist, das materialisierende und vereinheitlichende Fließband, das zur zweifachen Enttotalisierung der Existenz und des Begriffs des Arbeiters führt. Die Materialisierung und Enttotalisierung sind hier nicht Schillers Sklaverei des Kapitals, die aus den verkehrten ökonomischen Beziehungen oder der Arbeitsteilung resultiert. Es ist ein Problem nicht nur der Produktionsverhältnisse, sondern es beinhaltet, dass die Produktion selbst vom Gift des Kapitalismus durchdrungen ist. Dieses Konzept wurde zuerst

---

142   Baudrillard, *The Mirror of Production*, S. 31.

von Heidegger aus einer ontologischen Perspektive bemerkt: Dasein erscheint durch das materielle Zuhandensein, das auch der Ausgangspunkt der existentiellen Entfremdung und Vergessenheit ist. Diese Idee wurde vom späten Sartre übernommen. In der gleichen Linie des Denkens steht Karol Kiosk aus Tschechien, der der erste war, der dieses Geheimnis in der neomarxistischen Geschichte öffentlich machte, und der in seinen *Dialectics of the Concrete* das Konzept der Pseudopraxis entwickelte.[143] In Benjamins und Adornos kritischer Philosophie wurde diese Frage in einer allgemeinen Negation zusammengefügt, das heißt Kritik und Aufklärung, instrumentelle Vernunft und sogar die gesamte menschliche Zivilisation. Nach meiner Ansicht ist es der gegenwärtige Ausgangspunkt des postmarxistischen Denkens. Jetzt sind die Konzepte der Praxis, der Produktion und des historischen Fortschritts nicht mehr so neutral; die Grundlage des historischen Materialismus ist einem direkten Angriff durch Arendts *Vita activa*, Habermas' *Toward a Rational Society*[144] und Leiss' *Domination of Nature* ausgesetzt, die alle ihre Kritik in dieser Frage ausdehnen. Es gelingt ihnen nur nicht, Baudrillards Tiefe und Intensität zu erreichen.

4. Infragestellung der Marxschen Kritik der kapitalistischen Produktionsweise

Wichtiger ist, dass Baudrillards Anklage gegen Marx auch Marx' Kritik des Kapitalismus umfasst, die nach seiner Ansicht nur die besondere Form der kapitalistischen materiellen Produktion erfasst, auf einer tieferen Ebene jedoch die Kontrolle dieser Produktionsweise durch eine reine Negation der offenen Form verstärkt.

»Und auf diese Weise unterstützt der Marxismus die List des Kapitals: er überzeugt die Menschen, dass sie durch den Verkauf ihrer Arbeitskraft entfremdet werden und zensiert auf diese Weise die

---

143 Das erste Kapitel enthält eine spezifische Diskussion der obigen Konzeptionen. Vgl. dort für Details.

144 Dieses 1970 auf Englisch erschienene Buch enthält jeweils drei Aufsätze aus *Protestbewegung und Hochschulreform* (Frankfurt/M. 1969) und aus *Technik und Wissenschaft als ›Ideologie‹* (Frankfurt/M. 1968) [A.d.Ü.].

weitaus radikalere Hypothese, dass sie als Arbeitskraft entfremdet sein könnten, als die ›unabdingbare‹ Kraft, die durch ihre Arbeit Wert schafft.«[145]

Baudrillard schreibt beinahe vier Zeilen kursiv, um die Bedeutung zu unterstreichen. Das zeigt, wie wichtig ihm dies ist. Nach Baudrillards Meinung zielt seine Befreiung, trotz Marx' Kritik des Kapitalismus, immer noch auf die »unabdingbare« Arbeit, die sich innerhalb des kapitalistischen Systems des Tauschwerts befindet. Hier gibt es bei Baudrillard zwei Missverständnisse: Erstens ist es richtig, dass der junge Marx in seinen *Ökonomisch-philosophischen Manuskripten von 1844* die Theorie der unabdingbaren Arbeit vertrat und den Kommunismus als die Wiederherstellung der Natur der Arbeit durch die Aufhebung der Entfremdung und der Privatisierung betrachtete, doch nach der Begründung des historischen Materialismus 1845 gab er diese humanistische historische Sichtweise der unabdingbaren Arbeit auf. Zweitens ist Marx' Kritik des Kapitalismus nicht so einfach wie Baudrillard es sich vorstellt. Sie enthält zumindest die folgenden Aspekte: erstens die Analyse der systemischen Schwäche der kapitalistischen Produktionsweise aus der Perspektive der gesamten gesellschaftlich-historischen Entwicklung und der Sicht der Produktivkräfte; zweitens die ausbeuterische Natur der Kapitalisten bei der Aneignung des Mehrwerts im kapitalistischen Wirtschaftssystem; drittens die materialisierten persönlichen Beziehungen in der kapitalistischen Produktionsweise. Offensichtlich unterscheidet sich Marx' Kritik radikal von der Sichtweise der unabdingbaren Arbeit und Befreiung in Baudrillards humanistischer Logik. Diesmal ist das, was Baudrillard für fatal hält, immer noch eine grundlose Phantasie oder höchstens ein Pseudo-Angriffsziel, das durch die westlichen marxistischen Humanisten des 20. Jahrhunderts aufgestellt wurde.[146]

145 Baudrillard, *The Mirror of Production*, S. 31.
146 Nach den 1930er Jahren, insbesondere nach der Veröffentlichung der *Ökonomisch-philosophischen Manuskripte von 1844* des jungen Marx neigte die zweite Generation der Vertreter des Marxismus wie der frühe Erich Fromm, Herbert Marcuse und Henri Lefebvre dazu, die marxistische Philosophie mit humanistischen Ideen zu versehen, was einen großen Einfluss auf die Neomarxisten des früheren kommunistischen Osteuropa hatte. Vgl. mein Buch *The Historic Logic of Western Marxist Philosophy*.

Natürlich begnügt sich Baudrillard nicht mit der Kritik der Logik der unabdingbaren Arbeit. Seine Intention ist es, Produktion und Arbeit abzulehnen. In seine Augen kritisiert Marx die kapitalistische Produktionsweise, einigt sich aber mit dem Geist der westlichen Aufklärung auf grundlegendere Konzepte.

»Radikal in ihrer *logischen* Analyse des Kapitals behält die marxistische Theorie trotzdem eine anthropologische Übereinstimmung mit den Optionen des westlichen Rationalismus in seiner im bürgerlichen Denken des achtzehnten Jahrhunderts erworbenen definitiven Form bei. Wissenschaft, Technik, Fortschritt, Geschichte – in diesen Ideen haben wir eine gesamte Zivilisation, die sich selbst als etwas versteht, das seine eigene Entwicklung hervorbringt und das seine dialektische Kraft zur Vervollkommnung in Bezug auf Totalität und Glück benutzt.«[147]

Tatsächlich wendet sich Baudrillard letztlich gegen die Rationalität der westlichen Zivilisation insgesamt. Nach seiner Meinung ist Marx lediglich gegen den Verfall der kapitalistischen Produktionsweise, verneint jedoch nicht den Fortschritt der Geschichte, die er Gegenteil als etwas sieht, das durch kapitalistische Produktionsverhältnisse behindert wird. Daher kommentiert Baudrillard, dass Marx nichts Grundlegendes verändert habe, nichts, was die *Idee* des Menschen betrifft, der sich selbst in seiner unendlichen Bestimmung *hervorbringt*, und der sich im Hinblick auf sein Ziel kontinuierlich selbst übertrifft.

»Marx hat dieses Konzept in die Logik der materiellen Produktion und der historischen Dialektik der Produktionsweisen übersetzt. Aber die Unterscheidung der Produktionsweisen macht die Evidenz der Produktion als bestimmende Instanz unhinterfragbar. Es verallgemeinert die ökonomische Form der Rationalität gegenüber der gesamten Ausdehnung der menschlichen Geschichte als allgemeine Form des menschlichen Werdens. Es umschreibt die gesamte Geschichte des Menschen in einem gigantischen Simulationsmodell.

147   Jean Baudrillard, *The Mirror of Production*, S. 33.

Es versucht irgendwie, sich gegen die Ordnung des Kapitals zu wenden, indem es das subtilste ideologische Phantasma verwendet, das das Kapital selbst hervorgebracht hat.«[148]

Nach Baudrillard universalisiert Marx den ökonomischen Rahmen, der für den Kapitalismus charakteristisch ist, verallgemeinert die Produktion und die Produktionsweise, die für das System des Tauschwerts typisch sind, gegenüber der gesamten Ausdehnung der menschlichen Geschichte. In der Folge gelingt es Marx nicht, die Kapitallogik kritisch zu verändern: Er ist gegen die kapitalistischen Verhältnisse selbst, erschafft aber nur ein »ideologisches Phantasma, das das Kapital selbst hervorgebracht hat.« Universalisierung der Produktion zusammen mit der »dialektischen« Verallgemeinerung des Begriffs ist nur die *ideologische* Verallgemeinerung der Postulate dieses Systems.«[149]

Wer ist der wirkliche Erzeuger der bürgerlichen Ideologie und der bösartige Komplize des Kapitals?

Zunächst ist es unangemessen, wenn nicht völlig falsch, wenn Baudrillard sagt, dass Marx die Produktion und die Produktionsweise von der bürgerlichen Rationalität der politischen Ökonomie auf die Allgemeinheit der Geschichte ausgedehnt habe. Ohne die klassische Ökonomie, die auf der maschinellen Produktion im großen Ausmaß basiert, insbesondere Ricardos Logik, konnte Marx nicht die allgemeine Konzeption der modernen Produktion abstrahieren. Wie ich zuvor gesagt habe, gelang es Marx durch eine tiefgreifende Untersuchung der politischen Ökonomie schließlich, seinen eigenen philosophischen Diskurs, den historischen Materialismus, zu entwickeln und die theoretischen Kommandohöhen zu erreichen. Bereits in den 1850er und 1860er Jahren hatte Marx die grundlegenden Bedingungen primitiver Gesellschaften kennengelernt. Zu jener Zeit zeigte er sogar, dass die materielle Produktion der menschlichen Reproduktion *untergeordnet* ist. Daher projizierte Marx nicht die moderne Produktion und Produktionsweise auf die gesamte menschliche Geschichte. Das ist Baudrillards eigene Phantasie.

148 A.a.O.
149 A.a.O.

Zweitens strebte Marx nie nach der radikalen Negation der Moderne in der menschlichen Entwicklung und des materiellen Wohlstands durch seine Kritik des Kapitalismus. Er wusste, dass materieller Überfluss die Voraussetzung für menschliche Befreiung und Freiheit ist. Was Baudrillards Graswurzeltheorie betrifft, die auf der Logik von Mauss und Bataille basiert (die alte Einfachheit der menschlichen Existenz als Zurückweisung der fortgeschrittenen menschlichen Zivilisation), so denke ich, dass sie höchstens eine Möglichkeit der Erheiterung ist. Die gleiche Frage muss gestellt werden: Können wir wirklich zu unserer ursprünglichen Existenz zurückkehren?

Drittens baut der historische Materialismus sein System auf der rationalistischen Erkenntnis des gesellschaftlich-historischen Fortschritts auf; ansonsten würde er nicht die Frage der politischen Befreiung zur vollständigen Befreiung der Menschheit aufwerfen. Was das primitive Stammesleben mit »begrenzter Entwicklung der Produktivkräfte« betrifft, so glaubte Marx fest, dass die historische Entwicklung der gesellschaftlichen Produktion die Auflösung ihrer primären Form bewirken muss, was umgekehrt die Entwicklung der Produktivkräfte voranbringt. »Es wird erst gearbeitet von gewisser Grundlage aus – erst naturwüchsig – dann historische Voraussetzung. Dann aber wird diese Grundlage oder Voraussetzung selbst aufgehoben oder gesetzt als eine verschwindende Voraussetzung, die zu eng geworden ist für die Entfaltung des progressiven Menschenpacks.«[150] Die vollständige Gesellschaftsgeschichte der Menschheit zeigt präzise diese fortschrittliche Interaktion zwischen Selbsttranszendenz und Selbstaufhebung, die vom Marxismus demaskiert worden ist. Möglicherweise liegt die vorherrschende historische Strömung weit jenseits der engen Ideen von Baudrillard und anderen.

IV. Kritik der Arbeitsideologie

Baudrillards *Le miroir de la production / Mirror of Production* erreicht seinen ersten absurden Höhepunkt mit dem Angriff auf Marx' Konzeption der Arbeit. In Baudrillards Sicht ist die menschliche Arbeit der Kern der materiellen Produktion. Interessanterweise beginnt Baudrillard seine

---

150 Marx, *Grundrisse*, in: MEW, Bd. 42, S. 404.

Interpretation von Marx' Arbeit ausgehend vom textuellen Zusammenhang der politischen Ökonomie, er will jedoch den unzulässigen Diskurs der marxistischen Philosophie bestimmen. Man muss zugeben, dass dieser Gedankengang scharfsinnig ist, während sein Argument bedauerlicherweise nichtig ist. Ich finde auch, dass Baudrillards Anschuldigung gut vorbereitet ist. Er zitiert eine Reihe von marxistischen ökonomischen Bemerkungen mit unbedeutenden Interpretationen. Für jene, die mit der marxistischen Ökonomie nicht vertraut sind, ist Baudrillard nur allzu Respekt einflößend. Wenn jedoch sein unhaltbarer logischer Rückhalt aufgedeckt wird, ist dieses großartige Gebäude der Widerlegung leicht einzureißen.

1. Das metaphysische Böse der Arbeit: Das Konkrete gegen das Abstrakte; Qualität gegen Quantität

Für Baudrillard verlangt die Ablehnung der marxistischen Theorie der materiellen Produktion eine weitere Aufdeckung der bösartigen Natur der Arbeit, die die produktiven Tätigkeiten beherrscht. Diesmal wendet er sich der Frage der *Verdinglichung der Arbeit* zu. Er entdeckt, dass das Geheimnis der marxistischen Theorie der Arbeit in der »Dialektik von Qualität und Quantität« der sogenannten Arbeitswerttheorie liegt. Es ist mehr eine Mikrokritik, mehr eine spezifisch »profunde« Kritik. Lesen wir seine Analyse.

Baudrillard zitiert zunächst Pierre Navilles *Le nouveau Léviathan*, der sagt, dass die eigentliche Arbeit in Europa nicht vor dem 18. Jahrhundert auftaucht, weil vorherige Unterschiede der handwerklichen Produktion die Arbeit inkommensurabel machten. Baudrillard bestreitet das. Er fährt dann mit einem Zitat von Marx fort: »Während die Tauschwert setzende Arbeit *abstrakt allgemeine* und *gleiche* Arbeit, ist die Gebrauchswertsetzende Arbeit konkrete und besondere Arbeit die sich der Form und dem Stoff nach in unendlich verschiedene Arbeitsweisen zerspaltet.«[151] Marx Idee ist hier sehr klar: In einer Ware basiert ihr Wert auf abstrakter Arbeit und der Gebrauchswert auf konkreter Arbeit, mit anderen Worten, konkrete Arbeit und abstrakte Arbeit sind beide in einem Produktionsprozess des gleichen

---

151 Karl Marx, *Zur Kritik der Politischen Ökonomie*, in: MEW, Bd. 13, Berlin 1978, S. 23.

310

Gegenstands, nicht zwei unterschiedliche Substanzen. Baudrillard scheint vom Gebrauchswert faszinierter zu sein, der nach seiner Ansicht auf der konkreten qualitativen Arbeit basiert. (Baudrillard vergisst jedoch die Tatsache, dass jedes Mal, wenn Marx den Gebrauchswert erwähnt, er sich auf den Gebrauchswert der Ware bezieht. Marx verwendet Gebrauchswert niemals in seinem allgemeinen oder universellen Sinn. Das ist ein weiterer Beweis für Baudrillards Sorglosigkeit in seiner Analyse.)

Ohne eine zwischengeschaltete Erklärung springt Baudrillard plötzlich zu Wert und Gebrauchswert der Arbeitskraft.

»Im Unterschied zum quantitativen Maß der Arbeitskraft bleibt der Wert der Arbeitskraft nicht mehr oder weniger als eine qualitative Potentialität. Sie wird durch ihr eigenes Ziel spezifiziert, durch das Material, mit dem sie arbeitet oder einfach, weil sie Verausgabung von Energie durch ein gegebenes Subjekt zu einer gegebenen Zeit ist. Der Gebrauchswert der Arbeitskraft ist der Moment seiner Verwirklichung, der Beziehung eines Menschen zu seiner nützlichen Verausgabung von Arbeitsleistung. Er ist im Wesentlichen ein Akt der (produktiven) *Konsumtion*; und im allgemeinen Prozess erhält dieser Moment all seine Einzigartigkeit. Auf dieser Ebene ist Arbeitskraft inkommensurabel.«[152]

Baudrillard macht das Gleiche, was ein Besserwisser tun würde. Das Heraussprudeln mit dem bisschen, das er weiß, bringt nur Spott über ihn selbst. »Wert« und »Gebrauchswert« in Marx' Schriften werden tatsächlich *metaphorisch* benutzt. Marx macht die Arbeitskraft nicht zu einer gewöhnlichen Ware, die durch die Öffentlichkeit konsumiert werden kann, angesichts der Tatsache, dass der Doppelcharakter einer Ware (Wert und Gebrauchswert) durch lebendige Arbeit erzeugt wird (abstrakte Arbeit und konkrete Arbeit). Sagt Marx, dass Arbeitskraft *durch Arbeit geschaffen und hergestellt wird*? Natürlich nicht! Das ist gesunder Menschenverstand! Als spezielle Ware wird Arbeitskraft von Marx verwendet, um die scheinbare Gleichheit der kapitalistischen Tauschverhältnisse zu demaskieren,

---

152 Jean Baudrillard, *The Mirror of Production*, S. 26.

in denen der Arbeiter nur den Preis (»Wert«) der Subsistenzmittel für seine Lohnarbeit erhält. Marx nennt den Verkauf dieses Nutzungsrechts an der Arbeitskraft (oder die »Disposition über fremde Arbeit«[153]) den »Gebrauchswert« der Arbeitskraft. Hier existieren sowohl Wert wie auch Gebrauchswert nur in Beziehung zum Kapitalismus. Marx sagt, »*als freier Arbeiter hat er keinen Wert*; sondern nur die Disposition über seine Arbeit, durch Austausch mit ihm bewirkt, hat Wert.«[154] Das letzte »ihm« bezieht sich auf das Kapital, die materialisierte Arbeit. Hier ist der Wert ein *relatives* Konstrukt in Antithese zur Existenz des Kapitals. Ohne die Vorherrschaft der Arbeit in Beschäftigungsverhältnissen steht der Wert der Arbeitskraft außer Frage. Baudrillard scheint nicht das Geringste darüber zu wissen. Der sogenannte »Gebrauchswert« der Arbeitskraft, das heißt die Arbeit des Arbeiters an sich, ist keine wirkliche Ware, die unmittelbar verkauft werden kann, ganz abgesehen davon, dass sie nicht von einer konkreten Arbeit *produziert* wird. (Es muss angemerkt werden, dass Hausarbeit im postmodernen Feminismus eine implizite Arbeit ist, die Arbeitskraft unterstützt und herstellt, was vom patriarchalen System jedoch nicht anerkannt wird. Sie denken, dass Hausarbeit Wert durch Arbeit schafft, was ein anderes theoretisches Problem ist und nichts mit Baudrillards Verwirrung hier zu tun hat.) Daher ergibt die Nutzung von Arbeitskraft, das heißt die Nutzung von lebendiger Arbeit an sich, einen Sinn in Beziehung zur materialisierten Arbeit, die sie sich aneignet und die sie ausbeutet. Bei Marx heißt es:

> »Die auf dem Tauschwert basierte Produktion, auf deren Oberfläche jener freie und gleiche Austausche von Äquivalenten vorgeht – ist in der Basis Austausch von *vergegenständlichter Arbeit* als Tauschwert gegen die lebendige Arbeit als Gebrauchswert oder, wie das auch ausgedrückt werden kann, Verhalten der Arbeit zu ihren objektiven Bedingungen – und daher zu der von ihr selbst geschaffenen Objektivität als fremdem Eigentum: *Entäußerung* der Arbeit. Andrerseits ist die Bedingung des Tauschwerts Messen desselben durch Arbeitszeit und daher die lebendige Arbeit – nicht ihr

153 Marx, *Grundrisse*, S. 207.
154 A.a.O., S. 214.

Wert – als Maß der Werte. Es ist eine delusion, als beruhte in allen Produktionszuständen die Produktion und daher die Gesellschaft auf dem *Austausch von bloßer Arbeit gegen Arbeit.*«[155]

Wie jeder sehen kann, bezeichnet Marx' lebendige Arbeit nicht, dass die Arbeit(skraft) des Menschen einen bestimmten inneren Wert und Gebrauchswert hat. Der Prozess, in dem der Arbeiter seine »spezifische Ware« verkauft, ist der Arbeitsprozess selbst. Armer Baudrillard! Er versteht nicht, dass Marx den »Wert« und den »Gebrauchswert« der spezifischen Ware der Arbeitskraft in einem Ad-hoc-Zusammenhang diskutiert. Baudrillard zerschneidet sogar ihre Verbindung in diesem Zusammenhang, abstrahiert sie, macht eine positive Äußerung in der Logik der Werttheorie und kommt in diesem verfälschten Zusammenhang zu einer zwanghaften Missdeutung von Marx. All die «theoretischen Einsichten« sind bereits von Anfang an in die »theoretischen Aber« eingebettet. Arbeitskraft wird keineswegs im Prozess der Produktion hergestellt, da es keine abstrakte Arbeit gibt, die sie produzieren könnte; woher kommt die »Berechenbarkeit der Quantität«? (Man möge mir hier einen Witz erlauben. Vielleicht sieht Baudrillard zu viele Science-Fiction-Filme, in denen intelligente Roboter, biotechnologisch reproduzierte Kreaturen oder geklonte Menschen als Arbeitskraft oder öfter als furchterregende Killer produziert werden. Mit diesen reproduzierten Menschen als wirkliche spezifische Produkte ist es möglich, den Wert zu besitzen und Wert zu nutzen, der von der abstrakten Arbeit und der konkreten Arbeit gemeinsam erzeugt wurde. Aber das ist eine andere Frage eines höheren Zusammenhangs.) Baudrillards Gebrauchswert der Arbeitskraft ist nicht vernünftig, wenn er einmal den festgelegten Zusammenhang von Marx verlässt. Tatsächlich ist »konkrete Arbeit« als Grundlage der Produktion genau wie eine gebärende und Kinder erziehende Mutter, was für Baudrillard eine einfach zu verfolgende Logik sein sollte. Baudrillard ist seinem Unfug gegenüber blind. Aufgrund seiner geringen Kenntnis der marxistischen Ökonomie macht er einen solch absurden Fehler und setzt ihn fort.

155   A.a.O., S. 421-422.

In dieser Reise des Don Quichote gegen seinen imaginären Marx behauptet Baudrillard, dass der Gebrauchswert der Arbeitskraft der Moment der »Beziehung des Menschen zu seiner nützlichen Verausgabung von Arbeitsleistung« sei. Das ist in der marxistischen Ökonomie grammatikalisch falsch, da Marx niemals die Arbeit des Arbeiters, der unter kapitalistischen Arbeitsbedingungen die Arbeitskraft ist, als *allgemeine* nützliche Konsumtion der menschlichen Kraft akzeptiert. Für Marx sind nicht nur die primitiven Gesellschaften frei von den Problemen des Werts der Arbeitskraft und der Produkte, sondern auch in der zukünftigen kommunistischen Gesellschaft – die er für den Ersatz für den Kapitalismus hält – sind Probleme des Gebrauchswerts und des Werts in Bezug auf Arbeitskraft und Produkte unmöglich. Baudrillard hat wahrscheinlich nicht ernsthaft die *Kritik des Gothaer Programms* studiert, wo Marx den folgenden Kommentar über die nicht korrekte Formulierung des »unverkürzten Arbeitsertrags« im Programm der Sozialdemokratischen Partei in Deutschland abgibt:

> »Innerhalb der genossenschaftlichen, auf Gemeingut an den Produktionsmitteln gegründeten Gesellschaft tauschen die Produzenten ihre Produkte nicht aus; ebensowenig erscheint hier die auf Produkte verwandte Arbeit als *Wert* dieser Produkte, als eine von ihnen besessene sachliche Eigenschaft, da jetzt, im Gegensatz zur kapitalistischen Gesellschaft, die individuellen Arbeiten nicht mehr auf einem Umweg, sondern unmittelbar als Bestandteile der Gesamtarbeit existieren.«[156]

Marx könnte hier nicht deutlicher sein. Warum versteht Baudrillard Marx absichtlich falsch? Wenn die Herausbildung der Arbeitskraft nicht konkrete Arbeit im realen ökonomischen Sinne umfasst (abgesehen von der mütterlichen Reproduktion), dann gibt es nichts Vernünftiges in Baudrillards »qualitativem« Aspekt verschiedener konkreter Arbeiten, über die die Arbeitskraft verfügt (außer den verschiedenen Geburtsprozessen von Baudrillard und Bataille). Daher wird Baudrillards nächste Frage, nämlich wie die inkommensurablen, qualitativ unterschiedlichen Arbeitskräfte

---

156 Karl Marx, *Kritik des Gothaer Programms*, in: MEW, Bd. 19, S. 19-20.

einen *quantifizierten* Mehrwert hervorbringen könne, zu einer Pseudo-Behauptung: bevor ich darauf antworte, bin ich wirklich erstaunt über Baudrillards niedriges Niveau der politischen Ökonomie. Baudrillard hätte zu einer ergänzenden Lektion in Politik an eine chinesische Oberschule kommen sollen. Für Marx ist der »Wert« der Arbeitskraft als besondere Ware der Lohn, den der Kapitalist in der Beschäftigung zahlt. Dieser »Wert« basiert nicht auf dem, was Baudrillard für abstrakte Arbeit hält (die allgemein gesellschaftliche Arbeit industrieller Gesellschaften), wie sie sich seit dem 18. Jahrhundert herausgebildet hat. Der Gebrauchswert der Arbeitskraft ist auch nicht das, was Baudrillard als die konkrete Arbeit, die für alle nützlich ist, definiert; es ist lediglich genau die *lebendige* Arbeit, die *für die kapitalistische Ausbeutung nützlich* ist, das, was der Kapitalist abdecken will. Daher werden die Existenz und die Bewegung der Arbeitskraft auf natürliche Weise die Grundlage des Gebrauchswerts und des Werts normaler Waren. Weil die abstrakte Arbeit auf dem Wert basiert, der sich aus der notwendigen Arbeitszeit zusammensetzt, wie kann er kalkulierbar werden? Dieses simple Prinzip kennt jeder Kapitalist, der nach Profit strebt, oder sogar ein chinesischer Oberschüler mit ein wenig grundlegender Kenntnis der marxistischen politischen Ökonomie. Der große französische Denker Baudrillard ignoriert dies jedoch. Das ist in der Tat sehr seltsam.

Baudrillard will sagen, dass Marx' Unterteilung des Doppelcharakters der Arbeit – die *qualitative und quantitative Dialektik* der kalkulierbaren abstrakten Arbeit und der nicht kalkulierbaren konkreten Arbeit – eine größere philosophische Phantasie verbirgt. Seit dem 19. Jahrhundert hat die Universalisierung der Lohnarbeit [labor] (um genau zu sein, es ist das Aufkommen der Lohnarbeit an sich oder der abstrakten Arbeit, die durch die industrielle Produktion und den Markttausch hervorgerufen wird) die Universalisierung der Arbeit [work] initiiert, »nicht nur als Marktwert, sondern als menschlichen Wert. Ideologie geht auf diese Weise immer einer binären, strukturellen Spaltung voraus, die hier wirkt, um die Dimension der Arbeit zu universalisieren. Durch die Teilung (oder die Aufteilung in den strukturellen Effekt, einen Code-Effekt), verbreitet sich quantitative Arbeit über das Feld der Möglichkeit.«[157] Diese vollmundige Bemerkung

---

157   Baudrillard, *The Mirror of Production*, S. 27.

bedeutet, dass die Universalität (Abstraktion) der Arbeit in der Aufteilung des Doppelcharakters von Qualität und Quantität der Arbeit zur allgemeinen Natur des Menschen wird; während Lohnarbeit, eine besondere Existenz des Menschen in der Marktökonomie, die Ideologie auch auf die allgemeine Existenz des Menschen ausweitet und diese Operation der Codes verschleiert.

Ich habe das Gefühl, dass Baudrillard mit dieser Logik oftmals paranoid erscheint. Gab es keine »Arbeit« vor der Entstehung der kapitalistischen industriellen Produktion und der realen Marktökonomie? Wir müssen zugeben, dass in der kapitalistischen Ideologie unter der allgemeinen Beleuchtung (Marx) der Logik des Kapitals jede Konzeption unweigerlich in gewisser Weise mit bürgerlicher Farbe befleckt ist. Da Baudrillard Saussures Linguistik kennt, muss er verstehen, dass es möglich ist, den gleichen Begriff oder die gleiche Terminologie mit anderen semantischen Bedeutungen zu verwenden. Trotzdem ist Baudrillard an diesem Punkt genauso ignorant wie seine Vorläufer, wie Hannah Arendt oder Jürgen Habermas.

Nach meiner Ansicht ist Baudrillards Analyse eine bewusste Verzerrung von Marx' Doppelcharakter der Arbeit, die die ökonomische Frage des Arbeitswerts lösen soll und die sich als besser erwiesen hat als Smiths und Ricardos unvollständige und verwirrende Antwort. Zudem ist das Verhältnis zwischen Qualität und Quantität, das sie aus der abstrakten Arbeit und der konkreten Arbeit ableitet, nur eine Frage der Kalkulation der Wertquantität und der Weise, in der der Mehrwert aufgezeigt wird. Marx versucht nicht, einen universellen Wert oder eine Natur aus dem Verhältnis von Qualität und Quantität der für den Kapitalismus charakteristischen *Lohnarbeit* zu formulieren.

Hier müssen wir Baudrillard eine weitere Lektion zur Geschichte des Marxismus erteilen: die qualitative Entwicklung der Konzeption der Arbeit. Der erste bedeutende Begriff der Arbeit des jungen Marx wurde in den *Manuskripten von 1844* als eine idealisierte menschliche Natur entwickelt, zu einer Zeit, als Marx selbst immer noch durch Feuerbachs humanistischen Diskurs beeinflusst war. Auf der einen Seite kritisierte er die ökonomische Ausbeutung in der kapitalistischen Gesellschaft; auf der anderen Seite verstand er dieses unzulässige Verhältnis als eine Abweichung vom authentischen Sein des Menschen – *der freien, unabhängigen Erschaffung* der Arbeit, in den Worten des jungen Marx, der *Entfremdung* der Arbeit. Es gibt zwei Begriffe der Arbeit: Arbeit idealisiert als die generische Natur des Menschen; und entfremdete Arbeit als die verkehrte und anormale generische Natur des Menschen, wie sie sich in der Realität der kapitalistischen Gesellschaft findet. Das Erste ist das »sollte« in der humanistischen Kritik im Unterschied zum Letzteren, (das schlechte »ist«). Das Paradigma der Arbeit hier im humanistischen Diskurs ist das, worauf sich Baudrillard als abstrakten, universellen humanistischen Wert bezieht. Sogar zu jener Zeit hat Marx die entfremdete Arbeit der kapitalistischen Gesellschaft nicht in einen menschlichen Wert universalisiert. Trotzdem begann Marx in seinen Kommentaren zu List vom März 1845 die humanistische Logik aufzulösen. Er gab die Entfremdung der Arbeit auf und verwendete einen in Anführungszeichen stehenden Begriff der Arbeit, um die *versklavte* Stellung der Arbeit zu illustrieren. Später, in der *Deutschen Ideologie*, die Baudrillard bekannt war, verwendet Marx den Begriff *Lohn*arbeit. Dann wurde der Begriff der Arbeit in Marx' philosophischem Diskurs durch die Begriffe der Praxis und der Produktion ersetzt. In seiner Logik ist die Arbeit auf der einen Seite »soweit sie Gebrauchswerte schafft, Aneignung des Natürlichen für menschliche Bedürfnisse [...], seien diese Bedürfnisse nun Bedürfnisse der Produktion oder individuellen Konsumtion, ist allgemeine Bedingung des Stoffwechsels zwischen Natur und Mensch und als solche Naturbedingung des menschlichen Lebens von allen bestimmten gesellschaftlichen Formen desselben unabhängig, allen gleich gemeinsam«[158], auf der anderen Seite ist Arbeit im ökonomischen Sinne die »*allgemeine Möglichkeit* des Reichtums als Subjekt und als Tätigkeit.«[159] Sie kann nicht die einzige Quelle des Reichtums sein, während die wirkliche Grundlage der gesellschaftlichen Existenz und Entwicklung das materielle Verhältnis des Menschen zur äußeren Welt ist, was den objektiven Prozess der materiellen Produktion darstellt. Arbeit ist im marxistischen historischen Materialismus nicht klar definiert. Später verwendete Marx sie häufiger im ökonomischen

---

158   Karl Marx, *Ökonomisches Manuskript 1861-1863*, Teil 1, in: *MEW*, Bd. 43, S. 59.
159   Marx, *Grundrisse*, S. 232.

Zusammenhang und nahm selten metaphysische Illustrationen des ökonomischen Begriffs der Arbeit vor. Ein anderer Punkt ist Marx' Analyse der maschinellen Produktion, wo er fand, es höre »die *unmittelbare* Arbeit auf, als solche Basis der Produktion zu sein.«[160], weil die lebendige Arbeit des Arbeiters zu einem unbedeutenden Verbindungsstück im Maschinensystem reduziert ist und »die verwertende Kraft des einzelnen Arbeitsvermögens als ein unendlich Kleins verschwindet.« Plötzlich hat »der Produktionsprozess [...] aufgehört, Arbeitsprozess [...] zu sein.«[161] Was zeigt das? Es ist ganz klar, dass Baudrillards selbstgefällige Entdeckung nicht neu ist. Marx hatte es schon herausgefunden.

Im Rückblick auf die obige Ideengeschichte ist es nicht schwierig zu sehen, dass Baudrillard den Begriff der Arbeit im philosophischen Diskurs der *Ökonomisch-philosophischen Manuskripte von 1844* klug umgeht und fest den wissenschaftlichen Begriff der Arbeit in der marxistischen Ökonomie ergreift. Er ist sich jedoch nicht bewusst, dass es immer noch unzulässig ist, den Begriff der Arbeit mit einer speziellen semantischen Bedeutung in der marxistischen Ökonomie als logischen Ausgangspunkt der Ideologie der Arbeit zu postulieren. Ich werde das im nächsten Teil weiter erläutern.

2. Produktive Arbeit ist schuld

Baudrillards Kritik an Marx wendet sich dann von der Ideologie der Arbeit zur Ideologie von Produktion und Arbeit, in der er Marx mit einem Begriff aus der marxistischen historischen Phänomenologie verspottet, nämlich der *Fetischisierung der Arbeit und der Produktivität*.

Baudrillard ist bisweilen überraschend engstirnig. Mit einer irrigen Prämisse schließt er sich selbst in einen dogmatischen Raum ohne Flexibilität ein, blind aber glücklich Unsinn redend. Er mag nicht die Konkretheit der Arbeit, noch neigt er zum »Missbrauch« dieser Konkretheit und Abstraktheit. Marx spielt ein Bedeutungs-»Spiel«, das heißt vom Abstrakten zum Konkreten, von der Quantität zur Qualität, vom Tauschwert der Arbeit zum Gebrauchswert der Dialektik, wobei der Doppelcharakter des Spiels das Ergebnis der Arbeitsproduktivität und des Fetischismus sein muss. Was

160 A.a.O., S. 604-605.
161 A.a.O., s. 593.

sind, so fragt Baudrillard, in diesem Fall die Gründe? Baudrillard zieht seine eigenen Schlussfolgerungen.

Diesmal zitiert er aus der Einleitung der *Grundrisse*. (Der Grund, aus dem Baudrillard einige Menschen entmutigt, resultiert zum Teil daraus, dass er häufig aus einem unbekannten marxistischen ökonomischen Text zitiert, der auch von traditionellen marxistischen Philosophen kaum angerührt wird, was ihn auffällig von Schmidt und Althusser unterscheidet.)

»Die Gleichgültigkeit gegen eine bestimmte Art der Arbeit setzt eine sehr entwickelte Totalität wirklicher Arbeitsarten voraus, von denen keine mehr die alles beherrschende ist. So entstehen die allgemeinsten Abstraktionen überhaupt nur bei der reichsten konkreten Entwicklung, wo eines vielen gemeinsam erscheint, allen gemein.«[162]

Man sollte akzeptieren, dass Baudrillards Bezugnahme auf den marxistischen Text im Vergleich zu traditionellen marxistischen und westlichen Gelehrten sehr klug ist. Er verwendet oftmals raffiniert einige von Marx' wichtigen Erklärungen, die von Forschern in der früheren Sowjetunion und den osteuropäischen sozialistischen Ländern ignoriert wurden, nur um sie größtenteils falsch anzubringen. (Ich bemerke, dass das auch auf jene eifrigen Anthropologen in den 1970er Jahren zutrifft, von denen Lévi-Strauss der erste war, der Marx zitierte und Sahlins der bedeutendste, der mit marxistischen ökonomischen und philosophischen Texten sehr vertraut war, was sich zum Beispiel in »Anthropology and Two Marxisms: Problems of Historical Materialism« in seinem Buch *Culture and Political Reason* zeigt. Sahlins machte einige wunderbare Bemerkungen zu seinem Verständnis des Marxismus, die Baudrillard weit überlegen sind, aber er irrte immer noch, als er die Logik der symbolischen Kultur über die Praxis der materiellen Produktion setzte.) Mit diesem Kommentar will Marx illustrieren, dass der Begriff der allgemeinen Arbeit zu »einer modernen Kategorie« gehört. Von der monetaristischen Sichtweise des Reichtums als »Kapital« zu der Verschiebung der Quelle des Reichtums vom Objekt zur subjektiven

162   A.a.O., S. 38.

Tätigkeit im Manufaktur- oder Merkantilsystem der kommerziellen und industriellen Arbeit und der landwirtschaftlichen Arbeit der Physiokraten ist all dies ein großer Schritt nach vorne. Smith macht einen »ungeheuren Fortschritt« in seiner Entdeckung der Arbeit an sich, die weder herstellende noch kommerzielle noch landwirtschaftliche Arbeit ist, sondern alle Arten von Arbeit. Dann, so fährt Marx fort, ist diese Abstraktion der Arbeit die objektive Abstraktheit der moderne ökonomischen Tätigkeit an sich, die berücksichtigt, dass die Individuen in der industriellen Produktion »aus einer Arbeit in die andre übergehen«, wenn Arbeit in der Realität des Kapitalismus ein Mittel zum »Schaffen des Reichtums« geworden ist. Auf der anderen Seite entsteht allgemeine Arbeit, weil während der inneren Teilung der Arbeit in der Produktion die alte kollektive Arbeit durch professionelle und spezifisch funktionale Arbeit ersetzt wird, mit anderen Worten, Arbeit wird enttotalisiert. (Schiller hat das vor beinahe zweihundert Jahren gesehen. In seinen Briefen *Über die ästhetische Erziehung des Menschen* reflektierte er die Ent-Totalisierung aus der ontologischen Perspektive der menschlichen Existenz.) Als Ergebnis ist im kapitalistischen Warentausch »die Arbeit erst durch den *Austausch* als allgemein *gesetzt*.«[163] Das ist eine weitere Abstraktion objektiver ökonomischer Tätigkeiten, was die *begriffliche Abstraktion* ermöglicht. Baudrillard, verstehst du jetzt? Marx' Arbeit an sich ist zunächst eine objektive Abstraktion, die der Ent-Totalisierung der Arbeit in der modernen technischen Teilung der industriellen Revolution und dem objektiven Austausch der Marktökonomie entspringt, wo unterschiedliche konkrete Arbeiten die homogene Arbeit an sich im Spiegel des Werts formen. Arbeit als solche entsteht in Ökonomien aus der subjektiven Wahrnehmung der objektiven ökonomischen Abstraktion. (Wir werden dieses Geheimnis in der späteren Diskussion über Slavoj Žižek in diesem Buch verstehen.) Marx glaubt, dass die Abstraktion der Arbeit »der Ausgangspunkt der moderne Ökonomie« ist. Auch wenn sie in allen Zeiten anwendbar sind, sind sie »Produkt historischer Verhältnisse« und besitzen »ihre Vollgültigkeit nur für und innerhalb dieser Verhältnisse.«[164]

Die obige Bemerkung ist präzise, sogar perfekt.

163   A.a.O., S.104.
164   A.a.O., S. 39.

Baudrillard zieht hieraus jedoch eine weit davon entfernte, sensationelle Schlussfolgerung. Er trennt es aus seinem speziellen Zusammenhang und erhöht es willkürlich zu einem verallgemeinerten Diskurs in der Philosophie der Geschichte. Er beschuldigt Marx, die Form der Arbeit für das Wesen der Kontrolle über alle menschliche Existenz zu halten, weil seine Arbeit die anderen, restlichen Sphären der Menschheit beherrscht. Arbeit ersetzt alle Formen, mit Ausnahme von Reichtum und Tausch; Arbeit erzeugt Gebrauchswert und formt die Ausdruckswiese des Menschen. Baudrillard denkt, dass Marx' Ideologie der produktiven Arbeit eine subjektive Gewalt gegen die Geschichte ist, und dass dieses Paradigma der Arbeit »das allgemeine Schema der Produktion und der Bedürfnisse« postuliere, wobei das Wertgesetz universalisiert wird. Er argumentiert, dass die Analyse aller primitiven oder archaischen Organisationen dem widerspricht, genau wie die feudale symbolische Ordnung und selbst jene unserer Gesellschaften. Das ist lächerlich! Wann projiziert Marx die »moderne« Arbeit als solche, die sich nur in der kapitalistischen Produktionsweise findet, auf die primitiven und feudalen Gesellschaften? Nein, Marx fügt eine spezifische Einschränkung hinzu: unter vorkapitalistischen Bedingungen ist »der Zeck dieser Arbeit nicht *Wertschöpfung*«, vielmehr ist »ihr Zweck [...] die Erhaltung des einzelnen Eigentümers und seiner Familie wie des Gesamtgemeindewesens.«[165] Zudem erkennt Marx, auch wenn er nur über eine begrenzte Kenntnis der zeitgenössischen Anthropologie und andere Materialien verfügte, dass selbst die von Baudrillard bevorzugte primitive kommunale Existenz eine mögliche Grundlage für Arbeitsproduktion biete, denn die Voraussetzungen der gesamten gesellschaftlichen Existenz sind »selbst nicht Produkt der Arbeit«, sondern erscheinen »als ihre natürlichen oder göttlichen Voraussetzungen.«[166] Der Grund dafür ist, es erscheint zu jener Zeit, ob in der Landwirtschaft oder in der Viehzucht »die hauptobjektive Bedingung der Arbeit [...] nicht selbst als Produkt der Arbeit, sondern findet sich vor als Natur.«[167] Versteht Baudrillard es diesmal? Unsere Welt wird erst nach der späten industriellen Revolution das Ergebnis der

165 A.a.O., S. 394.
166 A.a.O., S. 385.
167 A.a.O., S. 393.

Arbeitsproduktion. Ich verliere beinahe die Geduld, wenn Baudrillard sich nicht an allgemeine Prinzipien hält und oft über Fehler stolpert.

Er verfolgt einen offensichtlich falschen Weg weiter, glaubt aber stolz, dass er Marx' schwachen Punkt erfasst hat. Er behauptet, dass »alle Perspektiven [von Marx], die durch die Produktionsweise eröffnet werden, uns hoffnungslos in die politische Ökonomie treiben«, und weil es Marx nicht gelingt »eine Form des gesellschaftlichen Reichtums zu begreifen, die auf etwas anderem basiert als auf Arbeit und Produktion, stellt der Marxismus auf lange Sicht keine wirkliche Alternative mehr zum Kapitalismus dar.«[168] (Baudrillard verdient es wirklich, ein verdienter Pionier genannt zu werden, denn er beschimpft die postmarxistische Transzendenz der Radikalisierung des Marxismus, die sich unerwartet als Missbilligung seiner eigenen Bücher *Die Ordnung der Dinge, Die Konsumgesellschaft* und sogar von *Pour une critique de l'économie politique du signe* erweist.) Es ist klar, dass Baudrillard in seiner theoretischen Innovation nicht erfolgreich ist. Er wendet nur ein paar kleine Tricks an, in denen er zuerst Marx' Konzeption der Arbeit an sich, die verwendet wird, um spezifische ökonomische Fragen zu lösen[169], zusammen mit dem groben Begriff der Produktion ohne sorgfältiges Nachdenken in den historischen Materialismus packt; und dann verurteilt er diese fabrizierte theoretische »Phantasie« zum Tode.

Baudrillard besteht auf der radikalen Negation der marxistischen Konzeption der Arbeit, des Gebrauchswerts, sein Ziel ist jedoch nicht, die Theorie des Arbeitswerts aus einer ökonomischen Perspektive zu entwickeln. Sein wirklicher Versuch ist es, die Arbeit, die Produktion und die Nützlichkeit jedes Dinges im Sinne der *philosophischen Ontologie* zu verneinen:

> »Tatsächlich existiert der Gebrauchswert der Arbeitskraft nicht mehr als der Gebrauchswert von Produkten oder die Autonomie von Signifikat und Referent. Die gleiche Fiktion herrscht in den

---

168   Baudrillard, *The Mirror of Production*, S. 29.
169   Marx hat speziell angemerkt, dass Arbeit sich hier auf Lohnarbeit unter dem kapitalistischen System bezieht. Sie existiert »im strikten ökonomischen Sinne, worin wir sie allein brauchen« [Marx, *Grundrisse*, S.367; A.d.Ü.].

drei Ordnungen der Produktion, Konsumtion und Signifikation. Der Tauschwert lässt den Gebrauchswert von Produkten als seinen anthropologischen Horizont erscheinen. Der Tauschwert der Arbeitskraft lässt seinen Gebrauchswert, den konkreten Ursprung und das Ziel der Arbeitstätigkeit, als sein »generisches« Alibi erscheinen. Das ist die Logik von Signifikanten, die die »Evidenz« der »Realität« des Signifikats und des Referenten hervorbringt.«[170]

Wir haben diese Behauptung Baudrillards ausreichend diskutiert. Er will sagen, dass die Grundlagen unserer Welt, das heißt die Nützlichkeit als gegenwärtigen Maßstab zu sehen, auf die Herstellung und Durchsetzung des Tauschwertsystems zurückzuführen ist; die Codekontrolle des Signifikanten macht Produktion – Produktion von nützlichen Dinge, Konsum – zu einer falschen Befriedigung von Bedürfnissen und Signifikation – Fabrikation von Phantasien wird zur herrschenden Überlebensordnung. Er führt alles Schlechte auf Marx' Theorie des Tauschwerts und des Gebrauchswerts der Arbeit zurück, die fast zu einer Büchse der Pandora wird. Er sagt, es sei die Ideologie der Arbeit, die eine falsche produktive, generische Natur des Menschen erzeuge; »in diesem Sinne existieren Bedürfnis; Gebrauchswert und Objekt nicht.«[171] »Sie sind lediglich Begriffe, die von eben dem System des Tauschwerts hervorgebracht und in eine generische Dimension projiziert werden.«[172]

Baudrillard sagt dies immer wieder. Nur eine oberflächliche Person kann solche armseligen Wiederholungen hervorbringen.

3. Das Gute an der Arbeit und das Schöne an der Nicht-Arbeit

Baudrillard ist nicht zufrieden mit der allgemeinen Ablehnung des Begriffs der Arbeit. Er versucht, tiefer zu gehen und das Schlechte in Marx' Logik zutage zu bringen. Er glaubt, dass Marx' Diskurs über die Arbeit zuallererst eine existentielle Ontologie ist, die in den *Ökonomisch-philosophische*

---

170 Baudrillard, *The Mirror of Production*, S. 30.
171 Vgl. Anm. 13 in *The Mirror of Production*. Hier heißt es: »Das bedeutet nicht, dass sie niemals existiert haben. Daher haben wir hier ein weiteres Paradox, auf das wir später zurückkommen müssen.«
172 Jean Baudrillard, *The Mirror of Production*, S. 30.

Manuskripten aus dem Jahre 1844 begründet wurde. (In einem gegebenen historischen Zusammenhang hat Baudrillard nicht unrecht.) Um seine Ansicht zu beweisen, zitiert Baudrillard Herbert Marcuses Anmerkung zu den Manuskripten, die besagt, dass Arbeit das ontologische Konzept der menschlichen Existenz sei. Baudrillard muss Althusser gelesen haben, er scheint jedoch den wesentlichen Unterschied zwischen der humanistischen Sichtweise des jungen Marx zur entfremdeten Arbeit und dem historischen Materialismus nicht zu kennen.

Unter der gleichen Thematik nimmt er eine rasche Nebeneinanderstellung der Ökonomisch-philosophische *Manuskripte* und des *Kapital* vor. Zunächst wird die Arbeit in seinem Zitat aus den Manuskripten als die ideale generische Natur der subjektiven Objektivierung, »Fürsichwerden« und »Selbstbestätigung«[173] identifiziert. Ohne Vorwarnung springt er dann über zwanzig Jahre in Raum und Zeit über verschiedene Forschungsfelder zum *Kapital* und greift zwei frühe Erklärungen über die Arbeit auf, die sich radikal von der humanistischen Logik unterscheiden. (Das ist eine übliche Praxis unter sogenannten marxistischen Anthropologen.) In der ersten Erklärung ist nützliche Arbeit als Schlüssel zum Prozess der materiellen Produktion »eine von allen Gesellschaftsformen unabhängige Existenzbedingung des Menschen, ewige Naturnotwendigkeit.«[174] Der Zusammenhang dieser Erklärung ist das Beispiel eines Handwerkers, der Kleidung herstellt, was hunderte von Jahren so ging und von Marx benutzt wird, um die ontologische Grundlage der Ewigkeit von Arbeit (Produktion) zu diskutieren. Die zweite Erklärung ist aus dem *Kapital* und lautet: »Die Arbeit ist zunächst ein Prozess zwischen Mensch und Natur, ein Prozess, worin der Mensch seinen Stoffwechsel mit der Natur durch seine eigne Tat vermittelt, regelt und kontrolliert.«[175] Es ist hier nicht schwer zu sehen, dass Marx' Darstellung der Arbeit im Unterschied zu den *Ökonomisch-philosophischen Manuskripten aus dem Jahre 1844* keine abstrakte Hypothese über das ästhetische Sein des Menschen ist, sondern eine Betonung der Stellung der Arbeit während des Prozesses der materiellen Produktion und der Identifikation der materiellen

---

173 Karl Marx, *Ökonomisch-philosophische Manuskripte aus dem Jahre 1844*, in: *MEW*, Bd. 40, S. 574, S.580.
174 Marx, *Das Kapital*, Bd. 1, S. 57.
175 A.a.O., S. 192.

Produktion als ewige Voraussetzung gesellschaftlichen Lebens und der Entwicklung der Menschheit.

Baudrillards Strategie ist tatsächlich klug. Zunächst macht er sorgfältig ein ahistorisches Flickwerk aus den qualitativ unterschiedlichen Texten von Marx zum gleichen Thema, dann macht er Anleihen bei der Missdeutung von Marx' Humanismus durch den jungen Marcuse und beweist schließlich die Berechtigung seiner Anklage. Ironischerweise ist es so, dass wenn es sich erweist, dass Marcuse unrecht hat, auch Baudrillard unrecht hat.

Baudrillard behauptet, dass Marx' ontologische Position der Arbeit dazu führt, dass sich der marxistische philosophische Diskurs in zwei Richtungen entfaltet: eine Ethik der Arbeit und eine Ästhetik der Nichtarbeit. Erstere feiert Arbeit als Wert, als Ziel an sich, als kategorischen Imperativ. Die Arbeit verliert ihre Negativität und wird zu einem absoluten Wert erhoben. Baudrillard glaubt, dass eine solche Konzeption sowohl in kapitalistischen wie in sozialistischen Ideologien existiert. Ich denke, dass er bei der Kritik der *Ökonomisch-Philosophischen Manuskripte* einen Vorteil hat; wenn es um die Negation von Marx' Aussage im *Kapital* geht, muss er scheitern. Die beiden obigen Erklärungen sollen nicht die Arbeitswerttheorie im ökonomischen Sinne erklären oder Arbeit als das Ziel des Menschen aus philosophischer Sicht illustrieren, ganz zu schweigen vom »kategorischen Imperativ« oder dem »absoluten Wert«. Arbeitsproduktion, die Grundlage der gesellschaftlichen Existenz, ist die Tätigkeit, die die grundlegenden materiellen Mittel für das menschliche Überleben schafft, die keine rationalistische Färbung einer *generischen Philosophie* aufweist und nichts zu tun hat mit dem positiven Wertmaßstab und den Koordinaten der Ethik. Tatsächlich lehnte Marx bereits in der *Deutschen Ideologie* eine verdeckt idealistische historische Sichtweise ab, das heißt eine Weise, Geschichte gemäß einem sachfremden Maßstab zu schreiben – die Praxis, der Suche nach einem »*Ideal*, wonach die Wirklichkeit sich zu richten haben [wird].«[176] Baudrillard verwendet den humanistischen Diskurs in den frühen *Ökonomisch-philosophischen Manuskripten*, um den historischen Materialismus anzugreifen, der im späteren *Kapital* entwickelt wird. das ist ohne Zweifel ein unsinniges Argument. Wenn die frühen Begriffe im *System der Dinge* verwendet werden, um seine

176 Karl Marx/Friedrich Engels, *Die deutsche Ideologie*, S. 35.

folgenden Texte wie *Das perfekte Verbrechen* zu beschädigen, kämen wir nicht zu vernünftigen Schlussfolgerungen. Ausgehend von der Kritik an sich ist Baudrillard sehr windig. Er nutzt geschickt den Vorteil der humanistischen Erklärung im gegenwärtigen westlichen Marxismus. (Das beinhaltet natürlich auch unsere eigenen »humanistischen« logischen Konstrukte. Sie liefern ein Angriffsziel für Baudrillard und andere.) Baudrillard wendet sich Marcuses Kritik des ökonomischen Begriffs der Arbeit zu, die eine Neuinterpretation von Marx' Logik der Entfremdung der Arbeit in einem neo-humanistischen Kontext ist. Marcuse erklärt die Arbeit zur ontologischen Grundlage des Menschen und führ das Ersatzverhältnis von Spiel und Arbeit an. Baudrillard erfasst diesen Fehler und stellt Marcuse als Vertreter von Marx hin. Er fragt ärgerlich, warum die marxistische Dialektik zu einer »christlichen Ethik«, zu ihrem eigenen Gegensatz führe. Nach Baudrillards Ansicht führt Marx' Begriff der Arbeit wegen der von Weber behaupteten kapitalistischen Askese zwangsläufig zur »irrigen Heiligung der Arbeit«. Um diese Verzerrung zu beweisen fügt Baudrillard die Missverständnisse von Benjamin und Lafargue hinzu und geht sogar soweit, Joseph Dietzgens *Messias* anzuführen. Was hat all dies jedoch mit dem Marxismus zu tun? Wie wir wissen, widmeten Marx und Engels ihr gesamtes Leben dem Kampf gegen versklavte Arbeit und den Mythen opiumartiger Ideologien. Wie konnten sie eine beinahe theologische Ethik der Arbeit akzeptieren? Das ist völlig illusorisch.

Der zweite Punkt ist die sogenannte »Ästhetik der Nichtarbeit« Baudrillard sagt, dass

> »in den Feinheiten des marxistischen Denkens die Auseinandersetzung mit der Arbeitsethik eine Ästhetik der Nichtarbeit oder des Spiels ist, die selbst auf der Dialektik von Quantität und Qualität basiert. Jenseits der kapitalistischen Produktionsweise und der quantitativen Messung der Arbeit ist dies die Perspektive einer entscheidenden qualitativen Veränderung in der kommunistischen Gesellschaft; das Ende der entfremdeten Arbeit und die freie Objektivierung der eigenen Kräfte des Menschen.«[177]

177 Baudrillard, *The Mirror of Production*, S. 38.

Hier bezieht sich Baudrillard auf den bekannten Abschnitt über das Reich der Freiheit im dritten Band des *Kapital*. Marx will die Idee zum Ausdruck bringen, dass für die endgültige Befreiung des Menschen »das Reich der Freiheit [...] in der Tat erst da [beginnt], wo das Arbeiten, das durch Not und äußere Zweckmäßigkeit bestimmt ist, aufhört; es liegt also der Natur der Sache nach jenseits der Sphäre der eigentlichen materiellen Produktion.«[178] (Es ist beinahe empörend. Weiß Baudrillard nicht, was Marx in diesem Zitat mit »jenseits der Sphäre der eigentlichen materiellen Produktion« meint? Warum übersieht er dies in seiner Kritik an Marx Universalisierung des Paradigmas der Produktion?) Diesmal schweigt Baudrillard über die Universalität der Produktion. Stattdessen wendet er eine Finte an und wendet sich einem anderen Problem zu, der ästhetischen Bedeutung der von Marx erwarteten zukünftigen Gesellschaft. Er stützt sich jedoch immer noch auf Marcuses Darstellung der Arbeit, um sich gegen Marx zu wenden. Er kommt zu dem Schluss, dass Marx' Kommunismus immer noch Spiel der Nichtarbeit und der Nichtentfremdung ist, qualitativ das Gleiche wie der Kapitalismus. »Dieses Reich jenseits der politischen Ökonomie, das Spiel, Nichtarbeit oder nicht entfremdete Arbeit genannt wird, wird als das Reich einer Finalität ohne Ende definiert. In diesem Sine ist und bleibt es eine *Ästhetik* im extremen Kantschen Sinne, mit allen bürgerlichen Konnotationen, die dies impliziert.«[179] Baudrillard unterstellt, dass Marx' kommunistisches gesellschaftliches Leben lediglich aus der Negation der kapitalistischen Konzeption der Arbeit hervorgeht, die nur eine Falle der bürgerlichen ästhetischen Ideologie ist, dass die marxistische Kritik der entfremdeten Arbeit immer noch »den ästhetischen und humanistischen Virus des bürgerlichen Denkens mitschleppt.« (Baudrillards Ästhetik entspricht Althussers nichtwissenschaftlicher Ideologie.)

Baudrillard fährt wortreich zur Selbstrechtfertigung fort:

> »Hier liegt der Fehler aller Ideen von Spiel, Freiheit, Transparenz oder Entfremdung: es ist der Fehler der revolutionären Phantasie, da wir uns in den Idealtypen des Spiels und des freien Spiels der

---

178 Karl Marx, *Das Kapital*, Bd. III, in MEW, Bd. 25, S. 828.
179 Jean Baudrillard, *The Mirror of Production*, S. 39.

menschlichen Fähigkeiten immer noch in einem Prozess der repressiven Entsublimierung befinden. Tatsächlich ist die Sphäre des Spiels als die Erfüllung der menschlichen Rationalität definiert, der dialektischen Kulmination der menschlichen Tätigkeit der unaufhörlichen Objektivierung der Natur und der Kontrolle des Austauschs mit ihr. Das setzt die volle Entwicklung der Produktivkräfte voraus; das ›folgt den Spuren‹ des Realitätsprinzips und der Transformation der Natur. Marx erklärt deutlich, dass es nur gedeihen kann, wenn es auf der Grundlage der Herschafft der Notwendigkeit begründet wird. Wenn man sich über die Arbeit hinaus wünscht, jedoch in ihrer *Fortsetzung*, dann ist die Sphäre des Spiels immer nur die ästhetische Sublimierung der Arbeitszwänge. Mit diesem Konzept bleiben wir in der Problematik von Notwendigkeit und Freiheit verwurzelt, einer typisch bürgerlichen Problematik, deren doppelter ideologischer Ausdruck immer die Errichtung des Realitätsprinzips (Repression und Sublimierung, das Prinzip der Arbeit) und ihre formale Überwindung in einer idealen Transzendenz war.«[180]

Baudrillard stülpt Marx solche Fehlinterpretationen wie »Repression«, »Entsublimierung« und »Realitätsprinzip« des jungen Marcuse, eines faszinierten Freundfans, über. Er verteilt gedankenlos Etiketten oder trumpft mit Anschuldigungen auf. Jeder, der eine allgemeine Kenntnis des Marxismus hat, versteht, dass Marx niemals solche unwissenschaftlichen Formulierungen wie Spiel in seiner Diskussion der zukünftigen Befreiung der Menschheit benutzt hat. (Marx hat die Interpretation der befreiten Arbeit als »bloßer Spaß [...], bloßes amusement wie Fourier es sehr grisettenmäßig naiv auffasst.«[181] abgelehnt. In seinen späten Jahren brachte Marx niemals metaphorische Beispiele, ganz zu schweigen von psychoanalytischen Theorien und Zusammenhängen. Selbst in der von Baudrillard zitierten Erklärung weist Marx lediglich darauf hin, dass das wirkliche, befreite gesellschaftliche Leben in der Menschheit größtenteils »die menschliche Kraftentwicklung, die sich als Selbstzweck gilt«[182] ist; einfach gesagt, es ist

180   A.a.O., S. 40.
181   Marx, *Grundrisse*, S. 512.
182   Karl Marx, Das Kapital , Bd. III, S. 828 [A.d.Ü.].

die umfassende und freie Entwicklung der Menschheit. Wann postuliert Marx das Spiel der Arbeit oder der Nichtarbeit als die kommunistische gesellschaftliche Existenz?

Baudrillard versucht, Marx durch Fehler zu widerlegen, die andere gemacht haben. Er zeigt nur, dass er einen Hintergedanken hat, wenn nicht sogar ignorant ist. Sollte Marx verantwortlich sein für die irrige Erklärung des marxistischen Diskurses durch den jungen Marcuse?

V. Marx und die Beherrschung der Natur

Im zweiten Kapitel von *Le miroir de la production* entwickelt Baudrillard seine Kritik weiter. Diesmal transformiert er sich in eine Avantgarde der ökologischen Ethik und des anti-anthropozentrischen Denkens. Nach seiner Meinung liegt das Problem des marxistischen historischen Materialismus in der gewalttätigen Sichtweise der Beherrschung und Versklavung der Natur. Baudrillard denkt, dass das ideale Konzept der Natur das eines »verborgenen Wesens« und einer mystischen Kraft ist, die in der Phantasie der primitiven Völker existiert.[183] Er kritisiert Marx dafür, nicht zu wissen, dass hinter der Idee der Natureroberung nichts anderes steht als die bürgerliche rationalistische Logik der Aufklärung.

1. Konzeption der Unterjochung der Natur in der Aufklärung

Baudrillard sagt, dass die Konzeption der Natur durch die Präsenz des Objekts der Arbeit im Zentrum der bürgerlichen Aufklärung steht, während die politische Ökonomie, die die Grundlage des gesamten Marxismus ist, auch in dieser Konzeption der Natur begründet ist. In den Augen der Menschen im Westen, bedeutet Natur bis zum 17. Jahrhundert lediglich die Totalität der Gesetze, die die Intelligibilität der Welt begründen: die Garantie einer Ordnung, in der Menschen und Dinge ihre Bedeutungen [*significations*][184] austauschen könnten. Letztlich ist es Gott (Spinozas »*Deus sive natura*«). Das obige Urteil ist grundlegend richtig. Im 18. Jahrhundert erfuhr die ursprüngliche »Natur« Veränderungen mit der Entwicklung

---

183 Marcel Mauss, *Die Gabe: Form und Funktion des Austauschs in archaischen Gesellschaften*, Frankfurt/M. 1990.
184 Baudrillard, *The Mirror of Production*, S. 53.

der industriellen Produktion. Baudrillard betrachtet dies als den »Eintritt der Natur in das Zeitalter ihrer technischen Beherrschung«. Es ist die erste Spaltung zwischen Subjekt und Natur-Objekt und »dessen gleichzeitige Unterordnung unter eine operationale Finalität.« Hier ist Natur nicht länger die Totalität von Gesetzen, sondern das *Objekt* des Subjekts.

»Natur erscheint wirklich als ein Wesen in all seiner Pracht, jedoch unter dem Zeichen des *Produktionsprinzips*. Diese Trennung beinhaltet auch das *Signifikationsprinzip*. Unter der objektiven Prägung der Wissenschaft, Technologie und Produktion wird Natur zum großen Signifikat, zum großen Referenten. Sie wird ideell mit ›Realität‹ aufgeladen, sie wird *die* Realität, formulierbar durch einen Prozess, der immer irgendwie ein Arbeitsprozess ist, zugleich *Transformation* und *Transkription*. Ihr ›Realitäts‹prinzip ist dieses operationale Prinzip einer industriellen Strukturierung und ein signifikatives Muster.«[185]

Nach meiner Meinung ist das die Generalprobe für die Sichtweisen der Natur durch die westliche Technologiekritik und die ökologische Ethik seit den 1960er Jahren. Über der Äußerung selbst urteilend können wir nicht sagen, dass Baudrillard unrecht hat. es ist tatsächlich ein postindustrieller Nachklang, der sich häufig in den technologiekritischen Texten des späten Heidegger, in Marx Horkheimers und Theodor Adornos *Dialektik der Aufklärung*, Leiss' *Domination of Nature* und so weiter findet. Baudrillard fügt dem das Prinzip des Produktionscodes hinzu, den Begriff des Signifikanten aus der Semiotik und die Idee einer Pseudo-Realität, die er von Lacan übernommen hat. In einer längeren Anmerkung betont Baudrillard, dass die Natur während der Produktion zugleich in eine Ware und in Codes verwandelt wird, was jedes Produkt mit einem Tauschwert und dem »symbolischen Wert« versieht; je fortschrittlicher sich eine moderne Konsumgesellschaft entwickelt, umso wichtiger und beherrschender wird die *Manipulation des symbolischen Werts* der Ware. Das ist eine »neue Entdeckung« von Baudrillard in seinem Buch *Pour une critique de l'économie politique du signe*.

185   A.a.O., S. 54.

Nach Baudrillard sieht die Aufklärung die Natur als das Objekt, das erobert und beherrscht werden muss oder als »die eigentliche Realität ihrer Ausbeutung.« Als Objekt postuliert wird Natur seziert, benutzt, nach dem Willen des Menschen durch Wissenschaft und Technologie gestaltet. »Wissenschaft präsentiert sich selbst als ein Projekt, das in Richtung eines im Voraus durch die Natur bestimmten Ziels fortschreitet. Wissenschaft und Technik präsentieren sich als etwas, das etwas aufdeckt, das in die Natur eingeschrieben ist; nicht nur ihre Geheimnisse, sondern ihr tiefer Zweck.«[186] (Baudrillard schreibt den Anfangsbuchstaben von »nature« groß, ähnlich dem abwertenden *generischen Konzept*, das von Stirner, Nietzsche und Lacan vorgebracht wird. Es bezeichnet die Homogenität der Gewalt und der rationalen Herrschaft des Menschen.) Vor der brutalen Wissenschaft und Technologie ist die Natur gezwungen, ihre Geheimnisse zu enthüllen, die wiederum vom gierigen Menschen in seiner endlosen Entdeckung all der Möglichkeiten der Natur benutzt werden. »*Natur ist das Konzept eines beherrschten Wesens* und nichts anderes.«[187] Zudem existiert die heutige Natur für das Subjekt, in den Diskurs des frühen Hegel gesetzt, die Existenz *für mich*. Aus diesem Grund verliert die Natur ihre Wesenhaftigkeit, wenn sie mit dem Fortschreiten der singenden Technik und Wissenschaft konfrontiert ist: Heidegger klagt, dass ein natürliches Ding mit seiner Existenz, das zu menschlicher Natur degeneriert, nicht »gedingt« werden kann. Baudrillard unterdrückt seine Verärgerung nicht: »Alles, was die Natur beschwört, beschwört die Beherrschung der Natur.«[188]

Nach Baudrillard kann die Spaltung zwischen dem Subjekt und der Natur unter dem kapitalistischen Produktionsprinzip zu einer früheren Zeit zurückverfolgt werden:

> »Die Trennung ist in der großen jüdisch-christlichen Aufspaltung
> von Seele und Natur verwurzelt. Gott schuf den Menschen nach
> seinem *Ebenbild* und die Natur zum *Nutzen* des Menschen. Die
> Seele ist das geistige Band, durch das der Mensch Gottes Ebenbild
> ist, und sie ist radikal unterschieden vom Rest der Natur (und von
> seinem eigenen Körper).«[189]

186   A.a.O., S. 55.
187   A.a.O.
188   A.a.O., S. 56.
189   A.a.O., S. 63.

Das ist die Erbsünde. Baudrillard glaubt, dass das Christentum die anthropozentrischste Religion ist, die die Welt jemals gekannt hat, und dass es immer noch das theoretische Zentrum der herrschenden Sicht auf die Natur ist. Ich denke, dass seine Ansicht berechtigt ist. Es ist jedoch nicht sein innovatives Denken, sondern der Commonsense der ökologischen Ethik des letzten Jahrhunderts.

2. Die »halbe Revolution« in der Marxschen Naturauffassung

Für Baudrillard ist das Konzept der Natur das Zentrum des gesamten westlichen aufgeklärten Denkens oder der Moralphilosophie der Aufklärung. Er sagt, dass Marx den Mythos der kapitalistischen Naturkonzeption zusammen mit der idealistischen Anthropologie, die diesen Mythos stützt, aufbrechen wollte, jedoch davon abkam und den Mythos der Natur nur teilweise veränderte:

> »Marx hat das Privateigentum, die Mechanismen der Konkurrenz und des Marktes und die Prozesse von Arbeit und Kapital in der Tat ›denaturalisiert‹, es gelang ihm jedoch nicht, die folgenden naturalistischen Aussagen infrage zu stellen: - die nützliche Zweckbestimmtheit von Produkten als eine Funktion von Bedürfnissen; - die nützliche Zweckbestimmtheit der Natur als eine Funktion ihrer Transformation durch Arbeit.«[190]

Baudrillard lässt Marx nicht los. Nach seiner Ansicht ist die marxistische Kritik der Bourgeoisie nicht unproduktiv, weil sie die bürgerliche ideologische List durchschaut, die versucht, die kapitalistische Produktionsweise zu universalisieren, aber der historische Materialismus betont immer noch die Eroberung und Transformation der Natur und beschreibt das gesellschaftliche Leben als die Finalität der Nützlichkeit des Objekts. Marx' Kritik der Natur ist nur eine »halbe Revolution«.

Hier fährt Baudrillard fort mit seiner Kritik des gesamten historischen Materialismus. Er denkt, dass Marx nicht in der Lage ist, die materielle Produktion kritisch zu reflektieren und sich daher der Tatsache nicht

190   A.a.O., S. 56.

bewusst ist, dass die Nützlichkeit der Arbeit und der Natur immer noch das Zentrum der bürgerlichen Aufklärungsideologie sind. Baudrillard sagt:

>»Die Funktionalität der durch die Arbeit strukturierten Natur und die entsprechende Funktionalität des um Bedürfnisse herum strukturierten Subjekts gehören zur anthropologischen Sphäre des Gebrauchswerts, der durch die Rationalität der Aufklärung beschrieben und für eine ganze Zivilisation (die sie anderen aufgezwungen hat) durch eine Art abstrakter, linearer, irreversibler Finalität definiert worden ist: ein bestimmtes Modell, das im Folgenden auf alle Bereiche der individuellen und gesellschaftlichen Praxis ausgedehnt worden ist.«[191]

Marx kritisiert die kapitalistische Produktionsweise, deren Logik der Naturversklavung ihn immer noch einfängt. In einem gewissen Sinne hat Baudrillard nicht völlig unrecht. In den *Grundrissen* sagt Marx: »Die Natur wird erst rein zum Gegenstand für den Menschen, rein Sache der Nützlichkeit; hört auf, als Macht für sich anerkannt zu werden; und die theoretische Erkenntnis ihrer selbstständigen Gesetze erscheint selbst nur als List, um sie den menschlichen Bedürfnissen, sei es als Gegenstand des Konsums, sei es als Mittel der Produktion, zu unterwerfen.«[192] Marx erkennt die wichtige Rolle des Kapitalismus an. Im Unterschied zu den *Ökonomisch-philosophischen Manuskripten aus dem Jahre 1844* bejaht er vollständig den »großen zivilisierende Einfluss« des Kapitalismus und nennt ihn »ein System der allgemeinen Exploitation der natürlichen und menschlichen Eigenschaften, ein System der allgemeinen Nützlichkeit, als dessen Träger die Wissenschaft selbst so gut erscheint wie alle physischen und geistigen Eigenschaften, während nichts *An-sich-Höheres*, Für-sich-selbst-Berechtigtes, außer diesem Zirkel der gesellschaftlichen Produktion und Austauschs erscheint.«[193] Ich denke, dieses Verständnis der marxistischen Sicht der Natur ist korrekt. Marx erwartet angesichts der Tatsache, dass die Realität der vollständigen menschlichen Befreiung nur auf einem

191   A.a.O., S. 56.
192   Marx, *Grundrisse*, S. 323
193   A.a.O.

fortgeschrittenen Niveau der materiellen Produktion erreicht werden kann, keine Befreiung ohne gesellschaftlichen historischen Fortschritt und ohne das höchste Niveau der Produktivkräfte, das von der industriellen Revolution geschaffen wird. Dies hat sich durch die vorherige Geschichte bereits erwiesen: Armut kann nicht unmittelbar zu Sozialismus und Kommunismus führen. Selbst von einem historischen Standpunkt aus gesehen hat Baudrillard mit seiner ökologischen Ethik und seiner Technikkritik an der Überausbeutung und der destruktiven Nutzung der natürlichen Ressourcen ebenfalls recht. Tatsächlich ignorierten Marx und Engels zu ihrer Zeit dieses Problem nicht völlig.[194] Zuviel ist jedoch genauso schlecht wie zu wenig. Baudrillard macht aus einer vernünftigen Reflexion etwas Absolutes, wendet die anti-anthropozentrische Sichtweise in der ökologischen Kritik in einen ontologischen Diskurs, gibt ein wenig von Mauss' und Batailles Denken hinzu, lehnt dann aggressiv *jede Veränderung und Nutzung* der Natur durch den Menschen ab und kommt schließlich zu einem weiteren theoretischen Beweis für seine Graswurzeltheorie. Nach meiner Meinung ist es eine unlogische Schlussfolgerung.

Baudrillard sagt, dass »sich das Konzept ohne aufzuhören, ideologisch zu sein, in eine ›gute‹ Natur, die beherrscht und rationalisiert ist (die als die ideelle kulturelle Referenz handelt), und eine ›schlechte‹ Natur, die feindlich, bedrohlich, katastrophisch oder verseucht ist, aufspaltet. Alle bürgerliche Ideologie unterscheidet zwischen diesen beiden Polen.«[195] Denn Natur, die vom Menschen genutzt werden kann, ist gut; wenn nicht, wird der Mensch sie »beherrschen« (Heidegger). Der Mensch macht dasselbe mit seinesgleichen; derjenige, der als Produktivkraft sublimiert werden kann, ist ein auf natürliche Weise guter Mensch, wenn er nicht in der Lage ist, in eine rationale Regulierung einzutreten, dann ist er wahnsinnig. Nach Baudrillard verbündet sich der Marxismus mit dieser optimistischen Rationalisierung des Menschen. Er denkt, dass selbst in der neuesten freudianisch-marxistischen Version, in der das Unbewusste selbst als »natürlicher« Reichtum neu interpretiert wird, eine verborgene Positivität im revolutionären Akt

---

194 Vgl. meinen Aufsatz »Contemporary Ecological Horizon and the Logic of the Materialistic View«, in: Philosophical Researches 8 (1993).
195 Baudrillard, *Mirror of Production*, S. 57.

hervorbrechen wird. (Möglicherweise zielt Baudrillard diesmal auf den zuvor erwähnten Deleuze.)

Es ist klar, dass die Natur nach Baudrillards Ansicht im ursprünglichen Zustand bleiben sollte, wo sie nicht objektiviert und beherrscht wird. Er folgt der extremen Bewunderung seiner Lehrer für die Mystik und Undurchsichtigkeit der Natur. In ihrem Herzen ist die Natur absolut nicht das Objekt, das geplant oder gestaltet werden sollte: Das Ergebnis ist, dass in primitiven Gesellschaften »weder Gesetz noch Notwendigkeit auf der Ebene der Wechselseitigkeit und des symbolischen Tauschs existieren.« Aus diesem Grund hasst Baudrillard die Wurzel allen Übels. Marx fällt noch immer der kapitalistischen Konzeption der Nation zum Opfer.

> »Das Konzept der Produktion wird niemals infrage gestellt; es wird niemals radikal den Einfluss der politischen Ökonomie überwinden. Sogar die transzendierende Perspektive des Marxismus wird immer durch die Gegen-Abhängigkeit von der politischen Ökonomie belastet sein. Gegen die Notwendigkeit wird sie die Beherrschung der Natur setzen; der Knappheit setzt sie den Überfluss entgegen (›jedem nach seinen Bedürfnissen‹) ohne jemals weder die Willkürlichkeit dieser Konzepte oder ihre idealistische Überdeterminiertheit durch die politische Ökonomie zu lösen.«[196]

Baudrillard denkt, dass das Zentrum der bürgerlichen Naturkonzeption immer noch die materielle Produktion ist, die als logischer Ausgangspunkt zu der linear fortschrittlichen Konzeption der Geschichte führt, in der Natur reguliert, kontrolliert, versklavt und vom immer unbefriedigten *menschlichen Begehren* (Knappheit) endlos produziert wird. In dieser kontinuierlichen Produktion und Reproduktion ist die elende Natur der Gnade der willentlichen Kontrolle und Regulierung des Menschen ausgeliefert. Zu Baudrillards Enttäuschung basiert Marx' Ideal ebenfalls auf dieser unreflektierten bürgerlichen Naturkonzeption, was Marx' Vision der materiellen »Verteilung entsprechend den Bedürfnissen« entstehen lässt.

---

196   A.a.O., S. 59.

In den Augen Baudrillards ist es ein revolutionäres Ideal, das auf dem bürgerlichen Prometheismus der Produktivkräfte aufbaut, weil Marx durch »die prometheische und faustische Vision der ewigen Transzendenz«[197] getäuscht wird.

>»Dieser dialektische Voluntarismus, für den Notwendigkeit existiert und erobert werden muss, wird nicht erschüttert. Knappheit existiert und muss abgeschafft werden; die Produktivkräfte existieren und müssen befreit werden; das Ziel existiert, und nur die Mittel müssen gefunden werden, um es zu erreichen. Alle revolutionäre Hoffnung ist daher in einem prometheischen Mythos der Produktivkräfte zusammengefasst, aber dieser Mythos ist nur die Raumzeit der politischen Ökonomie. Und das Begehren, das Schicksal durch die Entwicklung der Produktivkräfte zu manipulieren, stürzt in die Raumzeit der politischen Ökonomie.«[198]

Baudrillard ist gegen die Entwicklung der Produktivkräfte, gegen die Transformation und Eroberung der Natur, gegen historischen Fortschritt und sogar gegen jeden nach vorne blickenden Gedanken der Befreiung. Der Marxismus wird in der Graswurzeltheorie, die steckenbleibt und sich wieder der Vergangenheit zuwendet, natürlich abgelehnt. Ich muss jedoch die gleichen Fragen wiederholen: Kann die Geschichte wirklich zurückgehen? Kann das von Baudrillard und seinen geliebten Lehrern favorisierte primitive Leben wirklich die heranrollende Flut der Geschichte aufhalten?

3. GESETZ und NATURNOTWENDIGKEIT

Nach Ansicht von Baudrillard beseitigt Marx nicht die »moralische Philosophie« der Aufklärung. Er verwirft ihre Naivität und Sentimentalität ihre phantastische Religiosität, kann jedoch nicht radikal mit dem Phantasma der *durch die Natur erzwungenen Notwendigkeit* brechen:

>»Indem er sie im ökonomischen Konzept der Knappheit säkularisiert, hält der Marxismus die Idee der Notwendigkeit aufrecht, ohne

197 A.a.O., S. 61.
198 A.a.O., S. 60.

sie zu transformieren. Die Idee der ›natürlichen Notwendigkeit‹ ist lediglich eine *moralische* Idee, die durch die politische Ökonomie, die ethische und philosophische Version jener schlechten Natur, die systematisch mit dem willkürlichen Postulat des Ökonomischen verbunden ist, diktiert wird. Im Spiegel des Ökonomischen sieht uns die Natur mit den Augen der Notwendigkeit an.«[199]

Baudrillard will Marx' durch die Natur erzwungene Notwendigkeit negieren, in der der Mensch seine eigene gesellschaftliche Existenz durch die Produktion erschafft. Marx besteht jedoch darauf, dass der Mensch selbst in primitiven Gesellschaften an der Produktion beteiligt sein muss. Baudrillard bezieht sich auf einen Abschnitt im dritten Band des *Kapital*, in dem Marx sagt, dass die primitiven Völker gegen die Natur um ihr Überleben kämpfen und die notwendigen Mittel zum Überleben produzieren müssen; ähnlich basiert die moderne gesellschaftliche Existenz und Entwicklung auf der gleichen natürlichen Notwendigkeit. Was die materielle Produktion und das Wieder-Leben betrifft, durch das der Mensch die Natur transformiert, so »muss [er] es in allen Gesellschaftsformen und unter allen möglichen Produktionsweisen. Mit seiner Entwicklung erweitert sich dies Reich der Naturnotwendigkeit, weil die Bedürfnisse sich erweitern, aber zugleich erweitern sich die Produktivkräfte, die diese befriedigen.«[200] Baudrillard lehnt diese Idee heftig ab. Nach seiner Meinung ist Marx genau wie andere kapitalistische Denker unfähig zu verstehen, »dass der primitive Mensch in seinen symbolischen Tauschen *sich selbst nicht im Verhältnis zur Natur misst.*« Es ist richtig, dass die primitiven Völker weder im modernen Sinne Selbstbewusstsein besitzen noch »die Kräfte in der Produktion, die diese Bedürfnisse befriedigen« verstehen. Baudrillard jedoch interpretiert dies falsch. Marx meint nicht wirklich, dass die primitive Gesellschaft eine Produktionsweise im modernen Sinne hat. Was er betonen will, ist die grundlegende Stellung der allgemein materiellen Produktion in der gesellschaftlichen Existenz.

---

199 A.a.O., S. 58.
200 Marx, *Das Kapital*, Bd. III, S. 828.

»Er [Marx] ist sich der Notwendigkeit nicht bewusst, eines Gesetzes, das nur mit der Objektivierung der Natur in Kraft tritt. Das Gesetz nimmt in der kapitalistischen Ökonomie seine definitive Form an; zudem ist es nur der philosophische Ausdruck der Knappheit. Knappheit, die in der Marktökonomie aufkommt, ist keine *gegebene* Dimension der Ökonomie. Vielmehr ist sie das, was ökonomischen Tausch *produziert und reproduziert.* In dieser Hinsicht unterscheidet sie sich von primitivem Tausch, der dieses ›Naturgesetz‹ nicht kennt, das vorgibt, die ontologische Dimension des Menschen zu sein.[201] Daher ist es ein äußerst ernsthaftes Problem, dass das marxistische Denken diese zentralen Konzepte beibehält, die von der Metaphysik der Marktökonomie im Allgemeinen und der modernen kapitalistische Ideologie im Besonderen abhängen.«[202]

Ich muss zugeben, dass dieser Abschnitt in Baudrillards Buch ziemlich vernünftig ist. Im Unterschied zu seiner Graswurzeltheorie, die blind gegenüber der materiellen Produktion als Grundlage der gesellschaftlichen Existenz ist, verweist er auf ein Problem, das von einem bestimmten Standpunkt aus gesehen einleuchtend ist.

Zunächst ist Baudrillards Behauptung in Bezug auf die Naturgesetze im Bereich der Wissenschaft nicht falsch. Seit Kant ist man allmählich zu dem Schluss gekommen, dass das Wesen der natürlichen Wissenschaftsgesetze im historischen kognitiven Effekt der Subjekte zu verschiedenen Zeiten besteht, das heißt in den die Natur regelnden Gesetzen der Menschen. Die Präsenz von »Naturgesetzen« vor dem Subjekt, das heißt die Existenz von Naturwissenschaft, wird tatsächlich mit der *umfassenden Objektivierung* der Natur in der kapitalistischen industriellen Praxis entwickelt.

Zweitens hat Baudrillard recht, wenn sich sein »Gesetz« auf die modernen ökonomischen Regulierungen beziehen soll, die zuerst im kapitalistischen ökonomischen Prozess generiert werden, die zum Teil von den Klassikern aufgedeckt und dann im Marxschen historischen Materialismus (im engeren Sinne) und der politischen Ökonomie als effektives ökonomisches Gesetz

---

201 Vgl. Marshall Sahlins, »La première société d'abondance«, in: *Les Temps Modernes* (Oktober 1968); S. 641-680 (originale Anmerkung)
202 Jean Baudrillard, *The Mirror of Production*, S. 59.

(z.B. das Wertgesetz) unter einer *gegebenen historischen Bedingung* erkannt wurden. Er hat auch recht, wenn seine »Knappheit« das falsche Bedürfnis umfasst (z.B. den falschen Konsum in seiner *Konsumgesellschaft* als Widerhall von Debord und der Frankfurter Schule), was als der grundlegendste Aspekt dessen gelten kann, was ökonomischen Tausch *produziert und reproduziert.*

Drittens sagt Baudrillard, dass sich der primitive ökonomische Tausch radikal von jenem der modernen Gesellschaft unterscheidet. Das ist ebenfalls eine korrekte Schlussfolgerung. Die primitiven Völker haben mit Sicherheit keine Vorstellung von dem, was wir das »Naturgesetz« nennen und was in ihren Augen lediglich die geheimnisvolle Macht Gottes ist.

Wenn Baudrillard sich jedoch hierauf bezieht, um Marx zu beschuldigen, wird es seltsam. Dass solche Begriffe wie Naturgesetz und objektive Notwendigkeit von der Metaphysik der Marktökonomie im Allgemeinen und der modernen kapitalistischen Ideologie im Besonderen abhängen, ergibt nur in einem speziellen Zusammenhang einen Sinn, nämlich wenn sie sich auf natürliche wissenschaftliche Regelungen und die Kategorie der Notwendigkeit in der gegenwärtigen Periode beziehen, da diese Begriffe in einer sehr frühen Zeit der westlichen Geschichte auftauchen und ihre eigenen spezifischen historischen Zusammenhänge haben. Baudrillard ist in seiner Behauptung offensichtlich willkürlich, Zudem, wenn Naturgesetz und objektive Notwendigkeit wirklich als von der bürgerlichen Ideologie korrelativ abhängig gesehen werden und für die Menschen in ihrer wissenschaftliche Sichtweise auf die Welt wirklich notwendig sind (da die Menschen nicht zu Baudrillards bevorzugter primitiver Gesellschaft zurückkehren und die Welt mit so etwas wie »hau« verstehen können), dann bedeute dies die Universalisierung der bürgerlichen Ideologie. Hinzu kommt, dass sich Baudrillard nicht darüber bewusst ist, dass Marx‘ größter Beitrag bei der Kritik der bürgerlichen Ideologie im *speziellen* historischen Materialismus in der Erkenntnis der Geschichtlichkeit der als Gesellschaftsgeschichte existierenden *natürlichen Ordnung* und des *Naturgesetzes* als menschliche Natur in der kapitalistischen Marktökonomie besteht.

Baudrillard versteht auch nicht die Tatsache, dass das Naturgesetz für den Marxismus auch eine große Variation von Kontexten besitzt. Wie ich in The *Subjective Dimension of Marxist Historical Dialectics* erwähnt habe, hatte der junge Marx neben dem Begriff des Naturrechts im allgemein bekannten Sinne die Konzeption der Natur mit unterschiedlichen Bedeutungen und als eine Kategorie der Beziehung in seiner Kritik der Hegelschen Philosophie und des humanistischen Diskurses vor 1845.[203] Nachdem er den historischen Materialismus begründet hatte, nennt er das ökonomische Gesetz des Warenmarkts – das Baudrillard hasst – in einem sehr spezifischen metaphorischen Zusammenhang des kapitalistischen ökonomischen Prozesses das Naturgesetz im gesellschaftlichen Leben, das heißt die ziellose Bewegung in der menschlichen gesellschaftlichen Existenz und Entwicklung, die jener der natürlichen Welt gleichartig ist und die ich *Naturähnlichkeit* nenne.[204] Zum Beispiel weist Marx in seiner Kritik an Thomas Malthus in den *Grundrissen* auf dessen Unkenntnis von »bestimmten historischen Gesetzen der Populationsbewegungen« in einer gegebenen Situation hin. (Dieses »bestimmten« muss *nicht das Kapital* in Baudrillards Logik sein.) Marx sagt Malthus auch, dass diese Gesetze »die natürlichen Gesetze sind, aber nur natürliche Gesetze des Menschen auf bestimmter historischer Entwicklung, mit bestimmter durch eignen Geschichtsprozess [bedingter] Entwicklung der Produktivkräfte.«[205] Wieder kommt Baudrillard an seinen blinden Punkt. Der marxistische Kontext ist sehr kompliziert. Zunächst, wenn Marx die sozialgeschichtliche Bewegung aus der Perspektive des historischen Materialismus betrachtet, betont er immer das »kleinteilige« gesellschaftliche Leben, den speziellen Zustand in einer konkreten historischen Situation. Zweitens weist Marx der »vorgeschichtlichen Gesellschaft« (der gesellschaftlichen Existenz vor der endgültigen Befreiung des Menschen), insbesondere den gesellschaftlichen Gesetzen der kapitalistischen Gesellschaft, eine ähnliche Stellung in der ziellosen materiellen Bewegung der Natur zu. Entsprechend erkennt er diese kleinteiligen, spezifischen gesellschaftlichen Gesetze als natürliche Gesetze. Marx benutzt sie, um zu illustrieren, dass diese Situation sich in einer künftigen gesellschaftlichen Bewegung entwickelt oder aufgehoben wird. Ironischerweise wendet sich Baudrillard gegen diesen Fortschritt.

203 Vgl. mein Buch The *Subjective Dimension of Marxist Historical Dialectics* (Canut Publishers, London 2011), S. 184f.
204 Vgl. a.a.O., S. 191-204.
205 Marx, *Grundrisse*, S. 507.

Baudrillard legt am Ende jenes Kapitels die zweite epistemologische Zusammenfassung vor, die den Titel »Strukturelle Grenzen der marxistischen Kritik« trägt. Was für eine große Parole! Nach Meiner Meinung gibt es abgesehen von ein paar bereits erwähnten Punkten nichts Substantielles. Es ist ein Fehler der Pseudo-Transzendenz in seiner Logik. Insbesondere, wenn er schlussfolgert, dass die Projektion des Klassenkampfs [durch den Marxismus] auf alle vorhergehende Geschichte dazu führt, das System der politischen Ökonomie zu reproduzieren, ist es offensichtlich, dass er lügt. In der *Deutschen Ideologie* von 1845 und dem *Kommunistischen Manifest* von 1848 begehen Marx und Engels einen theoretischen Irrtum aufgrund des Fehlens von notwendigem Material. Als sie jedoch die wirkliche Situation der primitiven Gesellschaft durch Studien der Anthropologie und Gesellschaftsgeschichte kennenlernen, revidierten sie sofort ihre Texte und fügten ihren Aussagen spezielle Attribute hinzu, was auch den beachtlich faktenorientierten Geist des Marxismus beweist. Warum nimmt Baudrillard diese bekannte Tatsache nicht wahr?

VI. Marx und Ethnozentrismus

Das dritte Kapitel in *Le miroir de la production* trägt den Titel »Historischer Materialismus und primitive Gesellschaften«. Nach Baudrillards eigenen Worten, konzentriert sich dieses Kapitel nach der Untersuchung des marxistischen Begriffs der Natur im vorhergehenden Kapitel auf Marx' Begriff der Geschichte. Sein wesentliches kritisches Angriffsziel ist der zeitgenössische Marxist Maurice Godelier und sein Buch *Anthropology, Science of Primitive Societies?*, das 1971 veröffentlicht wurde.[206] Danach wendet sich Baudrillard gegen die grundlegende Methodologie des marxistischen historischen Materialismus. Als Nächstes werden wir seine Kritik des historischen Materialismus und dann seine Diskussion der Probleme primitiver Gesellschaften analysieren.

1. GESCHICHTE und DIALEKTIK

In seinem üblichen offenen Stil macht Baudrillard die klare Aussage, dass der marxistische Begriff der Geschichte, das Gleiche wie die

---

206 Maurice Godelier, *Anthropology, Science of Primitive Societies?*, Paris 1971.

herrschende Kategorie der Natur, »*ein Neuschreiben der Geschichte durch die Produktionsweise*«[207] sei. Mit anderen Worten, der Begriff der Geschichte im marxistischen historischen Materialismus ist keine wirkliche Reflexion der Geschichte, sondern ein neu codierter Effekt produktiver Codes. Konsequenterweise ist der marxistische Begriff der Geschichte auch eine »Große Geschichte«.

> »Stattdessen ›produzieren‹ und ›reproduzieren‹ die Begriffe der Produktion und der Produktionsweise selbst die Begriffe von Natur und Geschichte als ihre Raumzeit. Das Modell produziert diesen doppelten Horizont der Ausdehnung und der Zeit: Natur ist lediglich seine Ausdehnung, und Geschichte ist lediglich seine Bahn. Sie müssen irgendwie keinen eigenen Namen haben, denn sie sind nur Emanationen des Codes, referentielle Simulationen, die die Macht der Realität annehmen und hinter denen der Code die Regeln aufstellt. Das sind die ›Gesetze der Natur‹ und die ›Gesetze der Geschichte‹.«[208]

In einem gewissen Sinne ist Baudrillard sehr scharfsinnig. All die Begriffe im marxistischen historischen Materialismus erhalten ihre besonderen historischen Bedeutungen auf einem gegebenen Niveau der gesellschaftlichen historischen Praxis. Die materialistische Sichtweise besteht darin, die Geschichte durch die historische Bewegung der Produktion zu betrachten. So lange Baudrillard Marx' Konzeption der materiellen Produktion als Grundlage der gesellschaftlichen historischen Existenz und Bewegung ablehnt und sich gegen das Denken wendet, das Gesellschaftsgeschichte durch die grundlegende Logik der Produktionsweise versteht, muss er zwangsläufig alle Kategorien des historischen Materialismus ablehnen, die durch dieses Paradigma geformt werden. Es ist nicht überraschend, dass Baudrillard erklärt, dass Natur und Geschichte im historischen Materialismus nur der Effekt der Neuschreibung des Models der materiellen Produktion und der Produktionsweise sind: zunächst ist Natur der ausgeweitete Horizont, der durch das Produktionsschema objektiviert wird. Unter dem Code der Produktion ist die Natur das Ziel der Produktion und der Ort, an dem

---

207 Jean Baudrillard, *The Mirror of Production*, S. 69.
208 A.a.O.

Produktion realisiert wird; zweitens ist Geschichte die kontinuierliche Ausweitung der Produktion, in der die Lebenszeit sich in einen Ablauf der Produktion von Dingen verzerrt und Geschichte der bloße Prozess der sich ändernden Produktionsweise ist. Daher denkt Baudrillard, dass Namen für Natur und Geschichte nicht notwendig und lediglich »referentielle Simulationen« des Codes der Produktion sind.

Hier müssen wir uns fragen: Hat Marx unrecht? Hat der historische Materialismus unrecht? Baudrillards Kritik des historischen Materialismus stammt aus seinen primitiven gesellschaftlichen Leitsätzen, die auf dem symbolischen Tausch von Mauss und Bataille basieren. Er denkt, dass die einfachen ursprünglichen Beziehungen zwischen Menschen, zwischen Mensch und Natur völlig durch das utilitaristische produktive *Zuhandensein* ersetzt worden sind. Alles, was die menschliche gesellschaftliche Existenz betrifft, ist im Schatten des Tauschwerts eingehüllt; die Existenz des Menschen ist des authentischsten nicht-nützlichen Status des Überlebens beraubt. Das ist die theoretische Grundlage, auf der er aufbaut, um sich gegen den historischen Materialismus zu wenden.

Nach meiner Meinung ist Baudrillards Verständnis des historischen Materialismus einseitig. Zunächst betont Marx, dass die allgemeine materielle Produktion, nämlich die kreative Tätigkeit des Menschen zur Umgestaltung der Natur, die allgemeine Grundlage für das Überleben des gesamten menschlichen gesellschaftlichen Lebens sei, was auch die ewige natürliche Notwendigkeit genannt wird. Das kann weder von Baudrillard noch sonst irgendjemandem geleugnet werden. Selbst im symbolischen Tausch von Mauss und Bataille macht der preislose Konsum die zuvor *produzierten* Dinge notwendig. Er kann nicht mit rein natürlichen Dingen ablaufen, wie jenen, die von Tieren genutzt werden. Daher ist Baudrillards Ablehnung der Produktion durch die romantische Graswurzeltheorie nicht vernünftig. Zweitens rechtfertigt Marx niemals die utilitaristische ökonomische Kontrolle, die unter einer gegebenen Bedingung der materiellen Produktion erzeugt wird, insbesondere nicht die Verbreitung der bürgerlichen Ideologie; im Gegenteil, er widmet sich der Kritik der materialisierten Kontrolle der kapitalistischen Produktionsweise und natürlich der Verzerrung von Natur und Geschichte durch die Logik des Kapitals.

Neben Natur und Geschichte beginnt Baudrillard den dritten Begriff in Marx' historischem Materialismus abzulehnen, die Dialektik [Dialectic/ Dialectique]. In seinen Augen geht es in der Dialektik um die Theorie der Gesetze. Die Gesetze der Natur [Nature] und die Gesetze der Geschichte [History/Histoire] können nur »in der Dialektik gelesen werden«. Wie zuvor erwähnt weisen Baudrillards Anfangsbuchstaben auf die Kontrolle und die herrschende Logik des Menschen hin, daher bezeichnen die Gesetze der Dialektik hier die Herrschaft des Menschen. Wieder einmal verfehlt Baudrillard das Ziel. Die Dialektik ist keine Erfindung des Marxismus, sondern eine philosophische Kategorie, die seit uralten Zeiten existiert und sowohl in östlichem wie auch westlichem Denken aufscheint. Als Heraklit und der alte chinesische Philosoph Laozi die Dialektik als eine ontologische Konzeption verwendeten, waren die Logik der Produktion und der Tauschwert im modernen Sinne und Baudrillards Hass weit davon entfernt, Herr dieser Welt zu sein. Nur wenn Baudrillards Dialektik die antike Dialektik ausschließt und sich auf das bezieht, was seit der Herrschaft der kapitalistischen Produktionsweise im 18. Jahrhundert erscheint, werde ich dem zustimmen, was er sagt. Baudrillards Kritik an der gewalttätigen Logik der Dialektik hat ihren Ursprung hauptsächlich bei Hegel, dem modernen deutschen idealistischen großen Meister, dessen absolutes Ideensystem besagt, dass Natur und Geschichte die Geschichte der Entfremdung und Wiederherstellung des absoluten Geistes sind; in Baudrillards modischen Worten: Mittels der Umschrift durch den Code der absoluten Idee ist die Natur der Raum für objektivierte Ideen; Geschichte wird zum Prozess der Materialisierung von Begriffen; und Dialektik verwandelt sich in die Logik der konzeptualisierten Welt. Vielleicht ist hier eine Zuordnung notwendig, denn Hegels Logik ist ebenfalls nicht seine eigene Schöpfung, sondern größtenteils eine philosophische Abbildung der modernen industriellen und ökonomischen Entwicklung.[209] Der marxistische historische Materialismus und die historische Dialektik verkehren in der Tat Hegels verkehrte Welt. In meinem Verständnis besteht Marx' Transzendenz in seiner notwendigen Beseitigung der Begriffe-vergewaltigen-die–Realität-Kapitalisierung.

---

209 Vgl. den zweiten Teil im ersten Kapitel von Zurück zu Marx – Der philosophische Diskurs im Kontext der Ökonomie, Berlin 2019.

Spezifische Analysen einer bestimmten historischen Existenz finden sich überall im marxistischen historischen Materialismus. Was fehlt, ist genau die abstrakte Kapitalisierung der unterstützenden Hypothese der subjektiven Werte. In späteren Jahren verwendete Marx den figurativen »Menschen«, dies ist jedoch eine philosophische Positionierung der menschlichen Befreiung. Nach 1845 gibt Marx die *kapitalisierten Begriffe* von Hegel und Feuerbach auf. Aber Baudrillard erhebt hier einen weiteren falschen Vorwurf.

Nach Baudrillard begeht der marxistische Historische Materialismus einen weiteren schwerwiegenden Fehler, indem er nämlich die Begriffe wie etwa Natur, Geschichte und Dialektik, die nur in den Rahmen des produktiven Materialismus gehören, verallgemeinert. Insbesondere weitet Marx sie subjektiv auf primitive Gesellschaften aus, wo es so etwas wie objektivierte Natur, Geschichte der Produktion und Dialektik, die unmittelbar die wechselseitige Beziehung zwischen Subjekt und Objekt reflektieren, nicht gibt. Das ist eine unzulässige Überschreitung. Zugleich würdigt Baudrillard Nietzsches kritische Dekonstruktionstheorie, die, so sagt er, darauf zielt, »die imaginäre Universalität der stabilsten begrifflichen Bauwerke (das Subjekt, Vernunft, Wissen, Geschichte, Dialektik) zu dekonstruieren und sie auf ihre Relativität und Symptomhaftigkeit zurückzuführen.«[210] Er zählt auf Nietzsche, um sich dem »Logos und dem Pathos der Produktion« entgegenzustellen.

Wieder verliere ich beinahe die Geduld mit Baudrillard, der Marx oftmals mit genau den Dingen verleumdet, gegen die Marx sich wendet. Wann besteht Marx auf der universellen Konzeption? Abgesehen von der Voraussetzung für die Existenz der allgemeinen Gesellschaft ist die grundlegende materielle Produktion und Reproduktion eine *spezifische*, *historische* und *reale* Bestimmung, nachdem der historische Materialismus 1845 begründet wurde. Marx analysiert immer den materiellen Produktionsstatus unter einer gegebenen historischen Bedingung, einer bestimmten natürlichen Umgebung, bestimmte Konzeptionen und bestimmte Beziehungen zwischen Menschen, was die wissenschaftliche »historische und transhistorische« Methodologie und Historiographie ist, wie sie 1846 im Brief an P.W.

---

210   Baudrillard, *The Mirror of Production*, S. 70.

Annenkow[211] begründet wurde.[212] Marx' Methodologie soll jeden Versuch der Selbstverfestigung des Begriffs dekonstruieren. Der eifrige Nietzsche-Bewunderer Heidegger wertete dies als die bedeutendste Subversion der Metaphysik. Wusste der tiefschürfende Baudrillard das nicht?

2. Kategorien der Analyse und Kategorien der Ideologie

Baudrillard unternimmt alles, um seine bösartige Kritik und Ablehnung des Marxismus fortzusetzen. Am Ende des Kapitels bringt er die übliche epistemologische Zusammenfassung, die den Titel »Marxismus und Ethnozentrismus« trägt. Eine weitere sorgfältig vorbereitete Etikettierung, die dem Marxismus angehängt wird! (Baudrillard hat nicht an der Chinesischen Kulturrevolution teilgenommen, aber seine »Etikettierungsfabrik« bleibt nicht hinter jenen chinesischen Radikalen zurück. Er stammt auch aus der Generation des sogenannten Roten Mai in Frankreich und hat möglicherweise den schlechten Schreibstil von dieser Generation übernommen.)

Wie Baudrillard sagt, »skizzierte« Marx »die Formel für« die Epistemologie in seiner Arbeitstheorie oder im Verhältnis zur Arbeit. Er zitiert gerne aus den *Grundrissen*, wobei ich entdecke, dass er hier dieselbe Textquelle benutzt. Genauer gesagt ist es Marx' Aussage über die »Methode der politischen Ökonomie« in der Einleitung, wo Marx sagt, dass Arbeit einfach eine ökonomische Kategorie zu sein scheint, tatsächlich aber eine Kategorie ist, die so modern ist wie die Verhältnisse, die diese simple Abstraktion hervorbringen. Daher zeigt Marx, dass

»selbst die abstraktesten Kategorien, trotz ihrer Gültigkeit - eben wegen ihrer Abstraktion für alle Epochen, doch in der Bestimmtheit dieser Abstraktion selbst ebensosehr das Produkt historischer Verhältnisse sind und ihre Vollgültigkeit nur für und innerhalb dieser Verhältnisse besitzen.«[213]

---

211 Karl Marx, Brief an P.W. Annenkow, in MEW, Bd. 4, S. 547-557 [A.d.Ü.].
212 Vgl. *Zurück zu Marx – Der philosophische Diskurs im Kontext der Ökonomie*, Berlin 2019. Marx verwendet sieben Mal das Wort »gegeben« und zwei Mal das Wort »bestimmt«, um die spezifische historische Analyse zu illustrieren, die der richtige Gegensatz zur Universalisierung von Begrifflichkeiten ist.
213 Marx, *Grundrisse*, S. 39.

Marx' Beschreibung widerlegt gerade die obige Kritik Baudrillards, der noch nicht einmal das dialektische Denken versteht, da ihm der Geist der Dialektik fehlt. Baudrillard fragt sich, warum die Arbeit auf der einen Seite zu allen Zeiten gehört und auf der anderen Seite nur für bestimmte Epochen gilt. Er nennt das ein »Mysterium«. Es ist jedoch Baudrillard, der die großen modernen Mysterien erfindet, wenn man nach seiner eigenen Logik urteilt. (Er benutzt später solche Begriffe wie »Implosion«, »Simulacrum« usw., die offensichtlich Mystifikationen sind.) Tatsächlich ist Marx hier sehr deutlich: Arbeit als der wichtigste und beherrschende Aspekt der menschlichen Produktion zieht sich durch die gesamte Geschichte; wo immer der Mensch existiert, gibt es Arbeit und Produktion; aus dieser Perspektive gehört Arbeit zu allen historischen Epochen. Trotzdem sind die besonderen Umstände und Bedingungen der Arbeit in einer gegebenen Zeit nicht dieselben, zum Beispiel unterscheidet sich Arbeit in primitiven Gesellschaften beobachtbar von der heutigen Arbeit in der informationsbasierten Produktion, was richtigerweise beweist, dass die begriffliche Abstraktion der Arbeit nur für und innerhalb dieser Bedingungen vollständig anwendbar ist. Marx Erklärung ist für diejenigen, die über eine allgemeine Kenntnis der Dialektik verfügen, ziemlich einfach. Wie kann sie ein Mysterium sein? Hier hat Baudrillard Ignoranz mit Schärfe verwechselt.

Baudrillard führt bewusst in die Irre, da er gleich darauf in seinem darauffolgenden Text eine weitere logische Umkehrung produziert. Nachdem er Marx' Mystifizierung der Arbeit kritisiert hat, fabriziert er umgehend eine neue logische Verbindung, indem er sagt, dass »dies das gleiche Mysterium ist wie die simultane Unterordnung von Basis und Überbau und die dialektische Koexistenz einer Dominanz und Determination in letzter Instanz.« Das ist eine Falle. Basis und Überbau, eine Dominanz und eine Determination beziehen sich jeweils auf die ökonomische Grundlage und den politisch-rechtlichen Überbau einer Gesellschaftsformation, versklavende Dominanz und Kontrolle und die entscheidende Rolle, die ökonomische Kräfte in einer ökonomischen Gesellschaftsform spielen. Es gibt drei wichtige spezielle Konzeptionen des historischen Materialismus. Offensichtlich sind diese Konzepte nicht für alle historischen Perioden universell. In Marx' späten Jahren abstrahiert er oftmals einige philosophischen Begriffe mit allgemeinen Merkmalen, wenn er ökonomische Probleme des Kapitalismus analysiert. Diese Einsichten und kritischen Aspekte passen nur zu bestimmten ökonomischen Gesellschaftsformen. Marx hat wenig Zeit für Ad-hoc-Einschränkungen. Zum Beispiel bemerkt Marx in der Beschreibung der allgemeinen Prinzipien des speziellen historischen Materialismus in der *Kritik der politischen Ökonomie* nicht, dass die moderne ökonomische Basis und der moderne ökonomische Überbau, inklusive der entscheidenden Rolle der ökonomischen Macht, nicht universell sind. Solche Fehler wurden von der Zweiten Internationale und den stalinistischen Lehrbuchdoktrinen ernsthaft falsch gelesen, was viele unwissenschaftliche Erklärungen des historischen Materialismus hervorbrachte. Baudrillard erfasst diese irrigen Formulierungen und weitet sie hämisch auf dem gesamten historischen Materialismus aus. Das ist sein wahres Ziel.

Aus diesem Grund erkennt er einen Fehler der marxistischen Aussage und kehrt sofort zum vorherigen Begriff der Arbeit zurück. Es stimmt auch, dass Marx explizit sagt, dass den Menschen als Arbeit zu postulieren, selbst das Produkt der Geschichte ist (ein guter Beweis zur Widerlegung von Baudrillards Verfälschung von Marx' Universalität des Arbeitsbegriffs im vorherigen Teil). Marx sagt jedoch nicht, dass Arbeits*tätigkeit* (nicht der Begriff der Arbeit) ein historisches Produkt ist. (Marx zeigt, dass Arbeit im Produktionsprozess zu gesellschaftlicher Arbeit *an sich* wird, der ununterscheidbaren *Abstraktion* der Arbeit im modernen Sinne, was zweifellos die Auswirkung der modernen kapitalistischen Gesellschaftsentwicklung mit ihrer Abstraktion als die objektive Abstraktheit in den ökonomischen Tauschvorgängen ist.) Ohne spezifische Analyse fährt Baudrillard mit seinem Angriff auf Marx' Arbeitsbegriff fort. Er zitiert Sahlins, der sagt, dass »Arbeit keine wirkliche Kategorie der Stammesökonomie« sei und kanonisiert dies in seiner Kritik an Marx. Wenn er die Abstraktion des Arbeitsbegriffs durch Marx anklagt, erwartet er es nicht.

>»Zur gleichen Zeit, in der sie die abstrakte Universalität der Arbeit (der Arbeitskraft) produziert, produziert unsere Epoche die universelle Abstraktion des Begriffs der Arbeit und die retrospektive Illusion der Gültigkeit dieses Begriffs für alle Gesellschaften. Konkrete, reale, begrenzte Gültigkeit ist die eines *analytischen*

Begriffs; seine abstrakte und unbegrenzte Gültigkeit ist die eines *ideologischen* Begriffs. Diese Unterscheidung betrifft nicht nur die Arbeit, sondern das gesamte Begriffsgebäude des historischen Materialismus: Produktion, Produktivkräfte, Basis (ganz zu schweigen von der Dialektik und der Geschichte selbst). All diese Begriffe sind tatsächlich historische Produkte. Jenseits des Felds, das sie hervorgebracht hat (insbesondere, wenn sie ›wissenschaftlich‹ sein wollen) sind sie lediglich die Metasprache einer westlichen Kultur (einer marxistischen natürlich), die von der Höhe ihrer Abstraktion spricht.«[214]

Baudrillard stellt eine Reihe von Behauptungen auf, darunter die des heterogenen Verhältnisses zwischen einem analytischen Begriff und Ideologie. Ein sorgfältiger Leser könnte dies immer noch für die Aneignung der Kategorien von Althussers »Wissenschaft« und »Ideologie« halten. Die analytische Kategorie betrifft die »konkrete, reale, begrenzte Gültigkeit« des Begriffs, während der ideologische Begriff durch »abstrakte und unbegrenzte Gültigkeit« gekennzeichnet ist. Nach meiner Meinung gibt es hier nichts Neues. Jene Methoden der konkreten, realen, (zeitlich) begrenzen historischen Analyse sind der Kern der Methodologie des marxistischen historischen Materialismus. Ironischerweise leiht Baudrillard sie sich aus, um sich umgekehrt gegen den Marxismus zu wenden. Zudem ist seine Definition von ideologischen Kategorien zu begrenzt. Universalität ist in der heutigen ideologischen Forschung nur eine unbedeutende Eigenschaft und schwierig zu klären, wenn sie einmal vom hegemonialen Diskurs der herrschenden Klasse getrennt ist. Wichtiger ist, dass Marx der Letzte ist, den man dafür verantwortlich machen sollte. Wir sehen hier, dass Baudrillard Arbeit, Produktion, Produktionsweise, Basis, Geschichte und Dialektik in die ideologischen Kategorie packt, als Vergewaltigung der gesamten gesellschaftlichen Geschichte durch die Sprache der westlichen Metakultur (dem hegemonialen Diskurs der West-Zentriertheit).

Wir können diese Meinung nicht akzeptieren. In Baudrillards Liste der historisch-materialistischen Kategorien besteht die Mehrheit, mit Ausnahme

214 Baudrillard, *The Mirror of Production*, S. 85.

des Basis (der ökonomischen Grundlage), die zum speziellen historischen Materialismus gehört, aus Begriffen des marxistischen allgemeinen historischen Materialismus, deren gemeinsames Merkmal die Abstraktion der gesamten Gesellschaftsgeschichte ist. Nach Baudrillard sind diese Begriffe das Produkt der Geschichte. Das ist nicht falsch. Marx würde dieser Sichtweise nicht widersprechen. (Während der Begründung des historischen Materialismus ist das, was Marx am stärksten betont, dass jeder Begriff zu einer gegebenen Epoche gehört.) Das bedeutet jedoch nicht, dass wir die realen Arbeitstätigkeiten als Grundlage des menschlichen gesellschaftlichen Überlebens, die gesamte Lebenserfahrung, bestimmte Produktionsweisen, den historischen Prozess der menschlichen Gesellschaftsgeschichte und die dialektischen Beziehungen, die vom Einfachen bis zum Endlosen, immer in Gesellschaften Existierendem reichen, völlig ignorieren können. Sie sind nicht das Gleiche wie die Repräsentation dieser gesellschaftlichen Existenz oder die dynamischen begrifflichen Ausdrucksformen der Geschichte. Baudrillard macht es sich bequem, auf sein Argument stolz zu sein. Es erweist sich als eine weitere unlogische Schlussfolgerung.

3. Kann die Anatomie des Menschen ein Schlüssel zur Anatomie des Affen sein?

Baudrillard scheint das wahrscheinliche Gegenargument zu erwarten. Er erklärt, dass seine Kritik nicht willkürlich ist, sondern durch Beweise gestützt wird. Er zitiert Marx' Ansicht, *dass die Anatomie des Menschen der Schlüssel zur Anatomie des Affen sei*, was eine bedeutende Metapher in der historischen Epistemologie ist. (Baudrillard erfasst gewöhnlich den wichtigsten Teil in der marxistischen Logik. Ich muss dieser Schärfe meinen Respekt zollen.) Das Zitat befindet sich in der Einleitung zu den *Grundrissen* und folgt auf Baudrillards vorheriges Zitat über die Arbeit. Die Erklärung ist sehr wichtig. Lesen wir den gesamten Abschnitt:

»Die bürgerliche Gesellschaft ist die entwickeltste und mannigfaltigste historische Organisation der Produktion. Die Kategorien, die ihre Verhältnisse ausdrücken, das Verständnis ihrer Gliederung, gewährt daher zugleich Einsicht in die Gliederung und die Produktionsverhältnisse aller der untergegangnen

350

Gesellschaftsformen, mit deren Trümmern und Elementen sie sich aufgebaut, von denen teils noch unüberwundne Reste sich in ihr fortschleppen, bloße Andeutungen sich zu ausgebildeten Bedeutungen entwickelt haben etc. Die Anatomie des Menschen ist ein Schlüssel zur Anatomie des Affen. Die Andeutungen auf Höhres in den untergeordneten Tierarten können dagegen nur verstanden werden, wenn das Höhere selbst schon bekannt ist.«[215]

Marx hat hier zwei Implikationen. Zunächst bedeutet es, dass die kapitalistische Gesellschaft bei Weitem die fortgeschrittenste und vielseitigste Gesellschaft ist, die wir jemals gesehen haben, und dass wir aus dem Verständnis ihrer modernen produktiven Organisation und sozialen Struktur einfacher die unterentwickelte soziale und produktive Organisation erkennen können, die in der Vergangenheit verschwunden ist. Es ist eine theoretische Kommandohöhe. Aus dem gleichen Grund zitiert Baudrillard eine andere Bemerkung von Marx: »Es bedarf vollständig entwickelter Warenproduktion, bevor aus der Erfahrung selbst die wissenschaftliche Einsicht herauswächst.«[216] Marx glaubt, dass die modernen kapitalistischen Produktionsweise auf den Ruinen der alten gesellschaftlichen Existenz aufbaut und daher unweigerliche die Relikte der Vergangenheit und die künftige gesellschaftliche Entwicklung in sich trägt. Das reflektiert die Sichtweise der gesellschaftlichen Geschichte als einen diachronische, korrelativen und progressiven Verlauf wie auch die historische Epistemologie, die von Marx bestätigt wird, das heißt, um die fortgeschrittene variierte Gesellschaftsstruktur der moderne Zeit zu untersuchen, ist es hilfreich, die niedrigere Gesellschaftsstruktur zu verstehen, die abgeschafft oder durch sich selbst absorbiert wird. Diese Sichtweise gehört natürlich zu einer wissenschaftlichen systematischen Epistemologie und einer historischen Epistemologie.

Tatsächlich ist Baudrillards Zitat mit zwei anderen Aussagen verbunden, in denen Marx die kontinuierliche historische Entwicklung der gesellschaftlichen Struktur diskutiert. Marx lässt den oben erwähnten Worten sofort

---

215   Marx, *Grundrisse*, S. 39.
216   Marx, *Das Kapital*, Bd. I, S. 89.

die Erklärung folgen, dass »die sog. historische Entwicklung [...] überhaupt darauf [beruht], dass die letzte Form die vergangenen als Stufen zu sich selbst betrachtet.«[217] (Baudrillard bezieht sich in seiner späteren Diskussion auf die gleichen Worte.) Im Kapitel über das Kapital in der gleichen Schrift bringt Marx die spezifische Ansicht vor, dass die Produktionsweise in jeder gesellschaftlichen Existenz sich nicht aus dem Nichts entwickelt. Die historische Entwicklung der Gesellschaft ist ein kontinuierlicher Prozess der Totalisierung, in der die neue Struktur sich auf der Grundlage der vorherigen sozialen Bedingung und Primärstrukturen entwickelt. In dieser Hinsicht formuliert Marx eine Ansicht über die organische Bewegung der Gesellschaft.

> »Dies organische System selbst als Totalität hat seine Voraussetzungen, und seine Entwicklung zur Totalität besteht eben [darin], alle Elemente der Gesellschaften sich unterzuordnen oder die ihm noch fehlenden Organe aus ihr heraus zu schaffen. Es wird so historisch zur Totalität. Das Werden zu dieser Totalität bildet ein Moment seines Prozesses, seiner Entwicklung.«[218]

Das ist eine umfassende Sichtweise der diachronischen, organischen Entwicklung der Gesellschaftsstruktur. Für Marx erleichtern Kenntnis und Wahrnehmung der fortgeschrittenen Typen gesellschaftlicher Organisation zweifellos das Verständnis der früheren primären Gesellschaftsformen.

Die zweite Implikation der berühmten Formulierung besteht in ihren figurativen Sinn, das heißt, dass die Anatomie des Menschen, die als höchste Lebensform existiert, hilft beim Verständnis der Physiologie niederer Tiere. (Natürlich setzt Marx hier Darwins biologische Evolution voraus, nach der der Mensch vom »Affen« abstammt.) Marx will damit erklären, dass es sich mit dem Verständnis der menschlichen Gesellschaftsgeschichte genauso verhält: Die moderne kapitalistische Produktionsweise ist wie der Mensch, dessen Anatomie ein Schlüssel zur Beobachtung es »Affen«, der früher existierenden Gesellschaftsstruktur ist. Das ist eine sehr genaue Metapher. Nach meiner Meinung können wir diese marxistische epistemologische Aussage

217 Marx, *Grundrisse*, S. 40.
218 A.a.O., S. 203.

nicht ablehnen, auch wenn die Darwinsche Evolutionstheorie heute nicht mehr so wissenschaftlich erscheint.

Aber Baudrillard denkt nicht so. Er akzeptiert Marx' abwertenden Vergleich seiner geliebten primitiven gesellschaftlichen Existenz mit dem Leben des »Affen« nicht. (Baudrillard sagt, dass Althusser diese Metapher ebenfalls bemerkt, aber er ersetzt sie durch die strukturalistische Ideologie, nachdem er diesen Überrest der marxistischen natürlichen Entwicklung eliminiert hat.) Für Baudrillard ist es eine unrichtige Verbindung: Die biologische Anatomie unterscheidet sich radikal vom gesellschaftlichen Leben; die Schemata der beiden unterschiedlichen Felder passen nicht zusammen; diese Verknüpfung läuft darauf hinaus zu sagen, dass »der Erwachsene das Kind nur in der Form des Erwachsenen verstehen kann.«[219] Kann ein Erwachsener wirklich die Welt eines Kindes verstehen? Baudrillards Antwort lautet nein. Er sagt, dass es in der Annahme dieser Kontinuität [Marx' Metapher] in jedem Fall eine (positivistische) Angleichung aller analytischen Ansätze an jene der sogenannten exakten Wissenschaften gebe, was nicht zur symbolischen Existenz und zur besonderen Bedeutung des Menschen passe. Baudrillard glaubt, dass Marx den bedeutenden »Bruch« zwischen unterschiedlichen Gesellschaftsformen völlig vergessen habe. Seine Bemerkung ist alarmierend: dieser Bruch ist »weitaus tiefer als der, den Althusser entdeckt.«[220] Oh ja, wir sind bereits vertraut mit Baudrillards Tiefe.

Es ist bekannt, dass Althusser unter dem Einfluss von Gaston Bachelards »epistemologischem Bruch« diesen in die Erforschung der marxistischen Geschichte einführt. Baudrillard eignet sich dann heimlich das Ergebnis der zerbrochenen Geschichte des Denkens, die »ideologischen« und »wissenschaftlichen« Paradigmen an. (Baudrillard nimmt nur eine einfache Umwandlung in »Ideologie« und »Analyse« vor.) Tatsächlich will Baudrillard sagen, dass im allgemeinen Verständnis des gesellschaftlichen Fortschritts alle unterschiedlichen gesellschaftlichen Formen und Leben in höhere oder niedrigere, einfache oder komplexe Beziehungen klassifiziert werden, insbesondere die gesellschaftliche Existenz von primitiven Symbolen, Tausch und

---

219 Jean Baudrillard, *The Mirror of Production*, S. 86.
220 A.a.O.

Gabenzirkulation, was überhaupt kein niedrigeres Leben ist, sondern das richtige Ziel der menschliche Existenz, dass es wert ist, dass Menschen umdenken und sich darum bemühen, es zu verwirklichen. Wie kann man sich in dieser Hinsieht darauf als »Affe« beziehen? Baudrillard kann das nicht ertragen. »Sagen wir im Vorübergehen, dass die Metapher des Affen wertlos ist – natürlich kann die anatomische Struktur des Affen nicht ausgehend von den ›Widersprüchen‹ der menschlichen Anatomie erhellt werden.« Das erklärt, warum der Bruch hier tiefer ist als der von Althusser.[221]

Baudrillard stellt dann die Frage, ob die kapitalistische Ökonomie retrospekiv mittelalterliche, antike und primitive Gesellschaften erhellen kann. Offensichtlich ist seine Antwort negativ, weil im primitiven Leben »das Magische, das Religiöse und das Symbolische an den Rand der Ökonomie verwiesen werden. Und selbst wenn symbolische Formationen wie beim primitiven Tausch ausdrücklich darauf zielen, mit der Entwicklung ökonomischer Strukturen die Herausbildung einer transzendenten gesellschaftlichen Macht zu verhindern, die sich der Kontrolle der Gruppe entzieht, so sind die Dinge trotzdem so angeordnet, dass eine Determination durch die Ökonomie in letzter Instanz gesehen wird.«[222] Baudrillards Erklärung scheint Marx' vereinfachte Ausweitung der kapitalistischen ökonomischen Verdinglichung auf alle vorherige gesellschaftliche Existenz zu kritisieren, was nichts weiter als ein Missverständnis des historischen Materialismus ist. Worauf Marx durch die historische Epistemologie insistiert, ist das bekannte Prinzip des allgemeinen historischen Materialismus, das heißt, dass die Produktion und Reproduktion der materiellen Mittel des Lebens die Grundlage der gesamten gesellschaftlichen Existenz und Entwicklung ist; die gesellschaftliche Existenz definiert die Vorstellung des Menschen. In keiner Weise versucht Marx die spezifische Gesellschaftsform und das besondere Denken einer bestimmten Periode anderen gesellschaftlichen historischen Perioden und Formen aufzuzwingen. Baudrillards Problem ist von ihm selbst gemacht. Er setzt zunächst Arbeit und materielle Produktion aller menschlichen Gesellschaften mit der kapitalistischen Produktionsweise und ökonomischen Form gleich und dämonisiert dann den historischen

221 A.a.O.
222 A.a.O., S. 87.

Materialismus, indem er ihn zu einer simplen historischen Formel macht. In seinen Schriften wird Marx zu einem Verrücken, der alles mit dem Etikett der kapitalistischen Ideologie versieht. Aber wer um alles in der Welt ist derjenige, der sich lächerlich macht?

Auf der anderen Seite vernachlässigt Marx nicht die Tatsache, dass das antike soziale Leben nicht so utilitaristisch oder »entfremdet« ist, wenn man es mit dem gegenwärtigen kapitalistischen gesellschaftlichen Leben vergleicht. »So erscheint die alte Anschauung, wo der Mensch, in welcher bornierten nationalen, religiösen, politischen Bestimmung auch immer als Zweck der Produktion erscheint, sehr erhaben zu sein gegen die moderne Welt, wo die Produktion als Zweck des Menschen und der Reichtum als Zweck der Produktion erscheint.«[223] Die wunderbare Vergangenheit ist jedoch unweigerlich vorbei; die Geschichte kann nicht zurückgehen, wir können nicht zurückkehren zur alten »Verausgabung«. Für Marx ist das schöne gesellschaftliche historische Leben keine Rückkehr zu einer entfernten Vergangenheit, sondern eine tatsächliche Vorwärtsentwicklung und Emanzipation. Er fragt, [was Reichtum, »wenn die borniert bürgerliche Form abgestreift wird«, anderes sei als; A.d.Ü.] »das absolute Herausarbeiten [...] [der menschlichen] schöpferischen Anlagen, ohne andere Voraussetzungen als die vorhergegangene historische Entwicklung, die diese Totalität der Entwicklung, d.h. der Entwicklung aller menschlichen Kräfte als solcher, nicht gemessen an einem *vorgegebenen* Maßstab zum Selbstzweck macht? Wo er sich nicht reproduziert in einer Bestimmtheit, sondern seine Totalität produziert? Nicht irgendetwas Gewordnes zu bleiben sucht, sondern in der absoluten Bewegung des Werdens ist?«[224] Zudem, sollen wir zu den primitiven Lebensbedingungen zurückkehren?

4. Historischer Materialismus und Westzentrismus

In Baudrillards Sicht ist der marxistische historische Materialismus zutiefst im System der kapitalistischen politischen Ökonomie gefangen. Im Königreich des Kapitals ist die Produktivkraft ein entscheidendes Element. Im Ergebnis stellt Marx die Hypothese auf, dass Produktivkräfte

---

223 Marx, *Grundrisse*, S. 395.
224 A.a.O., S. 396.

in jeder Gesellschaft existieren. Diesmal greift Baudrillard einen anderen Schlüsselbegriff des historischen Materialismus an.

»Produktivkraft« im philosophischen Diskurs des marxistischen allgemeinen historischen Materialismus ist ein Begriff, der benutzt wird, um das Niveau der Entwicklung der materiellen Produktion in einer bestimmten gesellschaftlich-historischen Periode zu messen. Marx sagt im *Kommunistischen Manifest*, dass der Kapitalismus riesige Produktivkräfte hervorbringt wie bei der Anrufung eines Dämons, dessen Geschwindigkeit bei weitem die der vorherigen Jahrhunderte zusammengenommen übertreffe. Das bedeutet jedoch nicht, dass Produktivkräfte nur in der bürgerlichen Gesellschaft existieren. In der Tat, wo es gesellschaftliche materielle Produktion gibt, da gibt es Menschen, die die Natur transformieren. Selbst in primitiven Gesellschaften, wo die materielle Produktion nicht vorherrscht, stützt sie immer noch als reale materielle Grundlage das Leben; ohne Gaben, die getauscht oder konsumiert werden, könnte ansonsten das von Baudrillard und seinen Lehrern so sehr bewunderte »hau« nicht stattfinden. Ganz egal, wie unwichtig den primitiven Völkern Nützlichkeit ist, sie könnten mit symbolischen Tauschen und Hexerei nicht überleben. Baudrillards paranoide Verleugnung der Rolle der materiellen Produktion und der Produktivkräfte in der gesellschaftlichen Existenz weicht sogar vom Allgemeinwissen ab.

Hier ist Baudrillard hauptsächlich unzufrieden mit dem, was er für Marx' Ausweitung der bürgerlichen gesellschaftlich-ökonomischen Kategorien auf andere Gesellschaften hält. Er zitiert den Abschnitt nach der Metapher von Mensch und Affe in den *Grundrissen*, in dem Marx sagt, dass es in gewissem Sinne nachvollziehbar sei, die kapitalistische ökonomische Kategorie zum Verständnis anderer Gesellschaftsformen zu nutzen. Das ist offensichtlich eine Ad-doc-Aussage. »In bestimmten Sinne« bedeutet, dass die gegenwärtige kapitalistische Gesellschaftsstruktur als die bisher fortgeschrittenste Gesellschaftsform eine Selbstuntersuchung vornehmen kann, um die durch sie aufgehobenen Gesellschaftsformen zu betrachten. Diese selbstkritische

Analyse wird eine wissenschaftliche Wahrnehmung der Geschichte beginnen. Marx sagt:

»Die christliche Religion war erst fähig, zum objektiven Verständnis der frühern Mythologien zu verhelfen, sobald ihre Selbstkritik zu einem gewissen Grade [...] fertig war. So kam die bürgerliche Ökonomie erst zum Verständnis der feudalen, antiken, orientalen, sobald die Selbstkritik der bürgerlichen Gesellschaft begonnen.«[225]

Dieser letzte Satz irritiert Baudrillard ohne Zweifel, der die »Westzentriertheit« in dieser Aussage nicht tolerieren kann. Für Baudrillard ist es richtig, dass die westliche Kultur zuerst eine selbstkritische Annäherung vornimmt, aber die Prämisse basiert exakt auf der Interpretation von sich selbst als universelle Kultur, während alle anderen Kulturen arrogant nach den Vorstellungen der westlichen Kulturen in ein Museum für die Ausstellung von Relikten gebracht werden, was auch auf der Linie des späteren Postkolonialismus und Orientalismus liegt. Baudrillard sagt:

»Sie [die westliche Kultur] ›ästhetisierte‹ sie [andere Kulturen], reinterpretierte sie nach ihrem eigenen Modell und schloss auf diese Weise die radikale Befragung ab, die diese ›unterschiedlichen‹ Kulturen für sie beinhaltete. Die Grenzen dieser Kultur›kritik‹ sind deutlich: ihre Reflexion auf sich selbst führt nur zur Universalisierung ihre eigenen Prinzipien: Ihre eigenen Widersprüche führen sie wie im vorherigen Fall zum weltweiten ökonomischen und politischen Imperialismus aller moderne kapitalistischen und sozialistischen westlichen Gesellschaften.«[226]

Die Selbstkritik ist sehr scharfsichtig. Tatsächlich ist sich Marx nach einer ernsthaften Beschäftigung mit der russischen Bauerngemeinde und den altorientalischen Gesellschaften in der letzten Phase seiner theoretischen Untersuchung bewusst, dass sein eigener spezieller historischer Materialismus nur für Europa gilt; weiterhin erkennt er eine spezifisch »asiatische Produktionsweise« an, woraus wir erkennen können, dass Marx

225 A.a.O., S. 40.
226 Baudrillard, *The Mirror of Production*, S. 89.

357

niemals die Idee hatte, die Interpretationsweise der westlichen Kultur anderen Kulturen aufzuzwingen. Sonst hätte Marx nicht die Ansicht vertreten, dass es für Russland möglich sei in seiner Wahl des revolutionären Wegs eine Abkürzung zu nehmen.

Baudrillards Hintergrundtheorie ist in dieser Frage völlig korrekt, aber sein Tadel am marxistischen historischen Materialismus ist immer noch eine unzulässige historische Parallele. Für ihn wendet Marx unzulässigerweise das Schema der politischen Ökonomie auf die primitiven Gesellschaften an, wo es überhaupt keine materielle Produktion oder ökonomische Struktur gibt. Nach meiner Meinung verwechselt Baudrillard immer Streitfragen mit radikalen Differenzen. Marx hat niemals die Absicht, das moderne Produktionsschema als die grundlegende Struktur der primitiven Gesellschaften zu behandeln. Er sagt lediglich, dass unsere Kenntnis und Wahrnehmung der kapitalistischen Gesellschaftsstruktur in einem gewissen Sinne dabei hilft, die existentiellen Bedingungen der alten Gesellschaft, aus der die heutige Gesellschaft hervorgeht, zu erhellen. Für uns kann es auch eine Referenz für die sich vom Westen unterscheidenden orientalischen Gesellschaften sein. Rechtfertigt all das die Etikettierung »Westzentriertheit«?

Baudrillard verfährt willkürlich, wenn er sagt, dass »die Unmöglichkeit des historischen Materialismus, über die politische Ökonomie hinaus zur Vergangenheit zu gehen, wie sie sich in seiner Unfähigkeit offenbart, primitive Gesellschaften zu dechiffrieren, aufgrund der gleichen Logik auch für die Zukunft gilt. Er scheint mehr und mehr unfähig, wahrhaft eine revolutionäre Perspektive jenseits der politischen Ökonomie zu skizzieren. Er taumelt ›dialektisch‹ in den Sackgasen des Kapitals, genau wie er im Missverständnis des Symbolischen taumelt.«[227] Baudrillards Sorge ist unberechtigt. Der historische Materialismus wird nicht taumeln, weil diese wissenschaftliche Methodologie niemals die Ambition hat, eine spezifische wissenschaftliche Form zu verankern, unmittelbar den Code primitiver Gesellschaften zu entziffern oder die Anthropologie zu ersetzen, ganz zu schweigen von einer geradlinigen, konkreten Beschreibung der zukünftigen Gesellschaft. Er ist für uns nicht mehr als eine »Anleitung« zur Forschung,

---

227 Baudrillard, *The Mirror of Production*, S. 87, Anm. 31.

um die Welt und unsere eigene Geschichte zu verstehen. Baudrillard denkt, dass er den Marxismus kennt, dass er den historischen Materialismus versteht, aber tatsächlich ist er immer ein Laie mit einem wirren Verständnis des historischen Materialismus.

VII. Das Rätsel der Anatomie des Affen und der Struktur des Menschenaffen

Baudrillard übt umfassende Kritik an den grundlegenden Begriffen des marxistischen historischen Materialismus, insbesondere lehnt er die berühmte Metapher ab, dass die Anatomie des Menschen ein Schlüssel zur Anatomie des Affen sei. Um dieses Urteil zu belegen, wendet sich Baudrillard abrupt der »archaischen und feudalen Produktionsweise« zu, die der kapitalistischen Produktionsweise vorausging, woraus er zwei typische Diskussionsfragen wählt: das Verhältnis von Herr und Sklave und die Arbeit des Handwerkers. Baudrillards Ablehnung der Untersuchung der Vergangenheit von einem modernen Standpunkt aus folgend sehen wir eine phantastische Szene: Baudrillard interpretiert das archaische und feudale Leben mit der symbolischen Beziehung im primitiven Leben! Entsprechend der Metapher von Marx mystifiziert die Erfahrung der Anatomie des Affen weiter das Rätsel um das Überleben des Menschenaffen.

1. Neue Interpretation der Herr-Knecht-Dialektik

Der vorherige Abschnitt diskutiert Baudrillards Lehre, dass wir uns von der Westzentriertheit befreien sollen, vom westlichen Komplex, andere Kulturen zu versklaven, weil ein neuer Postkolonialismus entsteht, wenn wir die Vergangenheit mit der gegenwärtigen kapitalistischen Ideologie erhellen, was natürlich eine begriffliche Kolonisierung der Westler ist, um ihre Vergangenheit zu reflektieren und nicht die Kultur der anderen. Diese Ansicht scheint überzeugend zu sein. Baudrillard sagt, dass aufgrund der äußerst »wissenschaftlichen« Neigungen gegenüber früheren Gesellschaften[228],

---

228 »Das fortgeschrittenste bürgerliche Denken exportiert auch seine Modelle (seine Viren) unter dem Deckmantel der ‚objektivsten' kritischen Epistemologie. Denn wenn das letzte Ziel der Anthropologie darin besteht, zu einer besseren Kenntnis des objektivierten Denkens

diese unter dem Zeichen der Produktionsweise »naturalisiert« werden. Hier geht wieder die anthropologische Verweisung an ein Museum, ein Prozess, der seinen Ursprung in der bürgerlichen Gesellschaft hat, unter dem Signum seiner Kritik weiter. Wie also können wir einen solchen dummen Fehler des Kulturimperialismus vermeiden? Baudrillard geht so weit, Marxisten ein befriedigendes Modell anzubieten. Er analysiert zunächst Marx' archaische Gesellschaft und wählt dann das populäre Beispiel der Dialektik von Herr und Sklave in Hegels *Phänomenologie des Geistes* aus.

Baudrillard glaubt, dass Marx' Analyse der Sklaverei ihren Ursprung in der Stellung der Lohnarbeit in der politischen Ökonomie hat, insbesondere der Analyse der Arbeit. Für Baudrillard verkauft Marx' Arbeiter seine Arbeit oder sein Produkt nicht, sondern überlässt seine Arbeit oder sein Produkt. (Genauer gesagt ist das, was der Arbeiter verkauft, das Recht, seine Arbeitskraft zu nutzen.) Im Vergleich dazu verkauft der Sklave weder Produkt noch Arbeitskraft. Daher liegt das Problem der Sklaverei im Besitz des Herrn an der Arbeitskraft des Sklaven. In Baudrillards Sicht hat Marx

---

und seiner Mechanismen beizutragen, so ist es in letzter Instanz unwesentlich, ob die Denkprozesse der südamerikanischen Indianer in diesem Buch durch ihr eignes Medium stattfinden. Was zählt, ist, dass der menschliche Geist, unabhängig von der Identität jener, die ihn zufällig zum Ausdruck bringen, eine zunehmend vernünftige Struktur aufweisen sollte, als ein Resultat der doppelt reflexiven Vorwärtsbewegung zweier aufeinander einwirkender Denkprozesse, von denen jeder umgekehrt den Funken oder den Brennstoff liefern kann, deren Verbindung Licht auf beide wirft. Und wenn dieses Licht einen Schatz aufdecken sollte, dann wird es keinen Bedarf nach einem Schiedsrichter geben, ihn zu zerstückeln, denn wie ich zu Beginn gesagt habe, ist das Vermächtnis nicht übertragbar und kann nicht aufteilt werden [...] Das ist das Extrem des liberalen Denkens und die schönste Art und Weise, die Initiative und die Priorität des westlichen Denkens innerhalb eines ‚Dialogs' und unter dem Zeichen der Universalität des menschlichen Geistes (wie immer in der Anthropologie der Aufklärung) aufrechtzuerhalten. Hier ist die schöne Seele! Ist es möglich, unvoreingenommener gegenüber dem sensitiven und intellektuellen Wissen des anderen zu sein? Diese harmonische Vision zweier Denkprozesse macht ihre Konfrontation vollkommen harmlos, indem sie den Unterschied der Primitiven als ein Element des Bruchs mit und der Subversion des (unseres) ‚objektivierten' Denkens und seiner Mechanismen leugnet.« (Baudrillard, *The Mirror of Production*, S. 90, Anm. 34).

unrecht, weil es für den Sklaven keine getrennte Arbeit und Arbeitskraft gibt. Dass die Natur der Sklaverei in Entfremdung-Ausbeutung besteht, ergibt sich gerade aus Marx' ökonomischer Aussage:

»Wie stehen wieder vor einer Anmaßung des Ökonomischen durch das Raster von Arbeit-Arbeitskraft. Das symbolische Verhältnis von Herr und Sklave wird als eine Art Hülle begriffen, deren ›realer‹ Kern in Verlauf der Geschichte herausgezogen wird (tatsächlich im Verlauf des theoretischen Modells, das dieses Realitätsprinzip aufzwingen wird). In diesem Prozess geht alles verloren, was im Verhältnis von Herr und Sklave ausgetauscht wird, und alles, was nicht auf die Entfremdung-Ausbeutung einer Arbeitskraft reduzierbar ist.«[229]

Baudrillard scheint sehr erfreut zu sein, weil er Marx, der nicht versteht, dass *das symbolische Verhältnis die Natur aller Gesellschaften ist*, eine Lektion erteilt. Sein Jubel ist jedoch zu früh.

Zunächst verwendet Marx niemals den Begriff der Arbeit, der nur in der kapitalistischen Produktionsweise existiert, um Sklaverei oder andere Gesellschaftsformen, die dem Kapitalismus vorhergehen, zu untersuchen. Marx untersucht bestimmte gesellschaftliche Existenzen und Bewegungen, deren Voraussetzung gegebene Produktionsweisen sind, insbesondere das Produktionsverhältnis unter spezifischen historischen Bedingungen. Marx sagt: »In der wirklichen Geschichte geht die Lohnarbeit hervor aus der Auflösung der Sklaverei und Leibeigenschaft – oder dem Verfall des Gemeineigentums, wie bei den orientalischen und slawischen Völkern.«[230] Wir können sehen, dass er den freien Arbeiter, der von den Produktionsmitteln getrennt ist und seine unabhängige Arbeitskraft besitzt ,nicht als das vorkapitalistische Schema der Arbeitsbeziehungen nimmt, in denen die Arbeitsformen durch ihre besonderen Kennzeichen geprägt sind. Weiter erklärt Marx klar, dass in der Sklavenproduktion »der Slave als *Austauschender* gar nicht in Betracht«[231] komme, weil alles von ihm, inklu-

229 A.a.O., S. 94.
230 Karl Marx, *Bastiat und Carey*, in: MEW, Bd. 42, S. 11.
231 Marx, *Grundrisse*, S. 332.

sive seiner eigenen Existenz, dem Sklavenhalter gehört. Für den Sklaven ist es unmöglich, seine Arbeitskraft zu tauschen oder zu verkaufen. In diesem Bindungsverhältnis gibt es keine separate Arbeitskraft. »Der Sklave steht in gar keinem Verhältnis zu den objektiven Bedingungen seiner Arbeit; sondern die *Arbeit* selbst.« Seine Arbeit steht in einer Reihe mit den anderen Nutztieren oder ist ein »Anhängsel der Erde.«[232] Wie kann Baudrillard denken, dass Marx die ökonomische Voraussetzung der Arbeitskraft gegen den Kern der Sklaverei austauscht? Oder spricht Baudrillard zu frei?

Er hat jedoch das Gefühl, dass seine Anklage nicht ausreichend ist. Daher zieht er ein langes Gesicht und lehrt uns, dass es kein »Verhältnis der Reziprozität« zwischen Herr und Sklave gibt und dass der Sklave, das heißt das im individualistischen und altruistischen Zusammenhang definierte Tauschverhältnis, nicht existiert; Sklave und Herr existieren im Sine einer *Verpflichtung*.« Welche Verpflichtung also? Baudrillard bietet keine klare Erklärung, sondern unterstreicht, dass »der Sklave oder vielmehr das Verhältnis zwischen Herr und Sklave in dem Sinne *nicht entfremdet sein kann*, dass weder der Herr noch der Sklave voneinander entfremdet sind, auch ist der Sklave nicht von sich selbst entfremdet wie es der freie Arbeiter in der privaten Verfügung über seine Arbeitskraft ist.«[233] Aus diesem Grund verliert Baudrillard wieder die Geduld. Er denkt, Marx »projiziere« willkürlich die »Illusion der westlichen humanistischen Rationalität«, die nur in der kapitalistischen Gesellschaft (den abstrakten und entfremdeten gesellschaftlichen Beziehungen) vorhanden ist, »auf frühere Formen der Herrschaft, wobei die Unterschiede als eine Art historische Unterentwicklung zu erklären bedeutet, alles misszuverstehen, was die früheren Gesellschaftsformationen uns über die symbolische Operation gesellschaftlicher Beziehung lehren können.«[234]

Wir sind diesen grundlosen Vorwurf leid (Baudrillard wiederholt den gleichen Fehler im gleichen Text, was mich zu der gleichen wertlosen Wiederholung zwingt). Ich habe bereits erwähnt, dass Marx den humanistischen Diskurs nach 1845 aufgibt. Er verwendet auch die werthypothetische

---

232 A.a.O., S. 397.
233 Baudrillard, *The Mirror of Production*, S. 95.
234 A.a.O., S. 96.

Logik der Entfremdung nicht mehr, um die historische Realität und selbst nicht die kapitalistischen ökonomischen Verhältnisse, ganz zu schweigen von den gesellschaftlichen Verhältnissen der Sklaverei zu ermessen. Nebenbei bemerkt, wenn Marx von Sklaverei und Leibeigenschaft in vergangenen westlichen Gesellschaften spricht, macht er die spezielle Bemerkung, »dies ist z.B. bei der allgemeinen Sklaverei des Orients *nicht* der Fall, *nur* vom europäischen point of view aus.«[235] Unerwartet erklärt Baudrillard selbst die brutale Kontrolle der Sklaverei zu einer Art symbolischen Operation der Verantwortlichkeitsbeziehungen. Wenn diese Ansicht durch den Diskurs von Mauss und Bataille bestätigt wird und sich die Sklaverei als eine von Baudrillard bevorzugte symbolische Tauschbeziehung erweist, dann muss er dafür verantwortlich gemacht werden. (Interessanterweise zweifle ich daran, dass Mauss mit dieser theoretischen Überschreitung einverstanden wäre.)

2. Heterogenität des Werks des Handwerkers und der nützlichen Arbeit

Baudrillard versucht, mit einer großen Erzählung wie der »archaischen und feudalen Form« unkonventionell zu sein, aber er diskutiert nur eine abgelegene Beziehung von Sklave und Herr und behandelt die angebliche »feudale Form« der Arbeit der Handwerker. Ist das Baudrillards Abstraktion? Oder wenn wir ihm einen Gefallen erweisen wollen, kann dies als etwas interpretiert werden, dass zwei unterschiedliche Produktionsweisen hat? Nach Baudrillards eigener Logik ist jede Begrifflichkeit von Produktion und Arbeit in der vorkapitalistischen Zeit unzulässig, aber was ist dann das, was der Sklave tut, das aber nicht Arbeit genannt werden kann? Baudrillard legt kein neues Paradigma vor und wir sind nicht in der Lage, die Antwort zu finden. Er bemüht sich jedoch um Neuartigkeit, indem er behauptet, dass die *Tätigkeit* (*work*) des Handwerkers sich von Arbeit (labor) unterscheide. Zudem weist er grundlegend darauf hin, dass handwerkliche Tätigkeit etymologisch die Bedeutung von »Demiurg« habe.

Baudrillard sagt, es sei nicht korrekt, den Handwerker als den Besitzer seiner Arbeit oder seines Produkts zu sehen, weil dies den Handwerker immer noch mit der Logik der Produktion kodiere. (Offensichtlich verweist er auf den Marxismus.) Die Tätigkeit des Handwerkers unterscheidet sich von

---

235 Marx, *Grundrisse*, S. 403.

Arbeit, weil es keine Trennung von Arbeitskraft und Produkt oder Subjekt und Objekt gibt; er sieht seine Arbeit nur als symbolische Beziehung. Die symbolische Beziehung scheint mir Baudrillards Universallösung zu sein. Sie ist nicht nur das Geheimnis der Sklaverei, sondern auch die wahre Bedeutung, für die der Handwerker lebt.

>»Etwas am Material, das er bearbeitet, ist eine kontinuierliche Reaktion auf das, was er tut, und es entkommt aller produktiven Zweckmäßigkeit (die Materialien einfach nur in Gebrauchswert oder Tauschwert transformiert). Es gibt etwas, das das Wertgesetz umgeht und eine Art wechselseitiger Verschwendung bezeugt. In seiner Arbeit wird das, was er hinein gibt, verloren und gegeben und zurückgegeben, aufgebraucht, aufgelöst und vernichtet, aber nicht ›investiert‹.«[236]

Baudrillard erklärt, dass es die gleiche Weise ist, in der wir die Sprache benutzen, wo es keinen utilitaristischen Zweck gibt, sondern eine unmittelbare Wechselseitigkeit des Austauschs *durch Sprache*, ohne Produzenten und Konsumenten. »Im primitiven Tausch ist die Gabe, die Stellung der Güter, die zirkulieren, nahe an der Sprache. Die Güter werden weder produziert noch als Werte konsumiert. Ihre Funktion besteht in der kontinuierlichen Artikulation des Tauschs.«[237] Der primitive Tausch erhält »die persönliche Qualität des Tauschs.«[238] (Das ist völliger Unsinn. Im Potlach und der »Kula«, wird eine Frau als Gabe weggegeben. Sie ist deutlich kein gleichberechtigter Tauschender, noch nicht einmal ein Mensch: Baudrillards Gleichheit bezieht sich nur auf die Häuptlinge oder die Clan-Herrscher. Das ist die gesellschaftliche Natur jenseits des Wissens von Mauss, Baudrillard und anderen idealistischen Denkern.) Obwohl die Gegenleistung des Handwerkers einen klaren Zweck und Wert hat, sind er und sein Produkt nicht voneinander getrennt.

Baudrillard nimmt das Kunstwerk als Illustration dieses einzigartigen Verhältnisses zwischen dem Handwerker und seiner Tätigkeit. In seiner Sichtweise ähnelt die Tätigkeit des Handwerkers dem Schaffen von Künstlern anstatt der Arbeit:

236 Baudrillard, *The Mirror of Production*, S. 99.
237 A.a.O., S. 98.
238 A.a.O.

»Handwerkliche Tätigkeit (nach der Etymologie ›Demiurg‹), die eine radikale Unterscheidung zwischen Tätigkeit und Arbeit vornimmt. *Tätigkeit ist ein Prozess der Zerstörung wie auch der ›Produktion‹*, und auf diese Weise ist Tätigkeit symbolisch. Tod, Verlust und Abwesenheit sind durch diese Enteignung des Subjekts, diesen Verlust des Subjekts und des Objekts in der Skandierung des Tauschs in sie eingeschrieben.«[239]

Nach Baudrillard sehen wir keine Wahrheit, wenn wir den Handwerker aus der Perspektive des historischen Materialismus untersuchen oder wenn wir die Tätigkeit mit dem Paradigma der Produktion und Arbeit definieren. »Das Kunstwerk und zu einem gewissen Grad die handwerkliche Tätigkeit tragen in sich die Inschrift des Verlusts der Zweckbestimmtheit von Subjekt und Objekt, die radiale Kompatibilität von Leben und Tod, das Spiel der Ambivalenz, das das Produkt der Arbeit an sich nicht in sich trägt, da in ihm nur die Finalität des Werts eingeschrieben ist.«[240]

Es ist richtig, dass Marx sagt, die Arbeit des Handwerkers sei »halb künstlerisch«, er spricht doch hauptsächlich vom »besonderen Arbeitsgeschick« in der handwerklichen Arbeit.[241] Baudrillard verwirrt uns wirklich. Die Tätigkeit des Handwerkers ist weder Arbeit noch Produktion, und sie hat nicht die Finalität des Zwecks nach der binären Trennung. Wie die funktionale Konsumption und Zerstörung von Kunstwerken symbolisiert sie die Ambivalenz des Spiels von Leben und Tod. Diese Aussage ist in jeder Hinsicht fast unverständlich. Ich denke, dass Baudrillard eine konkrete Beschreibung der Arbeit eines Handwerkers, z.B. eines Schuhmachers vornehmen sollte; in welchem Sinn ist dessen Herstellungsprozess eine Art Zerstörung? Welche spezifische Zerstörung ist das? Warum hat das Paar Schuhe nicht die Funktion der Zweckmäßigkeit? Warum funktionieren die Schuhe als das Zeichen des mystischen Lebens und mystischen Todes? Vor allen Dingen, wie überlebt ein Schuhmacher, wenn seine »Tätigkeit« nur ein nutzloses, schadhaftes Paar Schuhe hervorbringt?

---

239   A.a.O., S. 99.
240   A.a.O.
241   Marx, *Grundrisse*, S. 405.

Ich wundere mich nur, warum Baudrillard solch unglaublich lächerliche Dinge in einem ernsthaften wissenschaftlichen Werk schreibt. Zwei radikal unterschiedliche Dinge werden zusammengebunden. Es ist Allgemeinwissen, dass die Natur der künstlerischen Schöpfung von keinem Nutzwert ist. Für den Künstler materialisiert sich im Kunstwerk sein Lebenswille; für das Publikum bedeutet es, ein anderes existentielles Sein zu erfahren. Persönlich mag ich Itzhak Perlman sehr. Wenn ich seiner Violine zuhöre, bemerke ich nicht seine physische Existenz, sondern empfinde in dieser schönen Melodie eine aufkommende Leidenschaft für das Leben. Im Unterschied dazu arbeitet der Handwerker nicht für das Erschaffen, sondern für das Überleben. Marx nimmt die patriarchale Produktion des landwirtschaftlichen Handwerks als Beispiel, in der »der größte Teil der Bevölkerung durch seine Arbeit unmittelbar den größten Teil seines Bedürfnisses befriedigt« und »der Kreis des Austauschs und der Zirkulation sehr verengert« ist.[242] Produktion findet nicht primär für den Tausch statt. »Hier ist die Arbeit selbst noch halb künstlerisch, halb Selbstzweck etc.«[243] Das Beispiel des Handwerks weist noch nicht die spätere Trennung in der kapitalistischen Produktionsweise auf, sondern in der Arbeit des Künstlers besteht »die Arbeit noch als seine eigne; bestimmte selbstgenügende Entwicklung einseitiger Fähigkeiten etc.«[244] Obwohl es dem Handwerker möglich ist, in seinem Produkt seine eigene Schöpfung zu präsentieren, bedeutet das nicht, dass er den existentiellen Zweck des Überlebens abschütteln kann. Zudem können die meisten Handwerker ein höheres künstlerisches Niveau nicht erreichen. »Tonfiguren-Zhang« und «Scheren-Zhang Xiaoquan« (zwei berühmte chinesische Handwerker) sind nur die ganz wenigen, die mit ihren großen handwerklichen Fertigkeiten zu Ruhm gelangten.

Nach meiner Meinung wimmelt es in Baudrillards Pseudoromantik vor großem bedeutendem, jedoch leerem Gerede ohne viel ernsthafter akademischer Forschung. Hier ist ein weiteres Beispiel: »Praxis, eine edle Tätigkeit, ist immer eine des Nutzens, im Unterschied zur Poesis, die durch Erfindung gekennzeichnet ist. Nur Letztere, die spielt und handelt, aber

242 A.a.o., S. 332.
243 A.a.O., S. 405.
244 A.a.O.

nicht produziert, ist edel.« Während jemand wie Baudrillard nur die Praxis, »die »nicht produziert«, für »edel« hält, kann man die Tatsache nicht ignorieren, dass es die normalen Menschen sind, die diese mittelmäßigen aber nützlichen Aktivitäten ausüben, zum Beispiel die Herstellung von Baudrillards hochwertiger Kamera oder seines Computers, wodurch er die Möglichkeit hat, solche edlen Tätigkeiten wie die Fotografie und die akademische Forschung auszuüben.

3. Die logische Identifizierung der Anatomien von Mensch, Affe und Menschenaffe

Baudrillard sagt, dass »alle diese Tatsachen auf einen Punkt hinauslaufen: die Unangemessenheit der Begriffe der Arbeit, der Produktion, der Produktivkräfte und der Produktionsverhältnisse bei der Beschreibung etwa der vorindustriellen Organisation (das Gleiche gilt auch für die feudale oder traditionelle Organisation).«[245] Ja, auch wenn Baudrillard Marx' Namen nicht erwähnt und nicht wie zuvor aus marxistischen Texten zitiert, sind wir immer noch in der Lage zu verstehen, wogegen sich Baudrillard hinter den Zeilen wenden will. Der Schlussabschnitt dieses Kapitels trägt den Titel »Marxismus und Missverständnis« und verrät eine Absicht, die Kritik des Marxismus noch weiter zu treiben.

Er fasst den Marxismus und insbesondere den historischen Materialismus zunächst kritisch zusammen.

»Die Idee, dass die Produktionsverhältnisse und konsequenterweise Politik, Recht, Religion usw. voraussetzen, dass in allen Gesellschaften die gleiche Artikulation menschlicher Tätigkeiten existiert, dass Technologie, Recht, Politik und Religion notwendig getrennt und voneinander trennbar sind; das bedeutet, auf die Totalität der Geschichte die Strukturierung unserer Gesellschaft zu extrapolieren, was unweigerlich außerhalb von ihr bedeutungslos ist.«[246]

In meinem Verständnis hat diese Zusammenfassung einen sehr spezifischen Zweck. Sie zielt auf die *Einleitung zur Kritik der politischen Ökonomie*,

---

245 Baudrillard, *The Mirror of Production*, S. 101.
246 A.a.O., S. 106.

die Marx 1858 schrieb und die als klassische Darstellung des historischen Materialismus gilt. In dieser berühmten Erklärung seiner Forschungsmethode nimmt Marx keine historische Begrenzung der Eigentumsverhältnisse und der entsprechenden ökonomischen Basis, des rechtlichen Überbaus usw. vor, die sich alle nicht in primitiven Gesellschaften finden. Für Baudrillard gibt es hier mindestens zwei logische Überschreitungen: Eine besteht darin, dass etwas, was in vorkapitalistischen Gesellschaften nicht existiert, jenem gesellschaftlichen Leben diachronisch übergestülpt wird; die andere ist, dass jenen nicht-westlichen Gesellschaften synchronisch das übergestülpt wird, was zum Westen gehört (Baudrillards »Ethno-Zentralismus«). Für eine klare Erklärung wollen wir zunächst den ersten Abschnitt lesen:

»In der gesellschaftlichen Produktion ihres Lebens gehen die Menschen bestimmte, notwendige, von ihrem Willen unabhängige Verhältnisse ein, Produktionsverhältnisse, die einer bestimmten Entwicklungsstufe ihrer materiellen Produktivkräfte entsprechen. Die Gesamtheit dieser Produktionsverhältnisse bildet die ökonomische Struktur dieser Gesellschaft, die reale Basis, worauf sich ein juristischer und politischer Überbau erhebt und welcher bestimmte gesellschaftliche Bewusstseinsformen entsprechen. Die Produktionsweise des materiellen Lebens bedingt den sozialen, politischen und geistige Lebensprozess überhaupt. Es ist nicht das Bewusstsein der Menschen, das ihr Sein, sondern umgekehrt ihr gesellschaftliches Sein, das ihr Bewusstsein bestimmt. Auf einer gewissen Stufe ihrer Entwicklung geraten die materiellen Produktivkräfte der Gesellschaft in Widerspruch mit den vorhandenen Produktionsverhältnissen oder, was nur ein juristischer Ausdruck dafür ist, mit den Eigentumsverhältnissen, innerhalb deren sie sich bisher bewegt hatten. Aus Entwicklungsformen der Produktivkräfte schlagen diese Verhältnisse in Fesseln derselben um. Es tritt dann eine Epoche sozialer Revolution ein. Mit der Veränderung der ökonomischen Grundlage wälzt sich der ganze ungeheure Überbau langsamer oder rascher um.«[247]

247 Karl Marx, *Zur Kritik der politischen Ökonomie. Vorwort*, in: *MEW*, Bd. 13, S. 8f.

Marx' Beschreibung hier ist nicht der allgemeine historische Materialismus, der auf die gesamte Geschichte anwendbar ist. Er erklärt die Methode zur Untersuchung der kapitalistischen Ausdrucksform, die hauptsächlich zum speziellen historischen Materialismus gehört, der konkreten Exemplifizierung der *ökonomischen Gesellschaftsformen* des allgemeinen historischen Materialismus. Zum Beispiel definiert gesellschaftliches Leben die Ideologie; bestimmte Produktivkräfte erzeugen unweigerlich entsprechende Produktionsverhältnisse; es ist ein allgemeines Gesetz der gesamten menschlichen Geschichte, dass die Entwicklung von Produktivkräften der grundlegende Antrieb für die soziale Revolution ist; die materielle Produktionsweise bedingt alles gesellschaftliche und geistige Leben: ökonomische Basis und politisch-rechtlicher Überbau sind eng miteinander verbunden. Nichts davon findet sich in primitiven Gesellschaften Sie sind nur auf die spätere Entwicklung der Gesellschaftsgeschichte anwendbar. Zweitens, als Marx in seinen späten Jahren die orientalischen Gesellschaften untersuchte, machte er deutlich, dass sein spezieller historischer Materialismus nur auf die gesellschaftliche Entwicklung Westeuropas anwendbar ist.[248] In der traditionellen Erklärung der marxistischen Lehrbücher wird Marx' obige Erklärung fälschlich als die *allgemeine* Sicht des historischen Materialismus ohne irgendwelche notwendigen Ad-hoc-Bestimmungen interpretiert. In diesem Sinne ist Baudrillards Kritik nicht falsch. Trotzdem sollte Marx nicht für diesen Fehler verantwortlich gemacht werden. Im Unterschied zu Baudrillards Einfachheit und Härte betrachtet Sahlins das Verständnisproblem mit dieser Erklärung in einem allgemeinen Zusammenhang und entdeckt sogar, dass der konventionelle »Marxismus Marx ignoriert hat«, was die Vernachlässigung der spezifischen Untersuchung der orientalischen Gesellschaften bedeutet, die Marx selbst vorgenommen hat.[249]

Baudrillard ist bei der Verfolgung von Marx sehr hartnäckig. Er erklärt, dass der Marxismus bei der Behandlung primitiver Gesellschaften »im Imaginären arbeitet wie der Mann, der seinen Schlüssel in einer dunklen

---

248 Karl Marx, *Entwürfe einer Antwort auf den Brief von V. I Sassulitsch. Erster Entwurf*, In: MEW, Bd. 19., S. 384.
249 Marshall D. Sahlins, *Culture and Political Reason*.

Straße verloren hat und nach ihm an einer hellen Stele sucht, weil, so sagt er, dieses der einzige Ort ist, an dem er ihn finden kann. Daher kann der historische Materialismus frühere Gesellschaften nicht in ihrer symbolischen Artikulation erfassen. Er findet in ihnen nur das, was er in seinem eigenen Licht finden kann, nämlich die künstliche Produktionsweise.«[250] Was ist also der Schlüssel in der »dunklen Straße«? Baudrillards Antwort ist, es sei das durch das Symbolische errichtete Tauschverhältnis. Baudrillard sagt uns:

> »Das Symbolische errichtet ein Tauschverhältnis, in dem die jeweiligen Positionen nicht autonomisiert werden können:
> - weder der Produzent und sein Produkt;
> - noch der Produzent und der Nutzer;
> - noch der Produzent und sein ›konkretes‹ Wesen, seine Arbeitskraft;
> - noch der Nutzer und sein ›konkretes‹ Wesen, seine Bedürfnisse;
> - noch das Produkt und seine ›konkrete‹ Finalität, seine Nützlichkeit.«[251]

Wie wir wissen, ist es eine negative Abgrenzung der Logik von Mauss und Bataille in auffallenden Kontrast zur kapitalistischen Struktur des Tauschwerts. Nach Baudrillard kann Marx' historischer Materialismus dies nicht korrekt erklären, denn »die Unterdrückung des Symbolischen nährt all die rationalistischen politischen Illusionen, all die *Träume des politischen Voluntarismus*, die auf dem Gebiet des historischen Materialismus entstehen«[252], und weil der Marxismus den symbolischen Tausch ignoriert. Er kann die primitiven Gesellschaften überhaupt nicht erklären. Der historische Materialismus hat die Kritik der politischen Ökonomie und ihre Produktionsverhältnisse zum Gegenstand, und primitive Gesellschaften, Verwandtschaftsbeziehungen, Sprache und das Symbolische sind nicht sein Bereich. Mit anderen Worten, der historische Materialismus gilt nur für die kapitalistische Gesellschaft und kann die primitive Gesellschaft, insbesondere die herrschenden Verwandtschaftsbeziehungen und den symbolischen Tausch in ihnen, nicht erklärten. Wenn Marx die Form des historischen

250 Baudrillard, *The Mirror of Production*, S. 107.
251 A.a.O., S. 103.
252 A.a.O., S. 108.

Materialismus auf die vorkapitalistische gesellschaftliche Existenz ausdehnt, tut er genau das, wogegen er ist, daher ist er ein Komplize bei der Verewigung des Kapitalismus. In dieser Hinsicht kann der historische Materialismus weder die Natur primitiver Gesellschaften noch die Radikalität der Trennung in unseren Gesellschaften und daher die Radikalität der Subversion erklären.

Baudrillard muss durch die Kritik eine glückliche Katharsis erlebt haben. Der marxistische historische Materialismus ist einfach dumm, während seine symbolische Tauschweise – eine Schlussfolgerung aus der primitiven gesellschaftlichen Existenz – universell ist. Die meisten Leser mögen das seltsam finden. Zunächst führt Baudrillards Verzerrung des marxistischen historischen Materialismus, wie ich mehrere Male erwähnt habe, zu irrigen Schlussfolgerungen. Marx unterstreicht immer die konkrete, historische, reale Analyse jedes historischen Phänomens. Er würde niemals einen derart simplen Fehler machen wie eine konkrete Gesellschaftsform zu nehmen, um andere Gesellschaften zu erklären. Wenn Marx sagt, es sei hilfreich, das gesellschaftliche Leben in vorherigen primären Gesellschaftsformen durch die Anatomie der westlichen kapitalistischen Gesellschaft zu erkennen, die die bisher die am weitesten fortgeschrittene gesellschaftliche Entwicklung ist, die wir kennen, dann meint er lediglich, was er sagt und nicht mehr. Marx hat nicht die Absicht, die kapitalistische Existenzweise auf vorhergehende historische Perioden der westlichen Gesellschaft oder andere nicht-westliche gesellschaftliche Existenzen auszuweiten. In der Auseinandersetzung mit der vorkapitalistischen Gesellschaftsgeschichte verwendet er die kapitalistische Produktionsweise nicht, um sie einfach zu schematisieren. Stattdessen besteht Marx auf der historischen, konkreten und realistischen Untersuchung des allgemeinen historischen Materialismus, auf solchen wichtigen allgemeinen Prinzipien, wie dem, dass die materielle Produktion die Grundlage jeder gesellschaftlichen Existenz ist, aber er sucht niemals die Logik des Kapitals in nichtkapitalistischen gesellschaftlichen Existenzen. So offensichtlich der Punkt ist, Baudrillard entscheidet sich wieder, dies nicht wahrzunehmen, was schwer zu erklären ist.

Baudrillard ist gegen die Metapher der Menschenaffenanatomie, aber sein eigenes Denken enthüllt eine tiefere logische Absicht: In seinem textuellen Zusammenhang der Ablehnung von Marx' Idee, die Anatomie des

Menschen zur Analyse des Menschenaffen zu verwenden, ist seine eigene analytische Logik nichts anderes als *die geheime Verwendung der Anatomie des Affen, um den Menschenaffen zu schematisieren.* Warum sollte die Logik des primitiven symbolischen Tauschs (der Affe) das Geheimnis der archaischen und feudalen gesellschaftlichen Existenz (der Menschenaffe) sein? Ist das nicht ein Versuch, die Logik der primitiven gesellschaftlichen Existenz zu verewigen? Baudrillards Bumerang trifft ihn diesmal selbst.

VIII. Historischer Materialismus und die euklidische Geometrie in der Geschichte

Die Zusammenfassung des letzten Kapitels von Baudrillards Kritik des Marxismus trägt den Titel »Marxismus und das System der Politischen Ökonomie«. Er stellt den historischen Materialismus insgesamt infrage, kritisiert marxistische Theorien der Klasse und der Revolution und lehnt vor allem die politische Ökonomie ab, auf der der historische Materialismus aufbaut. Analysieren wir zunächst die ironische Formulierung »Euklidische Geometrie in der Geschichte«, die auf den historischen Materialismus zielt. Danach werden wir uns mit den einzelnen anderen Vorwürfen gegen den Marxismus beschäftigen.

1. Die Legitimität der alten Gesellschaftsgeschichte mit dem modernen Diskurs artikulieren

Nach Baudrillard wird der historische Materialismus durch den Kapitalismus erzeugt. Sein Erzeugungsprozess ist angefüllt mit den Klassenkämpfen der modernen Produktionsweise. Daher sind Theorie und Praxis, die Dialektik der Produktivkräfte und die Produktionsverhältnisse, das Gesetz des Widerspruchs, die Homogenität des Raums – alle die Kernbegriffe des historischen Materialismus mit der idealen kapitalistischen Produktionsweise organisiert. Für Marx stellt die kapitalistische Produktionsweise den höchsten Punkt der historischen Entwicklung dar, der natürlich den »absoluten Vorteil« besitzt, alle vorherigen historischen Gesellschaftsformen erkennen zu können (Baudrillard lehnt insbesondere Marx' Metapher ab, dass »die Anatomie des Menschen [...] ein Schlüssel zur Anatomie des Affen« ist.) Kein Wunder, dass Baudrillard

372

sagt, dass »Menschen in früheren Formationen bind ihre gesellschaftlichen Verhältnisse zur gleichen Zeit wie ihren materiellen Reichtum produzieren. Die kapitalistische Produktionsweise ist der Moment, als sie sich dieser doppelten und simultanen Produktion bewusst wurden und sie versuchen, hierüber eine rationale Kontrolle zu bekommen. Dieses Konzept taucht nur in den letzten Stadien des Kapitalismus und seiner Kritik auf und erleuchte blitzartig den gesamten früheren Prozess.«[253] Nach meiner Meinung hat Baudrillard hiermit im Allgemeinen recht. Die meisten wissenschaftlichen Begriffe des historischen Materialismus passen nur zur historischen Bedingung der modernen Produktion, die durch die gegenwärtige kapitalistische Produktionsweise in Europa definiert ist.

Hinter diesen marxistischen Konzepten, so fährt Baudrillard fort, gibt es zwei theoretische Annahmen.

- »Einen Prozess der historischen Entwicklung gibt es bereits in allen früheren Gesellschaften (eine Produktionsweise, Widersprüche, eine Dialektik), aber er erzeugt keinen Begriff und transzendiert sie daher nicht.
- Der Moment der Bewusstwerdung über den Prozess ist auch die entscheidende Phase seiner Revolution.«[254]

Zunächst bestanden die Bewegung des Widerspruchs und das dialektische Gesetz der Produktionsweise bereits in frühen menschlichen Gesellschaften, nur hatten die Menschen damals keine Begriffe; zweitens ist die Kritik des Kapitalismus durch den marxistischen historischen Materialismus auch die entscheidende Phase für die wirkliche, selbstbewusste Emanzipation des Menschen. In dieser Hinsicht ist Baudrillards obige Erklärung allgemein akzeptabel. Trotzdem ist mit den folgenden Worten etwas falsch.

Baudrillard sagt, dass der historische Materialismus die allgemeinen Gesetze der Gesellschaft beschreibe, was in der Tat »vollkommen hegelianisch« ist. Wie das Risiko der absoluten Idee, so ereignet sich menschliche Gesellschaftsgeschichte auf eine finalistische Weise, entwickelt sich und erreicht den Gipfel der Freiheit wie im Kommunismus. Baudrillard

253 A.a.O., S. 112.
254 A.a.O.

glaubt jedoch, dass die Menschen der frühen Perioden nicht wussten, was der Zweck der Geschichte ist, und »sie lebten weder historisch noch innerhalb einer Produktionsweise.«[255] Nur wir glauben, auf einem historischen Höhepunkt zu stehen und auf frühere herabzublicken, wodurch wir die gegenwärtige Gesellschaft retrospektiv »als das Erklärungsprinzip für frühere Formationen«[256] behandeln. Konsequenterweise schematisieren wir primitives Leben mit Konzeptionen und Gedanken, die sie nicht verstehen, was zweifellos eine theoretische Gewalt darstellt. Baudrillard erklärt übermütig von seinem Standpunkt des modernen Diskurses, es sei so, »als ob die *Realität* der Produktionsweise in dem Moment die Szene betritt, wenn jemand entdeckt wird, der die *Theorie* dazu erfindet.«[257] Er will sagen, dass Menschen nur durch die Konstruktion der Begrifflichkeit der Produktionsweise die wirkliche Existenz der Produktionsweise konstruieren könne. Das ist kein simplifizierender Idealismus; es ist ein begrifflicher Imperialismus, in dem die Begriffe die Realität vergewaltigen.

Baudrillard nimmt wirklich Rücksicht auf die primitiven Völker, aber seine Meinung ist ein Trugschluss. Zum Beispiel unterscheidet sich die Existenz von Tieren und Pflanzen von jener der Menschen, und sie haben kein Bewusstsein ihrer eigenen Existenz, ganz zu schweigen von der Konzeption des Wissens. Wäre es dann, wenn wir Baudrillards Logik übernehmen, unmöglich für Menschen, deren Existenz durch Wissenschaft und Technologie zu verstehen? Meint Baudrillard, dass Menschen sie nur durch die Sprachen oder Informationscodes der Tiere, Vögel, Käfer, Blumen, Gräser, Bäume selbst auf nicht-gewaltsame Weise verstehen können? Es ist tatsächlich so wie bei einem Erwachsenen, der mehr über die Bedeutung der Kindheit wissen kann als ein Kind. Ähnlich können Menschen auf einem fortgeschrittenen Niveau der gesellschaftlichen Entwicklung, das ausgestattet ist mit der Erfahrung, dem Wissen und der Weisheit, die über Generationen seit Tausenden von Jahren angehäuft worden ist, sicherlich besser die Natur der Gesellschaftsgeschichte und der gesellschaftlichen Bewegung betrachten als es ihre Vorgänger konnten. Aus diesem Grund sagt Marx, dass wir,

255 A.a.O.
256 A.a.O., S. 114.
257 A.a.O., S. 113.

wenn wir auf dem Höhepunkt der der kapitalistischen Entwicklung stehen, mit unserem wissenschaftlichen Wissen über die äußere Natur, mit dem Für-sich-Sein des vermenschlichten materiellen Systems, das die industrielle Praxis mit sich bringt, mit der der beispiellosem Komplexität und vollen Ausdehnung der ökonomisch-gesellschaftlichen Struktur besser die Gegenwart verstehen, unsere Vergangenheit kennen und die Zukunft planen können. Marx sagt nichts Falsches.

Es wäre vernünftig, wenn Baudrillard es auf diese Weise ausdrücken würde: Zunächst haben die primitiven Völker kein Selbstbewusstsein der historischen Entwicklung, da Zeit immer im Kreislauf von Sonnenaufgang und Sonnenuntergang visualisiert wird, vier Jahreszeiten in Ackerbau und Landwirtschaft der natürlichen Ökonomie. Das bedeutet jedoch nicht, dass der Fortschritt der Geschichte anhält. Sonst wäre Baudrillard immer noch ein primitiver Mensch, der keine philosophischen Gedanken haben oder mit seiner geliebten Fotografie beginnen könnte. Es kann keine Veränderung in Form eines Abrakadabra sein. Zweitens leben primitive Völker mit einer Produktionsweise, aber nicht mit einer modernen Produktionsweise wie dem Kapitalismus. Solange der Mensch existiert, muss er auf eine bestimmte Weise leben und produzieren, selbst wenn die materielle Produktion in seinem Leben nicht vorherrschend ist; er kann nicht leben ohne Produktion und Reproduktion. Die Konzeption der Produktionsweise bedeutet nicht Kapitalismus, obwohl sie von der Vorstellung der kapitalistischen Gesellschaftsstruktur abstrahiert ist. Indessen kann sie benutzt werden, um die vorhergehenden gesellschaftlichen Existenzen zu beschrieben. Hier habe ich eine Frage. Hat die primitive Gesellschaft das, was Mauss und Baudrillard die symbolische Konzeption nennen? Genauer gesagt wird Baudrillards symbolisches Konzept vom französischen strukturalistischen Linguisten Lévi-Strauss Mitte des 20. Jahrhunderts vorgebracht: Wir können sehen, dass es kein Produkt des Kapitalismus, sondern das Produkt eines fortgeschrittenen Kapitalismus ist. Was ist also mit Baudrillards »symbolischem Tausch«? Ist es nicht die Vergewaltigung der primitiven Gesellschaft durch einen modernen Begriff? Woher kommt im primitiven Leben das symbolische Verhältnis? Wenn wir uns nicht an Baudrillards Vorwurf erinnern, läuft es darauf hinaus zu sagen, dass »die *Realität* des symbolischen Tauschs nur dann in ihr Blickfeld geraten kann, wenn die Menschen die *Theorie* des symbolischen Tauschs schaffen«, ist das richtig?

Es muss weiterhin bemerkt werden, dass Marx im Unterschied zu Hegels Konzeption der absoluten Idee herausfindet, dass seine teleologische und theodizeeische absolute Idee nur eine verkehrte Reflexion der Geschichte menschlicher gesellschaftlicher Praxis ist. Wenn Marx den Hegelschen Idealismus ablehnt, verneint er nicht die selbstzweckhafte Bewegung der menschlichen Gesellschaftsgeschichte, sondern zeigt vielmehr auf, dass es im Kapitalismus und in der vorhergehenden Gesellschaftsgeschichte einen Widerspruch zwischen individuellem Willen und kollektiver Blindheit gibt wie auch einen regulären resultierenden Zweck der Finalität der Geschichte. Der historische Materialismus ist ein methodologisches Selbstbewusstsein des Wissens über die historischen Gesetze. Er bietet eine methodologische Erklärung für das, was Baudrillard nicht durchschauen kann.

2. Ist der historische Materialismus eine allgemeingültige Wissenschaft?

Baudrillard kommt zu der festen Schlussfolgerung, dass »die materialistische Theorie der Geschichte der Ideologie nicht entkommt.« Entsprechend der klassischen negativen ideologischen Theorie bedeutet diese Schlussfolgerung, dass der historische Materialismus die wirklichen Dinge durch imaginierte Beziehungen ersetzt, wenn er versucht, sich durch den gesamten Prozess der Geschichte zu bewegen, ganz ähnlich einer »euklidischen Geometrie dieser Geschichte«.[258] (Baudrillard ist wirklich eloquent mit seiner lebhaften Analogie.) In diesem Zusammenhang stellt er drei Fragen hintereinander:

»Was aber autorisiert Wissenschaft in ihrer Verachtung für Magie oder Alchemie zum Beispiel in der Disjunktion einer kommenden Wahrheit, eines Schicksals des objektiven Wissens, das vor dem infantilen Unverständnis früherer Gesellschaften verborgen ist? Und was autorisiert die ›Wissenschaftsgeschichte‹ diese Disjunktion einer zukünftigen Geschichte zu beanspruchen, einer objektiven

---

258 A.a.O., S. 114.

Finalität, die frühere Gesellschaften ihrer Bestimmung in der sie leben, ihrer Magie, ihrer Unterschiedlichkeit, ihrer Bedeutung, die sie sch selbst geben, beraubt, um sie in der infrastrukturellen Wahrheit der Produktionsweise zu erhellen, zu der allein wir den Schlüssel besitzen?«[259]

Wie Mauss und Bataille betrachtet Baudrillard Hexerei und Magie in den primitiven Gesellschaften als das authentische Sein des Menschen, das nicht durch das System des utilitaristischen Werts vergiftet worden ist. Er ist unzufrieden mit der Ablehnung und Überwindung von Ignoranz und Dunkelheit durch die moderne Gesellschaft. In seinen Augen liegen primitive Kultur und moderne Wissenschaft nicht auf der gleichen Zeitachse, Sollte die Wissenschaft absolute Autorität haben? Sollte der historische Materialismus sich selbst nach der nichtwissenschaftlichen Konzeption des historischen Bruchs zur einzigen »Wissenschaft der Geschichte« erklären und sich selbst für den Schlüssel zu Lösung des Geheimnisses der Geschichte halten? Nein! Nein! Nein! Baudrillard sagt:

»Es ist nur im Spiegel der Produktion und der Geschichte, unter dem doppelten Prinzip der unbestimmten Akkumulation (Produktion) und der dialektischen Kontinuität (Geschichte), nur durch die Willkür des Codes, dass unsere westliche Kultur sich im Universellen als der privilegierte Moment der Wahrheit (Wissenschaft) oder der Revolution (historischer Materialismus) spiegeln kann. Ohne diese Simulation, ohne diese gigantische Reflexivität des konkaven (oder konvexen) Begriffs der Geschichte oder der Produktion verliert unsere Ära alle Privilegien. Sie wäre irgendeinem Begriff von Wissen oder irgendeiner gesellschaftlichen Wahrheit nicht näher als jede andere.«[260]

Die reaktionäre Logik des Spiegels der Produktion und des Spiegels der Geschichte! Baudrillard macht hier seien Standpunkt ganz klar. Er ist der Auffassung, dass wir uns in diesem riesigen Reflexionsspiegel der Produktion

259 A.a.O., S. 114.
260 A.a.O., S. 115.

und der Geschichte befinden. Durch endlose materielle Produktion, die ein utilitaristisches System des Tauschwerts akkumuliert; durch die historische Dialektik, die eine progressive teleologische menschliche Geschichte konstruiert – einen doppelt konkaven-konvexen Spiegel der Logik; durch die wissenschaftlichen Wahrheiten, die die Kognition und den historischen Prozess wie auch den historischen Materialismus über gesellschaftliche Reformen reflektieren (sie ergänzen sich wechselseitig), verwandelt sich die westliche Kultur in einen universellen autoritativen Diskurs und eine Basiscode. Nach Baudrillard wird diese Geschichte durch den Spiegel der Produktion und den Spiegel der Geschichte simuliert. Wenn wir diesen riesigen Spiegel zerbrechen und die Lichtquelle der Wissenschaft und der Dialektik ausgeschaltet ist, wird das inszenierte phantastische Spiel der Geschichte unmittelbar verschwinden, und die gesamte westliche Hegemonie der Kultur wird endgültig verloren sein. Baudrillard sagt daher, dass »dies der Grund ist, warum es wichtig ist, mit dieser *ethnologischen Reduktion* zu beginnen und unsere Kultur zu zerlegen.«[261]

Im Wesentlichen zielt Baudrillards Anklage gegen den historischen Materialismus darauf, der Schematisierung aller Geschichte einen Diskurs der historischen Philosophie entgegenzusetzen, da es keine universelle Wahrheit gebe. In dieser Hinsicht haben Baudrillards Anti-Westzentrierung und seine Ablehnung des absoluten Diskurses der universellen Philosophie recht. Seine Sicht repräsentiert die bedeutenden epistemologischen Errungenschaften der Naturwissenschaft und der gesellschaftlichen Praxis in den 30er und 40er Jahren. Auf der anderen Seite geht er in seiner Ablehnung der Wissenschaft, des historischen Materialismus und des Marxismus, die sich ironischerweise genau gegen die Universalität wenden, gegen die er ist, zu weit. Tatschlich ist die von Baudrillard geschätzte Anthropologie selbst eine wissenschaftliche Disziplin. Der Grund, warum Mauss und andere Anthropologen aus dem zeitgenössischen philosophischen Diskurs herausspringen und tatsächlich die heterogenen gesellschaftlichen Beziehungen in den primitiven Stämmen reflektieren können, ist der, dass sie über eine historische Sichtweise und den auf der Realität basierenden materialistischen wissenschaftlichen Geist verfügen.

261   A.a.O.

Zunächst hat die moderne Wissenschaft seit Einstein die metaphysische Spur der Universalität, Absolutheit und Ewigkeit in der klassischen wissenschaftlichen Sichtweise verlassen, während *Historizität, Relativität* und *Temporalität* zu den grundlegenden Attributen der theoretischen Logik geworden sind. Wir nähern uns allmählich der Entdeckung, dass die in der Vergangenheit als universell behandelten Wahrheiten ohne Ausnahme die subjektive Erkenntnis der begrenzten Bedingungen in einer bestimmten historischen Periode enthalten. Zugleich hat Wissenschaft mehr und mehr eine begrenzte Bedeutung innerhalb eines gegebenen Referenzrahmens. Das ist eine moderne Anatomie von Kants Behauptung, dass der Mensch universelle Gesetze für die Natur erlässt. Das metaphysische Wissenschaftssystem, auf das Baudrillard zielt, ist bereits zu einem historischen Überbleibsel geworden, das die moderne wissenschaftliche Sicht, die das gleiche Ziel zu erfüllen hat wie er, hinter sich gelassen hat. Daher ergibt Baudrillards sensationelle nihilistische Ablehnung der Wissenschaft keinen Sinn.

Zweitens ist der marxistische historische Materialismus nicht auf so dumme Weise lächerlich wie in Baudrillards Beschreibung. Wenn wir den Schatten der konventionellen Interpretation, insbesondere die stalinistischen Doktrinen nach der Zweiten Internationale ausschließen, dann liefert der wirkliche marxistische historische Materialismus keine universelle Formel oder Spiegelreflexion, sondern vielmehr eine methodologische Anleitung zur Untersuchung der und Auseinandersetzung mit der historischen Realität (Engels hat das in seinem Leben speziell diskutiert.) Der marxistische historische Materialismus in seinem allgemeinen Sinn entdeckt nur, dass die materielle Produktion (nicht begrenzt auf die moderne kapitalistische Produktion und ökonomische Form) die Grundlage des menschlichen gesellschaftlichen Lebens ist, inklusive primitiver Gesellschaften, in denen die materielle Produktion nicht vorherrscht. Was diesen Punkt betrifft, so haben wir Chinesen zu viele Tragödien gehabt, was eine Erfahrung ist, die Baudrillard, der in einem fortgeschrittenen kapitalistischen Land lebt, nicht gemacht hat. Wenn eine Nation die grundlegende materielle Produktion ablehnt und sie durch *symbolische Beziehungen* ersetzt, endet dies in einer wirklichen Krise des Überlebens. (Zum Beispiel die riesige politische symbolische Struktur während der chinesischen Kulturrevolution, als Ackerland von den kapitalistischen Keimen gereinigt wurde; als das gesellschaftliche Leben völlig symbolisiert wurde, kodifiziert durch die »proletarische Revolution«, stand die gesamte Gesellschaft am Rande des Zusammenbruchs! Es ist eine furchtbare Erinnerung, die in vielen chinesischen Köpfen vorhanden ist. Die gleiche Tragödie ereignet sich während der Herrschaft der Roten Khmer in Kambodscha.) Die Methodik des historischen Materialismus betont nicht nur einen zeitlichen, linearen historischen Fortschritt; wichtiger ist, dass sie den gegebenen Zusammenhang der Beobachtung und Untersuchung herausstreicht, was Lenin die spezifische Analyse für das spezifische Problem nennt. In diesem Punkt hat Baudrillard Unrecht, denn was er ablehnt, ist seine eigene Methode in einer Verkleidung.

Ich muss darauf hinweisen, dass der Spiegel der Produktion und der Spiegel der Geschichte, auf die Baudrillard zielt, nicht nur gegen den Marxismus, sondern auch gegen die komplette moderne menschliche Kultur gewandt werden. Das ist durch die Grasswurzeltheorie von Mauss und Bataille bestimmt. Diese lächerliche Sichtweise ist selbst eine zwanghafte Ausdehnung des primitiven Lebens, von bestimmten gesellschaftlichen Beziehungen auf die gesamte menschliche Geschichte. Sie verleugnet die moderne Kultur. Es ist ein riesiger *symbolischer Spiegel*. Da Baudrillard gegen die Wiederherstellung des historischen Materialismus ist, wie kann er die Legitimität der *Restaurierung der Anthropologie* beweisen? Wenn er die gesamte menschliche Geschichte mit der Abstraktion des symbolischen Tauschs schematisiert, warum denkt er nicht über die illusorische privilegierte Ideologie nach?

3. Das Absterben der Wurzel der vom historischen Materialismus erzeugten Ökonomie

Baudrillard kritisiert dann Althussers Interpretation des Marxismus. Aufgrund seines oberflächlichen Verständnisses von Althusser jedoch, insbesondere seines Missverständnisses von Althussers quasi-strukturalistischem hermeneutischem Kontext, denke ich nicht, dass es lohnend ist, sich in diese Frage zu vertiefen. Wir sollten auf ein neues Problem achten, das in dieser Diskussion aufgeworfen wird: Ist die ökonomische Wurzel des marxistischen historischen Materialismus veraltet? Der bürgerliche Angriff auf den Marxismus konzentriert sich gewöhnlich auf die naturwissenschaftliche Grundlage, auf der der philosophische Diskurs erzeugt wird: Kaum je hat jemand der wichtigeren Basis, der Ökonomie, Aufmerksamkeit geschenkt, abgesehen davon, den Marxismus für tot zu erklären, indem die Geschichtlichkeit dieser ökonomischen Logik bewiesen wird. Das ist ein völlig neuer Gegenstand, ein giftiges Thema.

Baudrillards Kritik ist oftmals heimtückisch. Er stellt die folgende Überlegung an: Marx denkt, dass er auf dem höchsten Punkt der kapitalistischen ökonomischen Entwicklung stehe, die durch die in Ricardos Ökonomie beschriebene industrielle Massenproduktion hervorgebracht wurde; er denkt, dass er den Schlüssel zur Analyse der gesamten Geschichte habe, aber die heutige ökonomische Entwicklung hat sich weit über das hinausentwickelt, was Ricardos Ökonomie erfassen kann; kann daher die gegenwärtige Gesellschaftsgeschichte immer noch mit dem marxistischen Schlüssel untersucht werden, der sich bereits nicht mehr auf dem höchsten Punkt der gesellschaftlichen ökonomischen Entwicklung befindet? Baudrillard erklärt glücklich:

»Aber mit dem Zusatz, dass die Warenform zu Marx' Zeiten streng genommen noch gar nicht ihre verallgemeinerte Form angenommen hatte und dass sie eine lange Geschichte *seit Marx* hat. Daher war Marx nicht in einer historischen Position, wissenschaftlich zu sprechen, die Wahrheit zu sagen. In diesem Fall setzt sich ein weiterer Bruch durch, einer der riskiert, den Marxismus als eine Theorie einer überwundenen Stadiums der Warenproduktion erscheinen zu lassen, also als eine Ideologie. Zumindest, wenn man wissenschaftlich sein will.«[262]

Bedauerlicherweise verschwendet Baudrillard seine Weisheit. In seiner Sicht hat sich die politische Ökonomie seit Marx auf weitere Felder ausgedehnt, z.B. Konsum als Produktion von Zeichen, Bedürfnissen, Wissen und Sexualität. Viele Dinge haben sich in diese »Basis« ausgebreitet. Daher ist die Unterscheidung zwischen marxistischem Überbau und ökonomischer Basis

262   A.a.O., S. 117.

überholt. »Etwas in der kapitalistischen Sphäre hat sich radikal geändert, etwas, worauf die marxistische Analyse nicht länger reagieren kann.«[263] Der wichtigste Grund ist, dass die politische Ökonomie zu Marx' Zeiten auf der materiellen Produktion basiert, aber nicht in der Lage ist, ihre verlässliche Grundlage in der heutigen Zeit zu finden. In Baudrillards Augen ist die gegenwärtige gesellschaftliche Existenz definitiv nicht auf der entscheidenden Theorie der materiellen Produktion begründet. »Wenn das System daher monopolistisch wird, hören Arbeitszeit und Produktionskosten auf, die entscheidenden Kriterien zu sein (und werden zu Mehrwert?).«[264] Im Ergebnis bestimmt die gegenwärtige gesellschaftliche Realität, dass die marxistische Kritik der politischen Ökonomie nicht in eine universelle Geschichte ausgeweitet werden kann. Baudrillard erscheint logisch in dieser Überlegung.

Er führt weiter drei Phasen des Modus des Tauschwertssystems oder der Entwicklung der Warenökonomie in Marx' *Elend der Philosophie* an: Zunächst ist in antiken und feudalen Gesellschaften der Tausch auf überschüssige Produkte begrenzt, während sich der größte Teil der Dinge jenseits des Bereichs der Waren und des Tauschs befindet; zweitens befindet sich seit der kapitalistischen Entwicklung die gesamte »Industrie« innerhalb des Tauschs; drittens die Universalisierung des Warentauschs, in der alles austauschbar wird, inklusive dem, was sich in der Vergangenheit jenseits der Sphäre des Warentauschs befand, zum Beispiel »Tugend, Liebe, Überzeugung, Wissen, Gewissen etc.«[265] Baudrillard stimmt dieser Aufteilung zu, entdeckt jedoch ein Problem in Marx' dritter Phase, in der es nicht nur ein Eindringen des Warentauschverhältnisses in andere Sphären gibt, sondern eine Phase, während derer das »neue gesellschaftliche Verhältnis« wirksam wird. Nach seiner Ansicht durchschaut Marx nicht die Natur dieser neuen gesellschaftlichen Existenz:

»In Marx' Projektion wird diese neue Phase der politischen Ökonomie, die in seiner Zeit noch nicht voll entwickelt war, unmittelbar neutralisiert, und in den Begriffen des Marktes und der ›merkantilen Käuflichkeit‹ in den Windschatten von Phase 2 gezogen.

263 A.a.O., S. 118.
264 A.a.O., S. 125.
265 Karl Marx, *Das Elend der Philosophie*, in: MEW, Bd. 4, S. 69.

Selbst heute, wird die einzige ›marxistische‹ Kritik der Kultur, des Konsums, der Information, der Ideologie, der Sexualität usw. in Begriffen der ›kapitalistischen Prostitution‹ formuliert, das heißt in Begriffen von Waren, Ausbeutung, Profit, Geld und Mehrwert.«[266]

Nach Baudrillard bedeutet es, die Begriffe der zweiten Phase zu verwenden – die Logik der auf der materiellen Produktion basierenden kapitalistischen ökonomischen Phase –, wenn man sich auf das heutige Leben bezieht. Baudrillard denkt, dass es sogar im französischen situationistischen Denken, dass er einst unterstützte, das Gleiche ist, obwohl die Theorie des Gesellschaft des Spektakels eine radikale Transzendenz der marxistischen politischen Ökonomie beinhaltet; die materielle Warenanhäufung hat sich als eine großartige Kontrolle der Spektakel erwiesen. Im Wesentlichen ist es immer noch »die ›infrastrukturelle‹ Logik der Ware.«[267]

Nach meiner Meinung ist Baudrillards Widerlegung des historischen Materialismus völliger Unsinn. Er verweist jedoch zumindest auf ein grundlegendes Problem, nämlich, dass sich der historische Materialismus an die kontinuierliche Veränderung der sozioökonomischen Struktur und des Lebens anpassen muss. Erstens ist Baudrillard sich nicht bewusst, dass der marxistische historische Materialismus keine metaphysische Behauptung oder abgeschlossene Schlussfolgerung ist. Als Schlüssel zum Geheimnis der Geschichte kommt er aus der soziohistorischen Praxis und entwickelt sich zu einer funktionalen Denkweise. Die Natur des historischen Materialismus besteht darin, jede traditionelle Metaphysik durch seine eigene Geschichtlichkeit der Zeit zu zerstören, was bereits von Heidegger erkannt wurde.

Zweitens, wenn Marx sagt, dass der historische Materialismus auf dem höchsten Niveau der Produktionsweise, die durch das aufgebracht wurde, was Ricardo die Praxis der industriellen Massenproduktion nennt, begründet ist, dann verfolgt er nicht die Absicht, seine wissenschaftliche Methode in der ökonomischen und politischen Struktur des 19. Jahrhunderts zu verankern. Im Gegenteil, es ist die Natur der unaufhörlichen Revolution

---

266 Baudrillard, *The Mirror of Production,* S. 120.
267 A.a.O.; was den Situationismus betrifft, vgl. meine »Einleitung« zur chinesischen Ausgabe von Debords *Gesellschaft des Spektakels.*

in der kapitalistischen Produktionsweise, die Marx in die Lage versetzt, die historische Natur aller philosophischen Methodologien zu erkennen. Der historische Materialismus ist die Wissenschaft von der Geschichte; er beansprucht keine unveränderliche historische Natur; er wird uns kontinuierlich in unserem Verständnis des neuen gesellschaftlichen historischen Lebens anleiten, wenn die Entwicklung der realen historischen Praxis ihre eigene Struktur ändert.

Drittens, ob es Baudrillards angeeignete Kontrolle des Codes oder verschiedene Phänomene der »Konsumgesellschaft« sind, die jüngsten Veränderungen in der kapitalistischen Gesellschaft haben die Grundlage der materiellen Produktion, auf der die gesellschaftliche Existenz und gesellschaftliche Bewegungen aufbauen, nicht erschüttert. (Wir werden dies später speziell diskutieren.) Gegenwärtige Entwicklungen und Veränderungen der kapitalistischen ökonomischen und politischen Realität werden nicht zu einem veralteten historischen Materialismus führen; im Gegenteil, sie werden ihm eine frische und empfängliche Umgebung für sein Wachstum verschaffen, so wie Chinas aufsteigende gesellschaftliche Ökonomie, die mit Sicherheit eine neue Entwicklung des Marxismus in China befördern wird.

4. Die Kreation und die neue Revolution der »politischen Ökonomie des Zeichens«

Baudrillard beginnt dann, seine Geschichte der »politischen Ökonomie des Zeichens« zu verbreiten. (Das ist der wichtigste Punkt in seinem etwas früheren Werk *Pour une critique de l'économie politique du signe.*) Nach seiner Meinung ist jetzt eine neue Zeit, genauer gesagt, der Kapitalismus aus Marx' Zeiten hat sich in eine gesellschaftliche Existenz verwandelt, die von einer anderen Struktur kontrolliert wird. »Diese Veränderung betrifft den Übergang von der Form-Ware zum Form-Zeichen, von der Abstraktion des Tauschs materieller Produkte unter dem Gesetz der allgemeinen Äquivalenz zur Operationalisierung aller Tausche unter dem Gesetz des Codes. Bei diesem Übergang zur *politischen Ökonomie des Zeichens*, geht es nicht mehr um eine einfache ›kommerzielle Prostitution‹ aller Werte.«[268]

---

268 Baudrillard, *The Mirror of Production*, S. 121.

Hier werden alle Werte zu »Tausch-Zeichenwert unter der Hegemonie des Codes.« Nach Baudrillard ist es »eine Struktur der Kontrolle und der Macht, die subtiler und totalitärer ist als jene der Ausbeutung«, die von Marx beobachtet wurde. Es sollte angemerkt werden, dass Baudrillard im Unterschied zu postmodernen Philosophen, die diese postindustrielle gesellschaftliche Existenz positiv reflektieren, eine kritische Haltung hat. Trotzdem lehnt er den Kapitalismus nicht ab, sondern beklagt den völligen Verlust seines gelobten symbolischen Tauschverhältnisses. »Die wichtige Frage ist nicht diese, sondern vielmehr jene der symbolischen Zerstörung aller gesellschaftlichen Verhältnisse nicht so sehr durch das Eigentum an Produktionsmitteln, sondern durch *die Kontrolle des Codes*.«[269] Das ist eine sehr wichtige Koordinate der Logik, die uns sagt, welche Kriterien des Werts Baudrillard für eine richtige oder falsche Realität hält.

Eine weitere wichtige Frage ist, dass Baudrillard nicht mit der Hypothese übereinstimmt, dass seine politische Ökonomie des Zeichens ein Derivat der marxistischen politischen Ökonomie ist. (Er will dem Marxismus immer entkommen.) In seinen Augen gibt es im heutigen kapitalistischen gesellschaftlichen Leben eine Revolution, die genauso wichtig ist wie die frühe industrielle Revolution. Aus all diesen Gründen hat die marxistische Logik die Flexibilität der »theoretischen Krümmung« verloren, die sie sensibel gegenüber der neuen gesellschaftlichen Existenz macht, die überhaupt kein monopolistischer Kapitalismus ist. Er wendet sich gegen die dialektische Kontinuität zwischen der politischen Ökonomie der Ware und der politischen Ökonomie des Zeichens. Hier erfolgt der Bruch. Dies ist eine völlig neue Hegemonie der gesellschaftlichen Struktur, die nicht in das Schema der Produktionsweise passt. »Das monopolistische System transferiert seine Strategie auf eine Ebene, auf der die Dialektik nicht länger operiert. Im monopolistischen System gibt es nicht länger eine Dialektik von Angebot und Nachfrage; diese Dialektik ist kurzgeschlossen durch eine Kalkulation des vorhersehbaren Gleichgewichts.«[270] Im Unterschied zur traditionellen Struktur der Konkurrenz im Kapitalismus konstruiert das monopolistische System Konsum in Kontrolle, ein Verbot der Okkasionalität von

269   A.a.O., S. 122.
270   A.a.O., S. 125.

Bedürfnissen und einen sozialisierten Prozess der Codeplanung. Es ist ein logischer Rahmen, der nicht von Arbeitszeit beherrscht wird; es ist nur ein Konstrukt des Codespiels.

Das bedeutet, dass man von einem System der Produktivkräfte, der Ausbeutung und des Profits wie im Konkurrenzsystem, das in seiner Logik durch gesellschaftliche Arbeitszeit beherrscht wird, zu einem gigantischen operationalen Frage- und Antwortspiel geht, zu einer gigantischen Kombination, in der alle Werte kommutieren und entsprechend ihrem operationalen Zeichen getauscht werden. Das monopolistische Stadium bezeichnet weniger das Monopol der Produktionsmittel (das niemals total ist) als *das Monopol des Codes*.[271]

Die ontologische Dimension der gesellschaftlichen Realität verschwindet in ihrer Formel der Signifikation. In der traditionellen politischen Ökonomie können alle marxistischen Begriffe und theoretischen Bedeutungen mit der ökonomischen oder politischen Realität verbunden werden; heute «bezieht sich der Code nicht länger zurück auf eine subjektive oder objektive ›Realität‹, sondern auf seine eigene Logik.«[272] In dieser Hinsicht bringt Baudrillard später in *Der symbolische Tausch und der Tod* zum Ausdruck, dass es eine Veränderung vom alten vertikalen Verhältnis der Signifikation mit einem realen Bezugsobjekt zu einem horizontalen Verhältnis der Signifikation zwischen Codes ohne ein Bezugsobjekt ist. Selbst ein gewöhnlicher Leser von Saussure kann sagen, dass es sich um eine Aneignung grundlegender strukturalistischer Linguistik handelt, in der die Erzeugung von Bedeutungen durch linguistische Zeichen zunächst dem alten reflexiven Modus entkommt. Die zufällige Relation zwischen dem Signifikanten und dem Signifikat verändert das Verhältnis des Objekts (reale Existenz) und seinem repräsentativen Bild in der Widerspiegelungstheorie zu dem zwischen Begriff (Existenz = Natur) und dem Zeichen, das diese Begrifflichkeit bezeichnet – dem Klangbild. Mit anderen Worten, Sprache ist wesentlich in Relationen; ein System der linguistischen Relationen anstelle von unmittelbaren Eins-zu-eins-Bezügen der Objekte.[273] So ist es kein Wunder, dass

---

271 A.a.O., S. 127.
272 A.a.O.
273 Vgl. Kapitel vier in: *Die Wahrheit des Unmöglichen Seins: Das Abbild der Lacanschen Philosophie* (The Commercial Press) 2006.

Baudrillard sagt,

> »der Signifikant wird zu seinem eigenen Referenten, und der Gebrauchswert des Zeichens verschwindet zugunsten seiner Umwandlung und des Tauschwerts allein. Das Zeichen bezeichnet nicht länger irgendetwas. Es nähert sich der wahren strukturellen Grenze, die darin besteht, sich nur auf andere Zeichen zurückzubeziehen. Alle Realität wird dann zum Ort einer demiurgischen Manipulation, einer strukturellen Simulation. Und während das traditionelle Zeichen (auch in linguistischen Tauschen) das Objekt einer bewussten Investition ist, einer rationalen Kalkulation von Signifikaten, ist es hier der Code, der zur Instanz der absoluten Referenz wird und zur gleichen Zeit zum Objekt eines perversen Begehrens.«[274]

Baudrillard glaubt, dass Marx hier vor einer Verlegenheit steht. In dieser Codekontrolle »verschwindet der letzte Bezug der Produkte, ihr Gebrauchswert völlig: Bedürfnisse verlieren all ihre Autonomie; sie sind codiert. Konsum hat nicht länger einen Wert als Vergnügen an sich; er wird unter den Zwang einer absoluten Zweckmäßigkeit gestellt, die jene der Produktion ist.«[275]

Einfach formuliert will Baudrillard sagen, dass Produktion unter Codekontrolle im heutigen monopolistischen System nicht länger für den Gebrauchswert des Produkts geschieht, der durch den Code hergestellt wird; Bedürfnis und Begehren sind nicht länger der wirkliche Anreiz des Menschen sondern »das Begehren des Begehrens des Anderen«, das Gleiche gilt für den Konsum, der ein kontrolliertes, hergestelltes Ereignis ist. Daher fragt Baudrillard, ob die Dialektik der Produktivkräfte und der Produktionsverhältnisse in ihrer Existenz immer noch legitim ist, wenn die Produktion ihre eigene Wesentlichkeit verliert.

Man muss zugeben, dass Baudrillard in seiner Analyse der gegenwärtigen kapitalistischen Ökonomie und Gesellschaft sehr scharfsinnig ist. Er erkennt die herrschende Kontrollstruktur der Kapitallogik – die Codekontrolle. Er

---

274 Baudrillard, *The Mirror of Production*, S. 128.
275 A.a.O.

begeht jedoch einen Fehler, wenn er die *vorherrschende* Kraft der Gesellschaft für die ontologische Basis hält. Er geht dann weiter in seiner Ablehnung der einzigen wirklichen Grundlage für die gesellschaftliche Existenz: der materiellen Produktion. Dieser Fehler führt unweigerlich zu einem größeren in Bezug auf das Problem der realen Revolution.

Nachdem Baudrillard die marxistische Kritik der kapitalistischen Produktionsweise abgelehnt und die politische Ökonomie und den historischen Materialismus verneint hat, verweigert er sich dem wissenschaftlichen Sozialismus, der darauf zielt, die bürgerliche gesellschaftliche Realität zu stürzen. In der zweiten Hälfte des letzten Kapitels in *The Mirror of Production* schlägt Baudrillard seinen eigenen Ersatzplan vor: die Revolution der *symbolischen Subversion*.

Für Baudrillard liegt der Schlüssel der heutigen gesellschaftlichen Kontrolle nicht in dem, was Marx »Profit und Ausbeutung« nennt, was nur die »einführende Modalität« des Kapitalismus, die »infantile Phase« der politischen Ökonomie sei. Gegenwärtig »ist die wahrhaft kapitalistische Phase der erzwungenen Sozialisierung durch Arbeit und der intensiven Mobilisierung von Produktivkräften aufgehoben.«[276] Unter der Kontrolle des Codes wird das natürliche gesellschaftliche Leben zu einer Entsublimierung der Produktivkräfte; es entsteht eine »immense gesellschaftliche Domestizierung«, die allgemeine Öffentlichkeit ist mehr und mehr durch Werkzeuge der Produktion integriert; Wohlfahrt und humanistisches materielles Leben löschen das evolutionäre Feuer durch Entmobilisierung. Das kapitalistische System nutzt »die ökonomische Referenz (Wohlstand, Konsum, aber auch Arbeitsbedingungen, Löhne, Produktivität, Wachstum)[277] und beseitigt erfolgreich die reale Möglichkeit der subversiven Revolution. (Nach Baudrillard kann der Kapitalismus Marx das bieten, was seine Revolution will. Aus diesem Grund ist der Marxismus die »Ideologie der Arbeit«, die vom Kapitalismus benutzt wird.) Während des Prozesses der integrierten Domestizierung zeigt sich Marx' proletarische Revolution nicht rechtzeitig, hauptsächlich weil der Arbeiter dazu degradiert wird, derjenige zu sein, der in der Ideologie des Produktivismus

276   A.a.O., S. 131.
277   A.a.O., S. 139.

388

den Kapitalismus am grundlegendsten bestätigt. Will der Sozialismus nicht »das Leben verändern«? Einverstanden! Wenn die Bourgeoisie den allgemeinen Wohlstand der Gesellschaft befriedigt, dann ist die »reale Revolte« gegen die ökonomische Ausbeutung »friedlich zum Sieg des Proletariats geworden.«[278] Das revolutionäre Proletariat verschwindet unter dem Horizont der Wohlfahrtsstaaten und kehrt schließlich in die Geschichte zurück. Zugleich sind jene revolutionären Kräfte entstanden, die sich einst jenseits der marxistischen Aufmerksamkeit befanden, insbesondere jene marginalisierten Menschen, die sich nicht unmittelbar gegen Ausbeutung und Profit wenden, zum Beispiel junge Studenten, Frauen, Farbige und so weiter. Nach Baudrillards Meinung stellen sie den *Widerstand gegen die Kontrolle des Codes* dar.

»Die schwarze Revolte zielt auf Rasse als Code, auf einer Ebene die viel radikaler ist als ökonomische Ausbeutung. Die Revolte der Frauen zielt auf den Code, der das Feminine zu einem nichtmarkierten Begriff macht. Die Jugendrevolte zielt auf das Äußerste eines Prozesses der rassistischen Diskriminierung, in der sie kein Recht zu sprechen hat. das Gleiche gilt für alle jene gesellschaftlichen Gruppen, die unter die strukturelle Schranke der Repression fallen, der Verweisung an einen Ort, wo sie ihre Bedeutung verlieren. Diese Position der Revolte ist nicht länger die der ökonomisch Ausgebeuteten; sie zielt weniger auf die Erpressung des Mehrwerts als auf die Durchsetzung des Codes, der der gegenwärtigen Strategie der gesellschaftlichen Beherrschung eingeschrieben ist.«[279]

Baudrillard sagt, dass ihr Widerstand keinen Klassenkampf beinhaltet, obwohl er die Schwäche des gegenwärtigen Kapitalismus aufdeckt; sie sind die Hoffnung einer neuen Revolution in diesem Kampf ohne ein offensichtliches klares Ziel. Warum? Weil diese kulturelle Revolution in Antithese zur Funktion des marxistischen historischen Materialismus stattfindet: »Diese ganze Kritik *wendet sich auf eine integrale Weise gegen den Materialismus.*«[280]

---

278   A.a.O., S. 159.
279   A.a.O., S. 135.
280   A.a.O., S. 150.

Die Realität ist, dass «die Produktion gesellschaftlicher Verhältnisse die Form der materiellen Reproduktion bestimmt.«[281] Die Sache wird umgekehrt. Er sagt, dass »der Kapitalismus unmittelbar auf der Ebene der Produktion gesellschaftlicher Verhältnisse verwundbar und auf dem Weg ins Verderben ist. Seine tödliche Krankheit ist nicht seine Unfähigkeit, sich ökonomisch und politisch zu reproduzieren, sondern seine Unfähigkeit, sich *symbolisch* zu reproduzieren.«[282] Baudrillard sagt uns, dass das symbolische Tauschverhältnis in primitiven Gesellschaften ein kontinuierlicher »Kreislauf von Geben und Nehmen« sei. Tatsächlich entsteht die Macht aus der Zerstörung der ontologischen wechselseitigen Beziehungen. Daher ist der einzige Weg, den gegenwärtigen Code-Kapitalismus zu schlagen, sich auf die symbolische Subversion zu stützen; es ist diese Fatalität der symbolischen Desintegration unter dem Zeichen der ökonomischen Rationalität, der der Kapitalismus nicht entkommen kann. Baudrillard glaubt, dass die Subversion durch das Symbolische in einem gewissen Grad unter dem Etikett der »kulturellen Revolution« entsteht. Ihr Kern ist das Symbolische; sie ist eine symbolische Logik, die Abschaffung des Imaginären der politischen Ökonomie, sie macht die Revolution der Kultur zum Objekt jeder marxistischen ökonomisch-politischen Revolte. Sein Ideal ist wie der Sturm des französischen Roten Mai:

> »Jene des Mai 1968 – in jedem Fall spricht die Revolution nicht auf indirekte Weise; sie sind die Revolution, keine Begriffe im Übergang. Ihre Rede ist symbolisch, und sie zielt nicht auf ein Wesentliches. In dieser Hinsicht gibt es Rede vor der Geschichte, vor der Politik, vor der Wahrheit, Rede vor der Trennung und der künftigen Totalität. Der ist wahrhaft ein Revolutionär, der von der Welt als nicht getrennt spricht.«[283]

Das ist Baudrillards Ersatzplan für Marx' wissenschaftliche sozialistische Revolution. Wie erwartet ist es eine Revolution des Symbolischen, deren Streben lediglich die begriffliche Ent-Entfremdung und Trennung ist, die

281   A.a.O., S. 142.
282   A.a.O., S. 143.
283   A.a.O., S. 166.

imaginative Usurpation, die phantastische Rose im Traum. Die Parole der Arbeiter ist »Niemals arbeiten.«[284] »Etwas in allen Menschen jubelt, wenn sie ein Auto brennen sehen.«[285] Jetzt ist es nicht schwierig zu sehen, warum Baudrillards symbolische Revolution so einfach in Science-Fiction-Filmen objektiviert werden kann. Für ihn ist die künftige Revolution so etwas wie Neos Magie in dem Blockbuster *Matrix*, wo die subjektive Idee den eisernen Löffel biegen und verdrehen kann; Phantasie kann vor Sperrfeuer schützen; Guerillas können sogar *symbolisch* der Kontrolle der Matrix durch die Telefonleitung entkommen. Wie alle postmodernen antimarxistischen Gedanken ist diese scheinbar radikale Revolution der Begrifflichkeit nur der Mond im Wasser, die Blume im Traum. Wenn der Widerstand gegen das reale politisch-ökonomische System zerfällt, dann haben die Menschen keine Wahl außer hoffnungslos und endlos durch das Kapital versklavt zu werden. Kein Wunder, dass Marx in seiner späten Phase sagt, das Postmoderne sei derzeit der beste Komplize der Bourgeoisie.

Wir können schließlich zu einer Schlussfolgerung über diesen aggressiven *Mirror of Production* kommen: Baudrillard ist entschlossen, den marxistischen historischen Materialismus abzulehnen und ersetzt ihn durch einen bösartigen »Spiegel des Symbols«, der trotz seiner kitschigen postmodernistischen Verzierung lediglich ein idealistisches Klischee ist. Im Wesentlichen imaginiert er eine Realität aus dem Nichts. Das ist das abschließende und korrekte Urteil über Baudrillard.

---

284 Im Mai 1968 riefen die Arbeiter von FIAT in Italien die Parole »Niemals arbeiten« in ihrer Streikaktion. Baudrillard sagt, dass sie nicht Brot und Butter wollten, sondern einen Streik um des Streiks willen.
285 Baudrillard, *The Mirror of Production*, S. 141.

Kapitel 4

Anwesenheit und Abwesenheit von Marx: Textuelle Lektüre von Derridas *Marx' »Gespenster«*

In diesem Kapitel nehme ich eine selektive Interpretation von *Marx'* *»Gespenster«* vor, dem wichtigsten Buch über Marx und das marxistische Denken des französischen dekonstruktionistischen Denkers Jacques Derrida.[1] Es ist ein typischer Text des *post*-Marxschen Denkens.[2] (Eben als ich die erste Zeile auf meinem Computer schrieb, erschien ein Popup-Fenster mit dem Nachruf auf Derrida auf dem Bildschirm.[3] Ganz plötzlich wurde Jacques Derridas, einer der bedeutendste Denker von heute, zum Anderen im Sinne Lacans oder in seinen eigenen Worten in *Marx'* *»Gespenster«* zum Gespenst des Denkens, das in dieser Welt nicht gegenwärtig, aber immer mit uns ist.) Unter Derridas akademischen Schriften kann *Marx'* *»Gespenster«* nicht als das befriedigendste oder wichtigste Werk gelten, aber hinter der grellen Aufmerksamkeit, die seinen anderen Werken

---

1   Jacques Derrida, *Marx' »Gespenster«. Der Staat der Schuld, die Trauerarbeit und die neue Internationale*, Frankfurt/M. 1996.
2   Nach meiner Meinung wird der späte Derrida vor allem aufgrund dieses Buchs für einen Vertreter des postmarxistischen Denkens gehalten.
3   Es war am 10. Oktober 1004 um 14:00 Uhr: Derrida war einen Tag zuvor in Paris gestorben.

zuteil wurde, ist es innerlich mit der westlichen postmarxistischen Strömung verbunden und hat unsere Aufmerksamkeit erregt. Derrida erklärt, dass der marxistische Geist aus dem Tod als Gespenst zurückkehrt und diskutiert den Stammbaum der Gespenster, mit dem sich sowohl der Marxismus wie auch die Theorie der Dekonstruktion beschäftigt haben. Eine andere bedeutende Erklärung Derridas in seinem Buch ist, dass wir in der heutigen Welt alle Nachfolger des Erbes des Marxismus sind. »Gespenster« und »Erbe« sind die Schlüsselworte, die Derrida verwendet, um die Beziehung zwischen der Theorie der Dekonstruktion und dem Marxismus zu illustrieren.

I. Radikale Präsenz der abwesenden Gespenster

Im Jahr 1993 befand sich die Bourgeoise weltweit in einem fieberhaften Zustand. Das sozialistische Lager der Sowjetunion und der osteuropäischen Länder, das nach der »Oktoberrevolution« gegründet worden war und das Kapital und den Imperialismus erfolgreich davon abgehalten hatte, die Welt zu kolonisieren und aufzuteilen, war schließlich zusammengebrochen. Die sozialistische Sache erhielt einen weiteren vernichtenden Schlag: die internationale kommunistische Bewegung erlebte den Tiefpunkt einer alles umfassenden Depression. Das Klischee vom »Tod des Marxismus« tauchte wieder auf. In diesem verwirrenden, schmerzlichen Moment für die internationale Linke trat Jacques Derrida, der bekannteste Meister der Dekonstruktion, entschieden mit seinem Buch Marx' »Gespenster« hervor und proklamierte laut die Präsenz von Marx' Gespenstern, womit er mutig gegen die bürgerliche Strömung ankämpfte und deutlich seine linke Position zum Ausdruck brachte, um Marx" kritischen Geist aufrechtzuerhalten. Es ist ein wirklich couragierter und wertvoller Geist, der »gegen den Strom« schwimmt.«[4]

1. Warum will Derrida Marx' »Gespenster« schreiben?

Die erste Frage, die geklärt werden muss, ist die, warum Derrida, der Begründer einer radikalen »postmodernen« Theorie der Dekonstruktion, dieses Buch über Marx schrieb und schreiben konnte. (Wir können nur in die Textinterpretation eintreten, nachdem dieses wichtige Problem gelöst ist. Nach

---

4   Jacques Derrida/Elisabeth Roudinesco, *Woraus wird Morgen gemacht sein? Ein Dialog*, Stuttgart 2006, S. 160.

Fredric Jameson nimmt Derrida eine wichtige »Nachbesserung« in Bezug auf den Marxismus vor. Er denkt, dass Derrida drei Absichten verfolgt: erstens Marx' Texte zu kommentieren; zweitens, »sich in eine politische Umgebung hineinzubegeben, in der es für die Radikalen gegenwärtig keine Wahl gibt«; drittens, »die Grundlage des Marxismus historisch zu retten«.[5] Ich denke, das ist eine ziemliche vereinfachende Bewertung von Derrida. In seiner »Widmung« kündigt Derrida an, dass er dieses Buch Chris Hani, dem ermordeten Generalsekretär der südafrikanischen Kommunistischen Partei, widme.[6] Es gibt nämlich einen konkreten Grund, eines Kommunisten zu gedenken, der aufgrund seines Todes nicht präsent ist. Derrida sagt in einem philosophischen Tonfall, »das Leben eines Menschen, so einzig wie sein Tod, wird immer mehr als ein Paradigma sein und immer etwas anderes als ein Symbol. Und es ist dieses selbst, was ein Eigenname immer nennen sollte«[7] Derrida ist mehr als sentimental. Er verachtet den Feigling, der Chris Hani ermordet hat. In seinen Augen ist Hanis Tod »eine Fahne«, das Martyrium eines Heiligen. Er muss etwas zu seinem Tod sagen.

Der aktuelle historische Kontext für Derridas Schrift ist jedoch weitaus komplexer als das, was wir auf den ersten Blick sehen. Mir scheint, dass es mehrere entscheidende Faktoren gibt, die im Hintergrund von *Marx'* »*Gespenster*« versteckt sind.

Zunächst starb Derridas enger Freund und Lehrer, der berühmte marxistische Philosoph Louis Althusser, nicht lange zuvor.[8] Derrida hat einmal gesagt, dass das Buch tatsächlich ein Dialog mit Althusser trotz seines Todes sei. »*Spectres de Marx* kann in der Tat, wenn man so will, als eine Art Hommage an Louis Althusser gelesen werden. Ein indirekter, aber vor allem freundschaftlicher und nostalgischer, ein wenig melancholischer Gruß.«[9] Es ist ein Dialog mit einem *toten* marxistischen Philosophen, der möglicherweise

5 Frederic Jameson, *Jameson on Jameson. Conversations on Cultural Marxism*, Duke University Press, S. 172.
6 Chris Hani (1941-1993), einer der herausragenden Führer der schwarzen Befreiungsbewegung in Südafrika und Generalsekretär der Kommunistischen Partei Südafrikas. Er wurde am 10. April 1993 von weißen Extremisten getötet.
7 Jacques, Derrida, *Marx'* »*Gespenster*«, S. 7.
8 Althusser starb am 22:Oktiober 1990 an einem Herzinfarkt.
9 Jacques Derrida/Elisabeth Roudinesco, Woraus wird Morgen gemacht sein?, S. 173.

nicht stattgefunden hätte, wäre er noch am Leben. Althusser gilt als Lehrer Derridas, der seine Lehre nicht unmittelbar unterstützt, weil die von Althusser zur Neuinterpretation des Marxismus verwendete moderne strukturalistische Logik bereits zum Angriffsziel von Derridas Dekonstruktion wird. Trotz ihrer großen theoretischen Differenzen hielten sie die ganze Zeit über eine sehr enge persönliche Beziehung aufrecht. (Derrida sagt, er hatte einen wichtigen Austausch und wichtige Gespräche mit Althusser, selbst als dieser psychisch erkrankte. Nachdem der Lehrer gestorben war, fühlte sich Derrida verpflichtet, einige kritische Fragen zu klären, insbesondere in Bezug auf die theoretischen Beziehungen zwischen Dekonstruktion und Marxismus. Es sollte angemerkt werden, dass Marx' »Gespenster« nicht die Konversion Derridas von der Dekonstruktion zum Marxismus beinhaltet, wie es von manchen Kritikern behauptete wird. Derrida war niemals ein Marxist, auch wenn er Marx in seinen späteren Jahren »begrüßte«. Ich denke, dass eine unüberwindliche Barriere zwischen der Logik der Dekonstruktion und dem historischen Materialismus liegt. Derrida stellt in dem Buch seine radikale Heterogenität heraus. Er bewahrt lediglich Marx' kritischen Geist und lehnt die grundlegende Logik des historischen Materialismus ab, was der Hauptgrund ist, warum ich Derrida in die Kategorie der post-Marxschen Strömung einordne. Und diese Strömung kann nicht als ein Teil von etwas im Marxismus gesehen werden.[10]

Zweitens ist das Buch auch das Ergebnis eines konkreten »Todes«, des »Todes des Kommunismus und des Marxismus«, wenn man es in den Worten der westlichen Bourgeoisie formuliert, das heißt des Zusammenbruchs des sozialistischen Lagers der Sowjetunion und der osteuropäischen Staaten. Unter den verbreiteten Klagen und Seufzern fiel die westliche Linke erneut in eine politische Depression. Derridas Marx' »Gespenster« ist eine Reflexion des öffentlich behaupteten Todes. Eben als die westliche Bourgeoisie versuchte, Marx und den Marxismus zu »beerdigen«, wandte sich Derrida gegen den Strom der Zeit, indem er ein spezielles Begräbnis entwarf.[11]

---

10   Vgl. meinen Aufsatz »Post-Marx Thought is not Marxism«, in: *Journal of Nanjing University* (2003, Vol.2).

11   »*Spectres de Marx*« ist vielleicht in der Tat auch ein Buch über die Melancholie *in der Politik*, über die Politik der Melancholie: Politik und die Arbeit der Trauer. (Derrida/Roudinesco, *Woraus wird Morgen gemacht sein?*, S.135).

(Dies ist das Begräbnis. Derrida schreibt das Wort Begräbnis mit einem Großbuchstaben in den Untertitel des Buchs.) In seiner Totenklage sieht Derrida eine wirkliche Wiedererweckung des Marxismus im göttlichen Sinne. Wie Jesu Tod und Wiederauferstehung so verfolgt das gegenwärtige physische Verschwinden die Absicht, dass die Menschen die ewige Göttlichkeit sehen. Das Grab des Körpers ist nichts, während der Heilige Geist für immer in unseren Herzen bleibt. Entsprechend sagt Derrida, es gehe immer um den »Versuch, Überreste zu ontologisieren, sie gegenwärtig zu machen, vor allem darin, die sterbliche Hülle zu *identifizieren* und die Toten zu *lokalisieren*.«[12] Diese philosophische Feststellung bedeutet, dass das Begräbnis den Tod an sich ontologisiert: Das tote Ding wird in den Augen der normalen Menschen auf reale Weise präsenter sein als jemals zuvor! Derrida beruft sich zur Erklärung auf Maurice Blanchots *La Fin de la Philosophie*.[13] Blanchots Logik wird von Derrida »der Begräbnisdiskurs« genannt, in dem die spektrale Logik auch eine der Auferstehung ist. Für Blanchot symbolisieren der Tod und das Ende der Philosophie richtig ihre eigene »Rebellion«, eine göttliche Wiedergeburt statt einer Fortsetzung des vergangenen Lebens.

»Sein eigenster Prozess [der des »philosophischen Geistes«; A.d.Ü] besteht darin, im Augenblick seines ›Dahinscheidens‹ und seiner ›Grablegung‹ selbst sichtbar an der Spitze des Zugs zu gehen, um seine eigene Beerdigungsprozession anzuführen und sich während dieses Gangs emporzuheben, in der Hoffnung wenigstens, sich wiederaufzurichten, um zu stehen (›Auferstehung‹, ›Exaltation‹). Dieses *wake*, diese fröhliche Totenwache der Philosophie ist der doppelte Ausdruck einer ›Beförderung in den Tod.«[14]

Diese sehr schwierige philosophische Darstellung zeigt, dass Derrida im Begräbnis des Marxismus und Kommunismus die »Dringlichkeit der und den Wunsch nach Wiederbelebung« erkennt. Das ist es, was die Bourgeoisie

---

12   Jacques Derrida, *Marx' »Gespenster«*, S. 26.
13   Maurice Blanchot, »La fin de la philosophie«, in: *Nouvelle Revue Française*, Nr 8 (August 1959), S. 286-298 [A.d.Ü.].
14   A.a.O., S. 64.

und gewöhnliche linke Denker nicht sehen können. »Marx' Beerdigung hat wie das gewöhnliche Begräbnis eine Rückkehr unter dem Druck des Gespensts, das heißt des umwandernden ›Geistes‹.«[15] Genau an dem Ort, wo gejubelt oder geweint wird, entdeckt Derrida die eigentliche Rückkehr von Marx.

Schließlich gibt es eine grundlegende Ursache. Seit den 1970er Jahren rückte Derrida in das Zentrum der Aufmerksamkeit des sogenannten postmodernen Denkens in Europa und Amerika. Nach den 1980er Jahren geriet er unter heftige Kritik von linken Akademikern, die der Auffassung waren, dass seiner Dekonstruktionstheorie ein klarer politischer Standpunkt fehle und dass sie nur eine *Komplizin* des herrschenden Kapitalismus sei, denn mit der Zerstreuung durch Différance, Dissemination, Spur geht den Menschen das konventionelle Ziel der gesellschaftskritischen Theorie verloren, der Kapitalismus. Daher war es für Derrida notwendig, in einer entscheidenden ideologischen Erläuterung seine Haltung zu Marx zu verdeutlichen. In den Augen der späten westlichen Marxisten war die radikale Revolte des Postmodernismus zweifellos die finstere Verschwörerin des postindustriellen Kapitalismus.[16] Derrida muss seine Unschuld beweisen. Er muss zunächst beweisen, dass er nicht zum Postmodernismus gehört und dass er die Präsenz von Marx nicht vergessen kann. (Derrida sagt später, dass »ich auf diese Weise für eine lange Zeit zur Stille verurteilt war, einer Stille, die auch angenommen, beinahe gewählt war.«[17]) Als Ergebnis hiervon bildet eine tiefe logische Beziehung – die Verbindung zwischen der Theorie der Dekonstruktion und dem traditionellen Geist der Gesellschaftskritik die Erzählung des Textes.

In meinem Verständnis ist dies möglicherweise der wichtigste theoretische Hintergrund dafür, dass Derrida *Marx'* »*Gespenster*« geschrieben hat. Auf die gleiche Weise ist es ein Dialog mit dem Tod und dem nicht anwesenden Marx oder eine logische Verbindung Derridas und seiner Theorie der Dekonstruktion mit Marx, die hier zu den kritischsten Punkten führt: das

---

15   Jacques Derrida, *Derrida's Speeches in China*, General Compilation and Translation Press 2003, S. 77.

16   Vgl. meinen Aufsatz »What is the Late Marxism«, in: *Journal of Nanjing University* (2000), Vol. 5.

17   Derrida/Roudinesco, Woraus wird Morgen gemacht sein?, S. 137.

anwesende und nicht anwesende Gespenst und das vom toten Anwesenden hinterlassene Erbe. (Ich habe bemerkt, dass manche Kritiker in ihrer Untersuchung von *Marx' »Gespenster«* solche vitalen Worte wie *Gespenst* oder *Erbe* vermeiden, aber sie sind Schlüsselbegriffe, die von Derrida im Buch postuliert werden. Ihre Interpretation muss in die falsche Richtung gehen.)

2. Eine Gedenkpolitik des Tanzens mit Gespenstern

Was die Beziehung zwischen Dekonstruktion und Marxismus betrifft, insbesondere das Problem von Marx im Kontext der Dekonstruktion, so legt Derrida eine überraschende Beschreibung vor: Die Anwesenheit des nicht-anwesenden Gespensts. Wie wir wissen, sind Philosophen gewöhnlich nicht leicht zu verstehen. Als »postmoderner« Denker ist Derrida sogar noch verwirrender. Wir hoffen, seine Rätselhaftigkeit erklären zu können.

Ganz zu Anfang erklärt Derrida seine spezielle Perspektive in einem hegelianischen Tonfall. Der erste Satz ist ein einfacher und verbreiteter Aphorismus: »*Ich möchte endlich lernen, endlich lehren, zu leben.*« (Derrida sagte später, dass ihm dieser Satz einfiel, als das Buch beendet war.) Tatschlich will nicht jeder lernen, sein eigenes Leben zu leben. Im wirklichen Leben wird der Satz oftmals von Älteren benutzt, um ihre fehlgeleiteten Kinder zu disziplinieren. Wenn jemand für sich erklärt, »es *von sich selbst* zu lernen, ganz allein, sich selbst lehren zu leben«, ist es nicht länger ein autoritärer Zwang von außen, sondern die *ethische* Emphase des Werturteils. An dieser Stelle ist Ethik in Derridas Verständnis nicht die übliche moralische Erziehung, sondern vielmehr ein extremer und profunder Weg zum kategorischen Guten. Derrida glaubt, dass man weder durch sich selbst noch durch das Leben selbst zu leben lernen kann, weil das zukünftige Leben noch nicht geschehen ist: Daher kann man nur »vom anderen und vom Tod« lernen. Das bedeutet, dass der Lebende vom toten *Anderen* lernen muss. (»Der Andere« ist der Andere, der in Lacans Sinn eng mit der Existenz des Selbst verbunden ist.)[18] Derrida sagt erschreckenderweise, dass es eine Hetero-Didaktik zwischen Leben und Tod sei. (In meinem Verständnis gibt es hier eine Transformation von Heideggers existentieller Logik des Seins zum Tod.

---

18 Vgl. meinen Aufsatz »The Devil Other: Who Drives You Crazy«, in: *The Journal of Humanities* (2004), Vol. 5.

Vor seinem Tod erklärte Derrida speziell, das »lernen zu leben bedeuten sollte, lernen zu sterben – eine absolute Sterblichkeit anzuerkennen, zu akzeptieren – ohne positiven Ausgang oder Auferstehung oder Erlösung für einen selbst oder irgendjemand anderen. Dass ist die alte philosophische Verfügung seit Platon: ein Philosoph zu sein bedeutet, lernen zu sterben.« Trotzdem folgt Derrida, als er *Marx'* »*Gespenster*« schreibt, nicht einfach der letzten Botschaft Platons, indem er sagt, wie man »lernt zu sterben.«[19] Stattdessen versucht er, die verblüffende und riesige Spannung zwischen Leben und Tod zu hervorzuheben.)

Es kann nur zwischen Leben und Tod geschehen, weder im Leben noch im Tod allein. Es geht nicht darum, vom Tod leben zu lernen, sondern im Leben durch die Beziehung von Leben und Tod zu lernen, »woraus Morgen gemacht sein wird« (*Woraus wird Morgen gemacht sein?* ist ein weiteres Buch von Derrida). In Derridas Augen geht es im der Beziehung zwischen Leben und Tod um den *Wiedergänger*, der die Lebenden verfolgt. Mit anderen Worten, es ist die verstorbene Seele, die noch nicht verschwunden ist. (Sowohl im Osten wie im Westen gibt es viele Geschichten über Geiser oder Seelen, die wegen einer nicht erledigten Schuld oder eines unerfüllten Wunsches nicht fortgehen, zum Beispiel der tote Vater in Hamlet oder die vielen betrogenen Geister in alten chinesischen Geschichten. Daher kann gesagt werden, dass Derridas Denken seinen Ursprung im Nicht-Säkularen hat.) Wenn die Seele niemals fortgeht, entsteht hierdurch eine bestimmte Beziehung der Anwesenheit.) Derrida behauptet, dass eine solche Beziehung sich nur mit einem Geist *selbst erhalten* kann. Das ontologische »Sich-selbst-Erhalten« ist Derridas »lernen zu leben«.

> »Man müsste also die Gespenster lernen. Sogar und vor allem dann, wenn das da, das Gespenstige, *nicht* ist. Sogar und vor allem dann, wenn das Gespenstige, weder Substanz noch Essenz, noch Existenz, *niemals als solches präsent ist*. Die Zeit des›lernen zu leben‹, eine Zeit ohne bevormundendes Präsens, käme auf das zurück, wohin der Auftakt uns führt: Lernen mit den Gespenstern zu leben.«[20]

19   Jacques Derrida, »I Am At War with Myself«, *SV. Derrida (Special Issue)* 2004.
20   Derrida, *Marx' »Gespenster«*, S. 10.

Es ist sehr schwierig, die obige Aussage in gebräuchlichem Sinne zu illustrieren. Aus dem Zusammenhang heraus geurteilt scheint Derrida zu sagen, dass uns der tote Andere, da er mit uns eng verbunden ist, immer noch anstelle eines Körpers mit einer Seele zurücklässt, die weder Substanz noch Wesen noch Existenz ist. Außerdem existiert die Seele für die säkulare Welt nicht und ist »*niemals an sich präsent*«. Trotzdem besteht die Essenz des Lebenlernens darin, mit dem nicht-substantiellen Geist zu leben, der natürlich niemals als wirklich lebender ethischer »Schutz« präsent ist. (Einfach gesagt, wenn wir das abstrakte theoretische Feld verlassen und in unsere spezifische Lebenssituation eintreten, werden wir unsere Vorfahren und Eltern vorfinden, die unsere ursprüngliche Wertestruktur aufbauen und aufrechterhalten. Sie mögen uns verlassen, bevor wir sterben, aber sie bleiben wichtig für unsere Herzen und werden weiterhin bei uns in unserem Leben bleiben. Diese nicht anwesende und nicht-anwesende Beziehung wird hier von Derrida benannt. Der flackernde Geist ist das *Gespenst*, was eines der Schlüsselwörter im Buch ist.

Weiterhin erklärt Derrida, »man kann nicht beanspruchen, einer politischen Wirklichkeit gerecht zu werden, ohne dass man diese gespenstische Virtualität berücksichtigt.«[21] Konsequenterweise führt die Koexistenz mit dem nicht-anwesenden Geist zu einer *Politik* der Erinnerung, des Vermächtnisses und einer Generation mit Verbindung zu Marx. Schließlich beginnt Derrida, über linke Ethik und Politik zu sprechen, nachdem er lange Zeit einen direkten Kontakt zu ihnen vermieden hatte. (Nach meiner Meinung zeigt Derrida hier seinen politischen Standpunkt, um auf die Kritik der Spätmarxisten zu antworten, und Scharfsinn, in diesem historischen Moment zu sprechen, wenn der Grabgesang für die Linke überall zu hören ist. Daher sagt jemand zu Derrida, er habe »eine Zeit gewählt, um dem Marxismus Tribut zu zollen.« Es ist die angemessenste Zeit.)

Es muss darauf hingewiesen werden, dass die von der Erinnerung, dem Vermächtnis und der Generation des Geistes auf die politischen und ethischen Standpunkte ausgeweitete Diskussion auf den seit den 1990er Jahren wachsenden Mangel an Gerechtigkeit gerichtet ist. (In einem westlichen Land nichtanwesende Gerechtigkeit zu diskutieren, ist zweifellos eine

---

21   Derrida/Roudinesco, *Woraus wird Morgen gemacht sein?*, S. 140.

Erklärung einer radikal linken Position.) Es ist zu bemerken, dass Derrida hier sehr deutlich ist; er zögert nicht zu sagen, »wenn ich mich anschicke, des langen und breiten von Gespenstern zu sprechen, von Erbschaft und Generationen, von Generationen von Gespenstern, das heißt von gewissen *anderen*, die nicht gegenwärtig sind, nicht gegenwärtig lebend, weder für uns noch in uns, noch außer uns, dann geschieht es im Namen der *Gerechtigkeit*.«[22] Ich finde, dass die Gerechtigkeit, die eine offensichtliche Neigung zu Politik und Werten hat, nicht das alte Problem ist das die Dekonstruktion aufmerksam verfolgt hat, sondern die Politik und Ethik, von der Derrida heute spricht. In seinem Denken ist Gerechtigkeit eine existentielle Verantwortlichkeit oder ein tiefgründiges Anliegen aus den Tiefen unserer Herzen, wenn wir davon hören, dass Menschen zu Opfern von Krieg, politischen oder andern Formen von Gewalt, nationalistischer, kolonialistischer, sexistischer oder anderer Formen von Vernichtung, Opfer der Unterdrückung des kapitalistischen Imperialismus oder einer der Formen des Totalitarismus werden. Wir alle wissen, dass dies der unmittelbare kritische Zusammenhang des Marxismus ist. Derrida will jedoch nicht durch den marxistischen Diskurs über Gerechtigkeit sprechen. Er verändert geschickt die logische Beziehung, die indirekte Hypothese der Gerechtigkeit. (Diese logische Konversion ist auch relevant für die »différance« des Marxismus in Derridas Dekonstruktion, der wir uns später nähern werden.) Im Ergebnis kann Gerechtigkeit nur aus dem Geist des Nicht-Daseins stammen. (Zu diesem Zweck zitiert Derrida Levinas' »Die Beziehung mit dem anderen – das heißt die Gerechtigkeit.«[23] Die Anderen bezieht sich hier auf die tote, jedoch immer noch einflussreiche Macht, die eine Infragestellung des Werts aus der Perspektive des Anderen ist.) Derrida sagt, »ohne diese *Ungleichzeitigkeit der lebendigen Gegenwart* mit sich selbst, ohne das, was sie im Geheimen aus dem Lot bringt, ohne diese Verantwortung und diesen Respekt vor der Gerechtigkeit in Bezug auf jene, die *nicht da sind*, die nicht mehr oder noch nicht *gegenwärtig und lebendig* sind, welchen Sinn hätte es, die Frage

---

22 Derrida, *Marx' »Gespenster«*, S. 11.
23 Emmanuel Lévinas, *Totalität und Unendlichkeit: Versuch über die Exteriorität*, Freiburg/München 1987, S. 124., zit. nach: Derrida, *Marx' Gespenster*, S. 46.

›Wohin?‹ zu stellen, ›Wohin morgen?‹ (›Whither‹).«[24] Als neuer Linker im postmodernen Kontext spricht Derrida nicht unmittelbar für die Zukunft wie über »wo morgen?« sprechen. Es kann nur aus etwas geschlussfolgert werden, das nicht anwesend ist, das die »lebendige Gegenwart heimlich aus den Angeln hebt«. Hier liegt die Bedeutung des Gespensts in Derridas Zusammenhang. Das Gespenst in der Form der Erinnerungspolitik lässt uns »jede Präsenz als Präsenz an sich überschreiten«. Zugleich muss es, wenn es mit dem Recht der kapitalistischen Sklaverei konfrontiert ist, über das *gegenwärtige* Leben, Leben als *mein Leben* oder *dein Leben*, hinaustragen.

Das ist möglicherweise richtig. Das Gespenst ist jenseits von uns und daher jenseits der lebendigen Gegenwart im Allgemeinen, weil es aus der Perspektive des Lebens bereits tot ist. Verständlicherweise sagt Derrida, dass ein spektraler Moment ein Moment sei, der nicht länger in die Zeit gehört. Die Erscheinung des Gespensts geschieht auch nicht in unserer Raumzeit (Derrida zitiert die berühmte Zeile aus *Hamlet*, um das Gespenst zu beschreiben: »Enter the ghost, exit the ghost, re-enter the ghost.« Slavoj Žižek sagt, dass »Jacques Derrida den Begriff des ›Gespensts‹ ins Spiel gebracht hat, um diese schwer fassbare Pseudo-Materialität zu bezeichnen, die die klassische, ontologischen Gegensätze von Realität und Illusion untergräbt.«[25]) Daher wissen wir, dass Derridas Gespenst nicht der herumfuchtelnde Zauberer oder Geist mit gefletschten Reißzähnen, sondern eine spezielle akademische Referenz ist, die für uns den *Wertbezug* durch diese scheinbar toten oder vergangenen Gedanken kennzeichnet. Zudem nimmt Derridas Gespenst immer ein gerechtes, redliches und verantwortungsbewusstes Aussehen an. Es ist, so sagt Derrida, wie Kants höchstes Axiom, »jene unbedingte Würdigkeit, die Kant über jede Ökonomie, jeden vergleichenden und vergleichbaren Wert und jeden Marktpreis stellte« (Derrida gesteht den großen Einfluss ein, den Kants »Geister«theorie auf ihn gehabt hat. Kants »sollte« in der Form des moralischen Imperativs ist in der Tat

---

24   Derrida, *Marx'* »*Gespenster*«, S. 12. In seinen späteren Jahren schrieb Derrida seinen Dialog mit Roudinesco in einem Buch mit dem Titel *Woraus wird Morgen gemacht sein?* (Jacques Derrida im Gespräch mit Elisabeth Roudinesco: *Woraus wird Morgen gemacht sein?*, Stuttgart 2006).

25   Slavoj Žižek, *Mapping Ideology*, New York 1994, S. 20.

ein Verhältnis der Schuld. »›Sollte‹ ist, was Menschen tun müssen und der Respekt vor der ›Schuld.‹«[26]) Die hohe Stellung der Gerechtigkeit leitet unser Leben »für das, was morgen geschieht« und führt die gesellschaftliche Existenz zu dem Ort »wohin wir morgen gehen sollten.«

> »Aber das Unwiderlegbare unterstellt selbst, das diese Gerechtigkeit das Leben über das gegenwärtige Leben oder sein faktisches Dasein, seine empirische oder ontologische Faktizität, hinausträgt: nicht auf den Tod, sondern auf ein Über-Leben zu, das heißt auf eine Spur zu, von der das Leben und der Tod selbst nur Spuren und Spuren von Spuren wären; ein Überleben, dessen Möglichkeit von vornherein die Identität mit sich der lebendigen Gegenwart wie jeder Faktizität trennt und in Unordnung bringt.«[27]

Nach all diesem Mäandern wendet sich Derrida seinem Lieblingsinstrument zu, der Theorie der Dekonstruktion. Was die »Spuren der Spuren« betrifft, so werden wir dies später diskutieren. Jetzt ist der wichtigste Punkt, was um alles in der Welt dieser mystische Geist ist.

Zu unserer Überraschung ist Derridas letzte Antwort die spektrale Existenz, die als ein Geist entscheidend den homogenen Zwang des gegenwärtigen kapitalistischen Systems zerbrechen kann; oder viel mehr als ein Geist, der tote, aber niemals-wirklich-tote Geist von Marx. Was für eine unerwartete Eröffnung! In den 90er Jahren, einer stürmischen Zeit, als die lärmenden Rufe über den Tod des Marxismus die Welt erschüttern, ruft Derrida mit diesen Worten öffentlich zu einer Rückkehr zu Marx' Geist auf. seine Stimme hat einen tiefgründigen Tonfall; das revolutionäre Erbe, das von Marx hinterlassen wurde, erfüllt immer noch jede Ecke dieser Welt; die Gespenster schweben in der Luft, und niemand kann entkommen. Derrida hofft, die leicht zu vergessende Erinnerung der Politik wiederzubeleben, den kritischen Geist der Zeit neu zu erzeugen.

Diese schwierige logische Deduktion Derridas erschöpft uns, erregt uns aber auch, denn er geht so weit, sich in dieser Zeit auf Marx zu berufen.

---

26 Jacques Derrida, *Derrida's Speeches in China*, Central Compilation and Translation Press 2003, S. 84.
27 Derrida, *Marx' »Gespenster«*, S. 13.

3. Marx und die Gespenstertheorie

Derrida sagt, »ich analysiere all die *Phantome* und insbesondere die Art und Weise, wie Marx selbst das Phantom *jagen* (es *zugleich* aufscheuchen und entfernen) wollte.«[28] Er sagt, dass seine Diskussion der Gespenster unmittelbar von Marx kommt (Dieser Widerschein der Basis unterscheidet sich vom postmarxistischen Denken, ähnelt jedoch der traditionellen marxistischen Logik, was vom allgemeinen Standpunkt des Texts aus gesehen ein Fehler ist.)

Um seine eigene Theorie des Gespensts zu rechtfertigen, erklärt Derrida die existierenden Phantome in marxistischen Texten aus drei unterschiedlichen Perspektiven: Marx' und Engels' *Kommunistischem Manifest*, der *Deutschen Ideologie* und Marx' *Kapital*. (Ich denke, dies gehört zu den wichtigsten Interpretationen marxistischer Texte, die von Derrida hinterlassen wurden.) Der erste Teil des Buchs beschreibt, dass Derrida schockiert war, als er das *Kommunistische Manifest* erneut las, von dessen berühmtem »Gespenst« ausgehend er seine eigene Interpretation beginnt. (Später werden wir uns dem Problem des Gespensts im *Kommunistischen Manifest* in Derridas Sicht nähern.) Die Analyse der *Deutschen Ideologie* und des *Kapital* findet sich im hinteren Teil des Buchs. Was den Teil über das *Manifest* betrifft, so konzentriert sich Derrida auf die Kritik spiritueller Geister durch Max Stirner und andere; in Bezug auf die *Deutsche Ideologie* und das *Kapital* wandelt er Marx' Theorie des Warenfetischismus zu einer weiteren Konzeption von Gespenstern um. Als Nächstes werden wir Derridas Analyse der »Gespenster« untersuchen.

Zunächst identifiziert Derrida eine Gruppe von bleibenden Gespenstern im deutschen ideologischen Zirkel aus der *Deutschen Ideologie*. Derrida beobachtet, dass Marx' Interpretation des Gespensts auf *Negativität* aufbaut, was eine gewisse unbewusste logische Verbindung zwischen dem Geist des toten Hegel und dem zeitgenössischen deutschen Zirkel aufzeigt. (Man bemerke, dass dies in genauem Gegensatz zum Zusammenhang der Gespenster in Derridas Buch steht.) Derrida sagt, die Verbindung des Spiels »bleibt oft unzugänglich, sie verschwindet ihrerseits im Schatten, wo sie rumort und hinters Licht führt«.[29] Daher »ist das Gespenst vom Geist«

---

28 Derrida/Roudinesco, *Woraus wird Morgen gemacht sein?*, S. 372.
29 Derrida, *Marx' »Gespenster«*, S. 199

um genau zu sein, vom Geist des toten Hegel. Nach meiner Meinung ist Derridas Urteil korrekt. Nach seiner Ansicht präsentiert sich das Gespenst in Marx' Augen nicht durch die Realisierung von Hegels absoluter Idee der »Autonomisierung«, sondern vollzieht seine »Rückkehr« zu einem stärker abstrakten Körper *in einem Raum unsichtbarer Sichtbarkeit«.* Zum Beispiel scheint Stirners »Einziger«, das absolute Selbst gegen Hegels kategorialen Begriff zu sein, aber es ist durch das Erscheinen dieses »megalomanischen« Phantoms, dass Hegels Gespenst leicht absteigt. Warum? Weil Stirner den »Einzigen« (das Ego) predigt, dessen »reale Präsenz [...] sich hier in einem eucharistischen Narziss«[30] präsentiert. Für Stirner ist der Narziss eine theoretische Bewusstlosigkeit. Das ist eindeutig eine aufschlussreiche Analyse.

Zweitens weist Derrida auf das Gespenst der kapitalistischen Warenwelt in der Form des Fetischs aus Marx *Kapital* hin. (Es sollte bemerkt werden, dass Marx nicht direkt solche Worte benutzt wie »Gespenst der Ware.«) Für Derrida weist Marx' Analyse des »mystischen Charakter[s] der Ware«, der »Mystifikation des Dings selbst« bereits auf eine spektrale Identifikation hin. »Die Werte des Werts (zwischen Gebrauchswert und Tauschwert), des Geheimnisses, des Mystischen, des Rätsels, des Fetischs und des Ideologischen« bilden »ihre Kette« und die »*gespenstige* Bewegung dieser Kette« zeigt sich durch die Waren hindurch.[31] Der Grund, warum die Ware als Gespenst begriffen wird, das gibt Derrida zu, ist, dass sie etwas jenseits der gewöhnlichen *sichtbaren* Materialität besitzt; in einfachen Worten, »im körperlosen Leib dieser unsichtbaren Sichtbarkeit [...] kündigt sich das Gespenst schon an.« In Derridas Sicht beginnt Marx mit dem gewöhnlichen Holztisch. Wenn er ein Gegenstand ist, dann ist es ein fassbares Ding. Wenn er zur Ware wird, findet eine dramatische Veränderung statt.

> »Diese hölzerne und starrköpfige Dichte verwandelt sich in ein übernatürliches Ding, in ein sinnlich unsinniches Ding, sinnlich aber unsinnig, sinnlich übersinnlich [...] Das Spuk-Schema erscheint von nun an unerlässlich.«[32]

---

30   A.a.O., S. 210.
31   A.a.O., S. 234.
32   A.a.O., S. 237.

In diesem Moment ist der Tisch als eine Ware nicht länger ein materielles Ding. Er *transformiert* sich in ein Gespenst, um »Gestalt anzunehmen«. Derrida behauptet, dass die Metamorphose der Waren bereits ein Prozess der verklärenden Idealisierung, war, den man berechtigterweise spektropoetisch nennen könnte. Er sieht richtig, dass die Transzendenz des unsichtbaren Dings zum unsichtbaren Gespenst nicht nur die Phantomisierung der Warenform, sondern die Phantomisierung der gesellschaftlichen Bindung ist. (Marx interpretiert dies als die gesellschaftliche Beziehung zwischen Menschen, die in eine Beziehung zwischen Sachen verkehrt wird.) Die realen gesellschaftlichen Bindungen (die Beziehungen der gesellschaftlichen Arbeit) verlieren ihre Natur und verwandeln sich in Gespenster, deren »Eigenes darin besteht, dass sie wie »Vampire [...] ihres Spiegelbilds beraubt sind.«[33] Das Arbeitsverhältnis ist verdeckt und zurückgedrängt zu einer illusorischen materiellen Beziehung, während dieser Austausch zwischen Dingen aus der Phantasmagorie stammt. Ohne Zweifel wird die wirkliche Quelle des Mehrwerts aufgrund dieser äußerlichen Illusion beseitigt, was genau das Geheimnis der hinter der Legitimität der kapitalistischen Produktion verborgenen Ausbeutung ist. Derrida sagt, dass »Marx das Restprodukt der Arbeit als ›gespenstige Gegenständlichkeit‹ bestimmt««[34] hatte. Offensichtlich ist das Phantom hier etwas ganz anderes als der Geist in der *Deutschen Ideologie*, der von Derrida zuvor erwähnt wurde.

Ich bemerke, dass die obigen Beschreibungen des Gespensts in Marx' Text nicht logisch mit Derridas eigener Theorie verbunden sind. Sie sind einfach theoretische Beweise von Marx' Schreiben über Gespenster. Derrida will möglicherweise sagen: Seht her, auch Marx beschäftigt sich mit dem Thema des Gespensts in vielen Texten zu unterschiedlichen Zeiten. Trotzdem bleiben Derridas illustrierende Beweise ziemlich am Rand. Daher denke ich, dass Marx' »Gespenstertheorie« hier wirklich Derridas eigenes Denken stützen kann. Wie wir wissen, ist das Gespenst selbst im *Kommunistischen Manifest* eine ironische Illustration der notwendigen Präsenz als Totengräber des Kapitalismus, was sich grundlegend von dem unterscheidet, was Derrida mit der Natur des Gespensts bezeichnen will. Was ist also der historische

---

33   A.a.O., S. 245.
34   A.a.O., S. 262.

Ursprung von Derridas eigenem Gespenst? Wir können ebenso gut mit der Analyse fortfahren.

4. Der historische Stammbaum von Derridas Gespenstertheorie

Derridas Gespenstertheorie liegt im tiefen Schatten der Geschichte. Sie ist eine rezessive logische Kopie verschiedener akademischer Begriffe. Derrida führt dieses Thema zunächst mit dem »Gespenst« aus Marx' und Engels' *Kommunistischem Manifest* ein und wiederholt dann, dass seine Geistertheorie in Verbindung zu Shakespeares *Hamlet* steht. Es scheint, als treibe der ethische Sog, den der tote Geist des Königsvaters auf den Prinzen ausübt, seine Rachelogik an. (Derrida sagt jedoch später, dass die Geistertheorie nicht unmittelbar mit dem *Kommunistischen Manifest* und *Hamlet* in Verbindung gebracht werden kann.[35]) Nach meiner Meinung gibt es tief in Derridas Denken verschiedene Figuren des Anderen, hauptsächlich seiner bedeutenden Landsleute.

Zunächst Pascals und Goldmanns *Der verborgene Gott* und die »Theorie der Wette«. Es ist bekannt, dass im triumphierende Fortschreiten der industriellen Moderne nach dem Mittelalter der theologische Denker Pascal als Erster den hilflosen Rückzug und das Schweigen Gottes in diesem neuen säkularen Land erkennt, weswegen er an jene appelliert, die noch Göttlichkeit in ihren Herzen haben, auf die verborgene Existenz eines abwesenden Gottes zu wetten. Diese wichtige neue Logik der Werthypothese wird vom französischen Marxisten Lucien Goldmann weiterentwickelt, der erklärt, dass die letzte Hoffnung auf menschliche Befreiung im heutigen allumfassenden Sieg des Kapitalismus in der beharrlichen Wette auf das marxistische und sozialistische *Morgen* bestehe.

Nach Pascal sieht Gott, obwohl er sich still von der modernen materiellen Welt zurückgezogen hat, immer noch die Menschen, die nicht für Gott kämpfen, sondern für die Rettung ihrer selbst, für die Veränderung der Welt. Wenn sie aufgeben oder weichen, werden die Menschen die wirkliche Möglichkeit verlieren, ihre Welt zu retten oder zu transformieren. Solange Menschen leben, müssen sie handeln und kämpfen, und der verborgene Gott wird da sein mit Hoffnung; zu leben, die Möglichkeit zu

---

35 Jacques Derrida, *Derrida's Speeches in China*, S. 78.

haben ist die letzte und einzig reale Möglichkeit. Pascal sagt daher, dass wir keine Wahl haben; *wir müssen auf die Existenz Gottes wetten; wir müssen auf Gottes Blick wetten; und wir müssen darauf wetten, dass Gott unsere Klagen hört!* Nur auf diese Weise können wir gerettet werden; sonst versinken wir für immer in der Dunkelheit. Auf die Existenz Gottes zu wetten, bedeutet hier nicht völlige Zurückgezogenheit; wir müssen lernen, mit dem Teufel zu koexistieren. In der obigen Metapher bezieht sich der sogenannte Teufel in Pascals Schriften auf die stille materielle Welt. Es ist eine Tragödie, Gott wie auch den Teufel zu stillen Beobachtern zu machen.[36] In der heutigen bürgerlichen instrumentellen Rationalität und dem Königreich des Marktes ist das frühere Böse zu einer Motivation legitimiert worden, und das materialistische Begehren wird in ein gerechtfertigtes Ziel verwandelt, das die Menschen verfolgen sollen. Der Teufel in Goethes *Faust* entspricht diesem *Bösen, das noch nicht als Böses identifiziert ist.* Für Menschen bedeutet in der materiellen Welt zu leben, einen Vertrag mit Gott zu unterzeichnen, der nicht spricht, aber freundlich beobachtet und erwartet, dass wir den Teufel besiegen und die Stadt Gottes erreichen (Derrida erwähnt an einer Stelle unmittelbar diesen »sichtbaren Gott«.[37])

Tatsächlich ist dies auch Goldmanns grundlegende Positionierung des angeblich »tragischen Menschen« im Kapitalismus. Mitte der 1950er Jahre verfiel die internationale kommunistische Bewegung in eine furchtbare »Depression«, und der 20. Kongress der KPdSU verursachte eine große Spaltung, die dazu führte, dass das gesamte europäische linke Lager und der Marxismus unter einer theoretischen Schizophrenie litten. Plötzlich feierte die gesamte bürgerliche Welt das »Ende der Ideologie« und den Tod des Kommunismus. Und das Tor zur vollständigen Befreiung der Menschheit, das Marx 100 Jahre zuvor geöffnet hatte, schien in kürzester Zeit verschlossen. Eine große Zahl von europäischen Linken fiel in den Abgrund der Verzweiflung, während sich viele sozialistische Enthusiasten abrupt nach rechts wendeten. Das ist der wichtige historische Kontext von Goldmanns *Verborgenem Gott*. Vor diesem Hintergrund versucht Goldmann das reale Problem zu lösen, das deutlich nicht das Thema oder die Methode der

---

36 Lucien Goldmann, *Der verborgene Gott*, Neuwied 1973.
37 Jacques Derrida, *Marx' »Gespenster«*, S. 74.

Erschaffung eines bestimmten literarischen Werks ist, sondern das des menschlichen Überlebens und das Dilemma der menschlichen Befreiung unter den gesellschaftlich-historischen Bedingungen des gegenwärtigen Kapitalismus. Goldmann will durch die Untersuchung Pascals, Racines und so weiter einfach einen Weg der Selbsterrettung in der gegenwärtigen kapitalistischen Realität finden. Mit anderen Worten, Goldmann konzentriert sich nicht in der Weise auf die Existenz Gottes wie Pascal: Er will die Wette auf die Existenz einer marxistischen und sozialistischen Hoffnung; weder die materiellen Interessen aufgeben noch den Kampf, insbesondere das Kämpfen für ein schönes »Morgen«. Das ist die wirkliche Grundlage seines Spiels mit der theoretischen Logik wie auch die tragische Realität der internationalen kommunistischen Bewegung.

Ich denke, dass Derrida Goldmanns verborgenen Gott zu einem abwesenden Gespenst macht, mit dem die hilflose Koexistenz mit dem Teufel in die Freude des Tanzes mit dem Gespenst verwandelt wird. Im Ergebnis wird das Gespenst die Werthypothese, die die Abwesenheit der realen Existenz einführt.

Zweitens, die Abwesenheit von Lacans Wirklichem Gespenst. Das großgeschriebene Reale bei Lacan bezieht sich auf *die relationale Existenz der unmöglichen Präsenz*, die sich zeigt, nachdem die menschliche Existenz durch die symbolischen Zeichen getötet worden ist. Sein Reales ist nicht die wirkliche Kongruenz der Erkenntnis äußerer Dinge wie in der traditionellen Epistemologie, sondern eine ontologische Bestimmung oder eine Nicht-Pseudowahrheit, eine nicht-falsche Wahrheit in der personalen Ontologie. Das Reale ist so etwas Ähnliches wie Kants Ding an sich. Eine weitere wichtige Sichtweise von Lacan ist, dass das Reale die »realistische Präsenz des Gespensts bedeutet, dessen Bedeutung in seiner Konstruktion der Anwesenheit durch Abwesenheit liegt. In einem gewissen Sinne gibt es keine Realität ohne das Gespenst. Der Mensch hofft auf »etwas« *Unmögliches*, das immer auf der anderen Seite der Realität ist. Hier ist »etwas« Kants epistemologisches Ding an sich, jedoch logisch transformiert durch Lacans negative Ontologie. Interessanterweise spezifiziert Lacan »etwas« direkt als das *Ding mit einem Großbuchstaben*[38]. In seinen Augen kann das Reale Ding nur

---

38   la Chose [A.d.Ü].

durch eine traumatische Demonstration von objet petit a (Objekt klein a), *das zuvor weggeschickt* und jenseits seines Reiches eingestellt, aber hier nie realisiert wurde, bestätigt werden. Trotzdem ist es wie das metonymische Objekt der Begierde zugleich *die wirkliche Ursache für die Entstehung des Begehrens* und *das Heimweh*, das durch Selbstkonstruktion und Subjekt/Existenz, die ontologisch gewollt und für immer beseitigt werden, hervorgebracht wurde. Das Objekt klein a ist ein *unmögliches* Ding, dessen Natur in der Ontologie der menschlichen Existenz das Verschwinden ist, das die Möglichkeit für die Subjekt/Existenz und für das *Objekt des wirklichen Begehrens* wie auch für die *Ursache des Begehrens* bestreitet. Diese Unmöglichkeit ist trotzdem das wirkliche Sein des Menschen.[39] (Es ist vielleicht ein Zufall, dass Lacan in seinen späteren Jahren einen Essay geschrieben hat, der *Hamlet* mit dem Begehren des Anderen analysiert.)

Ich denke, dass dieses Präsent-Sein der unmöglichen Präsenz das Wesen von Derridas Gespenst reflektiert. (Es gibt jedoch eine Debatte zwischen Lacan und Derrida darüber, wer des zuerst gesagt hat und wer den anderen beeinflusst.)

Drittens das Gesicht des Anderen bei Levinas. Für Levinas sehen Menschen sich selbst nur durch das Gesicht eines Anderen. »Gesicht« ist ein sehr wichtiges Wort in der Philosophie von Levinas, der es für einen phänomenologischen Begriff hält. Als Metapher spielt es nicht auf das Gesicht einer spezifischen Person an. Levinas sagt, dass das Ding, »was bei Platon die Seele ist, die die Ideen schaut, das, was Spinoza als Form des Gedankens betrachtet – [...] sich phänomenologisch als *Angesicht* beschreiben«[40] lässt. Er behauptet, dass das Gesicht eine nicht-physische, nicht-substantielle Seele in der Existenz des Menschen symbolisiere, was gelegentlich »Ausdruck« genannt wird. Bei jemandem, der stirbt, wird das Gesicht zur Maske. Der Ausdruck verschwindet. Levinas diskutiert auch den Anderen durch das Gesicht, beziehungsweise sein Anderer ist nur im Gesicht präsent. Gesicht

39   Vgl. Kapitel X in meinem Buch *Die Wahrheit des Unmöglichen Seins: Das Abbild der Lacanschen Philosophie*, Commercial Press 2005.

40   Emmanuel Levinas, *Gott, der Tod und die Zeit*, Wien 1996, S. 22. Die folgende Diskussion bezieht sich größtenteils auf *Gott, der Tod und die Zeit*, den Transkriptionen seiner Vorlesungen an der Sorbonne 1975-1976.

wird hier nicht im physischen Sinn gebraucht. Es erscheint nicht unmittelbar. Es »zwingt« mir jedoch seine Anforderung auf. Das Gesicht besitzt wie der Andere eine »nicht-gewaltsame« Kraft und sendet einen stillen aber bedeutungsvollen und durchdringenden Blick, der jederzeit bereit ist, auf meine Antwort zu reagieren. Das Gesicht bezeichnet den/die *gesichtslosen* Anderen; wichtiger ist, dass die Epiphanie des Gesichts die umfassende Sprache ist. Daher spricht das Gesicht selbst in der Stille.

Levinas macht ein andere wundervolle Aussage: »Das menschliche *esse* ist nicht ursprünglich *conatus*, sondern Geiselschaft, Geisel des Anderen.«[41] Tatsächlich ist Levinas' Geiselbeziehung die Verantwortung des autre für den Anderen, was die ethische Natur von Menschen begründet. »Der Mensch, der Geisel aller anderen ist, ist für die Menschen notwendig, denn ohne ihn begänne niemals Moral.«[42] Der Mensch wird während des »unwiderstehlichen Rufs der Verantwortung« konstruiert. »Jemand, der sich durch seine Nacktheit – das Angesicht – ausdrückt, ist jemand, der dadurch an mich appelliert, jemand, der sich in meine Verantwortung begibt: Von nun bin ich für ihn verantwortlich. All die Gesten des Anderen waren an mich gerichtete Zeichen.«[43] Man kann sehen, dass autre, das sich zuvor durch das andere Selbstbewusstsein bei Hegel bestimmt, jetzt eine Selbstreferenz ist, die durch Verantwortlichkeitsbeziehungen erreicht wird. »Das Ich pointiert sich in seiner Eigenschaft nur, indem es auf den Anderen antwortet und zwar in einer Verantwortung, vor der es kein Entrinnen gibt, in einer Verantwortung, der man niemals enthoben ist.«[44]

In meinem Verständnis ist Levinas' Anderer eine abwesende Anforderung der relationalen Ethik. Der Andere in der Erscheinung eines Schuldners reflektiert ebenfalls die Spannung des Werts für die Existenz von Derridas Gespenst.

Vor dem Hintergrund der obigen Illustration verschiedener philosophischer Denker denke ich, ist es nicht schwierig, bestimmte Spuren des Gespensterdiskurses in Derridas Buch zu finden. Jetzt, wo der wichtige Kontext klar ist, werden wir als Nächstes zu Derridas Gespenstertheorie kommen.

41   A.a.O., S. 31.
42   Emmanuel Levinas, *Vier Talmud-Lesungen*, Frankfurt/M. 1993, S. 162.
43   Emmanuel Levinas, *Gott, der Tod und die Zeit*, S. 22.
44   A.a.O., S. 30.

II. Theoretische Logik von Derridas Gespenstertheorie

Die Gespenstertheorie ist der Fokus von Derridas *Marx' »Gespenster«*. Zugleich ist es eine Art von politisch motivierter kritischer Ethik, die auf der logischen Plattform seiner Dekonstruktion basiert. Diese moralische Spannung leitet sich jedoch nicht aus einem objektiven Ziel in der Realität ab; sie ist eine Werthypothese, deren Voraussetzung eine indirekte reale Existenz ist, das heißt einer Art von ideeller Unmöglichkeit, die vom postmarxistischen Denken allgemein akzeptiert wird. In seinem Buch benutzt Derrida die Logik des Gespensts, um den Marxismus aufrechtzuerhalten, der seine realistische Grundlage, insbesondere die vom Marxismus eingeführte kritische Dimension des kapitalistischen Systems, in der kapitalistischen Globalisierung verloren hat.

1. Dekonstruktion und das unmögliche Gespenst

Derrida erklärt, dass er das Wort »Gespenst« lange Zeit untersucht hat (Nach Takahashi Tesuya benutzt Derrida seit seiner Veröffentlichung von »Platons Pharmazie« das Wort »Gespenst« mehrere Male, um das Unmögliche zu illustrieren.[45] Die Untersuchung des Unmöglichen ist ein Problem, das sowohl von Bataille wie von Lacan genau verfolgt und tief diskutiert worden ist) Was das Gespenst betrifft, so hat Derrida sicherlich sein eigenes Verständnis.

Zunächst erklärt Derrida, dass die Bestimmung des Gespenstischen die Bedeutung des Werts und der Dekonstruktion besitzt, eben weil das Kennzeichen des Gespenstseins weder Leben noch Tod, weder Anwesenheit noch Abwesenheit, weder wahr noch falsch ist. Das ist eine sehr wichtige theoretische Positionierung. Er macht deutlich:

> »Zunächst ist dieses Buch eine Reflexion der Konzeption des Gespenstischen, die seit langem ein Anliegen von mir ist. Ein solches Denken kann in meiner frühen Forschung gefunden werden. Ein Gespenst ist nicht nur einfach eine Seele oder ein Geist, der zur Unzeit zurückkehrt und uns ruft, das Vermächtnis anzutreten.

---

45 Takahashi Tetsuya, *Derrida: Deconstruction*, Hebei Eductional Publishing House 2001, S. 223.

Es ist weder Leben noch Tod, weder wahr noch falsch; es führt die Geisterdimension wieder in die Politik ein und hilft uns den gegenwärtigen politischen Raum, die Medien, Tausch und andere Strukturen zu verstehen. Das ist eines meiner Hauptmotive, dieses Buch zu schreiben. Die Konzeption des Gespenstischen taucht überall im Text auf und ist daher die Hauptlinie dieses Buchs.«[46]

Derridas Konzeption des Gespensts ist in der Tat auf der Plattform der Dekonstruktion begründet. Die Anwesenheit und Abwesenheit des Gespensts ist die Voraussetzung im dekonstruktivistischen Zusammenhang. Wie wir wissen, besteht der Kern von Derridas Theorie in der Dekonstruktion des festgefügten Systems und des real existierenden Falschen, indem die ontologische »différance«, »Dessemination« und »Spur« alle die unzulässige Präsenz des Zentrums aufzeigen. Dekonstruktion ist jedoch eine funktionale Konstruktion mit einer dialektischen Konstruktion anstatt einer nihilistischen Verneinung. Daher ist différance das Kommen des Abwesenden, was vollkommen zu Derridas Aussage von »anwesend oder nicht-anwesend sein«, «weder Leben noch Tod« und »weder wahr noch falsch« passt (Imre Szeman denkt, dass Derridas Gespenst das höchste Bild der Dekonstruktion sein könnte. Das Gespenst existiert in gewisser Weise außerhalb der Ontologie. Es ist eine unmögliche Möglichkeit, die all die Geschlossenheit erschüttert, die die Ontologie verfolgt. Das Bild des Gespensts ist abwesend, unsichtbar, jedoch immer da, schwebt über dem Noumenon als die unsichtbare Sichtbarkeit.[47]) Entsprechend liegt der Schlüssel zu Derridas Begriff des Gespensts zwischen »dem Anwesenden und Abwesenden«, »Sichtbaren und Unsichtbaren«, »Möglichen und Unmöglichen« und »Leben und Tod«. Es sollte auch angemerkt werden, dass Derridas Gespenst der Dekonstruktion hier nicht nur ein einfaches akademisches Argument ist. Sein Hauptzweck ist es, mit dieser Anstrengung die Geisterdimension der Politik wieder einzuführen. Derrida ruft nach der Anwesenheit von Marx als dem abwesenden Gespenst. Er strebt eine neue Kritik des umfassenden Siegs des Kapitals in der Weltgeschichte an.

---

46   Jacques Derrida, »Dialogue about Marxism«, [bei Zhang Yibing als Übersetzung aus dem Chinesischen angegeben; A.d.Ü.]
47   Imre Szeman, »Ghostly matters: On Derrida's Specters«, in: *Rethinking Marxism* 12.2 (2000), S. 104-116.

Zweitens sagt Derrida, dass er hier absichtlich das »Geisterhafte« mit der Konzeption des herabsteigenden Messias verbindet.[48] (Natürlich unterscheidet sich dies wesentlich vom Wort »Gott« in der *Internationale*.) Diese Verbindung ist mysteriös, weil Derridas herabsteigender Messias auf diese Weise gesetzt wird: Jede Existenz, jede Erfahrung ist durch den Anderen in einer unvorhersagbaren Ankunft der Referenz strukturiert. Ohne diese Tendenz, der Tendenz zur Spannung der unvorhersagbaren Ankunft des Anderen, gibt es in Zeit und Raum keine Erfahrung, über die gesprochen werden kann.[49] In Derridas Schriften ist der herabsteigende Messias durch die Ankunft des Anderen in einem Ereignis repräsentiert, in seinen Worten: »Deszendisation«. Zugleich ist Derridas Konzeption des Anderen tatsächlich ein bestimmter Anderer im göttlichen Kontext, ähnlich Pascals und Goldmann »Verborgenem Gott«. Daher kann dieser Andere herabsteigen oder nicht kommen. Er kann erretten, oder er kann nicht erretten. (Hier sehen wir verschiedene Figuren der zuvor erwähnten Denker.) Diese »Deszendierung« des Gespensts als der Andere zeigt unvermeidlich eine neue *Göttlichkeit*.

Drittens Sichtbarkeit und Unsichtbarkeit von Derridas Gespenstern. Wir können erkennen, dass Derridas Gespenst weder die Ikone oder das Idol des theologischen Zusammenhangs ist noch die Illusion in Platons epistemologischem Sinn, denn es ist tatsächlich das *Gewesensein der Toten* (Marx hat einst gelebt, ist aber jetzt tot.) »Dieses Ding, das keines ist, [...] auch wenn es wieder erscheint, sieht man es nicht in Fleisch und Blut.«[50]

»Es *ist* nämlich etwas, was man nicht weiß, und man weiß nicht, ob das eigentlich *ist*, ob das existiert, ob es auf einen Namen hört und ihm ein Wesen entspricht. Man *weiß* es nicht – aber nicht aus Unwissenheit, sondern weil dieser Nicht-Gegenstand, dieses Anwesende ohne Anwesenheit, dieses Da-Sein eines Anwesenden oder eines Entschwundenen nicht mehr dem Wesen untersteht.

---

48 Derrida, *Derrida's Speeches in China*, S. 78.
49 A.a.O., S. 79.
50 Nach dem Tod von Lenin und Mao Zedong wurden ihre sterblichen Überreste konserviert. Derridas Gespenst bedeutet nicht den sichtbaren Körper, sondern den unsterblichen Geist von Marx.

Jedenfalls nicht mehr dem, was man unter dem Namen des Wissens zu wissen glaubt. Man weiß nicht, ob es lebendig ist oder tot.«[51]

Es ist ein Ding, das der Mensch nicht sehen kann. »Dieses Ding erblickt dagegen uns und sieht uns, wie wir es nicht sehen, selbst wenn es da ist.«[52] (Das erinnert mich an den Gott des jungen Lukács, der uns still beobachtet.) In den Augen Derridas ist »ein Gespenst immer ein Wiedergänger.« Trotzdem wird nicht jeder tote Geist zu einem Gespenst; nur diejenigen, die die Lebenden durch ein Vermächtnis der Erinnerung oder des Geistes verfolgen, können sich in Gespenster verwandeln. Spuk ist eine ethische Verbindung. Das Gespenst erscheint als *der unsichtbare emotionale Bezug und als Wertunterstützung*, daher ist es immer der Wiedergänger, der mit unserer Existenz verbunden war und ist. Daher sind wir Lebenden fähig zu fühlen, dass das Gespenst eines Anderen und beständig beobachtet, so wie es der Geist-Vater von Hamlet tut.

> »Dieser gespenstische *jemand anders* erblickt uns, und wir fühlen uns von ihm erblickt, außerhalb jeder Synchronie, vor jedem Blick von unsere Seite und jenseits davon, gemäß einer absoluten Dissymmetrie und Vorzeitigkeit (die von der Ordnung der Generation, mehr als einer Generation, sein kann), gemäß einem absolut unbeherrschbaren Missverhältnis.«[53]

Der Andere beobachtet uns mit diesem asymetrischen Blick. Wir können ihn nicht sehen, was seinen ewigen Blick auf uns jenseits von Zeit und Raum nicht blockiert. Das ist das Andere *Gesicht* des Gespensts. Derrida fügt in Bezug auf das Gespenst hinzu »man kann sein Kommen und Gehen nicht kontrollieren, weil es *mit der Wiederkehr beginnt*.«[54]

> »Phantom oder Wiedergänger, sinnlich unsinnlich, sichtbar unsichtbar, das Gespenst sieht zunächst einmal uns. Von der anderen Seite des Auges, Visier-Effekt, betrachtet es uns, bevor wir es sehen oder bevor wir überhaupt sehen.«[55]

---

51 Jacques Derrida, *Marx' »Gespenster«*, S. 22.
52 A.a.O.
53 A.a.O., S. 23-24.
54 A.a.O., S. 28.
55 A.a.O., S. 162.

Der abwesende Andere beobachtet uns still. Es ist nicht ein einfacher »Blick«, sondern *ein ontologischer Blick*, aus dem heraus der Andere »das Gesetz macht« und die »Anordnung liefert« (Lacan würde es in einer völlig negativen Erklärung zum Ausdruck bringen.) Zudem besteht die wichtigste Funktion des Gespensts in der *Infragestellung der realen Existenz*. Derrida sagt, »wenn es so etwas gibt wie die Spektralität, das Gespenstige, dann gibt es Gründe, diese beruhigende Ordnung der Gegenwarten anzuzweifeln, und vor allem die Grenze zwischen der Gegenwart, der aktuellen oder präsenten Realität der Gegenwart.«[56] Folglich spielt Derridas Gespenst auch die Rolle eines radikalen Maßstabs für die Menschen, um über bestehende Dinge zu reflektieren. Unsere Existenz ist nichts anderes als die Reaktion des spektralen Anderen. Natürlich wird eine solche Antwort nicht unmittelbar gegeben. Für Žižek bedeute Derridas Sicht auch, »Unsere Schuld gegenüber dem Anderen kann nie vollständig zurückerstattet werden; unsere Antwort auf den Ruf des Anderen kann niemals völlig ausreichend sein.«[57]

Im Kontext der Realität bestimmt Derrida die gegenwärtige Bedeutung des Gespensts:

»Heute scheint der Begriff der ›Spektralität‹ als etwas wie Technologie, Mittel des Austauschs und der Transformation wie Fernsehen, Netzwerk, Telefon, Mobiltelefon und so weiter interpretiert zu werden, was dem physikalischen raum und dem geotropischen Raum unterliegt, wobei es notwendig ist, diese Technologien und ihre Entwicklung in unserer Zeit zu analysieren. Das ›Gespenst‹ bezeichnet etwas, das weder real noch imaginär ist, weder lebend noch tot. Es macht ein technisches Bild der Verbreitung und des Abdrucks.«[58]

Das ist eine assoziative Illustration der realen Situation der Gespenstertheorie: unsere unmittelbare Umgebung wird spektralisiert. Hier fällt Derrida von der metaphysischen Ebene auf die unter-metaphysische materielle Realität.

---

56   A.a.O., S. 69-70.
57   Slavoj Žižek, *Totalitarismus–Fünf Interventionen zum Ge- oder Missbrauch eines Begriffs*; Hamburg 2012, S. 127.
58   Derrida, *Derrida's Speeches in China*, S. 78.

Wir sehen, dass Derrida in dieser komplexen Umgebung die Konzeption des »Gespensts von Marx« vorbringt. Im Gegensatz zum umfassenden Sieg des gegenwärtigen Kapitalismus verlieren Marx und der Marxismus die kritische Präsenz des realen Seins. Aber diese Unmöglichkeit in der Realität macht sie sogar noch edler, so dass eine gerechte Spannung im Feld der Realität entsteht. Aus diesem Grund erhält das Scheitern selbst spektrale Bedeutung. Marx' Gespenst ersteht schließlich wieder auf und kehrt aus dem Tod zurück.

Jetzt muss Derrida von Marx' Gespenstern sprechen. »In dem Augenblick, wo eine neue, weltweite Unordnung ihren Neo-Kapitalismus und ihren Neo-Liberalismus zu installieren versucht, gelingt es keiner Verneinung, sich aller Gespenster von Marx zu entledigen.«[59] Auf der anderen Seite hat Derrida als Schüler des westlichen Marxisten Althusser die Dekonstruktionstheorie tief mit dem kritischen Geist der marxistischen historischen Dialektik verbunden. Im Unterschied dazu wandelt Derrida bereits Marx' unmittelbare Präsenz in Althussers Philosophie in die indirekte Präsenz eines logischen Gespensts um. Möglicherweise ist diese Schuld tief in den argumentativen Worten vergraben. Trotzdem, wenn das gegenwärtige Haus des Denkens seines Lehrers und der geistige Tempel der Dekonstruktinslogik vor der Zerstörung stehen, denkt Derrida, dass an der Zeit ist, Stellung zu beziehen und die Schuld zu begleichen, die Schuld des theoretischen Erbes von Marx, dem Anderen.

»Im Grunde ist das Gespenst die Zukunft, es ist immer zukünftig.«[60]

2. Für Marx' Gespenster sprechen

»Und jetzt die Gespenster von Marx«, ist die einleitende Bemerkung von Derridas Marx' »Gespenster«.[61] Das sogenannte »jetzt« bezieht sich auf den April 1993[62], weniger als ein Jahr nach dem Zusammenbruch der

---

59   Derrida, Marx' »Gespenster«, S. 66–67.
60   A.a.O., S. 69.
61   A.a.O., S. 17.
62   Im April 1993 hielt das Center for Ideas and Society der University of California–Riverside eine Konferenz unter dem Titel »Whither Marxism? Global Crises in International Perspective« ab. Derrida war eingeladen, zwei Vorlesungen unter dem Titel »Specters of Marx, the State of the Debt, the Work of Mourning, & the New International« zu halten, auf denen sein Buch Marx' »Gespenster« basiert.

früheren Sowjetunion. Derrida erklärt einmal, dass dieses Buch nach den grundlegenden historischen Veränderungen in der früheren Sowjetunion, Osteuropa wie auch in China geschrieben wurde. (Wie wir wissen, bedeuten »grundlegende historische Veränderungen« hier die Krise, die die internationale kommunistische Bewegung erlitt.) Derrida gibt zu, dass die wichtige Schlussfolgerung von *Marx'* »*Gespenster*« für ihn bedeute, dass Marx' Ende und Tod wie auch das Ende des Marxismus, des Leninismus und Kommunismus die Schlussfolgerung des historischen Ereignisses jener Zeit neu interpretieren sollte, insbesondere im Westen.[63]) Das ist korrekt. Derrida sagt, er habe »versucht, daraus einige Folgerungen innerhalb der geopolitischen Situation zu ziehen, die auf das Erdbeben, das auch den Namen ›Zusammenbruch des Kommunismus‹ trägt, [...] folgte.«[64]

Mit anderen Worten, von der Aussage über das Gespenst des Kommunismus, das in Europa umgeht, die Marx und Engels 1848 machten, bis zur »Oktoberrevolution« 1917 wird dieses Gespenst »im Namen von Marx« in Russland als umgewandelte historische Präsenz der Realität hochgehalten. Achtzig Jahre später jedoch tritt es wieder ab. (Diesmal verwandelt sich der Kommunismus in Derridas Augen vom unvermeidlichen, unentwirrbaren Gespenst in ein abwesendes Gespenst.) Derrida ist sich bewusst, dass heute die ganze Welt über das Ende des Marxismus und Fukuyamas eschatologisches »Ende der Geschichte« spricht.[65] Sie ruft:

---

63 Jacques Derrida, Derrida's Speeches in China, S. 76.
64 Jacques Derrida/Elisabeth Roudinesco, Woraus wird Morgen gemacht sein?, S. 135.
65 Francis Fukuyama (geb. 1952), Berater der Rand Corporation und Professor an der School of Advanced International Studies der John Hopkins University. Seine wichtigsten Werke umfassen *The End of History and the Last Man*, New York 1992, *Konfuzius und Marktwirtschaft: der Konflikt der Kulturen*, München 1995, *Der große Aufbruch: Wie unsere Gesellschaft eine neue Ordnung erfindet*, Wien 1999. Im Juni 2004 musste ich im Rahmen des Kooperationsprogramms der John Hopkins University und des Nanjing University Center for Chinese and American Studies eine Besuchsdelegation in die USA leiten. Einer der wichtigsten Experten in der US-Delegation war Professor Francis Fukuyama. Wenn sich die Gelegenheit ergeben hätte, hätte ich mit ihm eine tiefergehende Diskussion über seine akademischen Ansichten geführt. Ich halte ihn jedoch für einen seriösen Wissenschaftler.

»Marx ist tot, der Kommunismus ist tot, ganz und gar tot, mit seinen Hoffnungen, seinem Diskurs, seinen Theorien und seinen Praktiken, es lebe der Kapitalismus, es lebe der Markt, es überlebe der ökonomische und politische Liberalismus.«[66]

Nach Derrida ist diese Schlussfolgerung keine Mode, die vor kurzem auftauchte. Es »hat ein bestimmtes [...] Ende des marxistischen Kommunismus nicht auf den jüngsten Zusammenbruch der UdSSR und all dessen gewartet, was in der Welt von ihr abhängig war.«[67] All das beginnt bereits in den 1950er Jahren und setzte sich beinahe vierzig Jahre lang fort. (Meine Analyse von Goldmanns Theorie der Wette ist tatsächlich eine frühere theoretische Antwort auf dieses Argument.) Diesmal ist es jedoch nicht als reales Sein präsentiert. Derrida schließt daraus, dass das Jetzt wegen dieser abwesenden Realität aus den Fugen gerät, ein »abgekoppeltes Jetzt« wird und daher »Gefahr läuft, nichts mehr in der gesicherten Bindung eines Kontexts zusammenzuhalten«. Das sogenannte »abgekoppelte Jett« verweist darauf, dass Lenins Oktoberrevolution die marxistische Theorie mit der Realität des Proletariats in Russland verband, was 1992 zerbrach. Folglich ist der Sozialismus in der Realität wie Marx zu einem »Nichts« geworden, während Derrida versucht, diese nichtexistierenden Dinge aufrechtzuerhalten, die lediglich die Gespenster von Marx sind. Diesmal evoziert er erneut die Wieder-Präsenz von Marx als *verborgenes* Gespenst.

Hier beschränkt Derrida seine Aufrechterhaltung von Marx nicht auf den früheren sowjetischen Sozialismus oder den osteuropäischen Marxismus. Stattdessen behandelt er alle möglichen bestehenden marxistischen Diskurse. Daher wird eine spezielle Pluralform benutzt: Marx' Gespenster. Derridas Kontext der Dekonstruktion verfügt über »*mehr als eins*« von Marx' Gespenstern. Nach dem Abgang des wirklichen Seins des Kommunismus werden sie »das *weniger als eins* der reinen und einfachen Zerstreuung« in der von der Bourgeoisie beherrschten Welt. Was immer ihre Namen sind, das Gespenst ist «immer von einem Geist beseelt«, »von einem Geist des Karl Marx [...], schwerwiegender noch von einem Geist des Marxismus.«[68]

---

66   Jacques Derrida, *Marx' »Gespenster«*, S. 89.
67   A.a.O., S. 33.
68   A.a.O., S. 17.

Derrida versteht eindeutig, dass Marx' Gespenster nicht in einer homogenen Einheit eingebunden werden können und dass sich sie stattdessen in mehreren unterschiedliche Stimmen aus einer Matrix artikulieren. Im Standarddiskurs der Dekonstruktion interpretiert heißt es Dissemination von Marx' geistiger Ablagerung in der Différance.

Derrida sagt, dass er Marx' und Engels' *Kommunistisches Manifest* mehr als zehn Jahre nicht gelesen hatte, als er es wieder in die Hand nahm. (Er machte diese Aussage auf einer Konferenz. Kurz bevor er dieses Buch beendete, studierte Derrida auch Marx' *Deutsche Ideologie* und *Das Kapital*.) Er sagt in einem bedauernden Tonfall, dass das persönliche und vollständige Übersehen einer derartig auffälligen Sache im *Kommunistischen Manifest* natürlich ein Fehler ist. Die Sache, die er im Text erkennt, ist nicht anders als das Gespenst: Trotzdem ist es nicht dasselbe Gespenst, das im ironischen Zusammenhang von Marx und Engels von der Heiligen Allianz belagert wird. In Derridas Augen ist es das Gespenst als Wiedergänger, das die gegenwärtige Welt betrachtet. Es gibt eine wichtige semantische Umkehrung. Derrida weist darauf hin, dass es aussieht wie »Halluzination oder Simulakrum«, aber es ist »virtuell viel wirksamer als das, was man unbesorgt eine lebendige Anwesenheit nennt.«[69] (Es klingt wie der Diskurs von Lacan.) Derrida will sagen, dass der heutige Marxismus oder Kommunismus wieder zu einem Phantom der Nicht-Realität wird, aber es ist realer und wichtiger als der verdinglichte Marxismus des sowjetischen sozialistischen Modus.

In Derridas Augen erscheint die Lehre, die Marx und Engels vor 150 Jahren zogen »*heute* dringlicher.« Warum?

»Kein anderer Text der Tradition erscheint so hellsichtig im Bezug auf die stattfindende weltweite Ausdehnung des Politischen und den irreduzible Anteil des Technischen und des Medialen am Fortgang noch des tiefschürfendsten Denken – und zwar auch jenseits der Eisenbahn und der Zeitungen von damals, deren macht das manifest auf unvergleichliche Weise analysierte. Und wenige Texte sagen so Erhellendes über das Recht, das internationale Recht und den Nationalismus.«[70]

69 A.a.O., S. 31.
70 A.a.O.

Derrida warnt eindringlich, dass es, wenn wir heute nicht wiederholt Marx lesen und diskutieren, für immer ein Fehler sein wird, ein immer ernsterer Fehler, ein Fehler der theoretischen und politischen Verantwortung. Nach seiner Ansicht haben wir keinen Grund, Marx nicht ernst zu nehmen, insbesondere in diesem Moment nach dem Tod des Dogmatismus und der offiziellen Ideologie in der früheren Sowjetunion und in den osteuropäischen sozialistischen Ländern. Nach der Neulektüre des *Kommunistischen Manifests* und anderer großer Werke von Marx, erkennt Derrida zutiefst Marx' Notwendigkeit.

»Nicht ohne Marx, keine Zukunft ohne Marx. Nicht ohne die Erinnerung an und das Erbe von Marx: jedenfalls nicht ohne einen bestimmten Marx, sein Genie, wenigstens einen seiner Geister. Denn das wird unsere Hypothese sein oder vielmehr unsere Parteiergreifung: Es gibt mehr als einen davon, es muss mehr als einen davon geben.«[71]

In einer klassischen Aussage von Derrida wird »Nicht ohne Marx« eine nachhallende Parole. (Wir werden jedoch sehr bald wissen, dass der erwartete Marx nicht länger der dogmatische Marxismus der früheren Sowjetunion und der osteuropäischen Länder ist; es ist ein nicht-substantieller, nicht-ontologischer kritischer Geist von Marx.) Es ist offensichtlich, »man muss nicht Marxist oder Kommunist sein, um sich dieser Evidenz zu öffnen. Wir bewohnen alle eine Welt, manche würden sagen eine Kultur, die in unauslotbarer Tiefe, ob direkt sichtbar oder nicht, das Mal dieses Erbes bewahrt.«[72] Das impliziert, dass die Gespenster von Marx, sichtbar oder unsichtbar, in den kulturellen Existenzen von Menschen eingebettet sind. (Dann erklärt er, dass wir alle Erben von Marx' Vermächtnis sind.)

Darüber hinaus kritisiert Derrida die Tendenz »die marxistische Referenz zutiefst zu entpolitisieren.« Er sagt, dass ein Trend aufkommt, die *Rückkehr* von Marx willkommen zu heißen, »indem man den Anschein der Toleranz vermittelt, sein Bestes zu tun, um eine potentielle Kraft« des Marxismus »zu neutralisieren« und die Revolte in ihm zum Schweigen zu bringen.

71   A.a.O., S. 32.
72   A.a.O., S. 32.

»Jetzt, wo Marx tot ist, scheinen manche zu sagen, und wo vor allem der Marxismus in voller Auflösung begriffen ist, wird man sich endlich ungestört mit Marx beschäftigen können – ungestört von den Marxisten und, warum nicht, von Marx selbst, das heißt von einem Gespenst, das fortfährt zu sprechen. Wir werden uns heiter damit beschäftigen, objektiv, ohne Vorurteile, nach den akademischen Regeln, an der Universität, in den Bibliotheken, auf Kolloquien! Wir werden es systematisch tun und dabei die Normen der hermeneutischen, philologischen, philosophischen Exegese respektieren.«[73]

Derrida glaubt, dass dies die neutralisierte Erstarrung eines neuen Theoretizismus ist, dessen Zweck darin besteht, den Marxismus zu begraben. Derrida hofft wirklich, »zu Marx zurückzukehren«.« Seine Position unterscheidet sich wirklich von der obigen »modischen« Ansicht.

»Ich mag nicht die Idee einer Rückkehr zum großen klassischen Philosophen Marx und der Akkreditierung zur monumentalen philosophischen Tradition. Auch wenn das Studium von Marx an der Universität immer notwendig ist, gibt es entsprechend die Gefahr der Zähmung, der Neutralisierung von Marx' revolutionären Anordnungen. Ich denke, wir sollten uns gegen eine solche Neutralisierung wehren.«[74]

Derrida geht von einer eindeutigen Priorität der »politischen Positionierung« aus, mit der er *den gesamten politischen und ethischen* Teil in Marx' Geist aktivieren will. Er weigert sich, eine neutralisierte, akademisierte und starre Undefiniertheit von Marx' Geist zu übernehmen. Im Gegenteil, er wird aus den Gespenstern von Marx scharfe Waffen für den Widerstand gegen den globalisierten Kapitalismus machen.

Man denke nicht, dass Derrida einfach zu unserem traditionellen Verständnis des Marxismus zurückkehren will. Seine Interpretation des Marxismus muss einen Vermittler haben. Er gibt offen zu, dass die

73 A.a.O., S. 59.
74 Derrida, »Dialogue about Marxism«.

Verbindung seines Werks mit all den marxistischen Texten und Konzeptionen nicht «unmittelbar gegeben«[75] ist, da nach seiner Logik der Dekonstruktion »Marx' Werke gleichermaßen metaphysisch sind.«[76] Derrida benutzt seine Dekonstruktion, um Marx zu konstruieren, der nur in der différance präsent sein kann. Daher kann Derrida in meiner Sicht nicht ein Marxist genannt werden, und er akzeptiert den Marxismus nicht wirklich. Sein Slogan unterscheidet sich sogar von dem des westlichen Marxisten Sartre nach den 1950er Jahren.

III. Marx in différance: Dekonstruiertes Vermächtnis des Geistes

Wie ich zuvor erwähnt habe, ist das Jahr 1993 ein spezieller historischer Moment, als Derrida aufsteht, um Marx' Gespenster zu erhalten und seinen verdienstvollen akademischen Mut demonstriert. In einem solchen Moment sieht er Marx' Abwesenheit durch den politischen und ethischen Blick des Anderen, von wo aus er die vergesslichen Menschen daran erinnert, dass wir alle Erben von Marx' theoretischem Vermächtnis sind. Derrida sagt, dass *Marx' »Gespenster«* die Frage nach dem Vermächtnis des Marxismus nach dem Zusammenbruch der Sowjetunion und der Reform Chinas illustrieren soll.[77] Trotzdem sind Marx' Gespenster in der Logik von Derridas Dekonstruktion nicht einfach vorgefertigte und reale Optionen, nicht einmal die sogenannte »dialektische Aufhebung«. In seinen Augen kann Marx' geistiges Vermächtnis nur im Sinne der différance und der Spur nach der Dekonstruktion angetreten werden. Dieser Standpunkt steht eindeutig im Widerspruch zu marxistischen Ansichten.

1. Wir sind alle Erben des Vermächtnisses von Marx

Derrida sagt, »ob sie es wollen und wissen oder nicht, alle Menschen auf der ganzen Erde sind heute in gewissem Maß die Erben Marx' und des Marxismus.«[78] Das ist eine bedeutungsschwere Aussage. Während die

---

75   Jacques Derrida, *Positionen*, Graz/Wien 1986.
76   Jacques Derrida, *Politik der Freundschaft*, Frankfurt/M. 2000, S. 33.
77   Jacques Derrida, *Derrida's Speeches in China*, S. 77.
78   Jacques Derrida, *Marx' »Gespenster«*, S. 147.

Bourgeoisie überall auf der Welt den Marxismus begräbt, ragt Derrida heraus und erklärt, dass jede Person auf diesem Planeten absichtlich oder unabsichtlich Marx' Vermächtnis übernommen hat. Das ist wirklich eine ohrenbetäubende Erklärung, die entschieden den Wert des Marxismus aufzeigt und zweifellos die Menschen dazu anhält, Marx Erbe anzutreten, trotz der Tatsache, dass Marx und der Marxismus in Stile und Zurückgezogenheit gehalten werden. Marx ist tot. Er lässt uns keine Wahl außer der, sein Erbe anzutreten.

Für Derrida bedeutet dies nicht, den Marxismus rigide und unhinterfragt zu akzeptieren. Gemäß dem Prinzip der Dekonstruktion ist untreu zu sein die beste Art und Weise, einem Erbe gegenüber treu zu sein, das heißt, es nicht wörtlich als Totalität zu akzeptieren, sondern es ist vielmehr als etwas anzunehmen, das in Verzug ist, und sein »dogmatisches Moment«[79] zu erfassen. Treu zu sein bedeutet, untreu zu sein, was eine dekonstruktionistische historische Verbindung ist. Wenn wir uns daher mit dem toten Marx auseinandersetzen, dann *muss* man das marxistische *Erbe akzeptieren*, seinen »lebendigsten Teil akzeptieren (Derrida sagt nicht, was der »lebendigste Teil ist.) Möglicherweise in diesem Sinne glaubt Derrida, dass »ein Vermächtnis immer eine Schuld« ist. Mit anderen Worten, die » Geister, die sich unter dem Eigennamen ›Marx‹ und ›Marxismus‹ dem historischen Gedächtnis eingeschrieben haben«, werden für jeden von uns zu »einer unauslöschlichen und unablöslichen Schuld«.[80] (Nach Derrida ist das auch der Grund, warum »der Staat der Schuld« im Untertitel steht. Hinter dieser Schuld sehen wir die subjektiven Figuren der Geiseln und Levinas' Anderen als Schuldner.) Das ist im ontologischen Sinne die ursprüngliche Schuld aller Menschen in der kapitalistischen Welt.

Nach Derridas Ansicht ist »das Erbe [...] niemals ein Gegebenes, es ist immer eine Aufgabe.« Diese Aufgabe kann als der göttliche historische Antrieb erklärt werden wie der durchdringende und stille »Blick Gottes«.

»Sie bleibt vor uns, ebenso unbestreitbar, wie wir, noch bevor wir es antreten oder ablehnen, die Erben sind, und zwar trauernde Erben, wie alle Erben. Insbesondere dessen, was sich Marxismus nennt.«[81]

79 Derrida/Roudinesco, *Woraus wird Morgen gemacht sein?*, S. 13.
80 Derrida, *Marx' »Gespenster«*, S. 149.
81 A.a.O., S. 92.

Derrida glaubt fest an unser *Sein* als Marx' Nachfolger. »Wie meine Zeitgenossen bin ich kein Mitglied der Kommunistischen Partei, aber es ist für mich natürlich, mit dem Marxismus genährt zu werden, zusätzlich suche ich nach einer unzeitgemäßen Möglichkeit, dies auszusprechen.«[82] (Nach meiner Meinung sind diese seine Anmerkungen alles andere als »unzeitgemäß«. In einem besonderen Moment der Disjunktion hält Derrida eine wundervolle Rede.) Das bedeutet nicht, dass wir Marx' Begriffe oder vorgefertigte Schlussfolgerungen übernehmen müssen. Stattdessen sehen wir Marx' unsterblichen Geist in diesem ontologischen »Sein«. Wenn der Geist von Marx noch existiert, dann existiert er in uns.

> »Wir *sind* Erben – das soll nicht sagen, das wir dies oder das *haben* oder *bekommen*, dass irgendeine Erbschaft uns eines Tages um dies oder das bereichern wird, sondern dass das *Sein* dessen, was wir sind, in erster Linie Erbschaft *ist*, ob wir es wollen und wissen oder nicht.«[83]

Derrida sagt, dass er Friedrich Hölderlins Ansicht teilt, dass wir »davon nur zeugen können«. Das angebliche Vermächtnis ist keine *materielle vorgefertigte Präsenz*, sondern stattdessen eine bedeutungsvolle Annahme des Gespensts der Nicht-Präsenz. Daher ist Marx' Vermächtnis nichts, das leicht verfügbar ist. Es verfügt über eine konstant erzeugte Heterogenität, die auf eine dekonstruktionistische Existenz hinausläuft, eine durch den Unterschied hervorgebrachte Ontologie. Bei Derrida heißt es: »Ein Erbe versammelt sich niemals, es ist niemals eins mit sich selbst. Seine vorgebliche Einheit, wenn es sie gibt, kann nur in der *Verfügung* bestehen, *zu reaffirmieren, indem man wählt. Man muss*, das heißt: *Man muss* filtern, sieben, kritisieren, man muss aussuchen unter den verschiedenen Möglichkeiten, die derselben Verfügung innewohnen. Die ihr auf widersprüchliche Weise innewohnen, um ein Geheimnis herum. Wenn die Lesbarkeit eines Vermächtnisses einfach gegeben wäre, natürlich, transparent, eindeutig, wenn sie nicht nach Interpretation verlangen und diese gleichzeitig herausfordern würde, dann gäbe es niemals etwas zu erben.«[84] (Nach diesem

---

82   Jacques Derrida, »Dialogue about Marxism«. Übersetzung aus dem Chinesischen.
83   Derrida, *Marx' »Gespenster«*, S. 93.
84   A.a.O., S. 36.

426

Maßstab gibt es kein wirkliches Vermächtnis im realen Sein des stalinistischen dogmatischen Systems.) Derridas Überlegung über das geistige Vermächtnis unterscheidet sich definitiv von einer natürlichen oder biologischen Erblichkeit; die Konsistenz basiert vollständig auf Vermutung; zum Beispiel ist die Übernahme des marxistischen Vermächtnisses eine Art von heterogener Dissemination, bei der wir nicht seine Erlaubnis brauchen. Von Marx können wir »dies oder das [...] erben, dies eher als das, was trotzdem durch ihn auf uns gekommen ist, durch ihn hindurch, wenn nicht sogar von ihm.«[85] Man bemerke, dass Derrida sich nicht auf Marx und den Marxismus selbst bezieht, sondern darauf verweist, dass diese »durch ihn« zu uns kommen. (Seine Diskussion schlägt hier eine andere Richtung ein, die von der scharfsinnigen Dekonstruktionslogik bestimmt wird.) Daher sind wir als geistige Erben »von mehr als einer Sprechweise und von einer Verfügung, die in sich selbst gespalten (*disjointe*) ist«, das heißt, sie sind »der Plural dessen, was wir später die Geister von Marx nennen werden«.[86] (Das klingt, als sei er gegen eine exklusive Hermeneutik des Marxismus.)

Was also ist das Vermächtnis von Marx, das Derrida antreten will? Die Antwort ist der »kritische *Geist* des Marxismus«. Zudem ist ein solcher kritischer Geist der Kern des ganzen Marxschen Vermächtnisses. Bei Derrida heißt es:

»Sich weiter von einem gewissen Geist des Marxismus inspirieren zu lassen, das würde heißen, dem treu zu bleiben, was aus dem Marxismus im Prinzip immer zuerst eine radikale Kritik gemacht hat, das heißt, ein Vorgehen, das bereit ist, sich selbst zu kritisieren. Diese Kritik will sich im Prinzip und ist explizit offen für ihre eigene Veränderung, ihre Neubewertung und ihre Selbstumdeutung.«[87]

Schließlich bekommen wir einen Einblick. Das allgemeine Vermächtnis, dass von Derrida für uns alle behauptet wird, ist nicht die theoretische Wissenschaft des Marxismus, sondern der »kritische Geist«, vermittelt durch die Logik der Dekonstruktion.

85   A.a.O., S. 62-63.
86   A.a.O., S. 36.
87   A.a.O., S. 143.

Derrida sagt, »dieser Geist der marxistischen Kritik, der heute unerlässlicher scheint denn je – wir wären versucht, ihn sowohl vom Marxismus als Ontologie, philosophischem oder metaphysischem System, als ›dialektischem Materialismus‹ zu unterscheiden, als auch vom Marxismus als historischem Materialismus oder als Methode und vom Marxismus, wie er sich in den Parteiapparaten, in den Staaten oder in einer Arbeiterinternationale verkörpert«[88] Derrida lehnt den ontologischen »dialektischen Materialismus« als systematische Philosophie ab wie auch den methodisch hervorgebrachten »historischen Materialismus«. Diese Formen des Marxismus werden von ihm der Fehler der »ontologischen Antwort« oder das »rigide Dogma des Marxismus« und des »politischen Diskurses des Marxismus im 20. Jahrhundert« genannt.[89] (Wir werden später auf diesen Punkt zurückkommen.) Für Derrida besteht die grundlegende Ursache dieses Fehlers darin, dass sie dem Geist des Marxismus »dem Körper einer marxistischen Doktrin einverleiben, ihrer vorgeblichen systemische, metaphysischen oder ontologischen Totalität (namentlich der ›dialektischen Methode oder der materialistischen Dialektik‹), ihren grundlegenden Begriffen der Arbeit, der Produktionsweise, der sozialen Klasse, und infolgedessen der ganzen Geschichte ihrer (projektierten oder realen) Apparate: den Internationalen der Arbeiterbewegung, der Diktatur des Proletariats, der Einheitspartei, des Staats und schließlich der totalitären Monstrosität.«[90] (Trotzdem ist Derrida nicht einverstanden mit einer unflexiblen Gleichsetzung des Nazismus mit dem Kommunismus, wie sie von einigen westlichen Gelehrten vorgenommen wird.)[91] Es ist hier deutlich, dass Derrida gegen den Marxismus als offizielle Ideologie und alle konventionellen marxistischen Theorien ist. Sein Verständnis von Marx‘ Geist ist sehr unkonventionell.

88 A.a.O., S. 115.
89 Jacques Derrida, »Interview«, in: *Writing and Difference* (chinesische Ausgabe), Beijing Joint Publishing 2001, S. 19.
90 Jacques Derrida, *Marx‘ »Gespenster«*, S. 143-144.
91 Derrida sagt, »der kommunistischen Idee, dem Gerechtigkeitsideal, dass so viel kommunistische Männer und Frauen geleitet und begeistert hat, denen alles, was mit ›Gulag‹ zu tun haben konnte, fremd war«, könne niemals im Geringsten–als Parallele, eine Analogie oder ein Äquivalent oder als ein vergleichbarer Gegensatz – dem Nazi-»Ideal von Gerechtigkeit« entsprechen (Derrida/Roudinesco, *Woraus wird Morgen gemacht sein?*, S. 141.).

Was also unterscheidet sein Verständnis von den obigen »Fehlern«? Es ist *die Dekonstruktion von Marx*, das heißt das Neuverständnis von Marx durch die Theorie der Dekonstruktion, insbesondere die Dekonstruktion der Metaphysik des »Eigentlichen«, des Logozentrismus, des Linguistizismus und des Phonologismus. Derrida glaubt, dass der Marxismus selbst metaphysisch und logozentrisch ist. Daher will Derrida, um Marx zu analysieren zunächst die grundlegenden Theorien und Prinzipien im Marxismus dekonstruieren und verneinen und dann zu Marx' kritischem Geist fortschreiten. Das ist der typische Standpunkt des *post-Marxschen Denkens*, dem wir wahrscheinlich nicht zustimmen können.

Nach Derridas Ansicht bedeutet die Dekonstruktion von Marx die Neuradikalisierung von Marx' Geist.

> »Die Dekonstruktion hat, zumindest in meinen Augen, immer nur Sinn und Interesse gehabt als eine Radikalisierung, das heißt auch *in der Tradition* eines gewissen Marxismus, in einem gewissen Geist *des Marxismus*. Es hat diese versuchte Radikalisierung des Marxismus gegeben, die sich Dekonstruktion nennt.«[92]

Auf was basiert diese Sichtweise? Zu sagen, dass die Radikalisierung von Marx' kritischem Geist die Dekonstruktion ist, ist offensichtlich eine logische Strukturalisierung. Vor allem ist Derridas Verständnis von Marx' kritischem Geist durch seine Theorie der Dekonstruktion vermittelt. Er gibt offen zu, »Ich bin kein Marxist« oder zumindest »kein orthodoxer Marxist.«[93] Doch er besteht darauf, dass seine eigene Dekonstruktionstheorie einen lebenden kritischen Geist des Marxismus aufzeigt. Dekonstruktion ist

> »nie marxistisch gewesen [...], ebenso wenig wie nicht-marxistisch, obwohl sie einem gewissen Geist des Marxismus treu geblieben ist, wenigstens einem – denn man kann nicht oft genug wiederholen, dass es mehr als einen davon gibt und dass sie heterogen sind.«[94]

92 Jacques Derrida, *Marx' »Gespenster«*, S. 149.
93 A.a.O., S.77; Er entnimmt einige Homogenität aus Marx' Worten.
94 Jacques Derrida, *Marx' »Gespenster«*, S. 125.

Der marxistische Geist ist heterogen, insofern das Vermächtnis tatsächlich nur durch *Selbstdekonstruktion* angetreten werden kann. Daher benötigte die Neuinterpretation von Marx das spezielle« »dekonstruktive Denken der Spur, der Iterabilität, der prothetischen Synthese, der Supplementarität usw.«[95] Kurz gesagt, dorthin, wohin Marx nicht gelangt, gelangt man nur durch den dekonstruktivistischen Kontext der différance, durch den indirekten, umständlichen oder zirkulär-abkürzenden oder gewundenen Weg[96]; und so kommen wir zu Marx, und nur auf diese Weise können wir wirklich Marx' Vermächtnis antreten. Das ist die wahre Absicht von Derridas Parole »Zurück zu Marx«.

2. Zertrennte Zeit und zertrennte Präsenz

Derrida mystifiziert, indem er sagt, dass es notwendig sei, die Anordnung des Gespensts durch *Auswahl* zu bestätigen, und »die Verfügung selbst [...] kann nur eins sein, indem sie sich teilt, sich zerreißt, sich in sich selbst differenziert und aufschiebt (*se différant elle-même*), indem sie gleichzeitig mehrfach spricht – und mit mehreren Stimmen.«[97] (Das ist der Diskurs der Dekonstruktionstheorie.) Es bedeutet auch, dass Anordnung im geistigen Vermächtnis immer zertrennt ist. In seiner Sicht muss man angesichts der zertrennten Anordnung filtern, sichten und kritisieren, man muss verschiedene Möglichkeiten aussortieren, die in der gleichen Anordnung existieren. Zum Beispiel

> »Was sich ›seit Marx‹ oder ›von Marx her‹ aussagt, kann höchstens versprechen, zusammenhalten, oder daran erinnern, und zwar in einem Sprechen, das *differiert*, das heißt *aufschiebt* und *unterscheidet* – aber nicht das aufschiebt und unterscheidet, was es affirmiert, sondern eben aufschiebt und unterscheidet, um zu *affirmieren*, um *gerecht* zu affirmieren, um das Kommen des Ereignisses, seine Zukunft selbst, affirmieren zu können, um dieser Affirmation machtlos mächtig zu sein.«[98]

Nach meiner Ansicht ist »seit Marx« in Derridas dekonstruktionistischem Kontext nur eine Erklärung, die nicht auf den wirklichen Tod des Marxismus

95   A.a.O., S. 124-125.
96   Jacques Derrida, »Interview«, S. 13.
97   Jacques Derrida, *Marx'* »Gespenster«, S. 36.
98   A.a.O., S. 37-38.

430

und auch auf die reale Präsenz des Kommunismus (»das Ereignis«) zielt, sondern sagen will, dass »das Ereignis« in einer Form von Verzögerung Realität werden wird. Das wird die *gegenwärtige Zertrennung* genannt. Man glaube niemals, dass Derrida absolut an den Marxismus glaubt. Hinter seiner besonders herausgehobenen Ankündigung erhebt sich die Seele des post-Marxschen Denkens: *die wirkliche Präsenz des Marxismus auf Distanz halten und einen kritischen Geist bewahren.* Auf Derridas theoretischer Plattform soll die Dekonstruktion die verfestigte Essenz des Logos verwischen und ihn in kontinuierlich disseminierte Spuren verwandeln. Daher ist es Derridas wahre Absicht, Marx zu Gespenstern und den Marxismus zu einer gewissen Affirmation in der différance zu machen. Folglich ist eine einfache Bejahung von Derridas Haltung zum Marxismus gefährlich.

Nach Derrida stammt die Qualität des geistigen Vermächtnisses aus der Natur dieses Zeitalters, insbesondere dem »postmodernen« Überleben. Er sagt mit Anteilnahme, dass dies eine Zeit ist, die aus den Fugen geraten ist.[99] »*The time is out of joint*«, die Zeit ist *exartikuliert*, ausgerenkt, aus den Fugen, verzerrt, die Zeit ist aus dem Gleis, sie ist verdreht und aus sich selbst herausgerückt, *gestört*, gleichzeitig aus dem Takt und verrückt. Die Zeit ist außer Rand und Band, die Zeit ist aus der Bahn geraten, außer sich, uneins mit sich.«[100] Seine Zeit hier verweist auf die die Temporalität des Zeitalters oder »die Art, wie Dinge zu einer bestimmten Zeit sind.« Dass die Zeit aus den Fugen ist, läuft darauf hinaus zu sagen, dass das Überleben des Menschen aus den Fugen ist. Zertrennung, Dislokation, Disjunktion, Verrücktheit und Unordnung werden im industriell-modernen Zeitalter alle der Totalität, Homogenität und Verfestigung entgegengestellt. In Derridas Augen ist dieses Zeitalter eine Welt, die sich wandelt, was dazu führt, dass die Existenz des Menschen und des Materiellen eine immer aus dem modernen (industriellen) standardisierten System herausfallen. Entsprechend ist alles existierend und nicht-existierend; alles befindet sich in beständiger Veränderung. »Es gibt in derselben Zeit mehr als eine Zeit in der Zeit der Welt (›*time*‹, das ist hier auch die Geschichte, die Welt, die Gesellschaft, die Epoche, der *Zeiten*

---

99 Die Formulierung stammt aus der fünften Szene im ersten Akt von Shakespeares *Hamlet*: »Die Zeit ist aus den Fugen.«
100 Jacques Derrida, *Marx' »Gespenster«*, S. 38.

Lauf usw.).«[101] Das ist eine nicht-lineare Konzeption eines Zeitalters (tatsächlich wird diese Ansicht von allen postmodernen Denkern vertreten.)

Daher ist es unweigerlich das Prinzip der Zeit »sich nach Art des spektralen Dings zu widersetzen und standzuhalten«. Mit anderen Worten, wir werden im Kontext der Dekonstruktion keine ursprünglichen Dinge haben. Es ist das Gleiche mit Marx. Angesichts eines Texts, der Geschichte geworden ist, können wir ihn nur als spektral behandeln. Seine Illustration ist nicht die Restauration des ursprünglichen Zusammenhangs, selbst wenn wir das Banner der Auferstehung hochhalten. »Das beseelte Werk wird zu diesem Ding, Dem Ding (*la Chose*), das seine ganze Geisteskraft daranwendet, Gedächtnis und Übersetzung wie ein unangreifbares Gespenst zu bewohnen, ohne eigentlich zu wohnen, das heißt *heimzusuchen*.«[102] Es ist immer noch die gegenwärtige Zerteilung. (Möglicherweise ist das die höchste Bedeutung von Derridas *Marx' »Gespenster«.*) Derrida sagt, wir sollen dieser Heimsuchung in der unausweichlichen Fuge begegnen.

Nach Derrida ist Fuge ein Begriff, der von Heidegger verwendet wird, der diese bedeutende Idee in seiner Vorlesung über Anaximander entwickelt. Er beschreibt das Fehlen einer Disjunktion oder Präsenz. Bei einer Sache zeigt sich ihre Präsenz durch eine temporäres »bleib«. »Es kommt von dem her, was wesenhaft noch nicht hergekommen, noch nicht gekommen ist und dessen Kommen daher noch aussteht. Der Übergang dieser Zeit der Gegenwart (*du présent*) kommt aus der Zukunft, um auf die Vergangenheit zuzugehen, auf das Gehen des Weggangs zu (*vers l'aller de l'en allé*).«[103] Das ist ein wahrhaft heideggerianisches Argument.

> »Das Anwesende ist das, was vorübergeht, das Anwesende Geschieht, es verweilt in diesem transistorischen Übergang (*Weile*), im Kommen und Gehen, *zwischen* dem, was *kommt*, und dem, was *geht*, in der Mitte von dem, was hervorkommt, und dem, was hinweggeht, an der Gelenkstelle zwischen dem, was sich vergegenwärtigt, und dem, was sich entgegenwärtigt.«[104]

101 Derrida/ Roudinesco, *Woraus wird Morgen gemacht sein?*, S. 138.
102 Jacques Derrida, *Marx' »Gespenster«*, S. 39.
103 A.a.O., S. 48.
104 A.a.O., S. 49-50.

Derrida sagt, dass er »den Geist bedenkt« durch diese Fuge der Präsenz des Präsenten oder die zeitliche Nicht-Zeitgenossenschaft. (Auf die gleiche Weise wird Marx zu Geistern verwandelt.)

Darüber hinaus stellt Derrida diese Idee Heideggers in den Fokus einer angeblich völlig neuen Konzeption des Rechts. Wenn Recht oder Gesetz »auf Rache sinnt«[105], dann ist dieser neue Begriff des Rechts nicht länger die Erfahrung der Rache. (Von diesem Standpunkt beschuldigt Derrida implizit die vorherige Logik, die substantielle Präsenz des Sozialismus für Rache zu halten, wie das Töten der Kapitalisten/Besitzenden, Rücknahme des vorenthaltenen Reichtums usw.) Dieses Recht wird ein Geschenk ohne Rückgabe sein, ohne Berechnung, ohne Verantwortlichkeit, und im Wesentlichen wird es aus dem Umkreis der Schuldhaftigkeit, der Schuld herausgenommen. (Das ist Batailles Logik des heiligen Dings, das den utilitaristischen Wert erschüttert, was alle möglichen Auswirkungen auf Derrida und den späten Baudrillard hatte.) Derrida glaubt, dass dies auch »der Bezug der Dekonstruktion zur Möglichkeit der Gerechtigkeit« ist. Dekonstruktion sieht Vergebung im Feuer der Rache in den Augen der anderen. (In seinen späteren Jahren war Derrida sehr mit dem Thema der Vergebung befasst.)[106] Für Derrida ist es eine sanfte Vergebung. Das spektralisierte Vermächtnis von Marx ist wesentlich eine messianische Parole.

> »Dieses Messianische bleibt, so glauben wir, ein unauslöschliches Kennzeichen des Marschen Erbes – ein Kennzeichen, das weder ausgelöscht werden kann noch darf – und zweifellos auch ein Kennzeichen des Erbens, der Erfahrung des Erbes im Allgemeinen. Ohne es beschnitte man die Ereignishaftigkeit des Ereignisses, die Singularität und die Alterität des anderen.«[107]

Jetzt ist sehr klar, dass Marx' Vermächtnis in Derridas différance nur ein Messias ohne Inhalt und Identifikation ist, was kein Bedürfnis nach wirklicher Revolution, sondern der göttliche Ruf des *jenseitigen* Erretters ist. In

---

105 A.a.O., S. 44.
106 Im Jahr 2002, als ich Jacques Derrida in Nanjing traf, sagte er mir, dass sein Denken um die Vergebung kreise.
107 Jacques Derrida, *Marx' »Gespenster«*, S. 54.

dieser Hinsicht sagt Szeman, dass Derrida Marx das Gespenst nennt, indem es uns befähigt, uns die utopische Existenz im Kontrast zur dunkelten Realität vorzustellen; entsprechend ist es ähnlich wie die träge messianische Kraft, die von Walter Benjamin beschrieben wird. Sie überwindet auch Marx' vorzeitigen Tod mit der Methode der Erhaltung der marxistischen kritischen Fähigkeit, um die gegenwärtige Bedeutung von Marx wieder einzufordern. »Trotz des Todes von Marx ist sein Gespenst immer lebendig.«[108] Das ist ein wichtiger Kommentar.

In Derridas Worten: »Wenn es nun einen Geist des Marxismus gibt, auf den zu verzichten ich niemals bereit wäre, dann ist das nicht nur die kritische Idee oder die fragende Haltung (eine konsequente Dekonstruktion muss Wert darauf legen, auch wenn sie gleichzeitig lehrt, dass die Frage weder das erste noch das letzte Wort ist). Es ist eher eine gewisse emanzipatorische und *messianische* Affirmation, eine bestimmte Erfahrung des Versprechens, die man von jeder Dogmatik und sogar von jeder metaphysisch-religiösen Bestimmung, von jedem *Messianismus* zu befreien versuchen kann.«[109]

Kein Wunder, dass Žižek erklärt, Derrida sei zu Marx zurückgekehrt. Dies besagt hauptsächlich, dass die Behauptung des authentischen Geists der marxistischen Tradition bedeute, deren Wortlaut (Marx' spezielle Analysen und die von ihm vorgeschlagenen revolutionären Maßnahmen, die irreduzibel mit der Tradition der Ontologie befleckt sind) hinter sich zu lassen, um das authentische messianische Versprechen der emanzipatorischen Befreiung aus der Asche zu retten. Trotzdem bleibt Derridas »messianische[s] Versprechen für immer ein Versprechen und kann nie in einen genau festgelegten, ökonomisch-politischen Maßnahmenkatalog umgesetzt werden.«[110] Derrida hofft möglicherweise, einen Retter in der Form von Marx heraufzubeschwören, wozu er absichtlich den Diskurs der *Internationale* umkehrt. Es sollte angemerkt werden, dass Derrida eine direkte Antwort auf Marx und seine wissenschaftlichen Theorien verweigert, was ihn radikal von den Marxisten unterscheidet.

---

108 Imre Szeman, »Ghostly matters: On Derrida's Specters«, in: *Rethinking Marxism,* 12.2 (2000); S. 104-116.
109 Jacques Derrida, *Marx' »Gespenster«,* S. 144-145.
110 Žižek, *Totalitarismus: Fünf Interventionen zum Ge- oder Missbrauch eines Begriffs,* S. 127.

3. Der Fehler der ontologischen Antwort auf Marx' Gespenster

Derrida insistiert darauf, dass Marx in einer Weise spektralisiert ist, dass seine Präsenz immer »das Disparate« seiner selbst ist, was von der Dekonstruktion »zwischen Sein und Nicht-Sein«[111] genannt wird. Einfach gesagt bedeutet es eine pluralistische Interpretation des Textes. Dass Marx' Vermächtnis ein Disparates seiner selbst ist, bedeutet jedoch nicht, dass dieser spektrale Geist notwendig zu logischer Verwirrung führen muss. Um dies zu erklären, bezieht sich Derrida auf eine Idee in Maurice Blanchots »Les Trois Paroles de Marx«, »das ›Zusammenhalten‹ des *Disparaten* selbst zu denken.«[112]

> »Nicht das Disparate zusammenzuhalten, sondern uns dorthin zu begeben, wo das Disparate selbst *zusammenhält*, ohne den Bruch (*la dis-jointure*), die Streuung oder die Differenz zu verletzen, ohne die Heterogenität des anderen auszulöschen. Es ergeht an uns die Forderung (vielleicht auch die Verfügung), uns in die Zukunft zu begeben, *uns selbst*, uns in dieses *Wir* zu verfügen, dorthin, wo das Disparate sich diesem singulären *Fügen* überlässt, ohne Begriff und ohne Versicherung einer Bestimmung, ohne Wissen, ohne die synthetische Zusammenfügung der Konjunktion oder der Disjunktion oder vor dieser.«[113]

Das ist die theoretische Haltung und politische Position von Derridas Dekonstruktion. Er lehnt die Homogenisierung jeder Totalität ab. Als messianisches Vermächtnis von Marx' Geist hofft er auf » die Verbindung eines *Wiederzusammenfügens* ohne Verbündeten, ohne Organisation, ohne Partei, ohne Nation ohne Staat, ohne Eigentum (der ›Kommunismus‹, dem wir später den Beinamen ›die neue Internationale‹ geben werden).«[114] Diese

---

111 Jacques Derrida, »Interview«, in: *Writing and Difference* (chinesische Ausgabe), Beijing Joint Publishers 2001, S. 13.
112 Jacques Derrida, *Marx' »Gespenster«*, S. 55.
113 A.a.O., S. 55–56.
114 A.a.O.; später sagt Derrida, dass er die Solidarität der gesamten menschlichen Rasse betont, »gegen diese Plagen«, »Die Internationale, von der ich spreche, ist folglich nicht die Internationale der Kommunistischen Partei oder von irgendeiner Partei. Aber ich habe

dekonstruktivistische Politik ist weitaus radikaler als der konventionelle Anarchismus. Was die reale Möglichkeit dieser politischen Revolution betrifft, so gibt er zu, ist sie »eine etwas düstere Hoffnung.«[115]

Im Vergleich zu dieser dekonstruktivistischen Position werden von Derrida alle früheren Formen des Verständnisses von Marx heftig angegriffen. Er prägt sogar eine neue Formulierung, die »ontologische Antwort«, was verschiedene substantielle Illustrationen und die Objektivierung von Marx in konventionellen Untersuchungen bedeutet. Nach Derrida ist »die Antwort von Marx selbst, für den das Gespenst nichts sein darf, ganz einfach nichts (Nichtseiendes, Nichtwirkendes, Nicht-Leben) oder imaginäres Nichts.«[116] Trotzdem haben Marx' Nachfolger überall praktisch, konkret, in einer furchtbar effektiven, massiven und unmittelbarer Form seine politischen Konsequenzen gezogen. Marx' Geist ist bemerkenswerterweise nichts, wenn man ihn vergeblich aussäht und erwartet, dass er blüht und Früchte trägt. Derrida wendet sich gegen diese Objektivierung des Marxismus und gegen die unmittelbare Präsenz von Marx: die »Substanz, Existenz, Essenz, *Permanenz*«. Er sagt traurig, dass die Objektivierung auf Kosten von Millionen und Abermillionen von ergänzenden Geistern geschieht, die fortfahren werden, in uns zu protestieren. (Diese metaphorischen Geister sind die Dissidenten, die im stalinistischen System umgebracht wurden.) Für Derrida bedeutet Marx in der Dekonstruktion eine Möglichkeit, die in Nichts und Negativität verwurzelt ist; »sie *kann sein*, allein, *wenn dergleichen es gibt*, sie kann nur möglich sein.« Wenn einmal ein solches Samenkorn der Möglichkeit in den Boden gefallen ist, wird es mit Sicherheit die Blume des Bösen hervorbringen, für die es, so kritisiert er, »philosophische Antworten« geben wird, »die darin bestehen, zu totalisieren, den Raum der Frage zu füllen oder ihre Möglichkeit zu verleugnen, das selbst zu fliehen, was flüchtig zu erblicken die Frage erlaubt haben wird.«[117] (Totalisierung ist

dieses Wort bewahrt, mit einer Majuskel, um mich vor dem Gedächtnis an das zu verneigen, was, indem es nicht mehr ist, ein großes Zeichen gewesen sein wird ...« (Derrida/Roudinesco, *Woraus wird Morgen gemacht sein?*, S. 163.).
115 Derrida/Roudinesco, *Woraus wird Morgen gemacht sein?*, S. 159.
116 Jacques Derrida, *Marx' »Gespenster«*, S. 57.
117 A.a.O.

hier nicht die Festlegung in Sartres Zusammenhang, sondern vielmehr so etwas in Adornos kritischem Zusammenhang der negativen Dialektik, das heißt der bösen Totalität in Richtung Auschwitz.) Zuvor war Marx der helle Mond draußen vor dem Fenster, der einen Schatten hinter uns warf, während man sich für die Kommune entschied, wo die Menschen die Kochtöpfe der individuellen Haushalte zerschlugen und zusammen in einem öffentlichen Speisesaal aßen, einen Gulasch aus Rundfleisch und Kartoffeln wie jenen der chinesischen Kulturevolution. Natürlich verschwand der schöne Mond, und wir bleiben mit einem blassen Durcheinander zurück. Derrida beklagt sich über die Oktoberevolution und die sozialistische Existenz, die ihr folgte.

Warum geschieht ein solcher Fehler? Nach Derridas Logik ist es zutiefst problematisch. In der Sichtweise der Dekonstruktion gibt es keinerlei Geschichte im metaphysischen Sinn, so wie die lineare, vervollständigte Geschichte von der antiken Gesellschaft zu Feudalismus, Kapitalismus und Kommunismus. Für Derrida ist dies eine weitere idealistische Version von Hegels » sich konstituieren. sich produzieren, sich schaffen«. »Der metaphysische Charakter des Geschichtsbegriffs steht nicht nur mit der Linearität, sondern mit einem ganzen System von Implikationen in Verbindung (mit der Teleologie, der Eschatologie, der aufhebenden und verinnerlichenden Anhäufung des Sinns, einer bestimmten Art von Traditionsgebundenheit, einem bestimmten Begriff der Kontinuität, der Wahrheit usw.)«[118] Der von Derrida beanspruchte Begriff der Geschichte ist jener der Dekonstruktion, das heißt, eine »Geschichte auch, die eine neue Logik der *Wiederholung* und der *Spur* impliziert.« (In dieser Hinsicht scheint er Althussers Kritik an Hegels Sicht der Geschichte zu bestätigen.)[119] Der Begriff der Geschichte ist einfach der Andere. Im Zentrum der Geschichte gibt es keine lineare Kontinuität, sondern vielmehr das Intervall. Daher ist das Kommen der Geschichte das Gleiche wie bei der différance.

Auch in diesem Sinn mahnt uns Derrida zu der vitalen Notwendigkeit, die différance zu verstehen. Im Zusammenhang der Dekonstruktion bezeichnet »jedes Versprechen« und »die Zu-kunft« »Verzögerung (*différement*) [...]

---

118 Vgl. Jacques Derrida, *Positionen*, Graz/Wien 1986, S.114-115.
119 A.a.O., S. 116.

Verspätung, Aufschub, *postponement*.« Marx ist natürlich keine Ausnahme. Ohne différance gibt es keine Heterogenität; ohne Heterogenität keine Spezifität; ohne Spezifität kein reales Hier- und Jetztsein. »Die Heterogenität öffnet im Gegenteil, sie lässt sich öffnen vom Einbruch dessen, was hereinbricht, kommt oder als Kommendes noch aussteht – einzig und allein vom anderen her. Ohne diese Sonderung gäbe es weder Verfügung noch Versprechen.«[120] Die Erwartung an »die gegebene Homogenität, die systematische Kohärenz« im traditionellen Denken ist nur eine ideale Methode der Antwort, die unweigerlich in den Dogmatismus stürzt.

> Das ist es, »was die Verfügung, das Erbe und die Zukunft, mit einem Wort das andere, *unmöglich* macht. Es *muss* den Bruch (*la disjonction*), die Unterbrechung, das Heterogene geben, wenn es überhaupt ein *Muss* gibt, wenn man welchem *Muss* auch immer seine Chance geben *muss*, und sei es jenseits der Pflicht.«[121]

Derrida nimmt eine Trennlinie zwischen dem Gespenst und der realen Präsenz an. Der Kommunismus ist ein präsentes Gespenst, das uns anspornen soll, und wir können es nicht anmaßend als Realität betrachten. Derrida sagt, »Marx dachte gewiss seinerseits, andererseits, dass die Grenze zwischen Gespenst und Wirklichkeit überschritten werden sollte, wie die Utopie selbst, durch eine Verwirklichung, das heißt durch eine Revolution, aber er, auch er, wird nicht aufgehört haben, an die Existenz dieser Grenze als realer Schranke und begrifflicher Unterscheidung zu glauben, versucht haben zu glauben.«[122]

Wir sehen jedoch niemals eine solche Erklärung in Marx' Text. Derrida »brät« Marx in der Logik der Dekonstruktion.

Auf die gleiche Weise billigt Derrida, wenn es um die konkrete Realität geht, Chinas Entwicklung heute. Er sagt, es sei »entscheidend, wie Chinas Marxismus in Zukunft entwickelt wird.«[123] Das gilt insbesondere, wenn der gegenwärtige chinesische Sozialismus das Erbe von Marx in einer anderen

---

120 Derrida, *Marx' »Gespenster«*, S. 61.
121 A.a.O., S. 63.
122 A.a.O., S. 68.
123 Jacques Derrida, *Derrida's Speeches in China*, S. 81.

Weise antritt als in einer vereinfachenden Spaltung der Geschichte in der früheren Sowjetunion und den osteuropäischen sozialistischen Ländern. Zur gleichen Zeit, in der sich China einen bestimmten Marxismus aneignet, tritt es in die Marktwirtschaft ein und beansprucht eine friedliche Koexistenz mit den Vereinigten Staaten und sogar mit dem Westen, was sicherlich eine Art »Bestechung« beinhaltet. In dieser Hinsicht erklärt Derrida, dass es zwischen dem gegenwärtigen Sozialismus in China und ihm selbst einen besonderen »Konsens« gibt oder eine Übereinkunft über die Übernahme von Marx' Vermächtnis:

> »Heute muss eine beständige Kritik des Kapitalismus, der neuen kapitalistischen Gefahr effektiv vorgebracht werden, und zugleich müssen die Schwächen des marxistischen Erbes und die sich daraus ergebenden historischen Katastrophen, die es im Namen von Marx selbst in China und im Osten gegeben hat, vermieden werden, kurz gesagt, es muss der Teil aus dem Erbe ferngehalten werden, der aufgegeben werden muss.«[124]

Daher besteht die wirkliche Bedeutung dessen, was Derrida über die Übernahme des Marxschen Vermächtnisses sagt, darin, etwas in Marx' Denken abzulehnen, jedoch seinen kritischen Geist aufrechtzuerhalten und das kritische Ziel des heutigen Kapitalismus anzuvisieren. Trotzdem fällt es uns schwer, Derrida in seiner postmarxistischen Illustration von Chinas heutiger Entwicklung zuzustimmen.

4. Der gegenwärtige Kapitalismus und »das Ende der Geschichte«

Wie wir sehen, spiegelt sich Derridas Übernahme von Marx' Vermächtnis hauptsächlich im dekonstruktivistischen kritischen Geist wider. Sie bezieht sich auf eine hartnäckige Negation jeder anmaßenden Verewigung einer verfestigten Struktur; auf der anderen Seite ist diese Negation durch die différance präsent. In Marx' »Gespenster« ist das Ziel der Negation, die auf Marx' kritischem Geist basiert, der gegenwärtige Kapitalismus und die ganze anmaßende bürgerliche Ideologie. Derrida erklärt, dass er im Text eine

124 A.a.O.

»unermüdliche dekonstruktive Kritik der kapitalistischen Logik«[125] vornehmen werde.

Wie oben erwähnt entscheidet sich Derrida 1993, dieses Buch zu schreiben, weil die Praxis der internationalen kommunistischen Bewegung zu diesem Zeitpunkt einen beispiellosen Rückschlag erlitt, während damit verbunden eine kapitalistische Supermacht als einzige Weltpolizei entstand, die den Globus beherrscht. Derrida denkt an »die unzusammenhängende, aber organisierte Koalition von internationalen kapitalistischen Kräften, die sich im Namen des Neoliberalismus oder des Marktes der Welt unter solchen Konditionen bemächtigt, dass ihnen die Form ›Staat‹ noch am besten widerstehen kann.«[126] Eine neue »Weltordnung« versucht, »eine neue, notwendigerweise neue Regellosigkeit zu stabilisieren, indem sie eine Form von Hegemonie installiert, die ohne Vorläufer ist.«[127] Nach dem Zusammenbruch der früheren Sowjetunion und der osteuropäischen sozialistischen Länder war der westliche intellektuelle Zirkel mit den «Weltuntergangs«-Tumulten der kapitalistischen Ideologie angefüllt, so etwa politischen Erklärungen über »das Ende der Geschichte«, »das Ende des Marxismus« mit dem aufkommenden theoretischen Gedanken über »das Ende der Philosophie«, »das Ende des Menschen« und so weiter. Unter ihnen ist *The End of History and the Last Man* des amerikanischen Wissenschaftlers Francis Fukuyama vielleicht in seinen politischen Aussagen das herrausragendste. Zudem glaubt Derrida, dass aus diesem Grund eine große Zahl junger Menschen zum Publikum von Fukuyama geworden sei. Daher zielt *Marx'* »*Gespenster*« hauptsächlich auf Fukuyama und seine Ansichten.

In Derridas Augen unterscheidet sich Fukuyama nicht vom spießigen Clown in einer Komödie, denn sein »apokalyptischer Tonfall in der Philosophie« tauchte bereits vierzig Jahre vorher auf. (Das bezieht sich auf das »Ende der Ideologie«, wie es von Daniel Bell in den 1950er Jahren vertreten wurde.)[128] Derrida sagt mitleidig, dass diese Theorie über »das Ende« aus methodologischer Sicht zweifellos das Element war, »worin sich das entwickelt hat, was man die Dekonstruktion nennt.« Trotzdem

---

125 Derrida/Roudinesco, *Woraus wird Morgen gemacht sein?*, S. 142.
126 A.a.O., S. 156.
127 Jacques Derrida, *Marx'* »*Gespenster*«, S. 86.
128 Daniel Bell veröffentlichte *The End of Ideology* im Jahr 1960.

verursacht dieser Fehler bei jenen, sie sich über den realen Zusammenhang der Dekonstruktion nicht bewusst sind, vorhersagbar einen »langweiligen Anachronismus«, den überraschenderweise »auch der Körper der *phänomenalsten* aller heutigen Kulturen durchsickern [lässt]: das, was in den Hauptstädten des Westens am meisten gehört, gelesen und kommuniziert, was dort *mediatisiert* wird.«[129]

Derrida sagt in ironischem Tonfall, dass Fukayamas Buch als mediatisiertestes, »erfolgreichstes« über das Thema des Todes des Marxismus als das Ende der Geschichte »ein neues Evangelium« des Kapitalismus sei. In gewissem Sinne markiert das Buch die verrückte Präsenz der gegenwärtigen bürgerlichen Ideologie und wird zur »schönste[n] ideologischen[n] Vitrine des siegreichen Kapitalismus in einer liberalen Demokratie [...], die endlich ihr volles Ideal, wenn nicht ihre volle Realität, erreicht hätte.«[130] Möglicherweise ist Derridas Einordnung Fukuyamas keine Übertreibung.

Warum sagt Derrida das? Und warum ist Fukuyamas Buch ein Evangelium? Für Derrida beansprucht das Buch eine »positive Antwort« auf die Frage zu geben, deren Formierung und Formulierung niemals selbst infrage gestellt werden. Es verkündet, dass »ein ›kohärente(r) und zielgerichtete(r) Verlauf der Menschheitsgeschichte‹ damit enden werde, dass er [...] ›den größten Teil der Menschheit‹ in die ›liberale Demokratie‹ führt«.[131] Nach Fukuyama beweist die bemerkenswerte Veränderung am Ende des zwanzigsten Jahrhunderts die Wahrheit, dass die liberale Demokratie die einzige kohärente politische Hoffnung bleibt, die unterschiedliche Regionen und Kulturen überall auf der Welt umspannt, und die Allianz von liberaler Demokratie und des »freien Markts« ist die »gute Nachricht« dieses letzten Viertes des Jahrhunderts. Daher endet hier die von Hegel begründete teleologische fortschrittliche Geschichte; der Kapitalismus ist alles. Derrida sagt, dass Fukuyama das »ahistorische *telos* der Geschichte«[132] bestimmt.

Derrida stimmt Fukuyamas Optimismus nicht zu. Er denkt, dass »weder die Vereinigten Staaten noch die Europäische Gemeinschaft die Vollendung des universalen Staates oder der liberalen Demokratie erreicht

129 Jacques Derrida, *Marx' »Gespenster«*, S. 34.
130 A.a.O., S. 96.
131 A.a.O., S. 97.
132 A.a.O.

haben, ja dass sie sie, wenn ich so sagen darf, noch nicht einmal von ferne berührt haben. Wie kann man übrigens den Wirtschaftskrieg ignorieren, der heute sowohl zwischen diesen beiden Blöcken als auch innerhalb der Europäischen Gemeinschaft tobt?«, den ökonomischen Krieg mit Japan und all die Widersprüche die beim Handel zwischen den reichen Ländern und dem Rest der Welt am Werk sind, die Phänomene der Verarmung und der Bösartigkeit der »Auslandsverschuldung«?[133] In Antithese zu Fukuyamas Meinung erklärt Derrida, »die Welt geht sehr schlecht, sie nutzt sich immer mehr ab, je älter sie wird.« Wie wir bereits wissen, verfügt Derrida über den Geist von Marx und den kritischen Blick des Gespensts. Er sieht, was Fukuyama nicht sehen kann. Im gegenwärtigen historischen Zusammenhang weist Derrida hin auf »die Wirtschaftskriege, die nationalen Kriege, die Minoritätenkriege, die Entfesselung von Rassismen und Xenophobien, die ethnischen Konfrontationen, die Kultur- und Religionskonflikte [...], die das sogenannte demokratische Europa und die Welt heute zerreißen.«[134] Daher ähnelt »die Euphorie des liberaldemokratischen [...] Kapitalismus«, von der Fukuyama angenehm spricht, der blindesten und wahnsinnigsten Halluzination oder auch einer zunehmend grellen Heuchelei.

Derrida wählt die folgenden zehn Aspekte aus, um die »Pest« der heutigen Zeit zu illustrieren:

1) Die weitverbreitete Arbeitslosigkeit. Die Funktion der gesellschaftlichen Inaktivität, der Nichtarbeit oder der Unterbeschäftigung tritt in ein neues Zeitalter ein. Im Kapitalismus ist diese Art der Arbeitslosigkeit zu einer mehr oder weniger gut kalkulierten Deregulierung eines neuen Markts, neuer Technologien, neuer weltweiter Konkurrenz geworden, die »gemeistert, kalkuliert, ›sozialisiert‹« ist oder zumindest von hochtrabenden Ökonomen und Politikern in verschiedene Formen gefasst wird. Im Wesentlichen jedoch gibt es für die Arbeitslosen nur Leiden. 2) Die enteigneten heimatlosen Menschen. Dies umfasst hauptsächlich die Vertreibung oder Deportation vieler Exilanten, Staatenloser und Immigranten, die überall auf der Welt verstreut sind und für die das Überleben das größte Problem ist, was wenig Raum lässt, um über Freiheit und Demokratie zu

133   A.a.O., S. 108.
134   A.a.O., S. 131-132.

sprechen. 3) Der gegenwärtige Wirtschaftskrieg in den entwickelten kapitalistischen Ländern. Die rücksichtslosen Wirtschaftskriege zwischen Europa und Amerika, zwischen Japan und Amerika kontrollieren alles. Wenn sich die Nebelwand der politischen Ideologie auflöst, enthüllt der Kampf der nationalen Interessen ungeduldig sein wahres Gesicht. 4) Die Unfähigkeit, die Widersprüche von Konzept, Normen und Realität des freien Markts zu beherrschen. Derrida sorgt sich beständig darum, wer die Interessen der Arbeiter im Westen schützen wird, wenn der wahnsinnige Fluss internationalen Kapitals sich zu den Ländern der Dritten Welt verschieben wird, wenn das Interesse des Kapitals sich zunehmend darauf richtet, billige Ressourcen an sich zu reißen und Arbeitskosten zu benutzen, um größeren Mehrwert in den sich entwickelnden Ländern zu erzeugen. 5) Das Anwachsen der Auslandsverschuldung und die Verschlechterung anderer damit verbundener Mechanismen lassen einen großen Teil der Menschheit hungern oder treiben sie zur Verzweiflung. Die genannten Übel, die unmittelbar die Wut der Menschen in der Dritten Welt auslösen, «auch wenn diese vom Diskurs der Demokratisierung oder der Menschenrechte diktiert zu sein scheinen.« 6) Die Waffenindustrie und der Waffenhandel, die in den normalen Ablauf der wissenschaftlichen Forschung, der Ökonomie und der Sozialisierung der Arbeit in westlichen Demokratien eingeschrieben sind. 7) Die Verbreitung (»dissemination«) von Atomwaffen, die im Besitz genau jener Länder sind, die sagen, dass sie sich davor schützen wollen. 8) interethnische Kriege (hat es jemals andere gegeben?) breiten sich aus, angetrieben von einem archaischen Phantasma und Konzept, durch ein primitives begriffliches Phantasma von Gemeinschaft, dem Nationalstaat, Souveränität, Grenzen, eigenem Boden und eigenem Blut. 9) Das organisiertes Verbrechen, mehr und mehr phantomartig, dringt in beinahe jede Ecke der Welt vor: Es dringt nicht nur in die sozioökonomische Struktur ein, die allgemeine Zirkulation des Kapitals, sondern auch in staatliche und zwischenstaatliche Institutionen. 10) Das Völkerrecht, das ein demokratisches und gerechtes Gesicht aufsetzt, mit entsprechenden gerichtlichen, willkürlichen und koordinierenden Agenturen, die eng mit der europäischen Geschichte und Kultur verbunden sind. Die Konsequenzen sind solche wie »die Inkohärenz, die Diskontinuität, die Ungleichheit der Staaten vor dem

Gesetz, die Hegemonie bestimmter Staaten über die militärische Macht im Dienst des internationalen Rechts.«[135]

Diese »zehn Wunden« reflektieren die Realität, genau die historische Realität, die real geschieht, während Fukuyama die Kühnheit besitzt, neu zu evangelisieren, zu behaupten, dass die Welt nie mehr von Gewalt, Ungleichheit, Exklusion, Hunger und daher von ökonomischer Unterdrückung betroffen sein wird. In einem beinahe verärgerten Ton sagt Derrida:

> »Anstatt in der Euphorie des Ende der Geschichte die Ankunft des Ideals der liberalen Demokratie und des kapitalistischen Marktes zu besingen, anstatt das ›Ende der Ideologien‹ und das Ende der großen emanzipatorischen Diskurse zu feiern, sollten wir niemals diese makroskopische Evidenz vernachlässigen, die aus den tausendfältigen Leiden einzelner besteht: Kein Fortschritt der Welt erlaubt es, zu ignorieren, dass in absoluten Zahlen noch nie, niemals zuvor auf der Erde so viele Männer, Frauen und Kinder unterjocht, ausgehungert oder ausgelöscht wurden.«[136]

Hier kann Derrida seine Verärgerung nicht verbergen: Dies ist »eine Welt, die ungleicher ist denn je – für Milliarden von Lebewesen – Menschen und andere –, denen nicht nur grundlegende ›Menschenrechte‹ verwehrt bleiben [...], sondern denen sogar das Recht verweigert wird, ein würdiges Leben zu führen.«[137] Warum entscheiden sich Menschen angesichts derartigen Leids dazu, »ihr Herz zu verhärten« oder nicht hinzusehen? Derrida hat die Antwort bereit: das erfolgreiche Wirken der gegenwärtigen bürgerlichen Ideologie. Derrida führt weiter zwei wichtige Begriffe an: »den der Hegemonie (›herrschender Diskurs‹)« und den der »*unbestreitbaren* Evidenz«, die beide zu jenen Begriffen gehören, »die niemand bestreiten würde, wie ich annehme«. Warum? Weil sie weder eine substantielle Existenz besitzen noch Begrifflichkeiten im Selbstbewusstsein der Menschen sind. Auf sie wird einfach implizit Bezug genommen als »das, was überall die

---

135   A.a.O., S. 136.
136   A.a.O., S. 139.
137   Jacques Derrida, »I am at War With Myself«.

öffentliche Kundgebung, die Zeugenschaft im öffentlichen Raum, organisiert und beherrscht.« Nach Derridas Ansicht ist das unmittelbar ein Set, das durch drei untrennbare Orte oder Apparate unserer Kultur begründet wird: die offiziellen Diskurse der regierenden Parteien und der Politiker, die in der Welt an der Macht sind, was »jene Kultur [ist], die mehr oder weniger zutreffend die politische genannt wird«; die Kultur der Massenmedien, die sich in absolut beispielloser Weise um das Fernsehen und die Information herum entwickelt hat; und eine gelehrte oder akademische Kultur, insbesondere die der Historiker, Soziologen und Politologen, Literaturtheoretiker, Anthropologen, Philosophen (insbesondere der politischen Philosophen). Derrida nennt die drei obengenannten Kulturen »drei Orte, Formen und Mächte der Kultur.«[138] Diese drei Diskurse kommunizieren und kooperieren in jedem Augenblick miteinander, um die größte Kraft hervorzubringen, mit der sie die Hegemonie des betreffenden Imperialismus absichern.

Das mag erklären, warum Marx' Gespenster immer noch präsent sind. Derrida will uns sagen, dass Marx' spektraler Blick uns erlaubt, die Ungerechtigkeit der Welt zu sehen; Marx' ethisches Erbe befähigt uns, der Hegemonie des Kapitals nicht nachzugeben; und Marx' kritischer Geist, der niemals stirbt, erhellt unseren schwierigen Weg des Widerstands. Nach meiner Meinung ist das eine theoretisch positive und akademisch respektable Position. Unabhängig davon, wie viele Problem in ihnen entdeckt werden, *Marx' »Gespenster«* verdienen es, als ein aufklärerisches Meisterwerk im postmodernen Zusammenhang betrachtet zu werden.

138   Jacques Derrida, *Marx' »Gespenster«*, S. 91.

Kapitel 5

Der hohle Mensch: Das unsterbliche Konstrukt der Phantasmagorie. Textuelle Lektüre von Žižeks *Der erhabene Gegenstand der Ideologie*

Einleitung: Lacan auf Marx einpfropfen

Als eine sehr populäre Figur der radikalen intellektuellen und akademischen Kreisen Amerikas und Europas[1] hat Slavoj Žižek einen großen Einfluss

---

1   Slavoj Žižek wurde im jugoslawischen Ljubljana (einer Stadt im Nordwesten der Volksrepublik Slowenien) am 21. März 1949 geboren. Er erhielt einen BA in Philosophie von der Universität Ljubljana im Jahr 1971 und einen MA in Philosophie im Jahr 1975 und einen Doktorgrad in Philosophie im Jahr 1981. Er erhielt dann einen Doktorgrad der Psychoanalyse an der Universität Paris VIII im Jahr 1985. Ab 1979 war Žižek Forscher am Institut für Soziologie und Philosophie an der Universität Ljubljana (ab 1992 Institut für Sozialwissenschaften an der Fakultät für Sozialwissenschaften). Er war während der 1980er Jahre politisch aktiv in der alternativen Bewegung Sloweniens und Präsidentschaftskandidat der Republik Slowenien während der ersten Mehrparteienwahlen im Jahr 1990. 1991 war er Wissenschaftsbotschafter der Republik Slowenien. Er kündigte bald, ging zurück an die Universität und hielt Vorlesungen in Europa und Amerika, während er akademische Forschungen betrieb. Als einflussreicher Gelehrter insbesondere auf dem Gebiet des

auf eine ganze Reihe von Gebieten wie etwa Psychoanalyse, Philosophie, Literatur und Filmwissenschaft. Was seine theoretische Logik und politische Einstellung betrifft, ist er vor allem ein Lacanianer und gilt demnach als ein linker Intellektueller im westlichen Kontext. In den 1970er Jahren, als er noch ein Doktorand in einem sozialistischen osteuropäischen Land war, war er begeistert von der modernen poststrukturalistischen Strömung im Westen (er graduierte mit einer Abschlussarbeit über Lacan, Derrida und Kristeva). In den 1980er Jahren ging Žižek an die Universität Paris VIII, um einen Doktorgrad zu erwerben, mit einem Hauptfach zu Lacan und erwarb 1985 ein Doktorat in Psychoanalyse. Danach war Žižek im Laufe der politischen Unruhen als ein radikaler Dissident tätig. Auf der akademischen Bühne war er der erste, der die Lacansche Philosophie auf Marx einpfropfte[2], um einen originalen Zweig der Philosophie zu schöpfen. Žižek behauptete selbst, dass er weder ein Marxist[3] noch ein Nachfolger des orthodoxen westlichen Marxismus ist. Trotzdem beharrte er in seinen akademischen Forschungen stets auf Marx' kritischen Geist gegenüber dem Kapitalismus. Nichtsdestotrotz ist diese Kritik durch Lacan vermittelt und von ihm durchdrungen. Daher ist er in meinem theoretischen Gerüst in der *post-Marxschen Denkströmung zu verorten. The Sublime Object of Ideology* (dt. Der Erhabene Gegenstand der Ideologie) ist eines seiner berühmtesten Bücher.[4] In diesem Kapitel werde ich schwerpunktmäßig den Teil Eins

gegenwärtigen radikalen Denkens hat er mehr als 40 Werke und eine große Zahl von Arbeiten veröffentlicht, darunter *The Sublime Obect of Ideology* (1989), *Looking Awry: An Introduction to Jacques Lacan Through Popular Culture* (1991), *Die Metastasen des Genießens. Sechs erotisch-politische Versuche (1994), Das fragile Absolute oder warum es sich lohnt das christliche Erbe zu verteidigen* (2000), *Repeating Lenin* (2002).

2   Jacques Marie Emile Lacan (1901-1983) ist ein berühmter französischer Postpsychoanalytiker und Denker. Zu meiner Diskussion von Lacans Philosophie vgl. *Die Wahrheit des Unmöglichen Seins: Das Abbild der Lacanschen Philosophie*, Commercial Press 2006.

3   Slavoj Žižek/Glyn Daly, *Conversations with Žižek*, Cambridge u.a. 2004, S. 31.

4   *The Sublime Object of Ideology* wurde 1989 von Verso veröffentlicht. Die chinesische Ausgabe, übersetzt von Ji Guangmao, wurde von der Central Compilation and Translation Pres 2002 veröffentlicht. Nach Žižek ist dieses Buch nicht so »theoretisch substantiell« wie sein zweites Buch For They Know Not What They Do (dt.: *Denn sie wissen*

des ersten Kapitels, welcher sich auf Marx bezieht, einer textuellen Lektüre unterziehen. Bevor wir uns in diesen rätselhaften Diskurs von Žižek begeben, möchte ich eine schematische Einführung zu seinen grundlegenden Ansichten über den Marxismus geben.

1. Die gegenwärtige Welt in den Augen von Marx

Im gegenwärtigen komplexen akademischen Kontext der Postmoderne behauptet Žižek, dass man gegen alle »New-Age-Spiritualismen«[5] auf dem Standpunkt des Leninschen »kämpferischen Materialismus« stehen muss. Es ist festzuhalten, dass dies ein großartiges theoretisches Auftreten ist. Natürlich hat er auch gesehen, dass die bürgerlichen Theoretiker den Marxismus für eine sozusagen theologische »messianistische« Sekte halten, und sagt, dass diese Kritik nur »für den verknöcherten »dogmatischen« Marxismus gilt und nicht für seinen authentischen befreienden Kern«. Dieses abgegrenzte Urteil ist plausibel. Nach meinem Empfinden möchte er das Erbe des kritischen Analyseverfahrens und des befreienden Geistes des Marxismus bewahren.

Žižek ist gegen ein Modell der Beurteilung, das Fragen stellt wie »Was ist am Marx heute noch lebendig?«. Er lobt in höchsten Tönen Adornos Kritik an Croces arroganter Frage danach »was bei Hegel lebendig oder tot sei«. Denn, »im Vergleich mit der Frage, was an Marx heute noch lebendig ist, oder der Frage, was uns Marx heute bedeutet, ist die Frage, *was unsere gegenwärtige Welt in Marx' Augen bedeutet,* weitaus interessanter.

»Marx' entscheidende theoretische Leistung, die ihm erlaubte, das konstitutive Ungleichgewicht der kapitalistischen Gesellschaft zu artikulieren, war seine Einsicht darin, dass gerade die Logik des Allgemeinen, der formalen Gleichheit die materielle Ungleichheit beinhaltet – nicht als Überbleibsel der Vergangenheit, das stufenweise abgeschafft wird, sondern als eine strukturelle Notwendigkeit, die in den formalen Begriff der Gleichheit selbst eingeschrieben ist. Es gibt keinen ›Widerspruch‹ zwischen dem bürgerlichen Prinzip

nicht, was sie tun. Genießen als ein politischer Faktor, Wien 2008). Vgl. *Conversations with Žižek*, S. 1.

5   Slavoj Žižek, *Das fragile Absolute*, S. 5.

der Gleichheit in den Augen des Gesetzes, dem Äquivalententausch zwischen freien Individuen und der materiellen Ausbeutung und Klassenherrschaft: Herrschaft und Ausbeutung sind gerade im Begriff der rechtlichen Gleichheit und des Äquivalententauschs enthalten; sie sind ein notwendiger Bestandteil des *verallgemeinerten* Äquivalententauschs (da an diesem Punkt der Verallgemeinerung die Arbeitskraft selbst zu einer Ware wird, die auf dem Markt getauscht wird).«[6]

Denn Marx hat eben in der Arbeitskraft selbst, die zur Ware wird, den *realen* Faktor entdeckt, der die materielle Ungleichheit (die Vermehrung von Mehrwert im Produktionsprozess) verursacht. Darum sagt Žižek: »Lacan verkündet, dass Marx das Symptom entdeckt hat.« Den Begriff des »Symptoms« so wie seine Beziehung zu Marx werden wir später konkret erörtern. Žižek denkt, dass die kapitalistische Produktionsweise in ihrem Wesen heute immer noch das beibehält, was von Marx enthüllt wurde. Das sagt er an der richtigen Stelle. In diesem Punkt stimme ich ihm zu, denn Žižek trifft auch irrtümliche Aussagen, gerade wenn seine Ansicht mit dieser Formulierung hier nicht übereinstimmt.

Žižek entdeckt auf tiefgründige Weise, dass es innerhalb der gegenwärtigen Gesellschaftstheorie eine verborgene ideologische Verschiebung gibt, dass einige vom angeblichen »Ende der Geschichte« oder dem Kommen eines »postideologischen pragmatischen Zeitalters« sprechen. Er sagt, dass in kritischen Diskursen und der politischen Analysen von heute,

»der Begriff ›Arbeiter‹ ist verschwunden, ersetzt oder verdrängt durch ›Immigranten [immigrierte Arbeiter: Algerier in Frankreich; Türken in Deutschland; Meikaner in der USA‹ – in dieser Weise wurde die Klassenfrage nach der Ausbeutung der Arbeiter in die

---

6 Slavoj Žižek, *The Metastases of Enjoyment: Six Essays on Women and Causality*, London/New York 2005, S. 183 [Die deutschen Ausgaben von Žižeks Büchern weichen oftmals erheblich von den englischsprachigen Ausgaben ab, sie wurden gekürzt oder enthalten eine veränderte Auswahl von Texten; in solchen Fällen wurde beim Nachweis der Zitate auf die englischsprachige Ausgabe zurückgegriffen. A.d.Ü.].

multikulturalistische Frage nach der ›Intoleranz des Andersseins‹ umgewandelt worden, usw.«[7]

Die marxistische Klassenanalyse ist in eine Diskussion über kulturelle Toleranz umgewandelt worden. Das ist scheinbar die stille Verbreitung einer neuen Art von Ideologie. Zufälligerweise wird im heutigen China die Bourgeoisie nicht Bourgeoisie, sondern »erfolgreiche Kreise« genannt und ist zum Gegenstand der Verehrung geworden. Das Proletariat wird auch nicht Proletariat, sondern »benachteiligten Gruppe« genannt und ist zum Gegenstand von Sympathie geworden. Bei allgemeinen sozialen Titeln wurde »Genosse« zu »Chef« oder »Herr« und »sich Lei Feng [ein Soldat aus der frühen Zeit des modernen China, der immer bereit war, anderen zu helfen] zum Vorbild nehmen« wurde zum »Freiwilligen«. Hier handelt es sich um eine verborgene Verwandlung des Mikrodiskurses. Es scheint, dass man »leise vermutet, dass die demokratische liberal-kapitalistische Weltordnung so etwas wie die ultimative Entdeckung des ›natürlichen‹ gesellschaftlichen Ordnung ist«. Der Kapitalismus wird wieder als eine natürliche Form der gesellschaftlichen Seinsweise bekräftigt und die Geschichte scheint zu jenen Umständen zurückgekehrt zu sein, wo sich Marx damals mit jenen auseinandersetzte, die »keine Geschichte hatten«.[8]

Stehen die Dinge wirklich so? Žižeks Ansicht steht dem genau entgegen. Žižek sagt, der Kapitalismus, den Marx im *Kommunistischen Manifest* vor 150 Jahren bestimmte, heute immer noch unsere gewaltige Wirklichkeit, nämlich die Brutalität der *Globalisierung des Kapitals ist*.

---

7   Žižek, *The Fragile Absolute*, London/New York, S. 10.

8   Als Marx damals die bürgerlichen Ökonomen, die den Kapitalismus als eine Art Natürlichkeit verewigten, kritisierte sagt er, dass »wenn die Ökonomen sagen, dass die gegenwärtigen Verhältnisse – die Verhältnisse der bürgerlichen Produktion – natürliche sind, so geben sie damit zu verstehen, dass es Verhältnisse sind, in denen die Erzeugung des Reichtums und die Entwicklung der Produktivkräfte sich gemäß den Naturgesetzen vollziehen. Somit sind diese Verhältnisse selbst von dem Einfluss der Zeit unabhängige Naturgesetze. Es sind ewige Gesetze, welche stets die Gesellschaft zu regieren haben. Somit hat es eine Geschichte gegeben, aber es gibt keine mehr.« (Karl Marx, Das Elend der Philosophie, in: MEW, Bd. 4, S. 139).

»Wo leben wir *heute*, in unserer globalen ›post…‹ (postmoderne, postindustriellen) Gesellschaft? Die Losung, die mehr und mehr zugemutet wird, ist »Globalisierung«: die brutale Auferlegung des vereinten Weltmarkts, der alle Arten lokaler ethnischer Traditionen, einschließlich der Form des Nationalstaats bedroht. Und ist nicht angesichts dieser Situation die Beschreibung des gesellschaftlichen Einflusses der Bourgeoisie im *Manifest* relevanter als je zuvor?«[9]

Nachdem er mit Verweis auf das *Manifest* die umfassenden Kommentare über die historischen Verdienste des Kapitalismus durch Marx und Engels erläutert, sagt Žižek, dass diese von Marx und Engels vor 150 Jahren »beschriebene globale Dynamik, die bewirkt, dass alles Ständische und Stehende verdampft »mehr denn je unsere Wirklichkeit ist«.[10] Das ist richtig, dieses »mehr denn je« ist eben der gegenwärtige allseitige Triumph der Weltgeschichte des Kapitals, den Marx in jenen Jahren bestimmte. Diese Globalisierung oder Verallgemeinerung des Kapitals von heute ist »nicht nur im Sinne des weltweiten Kapitalismus, also der Etablierung eines globalen Weltmarkts, sondern auch im Sinne der Behauptung einer ›Menschlichkeit‹ als dem globalen Bezugspunkt für Menschenrechte, der die Verletzung staatlicher Souveränität – angefangen von Handelsbeschränkungen bis hin zu unmittelbaren militärischen Eingriffen – in all jenen Teilen der Welt legitimiert, in denen diese globalen Menschenrechte verletzt werden…«[11] Zudem glaubt er, dass »der Kapitalismus die radikale Säkularisierung des gesellschaftlichen Lebens nach sich zieht, was bedeutet, dass er jede Aura des authentisch Edlen, Heiligen, Ehrenhaften und so weiter erbarmungslos zerreißt.« Dabei hat das Kapital, ebenso wie Marx gesagt hat, den Weltmarkt erschlossen und darum »die Produktion und den Konsum in allen Ländern kosmopolitisch gestaltet«. Und heute »sind Ericsson-Telefone nicht länger schwedisch, Autos von Toyota werden zu 60 Prozent in den USA hergestellt, Hollywood dringt bis in die abgelegensten Teile der Welt vor.«[12] Das ist die wirkliche gesellschaftliche Szene, die wir in China unmittelbar sehen.

9   Žižek, *The Fragile Absolute*, S. 11-12.
10 A.a.O., S. 14.
11 Slavoj Žižek, *Die Tücke des Subjekts*, Frankfurt/M, 2001, S. 276.
12 Žižek, *The Fragile Absolute*, S. 13.

Auf der einen Seite stimmt Žižek der »grundlegenden Lehre« zu, die Marx in seinen späteren ökonomischen Studien bewiesen hat: »*alle himmlischen Hirngespinste werden auf die brutale ökonomische Wirklichkeit zurückgeführt, was von selbst eine Gespenstigkeit erzeugt*«. Es ist zu beachten, dass die *Gespenstigkeit, von der* Žižek hier spricht, nicht das von Marx erwähnte Gespenst des Kommunismus ist, das der Bourgeoisie Furcht einflößt, sondern das *Reale* im Kontext der Lacanschen Philosophie. In diesem Punkt ist er offenkundig von Derridas *Marx'* »*Gespenster*« inspiriert. Wie schon erwähnt, stimmte er zu, dass Derrida »den Begriff ›Gespenst‹ ins Spiel gebracht hat, um die trügerische Pseudomaterialität zu bezeichnen, die die klassischen ontologischen Gegensätze wie etwa von Wirklichkeit und Illusion zu umzustürzen.«[13]

Das Reale von Lacan. Dieses bezeichnet *ein Verhältnis des Seins der unmöglichen Präsenz*, das erscheint, nachdem das Sein des Menschen von symbolischen Zeichen abgeschlachtet wird. Das Reale von Lacan ist nicht jenes in Übereinstimmung mit der Erkenntnis äußerer Gegenstände wie in der traditionellen Epistemologie, sondern eine ontologische Bestimmung, bzw. eine nicht gefälschte, nicht falsche Wahrheit in der sogenannten Individualontologie. Dieses Reale ist etwas Ähnliches wie Kants Ding an sich. Žižek erklärt, »Lacan ersetzt das kantianische noumenale Ding durch das unmögliche/reale Ding.«[14] Bei Lacan steht dieses Wahre als die dritte Sphäre als Sein dem Falschen des Symbolischen der ersten Sphäre vor dem Sein als Subjekt im Spiegelbild, und dem Falschen des *Imaginären als zweite* Sphäre genau gegenüber. Dieses Wahre blüht still und leise nur in den Vorschriften der zerfallenden Netze von Spiegelbildern und Symbolen. Die Enthüllung des Falschen des Seins entspricht dem Wahren, wobei deren Erscheinen das Scheitern der Pseudowirklichkeit bezeichnet. Es sollte auch angemerkt werden, dass Lacans Reales kein einfaches Werturteil ist. Das Reale entspricht nicht dem Guten, das Wahre ist eben nicht

---

13   Slavoj Žižek, *Mapping Ideology*, London/New York 1994, S. 13.
14   Žižek, *The Fragile Absolute*, S. 171, Anm. 73.

notwendig das gute Ding oder umgekehrt. In dieser Hinsicht ist Lacans Reales nicht die *Repräsentation* im epistemologischen Sinne, sondern die Bestimmung im ontologischen Sinne.«[15]

Deshalb kann Žižek sagen, dass »es keine Wirklichkeit ohne Gespenst gibt, dass der Kreis Wirklichkeit nur durch eine unheimliche gespenstische Ergänzung geschlossen werden kann.« Da beim späten Lacan die Wirklichkeit niemals das Ding an sich ist, wird sie immer durch den Mechanismus der Sprachzeichen symbolisiert. Lacan glaubt aber, dass diese symbolische Identifikation letztlich immer scheitert, »dass es ihr niemals gelingt, das Reale vollständig ›abzudecken‹, dass sie immer eine ungeklärte, uneingelöste symbolische Schuld beinhaltet. *Dieses Reale (der Teil der Wirklichkeit, der nicht-symbolisiert bleibt) kehrt in der Verkleidung gespenstischer Erscheinungen zurück.*«[16] Zweifellos ist die durch das Gespenst entschiedene Wirklichkeit nicht ein einfaches lineares Auszuschließenden. Das Gespenst zeigt sich eben in der »Lücke« zwischen der Wirklichkeit und dem Realen. Die Anwesenheit des Gespensts veranlasst die Wirklichkeit dazu, dass sie sich immer durch ihre unvollständige-gescheiterte Symbolisierung darstellt, wodurch die Wirklichkeit auch einen fiktionalen Charakter annimmt. Žižek verwendet die metaphorische Reduktion dieses Gespenstes für seine Analyse des gegenwärtigen Kapitalismus: Obwohl die Bourgeoisie die Wirklichkeit des Kapitalismus stets mit allen Sorten von ideologischen abstrakten Symbolisierung herausputzt, erleiden solche Symbolisierungen immer ein Scheitern, wenn sie auf irgendeinen harten Kern der Realität stoßen. Zum Beispiel, dass die materielle Ungleichheit, die in der Verwirklichung des Mehrwerts entsteht, auf den Mythos der Gerechtigkeit des Kapitalismus prallt; oder, dass die Enthüllung über die Misshandlung der irakischen Kriegsgefangenen durch US-Soldaten auf die Verheerungen des unter dem Vorwand der Menschenrechte angefangenen Krieges stößt.

»Wenn Marx die wahnsinnige sich selbstverstärkende Zirkulation des Kapitals beschreibt, dessen solipsistischer Pfad der

---

15 Vgl. *Die Wahrheit des Unmöglichen Seins: Das Abbild der Lacanschen Philosophie*, The Commercial Press, S. 334-335.
16 Slavoj Žižek, *Mapping Ideology*, London/New York 2000, S. 21.

Selbstbefruchtung in den heutigen metareflexiven Spekulationen mit Termingeschäften ihren Höhepunkt erreicht, dann ist es viel zu vereinfachend zu behaupten, dass das Gespenst dieses sich selbst erzeugenden Monsters, das seinen Weg ohne Rücksicht auf alle menschlichen oder ökologischen Bedenken verfolgt, eine ideologische Abstraktion sei und dass man daher niemals vergessen sollte, dass hinter dieser Abstraktion wirkliche Menschen und Naturgegenstaende stünden, auf deren produktiven Fähigkeiten und Ressourcen die Zirkulation des Kapitals beruht und von denen es sich, gleich einem gigantischen Parasiten ernährt. Das Problem besteht darin, dass diese ›Abstraktion‹ nicht nur in unserer falschen Wahrnehmung (in der des Finazspekulanten) der gesellschaftlichen Wirklichkeit existiert; sie ist ›real‹, insofern sie die Struktur der materiellen gesellschaftlichen Prozesse selbst bestimmt: das Schicksal ganzer Gesellschaftsschichten und manchmal ganzer Länder kann durch den ›solipsistischen‹, spekulativen Tanz des Kapitals entschieden werden, das sein Ziel der Profitabilität mit einer gesegneten Gleichgültigkeit im Hinblick darauf verfolgt, wie sich seine Bewegung auf die gesellschaftliche Wirklichkeit auswirken wird. Das ist die fundamentale systemische Gewalt des Kapitalismus, die weitaus unheimlicher ist als die unmittelbare vorkapitalistische sozio-ideologische Gewalt: diese Gewalt ist nicht länger konkreten Individuen und ihren ›bösen‹ Absichten zuzuordnen; sie ist rein ›objektiv‹, systemisch anonym.«[17]

Žižek ist äußerst einschneidend in seiner Beschreibung der »fundamentalen systemischen Gewalt des Kapitalismus«. Im Gegensatz zur Ideologie des äußeren Zwanges der vorkapitalistischen Gesellschaften wird die heutige Herrschaft des Kapitalismus in einer rein »objektiven«, »systemisch anonymen Weise" verwirklicht. Heute entsteht die Herrschaft des Kapitalismus gerade durch eine unsichtbar direkte Gewaltform bzw. durch den sogenannten »anonymen Schrecken«. Daher sagt Žižek, dass heute »der wahre Schrecken nicht im partikularen Inhalt liegt, der hinter der Universalität des

---

17 Žižek, *The Fragile Absolute*, S. 15.

globalen Kapitals verborgen ist, sondern weit mehr in der Tatsache, dass das Kapital tatsächlich eine anonyme globale Maschine ist, die blind ihre Arbeit verrichtet, und dass es auch keinerlei partikularen geheimen Agenten gibt, der sie am Laufen hält.«[18] Der Grund dafür ist, dass der um den Globus herumrennende Kapitalismus dem gespenstigen Sein eines »selbstbefruchtenden«, »sich selbst erzeugenden Monsters« ähnelt. Eigentlich ist es das, was Marx auch »allgemeine Beleuchtung« der abstrakten Herrschaft des Kapitalverhältnisses nannte. Žižek verwendet lediglich den Lacanschen Diskurs, um dies zu formulieren. Nach Gly Daly »repräsentiert Žižek das philosophische Äquivalent einer ansteckenden Seuche oder vielleicht, um die Metapher auf den neuesten Stand zu bringen, einen Computervirus, dessen Zweck es ist, die bequemen Erscheinungen dessen, was man die Matrix des globalen liberalen Kapitalismus nennen könnte, zu durchbrechen.«[19] Diese Beurteilung ist vernünftig.

Bei Žižek wird das Leben an dieser Stelle zweigeteilt: Eines ist das sinnliche Leben, das Lacan die Wirklichkeit nennt; das andere ist das unsichtbare unerreichbare Reale. Das erstere ist »die gesellschaftliche Wirklichkeit der wirklichen Menschen, die im Prozess der Interaktion und Produktion einbezogen sind«. Es ist klar, dass der Produktionsprozess und die wechselseitigen Beziehungen des Menschen, die eben von Marx als das Wesenhafte des gesellschaftlichen Lebens aufgedeckt wurden, hier zur äußerlichen *Pseudorealität im Lacanschen Sinne geworden sind*. An dieser Stelle sind für Lacan *die* positiven gesellschaftlich-kulturellen Konstruktionen in diesen ontologischen Verhältnissen, worin sich alle Subjekte befinden, gänzlich phantastische, das reale Sein des Individuums auslöschende Entfremdungsverhältnisse. Lacan betrachtet die Verhältnisontologie, die von Marx und Heidegger entdeckt wurde, das heißt die Gestalt-Existenz, die das individuelle Subjekt im wirklichen Leben jeden Tag konstruiert, als eine irreführende Betrügerei. Verhältnis ist falsch. Wie wir aber wissen, ist die logische Prämisse, die die Ontologie von Marx und von Heidegger gemeinsam annehmen, gerade Hegels Idee »gibt es irgendwo ein Subjekt, dann gibt es ein Verhältnis«. Lacan geht bei seiner Kritik zur Widerlegung des Seins des

---

18 Slavoj Žižek, *Die Tücke des Subjekts*, Frankfurt/M. 2001, S. 302.
19 Žižek/Daly, *Conversations with Žižek*, S. 1

individuellen Subjekts von der Verhältnisontologie aus. Das letztere ist »die unerbittliche ›abstrakte‹ spektrale Logik des Kapitals, die bestimmt, was in der gesellschaftlichen Wirklichkeit geschieht.«[20] In Žižeks Augen ist Kapital »die Verkörperung des großen Anderen«, »die nicht nur auch dann noch wirksam bleibt, wenn die ganzen traditionellen Verkörperungen des symbolischen großen Anderen zerfallen«, also ein unsichtbarer weicher Zwang, aus dem man sich nicht ausbrechen kann. »Das heutige Subjekt ist vielleicht mehr denn je im Griff eines unerbittlichen Zwangs, der in der Tat sein Leben bestimmt.«[21] Dieses große Andere ist die Idee von Lacan.

Der Andere. Dies ist eines der Elemente der Kernlogik von Lacans Denken wie auch der dunkelste Teil von Lacans Philosophie. Anfang der 30er Jahre begann Lacan, das Wort »das Andere« zu verwenden, aber er unterschied nicht zwischen dem großen und dem kleinen Anderen.[22] Der frühe Lacan beginnt, das Wort »das Andere« nur im Sinne von Spiegelbild zu verwenden, was sehr nahe am Begriff des Autrui (die Anderen) ist, wobei Letzteres lediglich als reflexiver Spiegel dazwischen steht und anwesend ist. In den 1950er Jahren wandte sich Lacan der Linguistik zu. Danach fing er an, zwischen dem großen Anderen und dem kleinen anderen (Autre/Anderer und autre/anderer, abgekürzt A und a) zu unterscheiden. Ersterer kennzeichnet den Nicht-Ich-Zwischenkörper als Gegenstand der Selbstidentifikation im Spiegelstadium und der große Andere repräsentiert die Kette der Signifikanten in der symbolischen Sprache. Das große Andere auf eine ostensive Weise entzwei zu teilen geht vielleicht auf Lacan zurück.[23]

Nach meiner Meinung ist es möglicherweise richtig zu sagen, dass die abstrakte Logik des Kapitals heute auf eine gespenstige Weise über die

20 Žižek, *The Fragile Absolute*, S. 15.
21 Žižek, *Die Tücke des Subjekts*, S. 490.
22 Erst Mitte der 1950er Jahre begann Lacan Autre/Anderer (A) und autre/anderer zu verwenden, um die spezifischen Bedeutungen des kleinen Anderen und des großen Anderen oder »Anderen« zu bezeichnen.
23 Vgl. *Die Wahrheit des Unmöglichen Seins: Das Abbild der Lacanschen Philosophie*, S. 267.

Wirklichkeit des Lebens entscheidet. Žižek glaubt jedoch, dass dies das Reale im Sinne von Lacan ist. Ob diese Logikverschiebung gültig ist, ist fragwürdig. Wir wissen, dass an dieser Stelle bei Lacan die Wirklichkeit des subjektiven Seins phantasmagorische Welt ist, die aufgrund der Imagination des Spiegelbildes und aus der Symbolisierung des großen Anderen gemeinsam konstruiert wird, während das Reale genau dort erscheint, wo die Symbolisierung scheitert. Nach dieser Logik ist das Verdinglichungsverhältnis des Kapitals der große Andere im gesellschaftlichen Leben, und gleicher Tausch auf dem kapitalistischen Markt ist eine Sache, die imaginär und symbolisch legitimiert ist. Nur an dem Ort, wo eine solche verdinglichte Symbolisierung scheitert, kann es das von der Wirklichkeit maskierte Reale enthüllen: Ausbeutung. Am Anfang dieses Kapitels zitieren wir eine Ausführung von Žižek an einer weiteren Stelle, also an der richtigen Stelle.

Jedenfalls scheint Žižek der Schlussfolgerung zuzustimmen, die angeblich von Marx stammt: »Der Kapitalismus ist ein kontingentes und monströses Gebilde, dessen bloßer ›Normalzustand‹ eine permanente Versetzung ist, eine Art ›Laune der Geschichte‹, ein Gesellschaftssystem, das im Über-Ich-Teufelskreis einer unablässigen Expansion gefangen ist.«[24]

2. Zusammenbewegung der Widersprüche und der treibenden Kräfte des Kapitalismus

Bis jetzt hat Žižek für Marx viele gute Worte und über das kapitalistische System viele schlechte Worte eingelegt, was leicht zu dem Eindruck führen könnte, dass er gewiss ein entschiedener Marxist sei. Eigentlich ist es nicht so. Žižek glaubt nicht, dass die klassische theoretische Logik von Marx eine »hinreichende Erklärung« für die heutige kapitalistische Globalisierung geliefert hat. In seinen Augen unterscheidet sich die konkrete Gesellschaftsformation des Kapitalismus im klassischen Marxismus »von jenen Versuchen von Heidegger bis Adorno und Horkheimer, die den irren kapitalistischen Tanz der sich selbst steigernden Produktivität als den Ausdruck eines fundamentaleren transzendental-ontologischen Prinzips begreifen (›Wille zur Macht‹, ›instrumentelle Vernunft‹)«. Was heißt das? Žižek sagt, dass der Schlüssel des

---

24 Žižek, *Die Tücke des Subjekts*, S. 430.

Problems des Kapitalismus für Adorno und Heidegger anscheinend nicht in den Produktionsverhältnissen liegt, die Marx für wichtig hält, sondern vielmehr in den Produktivkräften, aus denen die herrschende Gewalt der instrumentellen Vernunft hervorgeht. Diesbezüglich wird Heidegger auch sagen, dass »Amerikanismus und Kommunismus in metaphysischer Hinsicht dasselbe sind«[25]. Dies weist auf die gemeinsame Doktrin des maßlosen *Produktionswachstums* der beiden hin.

Žižek kündigt an, dass wir Marx' »grundsätzlicher Fehler« eingestehen müssen: obwohl Marx den Antrieb des Kapitalismus, der aus dem inneren Widerspruch dieser Produktionsweise hervorgeht, gesehen habe, sei »die ultimative Grenze des Kapitalismus, der sich selbst vorantreibenden kapitalistischen Produktivität, das Kapital selbst, das heißt, die unaufhörliche kapitalistische Entwicklung und Revolutionierung ihrer eigenen materiellen Bedingungen, der irre Tanz ihrer bedingungslosen Produktivitätsspirale, ist letztlich nichts anderes als eine verzweifelte Flucht nach vorn, um dem ihr selbst inhärenten und sie schwächenden Widerspruch zu entkommen.«[26] Doch Marx schließe daraus eine kommunistische Gesellschaft, die die inneren Widersprüche des Kapitalismus letztlich gründlich überwunden hat. Später nennt Žižek den Kommunismus ironisch die *völlig transparente Gesellschaft*. Žižek glaubt, dass dies eine unmöglich zu verwirklichende Phantasie ist. Warum? Nach Žižek habe Marx nicht gemerkt, dass der Beweggrund für die Entwicklung der Produktivkräfte im Kapitalismus gerade aus seinem eigenen Widerspruch stammt. Denn

»Wenn wir das Hindernis, den inhärenten Widerspruch des Kapitalismus beseitigen, dann erhalten wir nicht den vollständig entfesselten Antrieb zur Produktivität, der endlich von seinen Hemmnissen befreit ist, sondern, wir verlieren genau diese Produktivität, die durch den Kapitalismus scheinbar zugleich erzeugt und verhindert wurde – wenn wir dieses Hindernis wegnehmen, löst sich genau das Potential auf, dem dieses Hindernis entgegenwirkte....«[27]

25 Žižek, *The Fragile Absolute*, S. 16.
26 A.a.O., S. 17.
27 A.a.O., S. 17-18.

Das ist ein Paradoxon. Žižek will damit sagen, dass die ungeheuren Produktivkräfte, die Marx in der kapitalistischen Produktionsweise sieht, aus dessen eigenen Widersprüchen resultieren, der dem Motor in einem Schiff ähnelt, das an Kraft verliert, wenn man den Motor ausbaut. Doch die von Marx gedachte kommunistische Gesellschaft habe keinen antagonistischen Widerspruch, d.h.

>»diese Idee einer Gesellschaft der reinen entfesselten Produktivität *außerhalb* des Rahmens des Kapitals war eine Phantasie, die dem Kapitalismus selbst innewohnte, die *kapitalistische* inhärente Überschreitung in ihrer reinsten Form, eine streng *ideologische* Phantasie, die vom Kapitalismus erzeugte Schubkraft in Richtung Produktivität beizubehalten, während man sich von den ›Hindernissen‹ und Antagonismen befreit, die – so zeigt es die traurige Erfahrung des ›real existierenden Kapitalismus‹ – *der einzig mögliche Rahmen der wirklichen Existenz einer Gesellschaft der permanent sich selbst verbessernden Produktivität* waren.«[28]

Sicherlich stimmt Žižek »Heidegger, Adorno, Horkheimer und anderen, [deren Unzulänglichkeit] auf dem Versäumnis beruht, den Kapitalismus einer konkreten gesellschaftlichen Analyse zu unterziehen« nicht zu, weil »was wir heute benötigen nicht der Übergang von der ›Kritik der politischen Ökonomie‹ zur transzendental-ontologischen ›Kritik der instrumentellen Vernunft‹, sondern eine Rückkehr zur ›Kritik der politischen Ökonomie‹ ist.« Diese Worte klingen richtig. Žižek sagt, dass er die Rationalität der gesamten Tradition des westlichen Marxismus Tradition seit dem jungen Lukács, wie zum Beispiel ihre Kritik des ökonomischen Determinismus anerkennt.[29] Das demonstriert aber nicht, dass man die ökonomische Wirklichkeit des Kapitalismus ignorieren kann. Was er sagt scheint in der Tat sehr tiefschürfend zu klingen, entdeckt er als Ergebnis seiner »Rückkehr zur Kritik der politischen Ökonomie« aber, dass die völlig »selbsttransparente« kommunistische Gesellschaft ohne Widersprüche, wie Marx sie denkt, nicht real ist. Daher suggeriert er unvermittelt:

28   A.a.O., S. 18.
29   A.a.O.

»Die Aufgabe des heutigen Denkens ist daher eine doppelte: Einerseits die marxistische ›Kritik der politischen Ökonomie‹ zu wiederholen, aber ohne den utopisch-ideologischen Begriff des Kommunismus als ihres inhärenten Standarts; andererseits, sich vorzustellen, wie man aus dem kapitalistischen Horizont wirklich ausbrechen kann, *ohne* in die Falle der Rückkehr zu der ausgesprochen *vormodernen* Idee einer ausgeglichenen, (selbst-)beherrschten Gesellschaft zu gehen (ohne der ›vor-kartesianischen‹ Versuchung, der der Großteil der heutigen Ökologie erliegt).«[30]

Tatsächlich ist dies auch sein Standpunkt gegenüber dem Marxismus: an der kritischen Methode und an dem Kern der Befreiung mit Vorbehalt festhalten, aber einige seiner grundlegendsten theoretischen Prinzipien zurückweisen. Das ist das Typische an der post-Marxschen Strömung. Zugleich jedem Versuch widersprechen, die Grundwidersprüche in der Menschengeschichte radikal zu lösen, weil dies nach der Logik von Lacan unmöglich zu verwirklichen ist. Das menschliche Sein sei ein Widerspruch und die gründliche Beseitigung des Widerspruchs sei die Beseitigung des menschliche Seins. Das hier von Žižek angeführte Beispiel ist ein ökologisches Kampfziel, mit anderen Worten durch ein kameradschaftliches Verhältnis von Mensch und Natur eine neo-ökologische Ethik zu erreichen, was er ironisch als »vormoderne Idee« identifiziert.

Erstaunlich ist auch, dass Žižek aus heiterem Himmel sagt, dass »Lacan seinen Begriff des Mehrgenießen dem Marxschen Begriff des Mehrwerts nachbildete«. Er schildert auf eine lebhafte Weise, dass Marxens Begriff des Mehrwerts das Sein des *Objekts a* als Verkörperung des Mehrgenießens kräftig untermauert hat. »Die Logik des Lacanschen Objekts a als Verkörperung des Mehrgenießens wird bereits von der entscheidenden Formel, die Marx im dritten Band von Das Kapital verwendet, vorgelegt, um die logisch-historische Grenze des Kapitalismus zu bezeichnen: »Die Grenze des Kapitals ist das Kapital selbst, d.h. die kapitalistische Produktionsweise.«[31]

Hierfür bietet Žižek zwei Auslegungen: erstens, das Allgemeinwissen des traditionellen Marxismus; zweitens, die Interpretation von Žižek/Lacan. Im ersten Kontext werden wir bekannterweise das folgende

---

30 A.a.O., S. 19-20.
31 Žižek, *The Sublime Object of Ideology*, S. 50-51.

»übliche historizistisch-evolutionistische« Lesart sehen: in dem dialektischen Verhältnis der Produktivkräfte und der Produktionsverhältnisse befinden sich die beiden im Widerspruch von Inhalt und Form.«

»Dieses Paradigma folgt grob der Metapher der Schlange, die von Zeit zur Zeit ihre Haut abwirft, die zu eng geworden ist: man setzt als letzten Antrieb der gesellschaftlichen Entwicklung – als ihre (sozusagen) ,natürliche',,spontane' Konstante – das unaufhörliche Wachstum der Produktivkräfte (als eine auf technische Entwicklung reduzierte Regel) voraus, diesem ›spontanen‹ Wachstum folgt mit größerer oder geringerer Verzögerung der träge abhängige Moment, das Produktionsverhältnis. Wir haben daher Epochen, in denen die Produktionsverhältnisse in Übereinstimmung mit den Produktivkräften sind, dann entwickeln sich diese Kräfte und wachsen aus ihrer ›gesellschaftlichen Kleidung‹, dem Rahmen der Verhältnisse, heraus; dieser Rahmen wird zu einem Hindernis für ihre weitere Entwicklung, bis die soziale Revolution Kräfte und Verhältnisse wieder koordiniert, indem sie die alten Verhältnisse durch neue ersetzt, die dem neuen Zustand der Kräfte entsprechen.«[32]

Obwohl in Žižeks Erklärung die Schlangenmetapher recht ekelerregend ist, stimmt sie im Grunde mit der Deutung des allgemeinen historischen Materialismus des traditionellen Marxismus überein. In diesem Kontext, so sagt Žižek, bedeute Marx' Aussage »das Kapital als seine eigene Grenze«, dass die kapitalistische Gesellschaft nicht wegen des Widerstands der traditionellen Gesellschaft gegen ihn untergeht, sondern wegen seiner »letztendlichen Unfähigkeit, seinen inhärenten Antagonismus zu beherrschen und zu bändigen«[33]. Der Kapitalismus als die Produktionsweise, die zum ersten Mal eine rasante Entwicklung der Produktivkräfte herbeiführte, werde an einem bestimmten Punkt selbst zu einer »Fessel« für ihre weitere Entwicklung: es bedarf dem Sozialismus, um die rückständigen Produktionsverhältnisse zu ersetzen. Er glaubt, dass Marx dieser vereinfachenden evolutionären Idee nicht zustimme. Denn Marx habe in Das *Kapital* gerade eine weitere Idee

---

32 A.a.O., S. 51.
33 Žižek, *Die Tücke des Subjekts*, S. 350, Anm. 8.

erklärt: *die Form treibt die Entwicklung des Inhalts.* Was Žižek sagen will, ist, dass Marx in der geschichtlichen Bildung des Kapitals gerade das »Verhältnis zwischen formaler und realer Subsumption des Produktionsprozesses unter das Kapital [entdeckt hat]; die formale Subsumption geht der realen *voran*«[34], das heißt, »das Kapital subsumiert zuerst den Produktionsprozess der, wie es ihn vorgefunden hat (Handwerker und so weiter), und erst danach verändert es Schritt für Schritt die Produktivkräfte, indem es sie in einer Weise formt, die Übereinstimmung schafft.«

Die zweite Lesart ist der Kontext von Lacan-Žižek. Wann Marx sagt, dass das »Kapital als seine eigene Grenze« der Schlüssel für die Erklärung des Widerspruchs in der kapitalistischen Produktionsweise, meint er dann tatsächlich, dass man diesen Widerspruch vollständig aufzulösen kann? Žižeks zerschmetternde Antwort ist: »*Niemals!*«

Für Žižek ist dies der Grundunterschied zwischen der kapitalistischen und all den vorhergehenden Produktionsweisen.

»Im Kapitalismus ist dieser Widerspruch, der Missklang zwischen Kräften/Verhältnis, in seinem Konzept selbst enthalten (in der Form des Widerspruchs zwischen der gesellschaftlichen Weise der Produktion und der individuellen, privaten Weise der Aneignung). Es ist ein innerer Widerspruch, der den Kapitalismus zu einer permanent erweiterten Produktion zwingt – zur unaufhörlichen Entwicklung seiner eigenen Produktionsbedingungen, im Gegensatz zu früheren Produktionsweisen, in denen die (Re)produktion zumindest in ihrem ›normalen‹ Zustand als eine zirkuläre Bewegung weitergeht.«[35]

Žižek glaubt, dass der *traumatische* reale Kern des inneren Widerspruchs des Kapitalismus die Dynamik aufrechterhält, um seine eigenen Produktionsverhältnisse ständig zu verändern.

> »*Es ist diese ganz immanente Grenze, dieser ›innere Widerspruch‹, der den Kapitalismus zur permanenten Entwicklung antreibt.* Der ›normale‹ Zustand des Kapitalismus ist die permanente Umwaelzung seiner eigenen Existenzbedingungen; gleich von Beginn an ›verfault‹

---

34   Žižek, *The Sublime Object of Ideology*, S. 51.
35   A.a.O., S. 52.

der Kapitalismus, er ist von einem lähmenden Widerspruch, Missklang gepraegt, durch einen immanenten Wunsch nach Gleichgewicht. Genau das ist der Grund, warum er sich verändert, sich unablässig verändert – unablässige Entwicklung ist die einzige Weise für ihn, sein eigenes konstitutives Ungleichgewicht, seinen ›Widerspruch‹ immer und immer wieder zu lösen und sich damit zu arrangieren. Weit davon entfernt ihn einzuschränken, ist seine Grenze daher genau der Antrieb seiner Entwicklung. Hierin liegt das dem Kapitalismus eigene Paradox, seine letzte Zuflucht: der Kapitalismus ist in der Lage, seine Grenze, seine Impotenz selbst in die Quelle seiner Kraft umzuwandeln –je mehr er ›fault‹, umso mehr verstärkt sich sein immanenter Widerspruch, umso mehr muss er sich selbst revolutionieren, um zu überleben.«[36]

Ich habe diese Frage schon vorher diskutiert. Nach Žižeks Ansicht ist der innere Widerspruch des Kapitalismus gerade der innere Antrieb seiner Entwicklung, sodass die Entwicklung dieser gesellschaftlichen Lebensweise unmöglich ist, wenn man ihn beseitigt. Daher stimmt Žižek sogar der Bestimmung, dass die kapitalistische Entwicklung eine »äußere Grenze« hat, nicht zu. Er glaubt, dass der Kapitalismus die unglaubliche Fähigkeit besitzt, Katastrophen in eine neue Form des Zugangs zu verwandeln kann und jede äußere Grenze seiner Entwicklung in eine neue Herausforderung für neue kapitalistische Investition verwandeln kann.«[37]

In diesem Punkt wendet er sich als nachmarxistischer Denker offen gegen Marx. Er denkt sogar, dass der Sozialismus daran gescheitert ist, dass »er letztlich eine Unterart des Kapitalismus war, ein ideologischer Versuch, beides gleichzeitig zu haben, aus dem Kapitalismus auszubrechen und zugleich sein zentrales Element bewahren zu wollen.«[38] Žižek glaubt, dass die gänzlich »selbsttransparente« kommunistische Gesellschaft ohne Widersprüche, wie Marx ihn denkt, nicht real ist. Das ist die theoretische Grundlage von Žižeks post-Marxschen politischen Standpunkt, den wir vorhergesehen hatten. Žižek ist kein Marxist.

---

36   A.a.O., S. 52.
37   Žižek/Daly, *Conversations with Žižek*, S. 152.
38   Žižek, *The Fragile Absolute*, S. 19.

3. Marx' Mehrwert und Lacans Mehrgenießen

Nachdem Žižek sich der vollständigen Befreiung der Menschheit in der von Marx vorhergesagten zukünftigen Gesellschaft entgegenstellt hat, wirft er eine entscheidendere Frage auf: die Infragestellung Marx' Theorie des Mehrwerts. Nach seiner Meinung will Marxens Lehre der Befreiung den Mehrwert als den Beweggrund für die Entwicklung der kapitalistischen Produktivkräfte beseitigen. Es ist das gleiche wie mit dem Auto, dessen Motor ausgebaut wird, um es schneller zu machen. In den Lacanschen Kontext übersetzt, besteht Marx' Fehler »in der Annahme, dass das Objekt der Begierde – die uneingeschränkt zunehmende Produktivität – auch dann weiterexistieren würde, wenn es seiner Ursache, die es vorantreibt – des Mehrwerts – beraubt würde.«[39] Žižek glaubt, dass es eine unmögliche Sache ist. Folglich ist der Mehrwert das mysteriöse Objekt a in der kapitalistischen Wirklichkeit.

Objekt a. Auf Französisch bedeutet Objekt klein a das kleine a als das Objekt des Begehrens. Es ist ein sehr wichtiger Begriff für den späten Lacan. Zum ersten Mal wird es möglicherweise in der Arbeit von 1958 *Remarque sur la rapport de Daniel Lagache:* »*Psychanalye et structure de la personalité*« verwendet. Ursprünglich bezieht es sich auf eine wahnhafte Präsentation des Realen. Obwohl Lacan manchmal a für Objekt a benutzt, sollte es nicht mit dem anderen a im Spiegelstadium verwechselt werden[40], der Pseudo-Selbststeuerung der ersten Ankunft des objektiven Ideals in der Nichtidentifikation der Psyche einer Person. Nachdem Lacan das Reale der menschlichen Existenz betritt, beginnt er den *affirmativen* Inhalt hinter einer pseudosubjektiven Konstruktion zu beachten, nämlich die

---

39 A.a.O., S. 21.
40 Die Erklärung von François Dosse ist zweifelhaft. Indem er das Objekt klein a mit dem umgewandelten Anderen im Imaginären des Spiegelstadium gleichsetzt, glaubt er, dass das Objekt klein a etwas gegen jede Symbolisierung (A) ist. Wie kann es jedoch mit dem kleinen anderen wesensgleich sein? Bedeutet es, dass das Spiegelstadium gegen den großen Anderen ist? Ich denke, das ist ein Missverständnis. Vgl. François Dosse, *From Construction to Reconstruction: Main Thoughts in 20th Century France*, Central Compilation and Translation Press, Vol. I, S. 324.

Spiegelidentität, zum Beispiel den Überrest, der vom Spiegel ausge-
lassen wird, und etwas, das dem Sprechen unzugänglich ist, nachdem die Existenz durch die symbolische Sprache getötet wurde,
mit anderen Worten der *Überrest* oder das *Gefallene*, die nicht vollständig symbolisiert werden kann. Es kann leicht in Verbindung
gebracht werden mit der Brutalität der begrifflichen Homogenität,
die von Adorno erklärt wurde, in der eine essentielle Abstraktion
versucht, all das Sein jenseits seiner Eindämmung zu phantasieren.
Entsprechend hinterlässt die homogene Abstraktion immer einen
Überrest *ohne*.[41] Jean Piaget betrachtet diesen Überrest als das mysteriöse »E« im epistemologischen Zusammenhang, was uns an das
der wissenschaftlichen Erkenntnis entkommende »Abfallprodukt«
erinnert, das von Bataille behauptet wurde, der sogar sagt, dass
»das Interesse der Philosophie« in der Untersuchung einer solchen
Abfallproduktion hinter der Gewalt des rationalen Denkens liege.[42] Der Überrest hat keine materielle Existenz; er präsentiert sich
letztlich in der Position, die durch das Subjekt ausgelöscht wurde;
das heißt *dem erhabenen Thron der Leere*. Nur im Scheitern der
Symbolisierung können wir dieses wirkliche Ereignis finden. Wie
ein vorüberziehender Meteor am Himmel ist das Objekt klein a ein
weiterer Beweis für *das erhabene Objekt oder das Ding*, das wir ständig begehren, jedoch niemals berühren werden.[43]

Um diese Sicht zu verstehen, so sagt Žižek, ist es notwendig, die
Verbindung zwischen Marx' Mehrwert als Antriebskraft des Kapitalismus
und Lacans libidinöser Dynamik des Mehrgenießens zu kennen. Er nimmt
die bekannte amerikanische Coca Cola als Beispiel und nennt sie die »ultimative Ware des Kapitalismus«, was natürlich eine Metapher ist. Laut Žižek
überrascht es »nicht, dass Coca-Cola zunächst als Medizin auf den Markt

---

41 Vgl. mein Buch *Atonal Dialectical Illusion: A Textological Reading of
    Adorno's 'Negative Dialectics'*, Sanlian Bookstore Press 2001, S. 92-94.
42 Georges Bataille, *Eroticism, Expenditure and General Economy*, Jilin
    People's Publishing House 2003, S. 8.
43 Vgl. *Die Wahrheit des Unmöglichen Seins: Das Abbild der Lacanschen
    Philosophie*, S. 349-350.

kam. Weder bereitet der merkwürdige Geschmack des Getränks besonderen Genuss noch wirkt es auf Anhieb angenehm und anregend. Doch genau dadurch, dass es seinen unmittelbaren Gebrauchswert transzendiert (im Gegensatz zu Wasser, Bier oder Wein, die den Durst Löschen oder eine andere gewünschte Wirkung – Beruhigung, Entspannung usw. – herbeiführen), fungiert Coca-Cola als die unmittelbare Verkörperung des ›Es‹, des reinen Mehrgenießens gegenüber den üblichen Formen der Befriedigung, des mysteriösen und schwer zu fassenden X, dem wir mit unserem zwanghaften Warenkonsum hinterherhetzen.«[44] Das heißt, Coca Cola wird etwas »Überflüssiges«, das getrunken wird, wenn andere Getränke bereits die substantielle Notwendigkeit befriedigen; daher ist unser Bedürfnis oftmals »unersättlich«: je mehr wir trinken, umso durstiger werden wir.

»Das Paradox besteht darin, dass Coca-Cola keine gewöhnliche Ware ist, bei der der Gebrauchswert zum Ausdruck der auratischen Dimension des reinen (Tausch-)Werts transsubstantiiert (oder um diesen ergänzt wird), sondern eine Ware, deren ganz spezieller Gebrauchswert bereits eine Verkörperung der übersinnlichen Aura des unaussprechlichen spirituellen Mehrwerts ist, eine Ware, deren sehr materielle Eigenschaften bereits diejenigen einer Ware sind.«[45]

Žižek zitiert noch ein weiteres Beispiel, nämlich »koffeinfreie Diätcola«, die es in jedem Supermarkt in unserer Nähe gibt.[46] Žižek sagt, »wir trinken Cola oder irgendein anderes Getränk aus zwei Gründen: wegen seines Nährwerts und wegen seines Geschmacks. Im Falle des koffeinfreien Diet-Cokes existiert der Nährwert praktisch nicht, und auch das Koffein, das Schlüsselelement seines Geschmacks, fehlt; was bleibt, ist der reine Schein, das künstliche Versprechen einer Substanz, die sich nicht materialisiert. Verhält es sich daher im Falle dieser koffeinfreien Diet-Coke nicht wirklich so, dass wir fast

---

44   Žižek, *Das fragile Absolute*, S. 13.
45   A.a.O., S. 14.
46   Diätcola hat ursprünglich die Bedeutung von »auf Diät«, aber die Coca Cola-Company hat dieses Produkt unter dem Namen »Healthy Merry Coke« auf den chinesischen Markt gebracht. Hier gibt es einen kleinen Unterschied: Žižeks Cola bezieht sich auf das koffeinfreie Produkt, während das entsprechende chinesische Produkt zuckerfrei ist.

buchstäblich ›nichts in Gestalt von etwas‹ trinken.« (Das ist ein sehr genaues und tiefgründiges Beispiel.) Hier »kann man auch sagen, das wir im Falle der koffeinfreien Diät-Cola das Nichts selbst trinken, den reinen Anschein einer Eigenschaft, die in Wirklichkeit nur eine Hülle ist, hinter der sich nichts verbirgt.«[47] Žižek sagt, »wir beziehen uns hier natürlich implizit auf Nietzsches klassische Unterscheidung zwischen ›nichts wollen‹ im Sinne von ›Ich möchte nichts‹ und der nihilistischen Einstellung, das Nichts selbst zu wollen. Im Geiste Nietzsches betonte Lacan, dass bei der Anorexie das Subjekt nicht einfach ›nichts isst‹, sondern vielmehr aktiv das Nichts (Leere) essen will, die die ultimative Objekt-Ursache des Begehrens ist.«[48] In dieser Hinsicht ist koffeinfreie Diätcola das berühmte Lacansche *auf dem Nichts basierende Objekt a*.

Nach Žižek zeigt das Beispiel der Cola die immanente Verbindung von drei entscheidenden Elemente:

> »dem marxistischen Mehrwert, dem Lacanschen Objekt a als Mehrgenießen (ein Konzept, das Lacan im direkten Bezug auf den Marxschen Mehrwert entwickelte) und dem von Freud schon vor langer Zeit erkannten Paradox des Über-Ichs: Je mehr Cola man trinkt, desto durstiger wird man; je mehr Gewinn man macht, desto mehr will man haben; je mehr man den Befehlen des Über-Ichs gehorcht, desto schuldiger wird man.«[49]

Das sieht wie eine seltsame Assoziation aus, insbesondere, wenn Žižek zugibt, dass im Vergleich zu Marx »abstrakt, protokantianisch« sei und »auf einem ahistorischen symbolischen System, das die konkreten soziohistorischen Bedingungen seines Gegenstandes außer Acht«[50] lässt, basie-

47 A.a.O., S. 15.
48 A.a.O., S. 207.
49 Žižek, *The Fragile Absolute*, S. 40.
50 Der IBM570-Laptop, den ich benutze, um dieses Buch zu schreiben, wurde vor vier Jahren gekauft. Ausgerüstet mit dem Betriebssystem von Windows 98 genügt er mein Bedürfnis nach normalem Schreiben von Texten, Datenverarbeitung und so weiter. Trotzdem schaffen die neuen Systeme von Windows 2000 und Windows XP mit ihren neuen Funktionen eine künstliche Veraltung. Er kann jetzt nicht mehr automatisch mobile Festplatten erkennen, Hochgeschwindigkeits-Internetzugang haben und große Videodateien abspielen und so weiter. In den Augen anderer Menschen ist er bereits zu Müll geworden.

re. Aber Žižeks theoretische Reflexion hier ist korrekt. Es scheint, dass er beabsichtigt, für eine neue *Marx*-Lacansche Philosophie den abstrakten Lacan auf den sozialhistorischen Marx zu transplantieren und sie als Waffe zu benutzen, um die sich beschleunigende Kommerzialisierung des globalen Kapitalismus zu kritisieren. Nach meiner Meinung befindet sich Lacan in Žižeks logischem Zentrum, weil der *Lacansche Diskurs* Marx' Kritik des Kapitalismus *übernimmt*.

4. Von der Tragödie zur Komödie: die allseitige Übernahme von Marx durch den Lacanschen Diskurs

In Žižeks Augen bringt der Wandel der Zeiten einen Wandel der kritischen Logiken hervor; daher sollte Marx' Kritik des konventionellen Kapitalismus durch den kritischen Diskurs von Lacan-Žižek übernommen werden. Er denkt, dass Lacan mit seiner eigenen Terminologie das marxistische Thema im *Manifest* übernimmt und illustriert: wie der Kapitalismus alle festen Beziehungen und Traditionen zerstört und wie alles, was festgefügt ist, sich unter seinem Einfluss auflöst.

Um genau zu sein, besteht diese Ersetzung aus zwei Aspekten. Erstens bezeichnet Marx' Feststellung, dass »alles Feste sich auflöst«, hauptsächlich die Unterwanderung der verfestigten patriarchalischen Beziehungen und des engen gesellschaftlichen Lebens, das auf der landwirtschaftlich-natürlichen Ökonomie der alten Gesellschaften aufbaut, während die kapitalistische Produktionsweise die stabile gesellschaftliche mit seinen eigenen Revolutionen zerstört. Für Žižek haben die gesellschaftlichen Verhältnisse eine radikale Veränderung erlebt: in der frühen industriellen Gesellschaft des Kapitalismus produzierten die Menschen vergleichsweise haltbare Konsumgüter, aber die heutige kapitalistische Produktion zielt hauptsächlich auf die Produktion von *unmittelbar veraltetem* Müll.

»Der Kapitalismus führt eine atemberaubende Dynamik des Veraltens ein: wir werden mit immer neueren Produkten bombardiert, die manchmal bereits veraltet sind, bevor sie vollständig in Gebrauch sind – PCs müssen jedes Jahr ersetzt werden, wenn man mit der Allgemeinheit mithalten will; Langspielplatten wurden von CDs und jetzt von DVDs abgelöst. Die Folge dieser beständigen

Innovation ist natürlich die permanente Produktion von Haufen von weggeworfenem Müll.«[51]

Das ist keine sensationelle Ansicht, jedoch ein Fall, der jedem Chinesen heute widerfährt. Was zum Beispiel die Nutzung von Computern betrifft, macht das kontinuierliche Upgrading von Software wie der von Microsoft, deinen alten Computer nutzlos.[52] Das Upgrade von VCD und LD (nicht-komprimierter Laser-Disk-Player) zu DVCD, DVD und EDVD braucht nur einige Jahre. Wahrscheinlich hat jede chinesische Familie einen Haufen von solch teurem Müll.[53] Um dies zu erklären, beruft sich Žižek auf seinen Lehrer Jacques-Alain Miller (Lacans Schwiegersohn).

»Die Hauptproduktion der modernen und postmodernen kapitalistischen Industrie ist genau Müll. Wir sind postmoderne Wesen, weil wir erkennen, dass all unsere ästhetisch anziehenden Konsumartefakte schließlich als Überbleibsel enden werden, bis hin zu dem Punkt, dass es unsere Erde in eine Wüste verwandeln wird. Du verlierst den Sinn für die Tragödie, du nimmst den Fortschritt als spöttisch wahr.«[54]

Es ist bemerkenswert, dass Miller und Žižek Lacan mit dem postmodernen Denken zusammenbringen wollen. Sie akzeptieren den Postmodernismus nicht unmittelbar, glauben jedoch, dass Lacan auf kluge Weise die falsche Natur des heutigen Lebens aufgedeckt hat.

Auf der anderen Seite erklärt nach Žižek Marx selbst, dass »alles Feste« sich

51 Diese Geräte kosten mehrere Tausend Yuan, wenn sie zum ersten Mal auf den Markt gebracht werden. Vor zehn Jahren kostete ein importierter Videorekorder 3000 bis 4000 Yuan, ein Laserdiscplayer mehr als 6000. Vor sechs oder sieben Jahren war ein DVD-Player ebenfalls teuer, mehr als 3000 oder 4000 Yuan, heute jedoch koste er ungefähr 1000 Yuan. Jetzt sind der Videorekorder und der Laserdiscplayer völlig verschwunden und zu menschengemachtem zu entsorgendem Müll geworden. (Als ich Ende 2006 den letzten Entwurf dieses Buchs überarbeitete, war der Preis für eine gewöhnliche DVD auf ein paar Hundert Yuan gesunken.)
52 Žižek, *The Fragile Absolute*, S. 40-41.
53 A.a.O., S. 42-43.
54 Fukuhara Taihei, *Lacan: Mirror Stage*, Heibei Educational Publishing House 2002, S. 119.

470

nicht nur auf materielle Produkte bezieht, sondern dass es auch die Stabilität bezeichnet, die die symbolische Ordnung liefert, um die Identifikation für das Subjekt zu bestätigen. Das ist nicht falsch. Für Marx ersetzt die bürgerliche Welt die feudalen patriarchalen Verhältnisse durch die kalte und utilitaristische Geldbeziehung. Im Vergleich zu der Verwandtschaftsbeziehung, die an den Boden gefesselt ist, ist die Geldbeziehung fließend: jeder, der mir nützlich ist, ist mein Herr. Žižek glaubt, dass diese von Marx erkannte Fluidität heute sogar noch vergrößert ist und auffälligere Phänomene ausbrütet. In Millers Schlussfolgerung verschieben sich die gegenwärtigen Beziehungen zwischen Menschen vom großen Meister, dem Signifikanten, zum *Objekt a*. Žižek erklärt dies folgendermaßen:

»Im Diskurs des Herrn wird die Identität des Subjekts durch S1, durch den Herrensignifikanten (seinen symbolischen Titel – sein Mandat) garantiert, wobei die Treue zu ihm die ethische Würde des Subjekts definiert. Identifikation mit dem Herrensignifikanten führt zur tragischen Existenzweise: das Subjekt strebt danach, seine Treue zum Herrensignifikanten bis zum Ende aufrechtzuerhalten – das heißt zu der Mission, die seinem Leben Bedeutung und Konsistenz gibt, und sein Versuch scheitert letztlich aufgrund des Überrests, der dem Herrensignifikanten widersteht. Im Unterschied dazu gibt es das schlüpfrige-sich verschiebende Subjekt, dem es an jedweder stabilen Unterstützung durch den Herrensignifikanten fehlt und dessen Konsistenz durch die Beziehung zum reinen Überbleibsel/ Müll/Exzess zu einem ›unwürdigen‹, inhärent komischen kleinen Stück des Realen unterstützt wird; eine solche Identifikation mit dem Überrest führt eine spöttisch-komische Existenzweise ein, den parodistischen Prozess der beständigen Subversion aller festen symbolische Identifikationen.«[55]

Nach meiner Meinung kompliziert Žižeks obige Erklärung das Problem noch weiter. Der Zusammenhang hier beinhaltet die Ausarbeitung der Signifikantentheorie in der späten Philosophie Lacans. In Lacans früher

55   Žižek, *The Fragile Absolute*, S. 46.

Diskussion über das Symbolische ist das Pseudosubjekt durch die fließende Kette von Signifikanten konstruiert, und unter dem symbolischen Zwang der Sprachzeichen verliert sich der Mensch weiter. In dem Seminar von 1971-1973 unter dem Titel »Encore« hatte Lacan eine sorgfältige Diskussion, in der er die ursprüngliche Symbolisierung des Subjekts bezeichnete, das in das Symbolische eintritt; so benennt er zum Beispiel den ursprünglichen Signifikanten als S1, auch *Erster Signifikant* oder *Herrensignifikant*, was bedeutet, dass im Moment des subjektiven Verlusts ein bevorrechtigter Signifikant erzeugt wird, in dem das Subjekt existierte, um seine Leere zu füllen und das Nichts des verlorenen Subjekts zu repräsentieren.[56] Es ist dieser Herrensignifikant, der das Subjekt mit einer relativ stabilen Homogenität der symbolischen Identität ausstattet. Für Žižek und Miller ist jener Herrensignifikant in der heutigen kapitalistischen Realität mit stabiler Homogenität der symbolischen Identität zu einem neuen »veränderten Subjekt« geworden. Nun erhalten Menschen nicht einfach die Homogenität aufrecht, die Identität repräsentiert; stattdessen beginnen sie diese Homogenität aufzulösen und zeigen weiterhin das sogenannte »anstößige« »Reale« (Objekt a), um die Kontinuität des Subjekts zu bestätigen, so wie Clintons Sexskandal, Bushs Versprecher usw. In der Vergangenheit machte dieses nicht-evidente »Reale« bestimmte politische Bilder unmöglich. Heutzutage wird die Präsentation des Objekts klein a ein politisches Bild sicherlich lebendig und liebenswert erscheinen lassen. Es ist das postmoderne »veränderte Subjekt«, das von Žižek das *Subjekt des Zynismus* genannt wird.

Žižek nimmt hierzu ein aktuelleres Beispiel, indem er sich auf die hochbezahlten kulturellen Berufe im westlichen akademischen Zirkel beruft. (Möglicherweise meint er jene weißen postkulturellen weißen Gelehrten wie Frederic Jameson.) Diese Menschen, so sagt er, glauben, dass ihre aufkommende Selbstkritik des Eurozentrismus in der westlichen akademischen Welt sie irgendwie davon befreien könnte, involviert zu sein. Es ist daher sehr wahrscheinlich, dass sie »lügen, indem sie vorgeben, die Wahrheit zu sagen.«

---

56   A.a.O., S. 48-49.

»Das vollständige und freimütige Eingeständnis von jemandes Schuld ist die ultimative Täuschung, der Weg, seine eigene Stellung intakt zu erhalten, frei von Schuld. Kurz gesagt, es gibt einen Weg, um Verantwortung und/oder Schuld zu vermeiden, eben indem man seine Verantwortung betont oder allzu bereitwillig seine Schuld in einer übertriebenen Weise eingesteht, wie im Falle des weißen, männlichen, politisch korrekten Akademikers, der die Schuld des rassistischen Phallozentrismus betont und das Eingeständnis von Schuld als Strategie benutzt, um sich nicht der Art und Weise zu stellen, in der er als ›radikaler‹ Intellektueller perfekt die bestehenden Machtverhältnisse verkörpert, denen gegenüber er vorgibt, zutiefst kritisch zu sein.«[57]

Žižek ist sehr scharfsinnig, was diesen Punkt betrifft. Er sagt, dass wir heute »das Reale selbst suchen« wollen, das im Lacanschen Diskurs »reale Selbst spalten« würde.

»Auf der einen Seite gibt es den Herrensignifikanten, der die Konturen des Ich-Ideals des Subjekts, seine Würde, sein Mandat beschreibt; auf der anderen gibt es den exkrementalen Überrest/Müll des symbolischen Prozesses, eine lächerliche Eigenschaft, die das Mehrgenießen des Subjekts unterstützt – und das ultimative Ziel der Psychoanalyse ist es, die Subjektanalyse zu ermöglichen und den Übergang von S1 zum Objekt a – zur Identität – in einer Art von ›Das bist Du‹ zu erreichen, mit dem exkrementalen Überrest, der im Geheimen die Würde seiner symbolischen Identifikation unterstützt.«[58]

Was jetzt geschieht, ist die Transformation vom Herrensignifikanten, der die homogene Identität des Subjekts aufrechterhält, zum Objekt klein a als Überrest der gescheiterten symbolischen Identität oder, um es einfacher zu sagen, eine Umwandlung der Identifikation vom Symbolischen zum Überrest. Für Žižek ist Ersteres eine Tragödie, während Letzteres eine

57 Frederic Jameson, *Neo-Marxism*, People's University Press 2004, S. 143.
58 Žižek/Daly, Conversations with Žižek, S. 152.

Komödie ist, weil symbolische Identifikation immer im Scheitern endet, sie ist daher tragisch; die Identifikation des Überrests jedoch neigt dazu, in einem Stil des »anything goes« präsent zu sein, was ein komisches oder farcenhaftes Ende verursacht. Entsprechend ist die Umwandlung von S1 zum Objekt klein a auch »eine Verschiebung von der *Tragödie* zur *Komödie*«.

Diese Verschiebung ist theoretisch eine völlige Übernahme von Marx' gesellschaftskritischer Theorie durch das Lacansche Denken. Jameson kommentiert, dass »Žižek uns sagen will, dass der Lacanismus auch eine solche Umwandlungsweise ist, eine Form, die dem Marxismus und der Dialektik sogar überlegen ist und diese einschließt.«[59] Noch wichtiger ist, dass Žižek sagt, dass »wir uns an die marxistische Einsicht halten müssen, dass die einzige Sache, die den Kapitalismus zerstören kann, das Kapital selbst ist. Er muss von innen explodieren.«[60] Was jedoch die spezifische Analyse von Problemen angeht, so ist der Lacanismus »unmöglich«.

Hier haben wir eine Skizze von Marx und Lacan in den Augen von Žižek. Sie bereitet den Weg für die folgende Analyse von *The Sublime Object of Ideology* und verwandte Texte. Als Nächstes müssen wir das erste Kapitel dieses Buchs diskutieren.

I. Unmöglichkeit: der politische Standpunkt der post-Marxschen Denkströmung

Nach Ernesto Laclau zeichnet sich die lacanianische Schule, die von Žižek vertreten wird, im Unterschied zu jenen Nachfolgern, die Lacan in das klinische Feld einführen, durch die Anwendung Lacans auf Philosophie und Politik aus. Auf diesen beiden Feldern setzt sich Žižek unmittelbar mit Marx auseinander. Es ist richtig, dass Žižek scheinbar der »postmarxistischen« Logik von Laclau und Mouffe zustimmt, aber seine theoretische Logik gehört nicht zum Marxismus. Streng genommen wendet sich Žižeks postmarxistisches Denken tatsächlich gegen Marx. Er nimmt lediglich Marx' kritischen Geist als ererbbares und veränderbares Vermächtnis wie ein abwesendes Gespenst. (In diesem Punkt unterscheidet er sich nicht von Derrida.) In seiner Einführung zur Abhandlung sehen wir bereits jenen

59 A.a.O., S. 13.
60 Žižek, *The Sublime Object of Ideology*, S. 1.

474

veränderten Blick auf den Kommunismus als lacanianisches unmögliches Reales. (Glyn Daly beobachtet, dass »der Begriff der Unmöglichkeit an der Wurzel von Žižeks politischer Perspektive liegt.«)[61] Die Marxsche Befreiung der Menschheit wird zu einem ursprünglichen tiefen Trauma, das die Gesellschaft nach vorne führt; die Revolution zielt nicht länger auf eine vollständige Emanzipation, und der tatsächliche Kampf zeigt immer wieder eine kompromissbereite Einfärbung.

1. Habermas und Foucault: zwei traditionelle Ideen in den Schattenbildern gegenwärtiger Theorien

Žižeks Diskussion beginnt mit Habermas, der immer noch im Zentrum des europäischen akademischen Diskurses steht. In einem prätentiösen Tonfall erwähnt er, dass Habermas in seinem Buch *Der philosophische Diskurs der Moderne* Lacan fünf Mal in Bezug auf den Poststrukturalismus erwähnt, jedoch befindet sich Lacans Name in einer Reihe von anderen Namen wie Bataille, Derrida usw. und insbesondere Foucault, der auch das Zentrum der Diskussion ist. Es ist möglicherweise eine unentdeckte Verschwörung, die impliziert, dass Habermas trotz Lacans Bedeutung diesem nicht seine gebührende Stellung zukommen lässt. Žižek will, dass wir den geheimen Grund dahinter erkennen.

Für Žižek ist die Antwort auf dieses Geheimnis in einem anderen schwarzen Loch der Logik vergraben, ebenso wie ein seltsamer Zufall, der Althusser »in einem Sherlock Holmes-artigen Sinn« betrifft (Žižek ist der Auffassung, dass dies unsere tiefgreifende Überlegung und Entscheidung wert ist), bei dem »Althussers Name in Habermas' Buch noch nicht einmal erwähnt ist«. »Die Habermas-Foucault-Debatte verschleiert einen anderen Gegensatz, eine andere Debatte, die theoretisch weiter reicht: die Althusser-Lacan-Debatte.«[62] (Es ist notwendig, den Leser daran zu erinnern, dass Žižek wie sein Lehrer Lacan üblicherweise einen metaphorischen und indirekten Diskurs verwendet. Wir werden dies verstehen und uns daran anpassen.) Es ist Habermas als der größte Verteidiger der Aufklärung und der Moderne, der solche postmodernistischen Vertreter wie Foucault mit dem berühmten

---

61   A.a.O., S. 2.
62   A.a.O.

Ausspruch ablehnt, dass »Postmodernismus der größte Konservatismus« sei. Warum jedoch sagt Žižek, dass Habermas und Foucault nur ein theoretisches Schattenbild aufführen, nur die wirkliche Bedeutung von Lacan und Althusser mit einer »metaphorischen Ersetzung« verschleiern? Wenn Žižek nüchtern ist, dann ist es eine wirkliche Unterwanderung des akademischen Urteils: er betrachtet Habermas und Foucault als Unsinn.

Žižek glaubt, dass es vier Ethiken und Konzepte des Subjekts gibt, wovon zwei richtig und zwei falsch sind. Zunächst werden wir die beiden falschen diskutieren, die dynamisch und avantgardistisch zu sein scheinen, jedoch im Wesentlichen traditionell sind. (Die Unrichtigkeit des allgemeinen Wissens herauszustellen, ist eine reguläre Praxis in der lacanianischen Philosophie.)

Zuerst Habermas' Konzept des »*Kommunikationssubjekts*«. »Bei Habermas haben wir die Ethik der ungebrochenen Kommunikation, das Ideal der universellen, transparenten intersubjektiven Gemeinschaft, das Konzept des Subjekts dahinter ist natürlich die sprachphilosophische Version des alten Subjekts der transzendentalen Reflexion.«[63] Für Žižek hält Habermas in seiner Hypothese des idealen Werts, obwohl er die existierende intersubjektive Deformation oder ideologische Barriere in seiner Theorie des kommunikativen Subjekts kritisiert, immer noch die *transparente*, universalistische Intersubjektivität aufrecht, denn Habermas' Konzeption des Subjekts ist das reine Kommunikationssubjekt, das vor den schmutzigen Verhältnissen in der säkularen Ideologie gerettet wird. Trotzdem ist dieses ideale Kommunikationssubjekt, das als Habermas' Rettungsziel handelt, nach Žižeks Meinung nur »das alte Subjekt der transzendentalen Reflexion«. (An anderer Stelle setzt Žižek es sogar mit einem »großen Anderen« im allgemeinen Verständnis gleich.) Ich denke, dass dies eine korrekte Überlegung ist, weil jede Form der Transparenz und Authentizität der subjektiven Existenz die Phantasie des Anderen in der Lacanschen Logik ist.

Zweitens Foucaults *Konzept des reinen Individuums*. Nach Žižek sehen wir bei Foucault eine Ablehnung der »universalistischen Ethik«. (Universalismus sollte hier als das rationalistische generische Subjekt interpretiert werden. Ich habe zuvor erwähnt, dass die wichtigste Kritik des generischen Subjekts mit Max Stirner beginnt.) Entsprechend steht Foucault

63   A.a.O., S. 2.

im Gegensatz zu Habermas: das alte Subjekt der transzendentalen Reflexion wird einer gewaltsamen Verbreitung des rationalen (intellektuellen) Diskurses beschuldigt; die essentielle verrückte Präsenz des Individuums wird unbewusst durch die Selbstsklaverei und Selbstbeschränkung eines nichtäußerlichen zwingenden Diskurses versklavt. Foucault betrachte dies als die Selbstbestrafung des gesamten bürgerlichen Königreichs. Žižek sagt, dass diese außergewöhnliche Rebellion von Foucault unzweifelhaft zu einer ethischen »Ästhetisierung« führe.

»Jedes Subjekt muss ohne irgendeine Unterstützung durch universelle Regeln seinen eigenen Modus der Selbstbeherrschung aufbauen; es muss den Antagonismus der Kräfte in ihm selbst harmonisieren – sich sozusagen selbst erfinden, sich selbst als Subjekt erzeugen, seine eigene spezielle Kunst des Lebens finden. Das ist der Grund, warum Foucault so fasziniert war von marginalen Lebensstilen, die ihren eigenen speziellen Modus der Subjektivität konstruieren (das sadomasochistische homosexuelle Universum, vgl. Foucault 1984)[64].

Tatsächlich ist es immer noch das wirkliche individuelle Dasein von Stirner, Kierkegaard und Nietzsche, das sich nur vom Heideggerschen freien *Verrückten* in den normalen Menschen befreit. Foucault glaubt, dass das große Subjekt und der Autor tot sind. Nietzsches Behauptung folgend, dass Gott tot sei, tötet er den Menschen: Folglich wird das reine nicht-selbstbeschränkte Ich aus der sanften Gewalt gegen alle Konvention und alle Kultur geboren. (Tatsächlich wiederholt sich diese Art von postmodernem Drama mehrere Male durch Derridas différance in der Dekonstruktion des Logozentrismus, Lyotards »bescheidenem« kleinem Selbst im anti-großen Narrativ und Feyerabends »Anything-goes«-Methode.) Žižek durchdringt unmittelbar die pompöse Maske des Postmodernismus: das Denken von Foucault und anderen gehört zum alten Humanismus-Elitismus, da es hauptsächlich die umfassende Entwicklung der Persönlichkeit der Renaissance reflektiert, die von einem verlangt, seine Leidenschaft zu kontrollieren und

64   A.a.O.

sein Leben in ein Kunstwerk zu verwandeln. Foucaults Subjekt ist ziemlich klassisch: das Subjekt stimuliert die Selbstbetrachtung, bringt verschiedene einander widersprechende Kräfte in ein friedliches Miteinander und justiert den »Gebrauch der Lüste« durch die Wiederherstellung des Selbstbilds. Hier macht Žižek ein großes Geheimnis. Wie von Lukács beschrieben, ist die bürgerliche Subjektivität gespalten. Die frühe »umfassende Entwicklung der Persönlichkeit« in der Renaissance ist begraben im generischen Subjekt des späteren abstrakten Rationalismus. Foucaults Rebellion gegen das Subjekt beerbt die *neohumanistische* Praxis von Stirner, Kierkegaard und insbesondere Nietzsche und Heidegger. Er verlangt die unmittelbare Präsenz der »Leidenschaft« des Überlebens (im Hegelschen Wörterbuch ist es das Individuum) des realen Subjekts selbst. Existenz ist Kunst, und Kunst ist Vergnügen und Genuss. (Der Hintergrund umfasst hier Heideggers poetisches Überleben zusammen mit Henri Lefebvre und der situationistischen Parole »Macht das tägliche Leben zur Kunst!«)

Wichtiger ist, dass Žižek klugerweise Foucault und Habermas als einfach zwei Seiten derselben bürgerlichen Medaille identifiziert: die Vorderseite ist das generische Subjekt; die Rückseite das individuelle Subjekt. Sie sind zwei *miteinander verbundene* Ringe in einer *Signifikanten-Kette* der humanistischen Logik.

2. Althusser und Lacan: die Heterogenität im Nichts des Subjekts

Drittens Althussers *Pseudosubjekt*, das Žižek als »den wirklichen Bruch« betrachtet. Das ist ein qualitatives Urteil: im Vergleich zu dem von Habermas und Foucault vorgeschlagenen falschen Subjekt ist Althussers Subjekt wahr. Er lehnt radikal jede traditionelle Konzeption des Subjekts ab und beansprucht historische »Nichtsubjektivität«. Für ihn wird die existentielle Stellung der Menschheit zu einer nicht-präsenten Explosion verfälscht. In Für Marx (1965/1968)und *Ideologie und ideologische Staatsapparate* (1969/1977) wird das Nichts des frühen generischen Subjekts (der nicht-entfremdete authentische Mensch) in die Nichtsubstantialität des individuellen Subjekts (das kleine Selbst als Dasein) verwandelt, während dessen »eine gewisse Kluft, ein gewisser Riss und ein Verkennen die menschliche Bedingung als solche charakterisiert; durch die These, dass die Idee des möglichen

Endes der Ideologie eine ideologische Idee par excellence ist (Althusser 1965).«[65] Für Althusser sind verschiedene menschliche Subjekte alle ideologische Pseudobilder; die Entfremdungslogik des generischen Subjekts ist eine nichtwissenschaftliche Ideologie; und das nichtentfremdete authentische Subjekt ist nur eine ideale Vorstellung des Werts, d.h. des transparenten (authentischen) Intersubjekts, das frei ist von der Kontaminierung der pathologischen Kommunikation. Zugleich ist jedes individuelle Subjekt das Ergebnis von ideologischer Befragung. Entsprechend ist sogar Foucaults verrücktes, perverses, freies, homosexuelles Individuum »durch ein bestimmtes Verkennen konstituiert: der Prozess der ideologischen Interpellation, durch den das Subjekt sich selbst als den Adressaten im Aufruf der ideologischen Sache ›erkennt‹, impliziert notwendig einen bestimmten Kurzschluss, eine Illusion des Typs ›Ich war schon einmal da.‹«[66] Ich will dem rationalen System entkommen, die Hegemonie des intellektuellen Diskurses beseitigen, daher nehme ich Drogen, identifiziere mich mit Homosexuellen und schreie vor Freude über meine Einzigartigkeit. Aber all dies ist immer noch das Ergebnis von Ideologie. Wie jämmerlich! Für Althusser macht ein einfaches »Hallo« auf der Straße einen zu etwas, das durch die die unsichtbare Befragung der gegenwärtigen Ideologie konstituiert ist. Dass die Ideologie der »großen Erzählung« endet, ist nur eine subtilere Ideologie, die als »postmodern« beschrieben wird. Die seltsame Repräsentation individueller Existenz wird von einer merkwürdigen Ideologie beherrscht. Žižek glaubt, dass Althussers Befragung des Subjekts den strukturellen Mechanismus aufdeckt: etwas das die Wirkung des Subjekts als Missverständnis der Ideologie erzeugt. (Žižek sagt, dass Althussers Schüler Michel Pêcheux die »delikateste Version« dieser Befragungstheorie geliefert habe. Er erwähnt auch die Verhaltensähnlichkeit von Althussers Sicht mit der Foucaultschen Disziplin.[67] Daher zeigt Althusser, obwohl er nicht in Ethik dilettiert, nach Žižeks Meinung eine »radikale ethische Haltung«, die »der Heroismus der Entfremdung« oder »subjektives Elend« genannt werden kann. Althusser will wirklich jedes Subjekt und jede Subjektivität verneinen. Er ist nicht

65   Žižek, *Die Tücke des Subjekts*, S. 343, Anm. 2.
66   Zhang Yibing, *Problematic, Symptomatic Reading, ISA and History of Marxism: A Textological Reading*, Canut Publishers 2014, S. 285-286.
67   Žižek, *The Sublime Object of Ideology*, S. 2.

daran interessiert, die gefallene Subjektivität oder das kranke individuelle Subjekt wiederherzustellen. Er bleibt beim Nicht-Subjekt und der Nicht-Menschlichkeit in der gesellschaftlich-historischen Existenz. (Wie ich zuvor erwähnt habe, missversteht Althusser die marxistische Ansicht, dass das Wesen des Menschen in Wirklichkeit das Ensemble der gesellschaftlichen Verhältnisse ist. Daher wird der Mensch zu einer Funktion in der Leere der Produktionsweise.)[68]

Für Žižek jedoch liegt die größte Bedeutung von Althussers Konzeption des Subjekts nicht im Sturz des Subjekts, sondern vielmehr in der Ankündigung der *unmöglichen* Auflösung dieses ideologischen Missverständnisses und der sich daraus ergebenden Ewigkeit.

»Es geht nicht nur darum, dass wir den strukturellen Mechanismus aufdecken müssen, der die Wirkung des Subjekts als ideologisches Missverständnis hervorbringt, sondern wir müssen dieses Missverständnis zugleich als unvermeidlich anerkennen – das heißt, wir müssen eine gewisse Täuschung als Bedingung unserer historischen Aktivität akzeptieren und dass sie eine Rolle als Träger des historischen Prozesses annimmt.«[69]

Das ist korrekt. Althusser erwähnt an einer Stelle, dass Ideologie kein einfacher Betrug und sogar eine notwendige Bedingung für das Überleben des Menschen ist (eine Ansicht, die weiter geht als Gramscis »Zement«-Analogie). Bei ihm gibt es sogar im Kommunismus immer noch Ideologie. Daher ist die Erklärung des Endes der Ideologie selbst ein unbewusstes Produkt von Ideologie. (Es sollte angemerkt werden, dass Althusser, obwohl er ein westlicher Marxist ist, niemals die sozialrevolutionäre Sicht des historischen Materialismus, den Klassenkampf, aufgibt. Er stellt sich immer den künftigen Untergang des Kapitalismus vor, was natürlich keine Frage der Entfremdung oder Wiederherstellung des wahren oder falschen Subjekts ist. Die Umwandlung der Produktionsweise zu nicht-subjektiven Gesellschaftsstruktur hat natürlich eine vollständige Lösung. Dass ich

---

68   Vgl. *Die Wahrheit des Unmöglichen Seins: Das Abbild der Lacanschen Philosophie.*
69   Žižek, *The Sublime Object of Ideology*, S. 3.

diesen Punkt herausgreife, soll die Aufhebung des Geheimnisses vorbereiten, das Žižek benutzt, um im nächsten Teil die marxistische Sicht der sozialen Revolution anzugreifen.)

Viertens, das Lacansche *verstümmelte* Subjekt, das von Žižek feierlich eingeführt wird. Tatsächlich eignet sich Althussers Infragestellung des individuellen Subjekts 1969 Lacans Pseudosubjekt an. Es ist möglicherweise ein Missverständnis Lacans. Žižek sagt, dass Althussers Konzept des Subjekts im Gegensatz zu dem von Lacan steht. Warum? Weil Althusser seine Theorie auf der quasi-strukturalistischen Logik basiert, die zu seiner radikalen Ablehnung jeder realen Existenz des menschlichen Subjekts führt, das in die Strukturen der Gesellschaft (Produktionsweise) und der Sprache eingebunden ist: verschiedene menschliche Objekte, die in der Ideologie identifiziert werden, sind nur relationale Pseudo-Bilder. Althusser hat nicht unrecht, wenn er gegen die alte Subjektivität von Habermas und Foucault kämpft, aber dieses Rechthaben ist mit einer Verkennung verbunden, und das wirkliche Problem ist immer noch das Lacansche Konzept des Subjekts. Dies bildet auch die Grundlage für Žižek.

Nach Žižek kann Lacans Konzept des Subjekts »die Ethik der Trennung« genannt werden. Es ist schwierig, diese theoretische Positionierung zu verstehen. (Für den chinesischen Leser, der dieser theoretischen Aussage begegnet, ist es nicht möglich, ohne vorherige Einführung in und Diskussion zu Lacan den entscheidenden Punkt zu erfassen.)[70] Nach Žižeks Ansicht wendet sich Lacan gegen das alte Konzept des Subjekts, ist aber nicht einverstanden mit dem althusserianischen nihilistischen »Nichtsubjekt«. Ganz zu Anfang verkennt das individuelle Subjekt den kleinen anderen im Spiegelstadium (inklusive des kleinen anderen I als Bild in der Reflexion des Spiegels und des kleinen anderen II als die Gesichter der anderen) und macht auf diese Weise das reale Subjekt zu einer Leere im Imaginären. Wenn wir in das Symbolische eintreten, macht der große Andere mit der Signifikantenkette im Hintergrund die subjektive Existenz weiter zu einer Entfremdung, die auf der Umwandlung von Signifikanten treibt. Trotzdem ragt das Reale im späten Lacanschen Denken schließlich heraus; und das Objekt klein a unterstützt als Überrest der symbolischen Verschlingung das

70 A.a.O.

verstümmelte Subjekt. Das S als Subjekt ist für immer durchgestrichen; der Mensch muss »Zu-sein.« Er widersteht zahlreichen Tricks des Anderen, ist jedoch immer noch am Leben, kämpft immer noch als übrig gebliebene Vernähung (Symptom Σ). Es ist unmöglich, sich selbst wiederherzustellen, und diese Unmöglichkeit wird zur Wurzel seines Überlebens. Er ist nicht wirklich tot; mit dem ursprünglichen Begehren, in der Realität zu überleben, *muss* er *leben*.

> »Das berühmte Lacansche Motto, seinem Begehren nicht nach-zugeben [ne pas céder sur son desir] – zielt auf die Tatsache, dass wir nicht die Distanz verwischen dürfen, die das Reale von seiner Symbolisierung trennt; es ist der Mehrwert des Realen über jede Symbolisierung, die als die Objekt-Ursache des Begehrens funktio-niert. Sich mit diesem Mehrwert (oder genauer Überrest) zu arran-gieren, bedeutet, eine grundlegende Sackgasse (›Antagonismus‹) zu erkennen, einen Kern, der der symbolischen Integration-Auflösung widersteht.«[71]

Ich habe mehr als einmal erwähnt, dass Žižeks Logik auf dem Lacanschen Denken basiert. (offensichtlich ist Žižeks obige Analyse ein Ergebnis zahlreicher Methapher-Metonymie- Metapher-Transformationen von Signifikanten. Für die meisten Leser, die nicht mit der Lacanschen Philosophie vertraut sind, ist es nicht einfach, diese Diskussion zu ver-stehen.) Hier erkennt Lacan bereits das verstümmelte Subjekt des realen Kerns an. Gib dem Begehren nicht nach; es ist der Antagonismus gegen den Anderen ohne das Versprechen einer letzten Befreiung. Der Mensch ist der Antagonismus selbst, der für immer verfestigte Stillstand. (Bei Camus ist die Existenz des Menschen lächerlich, wie Sisyphos, der immer wieder den Felsen hochrollt, bevor er wieder zurückrollt. Der endlose Antagonismus ist der Schlüssel zur Existenz des Menschen.) Wenn dies einen ethischen Geist repräsentiert, so sagt Žižek, dann ist es die Sisyphossche Subjektivität, die vom falschen absoluten Subjekt oder einer transparenten Existenz der Entfremdung getrennt ist (die Eine Welt oder der Kommunismus und das

---

71   A.a.O., S. 4.

freie Königreich der vollständigen menschlichen Emanzipation), die durch Kampf versuchsweise erreicht und aufgehoben wird. Die falschen Bilder der Subjekte kleben jeden Tag aneinander, während wir versuchen, sie zu trennen. Das Subjekt ist lediglich hoffnungslose *Trennung*. Es ist nicht das Nichtsein, sondern das *verstümmelte Sein*.

Ich finde, dass Žižek Lacan auch »brät«. Seine Darstellung der vier Konzepte des Subjekts dienen hier nicht zur reinen Diskussion der Philosophie, sondern geht es ihm vielmehr darum, eine post-Marxsche Leitlinie der Revolution einzuführen, einen neuen Trick, dessen radikale Natur gegen die traditionelle marxistische Revolution ist. Ich nenne es einen Trick, weil dies nicht länger eine Revolution ist, sondern eine Strategie des Kompromisses. Wir werden bald seine Absicht erkennen.

3. Beseitigung der Nostalgie: Spektakel der »post-Marxschen« sozialen Revolution

Für Žižek enthält Lacans Trennung der Ethiken einen Widerstand, der unter dem gesellschaftlich-historischen Aspekt gesehen radikal vom konventionellen Marxismus unterschieden wird. Žižek glaubt, dass der marxistische gesellschaftliche Widerspruch als »gesellschaftlicher Antagonismus« zwei wesentliche Kennzeichen aufweist.

»1) Es existiert ein bestimmter grundlegender Antagonismus, der eine ontologische Priorität besitzt, alle anderen Antagonismen zu ›vermitteln‹, ihren Platz und ihr spezifisches Gewicht (Klassenantagonismus, ökonomische Ausbeutung) zu bestimmen; 2) die historische Entwicklung bringt wenn nicht eine Notwendigkeit, so doch zumindest eine ›objektive Möglichkeit‹ hervor, diesen grundlegenden Antagonismus aufzulösen.«[72]

Wenn mein Verständnis korrekt ist, dann bezieht sich Žižeks erster Punkt auf die grundlegende Bewegung der inneren Widersprüche innerhalb der Produktionsweise (die Produktivkräfte und die Produktionsverhältnisse), die von Marx aufgedeckt worden sind, und die die Ursache des Klassenkampfs und anderer gesellschaftlicher Widersprüche sind. Marx

72   Martin Heidegger, *Sein und Zeit*, Tübingen 1986, S. 263.

glaubt, dass die gesellschaftlich historische Entwicklung immer die materielle Bedingung das heißt die »objektive Möglichkeit« bereitstellt, um diese Widersprüche zu lösen. Im Allgemeinen macht Žižek im obigen Argument keinen großen Fehler: Er zielt jedoch darauf, diese Sichtweise des historischen Materialismus abzulehnen.

Nach Žižek baut die marxistische revolutionäre Sichtweise auf einer grundlegenden Lösung der gesellschaftlichen Konfrontation auf, einer vollständigen Befreiung. Sie ist eine beständige Mahnung für jene Menschen, die sich in spezifischen Widersprüchen befinden (wie etwa Arbeiter im ökonomischen Kampf, die Feministinnen im Kampf gegen das Patriarchat, die Ökologen, die gegen die Plünderung der Natur kämpfen usw.):

> »Die einzig wahre Lösung findet sich in der globalen Revolution: solange die gesellschaftlichen Beziehungen durch das Kapital beherrscht werden, wird es immer Sexismus in den Beziehungen zwischen den Geschlechtern geben, es wird immer die Bedrohung durch einen globalen Krieg geben, es wird immer eine Gefahr geben, dass politische und soziale Freiheiten abgeschafft werden, die Natur selbst wird immer ein Objekt rücksichtsloser Ausbeutung bleiben [...] Die globale Revolution wird dann den grundlegenden gesellschaftlichen Antagonismus abschaffen und die Bildung einer transparenten, rational verwalteten Gesellschaft ermöglichen.«[73]

Offensichtlich wendet sich Žižek gegen das traditionelle marxistische Ziel der Befreiung. Seine »transparente, rationale verwaltete Gesellschaft« ist eine ironische Anrufung des kommunistischen Königreichs der vollständigen Befreiung, wie es von Marx und Engels vorhergesehen wird. Für einen lacanianischen Žižek ist diese *ultimative Lösung* unmöglich zu erreichen, denn wenn Lacan recht hat, ist die menschliche Gesellschaft an sich als selbstgenügsames Subjekt in Marx' Sicht eine große Phantasie in der essentialistischen Logik. Das individuelle Subjekt ist niemals es selbst, sondern die trügerische Existenz des Nichts, nachdem es vom kleinen anderen und vom großen Anderen usurpiert worden ist. Zudem können wir, selbst

---

73   A.a.O., S. 269.

wenn wir von der sterblichen Welt desillusioniert sind oder das Gesicht des anderen zerreißen, niemals zum authentischen Dasein zurückkehren. Es gab keine authentische Existenz des Menschen. Er ist für immer ein durchgestrichenes Subjekt der unmöglichen Existenz, die symptomatische Präsenz des unmöglichen Seins. (In diesem Sinne sagt Žižek, dass Lacan wahrhaft anti-essentialistisch ist.) Verstümmelung wird zur authentischen Existenz des Subjekts. In diesem Zusammenhang können der Klassenkampf und der ökonomische Konflikt auf der Ebene der Gesellschaft niemals die ontologische Unmöglichkeit des »Heimkommens« des Subjekts verändern. In der Logik von Žižek-Lacan hat die Geschichte selbst keine Authentizität. Sie ist lediglich ein Trugbild, das vom großen Anderen in der retrospektiven Vorstellung konstruiert worden ist. Daher wird im Vergleich mit dem hegemonialen Zwang der bürgerlichen Ideologie jeder Versuch, das bestehende System zu untergraben, um die menschlichen Befreiung wiederherzustellen, Ideologie sein, nur dass der utopische Sozialismus eine einfache revolutionäre Vorstellung der Ideologie ist, während die Revolution des historischen Materialismus ein komplexeres erhabenes Begehren der Ideologie ist. Für Žižek muss *jedes essentialistische Heimweh konsequent beseitigt werden.*

Beseitigung der Nostalgie. Für Heidegger ist das Sein zum Tode die Tendenz des ursprünglichen Selbst, die Möglichkeit »*eigentlich es selbst*«[74] zu sein. Und eine Tatsache, die durch den Gewissensruf erworben wird[75], durch den das Dasein wirklich aus der Situation des »Un-zuhauses« herauskommen kann.[76] In Heideggers hoffnungsvoller Phantasie kann der Mensch nach Hause gehen, »nein« zur Entfremdung sagen und schließlich Hölderlins Gedicht singend zurückkehren. Diese Ontologie baut grundlegend auf einem Heimweh nach einer authentischen Existenz auf. Lacans Objekt klein a jedoch zerstört Heideggers letzte Existenz und löscht die finale Hölderlin-Heideggersche Nostalgie aus, denn »Heimatlosigkeit ist die wahre Existenz des Menschen«. Folglich sagt Žižek, »das Wesen der Heimatlosigkeit ist die Heimatlosigkeit

74   A.a.O., S. 276.
75   Žižek, *Mapping Ideology*, S. 16.
76   Lacan, *Écrits: A Selection*, New York 1977.

485

des Wesens selbst; sie liegt in der Tatsache, dass es in unserer Welt, die durch die frenetische Suche nach leeren Vergnügungen aus den Fugen geraten ist, kein Zuhause, keine richtige Wohnung für die wahrhaft essentielle Dimension des Menschen gibt.«[77]

Lacan sagt, »weder Sokrates noch Descartes, weder Marx noch Freud können ›überwunden‹ werden, haben sie doch ihre Forschung mit jener Leidenschaft des Entschleierns betrieben, die ein Objekt hat: die Wahrheit.«[78] Diese Wahrheit ist eine Unmöglichkeit. Das Reale ist das ontologische Scheitern der niemals endenden logischen Transzendenz. Daher ist »das Reale immer neu«.[79] Der Mensch strebt für immer nach dem Realen, das immer neu, immer in großer Entfernung ist.[80]

Daher können wir Žižek verstehen, dessen gesellschaftlich-historische Sichtweise lediglich postmarxistisches Denken ist, die neue sozialistische Strategie des «Postmarxismus« von Ernesto Laclau und Chantal Mouffe. (Bei Žižek kann dies als eine Art »postmodernistische« oder »dekonstruktionistische« Ersetzung des althusserianischen Gebäudes gelesen werden. Die Unterscheidung zwischen Wissenschaft und Ideologie bricht zusammen, da der Begriff der Ideologie als der Kampf um die Hegemonie, der bis in das eigentliche Zentrum jeder gesellschaftlichen Formation reicht, universalisiert wird, der für deren fragile Identität verantwortlich und zugleich für immer ihre Schließung verhindert; der Begriff des Subjekts wird als der eigentliche Operator der Hegemonie neu konzeptualisiert. Das ist eine sehr interessante Interpretation.[81]) Nach Žižeks Meinung zersetzt der grundlegende »postmarxistische« Charakter, der von Laclau und Mouffe proklamiert wird, die Logik der essentialistischen letzten Befreiung des Marxismus, da er gegen jede Form des Essentialismus in sozialhistorischen Theorien ist. »Die irreduzible Pluralität partikularer Kämpfe zu bejahen – mit anderen Worten, zu demonstrieren, wie ihre Artikulation in eine Serie von Äquivalenzen immer

77 A.a.O.
78 Vgl. *Die Wahrheit des Unmöglichen Seins: Das Abbild der Lacanschen Philosophie*, S. 344-345.
79 Žižek, Die Tücke des Subjekts, S. 74.
80 Žižek, *The Sublime Object of Ideology*, S. 4.
81 A.a.O., S. 5-6.

von der radikalen Kontingenz des gesellschaftlich-historischen Prozesses abhängt: das befähigt uns, diese Pluralität selbst als eine Vielfalt von Antworten auf denselben unmöglich-realen Kern zu erfassen.«[82] Einfach gesagt, selbst wenn die vollständige Befreiung des Menschen *unmöglich* ist, ist der Kampf gegen den Kapitalismus eine ständige *Reform, die ihren traumatischen Riss erkennt.*

»Es ist das Verdienst von Ernst Laclau und Chantal Mouffe, dass sie in *Hegemonie und radikale Demokratie* eine Theorie des gesellschaftlichen Felds entwickelt haben, die auf einem solchen Begriff des Antagonismus begründet ist – oder einer Anerkennung eines ursprünglichen ›Traumas‹, eines unmöglichen Kerns, der der Symbolisierung, Totalisierung; symbolischen Integration widersteht. Jeder Versuch zur Symbolisierung, Totalisierung kommt danach: es ist ein Versuch, einen ursprünglichen Riss zu vernähen – ein Versuch, der in letzter Instanz definitionsgemäß zum Scheitern verurteilt ist. Sie betonen, dass wir nicht ›radikal‹ in dem Sinne sein dürfen, dass wir eine radikale Lösung anstreben. Wir leben immer in einem Zwischenraum und in geliehener Zeit; jede Lösung ist provisorisch und temporär; eine Art Verzögerung einer grundlegenden Unmöglichkeit. Ihr Begriff ›radikale Demokratie‹ muss daher irgendwie paradox aufgefasst werden: er ist genau *nicht* ›radikal‹ im Sinne einer reinen, wahren Demokratie; sein radikaler Charakter impliziert im Gegenteil, dass wir die Demokratie nur retten können, indem wir *ihre eigene radikale Unmöglichkeit berücksichtigen.*«[83]

In dieser Hinsicht weist der sogenannte »Postmarxismus« ein entschieden antimarxistisches Merkmal auf: im traditionellen Marxismus ist die globale Revolution-Lösung die Bedingung für die wirksame Lösung aller partikularen Probleme, während hier jede provisorische, temporär erfolgreiche Lösung eines besonderen Problems eine Anerkennung der globalen radikalen Sackgasse, der Unmöglichkeit enthält, die Anerkennung eines grundlegenden Antagonismus.

82 A.a.O., S. 5.
83 A.a.O.

4. Unschließbare Wunde: Žižeks post-Marxsche politische Idee

Žižek denkt, dass Lacan weitergeht als der »Postmarxismus«; mit anderen Worten, nur Lacan stellt einen wirklichen Bruch mit der essentialistischen Logik dar. Wie ich zuvor gesagt habe, ist es eine ontologische Logik des Antagonismus, die zu keinem Ergebnis führt. Lacan sagt uns, dass jede Kultur der menschlichen Existenz eine Art von »Kreation-Formation« der ursprünglichen Natur des menschlichen Seins ist. Es ist immer ein ursprüngliches »Ungleichgewicht« und ein »radikaler Antagonismus«, »durch den der Mensch seine Nabelschnur mit der Natur, mit der animalischen Homöostase zerschneidet.«[84] Da der Mensch *jenes Trauma ist*, kann er weder zur natürlichen Ursprünglichkeit zurückkehren noch die Wunde nähen, die er der Mutter Natur schlägt (das ist eine übernommene Hegelsche Sichtweise, dass aus der Perspektive der natürlichen Existenz »der Mensch dunkel ist«. das ist eine irreversible Logik.) Lacan macht uns die Unmöglichkeit bewusst, diesen ontologischen »Antagonismus« zu beseitigen, weil die Beseitigung selbst die Verneinung der menschlichen Existenz an sich ist. Zudem gibt es einen andern realistischen Faktor, nämlich »die Hoffnung ihn zu beseitigen, ist genau die Quelle der totalitären Versuchung: die größten Massenmorde und Holocausts sind immer im Namen des Menschen als harmonisches Wesen, eines neuen Menschen ohne antagonistische Spannung verübt wurden.«[85]

Wenn wir daher mit dem gesellschaftlichen Trauma (der von Marx beschriebenen kapitalistischen Unterdrückung und Sklaverei) konfrontiert sind, sollen wir nach der Logik von Lacan-Žižek zweifellos dagegen kämpfen, aber es wird für immer andauern.

> »Es gibt keine Lösung, kein Entkommen vor ihm; was getan werden muss, ist nicht, es zu ›überwinden‹, es ›abzuschaffen‹, sondern sich mit ihm zu arrangieren, zu lernen, es in seiner erschreckenden Dimension anzuerkennen und dann auf der Basis dieser grundlegenden Anerkennung zu versuchen, einem *modus vivendi* mit ihm zu artikulieren.«[86]

84   A.a.O.
85   A.a.O.
86   A.a.O., S. 6.

Hier zeigt Žižeks gesellschaftlich-historische Sicht in den Augen des traditionellen Marxismus durch und durch einen Kapitulationismus. Er glaubt nicht an eine endgültige Lösung für die gesellschaftlichen Widersprüche und all die Probleme zwischen Mensch und Natur und zwischen Mensch und Mensch. Was wir tun können, ist in diesem Kampf einen »Kompromiss« zu finden.

Žižek legt drei parallele lacanisierte »Kompromiss«-Logiken dar.

Zuerst »die gleiche Logik« bei der Ökologie mit einem transformierten ökologischen Kampf gegen »die Kontrolle der Natur«. Nach der vor kurzem geänderten ökologischen Ethik sind die Geburt und die Existenz des Menschen »die Wunde der Natur«, oder der Mensch ist jene unheilbare Wunde. Daher ist er nicht in der Lage, zum ursprünglichen Gleichgewicht der Natur zurückzukehren. Um die Harmonie mit der Umwelt herzustellen, kann er »diesen Spalt, diesen Riss, diese strukturelle Entwurzelung vollständig akzeptieren und versuchen, die Dinge nachher so weit wie möglich wieder zusammenzuflicken.; alle anderen Lösungen – die Illusion einer möglichen Rückkehr zur Natur; die Idee einer totalen Sozialisierung der Natur – sind ein direkter Weg zum Totalitarismus:«[87] (Das ist eine karikierte Wiederholung von Adornos Homogenität und Aussage zu Auschwitz.)

Zweitens »die gleiche Logik« beim Feminismus, dessen Kampf gegen das Patriarchat für eine Farce gehalten wird, weil »es kein Geschlecht gibt« (Lacan); das heißt, die Beziehung zwischen den Geschlechtern ist definitionsgemäß »unmöglich«, antagonistisch; es gibt keine letzte Lösung, und die einzige Möglichkeit für eine etwas erträgliche Beziehung zwischen den Geschlechtern ist ein Anerkennung dieses fundamentalen Antagonismus, der grundlegenden Unmöglichkeit.

Drittens »die gleiche Logik bei der Demokratie«. Wie wir wissen, ist das bestehende demokratische System vielleicht das schlechteste aller möglichen Systeme, und das einzige Problem ist, dass »es kein anderes gibt, das besser wäre« (Winston Churchill). Das heißt, die Demokratie umfasst immer die Möglichkeit der Korruption, der Herrschaft der dumpfen Mittelmäßigkeit; das Problem ist, dass jeder Versuch, dieses inhärente Risiko zu umgehen und die »wirkliche« Demokratie wiederherzustellen, notwendig das Gegenteil hervorbringt – die Abschaffung der Demokratie selbst.

87   A.a.O., S. 7.

Žižek kommt zu einer anti-traditionalistischen Schlussfolgerung: Hegel ist der erste »Postmarxist« (Žižek schafft es, die ganze Zeit solche seltsamen Aussagen zu machen) wegen seiner »Anerkennung« des Lacanschen »Antagonismus« und weil »das konsistente Modell einer solchen Anerkennung des Antagonismus von der Hegelschen Dialektik angeboten wird.«

> »Dialektik ist für Hegel eine systematische Notierung aller solcher Versuche–»absolutes Wissen« bezeichnet eine subjektive Position, die schließlich den ›Widerspruch‹ als innere Bedingung jeder Identität akzeptiert. Mit anderen Worten, die Hegelsche ›Versöhnung‹ ist keine ›panlogizistische‹ Aufhebung aller Realität im Begriff, sondern ein letztes Einverständnis mit der Tatsache, dass der Begriff selbst »Nicht-Alles« ist (um diesen Lacanschen Ausdruck zu verwenden), In diesem Sinne können wir die These von Hegel als dem ersten Postmarxisten wiederholen: er hat das Feld eines bestimmten Risses eröffnet, der im Folgenden vom Marxismus ›vernäht‹ wurde.«[88]

Nach meiner Meinung ist der Hintergrund hiervon eine Neuinterpretation Hegels durch Žižek. Im Vergleich mit der traditionellen hegelianischen absoluten Idee, alles zu einem Ende zu bringen, betrachtet Žižek das Wesen der hegelianischen Philosophie als »nicht-umfassend«, nicht-absolut. Er hält die Schlussfolgerung eines »absoluten Wissens« für ein Monster der begrifflichen Totalität, das mit unangemessener Eile ausgenommen werden muss. Er bringt sogar einen Witz, um das zu illustrieren. Während der Herrschaft von Wojciech Jaruzelski in Polen hatten Militärpatrouillen das Recht, ohne Warnung auf Menschen zu schießen, die sich nach der Ausgangssperre (22 Uhr) auf der Straße befanden; einer der beiden Soldaten auf Patrouille sah um zehn Minuten vor zehn jemanden, der in großer Eile war und erschoss ihn sofort. Als sein Kollege ihn fragte , warum er geschossen habe, wenn es erst zehn vor zehn war, antwortete er: »Ich kannte den Kerl – er wohnt weit weg von hier und hätte es in jedem Fall nicht mehr geschafft,

---

88 A.a.O.

in zehn Minuten zu Hause zu sein, also habe ich ihn jetzt erschossen, um die Dinge zu vereinfachen...« Žižek sagt, das die alte Erklärung von Hegels »Panlogismus« genau wie jener Soldat »zu schnell schießt«. (Dies hat hier einen pornographischen Sinn.) Dieser Gedanke gehört überhaupt nicht zu Hegel.

Dann erklärt Žižek drei theoretische Ziele von *The Sublime Object of Ideology*: Lacan einzuführen, »zu Hegel zurückzukehren« und eine neue, auf Lacan und Marx basierende ideologische Kritik vorzuschlagen.

Das erste Ziel ist eine allgemeine Einführung in die Lacansche Psychoanalyse (die zweite Hälfte des Buchs ist fast vollständig eine Diskussion des späten Lacan.) Žižek wendet sich auch explizit gegen den Akt, Lacan als Poststrukturalisten zu deformieren, und natürlich lehnt er ähnliche Meinungen von chinesischen Gelehrten ab. Er glaubt an Lacans radikalen Bruch mit dem poststrukturalistischen Lager und widerspricht einer Betrachtung der komplexen Lacanschen Theorie als Obskurantismus. In seinen Augen sollte Lacan in der Linie des Rationalismus verortet werden, und seine »Theorie ist vielleicht die radikalste gegenwärtige Version der Aufklärung«.

Das zweite Ziel ist eine akademische »Rückkehr zu Hegel« zu vervollständigen, Hegels Dialektik zu aktualisieren, indem sie auf der Basis der Lacanschen Psychoanalyse neu gelesen wird. Er will Hegel mit Lacanscher Logik rekonstruieren. Für Žižek ist das gegenwärtige Bild Hegels als ein »Idealist-Monist« völlig irreführend: »was wir bei Hegel finden, ist die bisher stärkste Bejahung von Differenz und Kontingenz – ›absolutes Wissen‹ ist nichts als ein Name für die Anerkennung eines bestimmten radikalen Verlusts.«[89]

Das letzte Ziel besteht darin, »zur Theorie der Ideologie« beizutragen, mittels einer neuen Lektüre »einiger wohlbekannter klassischer Motive (Warenfetischismus und so weiter) und einiger zentraler Lacanscher Konzepte, die auf den ersten Blick der Theorie der Ideologie nichts zu bieten haben: der ›point de capiton‹, das erhabene Objekt, Mehrgenießen und so weiter.«[90] (Tatsächlich ist es das, was uns speziell auffallen würde.) Durch

89   A.a.O.
90   Slavoj Žižek, *The Plague of Fantasies*, London/New York 1997.

sie verwirklicht Žižek die logische Transplantation von Lacan auf Marx, was zu einer neuen theoretischen Szene führt, Žižeks philosophischem Kontext.

> »Ich glaube, das diese drei Ziele tief miteinander verbunden sind: die einzige Weise ›Hegel zu retten‹ ist durch Lacan, und diese Lacansche Lektüre von Hegel und des Hegelschen Vermächtnisses eröffnet einen neuen Zugang zur Ideologie, was uns erlaubt, gegenwärtige ideologische Phänomene (Zynismus, ›Totalitarismus‹, die fragile Stellung der Demokratie zu erfassen, ohne in irgendwelche Arten von ›postmodernistischen‹ Fallen (wie der Illusion, dass wir unter ›postideologischen‹ Bedingungen leben) zu gehen.«[91]

Žižeks post-Marxscher Kontext ist wesentlich ein Teil des Anti-Postmodernismus. Er macht eine ganz wunderbare Aussage: «Nach dem Fall des Sozialismus ist der Schurke ein neokonservativer Befürworter des freien Marktes, der auf grausame Weise als Formen der gesellschaftlichen Solidarität als kontraproduktive Sentimentalität ablehnt, während der Narr ein dekonstruktionistischer Kulturkritiker ist, der mittels seiner spielerischen Prozeduren, die dazu bestimmt sind, die bestehende Ordnung zu ›unterwandern‹, tatsächlich als Ergänzung dient.«[92] Der Liberalismus ist ein Schurke; der Postmodernismus (die Dekonstruktion) ist ein Dummkopf. Žižek will, dass wir einen neuen Weg einschlagen, um uns mit Marx auseinanderzusetzen. Warten wir es ab.

II. Marx hat das Lacansche Konzept des Symptoms erfunden

Beim ersten Anblick des obigen Titels werden die meisten Leser verwirrt sein: wie kann Marx neben Lacan gestellt werden, und wie wird ein abgesichertes Konzept erfunden, das sich »Symptom« nennt? Tatsächlich ist es Žižeks übliche Praxis, das Mögliche vom Unmöglichen ausgehend zu diskutieren. Wir wissen, dass »Symptom« ein wichtiger Begriff ist für den späten Lacan, für den der Mensch ohne ursprüngliche Natur nur das

---

91   Slavoj Žižek, *The Sublime Object of Ideology*, S. 11.
92   A.a.O.

Symptom des Verfalls ist, was durch eine Reihe von Fehlwahrnehmungen des Anderen demonstriert wird. Hinter dem vernähten Symptom gibt es keine Rückkehr zum authentischen Dasein. Žižeks Nebeneinanderstellung von Marx und Lacan soll illustrieren, dass Marxʻ Kritik der kapitalistischen Produktionsweise Nicht-Essentialismus oder Anti-Phänomenologie ist, denn hinter der materialisierten Phänomenologie kapitalistischer Verhältnisse gibt es keine mögliche Rückkehr zur Authentizität, und Marx erreicht die beispiellose theoretische Befreiung durch die Atomisierung der mysteriösen Ideologie der Ware, des Geldes und des Kapitals. Hier muss ich sagen, dass Žižeks Aussage nur nach vielen theoretischen Wendungen verstanden werden kann. Abgesehen davon ist sein Bezug auf Marx kein wirklicher Marxismus.

1. Die mysteriöse Form des Unwesens: Freud und Marx

Žižek ist eindeutig,»nach Lacan war es niemand anderer als Karl Marx, der den Begriff des Symptoms erfunden hat.«[93] (In Lacans Schriften ist der Zusammenhang von Lacans Diskussion nicht so geradlinig, er sagt lediglich, dass die Psychoanalyse eine symptomatische Dimension einführe, was in Marxʻ Kritik höchst wahrnehmbar, jedoch nicht klar spezifiziert ist. Selbst im späteren *Das Reale, das Symbolische und das Imaginäre* ist Marx für Lacan nur ein bestimmter Ursprung in der Diskussion des Symptoms.) Žižek stellt dann eine Frage: Ist diese Lacansche These eine Hypothese oder ein vage Analogie, oder besitzt sie eine relevante theoretische Grundlage? Offensichtlich kennt er bereits die Antwort.

»Es gibt eine fundamentale Homologie zwischen der interpretativen Prozedur von Marx und Freud – genauer gesagt, zwischen ihrer Analyse der Ware und von Träumen. In beiden Fällen geht es darum, die eigentlich fetischistische Faszination für den «Inhalt» zu vermeiden, der angeblich hinter der Form verborgen ist: das ›Geheimnis‹, das durch die Analyse enthüllt werden soll, ist nicht der durch die Form verborgene Inhalt (die Form der Waren, die Form der Träume), sondern im Gegenteil *das ›Geheimnis‹ dieser Form selbst.*«[94]

93 Jacques Lacan, Écrits: A Selection, S. 271.
94 Zhang Yibing, *Problematic, Symptomatic Reading, ISA and History of Marxism: A Textological Reading,* Canut Publishers 2014, S. 285.

Es ist bekannt, dass das Lacansche Symptom die existentielle Form des Subjekts meint, wenn es usurpiert ist und es kein authentisches, unverdorbenes Wesen des Menschen hinter diesem mysteriösen Symptom gibt.

Symptom. Es ist eines der bedeutendsten philosophischen Konzepte des späten Lacan. Ursprünglich wurde es von Freud zur Überbrückung von Psychoanalyse und konventioneller medizinischer Diagnose verwendet. In Freuds Augen ist es eine Offenbarung des Unbewussten, daher taucht es in den Träumen, Versprechern oder Witzen vor. Freud dachte, dass das Symptom durch viele komplexe Faktoren »überdeterminiert« sei.[95] Das Symptom erregte später die Aufmerksamkeit von Althusser, der es in die »symptomale Lektüre« verwandelte.[96] Für Lacan war es anfangs eine offensichtliche Metapher für das Unbewusste; später wurde das Wort zunehmend wichtig. In einem Seminar von 1973 erweiterte Lacan das Symptom nach dem Imaginären, dem Symbolischen und dem Realen zu einem Schlüsselwort. Da Symptom wird zum Schlüssel um das Imaginäre, das Symbolische und das Reale, die unverbunden sind, zu vernähen. Nach Fukuhara Taihei hat Lacans Symptom mindestens drei Bedeutungen oder drei unterschiedliche Perioden erlebt: vom frühen metaphorischen Symptom, das als die Produktion des Unbewussten analysiert wurde, als mögliche Interpretation sich schrittweise zum füllenden Symptom entwickelten, das nicht für sich selbst sprechen kann und sich selbst eine Basis aufzwingt.[97] In einem speziellen Seminar über das »Symptom«, das 1975 stattfand, machte Lacan das Symptom zum vierten Schlüsselbegriff neben dem Imaginären, dem Symbolischen und dem Realen. Es veränderte sich zu einem bedeutenden existentiellen Knoten, der das Imaginäre, das Symbolische und das Reale miteinander verbindet. Lacan übernimmt das mathematische

95   Fukuhara Taihai, *Lacan: Mirror Stage*, Heibei Educational Publishing House 2002, S. 248.
96   Vgl. *Die Wahrheit des Unmöglichen Seins: Das Abbild der Lacanschen Philosophie*, S. 357-359.
97   Slavoj Žižek, *The Sublime Object of Ideology*, S. 11.

Zeichen »Σ«, um das Konzept des Symptoms darzustellen, das eine funktionale Vernähung im ontologischen Sinne bedeutet.[98]

In Übereinstimmung mit der Neuinterpretation freudianischer Träume fragt Žižek, da die theoretische Intelligenz der Traumform nicht darin besteht, vom manifesten Inhalt zu ihrem »verborgenen Kern« vorzudringen, warum der Traum eine solche Form angenommen hat. Es geht nicht um die Geheimnisse hinter dem Traum, sondern darum, warum sie in die Form eines Traums umgesetzt worden sind. Es ist das Gleiche bei Marx' Analyse der Waren, die nicht danach fragt, wie viel Arbeit verbraucht wird, um die Ware zu bewerten, sondern vielmehr, »um zu erklären, warum Arbeit die Form des Werts einer Ware angenommen hat, warum sie ihren gesellschaftlichen Charakter nur in der Warenform ihres Produkts bestätigen kann.«[99] Für Žižek sprechen Marx und Freud beide über zwei Formen desselben Lacanschen Symptoms, *hinter dem es nichts gibt.*

In der Tat, wenn wir von Žižeks obiger Diskussion zu Freud ausgehen, wissen wir bereits, dass er Freud durch den Lacanschen Diskurs versteht. Žižek wendet sich gegen die grundlegende Beziehung zwischen der Wahrnehmung des unbewussten Begehrens, dem verborgenen Gedanken des Traums und seiner enthüllten Bedeutung. »Wenn wir in dem latenten Inhalt, der durch den manifesten Text verborgen wird, nach dem ›Geheimnis des Traums‹ suchen, werden wir zwangsläufig enttäuscht sein.«[100] Der Zusammenhang der Diskussion ist kompliziert. Bei Freud agiert der Mechanismus der Träume als metaphorischer Kanal der Wahrnehmung des unterdrückten Unbewussten (des instinktiven Begehrens), das eine masturbationsartige Katharsis in einem Traum erleben kann, in der Realität jedoch unerreichbar ist. Wenn Lacan jedoch auf subversive Weise das Unbewusste als den Diskurs des Anderen bezeichnet und das Begehren als das bloße Begehren des Anderen, dann führt Freuds Interpretation des Traums zu einem Problem. Was sollen wir im Licht von Lacans Theorie dann im Traum wahrnehmen, wenn das Unbewusste im Traum das Residuum des herrschenden großen Anderen und des keinen anderen ist, während das Begehren

98   A.a.O., S. 12.
99   A.a.O., S. 15.
100   A.a.O., S. 13.

eine unbewusste Projektion des Begehrens des Herrensignifikanten im Symbolischen ist? Lacans Logik bringt es auf den Punkt. Darüber hinaus gibt es, selbst wenn unser Überleben eine durch den Anderen geschaffene Phantasie ist, kein substantielles Wesen, zu dem wir zurückkehren können, und unser Leben ist ein Symptom, das verschiedene imaginäre und symbolische Fragmente vernäht, die auf der Oberfläche der Formen schweben. Der Kampf und das Scheitern des Sisyphos ist nur die reale Existenz des individuellen Subjekts. Können wir in dieser Weise immer noch die goldene Libido aus der Freudschen Interpretation der Träume ausgraben? Eindeutig nicht.

Im gleichen Sinne warnt uns Žižek, nicht töricht Freund zu folgen und eine allgemeine Erklärung des Traums oder des Symptoms auf eine »Rückübersetzung« zu reduzieren, das heißt, den anormalen »latenten Traumgedanken« in der Dunkelheit in die »normale« alltägliche allgemeine Sprache der intersubjektiven Kommunikation (Habermas' Formel) zurückzuübersetzen. (Er tritt auf diese Weise oftmals achtlos auf anderen herum.) Nach Žižek ist die wesentliche Verfassung eines Traums daher nicht sein »latenter Gedanke«, sondern seine Arbeit (die Mechanismen der Verdrängung und Verdichtung, die Gestaltung der Inhalte von Wörtern oder Silben), die ihm die *Form eines Traums* verleiht.

> »Wir müssen den entscheidenden Schritt vollziehen, die verborgene ›Bedeutung‹ hinter der Warenform zu verstehen, den Sinn, der durch diese Form ›ausgedrückt‹ wird; wir müssen das ›Geheimnis‹ des Warenwerts durchdringen.«[101]

Der Grund ist folgender:

> »Dieses Begehren heftet sich an den Traum, es fügt sich in den Zwischenraum zwischen dem latenten Gedanken und dem manifesten Text ein; es ist daher nicht ›versteckter, tiefer‹ im Verhältnis zum latenten Gedanken: es ist entschieden stärker ›an der Oberfläche‹ und besteht vollständig aus den Mechanismen des Signifikanten, aus der Behandlung, der der latente Gedanke unterworfen ist. Mit

---

101 A.a.O., S. 15.

anderen Worten, sein einziger Ort ist die *Form* des ›Traums‹; der reale Gegenstand des Traums (das unbewusste Begehren) artikuliert sich in der Traumarbeit, in der Herausarbeitung seines ›latenten Inhalts‹.«[102]

Das authentische Unbewusste, das von Freud als das wesentliche Sein unter den Aktivitäten eines bewussten Subjekts betrachtet wird, wird aufgebrochen. Das Begehren (das Schema des großen Anderen) schwebt auf der Oberfläche und ordnet sich der Form des Traums unter (Verdrängung und Verdichtung), was lediglich ein anderer Mythos eines metaphorischen und metonymischen Herrensignifikanten ist. Die Form des Traums ist entscheidend, und sein manifestiertes Symptom ist alles.

Nach einem leichten Sieg über Freud übersetzt Žižek seinen logischen Rahmen, um Marx' ökonomische und philosophische Kritik der Warenwirtschaft neu zu illustrieren. Er sagt, dass es eine grundlegende Homologie zwischen der interpretativen Prozedur von Marx und Freud gebe – genauer gesagt zwischen ihrer Analyse der Ware und der Träume. (Ich habe bereits Žižeks Kastration von Freud erwähnt; jetzt wendet er sich Marx zu.)

Žižek sagt, dass Marx das Geheimnis der Warenform in zwei Schritten untersucht.

Zunächst verlangt Marx von uns, den Anschein zu zerstören, wonach der Wert einer Ware auf purem Zufall–einem zufälligen Spiel zwischen Angebot und Nachfrage – basiert. Trotz der Tatsache, dass der Preis einer Ware mit der Veränderung von Angebot und Nachfrage fluktuiert, strebt er immer einem zentralen Punkt zu, dem Wert. Das ist eine entscheidende Entwicklung der klassischen politischen Ökonomie, die begonnen hat zu untersuchen, was sich hinter der Warenform befindet und was es bedeutet. Žižek zitiert eine Erklärung von Marx, die besagt, dass die Tatsache, dass die Messung des Werts durch die Dauer der Arbeit bestimmt wird, das »Geheimnis« der offensichtlichen Bewegung des Warenwerts sei. Die Entdeckung dieses Geheimnisses löst jedoch nicht das wichtigere Problem, warum der Wert eine materielle Form annehmen muss.

102   A.a.O., S. 16.

»Die klassische bürgerliche Ökonomie hat bereits das ›Geheimnis‹ der Warenform entdeckt; ihre Grenze besteht darin, dass sie nicht in der Lage ist, sich von dieser Faszination des hinter der Warenform verborgenen Geheimnisses zu lösen. Dass ihre Aufmerksamkeit von der Arbeit als wahrer Quelle des Reichtums gefesselt ist. Mit anderen Worten, die klassische politische Ökonomie ist nur an hinter der Warenform verborgenen Inhalten interessiert, was der Grund ist, warum sie nicht das wahre Geheimnis erklären kann, nicht das Geheimnis *hinter* der Form, sondern *das Geheimnis der Form selbst.*«[103]

Nach Žižek ist es das Gleiche bei der obigen Analyse des Traums, in der der Traum trotz Freuds Erklärung des »latenten Gedankens« ein Geheimnis bleibt. Die klassischen Ökonomen fanden das ökonomische Geheimnis, aber sie waren einfach zu sehr von seinem Wesen in Anspruch genommen und sich nicht bewusst, dass es nicht ausreicht, die Form auf das Wesen, den verborgenen Kern zu reduzieren. Für Žižek muss man den Prozess analysieren – ähnlich wie bei der Traumarbeit, durch den der verborgene Inhalt eine solche Form annimmt. Hier bringt er Marx' Beispiel des Tisches. So verbreitet er ist, wird der Tisch in Form der Ware zu einem seltsamen Monster von beinahe verwirrender Unheimlichkeit. Das Problem besteht nicht mit dem Tisch, sondern mit der Warenform, die er annimmt. Trotzdem sind sich die Menschen jener Warenform nicht bewusst. (Wieder muss ich den Leser daran erinnern, dass dieses Unbewusste aus dem Lacanschen Zusammenhang stammt.)

2. »Skandal«: das Unbewusste der Warenform

Žižek sagt, dass es in Marx' Analyse der Warenform nicht nur um Ökonomie geht. Das ist korrekt. Warum jedoch übte Marx' Analyse einen solch großen Einfluss auf das gesamte Feld der Sozialwissenschaften aus und hat Generationen von Denkern gefesselt? Žižek bietet seine Antwort an.

»Weil sie eine Art Matrix bietet, die uns in die Lage versetzt, alle andern Formen der ›fetischistischen Inversion‹ zu erzeugen: es ist,

---

103 Alfred Sohn-Rethel (1899-1990) war ein moderner westlicher marxistischer Denker in Deutschland.

als präsentiere uns die Dialektik der Warenform eine reine–gewissermaßen destillierte – Version eines Mechanismus, der uns einen Schlüssel zu theoretischen Phänomenen bietet, die auf den ersten Blick überhaupt nichts mit dem Bereich der politischen Ökonomie zu tun haben (Recht, Religion und so weiter). In der Warenform steht definitiv mehr auf dem Spiel als die Warenform selbst; und es war genau dieses »Mehr«, das solch eine faszinierende Anziehungskraft ausübte.«[104]

Korrekt! Für Marx besteht das Geheimnis der Warenform im Warenfetischismus. (Genau gesagt ist es dreifach: Warenfetischismus, Materialfetischismus und Kapitalfetischismus, wobei Žižek sich im Allgemeinen auf den ersten konzentriert.) Aber Žižek, besessen vom unberechenbaren Lacan, folgt nicht der marxistischen Logik. Um dieses Geheimnis zu untersuchen, wendet er sich an den sogenannten »fellow traveller« der Frankfurter Schule, Alfred Sohn-Rethel, statt an Karl Marx.[105] (Sie scheinen so entfernt voneinander zu sein, dass Žižek beinahe eine Fangfrage stellt.)

Nach Žižek hat er in Sohn-Rethels Untersuchung des marxistischen Warenfetischismus eine bemerkenswerte Entdeckung gemacht: das Aufbrechen des Geheimnisses der Warenform ist nicht nur eine Revolution der politischen Ökonomie, sondern auch unmittelbar relevant für die Ontologie der Kantschen epistemologischen Revolution, das heißt, *die Realität der Grundlage, auf der die transzendentale Rationalität des Menschen die Geschichte konstruiert.* Was bedeutet das? Warum beinhaltet Marx' Verständnis des Geheimnisses der Warenform Kant? (Es ist eine aufschlussreiche Assoziation in Bezug auf die Geschichte des Denkens.) Žižek fasst Sohn-Rethels These folgendermaßen zusammen:

»In der Struktur der Warenform ist es möglich, das transzendentale Subjekt zu finden: die Warenform artikuliert vorab die Anatomie,

---

104 Slavoj Žižek, *The Sublime Object of Ideology*, S. 16.
105 Vgl. Abschnitt 2 und Abschnitt 3 in Kapitel VIII von *Zurück zu Marx – Der philosophische Diskurs im Kontext der Ökonomie*, Berlin 2019. Und vgl. Abschnitt 3 in Kapitel IV von Zhang Yibing/Meng Mugui, *To Understand Marx: Contemporary Illustrations of Original Marxist Philosophy*, People's University Press 2003.

das Skelett des Kantschen transzendentalen Subjekts, das heißt das Netz transzendentaler Kategorien, die den apriorischen Rahmen ›objektiven‹ wissenschaftlichen Wissens konstituieren. Hierin liegt das Paradox der Warenform: sie – dieses innerweltliche. ›pathologische‹ (in der Kantschen Bedeutung) Phänomen – bietet uns einen Schlüssel zur Lösung der grundlegenden Frage der Wissenstheorie: objektives Wissen mit universeller Gültigkeit – wie ist dies möglich?«[106]

Žižek erweitert diese Aussage beträchtlich. De Antwort auf die Kantsche Frage kann nicht in der *Kritik der reinen Vernunft* gefunden werden, jedoch in Marx' *Kapital*. Was für eine welterschütternde Verkündung! Wir sollten zunächst sicherstellen, in welcher Beziehung diese beiden unerwarteten Dinge zueinanderstehen.

Žižek sagt zunächst, dass Sohn-Rethel den Rahmen der modernen Naturwissenschaft kennt: «das Netz der Begriffe, durch das die Natur ergriffen wird» oder der «Apparat der Kategorien« ist nicht das apriorische Paradigma, das *sich selbst genügt* oder *sich selbst hervorbringt*: Seine Voraussetzung ist die »Effektivität« der gesellschaftlichen Aktivitäten des Menschen. Die wirkliche Grundlage der menschlichen Denkweise ist *der Akt des Warentauschs*. Der Philosoph kann nicht wissen, dass bevor der Gedanke zur reinen *Abstraktion* wurde, die Abstraktion bereits in der gesellschaftlichen Wirksamkeit des Markts am Werk war. In einem gewissen Sinne ist das eine brillante Exposition. (Tatsächlich versuchte Marx seit 1845 ebenfalls, diese wichtige Frage der historischen Epistemologie zu klären, insbesondere in den *Grundrissen*.)[107] Žižek behauptet, dass Marx' Warentausch zwei Abstraktionen enthält: die Abstraktion vom »veränderlichen Charakter« der Ware und die Abstraktion vom konkreten materiellen Charakter der Ware. Während des Warentauschs werden sie alle unabhängig von der Gegenständlichkeit oder der Wirkung der Ware in einen austauschbaren Wert abstrahiert. Was hier geschieht, ist keine sub-

---

106 Slavoj Žižek, *The Sublime Object of Ideology*, S. 19. Vgl. Kapitel III in: *Problematic, Symptomatic Reading, ISA and History of Marxism: A Textological Reading*, Canut Publishers 2014.
107 Žižek, *The Sublime Object of Ideology*, S. 17.

jektive Abstraktion des Denkens, sondern eine *objektive Abstraktion* in ökonomischen Tätigkeiten, durch die das Wertverhältnis ein allgemeines Äquivalent in Geld transformiert. (Nach Žižek ist die Althusser-Kritik von Sohn-Rethel, der zwischen dem »realen Objekt« und dem »Wissensobjekt« unterscheidet und »Abstraktion als einen Prozess versteht, der im Bereich des Wissens stattfindet, weswegen er die Kategorie der ›realen Abstraktion‹ als Ausdruck einer ›epistemologischen Verwirrung‹ ablehnt«, daher sehr berechtigt.[108] Daher sagt Žižek:

> »Bevor das Denken zu der einer rein *quantitativen* Bestimmung gelangen konnte, einer *unerlässlichen Bedingung* der modernen Naturwissenschaft, war die reine Quantität bereits im Geld am Werk, jener Ware, die die Vergleichbarkeit des Werts aller anderen Waren unabhängig von ihrer besonderen qualitativen Bestimmung möglich macht. Bevor die Physik den Begriff einer rein abstrakten *Bewegung*, die sich in einem geometrischen Raum unabhängig von allen qualitativen Bestimmungen der sich bewegenden Objekte vollzieht, artikulieren konnte, hatte der gesellschaftliche Tauschakt bereits eine solche ›abstrakte‹ Bewegung verwirklicht, die die konkreten sinnlichen Eigenschaften des in der Bewegung erfassten Objekts vollständig intakt lässt: die Transferierung von Eigentum. Und Sohn-Rethel demonstrierte das Gleiche in Bezug auf die Substanz und ihre Akzidenzien, den Begriff der Kausalität, der in der Newtonschen Wissenschaft wirksam ist – kurz gesagt, in Bezug auf das gesamte Netz von Kategorien der reinen Vernunft.«[109]

Das wirft eine wichtige philosophische Frage auf: die Prämisse der modernen Naturwissenschaft ist die Abstraktion des Warenwerts im gesellschaftlichen Leben; die Prämisse der operationalen Struktur von wissenschaftlichen Theorien ist der durch den Geldfluss gestützte Warentausch; selbst alle reinen theoretischen Kategorien, die von Kant vertreten werden, sind

108   Vgl. *Self-Selected Works by Zhang Yibing*, Guangxi Normal University Press 1999, S. 89-102.
109   Žižek: *Totalitarismus–Fünf Interventionen zum Ge- oder Missbrauch eines Begriffs*; S. 9-10.

auf den tatsächlichen »gesellschaftlichen Tauschbeziehungen« begründet. (Gerechterweise muss man sagen, dass diese ökonomisch-philosophische Logik ihren Ursprung bei Marx hat. Es ist eine extrem kluge philosophische Schlussfolgerung. Es gibt jedoch ein Problem, nämlich die Ahistorizität der Behauptung. Die Warenökonomie existiert historisch, und nicht jede rationale Operation beginnt mit dem Warentausch. (Ich habe diese Frage diskutiert, das Muster der Praxis als die wirkliche Grundlage des Systems wissenschaftlicher Theorien.)[110]

Daher bezieht sich dies auf ein bekanntes Argument von Marx: *der Herrschaft der Abstraktion.* »Weil die heutige (auf dem spätkapitalistischen Weltmarkt beruhende) gesellschaftliche Realität selbst von dem beherrscht wird, was Sohn-Rethel als ›Realabstraktion‹ bezeichnete.«[111] Žižek fährt fort, »unter bestimmten gesellschaftlichen Bedingungen (des Warenaustauschs und einer globalen Marktökonomie) wird ›Abstraktion‹ zu einem unmittelbaren Kennzeichen des wirklichen gesellschaftlichen Lebens, der Weise, in der konkrete Individuen sich verhalten und sich auf ihr Schicksal und ihre gesellschaftliche Umgebung beziehen. Hier teilt Marx Hegels Einsicht, wie Universalität ›an sich‹ entsteht.«[112] In einem gewissen Ausmaß wird »die Abstraktion der Machtverhältnisse, die unser Leben bestimmen, bis zum Äußersten getrieben«.[113] (Was die Universalität der Abstraktion und der gegenwärtigen ideologischen Harmonie betrifft, so kooperierte Žižek mit Judith Butler und Ernesto Laclau und schrieb ein wichtiges akademisches Buch über Dialoge.[114]) Zudem hat die Herrschaft des abstrakten Kapitals ihr höchstes Niveau erreicht: »Zeigen nicht Phänomene, die gewöhnlich als jene des Virtuellen Kapitalismus beschrieben werden, die Herrschaft der ›realen Abstraktion‹ in ihrer reinsten Form, weitaus radikaler als zu Marx' Zeiten?«[115] Das ist ebenfalls eine profunde Analyse.

110 Judith Butler/Ernesto Laclau/Slavoj Žižek *Contingency, Hegemony, Universality: Contemporary Dialogues on the Left,* London/New York 2000, S. 105.
111 Žižek, *Die Tücke des Subjekts,* S. 483.
112 Butler/Laclau/Žižek, *Contingency, Hegemony, Universality: Contemporary Dialogues on the Left,* S. 105.
113 Slavoj Žižek, *The Fragile Absolute,* New York/London 2000, S. 16.
114 Slavoj Žižek, *The Sublime Object of Ideology,* S. 17.
115 A.a.O., S. 17-18.

»Das transzendentale Subjekt«, so sagt Žižek, »die Unterstützung durch ein Netz von apriorischen Kategorien, ist mit der beunruhigenden Tatsache konfrontiert, dass es in seiner ganz formalen Genese von einem innerweltlichen, ›pathologischen‹ Prozess abhängt – ein Skandal, eine unsinnige Unmöglichkeit vom transzendentalen Standpunkt.«[116] Endlich kommt *Lacan*. Natürlich zielt Žižek nicht auf das individuelle (Ich-denke) Subjekt in Lacans Zerstörung und seinem Nichts, denn in der akademischen Operation des wissenschaftlichen Kreises ist das rationale Subjekt apriorisch; nach Sohn-Rethel jedoch ist dieses transzendentale Subjekt nicht vorgefertigt; es hängt vom Prozess des beschädigten Warentauschs aus dem Ursprung der Form ab. Diese Ansicht ist akzeptabel. In Žižeks negativer Reflexion jedoch ist der Ursprung der »Skandal« und die »unsinnige Unmöglichkeit«. (Hier meint der »Skandal« das unbewusste Noumenon, das Freud entdeckte, der glaubt, dass das bewusste Subjekt, das vom Menschen für seine Natur gehalten wird, tatsächlich die Exterritorisation des unbewussten Triebs sei. Bei Lacan weiß das individuelle Subjekt nicht, dass es nur ein Zeichen ist, das durch den großen Anderen und den kleinen anderen mit nichts konstruiert ist. Es ist wie ein König, der seinen Thron geerbt hat und der plötzlich entdeckt, dass er nicht vom vorhergehenden Souverän abstammt oder ein demokratisch gewählter Präsident, der des »Skandals« überführt wird, seine Stimmen durch Bestechung gekauft zu haben.) Hier ist der »skandalöse« Zusammenhang Marx' Benennung der beschädigten Warenökonomie des Kapitalismus, in dem ›Pathologie‹ die Materialisierung und Subversion der normalen Arbeitsverhältnisse bezeichnet. Žižek ist ein wenig anmaßend, wenn er sagt, dass das wissenschaftliche Subjekt seinen Ursprung in den schmutzigen Tricks des Geldes hat und entsprechend richtigerweise mit der Lacanschen »unsinnigen Möglichkeit« der ontologischen Existenz des Subjekts übereinstimmt.

> »Wenn wir uns das, was Sohn-Rethel die ›reale Abstraktion‹ (das heißt den Akt der Abstraktion, der im sehr *effektiven* Prozess des Warentauschs am Werk ist) nennt, näher anschauen, dann ist die Homologie zwischen ihrer Stellung und der des Unbewussten, diese Signifikantenkette, die auf einer ›anderen Szene‹ besteht, auffällig:

116 Jacques Lacan, *Écrits: A Selection*, New York 1970, S.170.

die ›*reale Abstraktion*‹ *ist das Unbewusste des transzendentalen Subjekts*, die Unterstützung von objektiv-universellem Wissen.«[117]

Žižeks textueller Kontext ist für normale Leser möglicherweise schwer zu verstehen, hauptsächlich, weil das Unbewusste als ontologische Grundlage der Existenz des Subjekts nicht im freudianischen Sinne, sondern mittels der Lacanschen Logik interpretiert wird. Konsequenterweise ist das Unbewusste nicht länger eine Transformation des unterdrückten Triebes, sondern es ist stattdessen ein Ergebnis des elenden Subjekt, das fälschlich den in einer »anderen Szene« verborgenen großen Anderen für seine ontologische Existenz hält (Lacan sagt, dass »das Unbewusste der Diskurs des Anderen« ist), nachdem die Hegemonie des großen Anderen (die symbolische Signifikantenkette) erfolgreich das Individuum beherrscht; umgekehrt ist das Unbewusste des individuellen Subjekts auch ›eine andere Szene‹ in Antithese zum »großen Anderen«. Offensichtlich ist es der »Skandal« der ontologischen Existenz des Subjekts im freudianischen Sinne, der als erster den »Skandal« des unbewussten Noumenons, das hinter dem Subjekt existiert, aufdecken soll; aber Lacan enthüllt einen weiteren »Skandal« hinter diesem »Skandal«; das Unbewusste ist die Metapher des großen Anderen, nicht etwas, das dem ursprünglichen Begehren des Menschen entspringt. Wenn das Unbewusste die ursprüngliche Existenz des Subjekts ist, dann ist diese ontologische Existenz immer »an einem andren Ort«. Das Obige ist mein Verständnis von Žižeks theoretischem Hintergrund dieser wichtigen Erklärung.

Lacans Unbewusste. Für Lacan bezeichnet das Unbewusste nicht das unterdrückte ursprüngliche Begehren des Freudschen Es; und es ist auch kein unaussprechliches, unhaltbares und unstillbares Begehren. »Das Unbewusste ist weder ursprünglich noch instinktiv; was es über das Elementare kennt, ist nicht mehr als die Elemente des Signifikanten.«[118] Jameson bietet eine lebhafte Beschreibung:

---

117 Frederic Jameson, *The Cultural Logic of Late Capitalism*, Beijing 1997, S. 224.

118 Green sagt, »nach meiner Meinung liefert Lacan eine anti-freudianische Sichtweise des Unbewussten.« Er hat recht. Vgl. François Dosse, *From Construction to Deconstruction: Main Thoughts in 20th Century France* (Vol. 1), China Central Compilation and Translation Press 2004, S. 330.

das Unbewusste ist kein »permanenter, instinktiver, kochender Kessel.«[119] Das Unbewusste bedeutet einen Signifikanten, das heißt, es steht in unmittelbarem Gegensatz zu dem, was Freud bezeichnet.[120] Nach Žižeks Meinung ist Lacans Unbewusstes »die entkörperlichte rationale Maschine, die ihren Weg unabhängig von den Forderungen der Lebenswelt des Subjekts verfolgt.«[121] Lacan insistiert, »das Unbewusste ist jener Teil des jener Teil des konkreten Diskurses, insofern es transindividuell ist, dass es dem Subjekt in der Wiederherstellung der Kontinuität seines bewussten Diskurses nicht zu Verfügung steht.«[122], mit anderen Worten, das individuelle Subjekt ist nicht für das Sprechen verantwortlich; es gibt eine nicht greifbare Kraft, die das Subjekt beherrscht, das *»vielmehr gesprochen wird als zu sprechen«*.[123] Das ist eine sehr berühmte poststrukturalistische Aussage. Vor allem gehört das Unbewusste zum Anderen statt zu den unordentlichen, chaotischen Forderungen und Begehren des individuellen Subjekts; oder »Freud folgend lehre ich, dass der Andere der Ort jener Erinnerung ist, die er entdeckte und das Unbewusste nannte.«[124]

In dieser Hinsicht erklärt Žižek, das das Unbewusste eine Form des Denkens ist, »deren ontologische Stellung nicht die des Denkens ist, das heißt die Form des Denkens, die dem Denken selbst äußerlich ist – kurz, eine Andere Szene, die dem Denken äußerlich ist, wobei die Form des Denkens bereits vorab artikuliert ist.«[125]

Schließlich gelingt es uns, Žižeks wirkliches Anliegen zu verstehen: die ontologische Grundlage des transzendentalen Subjekts, unterstützt durch das objektive, wissenschaftliche Wissen, ist der unbewusste Prozess der Abstraktion im Warentausch, das heißt die Auflösung eines Gegenstands

119 Renata Salecl/ Slavoj Žižek, *Gaze and Voice as Love Objects*, Durham 1996, S. 102.
120 Jacques Lacan, *Écrits: A Selection* , S. 49.
121 A.a.O., S. 69.
122 A.a.O., S. 215.
123 A.a.O., S. 215.
124 A.a.O., S. 18.
125 A.a.O.

in die »wirkliche Abstraktion« des Werts. *Geld ist die größte Abstraktion.* Der Gegenstand verwandelt sich zu Geld, das dann zur Abstraktion von Reichtum wird. Geld selbst ist materiell (Steine, Knochen, Metalle oder Papier), aber es ist aus diesem Materiellen herausgewachsen und das *unauflösliche Ding* geworden.

3. Der Körper des Geldes: die erhabene Materie des unzerbrechlichen Diamanten

Für Žižek hat die «reale Abstraktion (Äquivalent zu Wert) eine implizite Bedeutung, in der das «Reale» sich nicht auf das substantielles Attribut der Ware als ein materielles Objekt bezieht; statt auf dem Gebrauchswert der Ware basiert zu sein, wird es einem abstrakten Anderen zugeordnet: Geld.

»Wie Sohn-Rethel gezeigt hat, ist seine Natur die eines *Postulats*, das durch den effektiven Tauschakt impliziert ist – mit anderen Worten das eines bestimmten ›als ob‹: während des Tauschakts gehen Individuen so vor, *als ob* die Ware nicht physischen, materiellen Austauschen unterläge, *als ob* sie vom natürlichen Kreislauf aus Herstellung und Verfall ausgenommen sei; obwohl sie auf der Ebene ihres ›Bewusstseins‹ ›sehr genau wissen‹, dass dies nicht der Fall ist.«[126] Von der obigen Diskussion ausgehend geurteilt ist klar, dass Žižek weiß, dass die klassische politische Ökonomie bereits das Geheimnis der Wertmessung, nämlich die Dauer der Arbeit, entdeckt hat; natürlich bedeutet Abstraktion hier abstrakte Arbeit. Žižek will, dass wir die andere Seite wahrnehmen, das »Postulat« und das »als ob«. Es scheint, dass Žižeks »als ob« auf etwas jenseits des materiellen Warentauschs verweist, genau gesagt auf die spezielle Materialität von Geld. Wie wir wissen ist Geld (das heutige elektronische Geld ausgeschlossen) wie jeder andere Gegenstand: in der Zirkulation unterliegt es Verlust und der Deformierung seiner materiellen Form. Wir kümmern uns jedoch nicht um die materielle Existenz: wir gehen unbewusst von einer »unveränderlichen Substanz« des Geldes aus, über die »die Zeit keine Macht hat und

126 A.a.O.

die in antithetischem Kontrast zu jeder Sache steht, die sich in der Natur findet (Sohn-Rethel).«[127]

Nach Žižek ist dies die Formel der fetischistischen Verleugnung: »ich weiß sehr gut, aber dennoch…« Ich weiß sehr gut, dass die Buddhastatue aus Ton gemacht und gold angestrichen ist, aber ich verehre sie trotzdem. Ich weiß sehr gut, dass er (der Filmstar) mich nicht wahrnehmen wird, aber dennoch liebe ich ihn. Ich weiß, dass Geld ein materielles Objekt wie andere ist, aber dennoch… [es ist, als sei es aus einer speziellen Substanz gemacht, über die die Zeit keine Macht hat]. In der fetischistischen Logik verfolgen die »Fans« kein konkretes Objekt, sondern verlangen etwas, das nichtsubstantiell und ewig ist, in Žižeks Worten das erhabene Objekt in der ideologischen Phantasie. Es sollte angemerkt werden, dass dies eine gesellschaftliche Umschrift des Objekts des Begehrens mit dem Lacanschen großen Anderen ist.

Daher begegnen wir einem bedeutenden Problem, das angeblich sogar Marx entgangen ist.

»Hier haben wir ein Problem berührt, das von Marx nicht gelöst wurde, jenes des materiellen Charakters von Geld; nicht die empirische materielle, aus dem Geld gemacht ist, sondern das erhabene Material jenes ›unzerstörbaren und unveränderlichen‹ Körpers, der über den verfall des physischen Körpers hinaus besteht – dieser andere Körper des Geldes ist Leichnam des Sadeschen Opfers, der alle Qualen erträgt und mit seiner makellosen Schönheit überlebt. Diese immaterielle Körperlichkeit des ›Körpers im Körper‹ gibt uns eine präzise Definition des erhabenen Objekts.«[128]

Jetzt sehen wir die Schlüsselwörter in diesem Buch, »das erhabene Objekt«. Žižek meint, dass sich die Menschen in der effektiven gesellschaftlichen Operation der Marktökonomie in einem verrückten Streben nach Geld befinden; nach einem weiteren Nachdenken jedoch wird entdeckt, dass sie nicht hinter dem materiellen Objekts des Geldes her sind, sondern dass sie

---

127   Žižek, *The Plague of Fantasies*, London/New York, S. 76.
128   Žižek, The Sublime Object of Ideology, S. 19.

stattdessen zu dem nicht-substantiellen erhabenen Objekt des unauflösbaren Dings geleitet werden, das in eine universelle materielle Form umgewandelt wird: Geld. Dieses Objekt ist nichts; nur die ideologische Illusion lässt es substantiell erscheinen. Žižek sagt, dass »das ›erhabene Objekt der Ideologie‹« in der fundamentalen Prozedur der Ideologie »das spektrale Objekt ist, das keine positive ontologische Konsistenz hat, sondern nur die Lücke einer bestimmten konstitutiven Unmöglichkeit füllt.«[129] Wir sollten dem andern Schlüsselwort Aufmerksamkeit schenken: erhaben, nicht das, was neben der Schönheit in der Kantschen Ästhetik postuliert wird, sondern vielmehr eine Lacansche abstrakte Herrschaft über alles. Daher sagt Žižek nicht überraschend in einem typisch Lacanschen Tonfall, dass »diese postulierte Existenz des erhabenen Körpers von der symbolischen Ordnung abhängt: der unzerstörbare ›Körper-im-Körper‹, der von den Auswirkungen der Abnutzung ausgenommen ist, wird immer von der Garantie einer symbolischen Ordnung gestützt.«[130] Lacans symbolische Szene erscheint; das abstrakte erhabene Objekt ist tatsächlich ein soziales Morph des Objekts des Begehrens des Anderen.

Nach Žižek hat diese »reale Abstraktion« im Warentausch auf den ersten Blick keine unmittelbare Verbindung zu materieller Substantialität. Trotzdem ist es nicht die subjektive Abstraktion des Denkens im jemandes Geist; es ist eine *objektive* Abstraktion; wie Sohn-Rethel sagt, ist die ausgetauschte Abstraktion *nicht* Denken, sondern sie nimmt auf dem Markt die *Form* des Denkens an: Im *Unbewussten* verortet, ist die getauschte Abstraktion nicht die subjektive Operation des Denkens, sondern sie hat die *Form des Denkens* als objektive Abstraktion. Was ist also die Form des Denkens? In Lacans magischem Wörterbuch der Philosophie bedeutet das, dass der Mechanismus der subjektiven Operation immer *an einem anderen Ort geschieht*. Im Allgemeinen denken wir, dass wir unabhängig denken und aktiv wahrnehmen, aber all diese Handlungen sind nur der transformierte Diskurs durch den herrschenden großen Anderen, der sich im Dunkel verbirgt. «Die Sprache spricht mich« ist das Unbewusste. Daher glaubt Žižek, dass die Form des Denkens auch für das Wesen des Lacanschen Unbewussten verantwortlich ist. (Ich muss den Leser daran erinnern, dass diese bekanten Konzepte in einem nicht-freudianischen

129 A.a.O.
130 A.a.O., S. 19-20.

Sinne interpretiert werden sollten, da sich der Herrensignifikant auf den Vatermörder-Lacan bezieht, den Lacan, der Freud tötet!) Wir kommen nun zu einer allgemeinen Definition des Unbewussten.

»Hier haben wir eine der möglichen Definitionen des Unbewussten: die Form des Denkens, deren ontologische Stellung nicht die des Denkens ist, das heißt, die Form des Denkens, die dem Denken selbst äußerlich ist – kurz, eine andere Szene, die dem Denken äußerlich ist, wodurch die Form des Denkens bereits vorab artikuliert wird. Die symbolische Ordnung ist präzise solch eine formale Ordnung, die das duale Verhältnis von ›äußerlicher‹ tatsächlicher Realität und ›innerer‹ subjektiver Erfahrung ergänzt und/oder unterbricht.«[131]

Das Unbewusste ist nicht der Freudsche Trieb (Begehren), der durch das Bewusste unterdrückt wird, sondern der operationale Modus des Denkens; es ist jenseits des Denkens, konstruiert das Denken jedoch mit einem *alternativen* Anderen des Nicht-Denkens. Nach Lacan ist es die Ordnung des *großen Anderen* im Symbolischen; das Denken des Menschen ist nur das Überbleibsel des Diskurses des Anderen.

4. Blind: das Wesen der Ideologie

Žižek bestätigt den »skandalösen« Charakter einer philosophischen Reflexion. Tatsächlich ist die in Übereinstimmung mit dem »Skandal« des oben erwähnten wissenschaftlichen transzendentalen Subjekts. Sei es das Subjekt des »Ich denke«, das von Descartes vorgeschlagen wird, oder das nicht-kategorische Dasein Heideggers, sie sind mit Sicherheit im *äußerlichen Ort* der Philosophie konstruiert.

> »Philosophische Reflexion unterliegt daher einer Erfahrung ähnlich derjenigen, die in der alten orientalischen Formel »Das bist du« zusammengefasst ist; dort, in der äußerlichen Wirksamkeit des Tauschprozesses ist dein eigentlicher Platz; dort in dem Theater, in dem deine Wahrheit aufgeführt wurde, bevor du sie wahrgenommen hast. Die Konfrontation mit diesem Ort ist unerträglich, weil die Philosophie als solche durch ihre Blindheit gegenüber diesem

131 A.a.O., S. 20.

Ort *definiert* ist: sie kann ihn nicht in Betracht ziehen, ohne sich selbst aufzulösen, ohne ihre Konsistenz zu verlieren.«[132]

Ein Leser kann sich hier leicht verirren. Im Lacanschen Kontext hat die subjektive Philosophie eine selbstbetrügerische Identität, deren Voraussetzung eine falsche Identifikation ist, zu der der Schlüssel eine *missverständliche Blindheit* ist. Nach Žižek findet subjektives Denken tatsächlich in der gesellschaftlichen Wirksamkeit des Warentauschs während der Denkoperation statt. Für Lacan ist es wie jemandes Name, der etwas Gegebenes ist, wobei das Spiel der Benennung vor der Geburt beendet ist. Im frühen Spiegelstadium ist die Konstruktion des Subjekts, fasziniert vom dem falschen Spiegelbild, ein Prozess der Fehlwahrnehmung des Anderen; als Ergebnis baut die Arbeit der Erhaltung des Subjekts immer auf der Blindheit gegenüber der eigenen Nichtigkeit auf.

Während des Warentauschs hängt auch die reale gesellschaftliche Existenz davon ab. Jedes Subjekt, das am Tausch beteiligt ist, missversteht mit Sicherheit die gesellschaftliche und umfassende Funktion des Tauschs; die wirkliche Abstraktion ist die tatsächliche gesellschaftliche Form des durch den Markt vermittelten privaten Eigentums. Als »pragmatischer Solipsismus« stellt diese Art des Missverständnisses eine Voraussetzung für den Tausch dar. Wenn der Teilnehmer die Dimension der »realen Abstraktion« bemerkt, verschwindet die »Wirksamkeit« der Tauschhandlungen. Žižek zitiert den folgenden Abschnitt von Sohn-Rethel.

»Wenn wir daher von der Abstraktheit des Tauschs sprechen, müssen wir darauf achten, den Begriff nicht auf das Bewusstsein der Tauschenden anzuwenden. Sie sollten mit dem Gebrauch der Waren, die sie sehen, beschäftigt sein, aber nur in ihrer Phantasie. Es ist die Tauschhandlung, und die Handlung allein, die abstrakt ist... die Abstraktheit jener Handlung kann nicht bemerkt werden, wenn sie geschieht, denn das Bewusstsein ihrer Träger wird von ihrem Geschäft und der empirischen Erscheinung , die zu ihrem Gebrauch gehören, in Anspruch genommen. Man könnte sagen,

132   A.a.O., S. 20-21.

dass die Abstraktheit ihrer Handlung jenseits der Wahrnehmung durch die Akteure liegt, weil ihr Bewusstsein selbst ihnen im Wege steht. Würde die Abstraktheit ihre Aufmerksamkeit erregen, würde ihre Handlung aufhören, Tausch zu sein und die Abstraktion würde nicht entstehen.«[133]

Es ist eine Spaltung zwischen der Theorie und der Praxis des subjektiven Bewusstseins und eine Spaltung, die durch diese blinde Fehlwahrnehmung begründet ist. Im Tausch ist der Mensch als eine »pragmatische, solipsistische Begegnung« materialisiert. Er sieht keine universelle gesellschaftliche Dimension in seiner Handlung, insbesondere in der im Tausch existierenden »realen Abstraktion«; auf der anderen Seite wird die Abstraktion, die ihren Ursprung in der gesellschaftlichen Dimension hat, in *die universelle Vernunft* transformiert, die von den gesellschaftlichen Handlungen durch einen ignorierenden und repressiven Modus getrennt wird, während das gesamte Kategoriennetz der reinen Vernunft, das angesichts der Natur entsteht, der begriffliche Rahmen der Naturwissenschaft ist. Das ist die Spaltung des Bewussten, die vollständig die Unwissenheit des Subjekts voraussetzt. (Lacan sagt, dass die Existenz des Subjekts die Unwissenheit zur Voraussetzung habe.) Ob es daher die Wirksamkeit des Prozesses des gesellschaftlichen Tauschs oder jene des wissenschaftlichen Subjekts ist, sie sind alle auf jener Unwissenheit begründet. Žižek bezieht sich auf Sohn-Rethel: »Dieses Nichtwissen über die Realität ist ein Teil ihrer eigentlichen Realität«; »die gesellschaftliche Wirksamkeit des Tauschprozesses ist eine Art von Realität, die nur unter der Bedingung möglich ist, dass die Individuen, die daran teilnehmen, sich ihrer eigentlichen Logik *nicht bewusst* sind; das heißt, es ist eine Art von Realität, *deren eigentliche ontologische Konsistenz ein gewisses Nichtwissen ihrer Teilnehmer impliziert* – wenn wir zu viel in Erfahrung bringen, um das wahre Funktionieren der gesellschaftlichen Realität zu durchdringen, würde diese Realität sich selbst auflösen.«[134]

Tatsächlich sind möglicherweise weit mehr als die Wirksamkeit des Warentauschs, der auf solchem Unwissen und Missverstehen aufbaut,

133   A.a.O., S. 21.
134   Vgl. Kapitel V von *Problematic, Symptomatic Reading, ISA and History of Marxism: A Textological Reading.*

zahlreiche gesellschaftliche Realitäten auf diesem Nichts in der menschlichen Gesellschaftsgeschichte aufgebaut. Für Žižek ist es die grundlegende Dimension der Ideologie. Nunmehr begegnen wir einem anderen Schlüsselwort des Buchs: *Ideologie*, dessen Kontext natürlich in einer Linie mit Althusser steht.

»Ideologie ist nicht einfach ein ›falsches Bewusstsein‹, eine illusorische Darstellung der Realität, sie ist vielmehr diese Realität selbst, die bereits als ›ideologisch‹ wahrgenommen werden muss – *›Ideologie‹ ist eine gesellschaftliche Realität, deren eigentliche Existenz ihrem Wesen nach das Nichtwissen ihrer Teilnehmer impliziert* –das heißt, die gesellschaftliche Wirksamkeit, deren Reproduktion selbst impliziert, dass die Individuen ›nicht wissen, was sie tun.‹ *›Ideologie‹ ist nicht das ›falsche Bewusstsein‹ eines (gesellschaftlichen) Seins, sondern dieses Sein selbst, insofern es durch ›falsches Bewusstsein‹ gestützt wird.«*[135]

Wie wir wissen lehnt Althusser in seinen Untersuchungen der Ideologie die Hypothese der Ideologie als falsche Existenz ab (in Gefolge von Mannheims Ansicht) und verweist auf die Notwendigkeit von Ideologie in der Konstruktion gesellschaftlicher Existenz.[136] Für Žižek jedoch ist das Wesen der Ideologie durch eine Phantasie begründet, »die ein ideologisches Gebäude stützt und die Realität der gesellschaftlichen verschwommen werden und verschwinden lässt. »… anstatt eines Aufweises der Antagonismen, die unsere Gesellschaft durchziehen, frönen wir einer Idee der Gesellschaft als organisches Ganzes, zusammengehalten durch die Kräfte der Solidarität und Kooperation...«[137] Tatsächlich ist seine Phantasie durch Ideologie erzeugt. »Somit haben wir schließlich die Dimension des Symptoms erreicht, denn eine seiner möglichen Definitionen wäre auch ›eine Formation, deren eigentliche Konsistenz ein bestimmtes Nichtwissen von Seiten des Subjekts impliziert‹: das Subjekt kann sein ›Symptom‹ nur insofern ›genießen‹, als

---

135   Slavoj Žižek, *Die Pest der Phantasmen. Die Effizienz des Phantasmatischen in den neuen Medien*, Wien 1997, S. 19.
136   Žižek, The Sublime Object of Ideology, S. 21.
137   Žižek, *Die Tücke des Subjekts*, Frankfurt/M. 2001, S.216, Am,. 38.

seine Logik ihm entgeht – das Erfolgsmaß seiner Interpretation ist genau seine Auflösung.«[138]

Für Žižek ist Ideologie tatsächlich ein verhülltes gesellschaftliches Symptom. Folglich muss die heutige ideologische Kritik darauf zielen, »deren verleugnete ›politische‹ Fundierung aufzudecken; die Art und Weise aufzuzeigen, mit der sie von einem exzessiven ›subjektiven‹ Akt abhängt.«[139]

Schließlich verstehen wir, dass die Lacansche Korrelation von Ideologie mit Symptomen Žižeks Gauben erklärt, dass »Marx das Symptom erfand«.

III. Gesellschaftliches Symptom und unvollständiger Fetischismus

Am Anfang von *The Sublime Object of Ideology* zitiert Žižek Lacans Worte, dass Marx das Symptom erfand. Trotzdem kommt er in der folgenden Diskussion jener Frage nicht zur Sache: zunächst vergleicht er die marxistische ökonomische Kritik mit der Freudschen Psychoanalyse; dann veranschaulicht er, dass die historische Existenz eines transzendentalen Subjekts in der objektiven Abstraktion des Warentauschs liegt und erklärt die ontologische Stellung des gesellschaftlichen Unbewussten; schließlich rechtfertigt er die innere logische Verbindung zwischen der unbewussten Ideologie und dem Symptom. Trotz der verzweigten und ermüdenden Darstellung ist es ein relativ transparenter Teil in seiner Logik; schließlich braucht er für seinen eigenen Diskurs eine passende Vorbereitung. Sobald Žižek beginnt, sich mit dem sogenannten gesellschaftlichen Symptom und dem unvollständigen Fetischismus zu beschäftigen, wird seine Diskussion wirklich beeindruckend.

1. Gesellschaftliches Symptom: der Bruchpunkt der universellen Ideologie

Žižek hält sich eng an die Meinung von Lacan, dass Marx auch der Frage des Symptoms Aufmerksamkeit widmet. Trotzdem ist Marx' Symptom

---

138 Žižek, The Sublime Object of Ideology, S. 21.
139 Sinthom ist ein Begriff, der vom späten Lacan geschaffen wurde: Es bezeichnet den synthetisch-künstlichen Menschen, der durch Symptom und Phantasie konstituiert ist.

deutlich nicht das Lacansche Trauma, wenn das individuelle Subjekt abwesend ist; es ist das gesellschaftliche Symptom, das durch die Vernähung des *Risses* der Phantasie im Leben durch die gesellschaftliche Ideologie präsent ist. (Vielleicht kann es als eine gesellschaftliche Sublimierung der Lacanschen Psychoanalyse gewertet werden.) Žižek sagt, dass »Marx das Symptom erfand (Lacan), indem er einen bestimmten Riss entdeckte, eine Asymmetrie, ein bestimmtes ›pathologisches‹ Ungleichgewicht, das den Universalismus der bürgerlichen ›Rechte und Pflichten‹ Lügen straft.«[140] (Das ist eine weit hergeholte Nebeneinanderstellung von Marx und Lacan.) Aber was bedeutet das? Folgen wir Žižeks logischer Linie.

Für ihn zielt Marx' Kritik der kapitalistischen Produktionsweise wesentlich auf die Aufdeckung der bürgerlichen Aufrechterhaltung einer angeblich natürlichen und universellen kapitalistischen Logik. Indem er den formal gleichen Tausch, der sich in der Zirkulation zeigt, durchschaut, enthüllt Marx das Geheimnis, dass der Mehrwert im Produktionsprozess erzeugt und vom Kapitalisten angeeignet wird, womit er den Mythos jener ideologischen Universalität durchbricht. Im Allgemeinen ist Žižeks Verständnis korrekt. Er sagt weiter, dass das von Marx entdeckte Ungleichgewicht nicht »die unvollständige Realisierung« dieser abstrakten Regeln (Freiheit und Gleichheit) erklären soll, das heißt, dass dieses Unzulänglichkeit durch weitere Entwicklung beseitigt werden kann; im Gegenteil, Marx sieht dieses Ungleichgewicht und diese »Lücke« als das gesellschaftliche *Symptom*, das der kapitalistischen Produktionsweise inhärent ist. Mit anderen Worten, diese traumatischen Züge der kapitalistischen Produktionsweise stellen sich als »die angeborenen Elemente dieser Prinzipien« dar. *Inhärenter Verfall ist die Komponente der Selbstexistenz*, die das Wesen des Symptoms ist. (Für Lacan ist das Symptom eine Weise, die verderbliche Existenz des Subjekts darzustellen. »Du siehst wie ein Mensch aus, aber du bist es nicht.« Du bist nur das *Sinthom*, das durch Symptom und Phantasie vernäht ist.)[141] Verständlicherweise »ist das ›Symptom‹ streng genommen ein spezielles Element, das seine eigene universelle Grundlage untergräbt, eine Spezies, die

---

140 Žižek, The Sublime Object of Ideology, S. 21.
141 A.a.O.

die eigene Art zersetzt.«[142] Die Existenz von Symptomen, der Ausgangspunkt der Zersetzung des Subjekts selbst, *zeigt die Nichtexistenz des Selbst*, nämlich die ontologische *Illegitimität*. Dies sieht wie ein ontologisches Paradox aus. Tatsächlich ist das Symptom selbst das *Paradox*. In Žižeks Logik *ist das gesellschaftliche Symptom das Paradox der ontologischen gesellschaftlichen Existenz*. Die Entstehung eines gesellschaftlichen Symptoms ist immer zusammen mit der Illegitimität im gesellschaftlichen System inhärent.

> »In diesem Sinne können wir sagen, dass die elementare Marxsche Prozedur der ›Ideologiekritik‹ bereits ›symptomatisch‹ ist: sie besteht darin, einen Bruchpunkt zu entdecken, der *heterogen* zu einem gegebenen ideologischen Feld und zugleich für das Feld *notwendig* ist, um seine Schließung, seine vollendete Form zu erreichen.«[143]

Hier sind wir erneut ratlos. Warum sagt er, dass Marx' Kritik der kapitalistischen Ideologie grundlegend symptomatisch sei? Nach meiner Meinung interpretiert die Logik von Lacan-Žižek gesellschaftliche Ideologie als ein vergrößertes *historisch Unbewusstes*, das das durch Ideologie verhüllte strukturelle Symptom stützt. Der grundlegende Fehler (einem Symptom äquivalent) wird die Dekonstruktion der gesamten gesellschaftlichen Realität stützen. Später sagt Žižek, »eine der elementarsten Definitionen von Ideologie ist daher: ein symbolisches Feld, das einen solchen Füllstoff enthält, der den Platz einer strukturellen Unmöglichkeit einnimmt, während er zugleich diese Unmöglichkeit ableugnet.«[144] Zum Beispiel ist in Marx' Analyse der kapitalistischen Produktionsweise die Ideologie der formalen Freiheit und Gleichheit nur eine Leerstelle, die durch die Fassade eines radikalen Symptoms abgestützt wird, also *die substantielle Ungleichheit hinter dem formal gleichen Tausch*. Nach Marx bricht das kapitalistische Gebäude zusammen, sobald die Stützung beseitigt ist. Das ist der »Bruchpunkt«. (Es sollte angemerkt werden, dass Žižek nicht an den tatsächlichen Zusammenbruch des Kapitalismus glaubt, was sich von Marx' revolutionärem Denken unterscheidet. Wir werden den Grund hierfür in der folgenden Analyse erfahren.)

142   Žižek, *The Plague of Fantasies*, S. 76.
143   Žižek, *The Sublime Object of Ideology*, S. 22.
144   A.a.O.

515

In diesem Zusammenhang führt Žižek einige Beispiele an. Das erste ist der berühmte bürgerliche Anspruch auf Freiheit und Gleichheit. Wie wir wissen, erklärt die Aufklärung im Kampf gegen das feudale System Freiheit und Gleichheit zu angeborenen Rechten des Menschen, was als eine universelle Ideologie gesehen wird. (Der edle Sohn des Himmels im zoologischen Sinne wird nun durch die Idee, dass jeder gleich sei, zu einem gewöhnlichen Menschen erklärt.) Ein universeller Begriff (generischer Begriff) muss eine Reihe von Unterbegriffen (Familienbegriffen) enthalten, so enthält etwa Freiheit solche verdinglichten Freiheiten, die die Rede, Veröffentlichungen, Geschäfte und Politik betreffen. Daher untergräbt Marx alle kapitalistischen illusorischen Freiheiten durch die symptomatische Analyse der Familienbegriffe der Freiheit, das heißt, »der Mensch ist frei, seine Arbeitskraft auf dem Markt zu verkaufen.«

»Das heißt, dass diese Freiheit das genaue Gegenteil von tatsächlicher Freiheit ist: indem er ›frei‹ seine Arbeitskraft verkauft, *verliert* der Arbeiter seine Freiheit – den wirklichen Inhalt seiner freien Verkaufhandlung ist die Versklavung des Arbeiters gegenüber dem Kapital. Der entscheidende Punkt ist natürlich, dass es genau diese paradoxe Freiheit ist, die Form ihres Gegenteils, die den Kreis der ›bürgerlichen Freiheiten‹ schließt.«[145]

Das zweite Beispiel ist die auf äquivalenten Werten basierende kapitalistische Marktökonomie des fairen Tauschs. In der frühen Zeit der Warenökonomie, als die natürliche Ökonomie immer noch vorherrschte, war der Besitzer der Produktionsmittel zugleich der Produzent, der seine Produkte auf dem Markt verkauft; entsprechend sagt Žižek, »der Tausch auf dem Markt ist äquivalent, jede Ware wird nach ihrem vollen Wert bezahlt« (Diese Erklärung ist aus der marxistischen Perspektive der Ökonomie nicht korrekt.) Darüber hinaus lässt die kapitalistische Marktökonomie eine neue Ware entstehen, die Lohnarbeit. Žižek denkt, dass die Ware Arbeitskraft selbst ein symptomatisches Paradox ist, denn ihr äquivalenter Tausch ist die *Verleugnung ihrer selbst.*

145   A.a.O., S. 23.

»Der entscheidende Punkt, der hier nicht übersehen werden darf, ist dem äquivalenten Tausch strikt *innerlich* und kein einfacher Verstoß gegen ihn: die Arbeitskraft wird nicht in dem Sinne ›ausgebeutet‹, dass ihr voller Wert nicht vergütet wird, zumindest im Prinzip ist der Tausch zwischen Arbeit und Kapital völlig äquivalent und gerecht. Der Haken ist, dass die Arbeitskraft eine besondere Ware ist, deren Gebrauch – die Arbeit selbst – einen bestimmten Mehrwert produziert; und es ist dieser Mehrwert über dem Wert der Arbeitskraft selbst, der vom Kapitalisten angeeignet wird.«[146]

Dies zeigt, dass aufgrund von Marx' Erklärung der Arbeitskraft zur Ware die Bestimmung des gesellschaftlichen Symptoms erscheint, in Žižeks Worten, es »*führt zur Erscheinung des Symptoms.*« (Wir verstehen endlich, was Žižek meint, wenn er sagt, »Marx erfand das Symptom.« Was für eine Tortur!)

Zugleich beobachten wir Žižeks erste ironische Negierung von Marx in diesem Buch. Marx' Konstruktion des wissenschaftlichen Sozialismus über die Ablehnung des utopischen Sozialismus wird von Žižek immer noch als utopisch betrachtet. »Und in der Marxschen Perspektive besteht der utopische Sozialismus genau in dem Glauben, dass eine Gesellschaft möglich ist, in der die Tauschbeziehungen universalisiert sind und die Produktion für den Markt vorherrscht, die Arbeiter selbst jedoch trotzdem die Besitzer ihrer Produktionsmittel sind und daher nicht ausgebeutet werden – kurz, ›utopisch‹ enthält einen Glauben an die Möglichkeit einer Universalität ohne ihr Symptom, ohne den Ausnahmepunkt, der als ihre innere Negation funktioniert.«[147] (Auf seinem »postmarxistischen« Standpunkt glaubt Žižek nicht an eine gesellschaftliche Perspektive ohne gesellschaftliches Symptom). Žižek sagt, dass Marx' proletarische Revolution sich hin zu einer Gesellschaft der Transparenz entwickle. Entgegen seiner Absicht beweist dies seine Logik, dass der Kapitalismus das Symptom enthält, denn in der Annahme der gegenwärtigen kapitalistischen Gesellschaft als rationale Totalität muss es ein irrationales Paradox geben, das sich selbst

---

146 Hippokrates (etwa 460-370 v. Chr.) war ein antiker griechischer Arzt. Er wird im Allgemeinen als Vater der Medizin betrachtet.
147 Žižek, *The Sublime Object of Ideology*, S. 23.

unterwandert; das bedeutet, dass das Proletariat auf geheime Weise versklavt ist, »die Irrationalität der Rationalität«. Die Existenz des Proletariats ist das gesellschaftliche Symptom der kapitalistischen Produktionsweise. Es untergräbt kontinuierlich die bürgerliche universelle Rationalität. Für Žižek jedoch wird dieses Symptom nicht vollständig verschwinden; ansonsten würde sich das gesellschaftliche System als solches auflösen.

2. Fetisch: das Missverständnis der invertierten Präsentation

Žižek ist sehr beeindruckt von Lacans Ansicht, dass Marx das Konzept des Symptoms erfand. Er bezieht sich auf einen Abschnitt in Lacans *Das Reale, das Symbolische und das Imaginäre.* »Man muss nach den Ursprüngen des Symptombegriffs nicht bei Hippokrates[148], sondern bei Marx suchen, in der Verbindung, die er als Erster zwischen Kapitalismus und was zog?– den guten alten Zeiten, die wir die ›Feudalzeit‹ nennen.«[149] Lacan meint, dass die Beschäftigung mit dem Symptom aus dem Übergang der beiden Produktionsweisen kommt: Feudalismus und Kapitalismus, die von Marx einer vergleichenden Untersuchung unterzogen werden; aber für Žižek ist Marx' Entdeckung der anderen wichtigen Sache im Kapitalismus auch das, was der gesellschaftlichen Existenz, die sich immer noch in der Phase der »persönlichen Abhängigkeit« befindet, fehlt: Warenfetischismus. Da zeigt, dass Lacans Interpretation von Marx' gesellschaftlichem Symptom eine historische Ad-hoc-Erklärung, jedoch klug ist. Žižek hat an dieser Stelle keine spezifische Diskussion des Fetischismus. Später, in *The Plague of Fantasies* denkt er, dass die Bedingung, unter der die Fetischismen erscheinen, sei »eine klare allgemeinverständliche Unterscheidung zwischen dem, was das Objekt in seiner äußerlichen materiellen Realität ›an sich‹ und der von außen aufgezwungenen fetischistischen Aura«, zum Beispiel »ein Baum, der ›an sich nur ein Baum ist, erwirbt eine zusätzliche spektrale Dimension als Sitz des Waldgeistes.« Entsprechend sagt er, »der Fetisch ist daher zugleich die falsche Erscheinung des An-sich und die Durchsetzung einer diesem An-sich fremden Dimension diesem gegenüber.«150 Ich stimme diesem

148 Žižek, *The Plague of Fantasies*, S. 97.
149 A.a.O., S. 98.
150 Žižek, The Sublime Object of Ideology, S. 23.

Argument zu. Er erwähnt auch, »der erste, der diesen Begriff systematisiert und ihn klar lokalisiert hat, war Charles de Brosses, der Fetischismus im Jahr 1760 als die erste, primitive Stufe der Religion definierte, die die Verehrung natürlicher Objekte (Steine, Tiere) umfasst.«[151]

Žižek sagt, Marx' Warenfetisch meint, dass »das bestimmte gesellschaftliche Verhältnis der Menschen selbst, welches hier für sie die phantasmagorische Form eines Verhältnisses von Dingen annimmt«. Das stimmt. Wie wir wissen, meint Marx, dass die Beziehungen des Arbeitstauschs auf dem Markt stufenweise zu Beziehungen zwischen Dingen verkehrt werden, so wie die Beziehungen zwischen Waren, Geld und Kapital. Žižek will nicht wirklich an Marx' politischer Ökonomie festhalten. Er sagt, dass «der Wert einer bestimmten Ware, der tatsächlich ein Insignie eines Netzes zwischen Produzenten und verschiedenen Waren ist, die Form eines ›quasi-natürlichen‹ Eigentums an einer anderen Sache-Ware, Geld, annimmt: wir sagen, dass der Wert einer bestimmten Ware eine so und so große Menge Geld ist.«[152] (Trotz ihrer Ungenauigkeit ist die obige Beschreibung im Allgemeinen akzeptabel.) Und Žižek will mehr sagen.

»Das wesentliche Kennzeichen des Warenfetischismus besteht nicht in der berühmten Ersetzung von Menschen durch Dinge (»eine Beziehung zwischen Menschen nimmt die Form von Beziehungen zwischen Dingen an«); vielmehr besteht es in einer bestimmten Fehlwahrnehmung, die das Verhältnis zwischen einem strukturierten Netzwerk und einem seiner Element betrifft; was in Wirklichkeit ein struktureller Effekt, ein Effekt des Netzes zwischen Elementen ist, erscheint als eine unmittelbare Eigenschaft eines dieser Elemente, so als gehöre diese Eigenschaft auch außerhalb seines Verhältnisses zu anderen Elementen zu ihm.«[153]

Žižek will sagen, dass das Wesen des Fetischismus nicht eine einfache Kritik der Ethik ist, die die Beziehungen zwischen Menschen durch solche zwischen Dingen ersetzt; er ist ein komplizierterer *struktureller Irrtum*. »Der

151 A.a.O., S. 23-24.
152 Žižek, *The Plague of Fantasies*, S. 100.
153 A.a.O., S. 124.

Effekt einer ›Struktur‹, eines Netzes wird als die unmittelbare Eigenschaft einer individuellen Entität missverstanden.«[154] Zunächst ist Geld nur ein symbolisches Zeichen des allgemeinen Äquivalents im Wertverhältnis von Tauschen auf dem Markt. Da es eine strukturelle Wirkung auf das gesamte Netz von Wertverhältnissen erzeugt, wird es fälschlich für den unmittelbaren Reichtum gehalten, so als sei es ein *weiteres* Objekt hinter all den Warenverhältnissen. Žižek nennt dies später in seiner *Plague of Fantasies/ Pest der Phantasmen* die «*Verschiebung*« und zieht eine Analogie zwischen dem Gebrauch des Begriffs Fetischismus bei Marx und Freud.»In beiden Fällen steht Fetischismus für die Verschiebung (Beziehungen zwischen Menschen werden zu Beziehungen zwischen Dingen verschoben; das sexuelle Interesse des Subjekts wird vom ›normalen‹ sexuellen Objekt auf dessen Ersatz verschoben); diese Verschiebung ist in beiden Fällen eine ›regressive‹ Veränderung in Richtung eines ›niedrigeren‹ und partiellen Elements.«[155] Der Warenfetischismus ist eine Fehlwahrnehmung. In der symbolischen Struktur des abstrakten Werts verliert das Objekt seine eigene Existenz und wird zum abstrakten Reichtum. Der Fetischismus macht die symbolische Abstraktion sogar *noch* wichtiger als wirklichen Reichtum, und daher bestimmt und beherrscht die Abstraktion die Realität. (Wir haben dies zuvor diskutiert.) So korrekt sein Urteil auch ist, Žižek spricht immer noch über eine lacanisierte marxistische Sichtweise. (In einem anderen Buch sagt Žižek, dass der»Warenfetischismus keine [bürgerliche] Theorie der politischen Ökonomie bezeichnet, sondern eine Reihe von Voraussetzungen, die die Struktur der ganz ›realen‹ ökonomischen Praxis des Markttauschs bestimmen.«)[156]

Nach Žižek kann die Fehlwahrnehmung des Warenfetischismus entweder den materialisieren Beziehungen in der Marktökonomie oder den Beziehungen zwischen Mensch geschehen. Zuerst zitiert er Marx' Beschreibung des einfachen Warenwerts, zum Beispiel drückt im einfachen Warentausch ein Stück Leder seinen Wert durch zwanzig Kilogramm Reis aus, und dann wird die natürliche Form des Reises zur Wertform des Leders,

154 Salecl/Žižek, *Gaze and Voice as Love Objects*, S. 115.
155 Karl Marx, *Das Kapital*, Bd. I, MEW, Bd. 23, S. 67, Fn.18.
156 Žižek, *The Sublime Object of Ideology*, S. 24.

oder Letzterer ist der Spiegel, der den Wert des Ersteren reflektiert. (Der von Lacan besessene Žižek ist leicht zu begeistern, wann immer er das Wort »Spiegel« sieht.) Wieder zitiert er eine weitere Aussage von Marx, die für ihn wichtig ist, um den Lacanschen Kontext zu verbreiten.

»Erst durch die Beziehung auf den Menschen Paul als seinesgleichen bezieht sich der Mensch Peter auf sich selbst als Mensch. Damit gilt ihm aber auch der Paul mit Haut und Haaren, in seiner paulinischen Leiblichkeit, als Erscheinungsform des Genus Mensch.«[157]

Žižek ergreift diese Gelegenheit, indem er sagt, »diese kurze Anmerkung antizipiert in gewisser Weise die Lacansche Theorie des Spiegelstadiums: nur indem es in einem anderen Menschen reflektiert wird, – das heißt, insofern als dieser andere Mensch ihm ein Bild seiner Einheit bietet –, kann das Ich zu seiner Selbstidentität gelangen, Identität und Entfremdung sind daher streng korrelativ.«[158]

Lacans Spiegeltheorie. Das individuelle Subjekt erkennt sich zuerst selbst durch die Fehlwahrnehmung im Spiegel – der andere I – und identifiziert dann das physische und geistige Selbst *durch Entfremdung* im anderen II, dem objektiven Bild einer Gruppe von anderen. In der Tat bezieht sich Lacans Spiegelstadium auf die Anfangszeit der Selbstkonstruktion, in Lacans Worten »infans«, wenn das individuelle Subjekt das Selbst zum ersten Mal als »mich« identifiziert. In seinen Augen ist diese Selbstformation indifferenter als die alten affirmativen Thesen der Subjektkonstruktion inklusive Freuds Ich-Theorie. Ihr Wesen ist die Veränderung des Subjekts, nachdem es das Bild identifiziert hat und auf diese Weise die sogenannte imaginäre Beziehung bildet. Die Funktion des Spiegelstadiums ist ein besonderer Fall der Funktion des *Imago*, das eine Beziehung zwischen dem Organismus und seiner Realität begründen soll – oder wie es heißt, zwischen der *Innenwelt* und der *Umwelt*.[159] Die imaginäre Beziehung

---

157   Lacan, Écrits. A Selection, S. 4.
158   Vgl. *Die Wahrheit des Unmöglichen Seins: Das Abbild der Lacanschen Philosophie*, S. 131.
159   Marx, *Das Kapital*, Bd. I, S. 72, Fn. 21.

entsteht jedoch in der verkehrten Form der Selbstverleugnung: die entfremdete Identifikation des infantilen »Mich«, des Noumenons im Hegelschen Sinne, entfremdet als Pseudorealität (die Umwelt).[160]

Žižek beschäftigt sich besonders mit dem isostrukturellen Auftreten von Entfremdung und Homogenisierung. Er sagt, dass Marx diese *Homologie* anstrebt. (Wenn er recht hätte, wäre Marx der Lehrer von Lacan gewesen. Vielleicht geht er mit diesem Urteil zu weit.) Reis als materielles Äquivalent und Paul als das Bild des Menschen sind beide Repräsentationen von äquivalenter Qualität. Trotzdem nehmen sie die Erscheinung von reflexiven Widersprüchlichkeiten an, womit sie einen umgekehrten Effekt des Fetischismus erzeugen, der von Hegel als Reflexionsbestimmungen bezeichnet wird, die zueinander im Gegensatz stehen. Um dies zu illustrieren, wendet sich Žižek rasch einem anderen Beispiel bei Marx zu: ein Mensch ist nur König, weil sich andere Menschen als Untertanen zu ihm verhalten. Sie glauben umgekehrt Untertanen zu sein, weil er König ist.[161] Später sagt Žižek in *The Plague of Fantasies / Die Pest der Phantasmen*, »im Falle des Warenfetischismus wird die Tatsache, dass eine bestimmte Ware als ›allgemeines Äquivalent‹ funktioniert, als deren unmittelbare pseudonatürliche Eigenschaft (miss)verstanden, so wie in zwischenmenschlichen Beziehungen (das Beispiel stammt von Marx selbst), in denen Untertanen, die dem König huldigen, sich nicht bewusst sind, dass diese Person nur ein König ist, insofern sie ihn als einen solchen behandeln und nicht umgekehrt.«[162] Mit seinem profunden Wissen und seinem brillanten Geist geht Žižek wirkungsvoll zu einer weiteren Theorie Lacans über.

»›ein König sein‹ ist eine Wirkung eines Netzes gesellschaftlicher Beziehungen zwischen einem ›König‹ und seinen ›Untertanen‹, aber – und hier ist die fetischistische Fehlwahrnehmung – den Teilnehmern dieser gesellschaftlichen Bindung erscheint diese Beziehung in einer verkehrten Form: sie denken, dass sie Untertanen sind und gewähren dem König eine königliche Behandlung, weil der König bereits in sich

---

160 Žižek, *The Plague of Fantasies*; S. 100.
161 Žižek, *The Sublime Object of Ideology*, S. 25.
162 A.a.O., S. 26.

selbst, außerhalb seiner Beziehung zu seinen Untertanen, ein König ist; so als sei die Bestimmung ›ein König zu sein‹ eine ›natürliche‹ Eigenschaft der Person eines Königs. Wie kann man sich hier nicht an die berühmte Lacansche Aussage erinnern, dass ein Verrückter, der sich selbst für einen König hält, nicht verrückter ist als ein König, der sich selbst für einen König hält–der, darum geht es, sich unmittelbar mit dem Mandat ›König‹ identifiziert.«[163]

Nun lösen sich Marx und Lacan in eins auf. Žižek verwendet dieses Beispiel jedoch, um eine andere Sicht einzuführen, nämlich die theoretische Grenzziehung zwischen Fetischismus und unvollständigem Fetischismus.

3. Der unvollständige Fetischismus in der materiellen Abhängigkeit ist exakt der »Erscheinungspunkt« des gesellschaftlichen Symptoms

Žižek erklärt weiter, dass es zwei Modi des Fetischismus gibt: einen vollständigen, der in der »Abhängigkeit des Menschen« (Marx) unter dem Feudalismus existiert; der andere, unvollständige in der »materiellen Abhängigkeit« (Marx) unter dem Kapitalismus. (Offensichtlich sind sie nicht das, was Marx meint.) Mit der obigen Unterscheidung nimmt Žižek weiterhin eine Definition des gesellschaftlichen Symptoms vor.

Zunächst, in der vorkapitalistischen Gesellschaft, genauer gesagt im Feudalismus, ist das gesellschaftliche Leben immer noch die »Beziehung zwischen Menschen« (Marx benutzt den Begriff »Abhängigkeit des Menschen«, um diesen vorkapitalistischen gesellschaftlichen Charakter darzustellen), wenn der Warenfetischismus noch nicht entwickelt ist, weil es sich um eine »natürliche« Produktion handelt. Daher werden die Beziehungen zwischen Menschen durch einen einfacheren unmittelbaren Fetischismus ohne materielle Vermittlung dargestellt. (Tatsächlich missversteht Žižeks Bestimmung des Fetischismus bereits Marx, da der marxistische Begriff nicht lediglich ein Vermächtnis des alten totemistischen Fetischismus ist, sondern vielmehr eine größere Betonung auf dem Knien des Menschen vor seiner eigenen Schöpfung legt. So akzeptabel wie Žižeks Fetischismus ist, ist er doch höchstens die

163   A.a.O. [das Marx Zitat ist aus: *Das Kapital*, Bd. 1, S. 92; A.d.Ü.].

Verehrung natürlicher Verhältnisse wie Verwandtschaft oder Patriarchat.) Das ist, was Žižek den ersten Fetischismus nennt. »Dieser Fetischismus in Beziehungen zwischen Menschen muss bei seinem richtigen Namen genannt werden: was wir hier haben ist, darauf weist Marx hin, ein ›Herrschafts- und Knechtschaftsverhältnis‹ – das heißt genau die Beziehung von Herrschaft und Knechtschaft im Hegelschen Sinne.«[164] Das ist ein klares Gewaltverhältnis und nach Žižek das Verhältnis des intersubjektiven vollständigen Fetischismus des Königs und des Untertanen, wie er von Marx und Lacan erwähnt wird.

Zweitens, wenn der Feudalismus in den Kapitalismus übergeht, weichen die Beziehungen der unmittelbaren Abhängigkeit zwischen Menschen der »materiellen Abhängigkeit«, die dem Kapitalismus eigen ist, wo die fetischistischen Beziehungen zwischen Menschen sich zum vermittelten Fetischismus der »Beziehungen zwischen Dingen« entwickeln, nämlich dem Warenfetischismus. Das ist eine »Ersetzung« des zweiten Fetischismus durch den ersten.

»Der Ort des Fetischismus hat sich einfach von intersubjektiven Beziehungen zu Beziehungen ›zwischen Dingen‹ verschoben: die entscheidenden gesellschaftlichen Verhältnisse, die der Produktion, sind nicht länger in der Form der interpersonellen Beziehungen von Herrschaft und Knechtschaft (von Herr und Leibeigenem und so weiter) transparent; sie sind – um Marx‹ genaue Formel zu benutzen – ›verkleidet in gesellschaftliche Verhältnisse der Sachen, der Arbeitsprodukte‹.«[165]

Žižek glaubt, dass in diesem Sinne der zweite Fetischismus im Vergleich mit dem unmittelbaren Fetischismus zwischen Menschen »entfetischisiert oder *unvollständig*« ist Das ist eine andere Erfindung von Žižek. Im Kapitalismus haben wir Beziehungen zwischen »freien« Menschen, von denen jeder seinen eigenen egoistischen Interessen folgt. Die vorherrschende und bestimmende Form ihrer gegenseitigen Beziehungen besteht nicht in Herrschaft und Knechtschaft, sondern vielmehr in einem Vertrag zwischen freien Menschen, die in den Augen des Gesetzes gleich sind. Hier haben

164 A.a.O., S. 25.
165 A.a.O., S. 26.

die beiden Subjekts, die am Austausch auf dem Markt beteiligt sind, alles Gerümpel der Verehrung des Herrn, der Schutzherrschaft des Herrn und der Sorge für seinen Untertanen abgeworfen.

>Sie begegnen sich als zwei Personen, deren Handlungen zutiefst von ihrem egoistischen Interesse bestimmt sind; jeder von ihnen geht als ein guter Utilitarist vor; die andere Person ist für ihn von jeder mystischen Aura befreit; alles was er in seinem Partner sieht, ist ein anderes Subjekt, das seine Interessen verfolgt, und das ihn nur insofern interessiert, als es etwas besitzt – eine Ware -, das einige seiner Bedürfnisse befriedigen könnte.«[166]

Der feudale Adel des Fürsten mit der äußerlichen Gewalt und dem äußerlichen Zwang verschwindet, die Menschen fetischisieren nicht länger aus dem natürlichen Verwandtschaftsverhältnis heraus. In diesem bürgerlichen Königreich ist jede gesellschaftliche Beziehung die Sonne der Freiheit, der Gleichheit und der universellen Brüderlichkeit. Žižek will die Frage stellen: »Verschwinden Sklaverei und Fetischismus wirklich?« Nein, im kapitalistischen Überleben erhält der Mensch immer eine oberflächliche Autonomie und wird zum ersten Mal zum Menschen. Vielleicht ist es das, was Marx meint, wenn er davon spricht, »den Menschen zum Menschen zurückzubringen«, nach der Beseitigung der letzten Tierhaftigkeit in der politischen Befreiung des Menschen. Kontrolle und Sklaverei sind jedoch nicht wirklich beseitigt, sondern tiefer in die Existenz des Menschen zurückgedrängt. Die scheinbare Gleichheit und Freiheit verschleiern nur eine intensive, aber verborgene Kraft, nämlich die »süße Gewalt«. In Žižeks früherer Analyse verbirgt sich hinter aller bürgerlicher Freiheit und Gleichheit die tiefere Gefangenschaft (der Arbeiter muss eine Arbeitskraft verkaufen, aber ihr Besitz und das Potential, Wert zu schaffen, gehören dem Kapitalisten) und Ungleichheit (der faire Markttausch verschleiert den Mehrwert, der durch den Kapitalisten angeeignet wird). Nach Žižek wird all dies durch ein Paradox materialisiert, den Warenfetischismus. Dieser scheinbar entfetischisierte Fetischismus ist das gesellschaftliche Symptom.

---

166   Žižek, *The Plague of Fantasies*, S. 102-103.

»Mit der Etablierung der bürgerlichen Gesellschaft werden die Beziehungen der Herrschaft und Knechtschaft zurückgedrängt; formell haben wir es scheinbar mit freien Subjekten zu tun, deren interpersonelle Beziehungen von allem Fetischismus befreit sind; die unterdrücke Wahrheit – jene des Fortbestehens von Herrschaft und Knechtschaft – entsteht in einem Symptom, das die ideologische Erscheinung von Freiheit, Gleichheit und so weiter untergräbt. Dieses Symptom, der Punkt des Aufkommens der Wahrheit über gesellschaftliche Beziehungen, besteht genau in den ›gesellschaftlichen Beziehungen zwischen Dingen‹.«[167]

Das gesellschaftliche Symptom des bürgerlichen Königreichs bezeichnet die Leere und das Trauma der rechtmäßigen Existenz des Menschen in der modernen Gesellschaft, was von Žižek die dem Kapitalismus eigene »Hysterie der Konversion« genannt wird. Auf diese Weise transplantiert Žižek erfolgreich Lacan auf Marx. Das ist auch Žižeks logisches Geheimnis.

Noch interessanter ist, dass Žižek einige Jahre später, als er zu der gleichen Frage des Fetischismus zurückkehrt, zwei spezielle Aussagen formuliert. Erstens, in der gegenwärtigen kapitalistischen Realität verschwinden der konventionelle Fetischismus des Menschen (das Charisma des Herrn) und die verkehrten Beziehungen zwischen Menschen im Sinne von Max allmählich.

»In unserem postmodernen Zeitalter werden wir Zeugen der allmählichen Auflösung der Materialität des Fetischs. Mit der Perspektive von elektronischem Geld verliert Geld seine materielle Präsenz und verwandelt sich in eine rein virtuelle Einheit (zugänglich über eine Bankkarte oder sogar einen immateriellen Computercode); diese Entmaterialisierung stärkt jedoch nur seinen Zugriff: Geld (das komplexe Netz der finanziellen Transaktionen) verwandelt sich auf diese Weise in einen unsichtbaren und aus eben diesem Grund übermächtigen spektralen Rahmen, der unser Leben beherrscht.«[168]

---

167 Žižek, *Die Tücke des Subjekts*, S. 484.
168 Žižek, *The Plague of Fantasies*, S. 99.

Heute ist der Fetischismus spektralisiert und wird bedrückender und durchdringender.

Zweitens glaubt Žižek, dass die Verkehrung der Beziehungen zwischen Dingen im Fetischismus wieder eine menschliche Erscheinung annimmt. Für Žižek hat die Logik des Kapitals die marxistische fetischistische Formel untergraben: »Im derzeitigen Kapitalismus *tendieren die objektiven Markt-* ›*Verhältnisse der Sachen dazu, die phantasmagorische Form von pseudoper-* sonalisierten ›*Verhältnissen von Personen*‹ *anzunehmen.*«[169] Žižek nimmt das Beispiel der weichen Hegemonie von Bill Gates' Microsoft Company: In seinen Augen hat Gates nur deshalb jeden Grund, sein Produkt unter dem Banner der »Orientierung an den Menschen« herzustellen, weil er den globalen Markt der Computerbetriebssysteme kontrolliert. Tatsächlich ist es möglicherweise ein typischer Slogan allen Monopolkapitals auf der Welt. Ich denke, dass Žižeks Beobachtung sehr scharfsinnig ist.

Trotzdem beginnt Žižek in seiner *Plague of Fantasies* die Frage der Teleologie in Marx' Fetischismus zu kritisieren. Nach seiner Meinung enthält Marx' Kritik des Fetischismus eine »verborgene Teleologie« und führt daher zu einer »zukünftigen kommunistischen Transparenz des Gesellschaftlichen«[170], was für Žižek absolut unmöglich ist. In diesem Punkt stimmt er mit Derridas Kritik an Marx überein.[171]

IV. Der Zynismus der Affirmation und die Illusion der Ideologie

Als wichtigster Teil seiner Philosophie könnte Žižeks Theorie der Ideologie auch für den raschen Anstieg seiner Popularität unter den linken Akademikern Europas und Amerikas verantwortlich sein. Obwohl seine neue ideologische Kritik der Konvention folgt, ist seine zentrale Veränderung ein umfassendes Eindringen der Lacanschen Philosophie. Kurz gesagt, Žižek sozialisiert die Sklaverei von Lacans großem Anderen in eine ideologische Herrschaft in der historischen Szene. Von der von Marx

---

169 A.a.O., S. 124.
170 Žižek, *Mapping Ideology*, S. 3-4.
171 Žižek, *The Sublime Object of Ideology*, S. 22. [Marx, *Das Kapital*, Bd.1, S. 88; A.d.Ü.].

und Althusser unterschieden, kommt hier eine neu benannte Ideologie: die ironische Ideologie des Zynismus, die auf der Transparenz der Phantasie aufbaut, obwohl »sie sehr genau wissen, was sie tun, aber sie tun es immer noch.« Heute ist Ideologie statt nichtwissend oder unbewusst zu sein, bewusst und sichtbar; statt durch die »unsichtbare Hand« begrenzt zu sein, »auf *meine Maske* zeigend, schreite ich voran« (Barthes).

1. Marx: Zwei Ideologiekritiken

Žižek sagt an anderer Stelle, dass das Subjekt der Ideologie darüber hinausgewachsen sei, ein obskurer Begriff in akademischen Kreisen zu sein. Wir können ideologische Diskussionen und Debatten von beinahe jedem Denker trotz ihrer unterschiedlichen politischen Positionen sehen.

> »›Ideologie‹ kann alles von einer kontemplativen Haltung, die ihre Abhängigkeit von der gesellschaftlichen Realität nicht wahrnimmt, bis zu einer handlungsorientierten Reihe von Glaubensssätzen bezeichnen, vom unverzichtbaren Medium, in der Individuen ihre Beziehungen zu einer gesellschaftlichen Struktur ausleben, bis hin zu falschen Ideen, die eine herrschende politische Macht legitimieren. Sie scheint genau dann aufzukommen, wenn wir versuchen, sie zu vermeiden, während sie nicht erscheint, wo man sie eindeutig erwartet.«[172]

Für jene unausweichliche Ideologie hat Žižek eine lebhafte Beschreibung: die *generative Matrix.* (Žižek mag den Film *Matrix.*) Die elementarste Definition von Ideologie sollte nach Žižeks Meinung eine berühmte Erklärung aus Marx' Kapital sein: »*Sie wissen das nicht, aber sie tun es.*«[173] Es sollte speziell angemerkt werden, dass Marx' klassische Definition der Ideologie in der *Deutschen Ideologie* sie als Ausdruck der dominierenden Sichtweise der herrschenden Klasse versteht, wessen sich Žižek sicherlich bewusst ist, aber er hat immer noch seine eigene Meinung. Nach

---

172   Žižek, *Mapping Ideology*, S. 30.
173   Žižek erinnert uns daran, dass Étienne Balibar in Marx' Philosophie entdeckt, dass das Wort »Ideologie« aus Marx' Texten nach 1850 komplett verschwindet.

ihm enthält Marx' Sicht der Ideologie zwei Aspekte oder Phasen. Eine ist die bekannte Erklärung aus der *Deutschen Ideologie*, wo Marx sie als eine »Paranoia«, als die verformte Reflexion der gesellschaftlichen Realität im Geist der Philosophen betrachtet. (Das ist ein logischer Zugang der alten Ideologieforschung.) Der zweite Aspekt der Ideologie wird von Marx in seinen mittleren bis späten Untersuchungen der politischen Ökonomie entdeckt, was lange vernachlässigt wurde.

»Die Dinge werden jedoch in dem Augenblick kompliziert, wenn Marx sich mit der ›Kritik der politischen Ökonomie‹ beschäftigt: was ihm hier in der Verkleidung des ›Warenfetischismus‹ begegnet, ist nicht länger eine ›Illusion‹, die die Realität ›reflektiert‹, sondern eine unheimliche Chimäre, die im Zentrum des tatsächlichen Prozesses der gesellschaftlichen Produktion wirkt.«[174]

Während dieser Zeit verwandte Marx die ideologische Kategorie nicht, um diese wichtige Tatsache zu bezeichnen[175], sondern er stellt auf schärfte Weise das Wesen der bürgerlichen Ideologie mit seiner Kritik des Fetischismus heraus, was der Grund ist, warum Žižek die Definition der Ideologie in der *Deutschen Ideologie* auf *Das Kapital* ausweitet. Ich denke, das ist eine vernünftige Analyse. Aber Žižek vertritt eine weitere wichtige Ansicht, in der er den ersten Aspekt von Marx' Ideologie verneint. Er kritisiert offen die »illusionäre« Ideologie, die die Realität durch Verzerrung reflektiert, und nennt sie »repräsentationalistisch«; »der Begriff der Ideologie muss von der ›repräsentationalistischen‹ Problematik getrennt werden: Ideologie hat nichts mit ›Illusion‹ zu tun, mit einer falschen, verzerrten Repräsentation ihres gesellschaftlichen Inhalts.«[176] Offensichtlich denkt er, dass die um den Warenfetischismus zentrierte marxistische Ideologie wichtiger ist.

Aus dem gleichen Grund kritisiert Žižek Marx' Mitdenker für ihren voreiligen Verzicht auf die »Dialektik des Warenfetischismus« und ihre Unkenntnis über die große Subversion und Revolution, die sie bewirkt. Hier scheint Žižek sich selbst als Erbe von Marx' Kritik des Fetischismus zu behandeln. (Das

---

174 Žižek, *Mapping Ideology*, S. 7.
175 Žižek, *The Sublime Object of Ideology*, S. 28.
176 Žižek/Daly, *Conversations with Žižek*, S. 10.

ist gewöhnlich die Denklogik, die unter den Denkern post-Marxscher Art recht gängig ist, wobei ein Vorgänger von Žižek Derrida ist.) Marx sagt in der Tat, dass die »unsichtbare Hand« unbewusst alle Menschen beherrscht, die an Tauschen der kapitalistischen Marktökonomie beteiligt sind. Jeder in den Marktaktivitäten hat seine eigenen Absichten, schafft jedoch unbewusst eine komplexe Welt des Warenmarkts jenseits seines persönlichen Verständnisses. (*Im Reichtum der Nationen* entdeckt Adam Smith zuerst diese »unsichtbare Hand«. Er sagt uns, dass wir nicht dem Altruismus des Bäckers oder des Schneiders für das Brot, das wir essen, und die Kleider, die wir tragen, danken sollen, weil es deren egoistisches Begehren ist, das unwillentlich unsere Gegenstände hervorbringt.) Auf dem Markt verstehen Menschen ihre eigene Absicht, aber »wissen nichts« über den Mechanismus des »anderen«, der in ihren Handlungen objektiv geformt wird. Sie werden durch das *unsichtbare Wertgesetz* kontrolliert, das *an einem anderen Ort eine entscheidenden Rolle spielt*, und sie wissen nicht, dass das scheinbar autonome Selbst tatsächlich eine Marionette ist, die durch den Anderen manipuliert wird. Daher schlägt Žižek eine Ansicht über die klassische Ideologie als eine Ideologie der *Naivität* vor, die auf einer *falschen Wahrnehmung* basiert. Er erklärt:

> »Die falsche Wahrnehmung der eigenen Voraussetzungen, der eigenen effektiven Bedingungen, eine Spaltung zwischen der sogenannten gesellschaftlichen Realität und unserer verzerrten Repräsentation, unserem falsches Bewusstsein davon. Das ist der Grund, warum ein solches ›naives Bewusstsein‹ einer kritisch-ideologischen Prozedur unterworfen werden kann. Das Ziel dieser Prozedur ist es, das naive ideologische Bewusstsein an den Punkt zu führen, an dem es seine eigene effektiven Bedingungen erkennen kann, die gesellschaftliche Realität, die es verzerrt und es durch eben diesen Akt selbst aufzulösen.«[177]

Die naive Ideologie ist eine falsche Wahrnehmung, das heißt, es geht darum, den Unterschied zwischen der Realität des Lebens und der Repräsentation von Ideen zu beseitigen. Daher muss die konventionelle

---

177 Žižek, *The Sublime Object of Ideology*, S. 28-29.

Kritik der Ideologie die ideologische Phantasie zersetzen, indem sie die Wahrheit dieses Unterschieds enthüllt. Zum Beispiel sagt Marx, dass die Ideologie den Willen der herrschenden Klasse repräsentiert und die Unterdrückung und Sklaverei in der Realität des gesellschaftlichen Lebens verbirgt; daher wird es zu einer bedeutenden Aufgabe des wissenschaftlichen Sozialismus, die Verfolgung aus Klassengründen aufzuzeigen und die ideologische Kontrolle aufzubrechen.

Žižek sagt uns jedoch, dass Ideologie im komplizierteren kritischen Prozess der Frankfurter Schule »nicht nur eine Frage ist, Dinge (das heißt die gesellschaftliche Realität) so zu sehen, wie sie ›wirklich sind‹, die verzerrenden Spektakel der Ideologie zu verwerfen«, weil die heutige Ideologie nicht länger die einfache Illusion über Gesellschaft und Leben ist, sondern ein Teil der Realität, sogar die *inneren* Natur der gesellschaftlichen Existenz. [Das ist ziemlich ähnlich wie Althussers Sicht der Ideologie. Daly bemerkt auch, dass »Žižek seine berühmte Inversion der klassischen These des ›falschen Bewusstseins‹ entwickelt hat. Daher verbirgt oder verzerrt Ideologie nicht eine zugrundeliegende Realität (menschliche Natur, gesellschaftliche Interessen usw.), sondern vielmehr kann die Realität selbst nicht ohne ideologische Mystifikation reproduziert werden.«[178]] Wenn Ideologie immer noch eine Maske ist, dann verdeckt diese Maske nicht nur die wahre Situation, sondern diese Verzerrung durch die Ideologie ist in ihr Wesen eingeschrieben. Das bedeutet, dass die gesellschaftliche Realität sich ohne die ideologische »Mystifikation« nicht vervielfältigen kann. Das ist ein logischer blinder Fleck, der schwer zu verstehen ist. Žižek sagt:

»Wir sehen daher das Paradox eines Seins, das sich nur insofern reproduzieren kann, als es falsch wahrgenommen und übersehen wird: in dem Moment, in dem wir es sehen, ›wie es wirklich ist‹, löst sich dieses Sein in Nichts auf, oder genauer gesagt, es verändert sich zu einer andere Art von Realität. Aus diesem Grund müssen wir die simplen Metaphern der Demaskierung, des Abwerfens der Schleier, die die nackte Realität verbergen sollen, vermeiden.«[179]

---

178 Žižek, *Mapping Ideology*, S. 18.
179 A.a.O., S. 9.

Wir sind vertraut mit dem Paradox der Existenz, der zur kapitalistischen Gesellschaft gehörenden Existenz, nämlich dem Gesellschaftssystem. Es gibt eine weitere wichtige Warnung: dieses gesellschaftliche Symptom nicht zu demaskieren, denn die Realität zerbricht mit der Auflösung des Paradoxons. Žižek zeichnet dann seine Lacansche Positionierung zur Ideologie. Mit der ironischen Metapher von »Des Kaisers neue Kleider« sagt er, dass zu wissen, dass »der König nackt ist«, nicht hilft; wir alle wissen, dass die neuen Kleider nichts beinhalten, und dass der Kaiser mit nacktem Hintern herumläuft, aber die »Wahrheit« auszusprechen, ändert nicht die Realität. Selbst wenn »die Medien diese Tatsache herausposaunen, scheint es dennoch niemanden zu interessierten – das heißt, die Menschen handeln weiterhin so, als sei der Kaiser nicht nackt.«[180]

2. Ideologie: Frankfurter Schule und Althusser

Nach meiner Meinung impliziert Žižeks Diskussion der Ideologie hier einen nahezu unverständlichen Zusammenhang in der gegenwärtigen Ideologiekritik: die wissenschaftliche Ideologie der Frankfurter Schule und die ideologischen Staatsapparate von Althusser.

Bei der ersten nimmt die wissenschaftliche Ideologie den Platz der politischen und rechtlichen bürgerlichen Herrschaft ein, mehr noch, die juristische gesellschaftliche Struktur mit dem Zentrum der instrumentellen Rationalität unterstützt täglich die Selbstherstellung und Selbstvervielfältigung der gesellschaftlichen Existenz. Žižeks vorherige Darstellung scheint die Sichtweise der Frankfurter Schule mit der zweiten ideologischen Kritik in Verbindung zu bringen. Tatsächlich stimmt das nicht. Nach Žižeks Analyse repräsentiert der Zusammenhang hier eine Transformation des westlichen Marxismus von der politischen Ökonomie zur instrumentellen Vernunft:

> »von Lukács' *Geschichte und Klassenbewusstsein* und der frühen Frankfurter Schule, wo die ideologische Verzerrung aus der ›Warenform‹ abgeleitet wird, zum Begriff der instrumentellen Vernunft, die nicht länger in einer konkreten gesellschaftlichen Realität begründet ist, sondern vielmehr als eine Art

180   A.a.O., S. 8.

anthropologische, sogar quasi-transzendentale, ursprüngliche Konstante begriffen wird, die uns befähigt, die gesellschaftliche Realität der Herrschaft und Ausbeutung zu erklären.«[181]

Žižek denkt, dass diese »instrumentelle Vernunft«« eine Haltung bezeichnet, die nicht einfach im Sinne der gesellschaftlichen Herrschaft funktioniert, sondern vielmehr als eigentliche Grundlage des Herrschaftsverhältnisses dient.[182] Die Ideologie, die durch Wissen und wissenschaftliche Technologie repräsentiert wird, ist nicht mehr die subjektive falsche Wahrnehmung; sie ist möglicherweise sogar korrekt. Für Žižek ist die Rolle der Ideologie eine bessere, wenn der Inhalt der Ideologie richtig und bei der Erscheinung der Wahrheit präsent ist.

»Im Hinblick auf ein Verhältnis der gesellschaftlichen Herrschaft (›Macht‹, ›Herrschaft‹) in einer inhärent nicht-transparenten Weise: *eben die Logik der Legitimierung von Herrschaft muss verborgen bleiben, wenn sie wirksam sein soll.* Mit anderen Worten, der Ausgangspunkt der Kritik der Ideologie muss die vollständige Anerkennung der Tatsache sein, dass es leicht möglich ist, unter dem Deckmantel der Wahrheit zu lügen.«[183]

Wissenschaft und Rationalität im Gewand der Wahrheit bilden heute die größte Ideologie. Auf einzigartige und mysteriöse Weise leiten sie die Menschen an, sich mit der heutigen gesellschaftlichen Realität zu identifizieren, und sie kleiden Inbesitznahme und Unterdrückung in eine schöne Erscheinung. In Debords Gesellschaft des Spektakels und Baudrillards Konsumgesellschaft ist die ideologische Phantasie die wichtigste Realität, die realer ist als das Reale. (Ich denke, dass die heutige ideologische Kontrolle das tägliche Leben infiltriert hat; zum Beispiel wird die Kultur von McDonalds

---

181 A.a.O.
182 A.a.O.
183 Žižek erklärt ad hoc, dass alle Arten von Mythen in Vor-Klassengesellschaften »nicht Ideologie im strengen Sinne« seien, sondern Fehler und Illusionen, die unmittelbar betrachtet werden. In seinen Augen kann Ideologie im wirklichen Sinne erst entstehen, wenn diese falschen Ideen ihre Unmittelbarkeit verlieren. Vgl. Žižek, *Mapping Ideology.*

und der Mode zur wesentlichen Konstruktion des Lebens. Das Bild eines chinesischen Mädchens, das neben ihrem Liebhaber twittert, während ihr Gesicht halb vom herabfallenden Haar bedeckt ist, könnte zum Beispiel eine unbewusste Kopie von japanischen oder koreanischen Fernsehserien sein.) Žižek zitiert ein weiteres Beispiel: »Eine westliche Macht interveniert aufgrund von Menschenrechtsverletzungen in einem Land der Dritten Welt, es mag sogar ›wahr‹ sein, dass in diesem Land die grundlegendsten Menschenrechte nicht respektiert werden und dass die westliche Intervention tatsächlich die Menschenrechtssituation verbessern wird, aber dennoch bleibt eine solche Rechtfertigung ›ideologisch‹, insofern sie nicht die wahren Interessen der Intervention (ökonomische Interessen usw.) erwähnt.«[184]

Auf der anderen Seite bezieht sich Žižek auf Althussers Sichtweise der Ideologie. Zugleich entwickelt er seine Theorie der *drei Formen der Ideologie*.[185] Althussers Theorie der Ideologie durchläuft nach *Ideologie und ideologische Staatsapparate* eine bedeutende Veränderung; Ich stimme Žižek in diesem Punkt zu. Trotzdem nennt Žižek Althussers frühe ideologische Forschung die Ideologie *an sich* und bezeichnet sie als die erste Form der Ideologie, die wesentlich »ein Komplex von Ideen (Theorien, Überzeugungen; Glaubenssätze, argumentative Prozeduren)« ist Sie ist »der immanente Begriff von Ideologie als eine Doktrin, eine Zusammensetzung von Ideen, Glaubenssätzen, Begriffen und so weiter, dazu bestimmt, uns von der ›Wahrheit‹ zu überzeugen; tatsächlich jedoch dient sie einigen unbekannten partikularen Machtinteressen. Der Modus der Ideologiekritik, der diesem Begriff korrespondiert, ist der der *symptomalen Lektüre*: das Ziel der Kritik ist es, die unbekannte Tendenz des offiziellen Texts durch Brüche, Leerstellen und Fehler herauszulesen.«[186] Möglicherweise beginnt es mit Marx (die Zeit der *Deutschen Ideologie*) und dauert bis zu Althussers früher Theorie der Ideologie. Žižek sagt, dass Habermas vielleicht «der letzte große Repräsentant dieser Tradition« sei, weil Ideologie für Habermas, der versucht, die ideale subjektive Kommunikation zu erreichen, indem er diese ideologische Verzerrung korrigiert, zu »einer systematisch verzerrten

184 Žižek, *Mapping Ideology*, S. 9.
185 A.a.O., S. 10.
186 A.a.O., S. 8.

Kommunikation« werde. Trotzdem ist es in Žižeks Augen das, was Habermas als den Schritt heraus aus der Ideologie wahrnimmt«, was «möglicherweise die Tendenz in der Kritik der Ideologie ist.« (Andere Namen in Žižeks kritischer Liste sind Roland Barthes, Oswald Ducrot und Michel Pêcheux.)[187]

In *Ideologie und ideologische Staatsapparate* verändert Althusser erheblich sein Ziel und die kritische Methode. Die Ideologie an sich wird zur Ideologie für sich. (Zuvor habe ich erwähnt, dass Althusser zu diesem Zeitpunkt unter dem unmittelbaren Einfluss von Lacans symbolischem Pseudosubjekt stand. Trotz einiger Missverständnisse war es Althusser sehr ernst damit.) Die zweite Ideologie wird von Žižek »objektive Ideologie« genannt, äquivalent zu Althussers ideologischen Staatsapparaten. Žižek fasst sie zusammen als die »Andersartigkeit-Externalisierung: das Moment, das durch den Althusserschen Begriff der ideologischen Staatsapparate (ISA), die die materielle Existenz der Ideologie in ideologischen Praktiken, Ritualen und Institutionen bezeichnen, verkörpert wird.«[188] Für Althusser ist das individuelle Subjekt an sich das reine Ergebnis ideologischer Anrufung. Nur in einer solchen Konstruktion des Subjekts kann das individuelle Subjekt sich reproduzieren und überleben.[189] Nach Žižek besteht die Foucaultsche Entsprechung zu Althussers Sichtweise in den disziplinarischen Prozeduren, die auf der Ebene der Mikro-Macht operieren. Althusser ist Foucault klar vorzuziehen, weil er die Lacansche Theorie benutzt, um das Übertragungsverhältnis der Individuen gegenüber der Staatsgewalt oder – in Althussers Begriffen – gegenüber dem großen Anderen, in dem die Interpellation ihren Ursprung hat, zu entwickeln.

Für Žižek gibt es eine dritte Phase der ideologischen Entwicklung, nämlich die Ideologie »an und für sich«, in der das ursprüngliche ideologische Unbewusste verschwindet. Es ist nicht länger das klassische Marxsche »Sie wissen das nicht, aber sie tun es«; es ist »Sie wissen sehr wohl, was sie tun, aber sie tun es trotzdem.«[190] Es ist wahr, dass wir eine Ideologie für sich haben, die in der transideologischen Substantialität an sich wirksam wird.

187   Vgl. Kapitel VI von *Problematic, Symptomatic Reading, ISA and History of Marxism: A Textological Reading.*
188   Žižek, *Mapping Ideology*, S. 8.
189   Žižek, *The Sublime Object of Ideology*, S. 29.
190   Žižek, *Mapping Ideology*, S. 8.

3. Zynismus und Modifikationen in der gegenwärtigen Ideologie

An früherer Stelle sagt Althusser, dass Ideologie die falsche Wahrnehmung und das »falsche Bewusstsein« der gesellschaftlichen Realität sei. Žižek fragt: Ist dieses Konzept der Ideologie als naives Bewusstsein auf die heutige Welt immer noch anwendbar? Wirkt es heute immer noch? Seine Antwort ist negativ.

Er nimmt hier ein Argument aus Peter Sloterdijks *Kritik der zynischen Vernunft* (1983) auf, um die entstehende neuen Ideologie heute zu illustrieren, die *zynische Postideologie*:

>»Das zynische Subjekt ist sich der Distanz zwischen der ideologischen Maske und der gesellschaftlichen Realität sehr bewusst, aber es besteht trotzdem auf der Maske. Die Formel, wie sie von Sloterdijk vorgeschlagen wird, wäre dann: ›Sie wissen sehr wohl, was sie tun, aber sie tun es trotzdem.‹ Die zynische Vernunft ist nicht länger naiv, sondern ein Paradox eines aufgeklärten falschen Bewusstseins: man weiß sehr gut um die Falschheit, man ist sich sehr bewusst über ein partikulares Interesse, das hinter einer ideologischen Universalität verborgen ist, aber man kehrt sich immer noch nicht davon ab.«[191]

Für Žižek ist die heutige Ideologie weder einfach noch naiv. Sie wissen sehr wohl um die ideologische Phantasie, zeigen aber immer noch auf die Maske, während sie voranschreiten. Žižek glaubt, das der »herausragendste Modus« der Ideologie der Zynismus ist. Es ist ein neuer ideologischer Modus.

>»Mit entwaffnender Offenheit ›gibt man alles zu‹; aber diese vollständige Anerkennung unsere Machtinteressen hält uns ihn keiner weise davon ab, diese Interessen zu verfolgen – die Formel des Zynismus ist nicht länger das klassische Marxsche ›Sie wissen das nicht, aber sie tun es‹; es ist ›Sie wissen sehr wohl, was sie tun, aber sie tun es trotzdem.‹«[192]

---

191   Žižek, *The Sublime Object of Ideology*, S. 29.
192   A.a.O.

In Žižeks Augen unterscheidet sich dieser Zynismus sehr vom klassischen Zynismus der Ironie (ein wirklich schwieriger Zusammenhang), der »die populäre, plebejische Zurückweisung der offiziellen Kultur durch Ironie und Sarkasmus ist und dadurch hinter der erhabenen *Noblesse* der ideologischen Phrasen das selbstsüchtige Interesse, die Gewalt, die brutalen Machtansprüche herausstellt.«[193] Wenn zum Beispiel ein Politiker im Parlament über Patriotismus und Hingabe spricht, dann ist die übliche Praxis des konventionellen Zynismus, das egoistische Begehren zu enthüllen und einen Ausbruch von Gelächter zu verursachen. Jetzt ist es anders. Heute ist Zynismus umgekehrt. Er verleugnet nicht die herrschende Klasse, sondern spricht für die Ideologie der herrschenden Klasse in Reaktion auf den Kynismus: »Das zynische Subjekt ist sich der Distanz zwischen der ideologischen Maske und der gesellschaftlichen Realität sehr bewusst, aber es besteht trotzdem auf der Maske.«[194] Ich denke, dass es die Schamlosigkeit in der logischen Struktur ist. (Oder die Schurkenhaftigkeit des bürgerlichen Neokonservatismus, dem wir zuvor begegnet sind.) Sie folgt keiner Ethik und ist »mehr wie Moral selbst, die in den Dienst der Amoralität genommen wird – das Modell der zynischen Weisheit besteht darin, Integrität und Redlichkeit als höchste Form der Unehrlichkeit zu begreifen und Moral als höchste Form von Lasterhaftigkeit, die Wahrheit als wirksamste Form einer Lüge.«[195] Sie durchblickt das Wesen der offiziellen Ideologie und übernimmt die »Negation der Negation«, das heißt Wieder-Erkennen.

»Diese Distanz zwischen dem öffentlichen, geschriebenen Gesetz und seinem Gegenwicht des Über-Ichs versetzt uns auch in die Lage, deutlich aufzuzeigen, wo Zynismus oder zynische Distanz als vorherrschende Form ideologischer Haltung des spätkapitalistischen Subjekts zu kurz greift: ein Zyniker verspottet das öffentliche Gesetz aus der Position seiner obszönen Unterseite, die er konsequenterweise intakt lässt [...] das typische Subjekt heute ist derjenige, der sich, während er zynisches Misstrauen für jede öffentliche

193   A.a.O., S. 30
194   Salecl/Žižek, *Gaze and Voice as Love Objects*, S. 100-101.
195   Vgl. Kapitel II von *Problematic, Symptomatic Reading, ISA and History of Marxism: A Textological Reading*.

Ideologie zur Schau stellt, hemmungslos paranoiden Phantasien über Verschwörungen, Bedrohungen und exzessiven Formen des Genusses des Anderen hingibt.«[196]

Nach Žižek ist die alte ideologische Kritik nicht länger in der Lage, mit derartigen zynischen Überlegungen umzugehen, weil wir den ideologischen Text nicht der »symptomalen Lektüre« unterwerfen können, was bedeutet, ihn mit den Leerstellen zu vergleichen, mit dem, was unterdrückt werden muss, um das Selbst zu bilden und die Kontinuität des Selbst aufrechtzuerhalten, um die Ideologie zu beseitigen, denn das zynische Denken »berücksichtigt diese Distanz im Voraus«. (Wieder kommt Žižek nicht zur Sache mit einer kritischen Übernahme von Althussers »symptomaler Lektüre«, die sich ursprünglich auf eine affirmative Illustration im modernen textologischen Kontext bezieht, während Žižek sie als die symptomatische Dekodierung des ideologischen Texts nimmt, das heißt, um die problematische zerbrochene Leere der Ideologie herauszustellen.[197]) Die alte effektive Feuerkraft der Ideologie ist durch den Dämpfer der zynischen Vernunft blockiert worden und hat eine nutzlose Ideologiekritik hinterlassen. Wir sind also wirklich in eine neue postideologische Welt hineingeraten.

Was muss also getan werden? Žižek denkt, dass es an der Zeit ist, den Unterschied zwischen Symptom und Phantasie einzuführen. (Lacan wird wieder zum neuen Erlöser.) Entsprechend werden das gesellschaftliche Symptom und die ideologische Phantasie die neuen Objekte des Diskurses.

4. Ideologische Phantasie und postideologisches Zeitalter

Wie wir wissen, sind Wörter wie Phantasie und Illusion Eckpunkte westlicher marxistischer Ideologiekritiken. Althusser und Adorno verwenden sie beide im Zusammenhang der illusorischen Verhältnisse der Ideologie, wo Realität und Wahrheit verschleiert sind.

---

196 Marx, *Das Kapital*, Bd.1, S. 88.
197 Der junge Lukács diskutiert diese Frage im Teil über das Klassenbewusstsein in *Geschichte und Klassenbewusstsein*. Er verwendet das Wort »Unbewusstheit«, das sich in Marx' Text nicht findet. Zusätzlich zu der obigen Meinung kommentiert der junge Lukács an anderer Stelle Franklin, wo er sagt, er sei »sich nicht bewusst, aber es spricht es aus«. Vgl *Geschichte und Klassenbewusstsein*, S. 224-225.

Um Phantasie zu verstehen, so sagt Žižek, muss man zunächst zu der grundlegenden Definition von Ideologie zurückkehren, die von Marx eingeführt wurde, das heißt, »sie wissen das nicht, aber sie tun es.«[198] (Ich denke, dass die erste Person, die dieses wichtige Argument bei Marx wahrgenommen hat, der junge Lukács in den 20er Jahren war, als er das essentielle Klassenbewusstsein definierte: »Das Klassenbewusstsein ist also — abstrakt formell betrachtet — zugleich eine klassenmäßig bestimmte *Unbewusstheit* über die eigene gesellschaftlich-geschichtliche ökonomische Lage.«[199] Žižek glaubt, dass es eine ideologische Phantasie oder einen *Tagtraum* gibt. Die Frage ist, wo sich diese mysteriöse Phantasie tatsächlich befindet. Befindet sie sich im subjektiven »Wissen« oder in jenem verhaltensmäßigen »Tun«? Oberflächlich gesehen ist die Antwort nicht schwierig. Da die Ideologie die Verhältnisse begrifflicher Illusionen reflektiert, findet sie naturgemäß in subjektiver Wahrnehmung statt. Das ist jedoch ein Fehler: was Menschen denken, dass sie tun, unterscheidet sich von dem, was sie tatsächlich tun. In der Ideologie bildet der Mensch eine falsche Identifikation mit der gesellschaftlichen Realität, in der er verortet ist. Diese falsche Wahrnehmung wird durch die Realität erzeugt. Žižek sagt uns, dass die Antwort auf diese Frage im berühmten Marxschen Warenfetischismus gefunden werden muss.

»Geld ist in Wirklichkeit nur eine Verkörperung, eine Verdichtung, eine Materialisierung eines Netzes gesellschaftlicher Beziehungen – die Tatsache, dass es als universelles Äquivalent aller Waren funktioniert, ist durch seine Stellung in der Textur der gesellschaftlichen Beziehungen bedingt. Aber für die Individuen selbst erscheint diese Funktion des Geldes – die Verkörperung des Reichtums zu sein – als unmittelbare, natürliche Eigenschaft einer ›Geld‹ genannten Sache, so als sei Geld bereits an sich, in seiner unmittelbaren materiellen Realität, die Verkörperung von Reichtum. Hier berühren wir bereits das klassische marxistische Motiv der ›Verdinglichung‹: hinter den Dingen, der Beziehung der Dinge müssen wir die gesellschaftlichen Beziehungen entdecken, die Beziehungen zwischen menschlichen Subjekten.«[200]

198 Žižek, *The Sublime Object of Ideology*, S. 31.
199 A.a.O.
200 A.a.O., S. 32.

Hier ist Žižeks Beschreibung des marxistischen Geldfetischismus (nicht Warenfetischismus) im Wesentlichen korrekt, er unterscheidet jedoch nicht zwischen Marx' Verdinglichung und seinem Fetischismus: Verdinglichung bedeutet, dass die kapitalistischen ökonomischen Beziehungen zwischen Menschen durch die Beziehungen zwischen Dingen während des Markttauschs untergraben werden. Verglichen damit ist Fetischismus eine *subjektive* Fehlwahrnehmung dieser Verdinglichung. (Er nimmt separat die Form des Warenfetischismus, des Geldfetischismus und des Kapitalfetischismus an.) Marx' *historische Phänomenologie* soll diese Falschheit offenlegen und wieder zur Wahrheit der gesellschaftlichen Geschichte gelangen.

Für Žižek jedoch lässt ein solche Lektüre von Marx' Formel eine Illusion, ein Fehler, eine Verzerrung aus, die bereits in der gesellschaftlichen Realität selbst am Werk ist. Fetischismus ist nicht nur eine subjektive falsche Wahrnehmung, sondern auch eine *Realität* (das liegt hier jenseits von Marx' Definition), denn sie handelt »auf der Ebene dessen, was Individuen *tun* und nicht, was sie *denken* oder was sie *wissen*, dass sie es tun.« Was bedeutet das? Žižek will sagen, dass Menschen, wenn sie Geld verwenden, sehr gut wissen, dass es nichts Mysteriöses an einem 10-Yuan-Schein oder der 50-Cent-Münze gibt. »Geld in seiner Materialität ist einfach ein Ausdruck gesellschaftlicher Beziehungen. Die alltägliche spontane Ideologie reduziert Geld auf ein simples Zeichen, das dem Individuum, das es besitzt, das Recht auf einen bestimmten Teil des Sozialprodukts gibt. Daher wissen die Individuen auf einer alltäglichen Ebene sehr gut, dass es Beziehungen zwischen Menschen hinter den Beziehungen zwischen Dingen gibt.«[201] Žižek übertreibt hier ein wenig; die meisten Menschen können ein solches hohes theoretisches Niveau nicht erreichen.) Es ist wichtig, dass die gesellschaftlichen Handlungen des Individuums wie die Materialität des Geldes zur unmittelbaren Repräsentation des Reichtums werden. *Sie sind keine theoretischen Fetischisten, sondern Praktiker des Fetischismus.* Was will Žižek nun aber sagen? In einer Linie mit dem vorherigen Gedankengang will er möglicherweise sagen, dass das, was die Menschen unter der Herrschaft der Ideologie »nicht wissen«, ihre falsche Wahrnehmung eine solche Tatsache

201   A.a.O., S. 31-32.

repräsentiert: »Ihre gesellschaftliche Realität selbst, ihre Handlungen werden von einer Illusion, einer fetischistischen Verkehrung angeleitet.«[202] Das ist nicht falsch. Auf ziemlich umständliche Weise illustriert Žižek, dass das Charisma des Fetischismus in der Realität eine materielle Subversion erfahren hat. Es ist jedoch nicht korrekt, wenn er sagt, dass Menschen die materielle Inversion der gesellschaftlichen Beziehungen, die historisch geschehen ist, nicht kennen. Žižek neigt zu Komplikationen; aber diesmal verwirrt seine Komplikation ihn selbst.

Darüber hinaus verlangt Žižek von uns, Marx' *Verkehrung* der allgemeinen und besonderen Beziehungen neu zu interpretieren. Hier bin ich von Žižeks theoretischen Einsichten tief beeindruckt, weil er eine weite bedeutende Frage entdeckt, die in der marxistischen politischen Ökonomie verborgen ist. Um genau zu sein, bezieht sie sich in Marx' historischer Phänomenologie auf das Problem, dass *Abstraktion* in kapitalistischen ökonomischen Beziehungen *beherrschend* wird. Nach Žižek ist Universalität lediglich ein abstrahiertes Attribut der besonderen Dinge in der realen Existenz. Wenn wir in die kapitalistische Produktionsweise eintreten und der Mensch das Opfer des Warenfetischismus wird,

»ist der konkrete Inhalt einer Ware (ihr Gebrauchswert) ein Ausdruck ihrer abstrakten Universalität (ihr Tauschwert) – das abstrakte Universelle, der Wert, erscheint als eine reale Substanz, die sich erfolgreich in einer Reihe von konkreten Objekten inkarniert. Das ist die grundlegende marxistische These: es ist bereits die effektive Welt der Waren, die sich wie eine Hegelsche Subjekt-Substanz verhält, wie eine Universalie, die eine Reihe von speziellen Verkörperungen durchläuft. Marx spricht von ›Warenmetaphysik‹, über die Religion des Alltagslebens. Die Wurzeln des philosophischen spekulativen Idealismus liegen in der gesellschaftlichen Realität der Welt der Waren; es ist diese Welt, die sich ›idealistisch‹ verhält...«[203]

202 Marx, *Das Kapital. Kritik der politischen Ökonomie* [Erstauflage], *Anhang zu Kapitel I, 1*, in: MEGA II.5, S. 634. [Schreibweise modernisiert].
203 Žižek, *The Sublime Object of Ideology*, S. 32-33.

Žižeks Verständnis des philosophischen Denkens in der marxistischen politischen Ökonomie unterscheidet sich nicht von meiner entsprechenden Diskussion in *Zurück zu Marx*. Abstraktion wird beherrschend.

> »Diese Verkehrung, wodurch das Sinnlich-Konkrete nur als Erscheinungsform des Abstrakt-Allgemeinen, nicht das Abstrakt-Allgemeine umgekehrt als Eigenschaft des Konkreten gilt, charakterisiert den Wertausdruck. Sie macht zugleich sein Verständnis schwierig.«[204]

Žižek sagt, dass wir jetzt die Frage beantworten können, die uns verfolgt hat: wo ist die Illusion? Es ist klar, dass ein Kapitalist, der in der kapitalistischen Realität lebt, kein hegelianischer Philosoph sein kann, der die Welt des Warenmarkts auf verkehrte Weise betrachtet, als sei das reale konkrete ökonomische Königreich die autonome materielle Verwirklichung der abstrakten absoluten Idee; im Gegenteil, der Kapitalist muss ein guter angelsächsischer Nominalist sein, der denkt, dass das Universelle eine Eigenschaft des Besonderen ist – das heißt von wirklich existierenden Dingen. Wert an sich existiert nicht; es gibt nur individuelle Dinge, die neben anderen Eigenschaften Wert besitzen. Das Problem ist, dass er in seiner Praxis, in seinen realen Aktivitäten so handelt, als ob die besonderen Dinge (die Waren) viele Verkörperungen des universellen Werts seien. Es ist eine weitere Verkehrung.

Nach Žižek liefert die marxistische ökonomische Philosophie (historische Phänomenologie) zwei Maßstäbe, nämlich die materielle Verkehrung und die Doppel-Verkehrung der Abstraktion, die beherrschend werden, von denen wir abhängen, um die Illusion zu verstehen. In Marx' Aussage »sie wissen das nicht, aber sie tun es« findet Phantasie nicht im subjektiven »Wissen« statt, sondern erscheint in der Realität selbst, mit dem, was die Menschen tun.

> »Worüber sie nichts wissen, ist ihre gesellschaftliche Realität selbst, ihre Aktivität ist von einer Illusion geleitet, durch eine fetischistische Verkehrung. Was sie übersehen, was sie falsch wahrnehmen,

204 Žižek, *The Plague of Fantasies*, S. 7.

ist nicht die Realität, sondern die Illusion, die ihre Realität, ihre wirkliche gesellschaftliche Aktivität strukturiert. Sie wissen sehr gut, wie die Dinge wirklich sind, aber sie tun immer noch so, als wüssten sie es nicht. Die Illusion ist daher eine doppelte: sie besteht im Übersehen der Illusion, die unsere reale, effektive Beziehung zur Realität strukturiert. Und diese übersehene, unbewusste Illusion ist das, was man die *ideologische Phantasie* nennen könnte.«[205]

Žižeks ideologische Phantasie bezeichnet bereits eine neue gesellschaftliche Existenz, das heißt die tatsächlichen gesellschaftlichen Beziehungen, die aus Illusionen zusammengesetzt sind. Ideologie bezieht sich nicht länger auf das reine System der begrifflichen Reproduktion, die die Wahrheit mit falschen Beziehungen verdeckt; stattdessen konstruiert die Phantasie die Realität und wird zur Realität. In einem anderen Buch sagt Žižek, dass die heutige Realität durch die Phantasie geformt wird, weil »eine Phantasie unser Begehren konstituiert«, das das Leben selbst konstituiert.[206] Daher löst sich die ganze Welt in ein Ensemble von ideologischen Phantasien auf.

Žižek bezeichnet die Sichtweise, die Ideologie in der subjektiven Begrifflichkeit verortet, als die »klassische Ideologie«; aber das ist jetzt nicht länger passend: Entsprechend dem alten ideologischen Maßstab leben wir heute in einer sogenannten «postideologischen« Gesellschaft.

Die Menschen glauben nicht länger an die ideologisch-propagierte Wahrheit; und sie nehmen auch die verschiedenen Lehren der Ideologie nicht ernst, ganz egal, was es ist: Freiheit, Demokratie oder das kommunistische Ideal. Was ihr Leben beherrscht, ist die *zynische Ideologie*. Gott ist tot; der Mensch ist tot; Marx ist tot, es gibt keine Göttlichkeit, keine Existenz des wirklichen Menschen und keine Revolution. Von Wissenschaft und Technik angetriebener historischer Fortschritt wird zu einer Ironie; und die Geschichte findet ein Ende; Demokratie verbreitet sich mit Präzisionsbombardements um den Erdball, und die Gerechtigkeit findet ein Ende; der von Marx in *Das Kapital* kritisierte Markt wird zum universellen Konfigurationsplan, und der alte Sozialismus findet ein Ende. Das

205   Žižek, *The Sublime Object of Ideology*, S. 33.
206   A.a.O.

angeblische postmoderne »anything goes« entwickelt sich zur Lebensregel, während die alte Ideologie ihren Schlupfwinkel verliert. »Die grundlegende Ebene der Ideologie ist jedoch nicht die einer Illusion, die den wirklichen Zustand der Dinge verbirgt, sondern die einer (unbewussten) Phantasie, die unsere gesellschaftliche Realität selbst strukturiert. Auf dieser Ebene sind wir natürlich weit von einer postmodernen Gesellschaft entfernt. Zynische Distanz ist einfach eine Weise – eine von vielen Weisen –, uns gegenüber der strukturierenden Macht der ideologischen Phantasie zu blenden; selbst wenn wir die Dinge nicht ernst nehmen, selbst wenn wir eine ideologische Distanz bewahren, *tun wir sie trotzdem.*«[207]

»Wenn die Illusion auf der Seite des Wissens wäre, dann wäre die zynische Position wirklich eine postideologische Position, einfach eine Position ohne Illusion: ›Sie wissen, was sie tun, und sie tun es.‹ Aber wenn sich der Ort der Illusion in der Realität des Tuns selbst befindet, dann kann diese Formel auf eine ganz andere Weise gelesen werden: ›Sie wissen, dass sie in ihren Handlungen einer Illusion folgen, aber sie tun es trotzdem.‹ Zum Beispiel wissen sie, dass ihre Idee von Freiheit eine bestimmte Art von Ausbeutung verschleiert, aber sie fahren immer noch fort, dieser Idee von Freiheit zu folgen.«[208]

Das ist etwas ganz anderes. Ersteres ist das Schicksal von postmodernen Intellektuellen; Letzteres die Intelligenz globalisierter Tycoons. Žižek eröffnet uns den Zugang, den einzigen Zugang: *Das Heraustreten aus der Ideologie (dem, was wir als solche erfahren) ist eben die Form unserer Versklavung unter sie.*[209] Das ist immer noch Lacansche Logik.

V. Verdinglichter Glaube und die Wirklichkeit des phantastischen Konstruktes

Wir wissen bereits, dass Žižeks Logik der Ideologie um die Philosophie des späten Lacan zentriert ist. Zugleich stellt sich heraus, dass das gespiegelte Selbst und symbolische Pseudoobjekt der gesellschaftlichen Existenz,

---

207 Žižek, *Mapping Ideology*, S. 6.
208 Žižek, *The Sublime Object of Ideology*, S. 33.
209 A.a.O., S. 34.

das in Lacans radikaler Psychoanalyse aufgelöst ist, die Dekonstruktion der gesellschaftlichen Existenz und des Lebens selbst ist; das traumatische Symptom des individuellen Subjekts ist jetzt der Bruchpunkt der bürgerlichen politischen und ökonomischen Realität. Žižek denkt auch, dass im glaubenslosen gesellschaftlichen Leben, das unsere Phantasie unterstützt und vernäht, während die Phantasie die gesellschaftliche Realität reguliert, immer noch ein materialisierter Glaube existiert. Für Žižek bieten die erhabenen Ideologien, denen wir in der Vergangenheit eifrig gefolgt sind, keinen Weg zur Befreiung; sie breiten einfach die Realität vor uns aus. Ideologie ist nur ein erhabener Traum.

1. Marx plus Lacan: der verdinglichte Glaube

Nach Žižek demaskierte Marx vor 150 Jahren mit seinem Warenfetischismus erfolgreich die verkehrten materiellen Beziehungen zwischen Menschen in der kapitalistischen Produktionsweise. Selbst jetzt ist es wertvoll, Marx neu zu interpretieren.»In einer Gesellschaft, in der die Produkte der menschlichen Arbeit die Form von Waren annehmen, nehmen die entscheidende Beziehungen zwischen Menschen die Form der Beziehung zwischen Dingen, zwischen Waren an – anstelle von unmittelbaren Beziehungen zwischen Menschen haben wir gesellschaftliche Beziehungen zwischen Dingen.«[210] (Es ist auch eine wirkliche Ordnung, die sich in China ausbreitet.) Žižek denkt, dass diese marxistische Kritik in den 1960er und 1970er Jahren durch Althussers Antihumanismus infrage gestellt wurde. (Ich bemerke, dass Žižek sich oftmals an Althusser wendet, sei es, dass er für oder gegen ihn spricht. Er mag es, Althussers Argumente zu übernehmen und entwickelt sie weiter.) In Althussers Augen basiert Marx' Warenfetischismus auf »einer naiven, ideologischen, epistemologisch unbegründeten Entgegensetzung zwischen Person (menschlichen Subjekten) und Dingen:« (Das hat eine tiefe Bedeutung. Wie wir wissen, ist Althusser gegen die humanistische Logik der Entfremdung des jungen Marx, aber er verwirft nicht offen den historischen Materialismus und die Kritik des Fetischismus. Žižeks theoretische Positionierung hat hier eine implizite Bedeutung. Als selbsterklärter marxistischer Philosoph kritisiert Althusser niemals direkt

210 A.a.O.

Marx' Wissenschaft und Philosophie nach 1845, jedoch verzerrt er Marx bewusst. Wenn er versucht, Begriffe wie Mensch, historisches Subjekt aus dem historischen Materialismus zu beseitigen und die gesellschaftliche Geschichte einen »subjektlosen Prozess« nennt, dann wendet er sich tatsächlich gegen Marx und verneint das hegelianische Residuum in Marx' Logik, nämlich den Gegensatz zwischen Mensch und Ding wie auch die subjektive Wiederherstellung des Menschen in der Verdinglichung (die Rückkehr aus dem materiellen Reich der Notwendigkeit zum Reich der Freiheit). Die Beziehungen zwischen Menschen, denen Marx den Fetischismus entgegensetzt, werden von den Beziehungen zwischen Dingen untergraben, die für Althusser zu den positiven Beziehungen zwischen der *unbemannten* Funktion und der funktionalen Materialität in der Produktionsweise werden. In dieser Hinsicht ist Žižek sehr einfühlsam. Offensichtlich wird Žižek Althusser widerlegen. Diesmal ist seine Waffe Lacan.

Žižek sagt, dass Althussers Haltung gegenüber Marx' Warenfetischismus sich von der Lacans, der mit Marx vollkommen einverstanden ist, völlig unterscheidet. Für Žižek kann eine lacanianische Lesart dieser Formulierung eine neue und unerwartete Wendung geben: die subversive Kraft von Marx' Ansatz liegt genau in der Weise, in der er den Gegensatz zwischen Personen und Dingen benutzt. Aus der vorherigen Diskussion wissen wir, dass diese Art und Weise sich auf die Herausstellung des gesellschaftlichen Symptoms bezieht.

In der feudalen Gesellschaft, so fährt Žižek fort, mystifizieren eine ganze Reihe von ideologischen Glaubenssätzen und abergläubischen Vermittlungen die Beziehungen zwischen Personen. Das ist ein *Herr-Knecht-Verhältnis*, in der der Herr die natürliche *charismatische* Macht ausübt. (Es ist etwas von Hegel plus Weber.) Im Gegensatz dazu werfen Menschen, wenn sie in der bürgerlichen Welt befreit und aufgeklärt werden, bewusst ihre alten religiösen Glaubenssätze aus dem Mittelalter ab. Als Ergebnis treibt die Stadt Gottes langsam weg; Gott zieht sich in die Stille zurück. Auf dem neuen Markt des Warentauschs kontaktieren die Menschen einander nicht aufgrund des Glaubens (vernünftiger Werte), sondern als rationale Utilitaristen, die nur ihren privaten Interessen unterliegen. Wo die Bourgeoisie die gleichen oder freiwilligen Beziehungen individueller Subjekte sieht, hat Marx seine negative Wahrnehmung.

»*Die Dinge (Waren) glauben selbst an ihren Platz* anstelle der Subjekte: es ist, als ob alle ihre Glaubenssätze, Aberglauben und metaphysische Mystifikationen, die durch die rationale, utilitaristische Persönlichkeit vermeintlich überwunden werden, in den ›gesellschaftlichen Beziehungen zwischen Dingen‹ verkörpert seien. Sie glauben nicht länger, *sondern die Dinge selbst glauben für sie.*«[211]

Žižek will sagen, dass es stimmt, dass das befreite Subjekt in der bürgerlichen Welt nicht an das naive Geheimnis glaubt, aber die Ware mit ihrer eigenen Mystifikation den Platz des menschlichen Glaubens einnimmt. Mit anderen Worten, Marx' Warenfetischismus entspricht nicht der totemistischen Verehrung von Objekten; dieser nicht-gläubige Gaube wird verwirklicht und existiert unbewusst während der Verdinglichung der Markttausche. Wenn diese Erklärung immer noch schwer zu verstehen ist, wollen wir Žižeks eigene Analyse lesen.

Nach längerem Nachdenken sagt er: »Dies scheint ebenfalls eine grundlegende Lacansche Aussage zu sein.« (Es ist nicht überraschend, dass es wieder Lacan ist. Möglicherweise ist dies Žižeks wirklicher Kontext, um Marx zu illustrieren.) Nach Žižek denken Menschen oftmals, dass Glauben etwas Innerliches und Wissen etwas Äußerliches sei. Das scheint auch die Heterogenität verschiedener Formen geistiger Existenz in zwei Zeitaltern zu reflektieren. In Webers Worten ist Glauben die innere Zweckrationalität des Subjekts (oder Wertrationalität), während Wissen die äußere Formrationalität ist. Daher kann Wissen »durch eine äußerliche Prozedur verifiziert werden«. Nach Žižek und Lacan ist etwas, das in extremer Externalität verortet und durch wirksame Handlungen verkörpert ist, nichts als Glaube, da die instrumentelle Vernunft ebenfalls Glaube ist, ein tieferer *unbewusster materieller Glaube*. Weber hätte ironisch gesagt, dass *die Form-Vernunft präzise eine subtilere Zweck-Vernunft sei*. Dazu zieht Žižek eine brillante Analogie.

»Es ist ähnlich wie die tibetischen Gebetsmühlen: man schreibt ein Gebet auf ein Papier, legt das gerollte Papier in eine Mühle und dreht sie automatisch ohne zu denken (oder wenn man gemäß der

211 A.a.O.

hegelianischen ›List der Vernunft‹ vorgehen will, kann man es an einer Windmühle befestigen, so dass es vom Wind herumbewegt wird.) Auf diese Weise betet die Mühle selbst statt meiner für mich – oder genauer gesagt, ich selbst bete durch das Medium der Mühle. Die Schönheit all dessen besteht darin, dass ich in meiner psychologischen Innerlichkeit denken kann, woran ich will, ich kann mich den schmutzigsten und obszönsten Phantasien hingeben, und es macht nichts, denn – um einen guten alten stalinistischen Ausdruck zu verwenden – was immer ich denke, *objektiv* bete ich.«[212]

Wir sind oft von Žižeks Weisheit und Schärfe beeindruckt. (Im tibetischen Buddhismus gibt es etwas mehr als die manuelle Gebetsmühle, die im materiellen Gebet verwendet wird: die Gebetsfahne, die natürlich nicht aus Žižeks hegelianischer Annahme über den »rationalen Trick« stammt. Im August 2003 reiste ich in die Präfektur von Aba in der Provinz Sichuan und sah, wie jedes tibetische Haus von Gebetsfahnen mit religiösen Texten umgeben war. Indem die Fahne im Wind wehte, betete sie für einen Menschen: Ein Tibeter sagte mir, dass einige Leute sogar fließendes Wasser benutzen, um die Gebetsmühle anzutreiben Das zeigt wirklich die religiöse Weisheit unseres Volkes. Žižek hat keine abwertende Bedeutung in seinem interessanten Vergleich.) Er will sagen, dass die ursprünglichen Glaubenssätze, Werte und Gefühle des Menschen in der modernen gesellschaftlichen Existenz durch einen objektiven materialisierten Prozess ersetzt werden. Die Menschen haben keine Religion, und Geld wird zu ihrem Gott: Noch wichtiger ist, dass sie nicht Gott selbst anbeten, sondern materielle Objekte benutzen, um es für sie zu tun, was zu einer Schizophrenie führt. Webers protestantische Ethik mag hierfür verantwortlich sein: *reich zu werden ist die Mission, die Gott uns gibt.* Daher, so sagt Žižek, können wir den Grund verstehen, warum Lacan nicht denkt, dass Psychoanalyse Psychologie sei: »die intimsten Glaubenssätze, sogar die intimsten Gefühle wie Mitgefühl, Weinen, Trauer, Lachen können an andere transferiert, delegiert werden, ohne dass sie ihre Ernsthaftigkeit verlieren.«[213] Lacan liefert das Beispiel des Chors in der klassischen Tragödie, in dem eine innere Angst oder ein äußeres Problem der Zuschauer durch einen offenen

212   A.a.O., S. 35.
213   A.a.O., S. 36.

548

Gesang außerhalb von ihnen gelöst werden kann. Der Chor fühlt die Trauer und das Mitgefühl an unserer Stelle – oder genauer gesagt, wir fühlen die verlangten Gefühle durch das Medium des Chors.

Žižek hat ein Beispiel, das näher am Leben ist. Er bezieht sich auf die Existenz der »Klageweiber« seit der Antike. Die Arbeit dieser Frauen besteht darin, für andere zu weinen, die betrübt sein *müssen*. Sie werden angestellt, um an unserer Stelle zu weinen; auf diese Weise kommen wir durch das Medium anderer unsere Pflicht zu trauern nach, während wir unsere Zeit für profitablere Taten nutzen können – zum Beispiel, um über die Aufteilung der Hinterlassenschaft des Verstorbenen zu streiten. Jedoch erscheint diese Exteritorisation, diese Übertragung unseres intimsten Gefühls auch heute in unserem täglichen Leben, im üblichen »Lachen aus der Konserve«, das in Fernsehserien eingespielt wird: nach einer angeblich komischen oder witzigen Bemerkung kann man das Lachen und den Applaus hören, der in den Soundtrack der Show selbst eingebaut ist. (Tatsächlich kennen wir dieses aufgenommene Gelächter und diesen Applaus in den Fernsehserien und Radioprogrammen in China.)

Žižek vertieft seine Analyse hierzu: eine mögliche Erklärung für dieses Phänomen besteht darin, dass Lachen oder Applaus uns daran erinnern sollen, wann wir zu lachen und zu applaudieren haben: Wenn das stimmte, würde es bedeuten, dass Lachen eine Pflichtangelegenheit ist und kein spontanes Gefühl; aber seine Antwort ist nicht ausreichend, weil wir gewöhnlich *nicht* lachen. Die einzig richtige Antwort wäre:

> »Der Andere – verkörpert im Fernsehgerät – enthebt uns unserer Pflicht zu lachen – lacht an unserer Stelle, selbst wenn wir daher jeden Abend, müde von einem harten Tag dummer Arbeit, nichts täten, außer schläfrig auf den Fernsehschirm zu starren, könnten wir nachher sagen, dass wir objektiv, durch das Medium des Anderen, eine wirklich gute Zeit hatten.«[214]

Lacans Andere ist präsent, aber es fehlt ihm immer noch unmittelbare Erläuterung.

214 A.a.O.

2. Pantasie-gesteuerte gesellschaftliche Wirklichkeit

Žižek nimmt eine sehr wichtige Trennung zwischen Lacanscher Psychoanalyse und allen vorherigen ideologischen Kritiken vor. In seinen Augen neigen sie dazu, die ideologische Form einer bestimmten Gesellschaft aus ihren effektiven gesellschaftlichen Beziehungen zu deduzieren; im Gegenteil, Lacans Psychoanalyse zielt zuerst auf »die Phantasie, die in der Mitte der gesellschaftlichen Realität selbst am Werk ist.« Diese Phantasie erhält Unterstützung vom oben erwähnten materialisierten Glauben.

Nach Žižeks Meinung ist »Glauben, weit davon entfernt ein ›intimer‹, rein mentaler Zustand zu sein, immer in unseren effektiven gesellschaftlichen Realität materialisiert: Glauben unterstützt die Phantasie, die die gesellschaftliche Realität reguliert.«[215] Ich habe eine Ad-hoc-Erklärung dafür: Žižeks »gesellschaftliche Realität« bedeutet hier nicht die materielle substantielle Existenz in der Gesellschaft, sondern sie bezieht sich auf die nicht-substantielle interaktive Struktur zwischen Subjekten, das heißt das funktional, konstruktive gesellschaftliche System. (Wieder ist es die Lacansche »hyperreale« Logik: das reale Leben des individuellen Subjekts ist nicht der materielle Lebensprozess im üblichen Sinne; stattdessen ist es der Prozess des falschen Begehrens des Pseudosubjekts, das durch die Pseudoselbst-Reflexion des kleinen anderen in der Spiegelbeziehung und der Phantasie des großen Anderen in symbolischer Beziehung aufgebaut wird. Hier transplantiert Žižek Lacans Theorie auf die Analyse des gesellschaftlichen Lebens.) Daher meint er, dass das gesellschaftliche System durch die ideologische Illusion moduliert wird, hinter der der materialisierte Glaube liegt.

»Was wir ›gesellschaftliche Realität‹ nennen, ist die letzte Zuflucht einer ethischen Konstruktion; sie wird durch ein bestimmtes *als ob* unterstützt (wir handeln, *als ob* wir an die Allmacht der Bürokratie glaubten, *als ob* der Präsident den Willen des Volkes verkörpere, *als ob* die Partei das objektive Interesse der Arbeiterklasse repräsentiere...). Sobald der Glaube (der, daran wollen wir uns wieder

---

215 Blaise Pascal, *Gedanken*, nach der endgültigen Ausgabe übertragen von Wolfgang Rüttenauer, mit einer Einführung von Romano Guardini, Leipzig o.J. (Sammlung Dieterich, Bd. 7), S. 52.

erinnern, definitiv nicht auf einer ›psychologischen‹ Ebene begriffen werden darf: er ist im effektiven Funktionieren des gesellschaftlichen Felds verkörpert, materialisiert) verloren ist, löste sich die Textur des gesellschaftlichen Felds selbst auf.«[216]

Gesellschaftliche Realität ist nicht so hart, wie wir sie uns vorstellen. Sie ist nur ein moralisches Gebäude der ideologischen Phantasie, das durch unseren materialisierten Glauben strukturiert ist. Wenn das Subjekt diese Phantasie zurückweist, wird das gesellschaftliche Gebäude zusammenbrechen. (Die »Kulturrevolution« in China ist dafür ein gutes Beispiel. Die ideologische Phantasie »der permanenten Revolution unter der Diktatur des Proletariats« baut wirklich auf der materialisierten roten Revolution und dem gesellschaftlichen Leben auf. Zuerst glauben Menschen an die Herrlichkeit der roten Sonne und das Ziel der Revolution, und dann wird China zu einem großen Schiff auf dem Kurs in Richtung Kommunismus: Wenn der große Steuermann mit der Hand winkt, gleitet das Schiff geradewegs durch die Wogen. Wenn diese ideologische Phantasie jedoch einmal zu einem »Chaos« erklärt wird, fällt diese durch die Säulen der Phantasie gestützte ethische Struktur unmittelbar in sich zusammen.)

Zunächst bezieht sich Žižek auf Kafka, der dafür bekannt ist, das elende und entfremdete persönliche Leben im modernen bürokratischen System auf übertreibende Weise zu beschreiben, wie in der Verwandlung eines Menschen in ein Insekt: Diese dramatische, phantastische Erzählung ist nicht real, es ist jedoch Kafkas abwegige Übertreibung, die »die Phantasie artikuliert, die das libidinöse Funktionieren der ›effektiven‹, ›realen‹ Bürokratie selbst reguliert«. (Die Freudsche Libido wird in einen Antriebsmechanismus innerhalb eines Systems metaphorisiert.) Obwohl sie in einem bürokratischen System zutiefst entfremdet sind, gewöhnen sich Menschen an ein solches insektenartiges Leben. Kafka stellt auf künstlerische Weise die Natur der instrumentellen Sklaverei in der modernen Gesellschaft heraus. Daher, so Žižek, ist Kafkas Welt keine Phantasie der gesellschaftlichen Realität; im Gegenteil, sie enthüllt die Phantasie, die in der gesellschaftlichen Realität wirksam ist. (Žižeks Lieblingsfilm *Matrix* erzählt eine ähnliche Geschichte.

---

216 Žižek, *The Sublime Object of Ideology*, S. 40.

Die wirkliche Kontrolle wird von der überall vorhandenen Matrix ausgeübt. Der individuelle Mensch ist nur ein Körper, der ruhig im Inkubator liegt und durch das gewaltige System mit Phantasien gefüttert wird. Der Plot dreht sich um die Frage, ob die Phantasien durchbrochen oder beibehalten werden sollen.)

Dann wendet sich Žižek Pascal zu. Er sagt, dass Pascal und Althusser ebenfalls die Sicht wahrnehmen, dass die ethische Konstruktion der gesellschaftlichen Realität durch die ideologische Phantasie gestützt wird. (Mit Althusser beschäftigen wir uns später.) Pascal versucht zu illustrieren, dass die innere Natur der menschlichen Rationalität durch die äußere, unsinnige, automatische »Maschine«, das heißt den Automatismus des Signifikanten, des symbolischen Netzes, in dem die Subjekte gefangen sind, bestimmt wird. (Für Lacan ist das Subjekt nur der gemeinsame Referent der Signifikanten.) Wir alle kennen die berühmte Definition von Pascal: der Mensch ist ein denkendes Schilfrohr. Trotzdem sind die rationalen Gedanken und inneren Glaubenssätze des Menschen oftmals durch das äußere tägliche Leben bestimmt, das sich selbst und die Konventionen vervielfältigt, die aus Trägheit befolgt werden. In Lacans Worten, die symbolischen schwebenden Signifikanten strukturieren die ganze Zeit das bewusste Subjekt.

Žižek zitiert Pascal, um dies zu erklären.

> »Man darf sich nicht verkennen: Wir sind ebenso sehr Automat wie Geist; und daher kommt es, dass das Werkzeug, durch das die Überzeugung zustande kommt, nicht allein der Beweis ist. Wie wenig bewiesene Dinge gibt es! Die Beweise überzeugen nur den Geist.«[217]

Das unterstellt, dass das Subjekt das Ergebnis der konstanten Selbstvervielfältigung des Unbewussten ist, während dieser äußere Mechanismus der Trägheit durch die Konvention gestützt wird, die nicht bewiesen werden muss. (Das wird von Lacan manchmal als der repetitive Mechanismus des Unbewussten bezeichnet.) Daher ist »die äußere Gewohnheit immer eine materielle Unterstützung für das Unbewusste

---

217   A.a.O., S. 37.

des Subjekts.«[218] Žižek zieht jedoch die weit hergeholte Schlussfolgerung, dass Pascals Definition des *Unbewussten* die gleiche sei wie die Lacans. (Wie wir wissen, ist Lacans Interpretation des Unbewussten eine völlige Unterwanderung von Freuds Sichtweise. Es ist nicht länger das unterdrückte instinktive Begehren des individuellen Subjekts, sondern stattdessen die Spontaneität, die durch die verborgene Kontrolle des großen Anderen geschaffen wird.)

Nach Žižek glaubt Pascal, dass das Gesetz als wichtigster Pfeiler des gesellschaftlichen Systems eine grundlegende Konstruktion des Unbewussten ist, weil wir es in der Realität nicht wegen seiner Gerechtigkeit, Güte und Nützlichkeit befolgen, sondern aus dem einfachen Grund, dass es das Gesetz *ist* – »diese Tautologie artikuliert den Teufelskreis seiner Autorität, die Tatsache, dass die letzte Begründung der Autorität des Gesetzes im Prozess seiner Artikulation liegt.«[219] Daher schlussfolgert Pascal, dass Gewohnheit das Ganze der Gerechtigkeit ist, aus dem einzigen Grund, dass sie akzeptiert wird. Das ist die mystische Grundlage seiner Autorität. Jeder, der versucht, es zu seinem Ursprungsprinzip zurückzubringen, zerstört es. Das Gesetz ist das Gesetz, und wir müssen es befolgen. (Hier fügt Žižek das Argument Kierkegaards hinzu, der sagt, dass an Christus zu glauben, weil wir ihn für weise und gut halten, eine furchtbare Blasphemie sei – das heißt im Gegenteil, dass es nur der Akt des Glaubens selbst ist, der uns eine Einsicht in Christi Güte und Weisheit geben kann: Diese Worte passen gut zu dem abergläubischen chinesischen Sprichwort: »Der Zauber wirkt nur mit deinem Glauben.«) Wir befolgen das Gesetz nicht deshalb, weil wir einer äußeren Macht beugen, sondern weil wir die Tradition fortsetzen.

> »Der einzig wirkliche Gehorsam ist daher ein ›äußerlicher‹: Gehorsam aus Überzeugung ist kein wirklicher Gehorsam, weil er bereits durch unsere Subjektivität ›vermittelt‹ ist – das heilt, wir gehorchen nicht wirklich der Obrigkeit, sondern folgen einfach unserem Urteil, das uns sagt, dass die Obrigkeit es verdient, dass man ihr gehorcht, sofern sie gut, weise , Wohltätig ist… Noch mehr als

218 A.a.O.
219 A.a.O., S. 38.

unsere Beziehung zu ›äußerlicher‹ gesellschaftlicher Autorität gilt diese Verkehrung für unseren Gehorsam gegenüber der innerlichen Autorität des Glaubens.«[220]

Für Žižek bringt die Tatsache, dass »Gesetz Gesetz ist«, Gehorsam hervor, was zumindest zwei wichtige psychoanalytische Begriffe erklärt. Zunächst illustriert es das grundlegende Charakteristikum des *Über-Ichs*: eine Anordnung, die als traumatisch und »sinnlos« erfahren wird – das heißt, sie kann nicht in das symbolische Universum des Individuums integriert werden. Für Freud ist das Über-Ich die Folge des Gehorsams gegenüber äußerem gesellschaftlichem Druck; es ist eine prohibitive Selbstunterdrückung, eine tiefe Selbstbeschränkung. Zweitens beschreibt es auch die Definition von »Übertragung« in der Psychoanalyse.

»Das Gesetz muss nicht als wahr akzeptiert werden, nur als notwendig – Tatsache ist, dass *seine Autorität ohne Wahrheit ist*. Die notwendige strukturelle Illusion, die Menschen dazu bringt zu glauben, dass die Wahrheit in den Gesetzen gefunden werden kann, beschreibt präzise des Mechanismus der *Übertragung*: Übertragung ist die Unterstellung einer Wahrheit, einer Bedeutung hinter der dummen, traumatischen, inkonsistenten Tatsache des Gesetzes. Mit anderen Worten, »Übertragung« bezeichnet den Teufelskreis des Glaubens: die Gründe, aus denen wir glauben sollten, sind nur für jene überzeugend, die bereits glauben.«[221]

Offen gesagt denke ich, dass Žižek bisweilen Lacans Philosophie mechanisch überträgt. Was er jedoch verdeutlichen will, scheint zu einem Ergebnis zu führen. Gesellschaftliche Realität wird in der Tat durch eine Art ideologische Phantasie gestützt.

Žižek wendet sich erneut Pascal zu. Diesmal diskutiert er dessen Theorie der »Wette«.

220 Lucien Goldmann, *Der verborgene Gott, Studie über die tragische Weltanschauung in den Pensées Pascals und im Theater Racines*, Neuwied/Darmstadt 1973, S. 115.
221 A.a.O., S. 435.

Pascals Theorie der Wette. Wie wir wissen, zieht sich Gott in den Augen Pascals aus dem stillen Raum zurück, der durch die bürgerliche instrumentelle Vernunft und das materialisierte Objekt strukturiert ist. Für den Menschen der Tragödie ist er trotz Gottes Rückzug immer noch zugleich anwesend und nicht anwesend. Gottes »Anwesenheit« bedeutet jedoch nicht seine substantielle Manifestation; es ist nur ein wirklicher Versuch und Hoffnung: In Pascals Worten, der unbezwingbare Mensch der Tragödie wettet immer wieder auf die Existenz Gottes. Goldmann sagt, im Herzen des Menschen der Tragödie sei »Gott ein *praktisches Postulat* oder eine Wette, aber keine theoretische Gewissheit.«[222] Der Mensch der Tragödie befindet sich tatsächlich in der bürgerlichen Welt. Für ihn ist Gottes Existenz nicht länger absolut wahr und unfraglich; Gottes Rückzug und Stille sind real. Aber der Mensch der Tragödie erliegt niemals der Verzweiflung; stattdessen stärkt er zunehmend seinen Glauben an das Dunkel jener materiellen Welt: Er glaubt, dass es immer möglich ist, dass Menschen gerettet oder in die Hölle geschickt werden, und wir müssen so handeln, *als ob* Gott uns verspreche, uns zu erretten.[223] Dieses »als ob« ist sehr wichtig. Gott ist zurückgezogen und still, aber er sieht uns noch immer. Wir handeln und kämpfen nicht für Gott, sondern um uns selbst zu retten und diese Welt zu verändern. Wenn wir aufgeben, verlieren wir die tatsächliche Möglichkeit der Rettung. Solange wir in dieser Welt leben, handeln und kämpfen, wird er verborgene Gott erwartungsvoll existieren und leben, die Aussicht der Errettung wird bei uns sein! Das ist die letzte und einzige Gelegenheit. Daher haben wir keine Wahl; wir müssen auf die Existenz von Gottes Blick wetten; und wir müssen darauf wetten, dass Gott unserer Rede zuhört. Nur auf diese Weise können wir *vielleicht* gerettet werden; andernfalls fallen wir in ewige Dunkelheit: Pascal fügt hinzu, »wenn Sie gewinnen, gewinnen Sie alles; wenn Sie verlieren, verlieren sie nichts.«

---

222 Pascal, *Gedanken*, S. 42.
223 Žižek, *The Sublime Object of Ideology*, S. 39.

Wetten Sie also ohne zögern, dass er ist.«[224] Das ist eine sehr interessante Schlussfolgerung. Wenn du verlierst, verlierst du nichts; wenn du gewinnst, gewinnst du ein strahlendes Leben und eine Veränderung dieser Welt. Warum also nicht wetten?

Žižek zitiert Pascals Theorie der Wette, um jene mit Rationalität und Sensibilität in ihren Herzen davon zu überzeugen, Vertrauen zu haben, an Gottes Existenz zu glauben. Nach Žižek ist »Pascals letzte Antwort also…: verlasse die rationale Argumentation und unterwerfe dich einfach dem ideologischen Ritual, verdumme dich selbst, indem du die bedeutungslosen Gesten wiederholst, handle, *als ob* du bereits glaubtest, und der Glaube wird von selbst kommen.«[225]

Dann sagt Žižek, dass diese ideologische Konversionsprozedur nicht auf Religion beschränkt sei. Sie hat eine allgemeinere Bedeutung. Zum Beispiel war Pascals Theorie der Wette einmal unter den französischen Kommunisten einmal sehr populär. (Das bezieht sich deutlich auf jene französischen Marxisten, die von Jean-Jacques Goldman angeleitet wurden.)[226]

»Das ist natürlich die sehr lacanianische Definition von Täuschung in ihrer spezifisch menschlichen Dimension; wo wir den Anderen durch die Wahrheit selbst täuschen: in einem Universum, in dem alle nach dem wahren Gesicht hinter der Maske suchen, ist die beste Weise, sie in die Irre zu führen, die Maske der Wahrheit selbst zu tragen. Aber es ist unmöglich, die Übereinstimmung von Maske und Wahrheit aufrechterhalten: weit davon entfernt, uns einen ›unmittelbaren Kontakt zu unseren Mitmenschen‹ zu verschaffen, macht diese Übereinstimmung die Situation unerträglich; jede Kommunikation ist unmöglich, weil wir eben durch die Offenlegung völlig isoliert sind – die unabdingbare Voraussetzung erfolgreicher Kommunikation ist ein Minimum von Distanz zwischen Erscheinung und ihrer verborgenen Rückseite.«[227]

224   Vgl. Abschnitt 3 von Kapitel VII in: *A Deep Plough of Texts* (Vol 1), People's University Press 2008.
225   Žižek, *The Sublime Object of Ideology*, S. 42.
226   A.a.O., S. 43.
227   A.a.O.

VI. Ideologische Phantasie und Mehrgenießen

Žižeks lacanianische Ideologie formt eine auffällige Szene im westlichen radikalen Diskurs. Er konstruiert eine heterogene Kritik mit dem Lacanschen komplexen Zusammenhang. Für Žižek lässt die symbolische Zeichenmaschine den großen Anderen sein inneres Objekt des Begehrens erzeugen, indem er das Subjekt infrage stellt. Daher baut die ideologische Phantasie auf gesellschaftlicher Ebene die Illusion auf, die die letzte Unmöglichkeit im ontologischen Sinne verschleiert, um die Totalität der gesellschaftlichen Realität zu stützen.

1. Infragestellung von Althussers ideologischen Staatsapparaten

Žižek sagt, dass wir durch Pascals Diskussion des materialisierten Glaubens eine Wahrheit verstehen: wenn Menschen sich dem Praxismechanismus äußeren Materials in religiösen Ritualen wie Beten und Gottesdienst beugen, dann glauben sie *unwissentlich*, und ihr Glaube wird mechanisch und automatisch in der routinemäßigen symbolischen Praxis materialisiert und verkörpert. (Wenn ich mich nicht täusche, ist das auch Althussers These in seinen *Ideologischen Staatsapparaten*.) Aus diesem Grund »ist die Externalität der symbolischen Maschine (›Automat‹) daher nicht einfach äußerlich; sie ist zugleich der Ort, an dem das Schicksal unserer inneren, ›ernsthaftesten‹ und ›intimsten‹ Glaubenssätze vorab aufgeführt und entschieden wird.«[228] (Lacan verwendet den Begriff »symbolischer Mechanismus«, der sich auf die Signifikantenkette in der symbolischen Sprache bezieht, die die hauptsächliche Existenz des Subjekts »konstituiert«, was der große Andere A genannt wird.) Es ist klar, dass die göttliche symbolische Maschine uns bereits *bewusst* einen Glauben haben lässt, solange wir in diesem materialisierten Ritual sind. Entsprechend versucht Žižek zu beweisen, dass das Unbewusste wie ein »toter Buchstabe« nicht das freudianische unterdrückte innere Begehren ist, sondern der magische Diskurs des großen Anderen – die symbolische Vernetzungsmaschine. (Lacan sagt, dass das Unbewusste der Diskurs des großen Anderen sei.) Wir glauben an Gott, und was wirklich

---

228 Louis Althusser, *Ideologie und ideologische Staatsapparate. Aufsätze zur marxistischen Theorie*, Hamburg/Berlin 1977, S. 137.

geschieht, ist der Gehorsam gegenüber unserem Unbewussten, gegenüber dem »toten und unverstandenen Buchstaben«. Das ist ein Paradox zwischen *Nicht-Wissen und Konversion,* zwischen innerem Glauben und äußerem »Mechanismus«. Für Žižek bildet dies den subversivsten Kern in Pascals Theologie.

Wir ahnen jetzt, dass Žižek Pascal mit Althusser verbinden will. »Natürlich lieferte Althusser in seiner Theorie der *Ideologischen Staatsapparate* eine ausgearbeitete zeitgenössische Version dieser Pascalschen ›Maschine.‹«[229] Das bedeutet, dass es eine innere Verbindung zwischen Althusser und Pascal gibt.

Althussers Diskussion des Vervielfältigungsprozesses, worin die christliche Ideologie das Spiegelbild des Subjekts anruft. In *Ideologie und Ideologische Staatsapparate* (1969) stellt Althusser die Frage der Verdinglichung. Er denkt, dass Ideologie über eine materielle Existenz verfügt, das heißt, »eine Ideologie existiert immer in einem Apparat und dessen Praxis oder dessen Praxen.«[230] Die neuartige Idee behauptet nicht, dass Ideologie ein Objekt sei, sondern will sagen, dass deren Existenz immer durch das Individuum oder die gesellschaftlich objektiven Praktiken, die sich in hohem Maße wiederholen, gestützt wird. Zum Beispiel geht man in die Kirche, singt die Messe, nimmt am Gottesdienst teil, betet, beichtet, nutzt die endlosen sinnlichen Handlungen, um diese imaginären Beziehungen zur göttlichen Welt zu unterstützen. Althusser bemerkt speziell, dass der christliche Diskurs nicht nur durch die Bibel und den Priester spricht, sondern die religiöse Praxis wie den Gottesdienst und das Sakrament benutzt, um das Subjekt anzurufen. Der »Ich-bin-der-ich-bin«-Gott (das Große Subjekt) spricht durch die Bibel und den Mund des Priesters, »Hallo, dein Name ist Nikon. Du bist geboren. Das ist dein Ursprung. Du bist von Gott geschaffen. Du bist im Jahr 2001 geboren, und das ist deine Stellung in der Welt. Du wirst leben und sterben. Wenn du an mich glaubst,

---

229   A.a.O., S. 276.
230   Vgl. *Problematic, Symptomatic Reading, ISA and History of Marxism: A Textological Reading,* S. 184-185.

wirst du errettet und ein Teil vom heiligen Körper Christi.« Hier wird jedes Individuum in der Struktur der christlichen Ideologie als das Subjekt der »Einheit von Körper und Name« angerufen. In jedem Gebet, in jeder Handlung des Gottesdienstes und in jeder Beichte wird gesagt und bewiesen, dass »Ich (der Christus) mein Blut für dich vergossen habe.« Was jedoch in Wirklichkeit geschieht, das hebt Althusser hervor, ist, »Gott ist also das SUBJEKT, während Moses und die unzähligen Subjekte des Volkes Gottes seine von ihm angerufenen Gesprächsteilnehmer sind: seine *Spiegel*, seine *Abbilder*.«[231] Das ist ein erstaunlicher Prozess der ideologischen Strukturierung, in der *das Große Subjekt viele Subjekte reproduziert und zum Subjekt wird*.[232]

Žižek zögert jedoch, seine Zustimmung zu zeigen. Stattdessen listet er Althussers Schwachpunkte folgendermaßen auf.

»Er oder seine Schule waren niemals erfolgreich darin, die Ideologischen Staatsapparate und ideologischer Anrufung zu denken: wie ›internalisiert‹ sich der Ideologische Staatsapparat (die Pascalsche ›Maschine‹, der bezeichnende Automatismus) selbst; wie erzeugt er die Wirkung eines ideologischen Glaubens an eine Sache und die verbindende Wirkung der Subjektivierung, der Erkenntnis und von jemandes ideologischer Position?«[233]

Nach meiner Meinung sind das scharfe und tiefgreifende Fragen, während Althussers Antwort nach Žižeks Ansicht voreilig und vereinfachend ist. Althusser hat die falsche Wahrnehmung, dass die ideologische Maschine der Repräsentation als die Selbstidentifikation des Subjekts durch Anrufung internalisiert wird. Žižek jedoch glaubt, dass die Realität weitaus komplexer ist.

»Diese ›Internalisierung‹ durch strukturelle Notwendigkeit hat niemals vollständig Erfolg, so dass es immer ein Residuum gibt, ein Überbleibsel, ein an ihr haftender Fleck von traumatischer

231 Žižek, *The Sublime Object of Ideology*, S. 43.
232 A.a.O., S. 43-44.
233 A.a.O.

Irrationalität und Sinnlosigkeit und insofern *dieses Überbleibsel,*
weit davon entfernt, die völlige Unterwerfung des Subjekts unter die
ideologische Beherrschung zu verhindern, ihre eigentliche Bedingung
ist: es ist genau dieser nichtintegrierte Mehrwert des sinnlosen
Traumas, der dem Gesetz seine bedingungslose Autorität verleiht; mit anderen Worten, das – insofern es ideologischem Sinn
entkommt – das stützt, was wir die der Ideologie eigene ideologische *jouis-sense,* das Genießen-im-Sinn (enjoymeant) nennen
könnten.«[234]

Žižeks These scheint angesichts solcher Begriffe wie »traumatisch«,
»nichtintegrierter Mehrwert«, »*jouis-sense,* Genießen-im-Sinn (enjoymeant)«, die der traditionellen Kritik ziemlich fremd sind, sehr beeindruckend.
Er schreibt Ideologie mit der lacanianischen Philosophie *neu.* Wie wir wissen, steht Althussers Theorie der ideologischen Staatsapparate unter dem
Einfluss von Lacan. Es scheint, als wolle er beweisen, dass er ein orthodoxer
Nachfolger Lacans ist.

Wir haben bereits diskutiert, dass das Große Subjekt in Althussers ideologischen Staatsapparaten sich auf Gott und verschiedene Große Generische
Naturen (absolute Idee, Sein, Mensch, Totalität, Ismen usw.) bezieht, während das Individuum in Wirklichkeit nur ein vervielfältigtes Spiegelbild jenes Herrn ist. Das ist das funktionale Geheimnis der Ideologie wie auch
eine *verborgene* Selbstoperation. Die Vervielfältigung des Spiegelbilds geschieht auf jeder Ebene des Lebens, bewusst oder unbewusst. Tatsächlich
durchschaut Žižek Althussers Differenz zu Lacan: die Ersetzung des Großen
Anderen durch das Große Subjekt. Bei Lacan ist Gott der theologische
Große Andere, während Althussers Subjekt das tut, was der Große Andere
zuvor tat. Lacans Spiegelfunktion in der frühen Periode der Konstruktion
des Subjekts wird der innere Mechanismus der ideologischen Operation.
Für Lacan ist das Selbst das imaginäre Projekt des kleinen anderen (a' =
Spiegelbild von a), und das Subjekt ist das Residuum des getöteten großen
Anderen, der durch das umgekehrte Selbst in weiteren Repräsentationen
geformt wird (S = A̶). Für Althusser reproduziert der große Andere (das

234 A.a.O., S. 44.

Symbolische der Signifikantenkette wird zur Ideologie) unmittelbar das individuelle Subjekt. Offensichtlich ist seine Interpretation von Lacan vereinfachend, mit unvermeidlichen Missverständnissen, insbesondere in Bezug auf die späte Lacansche Philosophie, die von Žižek bevorzugt wird. Hier wird der Begriff des *unmöglichen Mehrwerts* in Lacans *Realem* zum zentralen Punkt.

Žižeks Kritik an Althusser mit der späten Lacanschen Theorie soll die völlige Assimilation des Subjekts durch die ideologische Befragung verneinen, denn Lacan vernachlässigt das absolute Nichts des kastrierten Subjekts und akzeptiert den Realen Mehrwert (Objekt a), der der Vergewaltigung durch die symbolische Totalität entkommt. Aber Althusser kann die reale Existenz jenes Mehrwerts nicht sehen. In der obigen Diskussion nennt Žižek diesen unauslöschlichen Mehrwert das *ideologische Vergnügen*. Warum? Die Antwort wird im folgenden Teil diskutiert.

2. Kafka im Lacanschen Horizont

Ein wichtiger Grund für Žižeks Kritik an Althussers pseudo-lacanianischen ideologischen Staatsapparaten ist der, dass Letzterer einen großen Einfluss auf den linken radikalen Diskurs während der zweiten Hälfte des zwanzigsten Jahrhunderts hatte, selbst in den Bereichen von Literatur, Kunst und Kino. Žižek denkt, dass Althusser Lacans Botschaft falsch weitergibt. (Das verdeutlicht gut Lacans Definition der Wahrheit: Ich erreiche dich immer durch Fehler.)

Žižeks nächste kritische Waffe ist Franz Kafka. In seinen Augen liefern Kafkas Romane eine mögliche Kritik an Althussers Befragung der ideologischen *Totalität*. Kafkas Charaktere enthüllen einen neuen Bruch, eine »Lücke« zwischen den enormen ideologischen Staatsapparaten und ihrer Internalisierung im individuellen Körper. Žižek fragt, »Ist nicht Kafkas ›irrationale‹ Bürokratie, dieser blinde, gigantische, unsinnige Apparat genau der Ideologische Staatsapparat, mit dem das Individuum konfrontiert ist, *bevor* eine Identifikation, ein Erkennen – eine *Subjektivierung* – stattfindet?«[235] Ferner stellt Žižek die Frage: Wird das Subjekt wirklich durch die Maschine assimiliert?

235 A.a.O.

Nach Žižek können Kafkas Romane bis zu Althussers Anrufung zurückverfolgt werden.

»Das kafkaeske Subjekt wird von einer mysteriösen bürokratischen Entität (Gesetz, Schloss) angerufen. Aber diese Anrufung hat ein etwas seltsames Aussehen: Sie ist sozusagen eine Anrufung ohne Identifikation/Subjektivierung; sie bietet uns keine Sache, mit der man sich identifizieren könnte – das kafkaeske Subjekt ist das Subjekt, das verzweifelt eine Eigenschaft sucht, mit der es sich identifizieren kann; es versteht nicht die Bedeutung des Rufs durch den Anderen.«[236]

Der Grund hierfür ist, dass die Charaktere in Kafkas Romane sich üblicherweise außerhalb des Systems befinden, so wie der verwandelte Insektenmensch, der eine künstlerische Repräsentation ist. Dort, wo normale Menschen in die Identifikation und die Subjektivierung eintreten, wird der Insektenmensch zurückgewiesen; dort, wo ein normales Subjekt eine Anrufung erhält, ist der Insektenmensch einfach verwirrt. In *Kontingenz-Hegemonie-Universalität* sagt Žižek, das es einige Menschen gibt, die die symbolische Anrufung Zurückweisen; »die nicht ›Ja!‹, sondern ›Nein!‹ sagen – sogenannte Psychotiker, die sich gerade weigern, am symbolischen Prozess teilzunehmen.«[237], was von Althussers Theorie der Anrufung einfach ignoriert wird.

»Bevor es in der Identifikation gefangen wird, in der symbolischen Anerkennung/Verkennung, wird das Subjekt (S) durch den Anderen mittels einer paradoxen Objekt-Sache des Begehrens in seiner Mitte (a), durch dieses anscheinend durch den Anderen verborgene Geheimnis erfasst: S◊a, die Lacansche Formel der Phantasie. Was bedeutet es genauer, zu sagen, dass die ideologische Phantasie die Realität selbst strukturiert? Wir wollen es erklären, indem wir mit der grundlegenden lacanianischen These beginnen,

---

236 Butler/Laclau/Žižek,   *Contigency,   Hegemony,   Universality:*
     Contemporary Dialogues on the Left, London/New York 2000, S. 119.
237 Žižek, *The Sublime Object of Ideology*, S. 44.

dass die Phantasie in der Entgegensetzung zwischen Traum und Realität auf der Seite der Realität ist; sie ist, wie Lacan einmal gesagt hat, die Unterstützung, die dem, was wir ›Realität‹ nennen, Konsistenz gibt.«[238]

Wir haben oben die Realität diskutiert, die durch die ideologische Phantasie gestützt wird. Aber wir sind immer noch durch die folgende Frage verwirrt: Warum wird das Subjekt durch S ausgedrückt? Was ist tatsächlich a als die Ursache des Objekts des Begehrens? Und was ist die Lacansche Formel der Phantasie?

Tatsächlich glaubt Žižek, dass das Schicksal des individuellen Subjekts oftmals elend ist, weil das Subjekt seine Identifikation in der frühen Phase durch eine falsche Vorstellung vom Bild im Spiegel und des erzwungenen Gesichts des anderen (des kleinen anderen I und des kleinen anderen II) durch Entfremdung im Imaginären durchführt. Während er in das Symbolische eintritt, dessen Hauptstütze eine Kette schwebender Signifikanten ist, löst sich das Subjekt als Leichnam des Seins weiter in eine Collage von Begriffen (die abstrakte Natur) auf. Jetzt ist Lacans Subjekt leer und wird zu einem Pseudosubjekt, das tot, sich aber seines Todes nicht bewusst ist, kurz gesagt ein S. In den Augen des frühen Lacan bezieht sich a auf das Spiegelbild, das als die Totalität des Körpers erscheint, während es für den späten Lacan die Abkürzung des Objekts klein a ist, das reale Überbleibsel des fehlidentifizierten falschen Objekts des Begehrens. Die Phantasieformel S◊a bezieht sich auf das Streben nach dem Objekt des Begehrens im Modus des Anderen durch das Pseudo-Subjekt. In dieser Hinsicht sagt Žižek, dass die ideologische Phantasie das unterstützt, was wir Realität nennen. Umgekehrt gelesen bedeutet es, dass die Natur der Realität Phantasie ist, denn nur Ideologie bewirkt die kontinuierliche Konstruktion der gesellschaftlichen Realität. In unserem vorherigen Beispiel des »Großens Sprungs nach vorne« oder der »Kulturevolution« ist es nur mit der phantastischen Unterstützung der »Revolution unter der Diktatur des Proletariats« real. Wenn diese Phantasie einmal zerstört ist, löst sich die rote Realität auf. Die gesellschaftliche Realität ist wie ein Traum: wenn man aufwacht, zerbrechen die Szenen aus dem

238 A.a.O., S. 43-44.

Traum in Stücke und verschwinden. In Lacans und Žižeks Wahrnehmung jedoch stützt die ideologische Phantasie die Realität, sei es ein individueller Traum oder die gesellschaftliche Realität.

Hierzu zitiert Žižek das berühmte Beispiel des »verbrannten Kinds« aus Lacans Vier Grundbegriffen der Psychoanalyse. Ein Vater hält Wache bei seinem kranken Kind. Nachdem das Kind gestorben ist, geht er in den Nachbarraum, um sich hinzulegen, lässt aber die Tür offen, so dass er aus dem Schlafzimmer in den Raum sehen kann, in dem der Körper seines Kindes mit Kerzen, die um ihn herumstehen, aufgebahrt ist. Ein alter Mann ist angestellt, darüber zu wachen. Nach einigen Stunden Schlaf hat der Vater einem Traum, in dem *sein Kind neben seinem Bett steht, nach seinem Arm greift und vorwurfsvoll sagt:* »*Vater, sieht Du nicht, dass ich brenne?*« Er wacht auf und bemerkt eine hellen Lichtschein aus dem Raum nebenan, geht schnell hinein und sieht, dass der alte Wächter eingeschlafen ist und dass die Decken und ein Arm des Körpers seines geliebten Kindes von einer brennenden Kerze, die darauf gefallen ist, verbrannt worden sind. Im Unterschied zur konventionellen Traumdeutung ist Lacans Analyse sehr kompliziert. Er denkt, dass der Vater den Traum erschafft, um zu vermieden, in der Realität aufzuwachen; wobei der Vorwurf des Kindes, »siehst du nicht, dass ich brenne?« erschreckender ist als die sogenannte äußere Realität selbst, und das ist der Grund, weshalb er aufwacht: um dem Realen seines Begehrens zu entkommen, das sich in einem erschreckenden Traum ankündigt.[239] Žižek sagt, dass dies benutzt werden kann, um die »alte Hippie-Parole aus den 1960er Jahren« neu zu schreiben: »Realität ist für die, die den Traum nicht ertragen können«, denn die »Realität« ist eine Phantasiekonstruktion, um das Reale unseres Begehrens zu verschleiern (Lacan).

Nach Žižek ist Lacans Analyse durchaus auf unsere Untersuchung der Ideologie anwendbar.

> »Ideologie ist keine traumartige Illusion, die wir aufbauen, um einer unerträglichen Realität zu entfliehen; in ihrer grundlegenden Dimension ist sie eine Phantasiekonstruktion , die als Unterstützung für unsere ›Realität‹ selbst dient: eine ›Illusion‹, die

---

239 A.a.O., S. 44.

unsere effektiven realen Beziehungen strukturiert und dabei einen unerträglichen, realen unmöglichen Kern (von Ernesto Laclau und Chantal Mouffe als ›Antagonismus‹ konzeptualisiert: eine traumatische Trennung, die nicht symbolisiert werden kann) verbirgt. Die Funktion der Ideologie besteht nicht darin, uns einen Fluchtpunkt aus unserer Realität zu bieten, sondern uns die gesellschaftliche Realität selbst als eine Flucht vor einem traumatischen, realen Kern zu bieten.«[240]

Ein weiterer komplizierter Absatz! Im Unterschied zur alten Interpretation, die Ideologie als ein System begrifflicher Reproduktion betrachtet, das die realen Beziehungen durch falsche ersetzt, denkt Žižek, dass Ideologie nicht aus den Illusionen des Traums besteht, den wir benutzen, um der Realität zu entfliehen, sondern unser Werkzeug ist, um gesellschaftliche Beziehungen in der Realität zu konstruieren, da es die Realität ist, die den »traumatischen, unmöglichen Kern« hinterlistig verbirgt. Es ist eine umgekehrte Lacansche Logik. Um diesen Gedanken zu illustrieren, nehme ich wieder das Beispiel der chinesischen »Kulturrevolution«, in der der »traumatische, unmögliche Kern« die Unmöglichkeit der tiefen Gleichheit zwischen Menschen in diesem Land anzeigt, trotz der Tatsache, dass es ein »erhabenes« Objekt des Begehrens ist, während die ideologische Phantasie der permanenten Revolution unter der proletarischen Führung eine »stürmische« rote »Realität« konstruiert, die genau ihre eigene Undurchführbarkeit verbirgt. Die immer wieder existierende Unmöglichkeit in der revolutionären Entwicklung wird auch durch die Postmarxisten Laclau und Mouffe aufgezeigt.

3. Der Schmetterlingstraum von Zhuang Zi und der ideologische Traum

Žižek fährt fort, ein zweites Beispiel aus Lacans *Vier Grundbegriffen der Psychoanalyse* zu zitieren: Diesmal ist es die berühmte chinesische Geschichte von Zhunag Zis Schmetterlingstraum, die von Lacan übernommen wurde, um die Legitimität der Selbstbeziehung des Schmetterlings zu illustrieren.

240 A.a.O.

Žižek sagt, dass Zhuang Zi kein Dummkopf ist.

>>Ein Dummkopf ist jemand, der nicht zu einer dialektisch vermittelten Distanz zu sich selbst imstande ist, wie ein König, der denkt, er sei ein König, der sein Königsein als seine unmittelbare Eigenschaft nimmt und nicht als symbolisches Mandat, das ihm durch ein Netz intersubjektiver Beziehungen, deren Teil er ist, auferlegt wurde.<<[241]

Wir wissen, dass Lacan ein weiteres Sprichwort hat: >>Wenn ein Mensch sich für einen König hält, ist er ein Verrückter; wenn ein König sich für einen König hält, ist er ebenfalls ein Verrückter.<<[242] Die zwei obigen Erklärungen bedeuten das Gleiche. Ihr Hintergrundzusammenhang impliziert unmittelbar Lacans Theorie des Pseudosubjekts: das individuelle Subjekt ist nicht das Äquivalent des Selbst, sei es im frühen Spiegelstadium oder in der späteren Phase der Spracherziehung. Indem es den kleinen anderen im Spiegelstadium (Spiegel und der Blick des anderen) identifiziert, ist das Subjekt nur ein entfremdetes Sein im Imaginären; während es in der gesellschaftlichen Kommunikation in das symbolische Netzwerk der Signifikanten eintritt, wird das Subjekt weiter in ein maskiertes >>Mich<< transformiert, das durch die Sprache angerufen wird. Wenn man daher die Wahrheit nicht kennt und denkt, dass das >>Mich<< das wirkliche >>Selbst<< sei, ist man ein Narr; und wir werden dazu gebracht zu schlussfolgern, dass jeder gesellschaftliche Charakter, sei es ein König, ein Magnat oder ein Experte das Ergebnis eines symbolischen Mandats ist, das ihm durch ein Netz von intersubjektiven Beziehungen, deren Teil er ist, auferlegt wird. Denkst du wirklich, du seiest *etwas*? Tatsächlich bist du auch ein Narr. Lacan denkt, dass es immer einen >>dialektischen Raum<< zwischen dem Menschen und ihm selbst gibt, der mit etwas angefüllt ist, das nicht von ihm selbst ist. In dieser Hinsicht ist Zhuang Zi weise: er denkt, *dass er vielleicht nicht er selbst ist.*

---

241 A.a.O., S. 46.
242 Lacan fügt einen Aphorismus von Lichtenberg hinzu: >>Ein Narr, der sich einbildet, ein Fürst zu sein, ist von dem Fürsten der es in der Tat ist, durch nichts unterschieden, als dass jener ein negativer Fürst, und dieser ein negativer Narr ist, ohne Zeichen betrachtet sind sie gleich.<< Vgl. *Écrits: A Selection.*

Aber Žižek glaubt nicht, dass das Problem so einfach ist. Wenn ich nicht König als Ergebnis eines äußeren Netzes von Inter-Signifikation der symbolischen Sprache bin, bin ich dann immer noch ich selbst, wenn ich demaskiert werde? Werde ich mit nichts zurückgelassen? Žižek denkt, dass die Lacansche Philosophie mit der Erkenntnis des Überbleibsels, das nicht in der Lage ist, durch die symbolische Totalität in der Existenz des Menschen geschluckt zu werden, einige Veränderungen durchläuft.

»Das Subjekt könnte gleichsam zu einer Leere reduziert werden, einem leeren Ort, an dem sein oder ihr gesamter Inhalt durch andere vermittelt wird, durch das symbolische Netz intersubjektiver Beziehungen: ich bin ›in mir selbst‹ ein Nichts, der positive Inhalt meiner selbst ist, was ich für andere bin: Mit anderen Worten; Lacans letztes Wort wäre eine radikale Entfremdung des Subjekts. Sein Inhalt, ›was er ist‹ würde durch ein äußeres bezeichnendes Netzwerk bestimmt, das ihm die Punkte der symbolischen Identifikation bietet und ihn auf bestimmte symbolische Mandate beschränkt. Aber Lacans grundlegende These, zumindest in seinen letzten Werken, ist, dass es eine Möglichkeit für das Subjekt gibt, einige Inhalte, eine Art von positiver Konsistenz auch außerhalb des großen Anderen, dem entfremdenden symbolischen Netz, zu bekommen. Diese andere Möglichkeit ist jene, die von der Phantasie geboten wird. Das Subjekt mit einem Objekt der Phantasie gleichsetzen.«[243]

Diese Erlangung geschieht nicht in der Realität, sondern im Lacanschen Realen. Das heißt, es ist möglich, an das Objekt der Begierde durch die Phantasie zu gelangen. Žižek sagt, dass wenn Zhuang Li träumt, ein Schmetterling zu sein, er in einem gewissen Sinne recht hat. »Der Schmetterling war das Objekt, das den Rahmen, das Rückgrat seiner Phantasie-Identität konstituierte (die Beziehung *Zhuang Zi-Schmetterling* kann als S-a geschrieben werden). In der symbolischen Realität war er Zhuang Zi, aber im Realen seines Begehrens war er ein Schmetterling. Ein

---

243 Žižek, *The Sublime Object of Ideology*, S. 46.

Schmetterling zu sein, war sie gesamte Konsistenz seines positiven Seins außerhalb des symbolischen Netzes.«[244] Ich muss hier etwas erklären. Die sogenannte »symbolische Realität« meint das kulturelle An-sich, das durch die Sprache (die Kette der Signifikanten) im realen Leben strukturiert wird, während das »Reale« in der Definition des späten Lacan zur unmöglichen Existenz wird, nachdem das individuelle Subjekt dem symbolischen Netz entflieht. In der Realität ist Zhuang Zi er selbst; aber in seinem eigenen Begehren ist er ein fliegender Schmetterling, die »gesamte Konsistenz seines positiven Seins außerhalb des symbolischen Netzes.« Das ist eine völlig neue Illustration von Zhuang Zis Schmetterlingstraum.

Žižek sagt, dass Zhuang Zis Beispiel ein Lacansches Prinzip beweise und dass wir uns nur im Traum dem realen Erwachen nähern – das heißt dem realen unseres Begehrens. Wir können es jedoch nicht einfach umdrehen: weil die Phantasie die Realität stützt, ist das reale Leben nur ein Traum. Stattdessen ist Lacan gegen dieses Verständnis. In seinen späten Jahren erkennt er, dass es während des Repräsentationsprozesses »immer einen harten Kern gibt, ein Überbleibsel, das bestehen bleibt und nicht auf ein universelles Spiel des illusorischen Spiegelns reduziert werden kann.«[245] Lacan verändert seine frühe Theorie und akzeptiert eine Realität im Subjekt, die nicht gründlich durch Symbolisierung assimiliert wird; der einzige Zugang des Menschen zu diesem »Kern« ist durch das Träumen. (Nach Žižek ist das der wirkliche Unterschied zwischen Lacans Philosophie und dem alten »naiven Realismus«.)

«Wenn wir nach einem Traum in die Realität erwachen, sagen wir gewöhnlich zu uns selbst, ›es war nur ein Traum‹, womit wir uns selbst blind machen gegenüber der Tatsache, dass wir in unsere täglichen, wachenden Existenz nichts als ein Bewusstsein dieses Traums sind. Nur im Traum haben wir uns dem Phantasierahmen genähert, der unser Handeln, unsere Handlungsweise in der Realität selbst bestimmt.«[246]

244 A.a.O.
245 A.a.O., S. 47.
246 A.a.O.

Die obige These besagt, dass wir dazu neigen, die Bedeutung von Träumen zu unterschätzen. Nach dem späten Lacan stellt der Traum üblicherweise das realste Objekt des Begehrens dar. Dieses a ist der Pfeiler aller Phantasien des realen Lebens. Der Schlüssel ist, ob wir diesem Realen in unserem Traum entgegentreten können.

Žižek fährt dann in Richtung von Lacans Logik fort: Ideologie ist auch ein Traum des gesellschaftlichen Unbewussten. In der alten Ideologiekritik wird die Ideologie nur als eine Traumszene betrachtet, die mit der Realität unvereinbar ist. Wir wissen jedoch nicht, dass Ideologie selbst das wirkliche Begehren der Geschichte enthüllt.

»Es ist das Gleiche mit dem ideologischen Traum, mit der Bestimmung der Ideologie als traumartige Konstruktion, die uns davon abhält, den wirklichen Zustand der Dinge, die Realität an sich zu sehen. Vergeblich versuchen wir, aus dem ideologischen Traum auszubrechen, indem wir ›unsere Augen öffnen und versuchen, die Realität zu sehen, wie sie ist‹, indem wir die ideologischen Spektakel abwerfen: als Subjekte eines solchen postideologischen, objektiven, nüchternen Blicks, frei von sogenannten ideologischen Vorurteilen, als die Subjekte eines Blicks, der die Tatsachen sieht, wie sie sind, bleiben wir immer ›das Bewusstsein unseres ideologischen Traums.‹ Der einzige Weg, um die Macht unseres ideologischen Traum zu zerbrechen, besteht darin, dem Realen unseres Begehrens zu begegnen, das sich selbst im Traum ankündigt.«[247]

Žižek denkt, dass hier die Heterogenität zwischen Lacan und Marx entsteht: »In der herrschenden marxistische Perspektive ist der ideologische Blick ein *partieller* Blick, der die Totalität gesellschaftlicher Verhältnisse übersieht, während Ideologie in der Lacanschen Perspektive vielmehr eine *Totalität* bezeichnet, *die die Beseitigung der Spuren ihrer eigenen Unmöglichkeit vorantreibt.*«[248] Für Žižek repräsentiert in der konventionellen marxistischen Ideologiekritik der Blick der herrschenden Klasse die Interessen einiger Menschen, die diesen Blick durch eine Synekdoche zu einem allgemeinen

247 A.a.O., S. 47-48.
248 A.a.O., S. 49.

Willen der gesamten Gesellschaft ausweiten. Im Vergleich erklärt Lacans ideologische Sicht, dass es einen unmöglichen antagonistischen Zwang der Totalität in der Existenz des individuellen Subjekts gibt. Das ist auch das Wesen von gesellschaftlicher Phantasie.

Damit eng verbunden sind die unterschiedlichen Konzeptionen des Fetischismus bei Marx und Freud: Ersterer glaubt, dass der Warenfetisch oder das Geld das wirkliche Netz der gesellschaftlichen Beziehungen verschleiert, während Letzterer denkt, dass der Fetisch einen Mangel (»Kastration«) enthüllt, auf dessen Nichtigkeit das symbolische Netz aufbaut.

Nach Žižek ist Lacans Reales etwas in unserer Konzeption, das »immer zum gleichen Ort zurückkehrt«. Weiterhin können wir sogar die Diskrepanz der Ideologiekritiken zwischen Marx, Lacan und Žižek sehen:

Erstens, für Marx »ist die ideologische Prozedur *par excellence* jene der *»falschen« Externalisierung und/oder Universalisierung*: ein Zustand, der von einer konkreten historischen Verknüpfung abhängig ist, erscheint als ein ewiges, universelles Kennzeichen der conditio humana; das Interesse einer speziellen Klasse tarnt sich als universelles menschliches Interesse.[249] Das Ziel der »Ideologiekritik« ist es, diese falsche Universalität zu denunzieren, hinter dem Menschen im Allgemeinen das bürgerliche Individuum zu entdecken; hinter den universellen Menschenrechten die Form, die die kapitalistische Ausbeutung ermöglicht; hinter der »Kernfamilie« als transhistorische Konstante die historisch spezifizierte und begrenzte Form von Verwandtschaftsbeziehungen und so weiter. Es ist das Gleiche mit der Logik, *die den Teil als das Ganze, die Nicht-Geschichte als die Geschichte nimmt*, während der marxistische Schlüssel zur Lösung dieses historischen Paradoxons die *rehistorisierte* Wahrheit ist.

Zweitens bezieht sich die Ideologiekritik im Horizont von Lacan-Žižek nicht auf eine verewigte, universalisierte Abstraktion, sondern vielmehr auf das Gegenteil, die *»übereilte Historisierung.«* Der Marxismus verwendet Historisierung bei der Herausstellung der nichthistorischen Abstraktion der Ideologie, um sich gegen übereilte Universalisierung zu wenden. Žižek jedoch sagt, dass »wenn übereilte Universalisierung ein quasi-universelles Bild hervorbringt, dessen Funktion es ist, uns gegenüber seiner

249 A.a.O.

historischen, sozio-symbolischen Bestimmung blind zu machen, dann macht uns übereilte Historisierung blind gegenüber dem realen Kern, der durch verschiedene Historisierungen/Symbolisierungen hindurch als der gleiche zurückkehrt.«[250] Er führt sogar ein beschämendes Beispiel an, »die ›perverse‹ Vorderseite der Zivilisation des zwanzigsten Jahrhunderts: Konzentrationslager.« »All die verschiedenen Versuche, dieses Phänomen an ein bestimmtes Bild zu heften (›Holocaust‹, ›Gulag‹), es auf ein Produkt einer konkreten gesellschaftlichen Ordnung (Faschismus, Stalinismus) zu reduzieren – was sind sie, wenn nicht viele Versuche, die Tatsache zu umgehen, dass wir hier mit dem ›Realen‹ unserer Zivilisation konfrontiert sind, das als der gleiche traumatische Kern in allen gesellschaftlichen Systemen wiederkehrt?«[251] Wir sollten nicht vergessen, dass die Konzentrationslager eine Erfindung des »liberalen« England aus dem Bauernkrieg waren, das sie ebenfalls in den USA benutzt wurden, um die japanische Bevölkerung zu isolieren und so weiter. (Im jüngsten Irakkrieg wurden sie benutzt, um Kriegsgefangene zu inhaftieren und zu missbrauchen, was der Beweis für einen verkörperten »Bruchpunkt« der Menschenrechte ist, die die amerikanische Regierung gerne jeden Tag erwähnt.)

250   A.a.O., S. 50.
251   A.a.O.

Literaturverzeichnis

Agger, Ben (1979): *Western Marxism, an introduction: Classical and contemporary sources*, California: Goodyear Publ.

Anderson, Perry (1979): *Considerations on Western Marxism*, London: Verso.

Adorno, Theodor W. (1990): *Ästhetische Theorie*, in: ders., Gesammelte Schriften, Bd. 7, Frankfurt/Main: Suhrkamp.

Adorno, Theodor W. (1994): *Briefe und Briefwechsel–Band 1: Theodor W. Adorno/Walter Benjamin. Briefwechsel 1928-1940*, Frankfurt/Main: Suhrkamp.

Adorno, Theodor W. (1990): *Einleitung in die Musiksoziologie–Zwölf theoretische Vorlesungen*, in: ders., Gesammelte Schriften, Bd. 14, Frankfurt/Main: Suhrkamp.

Adorno, Theodor W. (1964): *Jargon der Eigentlichkeit–Zur deutschen Ideologie*, Frankfurt/Main: Suhrkamp.

Adorno, Theodor W. (2003): *Kulturkritik und Gesellschaft. Prismen*, in: ders., Gesammelte Schriften, Bd. 10, Frankfurt/Main: Suhrkamp.

Adorno, Theodor W. (1969): *Minima Moralia–Reflexionen aus dem beschädigten Leben*, Frankfurt/Main: Suhrkamp.

Adorno, Theodor W. (1990): *Negative Dialektik*, in: ders., Gesammelte Schriften, Bd. 6, Frankfurt/Main: Suhrkamp.

Adorno, Theodor W. (1990): *Philosophie der neuen Musik*, in: ders., Gesammelte Schriften, Bd. 12, Frankfurt/Main: Suhrkamp.

Adorno, Theodor W. (1972): *Soziologie und empirische Forschung*, in: ders., Gesammelte Schriften, Bd. 8, Frankfurt/Main: Suhrkamp.

Adorno, Theodor W. (1990): *Zur Metakritik der Erkenntnistheorie: Studien über Husserl und die phänomenologischen Antinomien*, Frankfurt/Main: Suhrkamp.

Adorno, Theodor W. (1990): *Zu Subjekt und Objekt*, in: ders., Gesammelte Schriften, Bd. 10, Frankfurt/Main: Suhrkamp.

Adorno, Theodor W., Horkheimer Max (1947): *Dialektik der Aufklärung. Philosophische Fragmente*, Amsterdam: Querido.

Althusser, Louis (1972): *Lenin and Philosophy, and Other Essays*, New York: Monthly Review Press.

Bataille, Georges (1986): *Erotism: Death and Sensuality*. translated by Mary Talwood, San Francisco: City Lights Publishers.

Baudrillard, Jean (1996): *Das perfekte Verbrechen*, Berlin: Matthes & Seitz.

Baudrillard, Jean (2001): *Das System der Dinge: Über unser Verhältnis zu den alltäglichen Gegenständen*, Frankfurt/Main: Campus.

Baudrillard, Jean (2015): *Die Konsumgesellschaft. Ihre Mythen, ihre Strukturen*, Heidelberg: Springer.

Baudrillard, Jean (1975): *The Mirror of Production*. Trans. Mark Poster. St. Louis: Telos Press.

Benjamin, Walter (2015): *Ausgewählte Werke*, Darmstadt: Wissenschaftliche Buchgesellschaft.

Benjamin, Walter (1974): *Charles Baudelaire. Ein Lyriker im Zeitalter des Hochkapitalismus*, Frankfurt/Main: Suhrkamp.

Benjamin, Walter (1963): *Das Kunstwerk im Zeitalter seiner technischen Reproduzierbarkeit–Drei Studien zur Kunstsoziologie*, Frankfurt/Main: Suhrkamp.

Benjamin, Walter (1980): *Erfahrung und Armut*, in: ders., Gesammelte Schriften, Bd. 2, Frankfurt/Main: Suhrkamp.

Best, S. and Kellner D. (1997): *The Postmodern Turn*. New York: Guilford Press.

Butler, J., Ernesto L., Žižek S. (2000): *Contingency, Hegemony, Universality: Contemporary Dialogues on the Left*, London: Verso.

Debord, Guy (1994): *Die Gesellschaft des Spektakels*, Berlin: Tiamat.

Debord, Guy (1973): *La Société du Spectacle* (Der Film).

Debord, Guy (1975): *Refutation of all judgments, whether for or against, that have been brought to date on the film The Society of the Spectacle.*

Derrida J., Collins G. (2005): *The Politics of Friendship*. Phronesis. London: Verso.

Derrida, Jacques (2001): *A certain 'madness' must watch over thinking: Jacques Derrida's interview with François Ewald*, in: Gert Biesta & Denise Egéa-Kuehne (eds.), Derrida & Education. Routledge.

Derrida, Jacques (2003): *Derrida's Speeches in China.* Central Compilation and Translation Press.

Derrida, Jacques (2000): *Die Schrift und die Differenz*, Frankfurt/Main: Suhrkamp.

Derrida, Jacques (1983): *Grammatologie*, Frankfurt/Main: Suhrkamp.

Derrida, Jacques (1996): *Marx' »Gespenster«. Der verschuldete Staat, die Trauerarbeit und die neue Internationale*, Frankfurt/Main: Suhrkamp.

Derrida, J., Roudinesco, E. (2006): *Woraus wird Morgen gemacht sein?*, Stuttgart: Klett-Cotta.

Eagleton, Terry (1994): *Ästhetik, Die Geschichte ihrer Ideologie*, Stuttgart-Weimar: Metzler.

Erjavec, Aleš (2003): *Toward the Image*, Trans. Hu Julan, Zhang Yunpeng, Changchun: Jilin People's Press.

Fields, B., Best S. (1985): »Situatinonist International«, in: Robert A. Gorman (hg.), *Biographical Dictionary of Neo-Marxism*, Westport: Greenwood Press.

Foucault, Michel (2003): *Die Ordnung der Dinge, Eine Archäologie der Humanwissenschaften*, Frankfurt/Main: Suhrkamp.

Fromm, Erich (1963): *Das Menschenbild bei Marx*, Frankfurt/Main: Europäische Verlagsantalt.

Fromm, Erich (1941): *Die Furcht vor der Freiheit*, in: ders., Erich Fromm Gesamtausgabe in 12 Bänden. Band 1: Analytische Sozialpsychologie, Stuttgart: DVA.

Fromm, Erich (1976): *Haben oder Sein – Die seelischen Grundlagen einer neuen Gesellschaft*, München: dtv.

Fromm, Erich (1962): *Jenseits der Illusionen. Die Bedeutung von Marx und Freud*, München: dtv.

Fukuhara Taihei (2002): *Lacan: Mirror Stage*, Hebei Educational Publishing House.

Simmel, Georg (1992): *Das Geld in der modernen Cultur*, in: ders., Aufsätze und Abhandlungen 1894-1900, hg. von H.-J. Dahme und B. Frisby (Gesamtausgabe, Bd. 5), Frankfurt/Main: Suhrkamp.

Godelier, Maurice (1971): *Anthropology, Science of Primitive Societies?*, Paris: Denoël.

Goldman, Lucien (2016): *The Hidden God*, London: Verso.

Gramsci, Antonio (1991): *Revolution gegen das ›Kapital‹*, in: ders., Antonio Gramsci – vergessener Humanist?. Berlin: Dietz.

Heidegger, Martin (1961): *Nietzsche*, Tübingen: Günter Neske Pfullingen.

Heidegger, Martin (1927): *Sein und Zeit*, Tübingen: Niemeyer.

Heidegger, Martin (1969): *Zur Sache des Denkens*, Tübingen: Niemeyer.

Hoffman, John (1975): *Marxism and the Theory of Praxis*, London: Lawrence & Wishart.

Horkheimer, Max (1972): *Critical Theory: Selected Essays*, New York: Seabury.

Jameson, Frederic (1983): *Pleasure: A Political Issue*, in: ders., The Ideologies of Theory, London: Verso.

Jameson, Frederic (1991): *Postmodernism, or, The Cultural Logic of Late Capitalism*, London: Verso.

Jay, Martin (1984): *Adorno*, Harvard University Press.

Jay, Martin (1996): *The Dialectical Imagination: A History of the Frankfurt School and the Institute of Social Research, 1923-1950*, University of California Press.

Jiang Min'an (2000): *Postmodern Philosophical Discourse - From Foucault to Said*, Hangzhou: Zhejiang People's Publishing House.

Kellner, Douglas (2003): *Media Spectacle*, London–New York: Routledge.

Kellner, D., Best S. (1997): *The Postmodern Turn*, New York: Guilford Press.

Lacan, Jacques (1977): Écrits: *A Selection*. Trans. Alan Sheridan. New York: Norton.

Leader, Darian (2010): *Introducing Lacan*, London: Icon Books.

Vladimir Lenin: *Werke*, Berlin: Dietz.

Levinas, Emmanuel (1996): *Gott, der Tot und die Zeit*, München: Passagen.

Levinas, Emmanuel (2003): *Vier Talmud-Lesungen*, Frankfurt/Main: Neue Kritik.

Levine, Norman (1984): *Dialogue within the Dialectic*, Boston: George Allen and Unwin.

Li Zhongshang (1987): *Analysis of »Neo-Marxism«.* Beijing: China Renmin University Press.

Li Zhongshang (1994): *The Third Road.* Academy Press.

Lukács, Georg (1973): *Der junge Hegel: Über die Beziehung von Dialektik und Ökonomie.* Frankfurt/Main: Suhrkamp.

Lukács, Georg (1968): *Geschichte und Klassenbewusstsein,* in: ders., Werke, 1968.

Lury, Celia (1996): *Consumer Culture.* New Brunswick: Rutgers University Press.

McLellan, David (1980): *Marxism after Marx,* New York: Harper & Row.

MacIntyre, Alasdair (1970): *Marcuse,* London, New York: Fontana.

Mannheim, Karl (1929): *Ideologie und Utopie,* Bonn.

Marcuse, Herbert (2014): *Der eindimensionale Mensch: Studien zur Ideologie der fortgeschrittenen Industriegesellschaft,* München: dtv.

Marcuse, Herbert (1987): *Die Permanenz der Kunst: Wider eine bestimmte marxistische Ästhetik,* in: ders., Gesammelte Schriften, Bd. 9, Frankfurt/Main: Suhrkamp.

Marcuse, Herbert (1995): *Triebstruktur und Gesellschaft,* Frankfurt/Main: Suhrkamp.

Karl Marx & Freidrich Engels: *Marx-Engels-Werke,* Berlin: Dietz.

Mauss, M., Robert B. (1972): *A General Theory of Magic,* London: Routledge–Kegan Paul.

Mauss, Mauss (2010): *Soziologie und Anthropologie,* Wiesbaden: VS Verlag für Sozialwissenschaften.

Mills, Wright C. (1962): *The Marxists,* New York: Dell Publishing.

Pascal, Blaise (1987): *Gedanken. Eine Auswahl.* Stuttgart: Reclam.

Popper, Karl (1976): *Unended Quest,* Illonois: Open Court.

Poster, Mark (1995): *The Second Media Age,* Cambridge: Polity.

Poster, Mark (1990): *The Mode of Information: Poststructuralism and Social Context,* University of Chicago Press.

Ricardo, David (1821): *On the Principles of Political Economy and Taxation,* London.

Sahlins, Marshall (1977): *Culture and Practical Reason,* University of Chicago Press.

Salecl, Renata, Slavoj Žižek (1996): *Gaze and Voice as Love Objects*, Durham: Duke University Press.

Scheler, Max (1955): *Vom Umsturz der Werte*, in: ders., Gesammelte Schriften, Bd. 3, Bern: Francke.

Schmidt, Alfred (1962): *Der Begriff der Natur in der Lehre von Marx*, Frankfurt/Main: Europäische Verlagsantalt.

Szeman, Imre (2000): "Ghostly Matters: On Derrida's Specters." *Rethinking Marxism* 12.2.

Tetsuya Takahashi (1998): *Derrida: Deconstruction*, Tokyo: Kodansha.

Vranicki, Predrag (1961): *Historija Marksizma*, Zagreb: Naprijed.

Wolin, Richard (1992): *The Terms of Cultural Criticism*, New York: Columbia University Press.

Yang Haifeng (2004): *Die Post-Marxsche Strömung: Vom Spiegel der Produktion zum Spiegel der Zeichen*, Central Compilation and Translation Press.

Yu Biping (2003): *Eine Allgemeine Theory der Magie in der Soziologie und Anthropologie*, Shanghai Translation Publishing House.

Yu Runyang (2000): *Einführung in die Philosophie der modernen westlichen Musik*, Hunan Educational Press.

Yu Wujin, Chen Xueming (1990): *Die marxistischen Strömungen im Ausland*. Shanghai: Fudan University Press.

Zhang Yibing:

»Anthropocentrism: In and Out«, in: *Philosophical Trends*, 1996(6).

»Barthes: Text is a Kind of Weaving«, in: *Tribune of Social Sciences*. 2002(10).

»Contemporary Ecological Horizon and the Logic of the Materialistic View« in: *Philosophical Researches*. 1993(8).

»Double Mediations of Nature and Society«, in: *Study and Exploration*. 2003(3).

»The Post-Marx Thought Trend is not Marxism.«, in: *Journal of Nanjing University*. Vol. 2.

»Revolutionary Dialectics and Critical Historical Materialism«, in: *Shangdong Social Science*, 2000(2).

»The Devil Other: Who Drives You Crazy«, in: Journal of Humanities. 2004(5).

»What is the Late Marxism«, in: Journal of Nanjing University. 2004(5).

(2008): *A Deep Plough: Unscrambling Major Post-marxist Texts from Adorno to Žižek (Vol. 1)*. People's University Press.

(2003): *Problématique, Lecture Symptomale et Idéologie: A Textological Reading of Althusser*. Central Compilation and Translation Press.

(2001): *Atonal Dialectical Illusion: A Textological Reading of Adorno's 'Negative Dialectics'*. Sanlian Bookstore Press.

(1999): *Back to Marx: The Philosophical Discourse in the Context of Economics*. Nanjing: Jiangsu Renmin Publishing House.

(1999): *The Collected Works of Zhang Yibing*. Guangxi Normal University Publishing House.

(2006): *The Impossible Truth of Being: Mirror of Lacan's Philosophy*. The Commercial Press.

(2002): *The Subjective Dimension of Marxist Historical Dialectics*. Nanjing University Press.

Zhang Yibing, Meng Mugui (2004): *To Understand Marx: Contemporary Illustration of Original Marxist Philosophy*. People's University Press.

Žižek S., Daly G. (2004): *Conversations with Žižek. Conversations*. Cambridge: Polity.

Žižek, Slavoj (2000): *Das fragile Absolute: Warum es sich lohnt, das christliche Erbe zu verteidigen*, Berlin: Volk und die Welt.

Žižek, Slavoj (2002): *Did Somebody Say Totalitarianism?: Five Interventions in the (Mis)Use of a Notion. Wo Es War*. London: Verso.

Žižek, Slavoj (1994): *Mapping Ideology*, London; New York: Verso.

Žižek, Slavoj (2005): *The Metastases of Enjoyment: Six Essays on Women and Causality*, London: Verso.

Žižek, Slavoj (1989): *The Sublime Object of Ideology*, London: Verso.

Milton Keynes UK
Ingram Content Group UK Ltd.
UKHW012026180923
428938UK00003B/30